DESTELLOS

Curso intermedio de lengua española

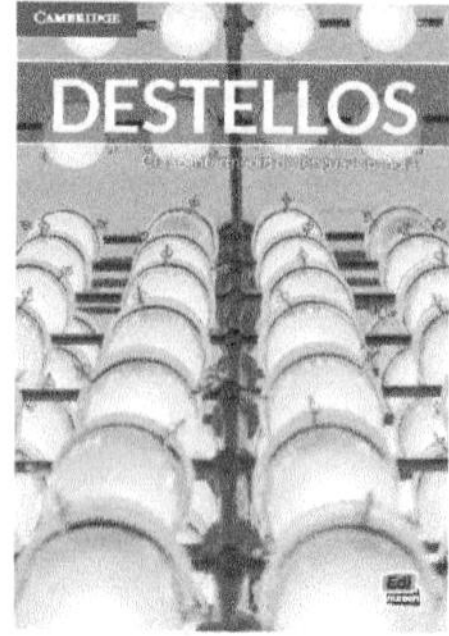

La palabra *destello* procede del latín y originariamente significaba "gota que cae brillando". Cuando nos envolvemos en el aprendizaje de una lengua, cada contenido entra suavemente inundando nuestro conocimiento, haciendo brillar nuestro intelecto". David Isa

Authors:
María Carmen Cabeza, Francisca Fernández, Emilio José Marín, Celia Meana, Ana Molina, Liliana Pereyra, Francisco Fidel Riva, equipo Prisma, equipo Nuevo Prisma (Sandra García, David Isa, Susana Molina y Ana María de Vargas)

Coordination Team:
David Isa, Celia Meana, María José Gelabert y Mar Menéndez.

ISBNs - 9781316504246
9781316504260

Printed in the United States of America

Editorial Coordination:
David Isa

Cover Design:
Juanjo López

Design and Layout:
Carlos Casado y Juanjo López

Illustrations:
Carlos Casado

Photos:
See page 473

Cambridge University Press
1 Liberty Plaza
New York, NY 10006

Editorial Edinumen
José Celestino Mutis, 4. 28028 Madrid. España
Telephone: (34) 91 308 51 42
Fax: (34) 91 319 93 09
Email: edinumen@edinumen.es
www.edinumen.es

SCOPE AND SEQUENCE

SCOPE AND SEQUENCE

SCOPE AND SEQUENCE

OUR STORY

Destellos was conceived with a focus on communication and results. Its student-centered approach gives learners the opportunity to use the language effectively and to complete useful, real-world tasks in a variety of socio-cultural contexts.

Destellos reaches beyond general competency skills, working to provide students with activities that emulate real language and tasks that build their ability to successfully interact in Spanish-speaking environments. The **Destellos** learning strategy is closely tied to the community of practice that exists between the student, his/her classmates, and the instructor. Students are encouraged to reflect on their learning and develop skills relating to the affective, cognitive, and social realms of language learning.

Destellos offers students a modern and diversified approach to topics and cultural practices, and a set of distinctively authentic and relatable learning materials.

The **Destellos** program consistently provides students and instructors with the following:

- **Activities** strategically designed to facilitate the construction of meaning and significantly improve language acquisition. Through scaffolding instruction, purposeful sequencing of activities, authentic speech samples, and self-reflection exercises, students are able to meaningfully engage in learning and acquire the necessary language skills.
- **Cultural content** that includes excerpts from literary works, contemporary music and the visual arts that are related to the unit theme, as well as authentic articles and essays.
- **Fragments of feature films** that work together with the unit content to strengthen students' understanding of Spanish-speaking cultures as they learn and develop intercultural sensibilities.
- **Strategies** that ask students to formulate hypotheses, accessing the meaning of new vocabulary and structures based on what they already know or can infer.
- **Communicative functions** that are presented both deductively and inductively to help students become active participants in their learning
- Over 90 **audio recordings**, ranging from listening comprehension passages to literature and news articles.
- **Instructor resources** that offer suggestions for classroom instruction and include additional activities that can be seamlessly implemented in class.
- **Digital resources** for both instructors and students, including fully interactive eBooks and a wealth of online practice activities.

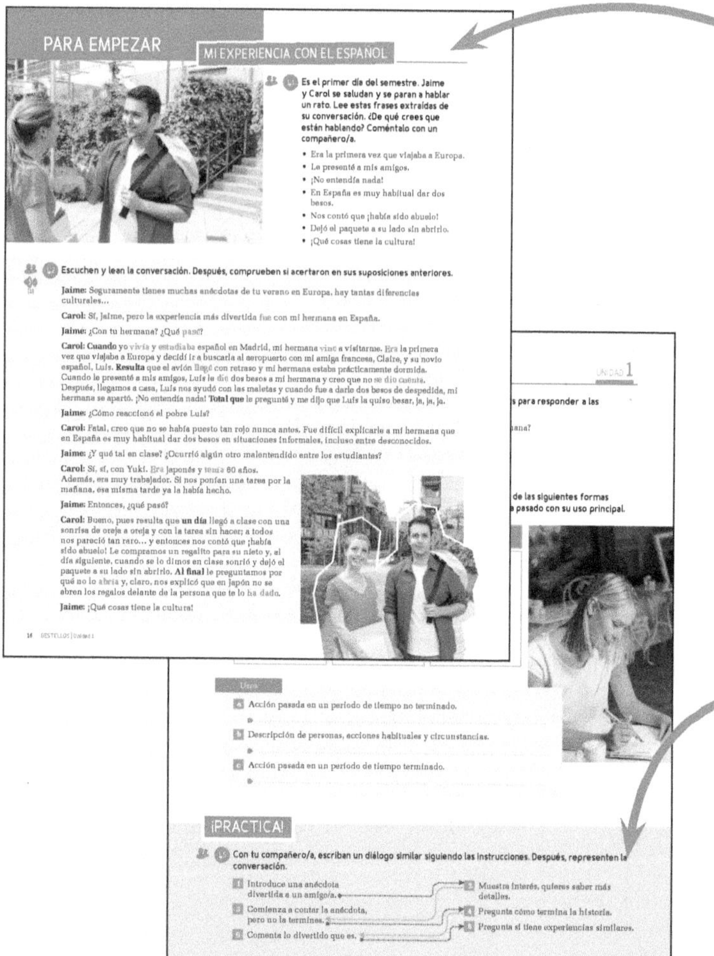

Para empezar

Just as the title indicates, the section centers on a conversation that introduces the theme of the unit and previews vocabulary and grammar structures.

In this section, students begin to interpret meaning and usage in an authentic context. Students are not expected to understand every word, but are rather given the opportunity to experience the language organically, as they would in real-life exchanges.

In *¡Practica!*, students are guided to create their own conversation with a partner, building confidence while they build conversation. Success at this point is not based on formal instruction. Instead, the carefully sequenced activities inductively guide students to achieve the task.

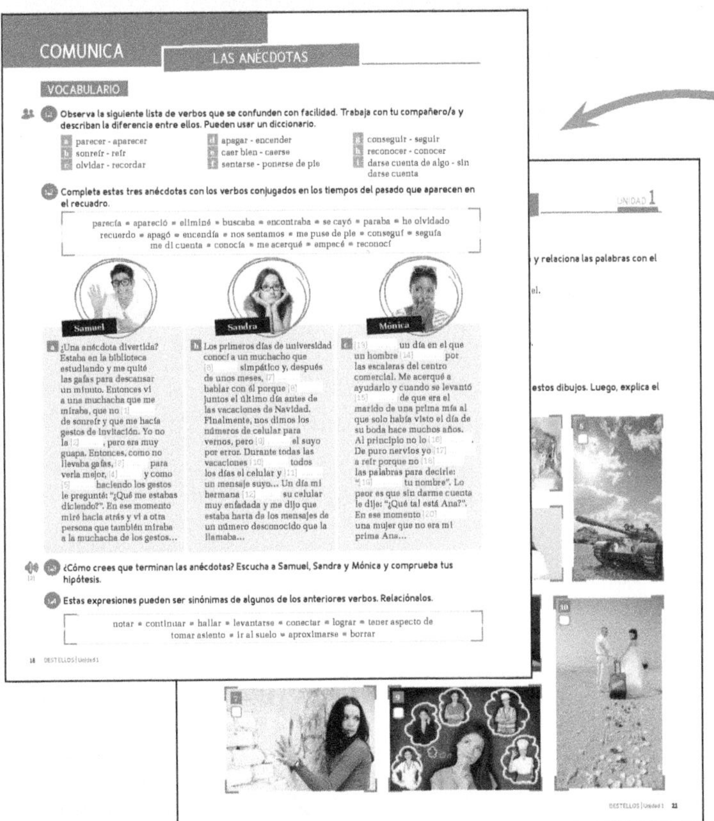

COMUNICA LAS ANÉCDOTAS

VOCABULARIO

Observa la siguiente lista de verbos que se confunden con facilidad. Trabaja con tu compañero/a y describan la diferencia entre ellos. Pueden usar un diccionario.

Completa estas tres anécdotas con los verbos conjugados en los tiempos del pasado que aparecen en el recuadro.

¿Cómo crees que terminan las anécdotas? Escucha a Samuel, Sandra y Mónica y comprueba tus hipótesis.

Estas expresiones pueden ser sinónimas de algunos de los anteriores verbos. Relaciónalos.

Comunica y Comunica más

Vocabulary and communicative functions are grouped together to form a cohesive unit of instruction. Vocabulary is presented in context in a sequence of activities that build from one to the next. Working through these activities with a partner or in small groups encourages students to approach learning as a community.

Comunicación asks students to engage with new vocabulary in a functional context, building real-world communication skills. Structures and functions are presented as elements of conversation, not as explicit grammatical formulas.

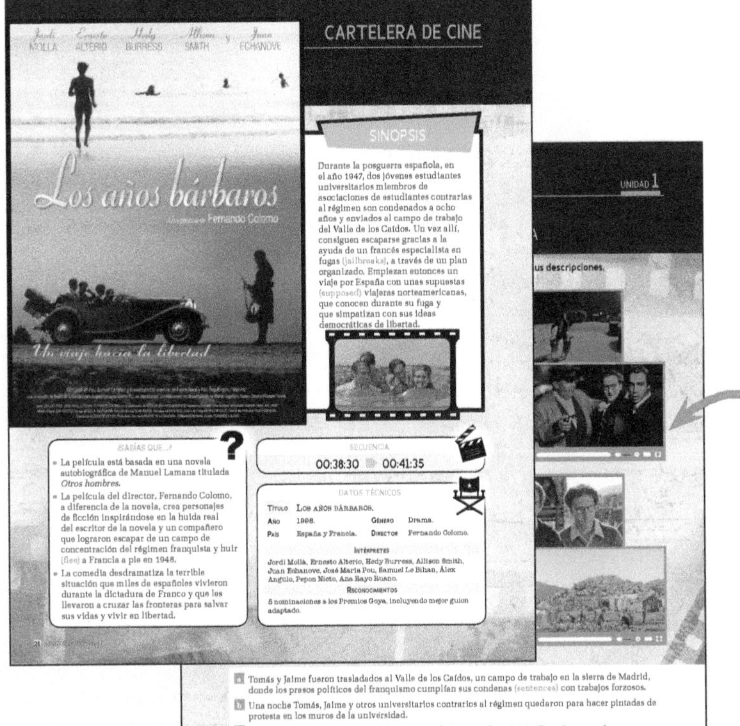

CARTELERA DE CINE

SINOPSIS

Durante la posguerra española, en el año 1947, dos jóvenes estudiantes universitarios miembros de asociaciones de estudiantes contrarias al régimen son condenados a ocho años y enviados al campo de trabajo del Valle de los Caídos. Un vez allí, consiguen escaparse gracias a la ayuda de un francés especialista en fugas (jailbreaks), a través de un plan organizado. Empiezan entonces un viaje por España con unas supuestas (supposed) viajeras norteamericanas, que conocen durante su fuga y que simpatizan con sus ideas democráticas de libertad.

SECUENCIA 00:38:30 – 00:41:35

Cartelera de cine

Cartelera de cine presents short clips from feature films produced in Argentina, Spain, and other Hispanic countries that relate to the unit theme.

Scaffolding activities ask students to anticipate content and predict outcomes, encouraging students to interpret the segment as a whole as a strategy for accessing meaning, rather than focusing solely on comprehension. Subtitles in Spanish are also available to be used at the discretion of the instructor.

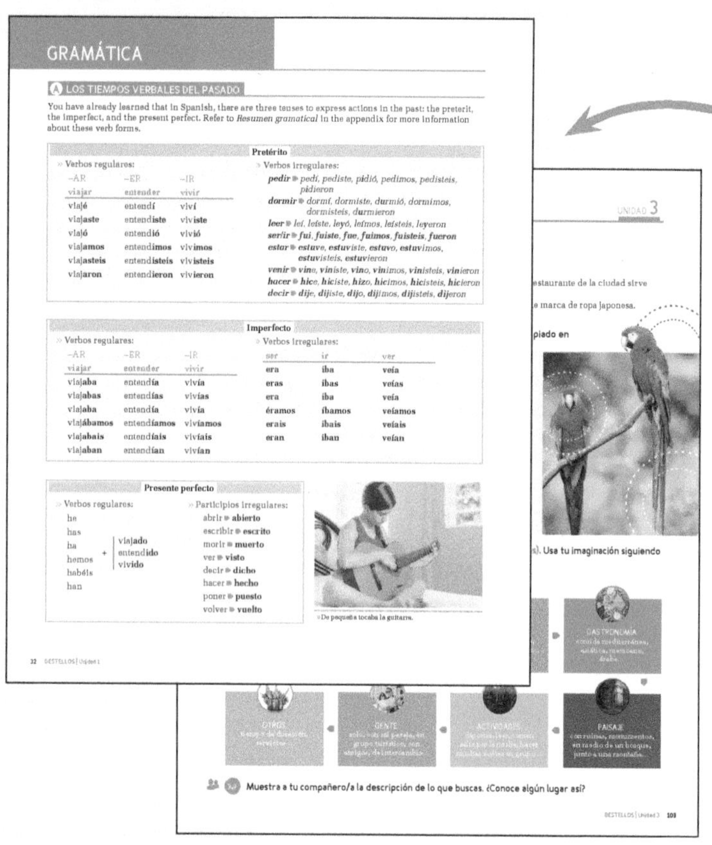

GRAMÁTICA

A LOS TIEMPOS VERBALES DEL PASADO

You have already learned that in Spanish, there are three tenses to express actions in the past: the preterit, the imperfect, and the present perfect. Refer to *Resumen gramatical* in the appendix for more information about these verb forms.

Pretérito

» Verbos regulares:

-AR	-ER	-IR
viajar	entender	vivir
viajé	entendí	viví
viajaste	entendiste	viviste
viajó	entendió	vivió
viajamos	entendimos	vivimos
viajasteis	entendisteis	vivisteis
viajaron	entendieron	vivieron

» Verbos irregulares:

pedir » pedí, pediste, pidió, pedimos, pedisteis, pidieron
dormir » dormí, dormiste, durmió, dormimos, dormisteis, durmieron
leer » leí, leíste, leyó, leímos, leísteis, leyeron
ser/ir » fui, fuiste, fue, fuimos, fuisteis, fueron
estar » estuve, estuviste, estuvo, estuvimos, estuvisteis, estuvieron
venir » vine, viniste, vino, vinimos, vinisteis, vinieron
hacer » hice, hiciste, hizo, hicimos, hicisteis, hicieron
decir » dije, dijiste, dijo, dijimos, dijisteis, dijeron

Imperfecto

» Verbos regulares:

-AR	-ER	-IR
viajar	entender	vivir
viajaba	entendía	vivía
viajabas	entendías	vivías
viajaba	entendía	vivía
viajábamos	entendíamos	vivíamos
viajabais	entendíais	vivíais
viajaban	entendían	vivían

» Verbos irregulares:

ser	ir	ver
era	iba	veía
eras	ibas	veías
era	iba	veía
éramos	íbamos	veíamos
erais	ibais	veíais
eran	iban	veían

Presente perfecto

» Verbos regulares:

he / has / ha / hemos / habéis / han + viajado / entendido / vivido

» Participios irregulares:

abrir » abierto
escribir » escrito
morir » muerto
ver » visto
decir » dicho
hacer » hecho
poner » puesto
volver » vuelto

» De pequeña tocaba la guitarra.

Muestra a tu compañero/a la descripción de lo que buscas. ¿Conoce algún lugar así?

Gramática

Grammar is presented in Spanish, with a brief introduction in English to orient students with the structure and usage of the new grammatical element.

The section pulls together all the structures students have engaged with in the preceding sections, and provides clear explanations to ensure that students understand meaning and usage.

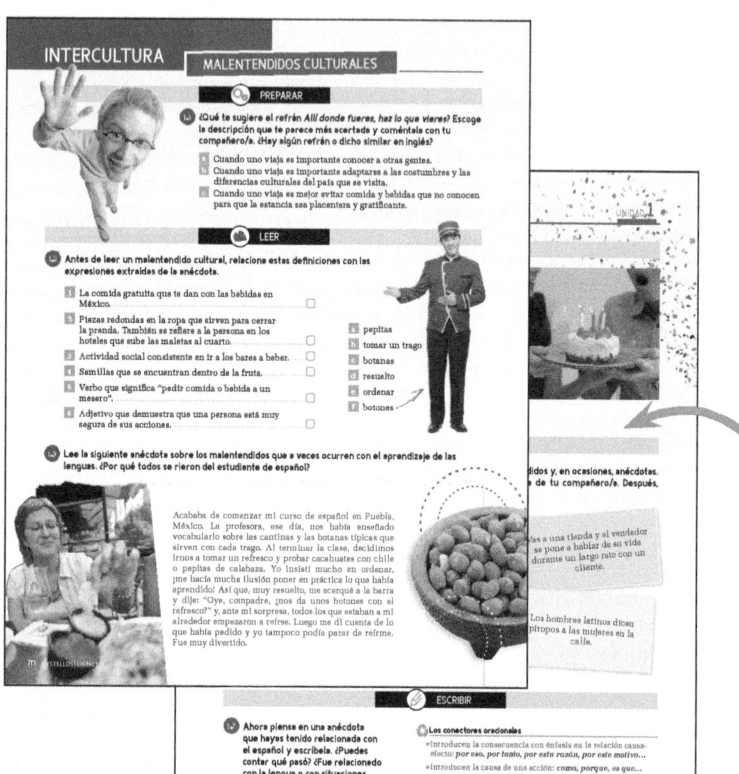

INTERCULTURA — MALENTENDIDOS CULTURALES

PREPARAR

¿Qué te sugiere el refrán *Allí donde fueres, haz lo que vieres*? Escoge la descripción que te parece más acertada y coméntala con tu compañero/a. ¿Hay algún refrán o dicho similar en inglés?

a. Cuando uno viaja es importante conocer a otras gentes.
b. Cuando uno viaja es importante adaptarse a las costumbres y las diferencias culturales del país que se visita.
c. Cuando uno viaja es mejor evitar comida y bebidas que no conocen para que la estancia sea placentera y gratificante.

LEER

Antes de leer un malentendido cultural, relaciona estas definiciones con las expresiones extraídas de la anécdota.

1. La comida gratuita que te dan con las bebidas en México.
2. Piezas redondas en la ropa que sirven para cerrar la prenda. También se refiere a la persona en los hoteles que sube las maletas al cuarto.
3. Actividad social consistente en ir a los bares a beber.
4. Semillas que se encuentran dentro de la fruta.
5. Verbo que significa "pedir comida o bebida a un mesero".
6. Adjetivo que demuestra que una persona está muy segura de sus acciones.

a. pepitas
b. tomar un trago
c. botanas
d. resuelto
e. ordenar
f. botones

Lee la siguiente anécdota sobre los malentendidos que a veces ocurren con el aprendizaje de las lenguas. ¿Por qué todos se rieron del estudiante de español?

Acababa de comenzar mi curso de español en Puebla, México. La profesora, ese día, nos había enseñado vocabulario sobre las cantinas y las botanas típicas que sirven con cada trago. Al terminar la clase, decidimos irnos a tomar un refresco y probar cacahuates con chile o pepitas de calabaza. Yo insistí mucho en ordenar, ¡me hacía mucha ilusión poner en práctica lo que había aprendido! Así que, muy resuelto, me acerqué a la barra y dije: "Oye, compadre, ¿nos da unos botones con el refresco?" y, ante mi sorpresa, todos los que estaban a mi alrededor empezaron a reírse. Luego me di cuenta de lo que había pedido y yo tampoco podía parar de reírme. Fue muy divertido.

ESCRIBIR

Ahora piensa en una anécdota que hayas tenido relacionada con el español y escríbela. ¿Puedes contar qué pasó? ¿Fue relacionado con la lengua o con situaciones interculturales? Usa los conectores oracionales para contar lo que pasó.

Los conectores oracionales
» Introducen la consecuencia con énfasis en la relación causa-efecto: *por eso, por tanto, por esta razón, por este motivo...*
» Introducen la causa de una acción: *como, porque, es que...*
» Indican aspectos temporales: *cuando, al cabo de, después (de), antes (de), en ese momento...*

Intercultura

This section combines the unit theme, vocabulary, and grammar in a cultural context. Students make connections to their own culture and experience as they practice reading, listening, speaking, and writing. This section also focuses on developing critical thinking skills in students.

UNIT WALKTHROUGH

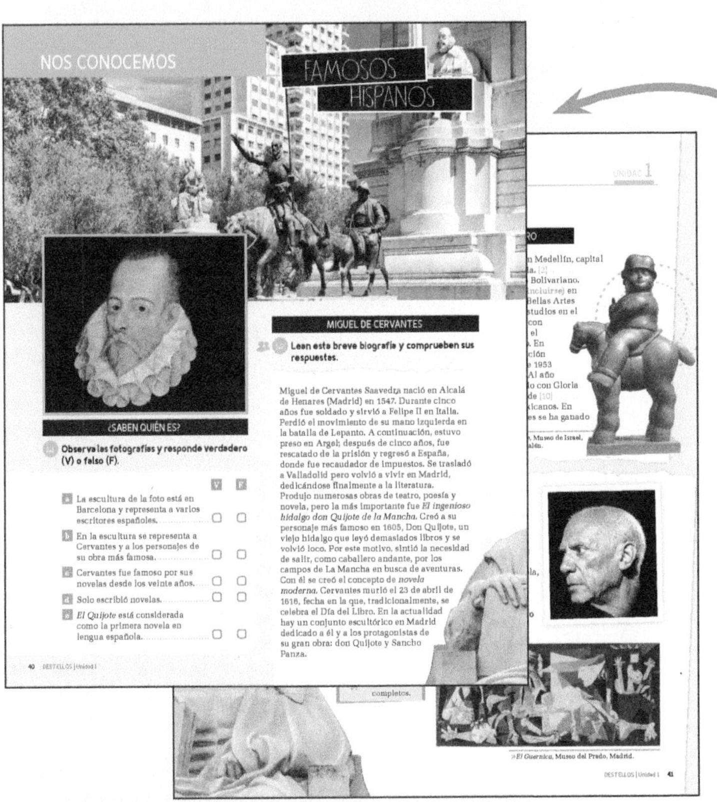

Nos conocemos

As indicated by the title ("getting to know each other"), this cultural section goes beyond a simple cultural snapshot and instead invites students to delve deeper into Hispanic perspectives with information and activities designed to encourage learners to expand on the cultural content of the text.

The final portion of the section provides an entertainment guide to the latest events, popular personalities, and activities taking place in the world today.

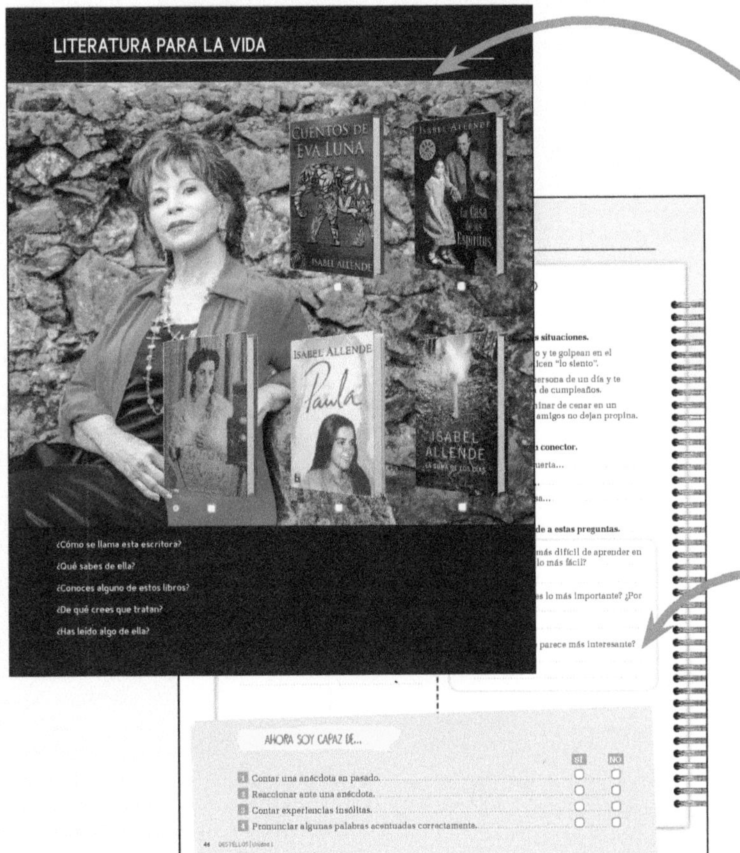

Literatura para la vida

The literature section is a gentle introduction to well-known authors, their historical context, and their work, and culminates with a literary sample or fragment. All literary pieces are recorded. Students are often guided to create their own work based on either the content or structure of the literary piece.

¿Qué he aprendido?

More than a unit review, this section requires the student to demonstrate, with their own examples or explanations, what they have learned in the unit. A checklist is provided, allowing students to confirm and revisit the learning outcomes stated at the beginning of the unit.

ACKNOWLEDGMENTS

We would like to thank the following instructors for sharing their insights during the development of *Destellos*. Their comments were instrumental in shaping our program.

Almudena Aguirre-Romero, Odessa College
Tim Altanero, Austin Community College
Miguel Ángel Novella, Eastern Washington University
Emily S. Beck, College of Charleston
Silvia Belen Ramos, Fairleigh Dickinson University
Melissa Bullard, Truckee Meadows Community College
Gerardo Cruz, Community College of Philadelphia
Erin Finzer, University of Arkansas at Little Rock
Elena Gandia Garcia, University of Nevada Las Vegas
Borja Gutierrez, Pennsylvania State University
Marie Horbaly, Northern Virginia Community College
Monica Jancha, University of Notre Dame
Matthew L Juge, Texas State University
Julia kraker, Mississippi State University
John Labiento, California State University Long Beach
Lina Lee, University of New Hampshire
Dr. Frederic Leveziel, University of South Florida St. Petersburg
Montserrat Linares, Elizabethtown College
Magdalena Maiz-Pena, Davidson College
Carolina Martinez, Queens College
James A. McAllister, University of New Orleans
Linda McManness, Baylor University
Lisa Merschel, Duke University
Lori Mesrobian, University of Southern California
Monica Millan, Eastern Michigan University
Bridget Morgan, Indiana University South Bend
Javier Morin, Del Mar College
Ric Morris, Middle Tennessee State University
Tania Muino-Loureiro, Northeastern University
Lisa Nalbone, University of Central Florida
Nancy Noguera, Drew University
Debra Ochoa, Trinity University
Kathleen Orcutt, American River College
Lucia Osa-Melero, Duquesne University
Agustin Otero, The College of New Jersey
Jeffrey Oxford, Midwestern State University
Diego Pascual, Texas Tech University
Sarah Pollack, College of Staten Island
April Post, Elon University
Dr. Alma P. Ramirez-Trujillo, Emory & Henry College
Linda Roy, Tarrant County College
Mark A. Salfi, University of San Francisco
Gabriel Saxton-Ruiz, University of Wisconsin-Green Bay
Engracia Schuster, Onondaga Community College
Ángeles Serrano-Ripoll, George Washington University
Dr. Reyna L. Sirias O., Lone Star College
Patricia Smith, Tufts University
Christine Stanley , Roanoke College
Veronica Tempone, Indian River State College
Ian Tippets, Lewis-Clark State College
Mercedes Tubino, Western Michigan University
Gladys Vega, William Paterson University
Dr. Eric Warner, Ferris State University
Rebecca White, Indiana University Southeast
Iker Zulaica Hernández, Purdue University

ACTIVATING YOUR ELETECA RESOURCES

ELEteca is the Learning Management System that accompanies your *Destellos* Student´s Book.

To activate your ELEteca resources, visit **http://cambridge.edinumen.es/welcome** and follow the instructions to create an account and activate your access code.

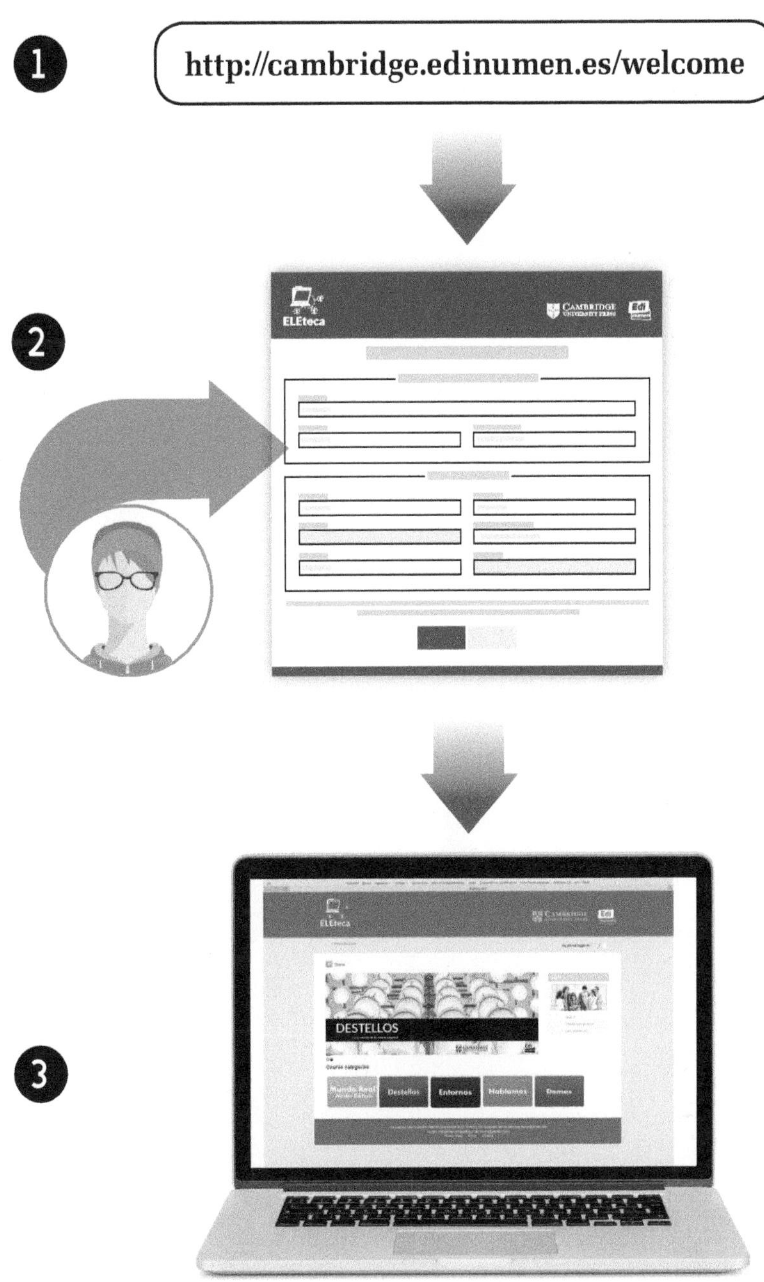

» Plaza Mayor, Madrid (España).

EXPERIENCIAS EN ESPAÑOL

Learning outcomes

By the end of this unit you will be able to:

- Talk about your experiences learning Spanish.
- Share stories about the past.
- React to what others tell you they did.
- Talk about cultural misunderstandings in the past.
- Describe what had already happened.

Para empezar

- Mi experiencia con el español

Comunica

- Las anécdotas: contar y describir anécdotas sobre el pasado
- Experiencias insólitas: reaccionar a una anécdota

Pronunciación y ortografía

- Acentuación (1): las palabras agudas y llanas

Cartelera de cine

- *Los años bárbaros*

Gramática

- Los tiempos verbales del pasado
- El pluscuamperfecto: forma y usos
- Usos de *ser* y *estar*

Intercultura

- Malentendidos culturales

Nos conocemos

- Famosos hispanos

Literatura para la vida

- *La casa de los espíritus*, de Isabel Allende

PARA EMPEZAR

MI EXPERIENCIA CON EL ESPAÑOL

1.1 Es el primer día del semestre. Jaime y Carol se saludan y se paran a hablar un rato. Lee estas frases extraídas de su conversación. ¿De qué crees que están hablando? Coméntalo con un compañero/a.

- Era la primera vez que viajaba a Europa.
- Le presenté a mis amigos.
- ¡No entendía nada!
- En España es muy habitual dar dos besos.
- Nos contó que ¡había sido abuelo!
- Dejó el paquete a su lado sin abrirlo.
- ¡Qué cosas tiene la cultura!

1.2 Escuchen y lean la conversación. Después, comprueben si acertaron en sus suposiciones anteriores.

[1]

Jaime: Seguramente tienes muchas anécdotas de tu verano en Europa, hay tantas diferencias culturales...

Carol: Sí, Jaime, pero la experiencia más divertida fue con mi hermana en España.

Jaime: ¿Con tu hermana? ¿Qué pasó?

Carol: Cuando yo vivía y estudiaba español en Madrid, mi hermana vino a visitarme. Era la primera vez que viajaba a Europa y decidí ir a buscarla al aeropuerto con mi amiga francesa, Claire, y su novio español, Luis. **Resulta** que el avión llegó con retraso y mi hermana estaba prácticamente dormida. Cuando le presenté a mis amigos, Luis le dio dos besos a mi hermana y creo que no se dio cuenta. Después, llegamos a casa, Luis nos ayudó con las maletas y cuando fue a darle dos besos de despedida, mi hermana se apartó. ¡No entendía nada! **Total que** le pregunté y me dijo que Luis la quiso besar, ja, ja, ja.

Jaime: ¿Cómo reaccionó el pobre Luis?

Carol: Fatal, creo que no se había puesto tan rojo nunca antes. Fue difícil explicarle a mi hermana que en España es muy habitual dar dos besos en situaciones informales, incluso entre desconocidos.

Jaime: ¿Y qué tal en clase? ¿Ocurrió algún otro malentendido entre los estudiantes?

Carol: Sí, sí, con Yuki. Era japonés y tenía 60 años. Además, era muy trabajador. Si nos ponían una tarea por la mañana, esa misma tarde ya la había hecho.

Jaime: Entonces, ¿qué pasó?

Carol: Bueno, pues resulta que **un día** llegó a clase con una sonrisa de oreja a oreja y con la tarea sin hacer; a todos nos pareció tan raro... y entonces nos contó que ¡había sido abuelo! Le compramos un regalito para su nieto y, al día siguiente, cuando se lo dimos en clase sonrió y dejó el paquete a su lado sin abrirlo. **Al final** le preguntamos por qué no lo abría y, claro, nos explicó que en Japón no se abren los regalos delante de la persona que te lo ha dado.

Jaime: ¡Qué cosas tiene la cultura!

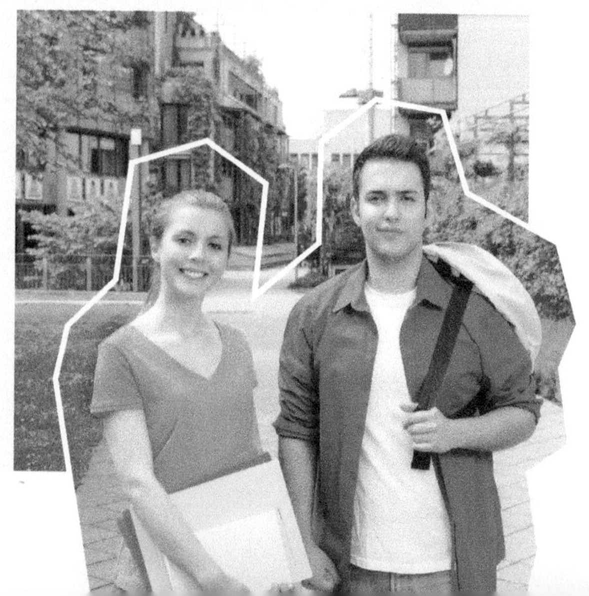

1.3 **Observa los conectores en negrita (bold) y usa los que creas necesarios para responder a las siguientes preguntas.**

a ¿En qué momento de la vida de Carol sucedió la anécdota de su hermana?
b ¿Por qué la hermana de Carol estaba tan desconcertada?
c ¿En qué situación se extrañaron los compañeros de Yuki?
d ¿Qué hicieron finalmente los compañeros ante la actitud de Yuki?

1.4 **Vuelve a leer la conversación. Con un compañero/a, busquen ejemplos de las siguientes formas verbales de pasado que aparecen destacadas. Después, relacionen cada pasado con su uso principal.**

Pretérito	Imperfecto	Presente perfecto

Usos

a Acción pasada en un periodo de tiempo no terminado.
➧ ....

b Descripción de personas, acciones habituales y circunstancias.
➧ ....

c Acción pasada en un periodo de tiempo terminado.
➧ ....

¡PRACTICA!

1.5 **Con tu compañero/a, escriban un diálogo similar siguiendo las instrucciones. Después, representen la conversación.**

1 Introduce una anécdota divertida a un amigo/a. → 2 Muestra interés: quieres saber más detalles.
3 Comienza a contar la anécdota, pero no la termines. → 4 Pregunta cómo termina la historia.
5 Comenta lo divertido que es. → 6 Pregunta si tiene experiencias similares.

COMUNICA

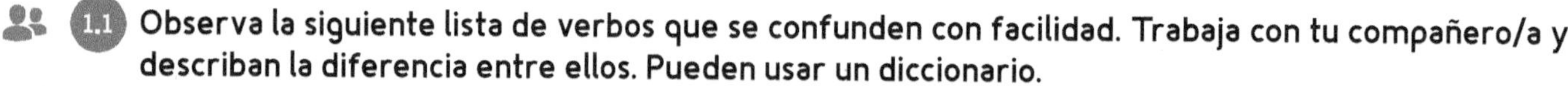

LAS ANÉCDOTAS

VOCABULARIO

1.1 Observa la siguiente lista de verbos que se confunden con facilidad. Trabaja con tu compañero/a y describan la diferencia entre ellos. Pueden usar un diccionario.

- a parecer - aparecer
- b sonreír - reír
- c olvidar - recordar
- d apagar - encender
- e caer bien - caerse
- f sentarse - ponerse de pie
- g conseguir - seguir
- h reconocer - conocer
- i darse cuenta de algo - sin darse cuenta

1.2 Completa estas tres anécdotas con los verbos conjugados en los tiempos del pasado que aparecen en el recuadro.

parecía ▪ apareció ▪ eliminé ▪ buscaba ▪ encontraba ▪ se cayó ▪ paraba ▪ he olvidado
recuerdo ▪ apagó ▪ encendía ▪ nos sentamos ▪ me puse de pie ▪ conseguí ▪ seguía
me di cuenta ▪ conocía ▪ me acerqué ▪ empecé ▪ reconocí

a ¿Una anécdota divertida? Estaba en la biblioteca estudiando y me quité las gafas para descansar un minuto. Entonces vi a una muchacha que me miraba, que no [1] .... de sonreír y que me hacía gestos de invitación. Yo no la [2] ...., pero era muy guapa. Entonces, como no llevaba gafas, [3] .... para verla mejor, [4] .... y como [5] .... haciendo los gestos le pregunté: "¿Qué me estabas diciendo?". En ese momento miré hacia atrás y vi a otra persona que también miraba a la muchacha de los gestos...

b Los primeros días de universidad conocí a un muchacho que [6] .... simpático y, después de unos meses, [7] .... hablar con él porque [8] .... juntos el último día antes de las vacaciones de Navidad. Finalmente, nos dimos los números de celular para vernos, pero [9] .... el suyo por error. Durante todas las vacaciones [10] .... todos los días el celular y [11] .... un mensaje suyo... Un día mi hermana [12] .... su celular muy enfadada y me dijo que estaba harta de los mensajes de un número desconocido que la llamaba...

c [13] .... un día en el que un hombre [14] .... por las escaleras del centro comercial. Me acerqué a ayudarlo y cuando se levantó [15] .... de que era el marido de una prima mía al que solo había visto el día de su boda hace muchos años. Al principio no lo [16] .... De puro nervios yo [17] .... a reír porque no [18] .... las palabras para decirle: "[19] .... tu nombre". Lo peor es que sin darme cuenta le dije: "¿Qué tal está Ana?". En ese momento [20] .... una mujer que no era mi prima Ana...

[2]

1.3 ¿Cómo crees que terminan las anécdotas? Escucha a Samuel, Sandra y Mónica y comprueba tus hipótesis.

1.4 Estas expresiones pueden ser sinónimas de algunos de los anteriores verbos. Relaciónalos.

notar ▪ continuar ▪ hallar ▪ levantarse ▪ conectar ▪ lograr ▪ tener aspecto de
tomar asiento ▪ ir al suelo ▪ aproximarse ▪ borrar

COMUNICACIÓN

1.5 **Lee las siguientes anécdotas y elige la opción correcta. Después, comprueba tus respuestas en el cuadro de la página siguiente.**

Diálogo 1

- **¿Qué te pasó?** ¿Por qué no llamaste ayer?
- ¡No te lo vas a creer!
- **¡Dime, dime!,** que estuvimos una hora esperando tu llamada...
- **Pues resulta que** ayer, después de comer, fui al baño y se me cayó el celular en el inodoro y...

Diálogo 2

- **¿Sabes que me pasó** el lunes?
- **No, cuenta, cuenta.**
- Fui a la playa con mi hermana y me quedé dormida una hora bajo el sol. Me puse crema, pero en lugar de protector me apliqué *aftersun*... **Total que** mira mi espalda.
- ¡Ah! ¡Pareces un tomate!

Diálogo 3

- **Oye, tengo que contarte una cosa.**
- **¿Qué te pasó?**
- **El otro día,** te llamé por teléfono y cuando contestaste, te dije: "Te quiero".
- ¿Qué? No entiendo nada, Javier.
- En ese momento, una mujer empezó a reír y me dijo que no estabas. **En fin que** te confundí con tu madre.
- Ja, ja, ja, mi madre no me dijo nada...

Para contar anécdotas:

1. *¿Qué te pasó?* sirve para:
   - a) empezar la anécdota.
   - b) preguntar.
   - c) introducir el tema.
2. *¡Dime, dime!* se usa para:
   - a) reaccionar solicitando el comienzo del relato.
   - b) preguntar.
   - c) empezar a contar el relato.
3. *Pues resulta que* indica:
   - a) el fin de la anécdota.
   - b) la reacción ante la anécdota.
   - c) el inicio del relato.
4. *¿Sabes qué me pasó?* se usa para:
   - a) reaccionar solicitando el comienzo.
   - b) introducir el tema.
   - c) preguntar.
5. *Total que* indica:
   - a) el comienzo de la anécdota.
   - b) el final de la anécdota.
   - c) la introducción del tema.
6. *Oye, tengo que contarte una cosa* se usa para:
   - a) introducir el tema.
   - b) empezar a contar el relato.
   - c) reaccionar ante la anécdota.
7. *¿Qué te pasó?* sirve para:
   - a) preguntar.
   - b) reaccionar.
   - c) empezar a contar el relato.
8. *En fin que* indica que:
   - a) el relato va a terminar.
   - b) el relato es corto.
   - c) se ubica en el tiempo.

COMUNICA

- **Contar y describir anécdotas sobre el pasado**

» Para preguntar:
- ***¿Qué te pasa (pasó)?***
- ***Cuenta, cuenta...***

» Para empezar a contar el relato:
- ***(Pues) Resulta que...***

» Para ubicar la anécdota en el tiempo:
- ***El otro día...***
- ***Un día...***
- ***Una vez...***
- ***Hace unos meses...***
- ***Cuando...***

» Para terminar de contar la anécdota:
- ***Total que...***
- ***En fin que...***
- ***Al final...***

» Para introducir el tema:
- ***¿Sabes qué ha pasado?***
- ***(Oye), tengo que contarte una cosa.***
- ***¿Sabes qué pasó ayer?***
- ***Oye, tengo que contarte una cosa, ¿tienes tiempo?***

» Para reaccionar solicitando el comienzo del relato:
- ***No, ¿qué pasa/pasó?***
- ***¿Qué pasó ayer?***
- ***¡Dime, dime!***
- ***Ah, ¿sí?***

1.6 **Elige una de las anécdotas de la actividad 1.2 y escríbela a modo de diálogo con los recursos comunicativos del cuadro. Después, represéntalo con tu compañero/a.**

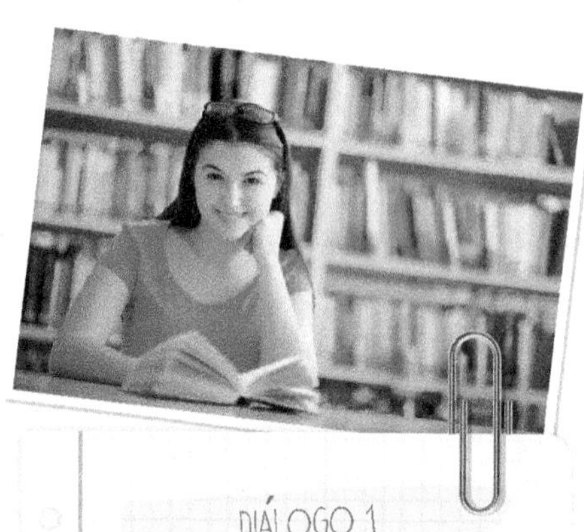

DIÁLOGO 1

Samuel: *¿Sabes qué pasó ayer?*

Amigo/a:

DIÁLOGO 2

Sandra: *Tengo que contarte una cosa.*

Amigo/a:

DIÁLOGO 3

Mónica: *Oye, tengo que contarte una cosa, ¿tienes tiempo?*

Amigo/a:

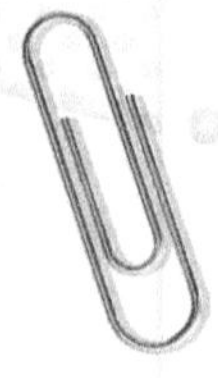

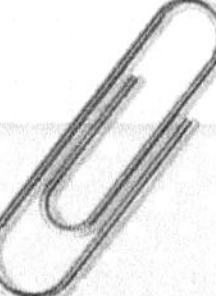

VOCABULARIO

[3]

1.7 **¿Sabes qué significa el adjetivo *insólito*? Escucha la siguiente entrevista y relaciona las palabras con el número del entrevistado al que pertenecen.**

- a ▢ Payaso.
- b ▢ Mascota.
- c ▢ Tirarse en paracaídas.
- d ▢ Carrera.
- e ▢ Tanque.
- f ▢ Luna de miel.
- g ▢ Susto.
- h ▢ Probador.
- i ▢ Funeraria.
- j ▢ Disfrazarse.

[3]

1.8 **Vuelve a escuchar la entrevista y relaciona las palabras anteriores con estos dibujos. Luego, explica el significado a tu compañero/a.**

1 ▢

2 ▢

3 ▢

4 ▢

5 ▢

6 ▢

7 ▢

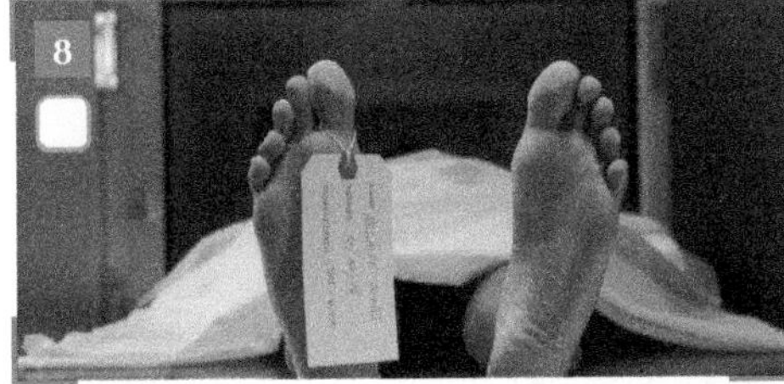
8 ▢

9 ▢

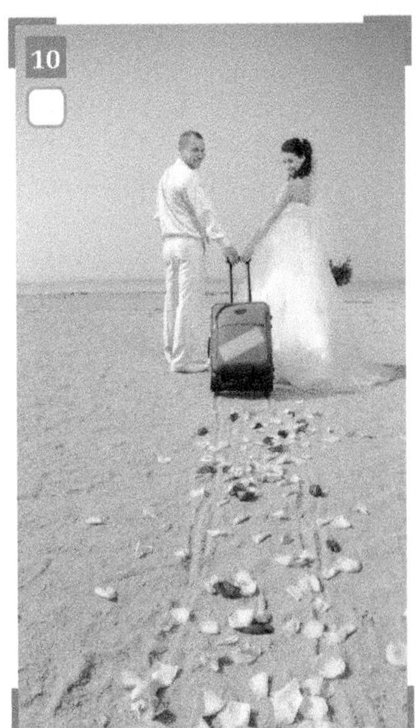
10 ▢

COMUNICA MÁS

1.9 **Escribe en un papel la experiencia más insólita que hayas vivido. Después, dale el papel al profesor para que los reparta por la clase. Solo tienes tres minutos.**

1.10 **Discutan y decidan a quién pertenece cada una de las experiencias anteriores, argumentando sus opiniones.**

Dice: "Una vez comí carne de serpiente".

Esa es de Peter, que le gusta ir de *camping*.

O de Andrea, que hizo un curso de cocina.

Yo creo que es de Katie, porque es muy atrevida.

1.11 **El amor puede ser una experiencia extraordinaria en la vida. Lee este fragmento de la novela *Amor, curiosidad, prozac y dudas* de Lucía Etxebarría y verás cuántas cosas insólitas hicieron algunas personas por amor.**

Apuntes para mi tesis: [...] Marco Antonio **perdió** un imperio por Cleopatra. Robin Hood raptó a lady Marian. Beatriz **rescató** a Dante del Purgatorio. [...] Julieta bebió una copa de veneno cuando vio muerto a Romeo. Melibea **se arrojó** por la ventana a la muerte de Calisto. Ofelia **se tiró** al río porque pensó que Hamlet no la amaba. [...]

Juana de Castilla veló (held a vigil) a Felipe el Hermoso durante meses, día y noche, sin dejar de llorar, y después se retiró a un convento. Don Quijote **dedicó** todas sus aventuras a Dulcinea. Doña Inés se suicidó por don Juan y regresó más tarde desde el Paraíso para salvarlo del Infierno. Garcilaso escribió decenas de poemas para Isabel Freire, aunque nunca la **tocó**. [...] Rimbaud, que había escrito obras maestras a los dieciséis años, no escribió una sola línea desde el momento en que **acabó** su relación con Verlaine. [...] Verlaine **intentó** asesinar a Rimbaud, luego se convirtió al catolicismo y escribió las *Confesiones*; nunca volvió a ser el mismo. Anna Karenina **abandonó** a su hijo por amor al teniente Vronski, y se dejó arrollar por un tren cuando **creyó** que había perdido aquel amor. Y yo le dejo a Iain mensajes diarios en el contestador, pero si me lo pide lo dejaré de hacer y nunca más volveré a llamarle. Y no se me ocurre mayor prueba de amor, porque pienso en él constantemente.

(Adaptado de *Amor, curiosidad, prozac y dudas*, Lucía Etxebarría)

» Lucía Etxebarría, nacida en 1966 en España, escritora que gusta de la polémica, publicó su primera novela en 1997, *Amor, curiosidad, prozac y dudas*. Ganó el Premio Nadal de novela (1998) y el Premio Planeta (2004) por otras dos novelas suyas.

1.12 **¿Por qué la autora del texto se compara con todos estos personajes? ¿Cuál es la mayor prueba de amor que ella puede imaginar?**

1.13 **Haz una lista con los infinitivos de los verbos en negrita y defínelos. Hay dos verbos que son sinónimos. ¿Sabes cuáles son? Incluye otros sinónimos que conozcas. Trabaja con tu compañero/a.**

Infinitivo	Definición	Sinónimos

1.14 **Lee las siguientes frases con el verbo *dejar* extraídas del texto y relaciónalas con su significado.**

1. Juana de Castilla veló a Felipe el Hermoso durante meses, día y noche, sin **dejar de** llorar. ☐
2. Anna Karenina abandonó a su hijo por amor al teniente Vronski, y **se dejó** arrollar por un tren. ☐
3. Y yo le **dejo** a Iain mensajes diarios en el contestador. ☐

a. Depositar algo en algún lugar.
b. No continuar, cesar de hacer algo.
c. Permitir, consentir; sin fuerza para parar la acción.

1.15 **Las imágenes representan a algunos de los personajes del fragmento de la novela anterior. Identifícalos según la información que tienes.**

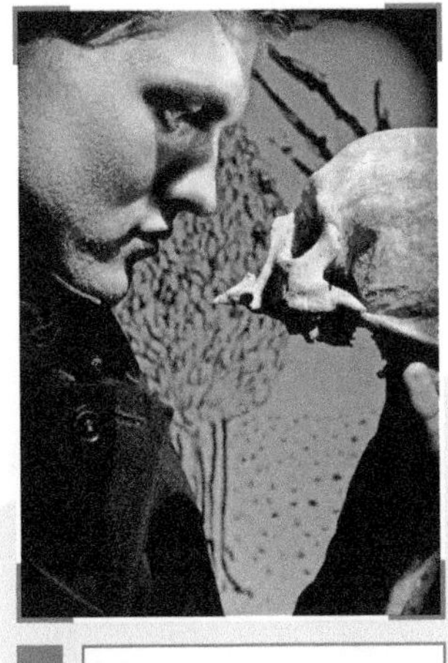
a ______

b ______

c ______

d ______

e

f

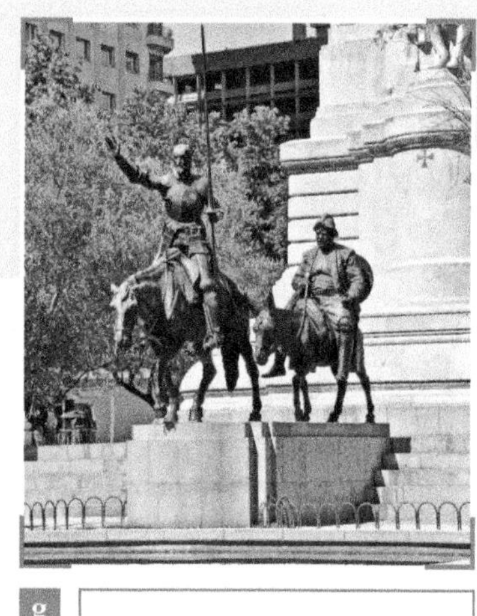

g

1.16 **¿A cuál de los personajes atribuyes estas frases? Después, investiga la historia sobre uno que no conozcas y cuéntasela a la clase.**

a Cuando lo vi muerto, me volví loca de dolor y decidí acabar con mi vida.
b Todo lo que hice fue para ganarme el amor y la admiración de ella.
c Mi amado esposo, el rey, ha muerto.
d He dejado a mi hijo por amor y cuando él me abandonó, no pude continuar.

1.17 **De todos los personajes que aparecen en el texto, ¿cuál te resulta más atractivo y por qué? ¿Puedes añadir algún otro personaje que hizo algo insólito por amor? Cuéntaselo a tus compañeros.**

1.18 **Ahora, escribe en este blog lo más insólito que hiciste tú por amor y lo que otra persona hizo por ti. No es necesario decir la verdad, lo importante es que uses bien los pasados.**

COMUNICACIÓN

1.19 **Observen a estas personas y describan cómo creen que se sienten al escuchar la anécdota que les están contando.**

1.20 **Clasifica las expresiones del recuadro en función de su intención. Ten en cuenta que una misma expresión puede indicar diferentes reacciones.**

¡No me digas! ▪ ¡Híjole! ▪ ¿De verdad? ▪ ¡Madre mía! ▪ ¡Qué bueno! ▪ ¡Genial!
¡No me lo puedo creer! ▪ ¡Qué curioso! ▪ ¡No te olvides de nada! ▪ ¡Nunca había oído nada parecido!
¡Quiero saberlo con todo lujo de detalles! ▪ ¡Qué divertido! ▪ ¿En serio? ▪ ¡Bárbaro!

- **Reaccionar a una anécdota**
  - » Para expresar sorpresa positiva:
  - » Para expresar interés y curiosidad:
  - » Para expresar que les gusta la información:
  - » Para expresar escepticismo:

COMUNICA MÁS

1.21 **Lee las siguientes situaciones y decide cuál de las expresiones anteriores podrías usar y la que sería ofensiva.**

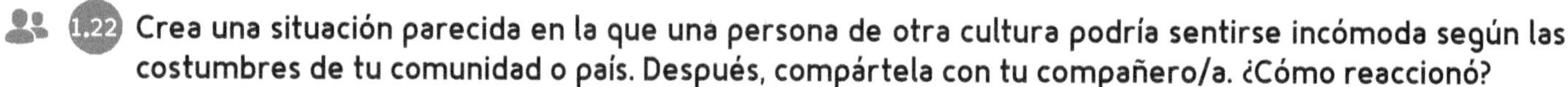

Un mexicano te invita a comer a su casa y, de entrante, te saca una ensalada de lechuga con aguacate y chapulines despolvoreados. Te dice que es un plato exquisito en México y que lo tienes que probar.

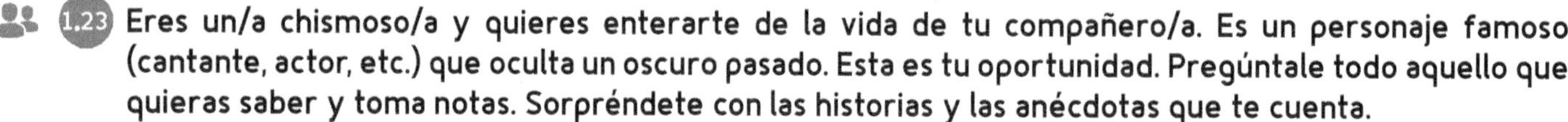

Es tu cumpleaños y un español te pregunta cuántos años cumples. A continuación, te empieza a tirar de las orejas.

1.22 **Crea una situación parecida en la que una persona de otra cultura podría sentirse incómoda según las costumbres de tu comunidad o país. Después, compártela con tu compañero/a. ¿Cómo reaccionó?**

1.23 **Eres un/a chismoso/a y quieres enterarte de la vida de tu compañero/a. Es un personaje famoso (cantante, actor, etc.) que oculta un oscuro pasado. Esta es tu oportunidad. Pregúntale todo aquello que quieras saber y toma notas. Sorpréndete con las historias y las anécdotas que te cuenta.**

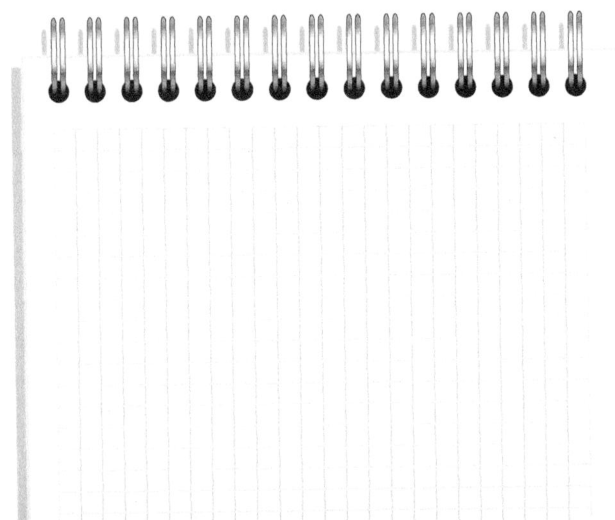

PRONUNCIACIÓN y ORTOGRAFÍA

Acentuación (1): las palabras agudas y llanas

1.1 Lee el cuadro con las reglas generales de acentuación y clasifica estas palabras en agudas (A) o llanas (LL).

◯ sillón	◯ Félix	◯ ojo	◯ autobús	◯ útil	◯ allí
◯ jamás	◯ camiseta	◯ escriben	◯ trabajo	◯ lápiz	◯ árbol
◯ reloj	◯ pelo	◯ celular	◯ pensar	◯ pared	◯ comedor

LAS PALABRAS AGUDAS Y LLANAS

- Una sílaba es un grupo fónico que se pronuncia en un único golpe de voz. Las sílabas pueden ser **tónicas** (las que reciben el mayor golpe de voz) y **átonas** (las que reciben una menor intensidad en su pronunciación).
- En español, dependiendo de la posición de la sílaba tónica, tenemos diferentes tipos de palabras:
  » Las palabras que tienen el acento en la última sílaba se llaman **agudas**. Estas palabras llevan tilde cuando terminan en vocal, en *–n* o en *–s*: *sofá, ordenador*…
  » Las palabras que tienen el acento en la penúltima sílaba se llaman **llanas**. Estas palabras llevan tilde cuando terminan en consonante diferente de *–n* y *–s* : *césped, impresora*…

1.2 Lee el texto y pon la tilde en las palabras que lo necesiten según las reglas generales de acentuación que has estudiado. Trabaja con tu compañero/a.

El chofer de Einstein

Albert Einstein iba a las universidades para dar conferencias. Como no le gustaba conducir y, sin embargo, el coche le resultaba muy cómodo para sus desplazamientos, contrato los servicios de un chofer. Despues de varios viajes, Einstein le comento al chofer lo aburrido que era repetir lo mismo una y otra vez. El chofer le dijo: "Le puedo sustituir por una noche. Despues de escuchar su conferencia tantas veces, la puedo recitar palabra por palabra". Einstein le tomo la palabra. Llegaron a la sala y el chofer expuso la conferencia y ninguno de los académicos presentes descubrio el engaño. Al final, un profesor de la audiencia le hizo una pregunta. El chofer no tenia ni idea de cual era la respuesta, pero tuvo un golpe de inspiracion y le dijo: "La pregunta que me hace es tan sencilla que dejare que mi chofer, que se encuentra al final de la sala, la responda".

CARTELERA DE CINE

SINOPSIS

Durante la posguerra española, en el año 1947, dos jóvenes estudiantes universitarios miembros de asociaciones de estudiantes contrarias al régimen son condenados a ocho años y enviados al campo de trabajo del Valle de los Caídos. Un vez allí, consiguen escaparse gracias a la ayuda de un francés especialista en fugas (jailbreaks), a través de un plan organizado. Empiezan entonces un viaje por España con unas supuestas (supposed) viajeras norteamericanas que conocen durante su fuga y que simpatizan con sus ideas democráticas de libertad.

¿SABÍAS QUE...?

- La película está basada en una novela autobiográfica de Manuel Lamana titulada *Otros hombres*.
- La película del director, Fernando Colomo, a diferencia de la novela, crea personajes de ficción inspirándose en la huida real del escritor de la novela y un compañero que lograron escapar de un campo de concentración del régimen franquista y huir (flee) a Francia a pie en 1948.
- La comedia desdramatiza la terrible situación que miles de españoles vivieron durante la dictadura de Franco y que les llevaron a cruzar las fronteras para salvar sus vidas y vivir en libertad.

SECUENCIA

00:38:30 ▶ 00:41:35

DATOS TÉCNICOS

Título Los años bárbaros.

Año	1998.	**Género**	Drama.
País	España y Francia.	**Director**	Fernando Colomo.

Intérpretes

Jordi Mollà, Ernesto Alterio, Hedy Burress, Allison Smith, Juan Echanove, José María Pou, Samuel Le Bihan, Álex Angulo, Pepon Nieto, Ana Rayo Ruano.

Reconocimientos

5 nominaciones a los Premios Goya, incluyendo mejor guion adaptado.

ANTES DE VER LA SECUENCIA

1.1 **Vuelve a leer la sinopsis de la película y relaciona estas imágenes con sus descripciones.**

1 ☐

2 ☐

3 ☐

4 ☐

a. Tomás y Jaime fueron trasladados al Valle de los Caídos, un campo de trabajo en la sierra de Madrid, donde los presos políticos del franquismo cumplían sus condenas (sentences) con trabajos forzosos.

b. Una noche Tomás, Jaime y otros universitarios contrarios al régimen quedaron para hacer pintadas de protesta en los muros de la universidad.

c. Los dos estudiantes fueron arrestados y encarcelados antes de su juicio. Posteriormente, los condenaron a ocho años de prisión y a trabajos forzosos en el monumento del Valle de los Caídos.

d. Esa misma noche, mientras el resto de los compañeros regresaban de hacer las pintadas, Tomás y Jaime fueron sorprendidos casi en el acto y detenidos.

CARTELERA DE CINE

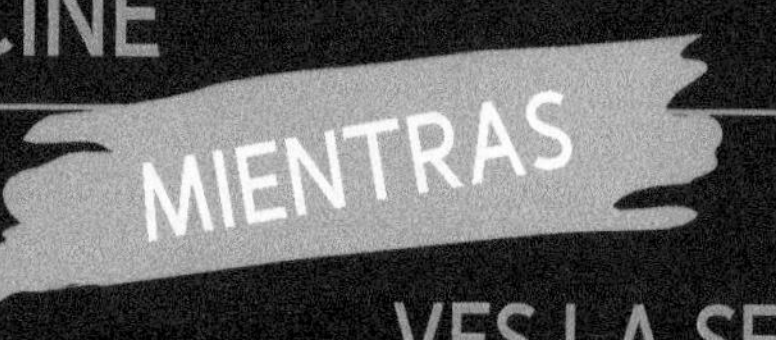

VES LA SECUENCIA

Tomás y Jaime, después de escapar del campo de trabajo, inician su viaje hacia la frontera con Francia y cuentan con la ayuda de dos jóvenes norteamericanas con las que vivirán diferentes aventuras y anécdotas.

1.2 **Uno de los aspectos del film más criticados y elogiados (praised) al mismo tiempo es el tono cómico con el que tratan estos hechos vividos por refugiados españoles de aquella época. Observa este momento y responde a las siguientes preguntas relacionadas con hechos aparentemente anecdóticos.**

1 El guardia civil...
- a) sospecha de las parejas.
- b) hace un control rutinario de carretera.
- c) para el vehículo por velocidad.

2 Los guardias civiles no entienden la nacionalidad de la muchacha porque ella lo dice...
- a) en español con acento extranjero.
- b) mal a propósito.
- c) en su lengua y los guardias no entienden inglés.

3 La guardia civil se relaja y olvida su obligación...
- a) porque acepta el regalo de una de las muchachas: whisky escocés de importación.
- b) porque le parece muy divertido el juego de palabras entre la marca de la bebida y la documentación exigida.
- c) porque una de las muchachas sí encuentra su pasaporte.

4 Cuenta con tus propias palabras las anécdotas lingüísticas o culturales de la secuencia.

....

....

....

....

DE VER LA SECUENCIA

1.3 Decide si estas afirmaciones sobre la secuencia son verdaderas (V) o falsas (F).

	V	F
a El beso de la secuencia significa que la muchacha está locamente enamorada.	☐	☐
b Los dos protagonistas hablan inglés y se comunican perfectamente con ellas.	☐	☐
c La muchacha que maneja tiene una idea muy romántica e idealizada de la resistencia antifranquista.	☐	☐
d Van a pasar por Toledo y Sevilla.	☐	☐
e Los personajes deciden cambiarse el nombre.	☐	☐
f La actitud de la guardia civil con ellas es machista e irrespetuosa.	☐	☐
g Tomás y Jaime conocen muy bien a las muchachas y saben cómo les van a ayudar.	☐	☐
h Finalmente, los muchachos les cuentan con detalle su larga experiencia como activistas políticos en clandestinidad.	☐	☐

1.4 Responde a estas preguntas sobre aspectos históricos mencionados en la película. Puedes consultar en Internet.

a ¿Sabes a qué personas se refiere la muchacha que maneja cuando menciona a los *fugados* y a los *maquis*?

b La misma muchacha dice que presume (brags) de que su padre fue un brigada internacional. ¿Sabes quiénes fueron las *brigadas internacionales*?

c ¿Sabes dónde está y para qué fue finalmente destinado el Valle de los Caídos, el campo de trabajo de los personajes?

d Explica qué elementos del argumento hacen que la historia sea: anecdótica, insólita y dramática.

1.5 Aquí tienes algunos elementos biográficos de Manuel Lamana, autor de la novela en la que se inspiró la película. Léelos y compáralos con el argumento de la película: ¿hay alguna diferencia?

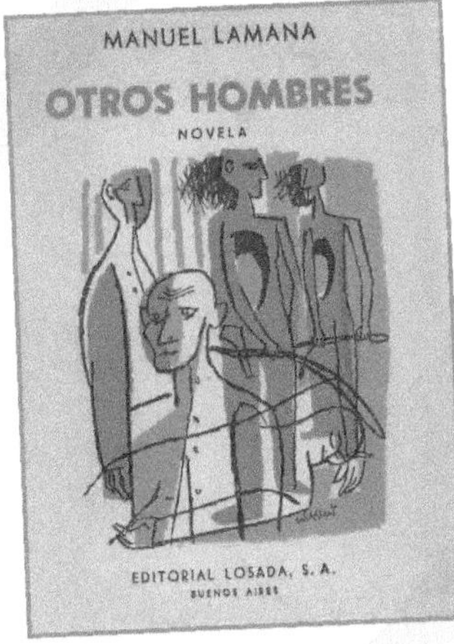

a En 1941 se matricula en la Universidad Complutense de Madrid y participa en los movimientos estudiantiles de oposición al régimen franquista.

b En 1947 es condenado junto a su compañero Nicolás Sánchez Albornoz a seis años de prisión por intentar refundar un sindicato estudiantil prohibido por Franco.

c Ambos fueron trasladados y condenados en la construcción del Valle de los Caídos, lugar del que consiguieron escapar gracias a un plan elaborado desde Francia.

d Recorrieron gran parte de España en un coche con dos norteamericanas, Barbara Probst y Barbara Mailer, hasta llegar a los Pirineos y cruzarlos a pie hasta Francia.

GRAMÁTICA

A LOS TIEMPOS VERBALES DEL PASADO

You have already learned that in Spanish, there are three tenses to express actions in the past: the preterit, the imperfect, and the present perfect. Refer to *Resumen gramatical* in the appendix for more information about these verb forms.

Pretérito

» Verbos regulares:

–AR viajar	–ER entender	–IR vivir
viaj**é**	entend**í**	viv**í**
viaj**aste**	entend**iste**	viv**iste**
viaj**ó**	entend**ió**	viv**ió**
viaj**amos**	entend**imos**	viv**imos**
viaj**asteis**	entend**isteis**	viv**isteis**
viaj**aron**	entend**ieron**	viv**ieron**

» Verbos irregulares:

pedir ▸ *pedí, pediste, pidió, pedimos, pedisteis, pidieron*

dormir ▸ *dormí, dormiste, durmió, dormimos, dormisteis, durmieron*

leer ▸ *leí, leíste, leyó, leímos, leísteis, leyeron*

ser/ir ▸ ***fui, fuiste, fue, fuimos, fuisteis, fueron***

estar ▸ ***estuv**e, **estuv**iste, **estuv**o, **estuv**imos, **estuv**isteis, **estuv**ieron*

venir ▸ ***vin**e, **vin**iste, **vin**o, **vin**imos, **vin**isteis, **vin**ieron*

hacer ▸ ***hic**e, **hic**iste, **hiz**o, **hic**imos, **hic**isteis, **hic**ieron*

decir ▸ ***dij**e, **dij**iste, **dij**o, **dij**imos, **dij**isteis, **dij**eron*

Imperfecto

» Verbos regulares:

–AR viajar	–ER entender	–IR vivir
viaj**aba**	entend**ía**	viv**ía**
viaj**abas**	entend**ías**	viv**ías**
viaj**aba**	entend**ía**	viv**ía**
viaj**ábamos**	entend**íamos**	viv**íamos**
viaj**abais**	entend**íais**	viv**íais**
viaj**aban**	entend**ían**	viv**ían**

» Verbos irregulares:

ser	ir	ver
era	**iba**	**veía**
eras	**ibas**	**veías**
era	**iba**	**veía**
éramos	**íbamos**	**veíamos**
erais	**ibais**	**veíais**
eran	**iban**	**veían**

Presente perfecto

» Verbos regulares:

he / has / ha / hemos / habéis / han + viaj**ado** / entend**ido** / viv**ido**

» Participios irregulares:

abrir ▸ **abierto**
escribir ▸ **escrito**
morir ▸ **muerto**
ver ▸ **visto**
decir ▸ **dicho**
hacer ▸ **hecho**
poner ▸ **puesto**
volver ▸ **vuelto**

» De pequeña tocaba la guitarra.

 **1.1** **Jayla ha escrito una entrada en su blog sobre una experiencia que ha tenido. Completa la entrada con las formas correctas de los verbos. Comprueba las respuestas con tu compañero/a y contesten las preguntas.**

Bienvenidos | Usuario | Contraseña

EXPERIENCIAS

El blog de Jayla

Hola, me llamo Jayla. Soy norteamericana, de Chicago. Estudio español desde hace dos años. Me encanta este idioma porque puedo usarlo en varios países, suena muy bien y no me cuesta mucho pronunciarlo. Mi primer contacto con el español [1] .... (ser, pretérito) en Chicago, mi ciudad natal. Me inscribí en un curso del Instituto Cervantes y allí conocí a Emiliano, mi profesor de español, que me enseñó muchas cosas de la lengua y la cultura hispana.

Aprovechando que [2] .... (tener, imperfecto) tres meses libres después de terminar la universidad, [3] .... (decidir, pretérito) hacer un curso de español en Cuernavaca, México. Recuerdo que aquellas clases [4] .... (ser, imperfecto) muy amenas y que yo tenía mucha ilusión por aprender. Empezábamos las lecciones a las nueve de la mañana y terminábamos a las doce. [5] .... (Haber, imperfecto) muy buen ambiente en clase y cada día, cuando [6] .... (llegar, imperfecto) yo, tomábamos juntos un café. La clase era muy agradable y cómoda. [7] .... (Sentarnos, imperfecto) alrededor de una mesa que había en el centro de la sala. De las paredes colgaban carteles con fotografías de bellos parajes de México y de Hispanoamérica y, asimismo, frases coloquiales del español.

Algunos fines de semana visitamos en grupo varias ciudades de México: Taxco, el D.F., Puebla, Toluca... Después [8] .... (volver, pretérito) a Chicago y [9] .... (tener, pretérito) que organizar mi vida porque [10] .... (conseguir, pretérito) un trabajo en Houston y debía mudarme allí.

Ahora estoy muy contenta porque mi empresa me [11] .... (pedir, presente perfecto) viajar de nuevo a México para perfeccionar mi español. Estudiaré en Monterrey durante tres meses. [12] .... (Vivir, presente perfecto) varias veces con familias mexicanas de acogida y, esta vez, me gustaría pasar más tiempo con ellos, por eso he decidido compaginar mis estudios de español con las actividades diarias de la familia. **Ya** me [13] .... (adaptar, presente perfecto) a su estilo de comida y a su forma cariñosa de hablar.

Creo que al final de mi curso de intermedio sabré muchas cosas más sobre la vida y la cultura hispanas. Conoceré a muchas personas. En el futuro me gustaría conocer España, pero **todavía** no [14] .... (ahorrar, presente perfecto) lo suficiente para viajar allí. Además, no dispongo de mucho tiempo para hacerlo. Pero lo haré, seguro, estoy impaciente...

a ¿Cuándo se tomaban juntos un café? ....

b ¿Por qué volvió a Chicago? ....

....

c ¿Qué cosas ha hecho ya para adaptarse a su vida con una familia mexicana? ....

d ¿Por qué no ha viajado a España? ....

....

GRAMÁTICA

1.2 **Observen las frases destacadas en azul de la actividad anterior y completen con ellas los ejemplos que faltan en el siguiente cuadro.**

- El **presente perfecto** se usa para hablar de una acción pasada en un periodo de tiempo no terminado o relacionado con el presente:
  - – ....

  » Con este tiempo también se habla de experiencias vividas o no hasta el momento presente:
  - – ....
  - – ....

- El **pretérito** se usa para hablar de acciones terminadas ocurridas en un periodo de tiempo terminado y delimitado del pasado:
  - – ....

  » Se usa también para hablar del número de veces que ha ocurrido una acción en un pasado terminado:
  - – *El año pasado fui tres veces a Bogotá para visitar a mis abuelos.*

- El **imperfecto** presenta la acción como un proceso, sin indicar su final. Por esta razón se usa principalmente para describir personas, cosas, lugares o evocar situaciones en el pasado:
  - – ....

  » Además, se usa para hablar del contexto en el que sucede la acción principal en pasado y para expresar acciones habituales también en pasado:
  - – ....
  - – ....

1.3 **Yoko, una muchacha japonesa, ha contestado con un comentario en el blog de Jayla sobre su experiencia con el aprendizaje de español. Léelo y, después, escribe tu propio comentario.**

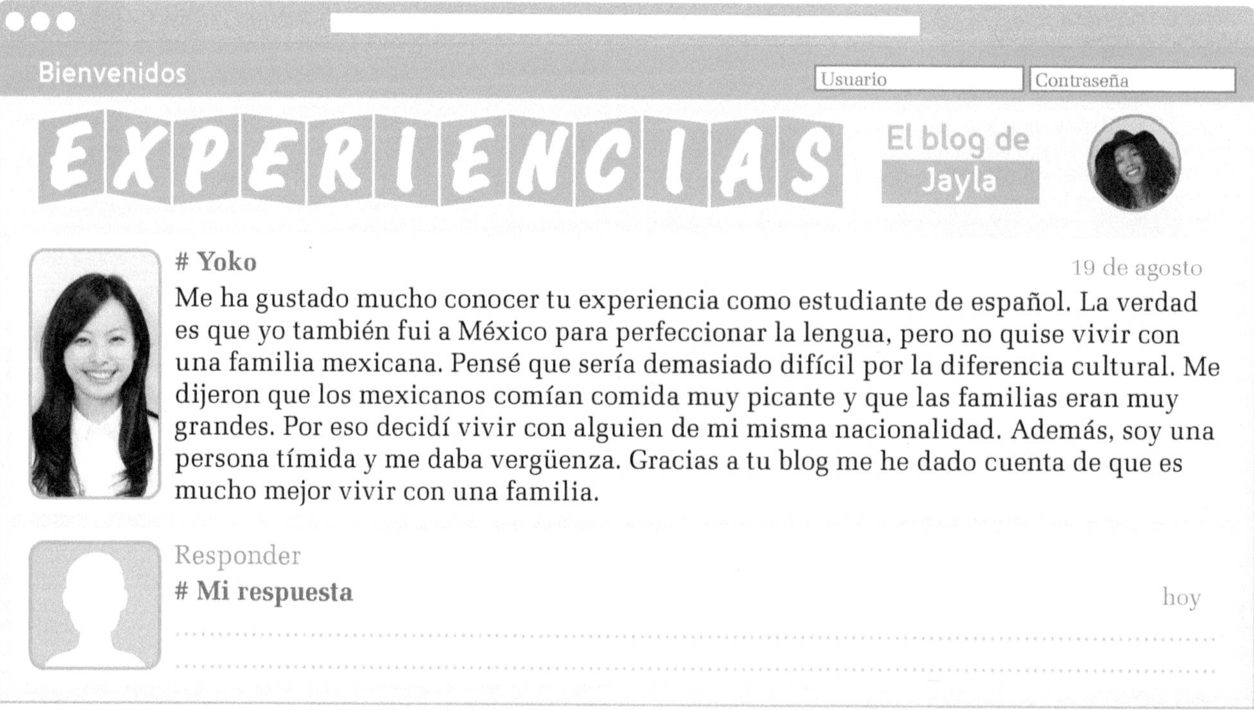

1.4 Elabora un cuestionario de cinco preguntas para conocer la experiencia con el aprendizaje de español de tu compañero/a. Después, entrevístalo y toma nota de sus respuestas.

Modelo: *¿Cuándo y dónde empezaste a estudiar español?*

Cuestionario:

1. *¿Cuándo y dónde empezaste a estudiar español?*
2. ....
3. ....
4. ....
5. ....

1.5 Después de conocer las experiencias de tus compañeros, ¿cómo valoras tu propia experiencia con el idioma? ¿Ha sido positiva hasta ahora? ¿Has descubierto otra forma de aprender la lengua?

B EL PLUSCUAMPERFECTO: FORMA Y USOS

The pluperfect or the past perfect in Spanish, as in English, describes what someone had done or what had occurred. Use the pluperfect to talk about a past action that occurred prior to another past action.

- El **pluscuamperfecto** se forma con el imperfecto del verbo ***haber*** + participio:

Imperfecto del verbo *haber*		Participio pasado
había		
habías		viaj**ado**
había	+	entend**ido**
habíamos		viv**ido**
habíais		
habían		

Recuerda

- La formación del participio regular y los participios irregulares son iguales a los del presente perfecto.

– *Cuando salía del trabajo, me di cuenta de que había llovido.*

- Se usa para:
  » Expresar una acción pasada anterior a otra también pasada. Es su uso principal:
  – ....
  » Expresar una acción posterior a la del verbo principal, pero con la idea de inmediatez o rapidez en la realización de la acción:
  – ....
  » Contar algo que sucede por primera vez:
  – ....

1.6 Vuelve a leer la conversación entre Carol y Jaime de la sección *Para empezar* y completa el cuadro anterior con las frases en pretérito pluscuamperfecto que aparecen en el texto.

»Carol y Jaime.

GRAMÁTICA

1.7 **Relaciona las columnas para formar frases con sentido.**

1 Se encontraba fatal... ☐
2 Le pedí 1000 pesos... ☐
3 Estaba muy cansado,... ☐
4 Nunca había tenido... ☐
5 Compré un lavaplatos a las 10:00 h... ☐
6 Mi hermana sacó matrícula de honor... ☐

a y a los diez minutos me los había dado.
b porque había estudiado mucho.
c tanta suerte.
d porque había comido demasiado.
e ya que había trabajado mucho.
f y a las 12:00 h ya me lo habían traído.

1.8 **Ahora di a qué uso del pluscuamperfecto corresponde cada una de las frases anteriores según el cuadro que has estudiado. Compara con tu compañero/a y justifiquen su respuesta si no están de acuerdo.**

1.9 **Inspirándote en las siguientes imágenes, crea frases como la del modelo, usando el pluscuamperfecto. Después, compáralas con las de tu compañero/a. ¿Han interpretado las situaciones de la misma manera?**

a *Cuando llegó a casa, ya habían robado.*

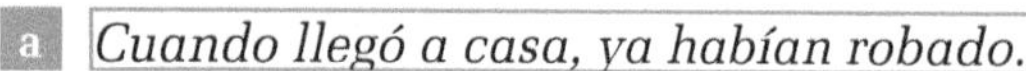

b

c

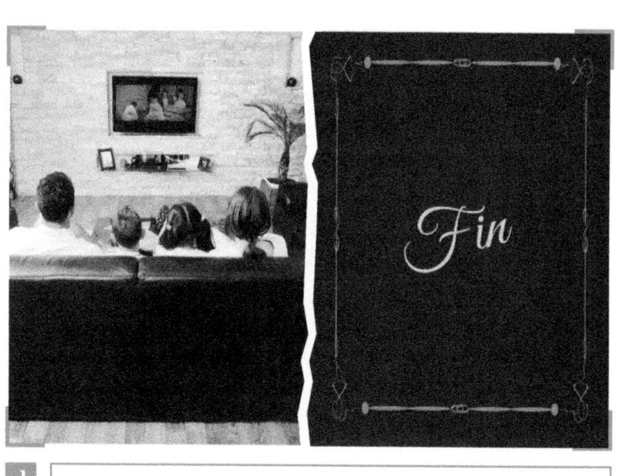

d

C USOS DE *SER Y ESTAR*

In general, use **ser** and **estar** to talk about and describe people, places, things, events… When the characteristics are inherent to or typical of the subject being described, use **ser** (*El cielo es azul*). However, when those characteristics are not inherent to or typical of the subject, use **estar** to describe them (*Parece que va a llover, el cielo está muy gris*).

SER	ESTAR
▪ Profesión o puesto en una empresa.	▪ Profesión temporal o puesto en una empresa.
– *Laura **es** profesora pero,*	***está** de dependiente en verano para ganar un dinero extra.*
▪ Lugar de celebración de un evento.	▪ Lugar: ubicación de cosas y personas.
– *La fiesta **es** en mi casa.*	*Mi casa **está** en la calle Ibiza.*
▪ Características que son propias de una persona, cosa, lugar, evento y forman parte de su naturaleza.	▪ Características que no forman parte de la naturaleza del sujeto, sino que son ocasionales y pueden cambiar según el momento.
– *Patricia **es** una joven muy alegre,*	*pero hoy **está** muy seria, seguro que tiene algún problema.*

[4] **1.10 Completa la conversación entre Violeta y Nuria con *ser* y *estar*. Después, escucha el audio para comprobar tus respuestas. ¿Qué relación hay entre ellas?**

[Ringggg]
Violeta: ¿Bueno?
Nuria: ¡Hola!, soy Nuria.
Violeta: ¡Qué milagro!, Nuria, ¿cómo [1] .... ?
Nuria: Bien, bien. En la loquera, ya sabes…, como siempre. ¿Y tú?, ¿qué tal?
Violeta: Pues yo, ahora, [2] .... mucho más ocupada. ¡Ah, claro!, no lo sabes, pero ya [3] .... trabajando desde la casa y la verdad es que [4] .... más relajado. Me encanta.
Nuria: ¡Qué bueno! Oye, ¿[5] .... Javier?
Violeta: No, no [6] .... Todavía no llega. Seguro que [7] .... aún en la oficina, ¿le digo algo?
Nuria: Dile que me llame alguna vez, que [8] .... su hermana.
Violeta: OK. Oye, no te olvides de que tenemos cena el sábado.
Nuria: Sí, pero no recuerdo, ¿[9] .... en tu casa o vamos a ese restaurante nuevo que [10] .... cerca?
Violeta: ¡En casa! Y ahora que lo digo, tu hermano me tiene que ayudar a limpiar la casa, pues no he tenido tiempo de ponerla en orden y [11] .... bastante sucia.
Nuria: ¡Uy! Mi hermano va a [12] .... de empleado doméstico. ¡Me encanta! Nos vemos el sábado.

1.11 Prepara una conversación parecida con tu compañero/a usando *ser* y *estar*. Preséntenla a la clase para ver quién ha incorporado más ejemplos con estos verbos.

INTERCULTURA

MALENTENDIDOS CULTURALES

PREPARAR

1.1 ¿Qué te sugiere el refrán *Allí donde fueres, haz lo que vieres*? Escoge la descripción que te parece más acertada y coméntala con tu compañero/a. ¿Hay algún refrán o dicho similar en inglés?

a. Cuando uno viaja es importante conocer a otras gentes.
b. Cuando uno viaja es importante adaptarse a las costumbres y las diferencias culturales del país que se visita.
c. Cuando uno viaja es mejor evitar comida y bebidas que no conocen para que la estancia sea placentera y gratificante.

LEER

1.2 Antes de leer un malentendido cultural, relaciona estas definiciones con las expresiones extraídas de la anécdota.

1. La comida gratuita que te dan con las bebidas en México. ☐
2. Piezas redondas en la ropa que sirven para cerrar la prenda. También se refiere a la persona en los hoteles que sube las maletas al cuarto. ☐
3. Actividad social consistente en ir a los bares a beber. ☐
4. Semillas que se encuentran dentro de la fruta. ☐
5. Verbo que significa "pedir comida o bebida a un mesero". ☐
6. Adjetivo que demuestra que una persona está muy segura de sus acciones. ☐

a. pepitas
b. tomar un trago
c. botanas
d. resuelto/a
e. ordenar
f. botones

1.3 Lee la siguiente anécdota sobre los malentendidos que a veces ocurren con el aprendizaje de las lenguas. ¿Por qué todos se rieron del estudiante de español?

Acababa de comenzar mi curso de español en Puebla, México. La profesora, ese día, nos había enseñado vocabulario sobre las cantinas y las botanas típicas que sirven con cada trago. Al terminar la clase, decidimos irnos a tomar un refresco y probar cacahuates con chile o pepitas de calabaza. Yo insistí mucho en ordenar, ¡me hacía mucha ilusión poner en práctica lo que había aprendido! Así que, muy resuelta, me acerqué a la barra y dije: "Oye, compadre, ¿nos da unos botones con el refresco?" y, ante mi sorpresa, todos los que estaban a mi alrededor empezaron a reírse. Luego me di cuenta de lo que había pedido y yo tampoco podía parar de reírme. Fue muy divertido.

 ESCUCHAR

 [5]

1.4 Escucha a un profesor de español de Madrid que nos cuenta una anécdota ocurrida en sus clases y toma nota de lo que pasa. Compara con tu compañero/a las notas que has tomado y, entre los dos, piensen en un final para la anécdota. Tengan en cuenta su experiencia de aprendizaje y lo que saben de la cultura hispana.

 [6]

1.5 Escucha ahora el resto de la anécdota. ¿Qué tiene que hacer el festejado después de apagar las velas del pastel? ¿Qué tradiciones o costumbres existen en tu familia o cultura en las fiestas de cumpleaños? Cuéntaselo a la clase.

 HABLAR

1.6 Los diferentes códigos culturales también pueden provocar malentendidos y, en ocasiones, anécdotas. Lee las siguientes tarjetas, reacciona y compara tu respuesta con la de tu compañero/a. Después, representa una de las situaciones con tu compañero/a.

Te encuentras en la calle con un conocido al que no ves desde hace tiempo. Él te saluda, pero tiene prisa y te dice "luego te hablo", y no te llama.

Hablas con una persona hispana y notas que te habla desde muy cerca.

Vas a una tienda y el vendedor se pone a hablar de su vida durante un largo rato con un cliente.

Vas en el metro y tienes la sensación de sentirte observado porque te están mirando con cierta intensidad.

La gente, cuando camina lentamente por la calle, va por el lado derecho de la acera y, cuando camina a paso rápido, va por el izquierdo.

Los hombres latinos dicen piropos a las mujeres en la calle.

 ESCRIBIR

1.7 Ahora piensa en una anécdota que hayas tenido relacionada con el español y escríbela. ¿Puedes contar qué pasó? ¿Fue relacionado con la lengua o con situaciones interculturales? Usa los conectores oracionales para contar lo que pasó.

Los conectores del discurso

Recuerda que los conectores del discurso sirven para organizar la información que se ofrece en un texto oral o escrito, como puede ser contar una anécdota.

- Para ordenar la información: **primeramente, en primer lugar, en segundo (lugar), por un lado, por otro (lado)...**
- Para concluir: **al final, finalmente, para terminar, en conclusión...**

FAMOSOS HISPANOS

¿SABEN QUIÉN ES?

1.1 **Observa las fotografías y responde verdadero (V) o falso (F).**

		V	F
a	La escultura de la foto está en Barcelona y representa a varios escritores españoles.	☐	☐
b	En la escultura se representa a Cervantes y a los personajes de su obra más famosa.	☐	☐
c	Cervantes fue famoso por sus novelas desde los veinte años.	☐	☐
d	Solo escribió novelas.	☐	☐
e	*El Quijote* está considerada como la primera novela en lengua española.	☐	☐

MIGUEL DE CERVANTES

1.2 **Lean esta breve biografía y comprueben sus respuestas.**

Miguel de Cervantes Saavedra nació en Alcalá de Henares (Madrid) en 1547. Durante cinco años fue soldado y sirvió a Felipe II en Italia. Perdió el movimiento de su mano izquierda en la batalla de Lepanto. A continuación, estuvo preso en Argel; después de cinco años, fue rescatado de la prisión y regresó a España, donde fue recaudador de impuestos. Se trasladó a Valladolid pero volvió a vivir en Madrid, dedicándose finalmente a la literatura.
Produjo numerosas obras de teatro, poesía y novela, pero la más importante fue *El ingenioso hidalgo don Quijote de la Mancha*. Creó a su personaje más famoso en 1605, Don Quijote, un viejo hidalgo que leyó demasiados libros y se volvió loco. Por este motivo, sintió la necesidad de salir, como caballero andante, por los campos de La Mancha en busca de aventuras. Con él se creó el concepto de *novela moderna*. Cervantes murió el 23 de abril de 1616, fecha en la que, tradicionalmente, se celebra el Día del Libro. En la actualidad hay un conjunto escultórico en Madrid dedicado a él y a los protagonistas de su gran obra: don Quijote y Sancho Panza.

1.3 **Completa la biografía de estos dos artistas hispanos.**

ESCULTURA: FERNANDO BOTERO

El 19 de abril de 1932 [1] .... (nacer) en Medellín, capital del Departamento de Antioquía, Colombia. [2] .... (Cursar) estudios primarios en el Colegio Bolivariano. En 1948 dos de sus acuarelas [3] .... (incluirse) en una muestra colectiva en el Instituto de Bellas Artes de Medellín. [4] .... (Financiar) sus estudios en el Liceo San José y la Normal de Marinilla con los dibujos que [5] .... (realizar) para el suplemento dominical de *El Colombiano*. En 1956 [6] .... (tener) su primera exposición individual en la Galería Leo Matiz. Entre 1953 y 1954 [7] .... (viajar) a París e Italia. Al año siguiente [8] .... (contraer) matrimonio con Gloria de Artei. En 1956 [9] .... (establecer) su residencia en México, en donde [10] .... (interesarse) por el arte precolombino y el trabajo de los surrealistas mexicanos. En 1957 [11] .... (viajar) por primera vez a Estados Unidos. Desde entonces se ha ganado el reconocimiento internacional.

» *Jinete*, Museo de Israel, Jerusalén.

PINTURA: PICASSO

[1] .... (Nacer) en Málaga (España) en 1881. En 1895 [2] .... (trasladarse) a Barcelona donde [3] .... (ingresar) en la Facultad de Bellas Artes. Cinco años más tarde [4] .... (ir) por primera vez a París, donde [5] .... (organizar) una exposición. Nueve años después [6] .... (volver) a vivir en París, donde [7] .... (conocer) a Matisse. Al cabo de tres años, [8] .... (pintar) las señoritas de Avignon. Cuando en 1936 [9] .... (empezar) la guerra civil española, [10] .... (volver) de nuevo a París, donde [11] .... (pintar) *El Guernica*. [12] .... (Casarse) varias veces y [13] .... (tener) tres hijos. En 1955 [14] .... (instalarse) en Cannes y, a los dos años, [15] .... (pintar) *Las Meninas*, inspirándose en el cuadro de Velázquez. En 1973 [16] .... (morir) en su casa de Notre Dame de Vie (Francia).

[7] Escucha los textos completos.

» *El Guernica*, Museo del Prado, Madrid.

GUÍA DE OCIO

CINE

Guillermo del Toro nació el 9 de octubre de 1964 en Guadalajara, Jalisco (México). Llevó a cabo sus primeros trabajos de cine cuando estudiaba en Secundaria. Pasó diez años trabajando en diseño de maquillaje, y después formó su propia compañía llamada *Necropia*. Fue el productor ejecutivo de su primera película a los 21 años. Cofundó el Festival de Cine de Guadalajara y creó la compañía de producción Tequila Gang. En 1998 decidió irse a vivir al extranjero. Su primera película se llamaba *Cronos*. En 2006 filmó su sexta película, *El laberinto del Fauno*, con la que ganó 8 premios Ariel y 7 Premios Goya, además de recibir tres Premios Oscar.

"En México y Latinoamérica tenemos una de las imaginaciones más ricas, por eso siempre he creído que debemos estar siempre en el banquete fílmico mundial".

LA MAYORÍA DE PERIODISTAS ESPECIALIZADOS EN FICCIÓN APLAUDEN EL ESTILO DE GUILLERMO DEL TORO

Busca en Internet el argumento de estas películas y cuéntasela a tus compañeros.

Escribe su biografía.

SILVIO RODRÍGUEZ ES UN MÚSICO CUBANO REPRESENTANTE DE UN MOVIMIENTO MUSICAL LLAMADO "NUEVA TROVA CUBANA", FENÓMENO ESTÉTICO NACIDO EN LA SEGUNDA MITAD DE LOS AÑOS 60.

» MÚSICA

"Las canciones de este artista presentan mucho contenido social y político".

- » 29 de noviembre 1946: Nace en San Antonio de los Baños, La Habana (Cuba).
- » 1958: Conoce la obra de José Martí, poeta de la independencia cubana.
- » 1962: Comienza los estudios de piano.
- » Marzo de 1964: Ingresa en el servicio militar obligatorio de las Fuerzas Armadas Revolucionarias.
- » Diciembre de 1964: Compra una guitarra y aprende a tocarla con Esteban Baños.
- » 1963-1965: Compone sus primeras canciones.
- » 1967: Debuta en el programa de televisión "Música y estrellas". Da su primer recital.
- » 1975: Primer disco solo: *Días y flores*.
- » Destacan, entre otros trabajos:
  Rabo de nube (1980)
  Tríptico (1984)
  Silvio (2002)
  Expedición (2002)
- » 2007: Recibe un doctorado honoris causa de la Universidad Mayor de San Marcos en Perú.

LITERATURA PARA LA VIDA

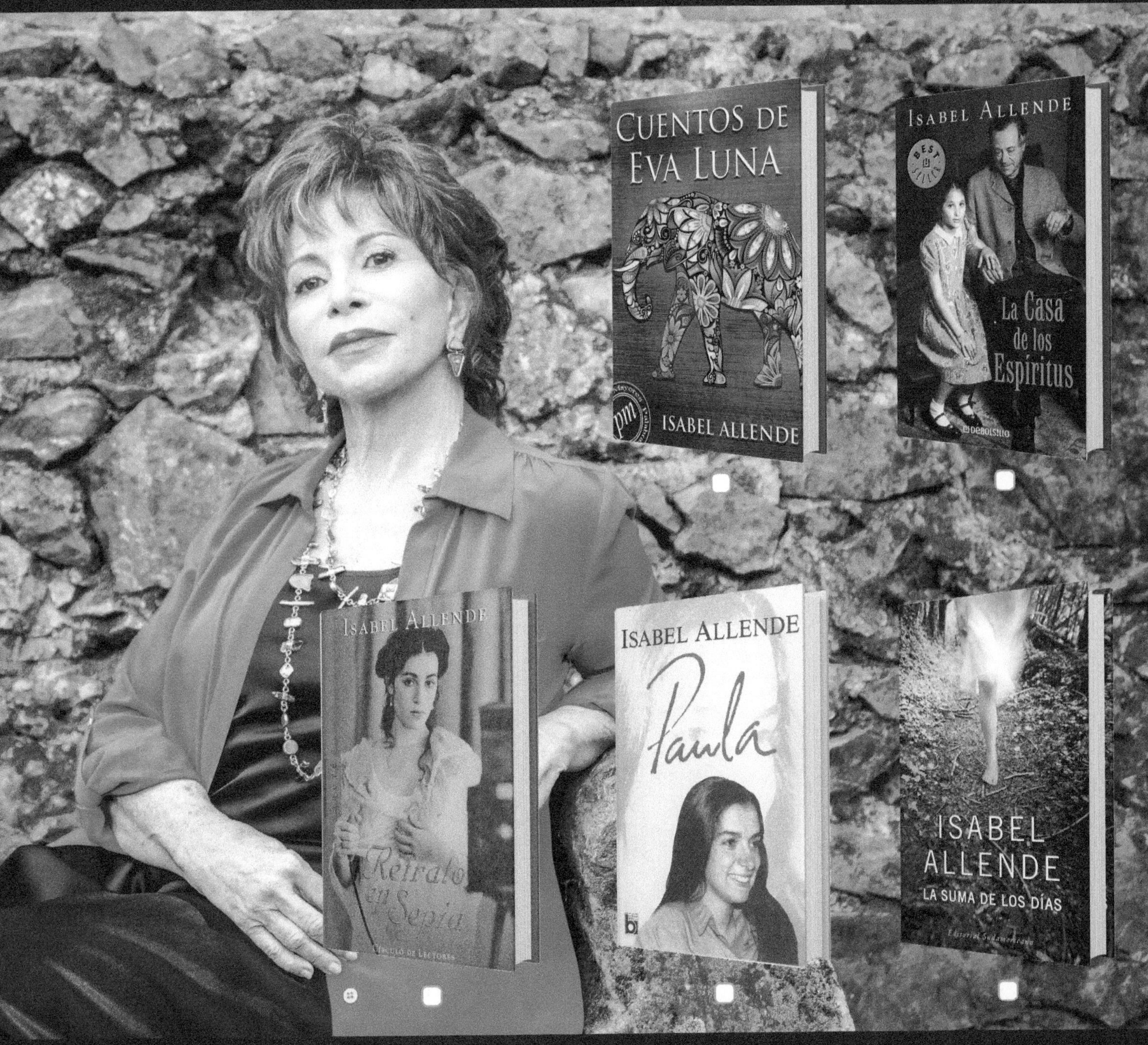

¿Cómo se llama esta escritora?

¿Qué sabes de ella?

¿Conoces alguno de estos libros?

¿De qué crees que tratan?

¿Has leído algo de ella?

LITERATURA PARA LA VIDA

1.1 Completa la información sobre esta autora con los verbos del recuadro.

se casó ▪ recibió ▪ tuvo ▪ llevó ▪ fue ▪ se exilió ▪ murió ▪ nació ▪ era ▪ abandonó ▪ se publicó ▪ estudió

ISABEL ALLENDE

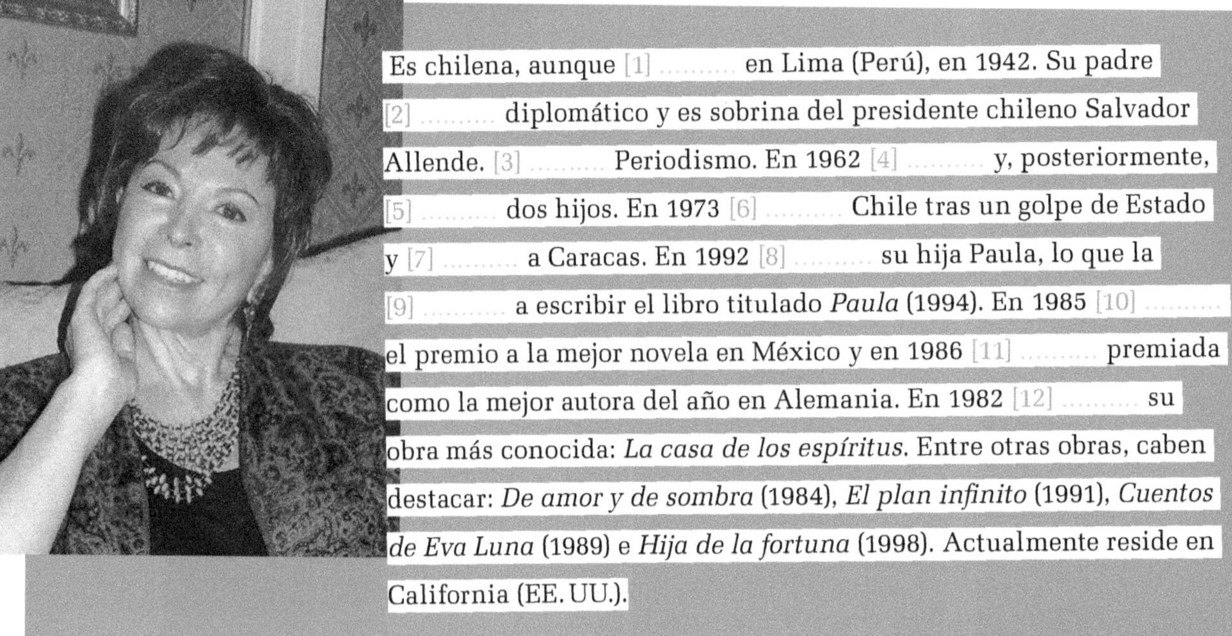

Es chilena, aunque [1] .... en Lima (Perú), en 1942. Su padre [2] .... diplomático y es sobrina del presidente chileno Salvador Allende. [3] .... Periodismo. En 1962 [4] .... y, posteriormente, [5] .... dos hijos. En 1973 [6] .... Chile tras un golpe de Estado y [7] .... a Caracas. En 1992 [8] .... su hija Paula, lo que la [9] .... a escribir el libro titulado *Paula* (1994). En 1985 [10] .... el premio a la mejor novela en México y en 1986 [11] .... premiada como la mejor autora del año en Alemania. En 1982 [12] .... su obra más conocida: *La casa de los espíritus*. Entre otras obras, caben destacar: *De amor y de sombra* (1984), *El plan infinito* (1991), *Cuentos de Eva Luna* (1989) e *Hija de la fortuna* (1998). Actualmente reside en California (EE. UU.).

1.2 **Relaciona el resumen de cada historia con su libro. Observa las portadas en la página anterior.**

- **a** Veintitrés relatos de amor y violencia unidos por un fino hilo narrativo y un rico lenguaje.
- **b** La historia reciente de la vida de la autora y de la de su familia, una casa abierta, llena de gente y de personajes literarios, hijas perdidas, nietos, éxitos y dolores… También es la historia de amor entre un hombre y una mujer maduros.
- **c** Un libro conmovedor e íntimo. Su hija entró en estado de coma y, junto a su cama, Isabel Allende comenzó a redactar la historia de su familia y de sí misma para regalársela después.
- **d** Se narra la saga de una poderosa familia a lo largo de cuatro generaciones y sigue los movimientos sociales y políticos del periodo en el que vive Chile. Inspirada en sus recuerdos de infancia en la vieja casona de sus abuelos, fue llevada al cine y protagonizada, entre otros, por Jeremy Irons, Meryl Streep, Winona Ryder y Antonio Banderas.
- **e** Narrada por una joven mujer, es una novela histórica, situada a finales del siglo XIX en Chile y trata de una portentosa saga familiar en la que reencontramos algunos de los personajes de *La casa de los espíritus*.

INVESTIGA

Busca información sobre *La casa de los espíritus* y haz una presentación al resto de la clase.

1.3 Aquí tienes un fragmento de la obra *La casa de los espíritus*. Antes de leerlo, observa algunas palabras que aparecen en el texto y busca en el diccionario aquellas que no conozcas.

- evocar
- alegría
- daguerrotipo
- bastar
- filibustero/a
- regocijo
- atocharse
- embalsamado/a
- tropezar
- bichos
- remoto/a
- retrato
- momificado/a
- recordar
- chocar
- aventurero/a
- animales
- lejano/a
- ser suficiente
- llenarse

[8]

La casa de los espíritus

Hacía un par de años que Clara no veía a su tío Marcos, pero lo recordaba muy bien.

Era la única imagen perfectamente nítida de su infancia y para evocarla no necesitaba consultar el daguerrotipo del salón, donde aparecía vestido de explorador, apoyado en una escopeta de dos cañones de modelo antiguo, con el pie derecho sobre el cuello de un tigre de Malasia. (…)

A Clara le bastaba cerrar los ojos para ver a su tío en carne y hueso, curtido por las inclemencias de todos los climas del planeta, flaco, con unos bigotes de filibustero, entre los cuales asomaba su extraña sonrisa de dientes de tiburón. Parecía imposible que estuviera dentro de ese cajón negro en el centro del patio.

En cada visita que hizo Marcos al hogar de su hermana Nívea, se quedó por varios meses, provocando el regocijo de los sobrinos, especialmente de Clara, y una tormenta en la que el orden doméstico perdía su horizonte. La casa se atochaba de baúles, animales embalsamados, lanzas de indios, bultos de marinero. Por todos lados la gente andaba tropezando con sus bártulos inauditos, aparecían bichos nunca vistos, que habían hecho el viaje desde tierras remotas, para terminar aplastados bajo la escoba implacable de la Nana en cualquier rincón de la casa. (…)

Clara recordaba perfectamente, a pesar de que entonces era muy pequeña, la primera vez que su tío Marcos llegó a la casa de regreso de uno de sus viajes. Se instaló como si fuera a quedarse para siempre. (…)

(*La casa de los espíritus*, Isabel Allende)

1.4 **Ahora, elije la opción correcta.**

1. La historia se cuenta a través de los recuerdos de…
   - a) la sobrina de Marcos.
   - b) el padre de la familia.
2. La profesión de Marcos era…
   - a) vendedor de pieles.
   - b) explorador.
3. Cuando empieza el relato, Clara no había visto a su tío…
   - a) desde hace tiempo.
   - b) nunca.
4. Nana era…
   - a) la hermana de Marcos.
   - b) la asistenta de la familia.
5. Siempre que Marcos iba a casa…
   - a) se quedaba unos días.
   - b) llevaba grandes equipajes.
6. Cuando se cuenta el relato…
   - a) Marcos había muerto.
   - b) Marcos había vuelto a visitarles.

- **Habla con tu compañero/a comenzando de esta forma.**
  1. Recuerdo un día en el que...
  2. ¿Una anécdota divertida? Estaba...
  3. Mi primer contacto con el español fue...
  4. Cuando llegué a la clase...

- **Completa la siguiente anécdota.**
  - ¿Sabes qué me pasó...?
  - No,...
  - Pues resulta que... Total que...
  - ¡Ah! ¡Nunca había oído nada parecido!

- **Explica a tu compañero/a las siguientes palabras.**

  payaso ▪ caerse ▪ insólito ▪ mascota
  luna de miel ▪ paracaídas

- **Completa las frases con el pluscuamperfecto.**
  1. Nunca... ....
  2. Cuando llegué a casa,... ....
  3. Por la mañana le pedí... y por la tarde ya... ....

- **Reacciona ante estas situaciones.**
  1. Estás en el metro y te golpean en el hombro. No te dicen "lo siento".
  2. Conoces a una persona de un día y te invita a su fiesta de cumpleaños.
  3. Después de terminar de cenar en un restaurante, tus amigos no dejan propina.

- **Completa usando un conector.**
  1. Llamaron a la puerta... ....
  2. Fuimos al cine... ....
  3. Regresé a mi casa... ....

- **Reflexiona y responde a estas preguntas.**
  1. ¿Qué ha sido lo más difícil de aprender en esta unidad? ¿Y lo más fácil? ....
  2. ¿Qué crees que es lo más importante? ¿Por qué? ....
  3. ¿Qué epígrafe te parece más interesante? ....

AHORA SOY CAPAZ DE...

	SÍ	NO
1 Contar una anécdota en pasado.	☐	☐
2 Reaccionar ante una anécdota.	☐	☐
3 Contar experiencias insólitas.	☐	☐
4 Pronunciar algunas palabras acentuadas correctamente.	☐	☐

Verbos
acabar to end, finish
acercarse to get close, approach
ahorrar to save
apagar to switch off
aparecer to appear, show up
arrojar(se) to hurl (yourself)
buscar to look for
caerse to fall
conocer to know, be familiar with
conseguir to get, obtain, achieve (goal)
darse cuenta de algo to realize
dejar to allow, leave behind, abandon
dejar de (+ infinitivo) to stop doing something
disfrazarse to put on a costume
eliminar to eliminate
encender to switch on
hallar to find
olvidar to forget
parecer to seem
perder to lose
ponerse de pie to stand up
reconocer to recognize
recordar to remember
reír to laugh
rescatar to rescue
seguir to follow
sentarse to sit
sonreír to smile
tirar(se) to throw (yourself)

Descripciones
chismoso/a gossipy
incómodo/a uncomfortable
insólito/a unbelievable, unusual
placentero/a pleasant

Cultura y experiencias insólitas
la anécdota story, anecdote
la carrera race, career
los chapulines grasshopper
la funeraria funeral home
la luna de miel honeymoon
el malentendido misunderstanding
el paracaídas parachute
el payaso clown
el piropo flirtatious remark
el probador fitting room
el susto fright, scare

Contar y reaccionar a las anécdotas
Ah, ¿sí? Oh, really?
Al final At the end
Cuenta, cuenta. Do tell.
Cuando... When
¡Dime, dime! Tell me!
El otro día The other day
En fin que In the end
Hace unos meses Some months ago
¡No te olvides de nada! Don't forget any part of it/anything
¡Nunca había oído nada parecido! I have never heard of such a thing!
¿Qué te pasa/pasó? What's wrong?/What happened to you?
¡Quiero saberlo con todo lujo de detalles! I want to know/hear every detail about it!
(Pues) Resulta que It turns out that
¿Sabes qué pasó ayer? Do you know what happened yesterday?
Tengo que contarte una cosa. I have something to tell you.
Total que In short
Un día One day
Una vez One time

Conectores del discurso
al final in the end
en conclusión in short, in conclusion
en primer lugar first of all, in the first place
en segundo (lugar) secondly, in the second place
finalmente finally
para terminar in closing
por otro (lado) on the other hand, what's more
por un lado on the one hand
primeramente in the first place

- ¿Qué está haciendo ahí?
- ¿A dónde crees que va?
- ¿Cómo crees que se siente? ¿Por qué?
- Y tú, ¿cómo te sientes cuando piensas lo mismo?

» Salar de Uyuni, Bolivia.

¿ESTUDIAS O TRABAJAS?

2

Learning outcomes

By the end of this unit you will be able to:

- Talk about studying and living independently.
- Express wishes and desires.
- Give advice and make recommendations.
- Use set expressions to encourage others and wish them well.

Para empezar

- Trabajar en el extranjero

Comunica

- Los estudios en el extranjero: expresar deseos y preferencias
- Clases universitarias: reaccionar ante un deseo y hacer valoraciones

Pronunciación y ortografía

- Acentuación (2): las palabras esdrújulas y sobreesdrújulas

Cartelera de cine

- *Azul oscuro casi negro*

Gramática

- El presente de subjuntivo: verbos regulares e irregulares
- Usos del presente de subjuntivo:
  - » Dar consejos y hacer recomendaciones
  - » Expresar peticiones

Intercultura

- Volver al nido

Nos conocemos

- El *spanglish*

Literatura para la vida

- *Soneto LXXXIX*, de Pablo Neruda

TRABAJAR EN EL EXTRANJERO

2.1 Con un compañero/a, observen las siguientes imágenes y contesten a las preguntas.

1. ¿A qué hacen referencia todas ellas?
2. ¿Cuáles usan más habitualmente? ¿Por qué?
3. ¿Qué es más práctico para comunicarse entre familiares y amigos cuando estamos en otro país?
4. ¿Hay algún medio de comunicación que no les guste en absoluto?

a

b

c

d

e

f

[9]

2.2 Lee las preguntas y escucha atentamente la siguiente conversación que Antonio mantiene con su madre sobre lo que está haciendo en Chile. Después de escuchar, responde a las preguntas.

a. ¿Cuál es el medio de comunicación que utilizan?
b. ¿Antonio extraña a su familia? ¿Por qué?
c. ¿Crees que trabajar de mesero es una buena oportunidad?
d. ¿Cuál es la profesión de Antonio? ¿Piensas que Antonio debería esperar a encontrar un trabajo relacionado con su profesión?
e. ¿Por qué acepta trabajar como mesero?
f. ¿En qué tipo de restaurante trabaja?
g. Al final, ¿cómo valora la madre el trabajo de su hijo?

 [9]

2.3 Escucha la conversación y completa la información que falta.

Mamá
12:18 España
Online
Videollamada
Colgar

Antonio: ¡Hola, mamá! ¿Cómo están?
Madre: ¡Hola, hijo! Pues, estamos bien y te extrañamos mucho.
Antonio: Y yo a ustedes también. Sobre todo sus comiditas caseras.
Madre: Ya me lo imaginaba. [1] .... bien todos los días, ¿me escuchas?
Antonio: Sí, mamá, pero ya sabes que no me gusta mucho cocinar. Oye, ¿está papá por ahí?
Madre: No, hijo. Hoy llegará tarde... Pero, cuenta, cuenta, ¿cómo estás?
Antonio: Estoy bien y muy contento. Tengo muchas cosas que contarte. ¿Sabes? Ya he encontrado trabajo. Vine a Chile para trabajar y lo he conseguido. ¿Qué te parece?
Madre: ¡Qué bien! ¡Qué rápido! ¿Cómo fue?
Antonio: Pues mira... La semana pasada mi compañera de apartamento, Teresa, me dijo que en el restaurante de unos amigos suyos necesitaban un mesero y que ella les había hablado de mí.
Madre: Bueno, ¿de mesero? Por algo se empieza, ¿no? [2] .... algo de tu profesión.
Antonio: Ya, mamá. Ya sé que soy ingeniero... Pero [3] .... por un tiempo. Así puedo pagar las facturas y gastos de momento. ¿No es una buena oportunidad?
Madre: Sí, hijo, sí. Ya encontrarás algo de lo tuyo más adelante...
Antonio: El restaurante es muy moderno y elegante. [4] .... a comer allí tienen mucho dinero. Es una pena que no estén aquí para verlo. Oye, ¿qué tal Marta?
Madre: Al final, tu hermana ha dejado definitivamente a Miguel, y yo, la verdad, [5] .... a estar juntos. [6] .... con Miguel si la relación no funciona...
Antonio: Sí, tienes razón... Bueno, mamá, dale muchos besos y un abrazo a papá y mi hermana. Te dejo, que tengo que ir a trabajar.
Madre: Vale, hijo. [7] .... Solo [8] .... tu sueño de ser ingeniero.
Antonio: Ya lo sé. Mira, si puedo, te llamo el domingo.

2.4 De las frases que has anotado en la actividad anterior, elige las que no están ni en modo infinitivo ni en modo indicativo y escríbelas a continuación. ¿Sabes en qué modo están?

a .... b .... c .... d .... e ....

2.5 Ahora clasifica las frases según lo que expresan.

a Para expresar deseos: ....
b Para expresar peticiones y mandatos: ....
c Para dar consejos y hacer recomendaciones: ..
d Para valorar las acciones de otras personas: ...

¡PRACTICA!

2.6 Con tu compañero/a, escriban un diálogo similar siguiendo las instrucciones. Después, representen la conversación.

1 Llama a un/a amigo/a que se ha ido a estudiar o a trabajar al extranjero. Salúdalo.
2 Responde la llamada y dile qué tal estás.
3 Pregúntale qué hace allí.
4 Dile que estás estudiando y dando clases de inglés en una academia de lengua.
5 Dale un consejo.
6 Dale las gracias. Despídete.

COMUNICA

LOS ESTUDIOS EN EL EXTRANJERO

VOCABULARIO

2.1 Lee cómo aprendieron español estos estudiantes de español y completa las frases con el vocabulario de los estudios. Después, comprueba tus respuestas con tu compañero/a.

asignatura obligatoria ▪ estudios primarios ▪ máster ▪ presencial ▪ beca ▪ curso intensivo ▪ bilingüe ▪ escuela secundaria ▪ asignatura optativa ▪ curso virtual ▪ curso de perfeccionamiento ▪ colegio privado ▪

Claudine

a Yo cursé mis [1] .... en un colegio [2] ...., por lo que mi nivel de español siempre ha sido bastante bueno. Cuando cumplí 18 años, me fui de *au pair* a España. Creo que esta es una manera barata de aprender otro idioma.

Boris

b El año pasado terminé un [3] .... de español, donde investigué sobre el aprendizaje del español. Al mes, empecé a dar clases en un [4] .... de Corea del Sur. Hacer amigos hispanos por Internet es lo que más me apasiona.

Adele

c El año pasado obtuve una [5] .... para un [6] .... de tres semanas en Argentina y pude mejorar lo que había aprendido durante mis clases de español. Allí conocí a mucha gente. Mira, estos son los amigos de los que tanto te he hablado.

Devis

d Yo nunca había tomado clases de español en la [7] .... Un día me inscribí en un curso [8] .... de español, y la escuela me concedió (granted) una beca de estudios. Había varios tipos de becas. La que elegí incluía un curso de español en México con estancia en una familia de allí.

Elsa

e Mi primer contacto con el español fue hace dos años, cuando lo elegí en el instituto. Empezó como una [9] .... y al año siguiente la elegí como [10] .... Mis amigos dicen que podría estudiar mejor francés o chino, pero me encanta estudiar español.

Hugo

f Yo empecé con un [11] .... de español porque lo necesitaba para ir de vacaciones. El curso, cuya duración era de un año, me permitió aprender bastante para hacer este viaje a Cuba. Después hice un [12] .... en Internet, donde conocí a mi mejor amiga.

2.2 Relaciona las siguientes expresiones con su definición.

1. Colegio privado. .... ☐
2. Colegio concertado. ..... ☐
3. Aula multimedia. .... ☐
4. Curso intensivo. .... ☐
5. Beca. .... ☐
6. Asignatura optativa. .... ☐

a. Espacio equipado con computadoras.
b. Aquella que la elige el alumno voluntariamente.
c. Aquel que se realiza (is carried out) en un espacio corto de tiempo y con dedicación completa.
d. Centro de estudios que funciona como una empresa privada.
e. Subvención para realizar estudios.
f. Centro de estudios privado pero con subvenciones (grants) del gobierno.

2.3 ¿Y tú? ¿Qué tipo de cursos has hecho para aprender español? Habla con tu compañero/a.

2.4 Serena es una joven estadounidense que está buscando en Internet información sobre diferentes programas para estudiar español. Lee las páginas que ha visitado y ponle un título a cada programa.

a Vive en español una experiencia inolvidable.
Español para jóvenes, adultos y familias en un entorno rural en los bosques de Asturias. Convive, comparte y aprende de una manera natural. *Todos juntos* es una empresa familiar especializada en **aprendizaje** y en el ecoturismo responsable. Nuestro proyecto educativo se especializa en crear espacios de ocio y tiempo libre para jóvenes adolescentes, adultos y para los más pequeños, con un **enfoque** y **metodología** que apuesta por (supports) la igualdad, la cooperación, la solidaridad, el amor por la vida y el respeto a la naturaleza.

(Adaptado de http://www.green-spiral.com/es)

b Imagina un año de aventuras estudiando en una **universidad** colombiana, haciendo amigos de todo el mundo, viajando, formando parte de una familia anfitriona (host), cuidando de sus niños y recibiendo un salario mensual. Estas son solo algunas ventajas que el **programa *au pair*** te ofrece.

(Adaptado de http://www.culturalcare.com.co)

c Convive con el idioma, vívelo, apréndelo y comunícate. **Escuela de idiomas *Comunícate*.**
La mejor forma de aprender un idioma es estudiándolo mientras lo utilizas en la vida diaria. Con *Comunícate* puedes elegir un destino y **realizar cursos** adaptados a tu edad y exigencias. Vive un idioma y disfruta de su estudio sumergiéndote en su propia cultura.
Disfruta de un **curso escolar** en el extranjero si eres estudiante de 14 a 18 años. Pasa un año de **intercambio** en otro país como estudiante de **Secundaria** y estudia junto a **nativos**.

COMUNICA

2.5 Relaciona las siguientes descripciones con el tipo de programa al que se refiere.

	PROGRAMAS A	B	C
1 Programa que ofrece la posibilidad de ganar dinero.	▢	▢	▢
2 Curso al que se puede asistir con los padres.	▢	▢	▢
3 Programa que se desarrolla en la naturaleza.	▢	▢	▢
4 Curso donde se estudia un curso académico en un instituto.	▢	▢	▢
5 Opción que tiene en cuenta un aprendizaje integral, que incluye también educación en valores.	▢	▢	▢

2.6 Busca correspondencia en los textos anteriores para cada una de las siguientes palabras.

a Academia de lenguas: ....

b Visión pedagógica: ....

c Instrucción: ....

d Cambio: ....

e Tomar clases: ....

f Escuela superior: ....

g Escuela media: ....

h Hablantes autóctonos: ....

i Orientación: ....

j Año académico: ....

2.7 Ayuda a estos estudiantes a elegir el curso más apropiado para ellos según sus preferencias. Habla con tus compañeros y explica por qué crees que es una buena opción para esa persona.

El año pasado tuve un verano aburridísimo y para este, quiero hacer algo diferente. Soy un poco tímida, por eso prefiero que me acompañe mi amiga y así podemos disfrutar juntas. Ojalá haya muchos jóvenes.

» Alina.

» Robert.

No me salió ningún trabajo para el verano, entonces decidí que voy a hacer algo diferente. Quiero conocer a gente de otras partes. Espero que mi español sea bastante bueno para poder comunicarme con ellos. ¡Y claro! mis padres prefieren que no les cueste mucho dinero.

2.8 ¿Qué tipo de curso elegirías tú para estudiar español? Habla con tus compañeros.

COMUNICACIÓN

- **Para expresar deseos y preferencias, se usa:**
  » ***Querer / Desear / Esperar / Preferir*** + infinitivo, si no cambia el sujeto:
    – *Quiero ayudarte en todo lo posible.*
  » ***Querer / Desear / Esperar / Preferir* + *que*** + subjuntivo, si cambia el sujeto:
    – *Esperan que les llame el domingo.*
    – *Deseo que aproveches la oportunidad de estudiar en el extranjero.*
    – *Prefiero que me paguen en dólares.*
  » ***Querer / Desear / Esperar / Preferir*** + nombre (noun):
    – *Quiero un celular con llamadas internacionales.*
  » ***Ojalá*** + subjuntivo:
    – *Ojalá haga buen tiempo en Asturias.*
  » ***Que*** + subjuntivo, para expresar deseos a otra persona. Estas expresiones son usadas en situaciones sociales como cuando:
    – alguien está enfermo. ▶ *Que te mejores.*
    – alguien va a hacer un viaje. ▶ *Que tengas buen viaje.*
    – es el cumpleaños de alguien. ▶ *Que cumplas muchos más.*

2.9 Relaciona la situación en cada imagen con el deseo apropiado. ¿Qué expresiones no tienen imágenes? ¿En qué situación crees que se usan?

1 Que sean muy felices.
2 Que se diviertan.
3 Que cumplas más años.
4 Que sueñes con los angelitos.
5 Que tengas suerte.
6 Que aproveche.

a

b

c

d

2.10 En grupos de tres, cada uno explica una situación al grupo. Sus compañeros deberán reaccionar con un deseo. Anota la respuesta que te gusta más y, después, compártela con la clase.

Modelo:
- *Ayer, en una de las excursiones, olvidé la cámara de mi hermano en algún sitio.*
- *Ojalá puedas encontrarla antes de regresar a casa.*
- *Espero que tu hermano comprenda que fue un accidente y que no se enfade.*

CLASES UNIVERSITARIAS

VOCABULARIO

2.11 Algunos estudiantes hablan sobre sus clases en la universidad. ¿Quién crees que lo ha dicho? Relaciónalo con sus imágenes.

1 Este año termino la universidad. Creo que **tengo un buen expediente**. Mi **nota media** es un 9. ¡Espero no **suspender** nada y poder empezar mis estudios de posgrado en Italia!

2 Me gusta cuando el profesor hace una pregunta y nosotros tenemos que consultarla en Internet. De esta forma no tenemos que **memorizar**, sino que debemos **reflexionar** sobre los temas. ¡Ojalá **pase** todo!

3 Todas las mañanas el profesor **pasa lista** para ver quién no ha venido. Luego **debatimos sobre un tema** de actualidad y **plantea una duda** y tenemos que **analizar** las causas y las consecuencias. Espero que el profesor siga haciendo esto todos los días.

4 Somos muy pocos en clase. Esto hace que la mayoría de las **asignaturas** sean **clases prácticas**. Me gusta cuando el profesor **hace un experimento**. ¡Ojalá las clases sean siempre así!

5 Ayer **hicimos un comentario de texto** sobre el poeta chileno Neruda. ¡Me encanta cómo escribe! Por favor, que leamos más literatura.

a

b

c

d

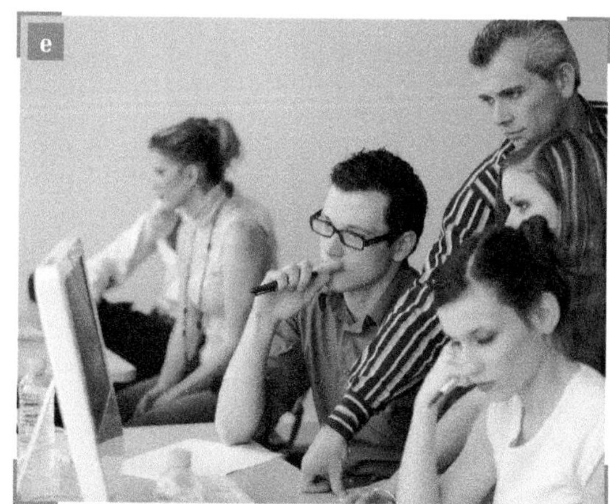
e

2.12 ¿Qué es lo que más te gusta de tus clases? Expresa tu opinión.

2.13 Benjamín es un muchacho mexicano de 18 años que piensa ir a la universidad. Observa el esquema del sistema educativo en su país e indica qué está cursando ahora.

2.14 Elabora, junto a tus compañeros, el esquema de estudios de tu país y compáralo con el mexicano. Después, explícaselo al resto de la clase. Di dónde te encuentras ahora y qué piensas estudiar en un futuro.

2.15 Benjamín tiene dudas de a qué universidad irá, y ha escrito en un foro para que le ayuden. ¿En qué te basarías tú para la elección de una universidad?

FORO UNIVERSITARIO

Saludos a todos:

Abro este tema principalmente porque el año que viene voy a ir a la universidad, y realmente no sé qué destino escoger: ¿la Universidad de Monterrey o la de Guadalajara? He leído la diversidad de opiniones en cuanto al destino, y he de decidirme para mañana. Me gustaría estudiar en el Instituto Tecnológico de Estudios Superiores de Monterrey. Me han dicho que es una de las mejores universidades de América Latina y muy reconocida, por lo que es un punto a tener en cuenta. Las infraestructuras están bastante bien, pero el clima en la ciudad no es muy bueno. Respecto al número de estudiantes me han dicho que es un poco más masificada que la de Guadalajara. Otra opción sería estudiar en la Universidad de Guadalajara. La ciudad es muy bonita, con muchas cosas para hacer por la ciudad. El sistema de sanidad es eficiente y de los mejores de México. Además, el clima es bastante bueno. La infraestructura no es tan buena, pero compensa al tener menos estudiantes por aula.

¿Qué me pueden recomendar los estudiantes que están en estas universidades, o de los que conozcan ambas ciudades y sepan qué decirme? ¡Muchas gracias de antemano a todos!

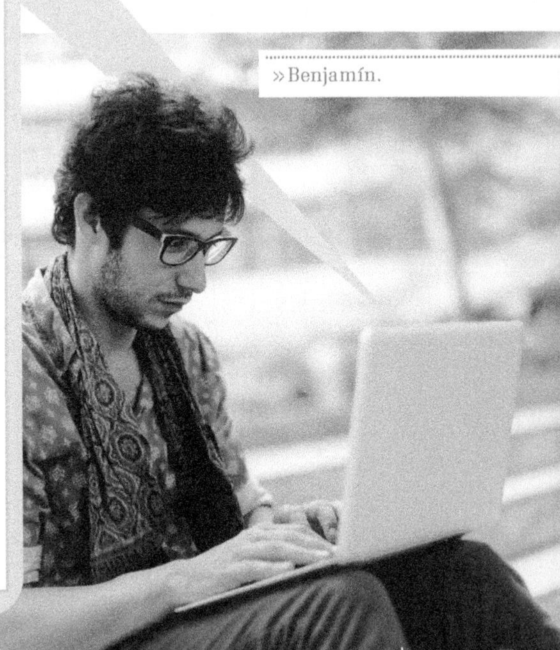

» Benjamín.

COMUNICA MÁS

2.16 **Lee también los comentarios que le hacen y, con toda la información, contesta verdadero (V) o falso (F).**

FORO UNIVERSITARIO

Javier. Yo creo que mejor Guadalajara. En cuestión de infraestructura, no veo diferencia alguna. He estado en las dos. Eso sí, Monterrey es una ciudad industrial por experiencia, Guadalajara en cambio vive más del comercio. Me parece que la vida cultural es mejor en Guadalajara, pero ¡ojo! Monterrey tiene un museo de arte moderno impresionante.

Felipe. Pues yo elegiría Monterrey, porque estudiar en el TEC no es comparable con la Universidad de Guadalajara. Ni por equivocación. Aquí viene mucha más gente a estudiar.

Miriam. No conozco la Universidad de Guadalajara, pero la ventaja que tiene el TEC es que el trato al alumno es bueno, tiene muchos medios, la infraestructura del campus es genial y está muy bien conectada con empresas, lo que facilita mucho el tema de las prácticas.

Carlos. Ambas opciones son buenas, así que no te confunda al tomar la decisión lo de "la mejor universidad de América Latina", eso lo dicen todas las privadas mexicanas. Analiza el plan de estudios de ambas universidades e infórmate cuál es la más conveniente en función de tu carrera.

		V	F
a	Benjamín tiene que elegir la universidad dentro de un mes.	▢	▢
b	La Universidad de Monterrey está considerada una de las mejores de Latinoamérica.	▢	▢
c	El clima en Monterrey es peor que el de Guadalajara.	▢	▢
d	Hay más estudiantes en la Universidad de Guadalajara.	▢	▢
e	Una persona opina que el trato con los alumnos es mejor en la Universidad de Monterrey.	▢	▢
f	Un joven le aconseja que analice mejor las asignaturas de la carrera que quiere estudiar.	▢	▢

2.17 **¿Qué le recomendarías tú a Benjamín? Escribe una entrada en el foro.**

FORO UNIVERSITARIO

COMUNICACIÓN

- **Reaccionar ante un deseo**
  » Para animar a la persona que expresa…
  – negación en el deseo, se usa:
  – *¡Ojalá no suspenda los exámenes finales!* – ***Tampoco es para tanto.***
  – ***No te pongas así.***
  – ***No digas esas cosas.***
  – un deseo en afirmativo, se usa:
  – *¡Ojalá pase el examen!* – ***Ya verás que sí.***
  – ***(Que) sí, hombre, (que) sí.***
  – ***¡Pero cómo no vas a*** + infinitivo***!***
  » Para acercar a esa persona a la realidad, se usa:
  – *¡Espero que el profesor nos pase a todos!* – ***Sí, sí, seguro.*** (irónico)
  – ***¡Sueñas!*** (informal)
  – ***Pero… ¡cómo va a*** + infinitivo***!***
- **Hacer valoraciones**
  » Para hacer valoraciones sobre un hecho de manera general, se usa:
  – ***Es / Me parece*** + adjetivo/nombre de valoración + infinitivo:
  – *Es genial tener una familia grande.*
  – *Me parece una tontería comprar ropa cara.*
  – ***Está / Me parece*** + adverbio de valoración + infinitivo:
  – *Está bien trabajar de mesero.*
  » Cuando la valoración se refiere a las acciones que realizan otras personas, se usa:
  – ***Es / Me parece*** + adjetivo/nombre de valoración + ***que*** + subjuntivo:
  – *Es una buena oportunidad que vivas esta experiencia.*
  – ***Está / Me parece*** + adverbio de valoración + ***que*** + subjuntivo:
  – *Me parece mal que la gente no sea respetuosa con las personas mayores.*

[10]

2.18 Escucha las siguientes reacciones y marca con un ✓ de qué tipo es. Después, vuelve a escuchar y escribe la expresión que usan en cada caso. ¿En qué tipo de situación crees que se usa la expresión nueva? Habla con tu compañero/a y compara tus respuestas.

	Animar a la persona	Acercar a esa persona a la realidad	Expresión
1			
2			
3			
4			
5			
6			

COMUNICA MÁS

2.19 **La Secretaría de Educación Pública presenta una nueva ley ante el Congreso. Lee las propuestas e imagina las reacciones de los diputados (representatives) teniendo en cuenta que, según su ideología, unos expresarán esperanza, otros escepticismo y otros serán contrarios. En grupos de tres, túrnense para hacer los diferentes papeles.**

- La Educación Secundaria será obligatoria hasta los dieciocho años.
- Todos los estudiantes de las carreras técnicas realizarán prácticas pagadas en empresas.
- Habrá clases de inglés y francés con profesores nativos desde preescolar.
- En la universidad solo habrá treinta estudiantes por salón de clase.
- Los libros serán gratuitos para todos los estudiantes.

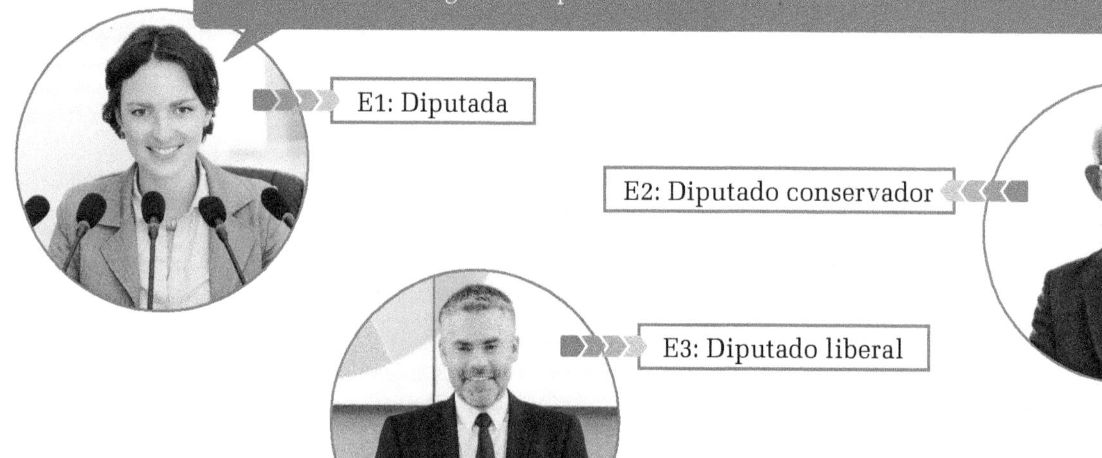

2.20 **Escribe tres aspectos positivos y tres negativos sobre tu universidad.**

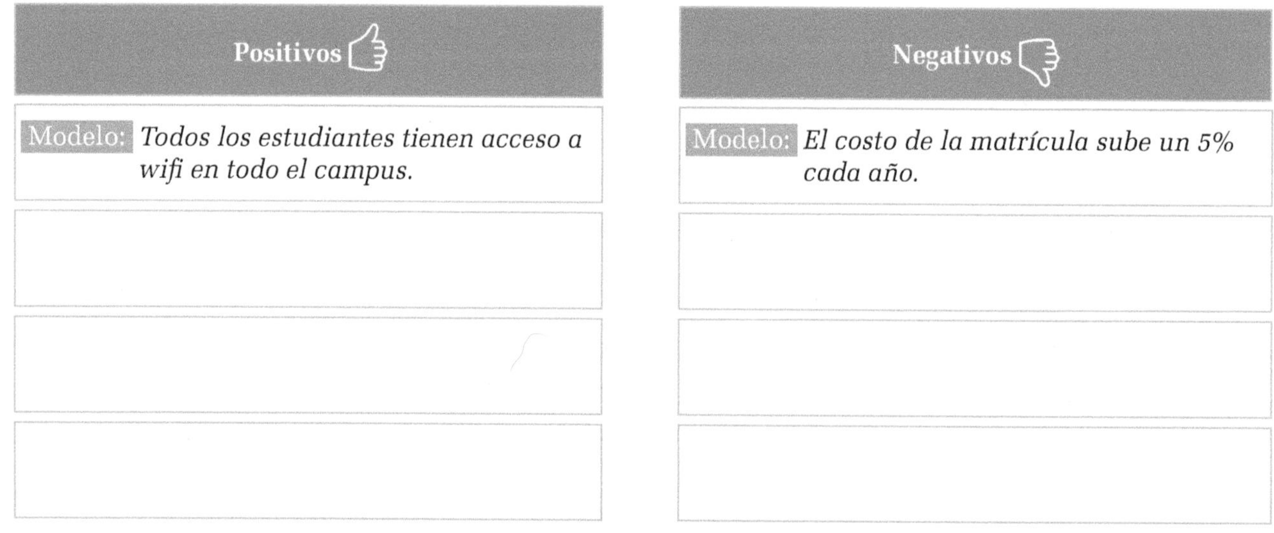

Positivos	Negativos
Modelo: *Todos los estudiantes tienen acceso a wifi en todo el campus.*	Modelo: *El costo de la matrícula sube un 5% cada año.*

2.21 **Compara y comenta tus respuestas con las de tus compañeros y expresa tus deseos para solucionar los aspectos negativos. Tus compañeros reaccionarán a tus deseos y los valorarán.**

2.22 Imagina que vas a presentarte al Consejo escolar de tu universidad. Prepara un discurso donde hables de esos aspectos positivos y negativos, y de tus deseos de cambio para el próximo curso.

PRONUNCIACIÓN y ORTOGRAFÍA

Acentuación (2): las palabras esdrújulas y sobreesdrújulas

2.1 Lee el cuadro y escribe un ejemplo más en cada apartado. Trabaja con tu compañero/a.

LAS PALABRAS ESDRÚJULAS Y SOBRESDRÚJULAS

- Las **palabras esdrújulas** son las que tienen la sílaba tónica en la antepenúltima (third-to-last) sílaba. Siempre llevan tilde: *esdrújula, brújula, música,* ....
- Las **palabras sobresdrújulas** son las que tienen la sílaba tónica en la sílaba anterior (before) a la antepenúltima sílaba. Normalmente estas palabras son adverbios terminados en *–mente*, imperativos o gerundios seguidos de pronombres.
  - » Los adverbios terminados en *–mente* se forman a partir de un adjetivo. En este caso, si el adjetivo de origen se acentúa, el adverbio en *–mente* también: *fácil* ▶ *fácilmente; efectiva* ▶ *efectivamente,* ....
  - » La colocación de los pronombres después de imperativo y gerundio da lugar, en muchas ocasiones, a palabras sobresdrújulas. En este caso, se acentúan siempre: *cómpratelo, dándoselo,* ....

2.2 Lee el siguiente texto y pon las tildes en las palabras que lo necesiten. Después, compáralo con tu compañero/a. ¿Han encontrado las ocho tildes que faltan? *¡Atención!* Una palabra se repite.

En España, hay 1 561 123 alumnos matriculados en las universidades publicas y 142 409 en las privadas. Practicamente 1 046 570 jovenes estudian grados y otros 656 962 están matriculados en masteres.
Generalmente, los grados constan de 240 creditos, es decir, de 2400 horas de clase. Para obtener un máster, en cambio, basta con 600 o 1200 horas de clase (60 o 120 creditos).
Los estudios que más alumnos agrupan son el grado de Derecho (con el 7%), Magisterio (6,9%) y el de Administración y Dirección de Empresas (6,2%). Una de las carreras más modernas y prometedoras es la de Investigación y Tecnicas de Mercado, que se puede cursar en la Universidad de Barcelona y en la de Murcia. ¿Quieres saber más sobre esta carrera? Informate en el sitio web de estas universidades.

» Universidad de Salamanca.

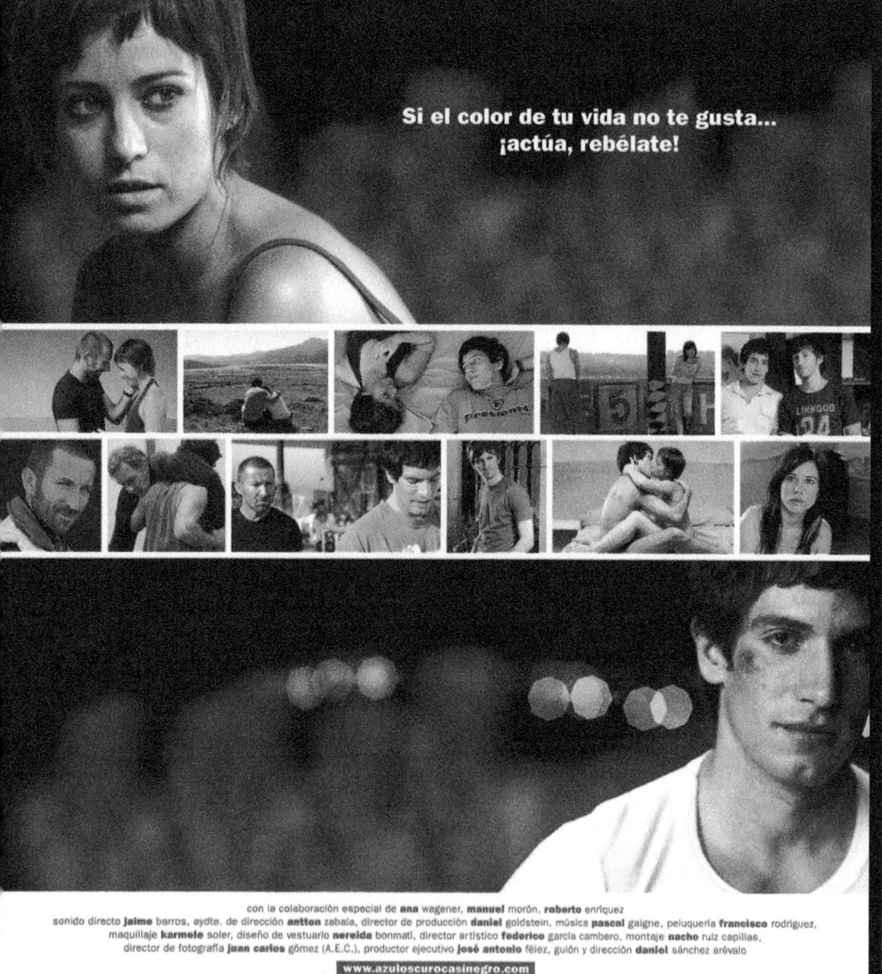

SINOPSIS

Jorge ha heredado el trabajo de portero (doorman) de su padre después de que este sufriera un infarto cerebral hace siete años. Sin embargo, lucha contra un destino que parece inevitable. En los últimos años se ha esforzado por hacer su trabajo, cuidar de su padre y estudiar una carrera. Ahora su deseo es encontrar un puesto acorde a sus estudios (es licenciado en Empresariales). A través de su hermano Antonio, que está en prisión, conoce a Paula, con quien iniciará una extraña relación que impulsará a Jorge a dejar de sentirse responsable de todo y enfrentarse a sus deseos.

¿SABÍAS QUE...?

- En 2006 recibió seis nominaciones a los Premios Goya, pero recibió tres estatuillas: mejor puesta en escena (staging) original, mejor actor y mejor actor revelación.
- El título de la película tiene un significado simbólico. Puede contener varios significados como un estado anímico, un futuro incierto o designar un color que varía dependiendo de un estado anímico.
- Para el actor Quim Gutiérrez fue su primer papel como protagonista y ganó el Goya al mejor actor.

SECUENCIAS DE LA PELÍCULA

00:09:18 ▶ 00:13:08
00:35:44 ▶ 00:37:08

DATOS TÉCNICOS

Título Azul oscuro casi negro.

Año	2005.	**Género**	Drama.
País	España.	**Director**	Daniel Sánchez Arévalo.

Intérpretes

Quim Gutiérrez, Marta Etura, Antonio de la Torre, Héctor Colome, Raúl Arévalo, Eva Pallares, Manuel Morón, Ana Wagener, Roberto Enríquez.

ANTES DE VER LA SECUENCIA

2.1 Antes de ver las secuencias, observa las imágenes que tienes a continuación. Con tu compañero/a, describan cada una de ellas, relacionándolas con la sinopsis de la película.

1

....

....

2

....

....

3

....

....

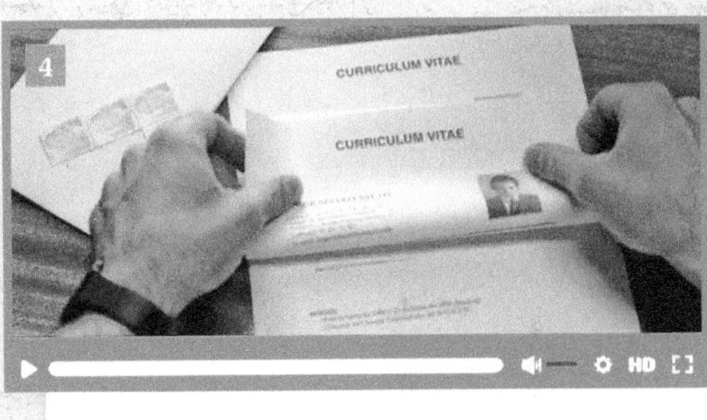

4

....

....

5

....

....

6

....

....

2.2 Observa la imagen 3 y habla con tu compañero/a: ¿Crees que a Jorge le gusta lo que está haciendo? ¿Cuáles crees que serían los inconvenientes de trabajar como portero?

2.3 ¿Alguna vez has hecho una entrevista de trabajo? ¿En qué consiste? ¿Qué tipo de preguntas suelen hacer? Habla con tus compañeros.

CARTELERA DE CINE

VES LA SECUENCIA

Jorge envía varios currículum a diferentes empresas para dejar la portería. Mientras, su hermano y la novia de este están en prisión.

2.4 Este es el momento en el que Jorge es entrevistado en una empresa. Ordena la conversación.

- ▢ **Entrevistador:** ¡Ah!
- ▢ **Jorge:** Estoy trabajando.
- ▢ **Entrevistador:** ¿Con qué?
- ▢ **Entrevistador:** Aquí no aparece experiencia laboral.
- ▢ **Jorge:** Bueno, soy portero.
- ▢ **Entrevistador:** ¿De fútbol?
- ▢ **Jorge:** Es que he estado compaginándolo.
- ▢ **Entrevistador:** Siete años para terminar la carrera.
- ▢ **Jorge:** No, de portería, de vivienda.
- ▢ **Entrevistador:** ¿Y en qué trabaja? ¿En qué sector?
- ▢ **Jorge:** Es que no está relacionado con el sector.

2.5 ¿Por qué crees que Jorge oculta su experiencia laboral como portero en su currículum? Habla con tu compañero/a.

Jorge acude a otra entrevista de trabajo.

2.6 Visualiza esta secuencia y responde a las siguientes preguntas.

- a ¿Qué le pasaría a Jorge si lo aceptaran en ese nuevo trabajo?
- b ¿Dónde tendría que ir a vivir?
- c ¿Cuántas horas semanales tiene que trabajar en ese puesto?
- d ¿Qué opina el director de la empresa sobre el cuidado del padre?
- e ¿Qué condiciones laborales tiene su trabajo como portero?
- f ¿Por qué no le gusta trabajar como portero?
- g ¿Qué respuesta recibe por parte de la empresa?

2.7 Comenta con tu compañero/a el final de esta secuencia. ¿Cómo crees que se siente Jorge? ¿Cómo te sentirías tú ante esta situación? ¿Qué creen que pasará después?

DESPUÉS DE VER LA SECUENCIA

2.8 ¿Cuántos personajes podemos ver en estas secuencias? Intenta describir el escenario y qué es lo que está pasando entre los personajes.

....

....

....

....

2.9 Has visto dos entrevistas de trabajo a las que ha asistido Jorge. ¿Consideras acertadas ese tipo de preguntas en una entrevista de trabajo? ¿Hasta qué punto va en contra de nuestra libertad? Habla con tu compañero/a.

2.10 Jorge se ve rechazado repetidas veces en su búsqueda de empleo. ¿Qué consejos le darías para que por fin logre pasar una entrevista?

2.11 Imagina que formas parte del departamento de Recursos Humanos de una de estas empresas y elabora una lista de preguntas que podrías realizar para una entrevista de trabajo.

2.12 A continuación, vas a tener tú mismo que presentarte a una entrevista laboral. Elabora un currículum vitae para uno de estos puestos de trabajo. Después, tu compañero/a te entrevistará.

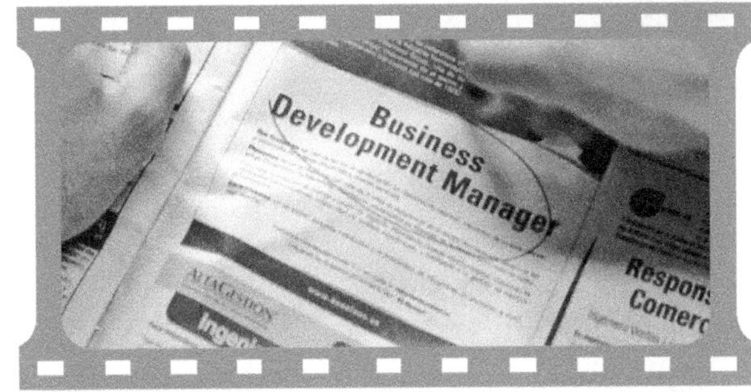

2.13 En la película se muestra a Jorge, un joven que tiene unas expectativas debido a sus cualificaciones y experiencia, y que finalmente no alcanza todo lo que desea en la vida. ¿Crees que esto es cierto? ¿Piensas que esto no refleja la situación actual de los jóvenes? ¿Cómo es la situación de los jóvenes en tu país? Habla con tus compañeros.

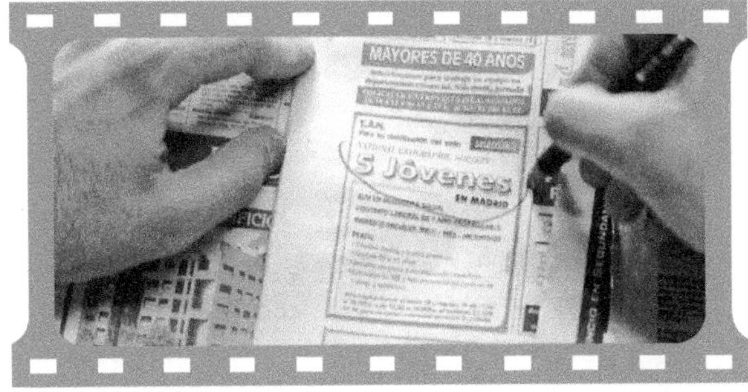

GRAMÁTICA

A EL PRESENTE DE SUBJUNTIVO: VERBOS REGULARES

You have already learned the forms of the subjunctive and you have been using the subjunctive throughout the unit. Review the endings here and then select the correct options to complete the explanations that follow.

–AR trabajar	–ER comer	–IR vivir
trabaj**e**	com**a**	viv**a**
trabaj**es**	com**as**	viv**as**
trabaj**e**	com**a**	viv**a**
trabaj**emos**	com**amos**	viv**amos**
trabaj**éis**	com**áis**	viv**áis**
trabaj**en**	com**an**	viv**an**

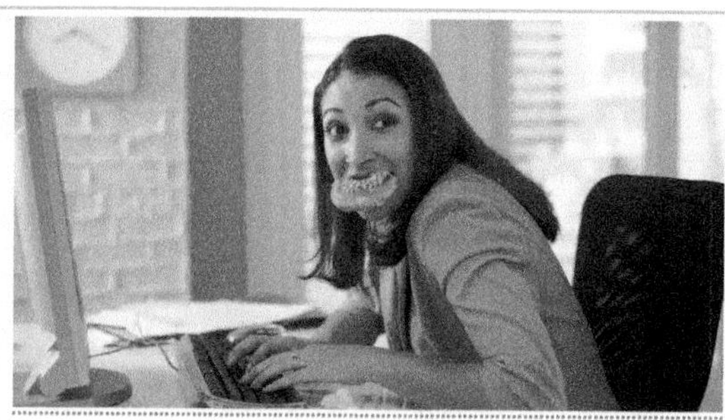

» Hija, espero que no trabajes mucho, que comas bien y que vivas una vida tranquila.

» Las terminaciones de los verbos en *–er*, *–ir* son ☐ **iguales** / ☐ **diferentes.**

» En todas las conjugaciones, la primera y tercera persona del singular son ☐ **iguales** / ☐ **diferentes.**

2.1 **Completa las conversaciones con los verbos propuestos en afirmativo o negativo para expresar tu deseo. Después, crea tu propio deseo al final.**

He comprado mi primer carro.

Espero que…
- llevarme a la universidad.
- escribir mensajes de texto en el carro.
- exceder el límite de velocidad.
- …

He recibido un mensaje de texto de mi ex.

Prefiero que…
- contestar.
- ignorarlo.
- borrarlo sin leer.
- …

Mañana empiezo a trabajar en una tienda de ropa.

Quiero que…
- llegar a tiempo.
- vender mucho.
- discutir con los clientes.
- …

B EL PRESENTE DE SUBJUNTIVO: VERBOS IRREGULARES

The following charts show examples of verbs that have some type of irregularity in the present subjunctive. These examples include stem-changing verbs and verbs with irregular **yo** forms in the present indicative that affect forms in the present subjunctive. Other verbs have spelling changes or are completely irregular in the present subjunctive.

2.2 Lee la información y completa las formas que faltan. Trabaja con tu compañero/a.

El presente de subjuntivo: verbos irregulares

E>IE	O>UE	U>UE	E>I
querer	**soñar**	**jugar**	**servir**
quiero ▶ [1]	sueño ▶ sueñe	juego ▶ [7]	sirvo ▶ sirva
quieres ▶ [2]	sueñas ▶ [4]	juegas ▶ juegues	sirves ▶ [10] ....
quiere ▶ quiera	sueña ▶ sueñe	juega ▶ [8]	sirve ▶ sirva
queremos ▶ queramos	soñamos ▶ [5]	jugamos ▶ juguemos	servimos ▶ [11] ....
queréis ▶ queráis	soñáis ▶ soñéis	jugáis ▶ juguéis	servís ▶ sirváis
quieren ▶ [3]	sueñan ▶ [6]	juegan ▶ [9]	sirven ▶ sirvan
.........., ..., ...	.........., ..., ...		.........., ...

Recuerda
-car ▶ -que
-gar ▶ -gue
-zar ▶ -ce

I>Y	Verbos que cambian **E>IE** cambiarán a **E>I** en **nosotros / vosotros**:	Verbos que cambian **O>UE** cambiarán a **O>U** en **nosotros / vosotros**:
destruir	**mentir**	**dormir**
destruyo ▶ destruya	miento ▶ mienta	duermo ▶ [17] ....
destruyes ▶ destruyas	mientes ▶ [14]	duermes ▶ duermas
destruye ▶ [12]	miente ▶ mienta	duerme ▶ duerma
destruimos ▶ destruyamos	mentimos ▶ [15]	dormimos ▶ [18] ....
destruís ▶ destruyais	mentís ▶ mintáis	dormís ▶ durmáis
destruyen ▶ [13]	mienten ▶ [16]	duermen ▶ [19] ....
.........., ...	.........., ...	....

Verbos con formas irregulares en **yo**	Verbos irregulares
tener	**ser**
tengo ▶ [20]	sea
tienes ▶ tengas	[23] ....
tiene ▶ tenga	sea
tenemos ▶ [21]	[24] ....
tenéis ▶ tengáis	seáis
tienen ▶ [22]	sean
.........., ..., ...	.........., ..., ..., ...

» ¿Quiere que le sirva más café?

2.3 Trabaja con tu compañero/a y clasifiquen estos infinitivos debajo de cada columna según su irregularidad correspondiente.

repetir ▪ saber ▪ ir ▪ sentir ▪ encontrar ▪ acostarse ▪ pedir ▪ defender ▪ sentarse ▪ empezar
venir ▪ construir ▪ conocer ▪ divertirse ▪ incluir ▪ morir ▪ almorzar ▪ estar ▪ salir ▪ haber

GRAMÁTICA

 **2.4 Lee el correo electrónico que escribió Mario a un amigo y subraya los verbos que estén en presente de subjuntivo. Después, comenta con tu compañero/a si son regulares o irregulares.**

Espero que te vaya bien en el examen que tienes mañana y que consigas entrar en esa universidad. Ojalá que me puedas llamar pronto y me digas que ya estás tramitando la inscripción.

También espero que estés más tranquilo que la última vez, y que los nervios no te jueguen una mala pasada; ya sabes que lo más importante es mantener la calma y la concentración.

De mí, poco te puedo contar; solo que entregué hace unos días mi proyecto final al profesor, pero todavía no he recibido la nota, y que posiblemente me operarán el mes que viene de la rodilla, ya sabes: mi pasión por el fútbol.

Pero hay más; si todo sale bien y encuentro trabajo, y mi hermano Iván termina la carrera este año, nos mudaremos a un apartamento en el centro. ¿Qué te parece? Esto sí que es una noticia.

1 *vaya ▶ ir ▶ irregular* .... 3 .... 5 ....
2 .... 4 .... 6 ....

2.5 Imagina la respuesta del amigo a Mario y escríbela, expresándole, por supuesto, buenos deseos para su futuro.

C USOS DEL PRESENTE DE SUBJUNTIVO: DAR CONSEJOS Y HACER RECOMENDACIONES

- Para dar consejos y hacer recomendaciones de manera general, se usa:
  Aconsejar / Recomendar + infinitivo
  – *Yo aconsejo ir en metro por Madrid.*
- Para dar consejos y hacer recomendaciones a una persona o grupo de personas, se usa:

Me/te/le/nos/os/les + ***aconsejar / recomendar*** + | ***que*** + subjuntivo (sujetos diferentes) / infinitivo (mismo sujeto) / nombre

– *Te aconsejo que tomes tu tiempo durante el examen.*
– *¿Qué recomiendas hacer en Madrid?*

Recuerda
- No cambia el sujeto ▶ infinitivo
- Sujetos diferentes ▶ *que* + subjuntivo

» Te recomiendo que busques una beca para pagar parte de los estudios.

2.6 María ha decidido ir a Estados Unidos a estudiar en tu universidad. Escríbele un correo electrónico dándole consejos y recomendaciones sobre los aspectos que debe saber sobre la universidad, los estudiantes, los profesores, etc.

Para: mariagomez@smail.com

D USOS DEL PRESENTE DE SUBJUNTIVO: EXPRESAR PETICIONES

- Para pedir o mandar algo a alguien, se usan los siguientes verbos:
  - *pedir* ▶ **Te pido...**
  - *rogar* ▶ **Te ruego...**
  - *mandar* ▶ **Te mando...**
  - *exigir* ▶ **Te exijo...** / **Me exijo...**
  - *ordenar* ▶ **Te ordeno...**

Presente de indicativo

- pedir (e>i)
- rogar (o>ue)

! El verbo *exigir*

exijo	exigimos
exiges	exigís
exige	exigen

- Estos verbos van seguidos de...
  - un nombre. ▶ *Te pido paciencia.*
  - un infinitivo (si los sujetos no cambian). ▶ *Me exijo ser más responsable.*
  - el subjuntivo (si hay dos sujetos diferentes). ▶ *Te pido que recojas la ropa sucia del suelo.*

! Atención

- Para expresar peticiones o mandatos que pueden molestar al interlocutor, es frecuente usar expresiones como *por favor, tengo que decirte una cosa/cosita; no te enfades, pero...*, y **justificar** la petición o mandato con *es que..., es que si no...*
- Para **pedir disculpas** por un comportamiento no adecuado, se usan expresiones como *es verdad, tienes razón, perdón/perdona/perdóname, lo siento (mucho), no volverá a pasar, no lo volveré a hacer...*

[11]

2.7 Escucha la conversación que mantiene Mario con su hermano gemelo Iván, después de estar viviendo juntos unos meses en su nuevo apartamento del centro. Marca si las siguientes afirmaciones son verdaderas (V) o falsas (F). ¿Crees que tienen una buena relación?

		V	F
a	Todos los días Iván deja su ropa sucia en el cuarto de baño.	◯	◯
b	Mario no quiere recoger la ropa de su hermano.	◯	◯
c	Mario se acuesta muy tarde.	◯	◯
d	Iván pone la televisión muy temprano y despierta a su hermano.	◯	◯
e	Iván es muy ordenado.	◯	◯

[11]

2.8 Vuelve a escuchar y anota las peticiones de Mario y de Iván en el lugar correspondiente. Compara tus respuestas con tu compañero/a.

Exigencias con uno mismo	Peticiones a otra persona

» Mario e Iván.

GRAMÁTICA

2.9 Vamos a conocer a Pablo. Ha decidido independizarse y alquilarse un apartamento. Se lo ha comunicado a todos sus amigos por Facebook. Lee su mensaje y los comentarios de sus amigos, y completa el texto con las formas correctas del verbo.

Facebook

facebook Usuario Contraseña

Pablo ¡Hola, muchachos!
Ya no me lo pienso más. Ahora que tengo algunos ahorros, me voy a independizar, ¡que ya voy camino de los treinta! He visto varios apartamentos por el centro y hay uno de dos habitaciones que me gusta bastante.
Tiene ascensor y el propietario paga la comunidad*. ¿Quién me ayuda con la mudanza? También lo quiero [1] .... (pintar) a mi gusto, así que si alguien puede echarme una mano... ya saben mi número de teléfono, que seguro que luego todo el mundo quiere venir a cenar a mi apartamento nuevo.
Me gusta • Comentar • 1 de noviembre, 23:25

Manuel ¡Ya era hora! Siempre dices que [2] .... (estar) cansado de depender de tus padres, pero no te vas nunca. Ojalá te [3] .... (ir) bien el traslado. Ya sabes que estaré fuera un par de meses y no te podré ayudar, pero me apunto a la cena de gorra**, ¿eh?
Me gusta • Comentar • 2 de noviembre, 09:12

Iria ¿Te independizas sin un trabajo estable? Que [4] .... (tener) suerte y espero que el propietario [5] .... (pagar) la comunidad de verdad. Me parece mal que [6] .... (aprovecharse, ellos) de los jóvenes en estos casos. Te recomiendo que lo [7] .... (poner) por escrito en el contrato. Te quiero [8] .... (ayudar) en todo lo posible. Ahora mismo trabajo por las tardes, así que por las mañanas, sin problemas.
Me gusta • Comentar • 2 de noviembre, 09:14

Blanca Pablo, ¡cómo me alegro! Pero tú siempre has vivido en familia, ¿no? Mira, no quiero que [9] .... (sentirse) mal, pero prefiero que me [10] .... (pedir) otra cosa. Tengo la espalda bastante mal y no puedo levantar peso.
Me gusta • Comentar • 2 de noviembre, 09:36

Miguel ¡Ojalá [11] .... (ser) verdad, primo! Ya pensaba que te retirarías en casa de tus padres. Deseo que [12] .... (disfrutar) de tu nueva vida, pero viviendo a 500 km lo tengo difícil para ayudarte. Que todo [13] .... (salir) bien.
Me gusta • Comentar • 2 de noviembre, 10:11

Jaime Oye, Pablito, pero ¿tú qué [14] .... (pensar)? ¿Que no te voy a echar una mano? Solo te pido que [15] .... (reservar) esa segunda habitación para mí. Es que mis padres se están cansado de tenerme por medio...
Me gusta • Comentar • 2 de noviembre, 11:02

* maintenance fee that usually covers heat, hot water, and building upkeep.
** for free (colloquial).

2.10 Compara tus respuestas con tu compañero/a. Después, anota las estructuras en las que usaron el presente de subjuntivo y explica su uso.

Estructura	Uso del subjuntivo

2.11 Escribe un comentario para Pablo, expresando algún deseo, recomendación o petición relacionado con la nueva vida que va a emprender.

Facebook

facebook Usuario Contraseña

....

....

....

....

Me gusta • Comentar • Hace un momento

2.12 En grupos de tres, hablen con sus compañeros sobre sus experiencias de convivir con otras personas respondiendo a las preguntas que siguen. Después, preparen una lista de peticiones para la persona con quien comparten o van a compartir cuarto y presenten su lista a la clase.

- ¿Compartes cuarto con un/a compañero/a o alguna vez has compartido cuarto con otras personas?
- ¿Piensas que es importante llevarte bien con la persona con la que compartes cuarto?
- ¿Es más difícil compartir piso con alguien que conoces o con un desconocido?

Modelo: *Me gustaría hablar contigo, Juan/Juana. Mira, te pido que…*

2.13 ¿Cómo te sientes cuando le pides algo a alguien y recibes una respuesta negativa? Aquí te damos una lista de sentimientos. Elige uno o dos de ellos y explícalo con un ejemplo.

- decepción
- insatisfacción
- enfado
- indiferencia

Modelo: *Yo le pido a mi hermano que no discuta con nuestra madre porque me resulta muy desagradable, pero no me hace caso. Tengo una gran sensación de impotencia…*

2.14 En un papel, escribe tres peticiones que se puedan realizar en el salón de clase. Intercambia los papeles con tus compañeros. Después, cada uno, por turnos, debe hacer las peticiones o dar las órdenes a uno de sus compañeros y este debe realizarlas.

Modelo: *Te pido que te levantes, por favor, vayas a la mesa del profesor, le pidas el libro y se lo des a mi compañero.*

INTERCULTURA

VOLVER AL NIDO

PREPARAR

2.1 **Estas son algunas expresiones que aparecen en un artículo que vas a leer. Con ayuda del diccionario, escriban una definición de cada una de ellas. ¿Qué palabra de las expresiones tienes que buscar en el diccionario para encontrar la definición? ¿Con qué tema crees que están relacionadas? Discútelo con tu compañero/a.**

- a Emanciparse.
- b Incorporarse al mercado laboral.
- c Estar en el paro.
- d Retribuir un trabajo.

2.2 **El artículo, que ha sido publicado en un periódico español, se titula: *El 12% de los jóvenes vuelve a casa de sus padres después de haberse emancipado*. ¿De qué trata el artículo? ¿Qué ideas pueden anticipar leyendo este título?**

LEER

2.3 **Ahora, lee el artículo, ordena los párrafos y comprueba tus hipótesis anteriores.**

El 12% de los jóvenes vuelve a casa de sus padres después de haberse emancipado

(1) Si emanciparse era difícil, la crisis lo ha hecho casi imposible. Ya no es cuestión de que los jóvenes dejen la casa de sus padres para vivir por su cuenta, sino de que muchos de aquellos que lo hicieron están teniendo que regresar.

( ) Este estudio, patrocinado por la Fundación Bancaja, ofrece por primera vez datos sobre la "vuelta al nido" de los jóvenes españoles después de haberse emancipado. Los motivos económicos son los principales causantes del fenómeno de la reversibilidad residencial de los jóvenes (45,5%), seguido del precio de la vivienda (25,2%) y los alquileres (6,7%). Hay que tener en cuenta que el primer empleo de los jóvenes es retribuido con 720 euros (789 dólares) mensuales y el 63% tiene un contrato temporal en su primera experiencia laboral.

( ) En concreto, el 12% de los jóvenes entre 16 y 30 años que estaban emancipados han vuelto al domicilio familiar a causa de su inestable situación laboral. En el caso de los de entre 25 y 30 años este porcentaje aumenta hasta el 27%.

( ) Además, este estudio ofrece otros datos interesantes: casi la totalidad de los jóvenes entre 16 y 19 años vive con sus padres (96%), mientras que uno de cada dos de más de 25 años se ha emancipado; cuanto mayor es el nivel de estudios de los jóvenes, más tardan en tener su primer empleo; y, curiosamente, los que viven en zonas urbanas encuentran trabajo más tarde que los que viven en poblaciones no urbanas.

( ) Por último, en el apartado del estudio dedicado a la formación de pareja y paternidad, se indica que a los 30 años son padres 6 de cada 10 jóvenes con estudios obligatorios, y solo el 10% de los universitarios tiene hijos.

( ) Son las cifras de un estudio del Instituto Valenciano de Investigaciones Económicas (IVIE), *Cambios en las trayectorias vitales de los jóvenes*, que se ha hecho entre jóvenes que en los últimos cinco años se han incorporado al mercado laboral. En paro, el 85% vive con sus padres; cuando logran un empleo, solo el 58%.

(Adaptado de http://www.20minutos.es/noticia/1609114/0/jovenes/vuelven-casa-padres/tras-emanciparse/#xtor=AD-15&xts=467263#xtor=AD-15&xts=467263)

2.4 **Acabas de ordenar un texto por párrafos. Busca ejemplos de las palabras, frases o elementos del texto que corresponden a las siguientes estrategias y anótalos en el lugar correspondiente. Después, indica las estrategias que te han sido válidas para ordenar el texto. ¿Por qué?**

ESTRATEGIAS	PARA MÍ
1 Reconocer la función de los conectores: *Por último*	☐ ....
2 Seguir los porcentajes:	☐ ....
3 Ordenar por edades:	☐ ....
4 Entender el contexto del párrafo:	☐ ....
5 Analizar la estructura del texto:	☐ ....
6 Descartar las palabras desconocidas:	☐ ....

ESCUCHAR

[12] **2.5** **Escucha las opiniones que han dado algunas personas sobre este tema y anótalas. Comparte tus apuntes con tu compañero/a.**

Pedro ....

Elisa ....

Víctor ....

Juan ....

Antonia ....

Vicente ....

HABLAR

2.6 **¿Qué te ha parecido la situación de los jóvenes en España con respecto a este tema? ¿Crees que a algunos jóvenes les gusta vivir con sus padres aunque puedan emanciparse? Coméntalo con tus compañeros en grupos pequeños.**

ESCRIBIR

2.7 **Y tú, ¿qué opinas de vivir con los padres hasta pasados los treinta? ¿Cómo es la situación en tu país? Escribe un texto en tu cuaderno usando algunos de estos conectores.**

Conectores del discurso

- **luego:** Valor temporal. Equivale a *después*.
- **incluso:** Añade información.
- **es que:** Valor causal: expresa una excusa.
- **mientras:** Introduce dos acciones simultáneas.
- **en definitiva:** Expresa una conclusión.
- **o sea:** Reformula una idea.

EL SPANGLISH

¿SABEN QUÉ ES EL SPANGLISH?

2.1 Escoge la respuesta correcta.

a ☐ El *spanglish* es la mezcla de español e inglés de la población hispana adinerada que vive en Estados Unidos.

b ☐ El *spanglish* es la lengua que mezcla palabras españolas con inglesas y que hablan algunas de las comunidades hispanas que viven en Estados Unidos.

ORIGEN DEL SPANGLISH

2.2 Lee y ordena los siguientes fragmentos.

a (1) El origen del *spanglish* data de mediados del siglo XIX cuando México pierde la guerra y cede a Estados Unidos más de la mitad de su territorio. A partir de este momento, estos habitantes de origen mexicano tienen que aprender inglés.

b ☐ Cuatro años después, en 1977, surge la obra fundacional de la literatura en *spanglish*, el cuento "Pollito Chicken" de la narradora de origen puertorriqueño Ana Lydia Vega, donde critica duramente la pérdida de identidad de los inmigrantes en Estados Unidos.

c ☐ Sin embargo, ellos siguen hablando en español y poco a poco surge el *spanglish* como símbolo de su propia identidad. En la segunda mitad del siglo XX, la gran inmigración de latinoamericanos a Estados Unidos supone la expansión definitiva del *spanglish*.

d ▢ En la década de los 70, los Nuyorican Writers, un grupo de dramaturgos y poetas de vanguardia y de origen puertorriqueño, son los primeros en llevar el *spanglish* a la literatura. Crecen en Nueva York, pero hablan y escriben en español e inglés.

e ▢ Un año después, en 2004, Stavans da un paso más en el proceso de expansión de este nuevo idioma con la creación del *ciber-spanglish*, donde nacen verbos como "printear" (de imprimir/*to print*) o "resetear" (de volver a encender la computadora/*to reset*).

f ▢ En el año 1973 fundan en Manhattan el *Nuyorican Poets Café*, que se convierte en el núcleo de la literatura en *spanglish*.

g ▢ En el año 2003, Ilan Stavans, un filólogo de origen mexicano, publica el mayor diccionario de esta lengua que recoge 6000 palabras y expresiones surgidas de la mezcla del español e inglés.

[13] Ahora escucha el texto ordenado.

MARÍA HABLA SPANGLISH

María es una muchacha de origen puertorriqueño que ha vivido siempre en Estados Unidos. Dice que cuando viaja a Puerto Rico se ríen de ella porque habla en *spanglish*.

¡Babay Diego! Nos vemos mañana.

Vacuno la carpeta una vez a la semana.

Antes de acostarme tomo un glasso de leche porque me ayuda a dormir mejor.

Juan es muy rápido cuando clickea.

¡Qué bildin más bonito!

Ana estaba watcheando la TV.

Dice que es bilingual, pero yo no le creo.

¡Lo siento, no puedo ir! Esta semana estoy muy bisi.

2.3 Lee las siguientes frases de María y encuentra las palabras en *spanglish*.

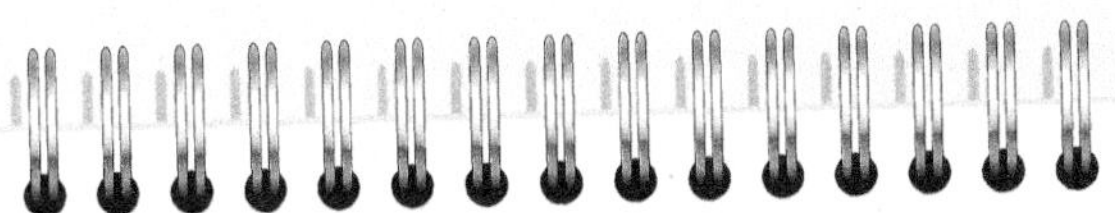

a edificio *bildin*

b ocupado ....

c adiós ....

d bilingüe ....

e ver la TV ....

f vaso ....

g pasar la aspiradora ....

h teclear ....

Guía de Ocio

MÚSICA

Geoffrey Royce Rojas nació en Nueva York en 1989, donde pasó su infancia y adolescencia. De padres dominicanos, desde pequeño se interesó por la música, participando en el coro de la escuela y escribiendo letras en español y en inglés. A los 16 años realizó sus primeras composiciones musicales y adoptó el nombre artístico de **Prince Royce**. En el 2010 debutó con el lanzamiento de su primer disco titulado *Prince Royce*, donde se encuentran canciones como "Stand by me" y "Corazón sin cara". Aunque lleva pocos años en el mercado músical, ya ha conseguido varias distinciones, como su nominación en 2010 a los Premios Grammy Latinos al mejor álbum tropical contemporáneo. ▪

"El público me ha hecho mi sueño realidad y he madurado mucho. Siempre tengo presente que el público y la música son lo más importante para mí".

STAND BY ME: PREMIO LO NUESTRO A LA MEJOR CANCIÓN TROPICAL DEL AÑO.

Busca en Internet la canción y letra para "Stand by me" y escúchala. Después, vuelve a escuchar la canción siguiendo la letra.

HUMOR

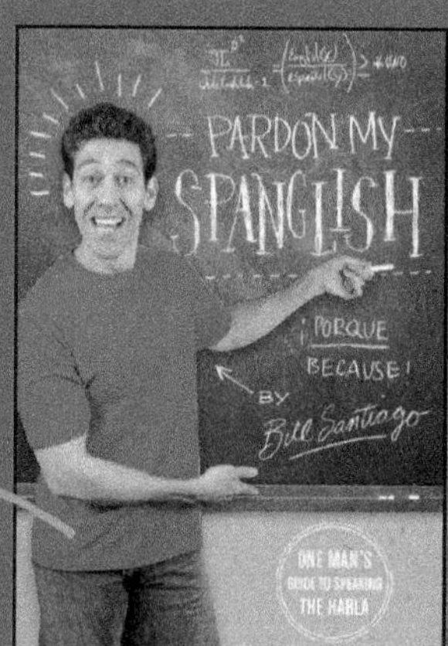

"La vida es demasiado corta para ser monolingüe."

Bill Santiago, comediante de *Stand up* y autor del libro *Pardon My Spanglish*, nació en Nueva York y es de padres puertorriqueños.
Ha participado en programas como *Comedy Central Premium Blend, Showtime, Conan, The Late Late Show with Craig Ferguson, Chelsea Lately* y *CNN en español*, entre otros. Bill Santiago trae su humor y observaciones sobre el lenguaje, la sociedad y la política. Su libro *Pardon My Spanglish* está siendo utilizado en las universidades y escuelas secundarias de todo el país para estimular las discusiones acerca de la identidad, el idioma y el multiculturalismo. ▪

COMEDIANTE, AUTOR, ACTOR, PRESENTADOR DE TELEVISIÓN Y COMENTARISTA.

Busca el videoclip *Spanglish 101* en Comedy Central para ver un ejemplo de su humor y cómo transmite su experiencia bilingüe y bicultural al público.

LITERATURA PARA LA VIDA

» Santiago.

¿En qué país estamos?

¿Conoces a algún escritor de este país?

¿De quién crees que es esta casa?

¿De quién crees que vamos a hablar?

¿Sobre qué temas piensas que escribe este autor?

LITERATURA PARA LA VIDA

2.1 ¿Conoces a Pablo Neruda? ¿Qué sabes de él? Busca información sobre este autor y continúa escribiendo su biografía. Luego, contesta las preguntas.

PABLO NERUDA

Neftalí Ricardo Reyes Basoalto es el verdadero nombre de Pablo Neruda. Nació el 12 de julio de 1904 en Parral, Chile, pero pasó su infancia en Temuco, un pueblo al sur del país, donde su padre ejercía como conductor de trenes. Vivía lejos de las tradiciones y de la civilización, rodeado de trabajadores y en contacto constante con la naturaleza. En 1923 escribió su primer libro de poemas, *Crepusculario*...

INVESTIGA

Intenta contestar a estas preguntas.

- a ¿Cuál es el verdadero nombre de Pablo Neruda?
- b ¿En qué lugar y en qué año nació?
- c Cuando Neruda es muy pequeño, muere alguien muy importante para él, ¿quién? ¿Cómo se llamaba?
- d ¿En qué año adoptó el apodo "Pablo Neruda"?
- e ¿Cuándo aparece su obra *Veinte poemas de amor y una canción desesperada*?
- f ¿Dónde y cuándo muere Pablo Neruda?

[14]

2.2 **Escucha este diálogo entre dos estudiantes de español y comenta las respuestas a estas preguntas con tus compañeros.**

- a ¿Qué es para ti el amor?
- b ¿Es un sentimiento triste o alegre?
- c ¿Cuál es tu canción de amor preferida? Si recuerdas la letra, ¿podrías recitarla en clase?

2.3 **El primer verso del poema es "Cuando yo muera". ¿Por qué crees que se unen el amor y la tristeza en el poema? ¿Qué crees que habrá pasado?**

  **2.4** Lee y escucha el poema. Después, responde las preguntas.

[15]

Soneto LXXXIX

Cuando yo muera quiero tus manos en mis ojos:
quiero la luz y el trigo de tus manos amadas
pasar una vez más sobre mí su frescura:
sentir la suavidad que cambió mi destino.
Quiero que vivas mientras yo, dormido, te espero,
quiero que tus oídos sigan oyendo el viento,
que huelas el aroma del mar que amamos juntos
y que sigas pisando la arena que pisamos.
Quiero que lo que amo siga vivo
y a ti te amé y canté sobre todas las cosas,
por eso sigue tú floreciendo, florida,
para que alcances todo lo que mi amor te ordena,
para que pasee mi sombra por tu pelo,
para que así conozcan la razón de mi canto.

(*Cien sonetos de amor*, Pablo Neruda)

NERUDA

- **a** ¿En este texto el autor narra hechos objetivos o emociones subjetivas?
- **b** Subraya los verbos en presente de subjuntivo e indica aquellos que expresan deseos.
- **c** ¿Qué desea el autor para su amada?
- **d** ¿Qué crees que significa "*dormido*" y "*sigue tú floreciendo*"? ¿Qué nos quiere decir el autor?

2.5 **Crea ahora un poema siguiendo esta estructura.**

Cuando yo acabe el curso quiero…
Quiero…
Quiero que…
quiero que…
que…
y que…

- **Explica a tu compañero/a las siguientes palabras.**

curso intensivo ▪ beca ▪ pasar lista
nota media ▪ expediente académico

- **Escribe tres deseos para cuando acabes la universidad.**

Modelo: *Deseo viajar a Europa.*

1 ....

....

2 ....

....

3 ....

....

- **Lee los tres deseos que ha escrito tu compañero/a en la actividad anterior y deséale que se cumplan.**

Modelo: *Deseo que viajes a Europa.*

1 ....

2 ....

3 ....

- **Reacciona a estos deseos y valoraciones.**

① ¡Ojalá aprenda mucho en este curso!
....

② ¡Espero que mis prácticas sean muy interesantes!
....

③ Prefiero que el profesor no ponga un examen tipo test.
....

- **Valora tus clases de español.**

Me parece genial... ....

....

....

Está bien... ....

....

....

Es... ....

....

....

AHORA SOY CAPAZ DE...

	SÍ	NO
1 ...expresar deseos para mí y para los demás.	▢	▢
2 ...pedir a los demás lo que necesito.	▢	▢
3 ...entender cuando alguien me pide algo.	▢	▢
4 ...comprender y usar palabras relacionadas con los estudios.	▢	▢

Los estudios
el aprendizaje learning
la asignatura obligatoria required course
la asignatura optativa optional course
el bachillerato high school diploma
la beca scholarship
la clase presencial face-to-face class
el colegio bilingüe bilingual school
el colegio privado private school
el curso de perfeccionamiento continuing education
el curso escolar school year
el curso intensivo intensive course
el curso virtual online course
el enfoque approach, focus
la escuela de idiomas language school
la escuela secundaria secondary school
los estudios primarios primary education
el instituto high school (Spain)
el instituto tecnológico institute of technology
el intercambio exchange
el máster masters
la metodología methodology
el programa au pair program for studying abroad while working as a live-in nanny
el preescolar preschool

Verbos
aconsejar to advise
aprovechar el tiempo to take advantage of time
aprovecharse de to take advantage of someone
exigir to demand
extrañar to miss
mandar to order, to send
mantener (la calma) to maintain (calm)
ordenar to order
reaccionar to react
recomendar (e>ie) to recommend
rogar (o>ue) to beg

Lenguaje del aula
analizar un tema analize a topic or theme
aprobar (o>ue) to pass
la clase práctica lab, workshop
la clase teórica theory class
comentario de texto text analysis
consultar un libro/una enciclopedia/Internet to look up information in a book/an enciclopedia/ on the Internet
debatir un tema to debate a topic
el expediente academic transcript
hacer un experimento to do an experiment
memorizar to memorize
la nota alta/baja high/low grade
la nota media grade point average
pasar (un examen) to pass
pasar lista to take attendance
plantear una duda to lay out a problem
reflexionar to reflect
suspender to fail (a course, test, etc.)

Palabras y expresiones
No digas esas cosas. Don't say those things.
No te pongas así. Don't get like that.
Ojalá I hope
Que cumplas más años. Many happy returns.
Que sean muy felices. (I hope) you will be very happy.
Que sueñes con los angelitos. (I hope) you dream with angels.
Que te diviertas. (I hope) you have fun.
Que te vaya bien. (I hope) it goes well for you.
Que tengas buen provecho. (I hope) you enjoy the meal.
Que tengas suerte. I wish you luck.
(Que) sí, hombre, (que) sí. Yes, of course, of course.
¡Sueñas! (informal) You're dreaming!

Conectores discursivos
en definitiva ultimately, in the end
es que it's just that, the thing is therefore
luego therefore
o sea in the other words, or rather

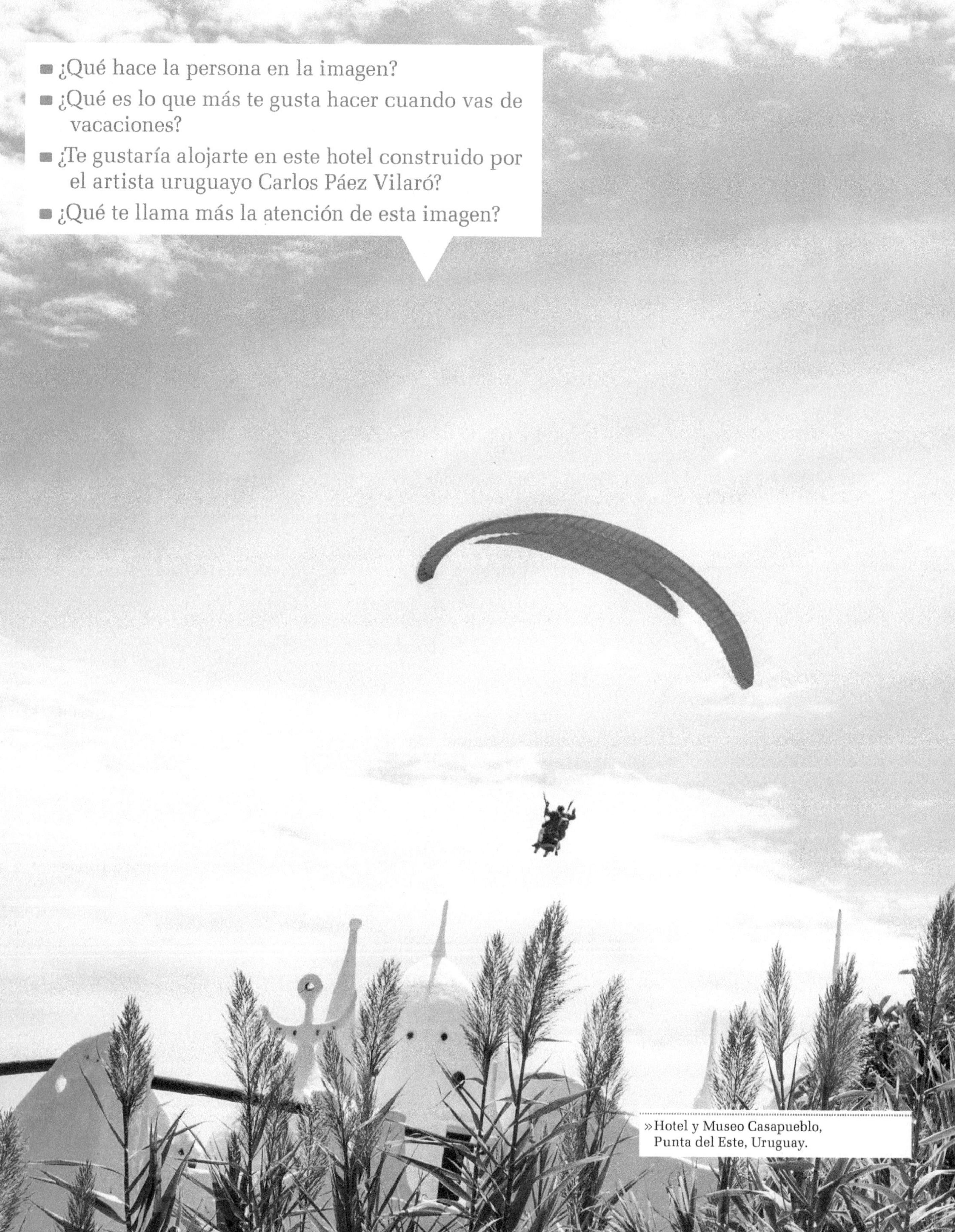

» Hotel y Museo Casapueblo, Punta del Este, Uruguay.

SOBRE GUSTOS Y SENTIMIENTOS

3

Learning outcomes

By the end of this unit you will be able to:

- Talk about what is appealing and distasteful for you and others.
- Discuss fashions and alternative types of vacations.
- Express feelings and emotions.
- Talk about things that are known and unknown.

Para empezar

- Nos divertimos

Comunica

- Vacaciones alternativas: preguntar y responder por la existencia de algo
- Estar a la moda: expresar gustos y aversiones

Pronunciación y ortografía

- Acentuación (3): la tilde diacrítica

Cartelera de cine

- *Sus ojos se cerraron y el mundo sigue andando*

Gramática

- Los relativos *que* y *donde* con indicativo y subjuntivo
- Pronombres y adjetivos indefinidos
- Verbos de sentimientos con infinitivo y subjuntivo

Intercultura

- Vivir fuera de tu país

Nos conocemos

- Entrevista a Mónica Molina

Literatura para la vida

- *Campos de Castilla,* de Antonio Machado

3.1 Observen las imágenes. ¿Con qué actividades de tiempo libre las identificas?

Modelo: *1. ir a la playa.*

1 

2 

3 

4 

5 

6 

3.2 De las actividades anteriores, indica tu opinión sobre ellas y añade otras actividades que puedes hacer cuando visitas una nueva ciudad.

....

....

....

[16]

3.3 Ana es de Uruguay y en unos días va a visitar a Verónica en Madrid. Escucha el diálogo y responde a las siguientes preguntas.

- a ¿Qué actividad no pueden hacer las muchachas en Madrid?
- b ¿Qué actividad pensaba Verónica que a Ana no le gustaba nada?
- c ¿Qué prefiere hacer Ana en lugar de visitar museos?
- d ¿Qué idea que propone Ana le encanta a Verónica?

3.4 Lee el diálogo e identifica qué actividades de tiempo libre se mencionan en ella.

Ana: Vero, ¡no te podés imaginar las ganas que tengo de ir a España a conocerte! Ya sabés que voy a un departamento de intercambio que está en el centro de la ciudad.

Verónica: Sí, lo sé. ¡Ya verás qué bien nos lo vamos a pasar!

Ana: Seguro, pero tenemos que decidir qué vamos a hacer. ¿Preparaste ya algún plan interesante? Ya sabés que me encanta ir a la playa, pero en Madrid es un poco complicado, ¿no?

> **Recuerda**
>
> | vos | | tú |
> |---|---|---|
> | podés | ► | puedes |
> | sabés | ► | sabes |

Verónica: Pues sí, bastante. Hay un río, pero es muy pequeño y, además, no nos podemos bañar, ja, ja, ja.

Ana: Bueno, me hablaron también de que en Madrid hay muchas calles comerciales.

Verónica: Pues eso sí que podemos hacerlo. Pero me extraña mucho de ti. Creía que odiabas ir de compras.

Ana: Eh, no exactamente... Cuando viajo, me gusta mucho comprar ropa original para mis amigos y familiares.

Verónica: Entonces podemos ir a Fuencarral. Es una calle que tiene muchas tiendas con ropa moderna. También podríamos dedicar unos días al arte. Tenemos unos museos fantásticos, como el Museo del Prado, el Thyssen, el Reina Sofía...

Ana: A mí no gusta demasiado la idea de los museos. Prefiero andar por la ciudad sin objetivos concretos.

Verónica: Perfecto, haremos lo que a ti te apetezca, para eso eres mi invitada.

Ana: Bueno... Muchas gracias. Tenemos que ir al cine a ver una película española, quiero conocer lo que son las tapas... ¡Ah! ¿Y sabés lo que me vuelve loca? Me encantan los parques de atracciones.

Verónica: ¡No me digas! Pues muy cerca de Madrid está el Parque Warner. Tiene atracciones dedicadas a los personajes de los dibujos de Warner Bros.

Ana: ¡Qué lindo!, me encanta la idea.

Verónica: Bueno, voy a informarme un poco más en Internet y te digo.

Ana: Muy bien. Muchas gracias, Vero.

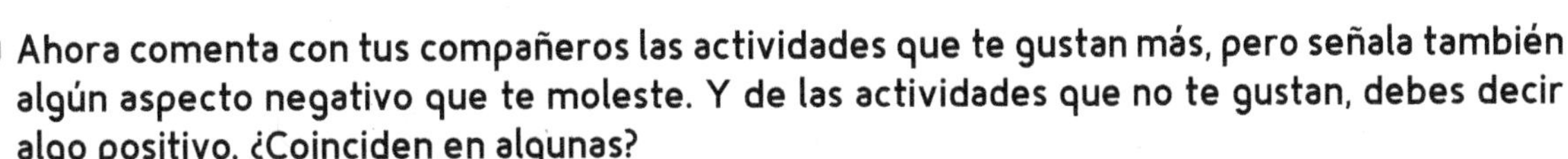

3.5 Ahora comenta con tus compañeros las actividades que te gustan más, pero señala también algún aspecto negativo que te moleste. Y de las actividades que no te gustan, debes decir algo positivo. ¿Coinciden en algunas?

Modelo: *Me encanta ir de compras, pero me fastidia comprar cuando hay mucha gente.*

No me gusta ir a la playa porque odio tomar el sol, pero me gusta mucho pasear por la playa por la mañana cuando no hay mucha gente.

¡PRACTICA!

3.6 Con tu compañero/a, escriban un diálogo similar siguiendo las instrucciones. Después, representen la conversación.

1. Llama a un amigo/a para hablar de las vacaciones que van a tomar juntos.
2. Pregunta a tu amigo/a qué planes tiene para el destino elegido.
3. Plantea ideas para hacer en función de tus gustos.
4. Expresa tus gustos ante las propuestas de tu amigo/a. Sugiere algo que te guste también a ti.
5. Opina sobre las propuestas de tu amigo/a.
6. Revisen entonces lo que finalmente van a hacer.

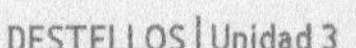

COMUNICA

VACACIONES ALTERNATIVAS

VOCABULARIO

3.1 ¿Qué es para ti lo más importante cuando vas de vacaciones? Con tu compañero/a, anoten los aspectos más importantes que tienen en cuenta.

3.2 Observa las opiniones de estas personas y complétalas con las nuevas palabras. ¿Con quién estás más de acuerdo? ¿Por qué?

desplazamiento
ahorrar
destino
alojamiento
gastos

a Cuando viajo busco estar cómoda, sentirme como en casa. Por eso el [1] .... es muy importante para mí, por encima de todo lo demás.

b Lo principal es el [2] .... Tengo que estar convencido de que es el lugar que quiero visitar. Al resto de cosas, me puedo adaptar.

c No me gustan todos los medios de transporte, así que el [3] .... para mí es muy importante cuando viajo. Me encanta viajar en tren, porque el avión me da pánico.

d Yo prefiero [4] .... dinero en hoteles y siempre viajo de intercambio. Así puedo tener más [5] .... en compras o en comida.

3.3 Observa este anuncio de una página web de viajes. ¿Con cuál de las opiniones de la actividad anterior lo relacionas?

3.4 **Lee este extracto de un artículo de prensa sobre el turismo de intercambio de casas e identifica sus ventajas. ¿Crees que tiene inconvenientes? Coméntalo con tu compañero/a.**

Quienes usaron el intercambio, normalmente repiten. El intercambio de casa te da la posibilidad de alojarte gratis en destinos que de otra forma no piensas. Los usuarios de estas páginas reciben propuestas en lugares en los que nunca habían imaginado. Para los inclinados a este tipo de turismo es "como dejar la casa a un amigo que te aconseja dónde comer o qué visitar". Se reciben propuestas insólitas como Bahamas, Panamá, Marruecos o Australia. Para Diego, con varios años de experiencia en el intercambio de casa, lo mejor de esta opción es que "formas parte de una comunidad y te hace ser más respetuoso con el entorno en el que ellos viven".

(http://elviajero.elpais.com/elviajero/2010/03/18/actualidad/1268908444_850215.html)

3.5 **Lee los anuncios que se ofrecen en la página web *vacacionesalternativas.com* para las casas de intercambio. Busca en ellos los sinónimos de estas palabras. Tres de las palabras destacadas en color no tienen sinónimo. ¿Les puedes poner uno? Trabaja con tu compañero/a.**

a agradable:	e excursiones:	i confort: ....
b brillante:	f preocupaciones:	j ....
c típica:	g montañas:	k ....
d céntrico:	h invitados:	l ....

http://www.vacacionesalternativas.com

Vacaciones alternativas.com

Casa rural en Río Negro, Bariloche, Argentina

Alojamiento para 5 personas. No se puede fumar.
3 dormitorios. Se admiten **mascotas**.
2 baños completos. Wifi.

Por qué nos encanta nuestra casa

- Está situada al lado de un lago.
- En **plena** naturaleza.
- Ideal para aquellos visitantes que necesiten relajarse y disfrutar de la tranquilidad.

Casa rural en península de San Pedro, a 25 km de la ciudad de San Carlos de Bariloche. Tiene dos plantas, en la planta baja hay un salón con chimenea, una cocina y un baño. En la segunda hay tres dormitorios y un baño. Excelentes vistas panorámicas de la montaña, lago y bosques. Se pueden hacer muchas actividades guiadas, ya que se organizan durante todo el año **jornadas** de senderismo, pesca, montañismo, rafting, etc. Si estás **estresado** y necesitas un lugar tranquilo, esta es tu casa.

http://www.vacacionesalternativas.com

Vacaciones alternativas.com

Casa en Iruya, Salta, Argentina

Alojamiento para dos personas. No se puede fumar.
1 dormitorio. No se admiten mascotas.
1 baño. Conexión a Internet.

Por qué nos encanta nuestra casa

- Está en una pequeña villa, en el corazón de la montaña, pero bien comunicada con Humahuaca, la población cercana más grande.
- Zona **pintoresca**.

Ofrecemos una casita pequeña, con aire acondicionado y calefacción. Aunque es pequeña, es muy **luminosa** y **acogedora**. Lo mejor de esta casa son sus maravillosas vistas, en plena **sierra** de Santa Victoria, a 2.700 metros sobre el nivel del mar, es un lugar idílico para quienes buscan tranquilidad y conexión con la naturaleza. Está rodeado de ríos y se organizan actividades de senderismo y escalada casi todos los días. Ideal para los que quieran perderse de verdad.

http://www.vacacionesalternativas.com

Vacaciones alternativas.com

Casa de campo en Misiones, Puerto Iguazú, Argentina

Alojamiento para 4 personas.
No se puede fumar. Dos dormitorios.
Se admiten mascotas.
1 baño completo y un aseo.

Por qué nos encanta nuestra casa

- Está muy cerca de las cataratas de Iguazú.
- Zona rural, tranquila y relajada.
- **Amplio** jardín con piscina.

Nuestra casa tiene una planta. Tiene todas las **comodidades**: televisión, conexión a Internet, lavadora... La cocina da al jardín. Hay un baño con bañera de hidromasaje y dos habitaciones amuebladas. A pocos kilómetros de las Cataratas de Iguazú, en una zona ideal para todo tipo de excursiones. La casa dispone de una piscina privada donde los **huéspedes** pueden refrescarse y relajarse al final del día. En otras palabras, nuestra casa es ideal para aquellos que quieran conocer Argentina en plena naturaleza, sin sufrir los **agobios** de una gran ciudad.

3.6 Tatiana se ha registrado en *vacacionesalternativas.com* porque quiere unas vacaciones diferentes. Elige la oferta que te parezca más apropiada para ella y coméntala con tu compañero/a. Justifiquen su respuesta.

3.7 Ahora es tu turno. Ofrece tu casa en la red siguiendo el modelo de los anuncios anteriores. Ten en cuenta los aspectos positivos y a qué tipo de turistas puede interesar.

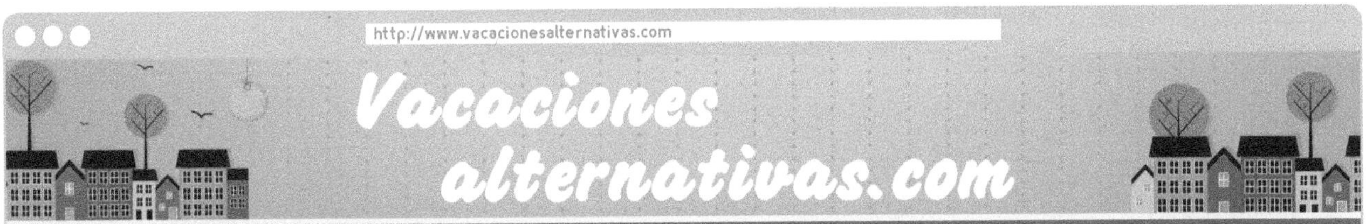

http://www.vacacionesalternativas.com

Vacaciones alternativas.com

■ Casa en ....

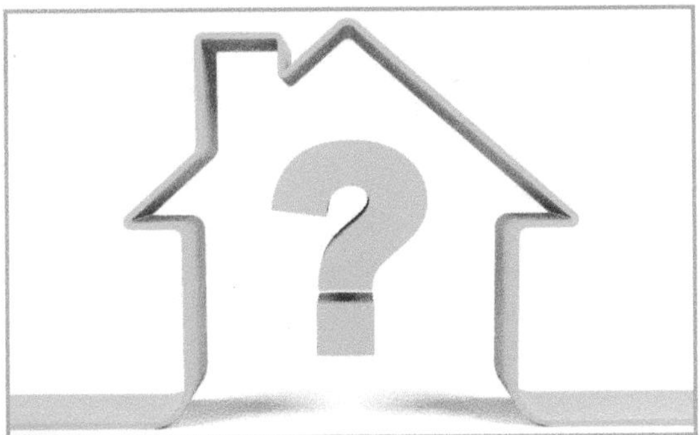

....

....

Por qué nos encanta nuestra casa

- ....
....
- ....
....

....

....

....

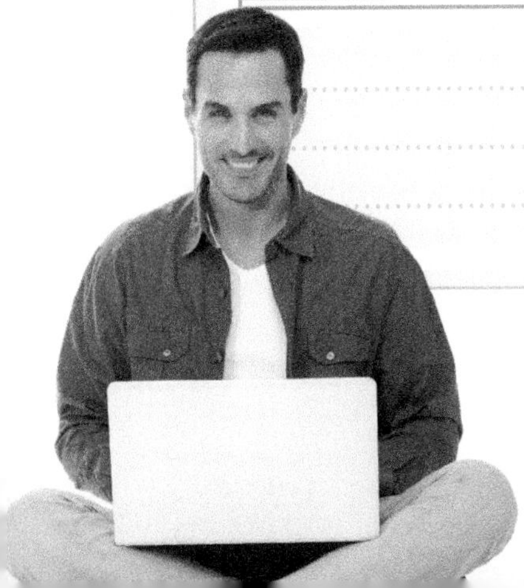

3.8 Pongan en común todas sus casas sin mencionar quién es el propietario. ¿Con qué casa les gustaría intercambiar?

COMUNICA

COMUNICACIÓN

- **Preguntar y responder por la existencia de algo**

  » Para preguntar por la existencia o no de algo o de alguien, se usa el subjuntivo:

  – *¿**Hay alguna** casa **que** esté cerca del mar?*
  – *¿**Conoces algún** barrio **donde*** haya *un parque grande?*
  – *¿**Sabes si hay alguien** en el grupo **que*** sepa *escalar?*

  » Para negar la existencia o afirmar que es poca, también se usa el subjuntivo:

  – ***No hay (casi) nadie** en clase **que*** sepa *cocinar.*
  – ***No conozco a (casi) nadie que*** tenga *más de cinco hermanos.*
  – ***Hay pocas** personas **que*** viajen *con frecuencia a Australia.*
  – ***Conozco a pocos** hombres **que*** prefieran *las películas románticas.*

Recuerda

Los indefinidos:

- ***algún / ningún*** (+ nombre masc. sing.)
- ***alguno-s / ninguno-s***
- ***alguna-s / ninguna-s*** (+ nombre)
- ***alguien / nadie*** (personas)

Más información en pág. 96.

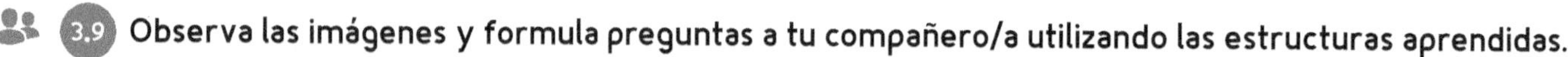

3.9 **Observa las imágenes y formula preguntas a tu compañero/a utilizando las estructuras aprendidas.**

Modelo: *¿Conoces algún restaurante donde sirvan auténtica comida mexicana?*

3.10 **Completa las frases con información que desconoces. Compártela en grupos pequeños. ¿Hay alguien en tu grupo que lo sepa?**

Modelo: *No conozco a nadie que tenga más de cinco hermanos.*
Yo sí, mis vecinos tienen siete hijos.

a No conozco ningún restaurante que... ....

b No hay nadie que... ....

c Hay pocas personas que... ....

d No conozco ninguna playa donde... ....

VOCABULARIO

3.11 **Lee el texto y piensa en el significado de las palabras destacadas.**

MODA

CADA AÑO LA FERIA EXPO-MODA, EN LA CIUDAD DE GUADALAJARA (MÉXICO), SIRVE DE PUNTO DE ENCUENTRO PARA QUE EL PÚBLICO VEA EN LOS DESFILES LAS NUEVAS CREACIONES DE LOS DISEÑADORES MÁS PRESTIGIOSOS DEL PAÍS.

En esta edición, cuatro nuevos talentos buscan con esfuerzo que sus nombres sean más relevantes, que aparezcan en las etiquetas de las prendas favoritas de los consumidores. El mercado de la moda en México no es fácil, pero Viviana Parra, Macario Jiménez, Héctor Mijangos y Cynthia Gómez logran cada día competir con las grandes firmas.

» *"Si alguien lleva una marca que le gusta, con la que se identifica, la gente suele ser fiel y no cambiar a otra"*, comenta Viviana, *"por eso es muy complicado introducir nuevos diseños con nombres poco conocidos, aunque no imposible"*, añade.

Día Siete sirve para dar un adelanto de sus creaciones de cara a la nueva temporada.

¿QUÉ LE GUSTARÍA VER EN LOS APARADORES?

Propuesta de Cynthia Gómez.
Mucho colorido, telas estampadas, deslavadas y formas geométricas. Para moda masculina, guayaberas, y para mujeres, espaldas descubiertas.

Propuesta de Macario Jiménez.
Para mujeres, vestidos con escotes discretos. Para hombres, prendas cómodas y elegantes.

Propuesta de Viviana Parra.
Vestidos muy glamorosos, prendas duales, es decir, que sirvan tanto para vestir de día, como de noche.

Propuesta de Héctor Mijangos.
Ropa unisex, funcional, práctica, duradera, cómoda y fácil de combinar.

COMUNICA MÁS

3.12 **Encuentra en el texto anterior las palabras para estas definiciones.**

a Nombre comercial que se pone a un producto: ....

b Espacio de tiempo que en moda coincide con la estación: ....

c Profesionales que se dedican a la creación de nuevos estilos: ....

d Eventos donde los modelos muestran al público las novedades: ....

e Los distintos componentes que forman parte de la vestimenta: ....

f Nombre que se coloca en la ropa para identificar al fabricante: ....

g Tela diseñada con dibujos o formas variadas: ....

h Parte de un vestido que deja el pecho al descubierto: ....

i Que ha perdido la fuerza de su color original: ....

j Cuando se presenta algo con antelación a lo previsto: ....

k Las cristaleras en las que se muestra la ropa que se vende en la tienda: ....

3.13 **¿Qué idea general se extrae del texto? ¿Crees también que el público es fiel (loyal) a una marca? Comenten con sus compañeros y saquen la conclusión general de la clase.**

[17]

3.14 **Escucha la encuesta sobre moda que hicieron a varias personas en la calle y decide si las siguientes afirmaciones son verdaderas (V) o falsas (F).**

	V	F
a Carmen se gasta más de cien pesos en ropa.	▢	▢
b Mónica se gasta poco, pero compra ropa de calidad.	▢	▢
c Jair lleva todos los días corbata.	▢	▢
d A José Luis le gusta ir combinado.	▢	▢

3.15 **Lee los comentarios que cada persona hace de su estilo. ¿Con qué imagen lo identificas?**

Bienvenidos

Usuario | Contraseña

El blog de moda

Comentarios

1 Me encanta ir elegante y mi estilo es más bien clásico, pero con un toque de distinción. Casi siempre compro ropa de buena calidad, no me importa que sea cara.

2 Prefiero la ropa cómoda. Mi gorra es mi compañera. Odio las camisas. No gasto mucho, aunque de vez cuando me gusta comprar joyas y tenis de marca.

3 Mi inspiración son los hombres de antes, masculinos y preocupados por su aspecto. Odio los jeans y me fijo mucho en los detalles, como un corbatín o un sombrero original. Compro mi ropa en pequeñas tiendas retro y mercados.

4 Yo me fijo en los cantantes de pop y rock. Quiero dar una imagen de mujer actual, libre y espontánea. Me gusta ir femenina, pero discreta. No gasto mucho porque muchas cosas las creo yo misma.

a

b

c

d

3.16 **Con el vocabulario aprendido, define tu estilo o el de una persona cercana a ti.**

3.17 **Comenten en clase si para ustedes es importante seguir la moda y por qué. Pongan en común sus opiniones. ¿Están todos de acuerdo?**

COMUNICA MÁS

COMUNICACIÓN

- **Expresar gustos y aversiones**

» Para **expresar gustos** se pueden usar verbos como ***encantar*** o ***gustar***:

- El verbo *encantar* expresa un grado máximo de satisfacción y, por este motivo, no lleva nunca marcadores de intensidad.
- El verbo *gustar* suele ir acompañado de adverbios de cantidad que matizan el grado de intensidad de la experiencia.

! Atención

+++ me gusta mucho/muchísimo.
++ me gusta bastante.
+ no me gusta mucho/demasiado.
– no me gusta nada.

– *Me encanta* equivale a *me gusta muchísimo*.

» Para **expresar aversiones**, además de las formas negativas del verbo *gustar*, se puede usar ***me molesta***, ***me fastidia*** que pueden ir acompañados de marcadores de intensidad (***mucho***, ***muchísimo***, ***bastante***), o el verbo ***odiar***, que expresa el grado máximo de aversión y que no suele llevar marcadores de intensidad.

- *Odio llevar camisas.*
- *No me gusta nada la ropa clásica.*
- *Me molesta llevar jeans en verano.*
- *Me fastidian los zapatos de tacón.*

» Cuando se expresan **gustos o aversiones sobre acciones**, las oraciones se construyen con infinitivo (si la persona que experimenta las acciones de los dos verbos es la misma) o con subjuntivo (si se trata de personas diferentes).

- *(A mí) Me encanta (yo)* ***cuidar*** *mi aspecto físico.*
- *(A mí) No me gusta que mis padres* ***critiquen*** *mi estilo.*

3.18 Escribe un tuit a partir de un hashtag. Puedes utilizar las expresiones de sentimientos negativos que aprendiste. Escribe un texto máximo de 140 caracteres. Una vez escrito, puedes pasárselo a tu compañero/a de la derecha. Hagan al final una puesta en común (put forward your best ideas).

Modelo: *#zapatosvstenis*
A mí me parece que los tenis son más cómodos y combinan con todo. Odio llevar zapatos, no son cómodos y no me gusta nada el material.

PRONUNCIACIÓN y ORTOGRAFÍA

Acentuación (3): la tilde diacrítica

3.1 Fíjense en las siguientes oraciones detenidamente. Presten atención a las palabras que están en negrita. ¿Qué diferencia encuentras entre ellas?

a – **El** conductor paró de un frenazo el bus.
– Me lo dijo **él**.

b – **Si** llueve, no iremos al zoo.
– Me respondió que **sí**.

LA TILDE DIACRÍTICA

- La tilde diacrítica sirve para diferenciar dos palabras que se escriben igual pero que tienen diferente significado.
  – ***Aun*** *teniendo dinero, no se gasta el dinero en marcas. (Conjunción que equivale a "aunque" o "incluso")*
  – ***Aún*** *no ha llegado. (Adverbio de tiempo que equivale a "todavía")*

3.2 Observa estos otros ejemplos y marca en cada caso su función gramatical.

A
1. ¿Dónde has puesto **tu** abrigo?
2. **Tú** siempre dices la verdad.

a. adjetivo posesivo
b. pronombre personal.

B
1. Te invito a cenar a **mi** casa.
2. ¿Tienes algo para **mí**?

a. pronombre objeto.
b. adjetivo posesivo.

C
1. **Te** he comprado un par de zapatos.
2. Voy a pedirme una taza de **té**.

a. nombre.
b. pronombre objeto.

D
1. Compré una chaqueta **de** cuero.
2. Dice que le **dé** 1000 euros.

a. preposición.
b. verbo *dar*.

E
1. **Sé** que tienes razón.
2. Luis **se** afeita por las mañanas.

a. pronombre reflexivo.
b. verbo *saber*.

F
1. Quiso convencerlo, **mas** fue imposible.
2. Habla un poco **más** alto.

a. conector adversativo.
b. adverbio de cantidad.

[18]

3.3 Escucha el dictado y cópialo en tu cuaderno.

Dario Grandinetti Aitana Sánchez-Gijón Juan Echanove

Gardel, fue su pasión.

Y algunas pasiones nunca mueren...

Sus Ojos se Cerraron y el mundo sigue andando

Una película de Jaime Chávarri

CARTELERA DE CINE

SINOPSIS

La película tiene lugar en Buenos Aires, en los años 30. Juanita es una joven y bella modista (dressmaker) española que admira a Carlos Gardel con obsesiva pasión. Un día conoce a Renzo, un fracasado cantante, de quien se enamora por el simple hecho de tener un gran parecido físico con su ídolo. Por este amor es capaz de abandonar a su antiguo novio e intentar convertir por todos los medios al joven Renzo en una copia perfecta de Gardel. Su fijación conducirá a su amado a un trágico desenlace (end) de las mismas dimensiones que las del propio Carlos Gardel.

¿SABÍAS QUE...?

- Es una coproducción entre Argentina y España e integra actores de ambas nacionalidades, lo que es una muestra interesante de la diferencia de acentos y expresiones.
- Es un drama que cuenta una historia de amor, aunque también sirve para rendir homenaje al cantante Carlos Gardel, mito y símbolo cultural en Argentina que falleció trágicamente en un accidente de avión en el año 1935.
- En total se integran en la película doce tangos.

SECUENCIA DE LA PELÍCULA

00:09:49  00:13:50

DATOS TÉCNICOS

Título	Sus ojos se cerraron y el mundo sigue andando.		
Año	1996.	Género	Drama.
País	Argentina y España.	Director	Jaime Chávarri.

Intérpretes

Dario Grandinetti, Aitana Sanchez-Gijón, Juan Echanove Labanda, Ulises Dumont, Raúl Brambilla, Carlos Carella, Ramón Rivero, Pepe Soriano, María Fernández, Chela Ruiz.

DE VER LA SECUENCIA

Renzo se encuentra con Juanita por segunda vez durante una de sus actuaciones. Ambos se enamoran al instante. Juanita ignora a su novio, Gustavo.

3.1 En la secuencia que vas a ver, Renzo enamora a Juanita que asiste junto a sus amigas a una de las actuaciones del joven en el café La Pérgola. Con esta información, imagina qué sentimientos tienen cada uno de estos personajes.

Quiere que ....

Desea que ....

Les encanta que ....

Odia que ....

Prefiere que ....

No le importa que ....

3.2 Renzo sabe que a Juanita le gusta el cantante Carlos Gardel. ¿Cómo crees que conseguirá enamorar a la protagonista?

....

3.3 De los tres escenarios siguientes, ¿cuál crees que es el más ideal para enamorarse: una playa, un salón de baile o un supermercado? ¿Por qué?

....

3.4 En el fragmento que vamos a ver, Juanita abandona a su novio por Renzo. ¿Cómo crees que reaccionará el novio ante esa situación? Y tú, ¿cómo crees que reaccionarías ante una situación similar? Habla con tus compañeros.

....

CARTELERA DE CINE

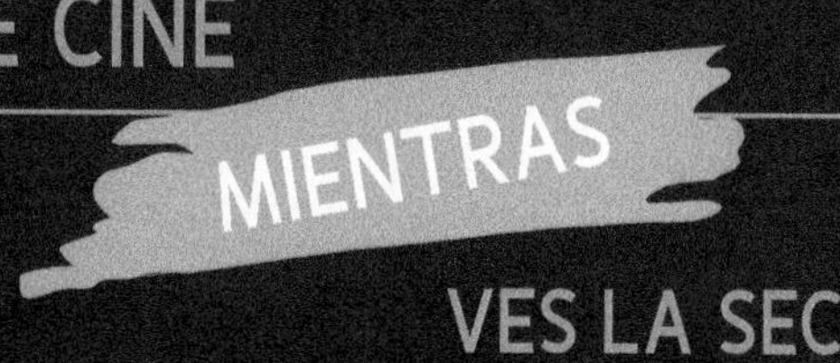

VES LA SECUENCIA

Renzo canta su canción *Amores de estudiante.*

3.5 Decide si estas afirmaciones son verdaderas (V) o falsas (F).

		V	F
a	Renzo interpreta la canción mirando solo a Juanita.	☐	☐
b	Las amigas de Juanita se dan cuenta de que ella presta más atención al cantante que a su novio.	☐	☐
c	El novio de Juanita, Gustavo, disfruta de la canción.	☐	☐
d	La letra de la canción dice: "Amores de estudiante, flores de una noche son".	☐	☐
e	A los músicos les sorprende recibir aplausos del público tras la canción.	☐	☐

TIEMPO
00:03:38
00:05:54

Juanita y Renzo bailan un tango.

3.6 Aquí tienes el extracto de la conversación que mantienen. Complétalo con las palabras que faltan.

Juanita: No me dirá que lo hizo por mí.
Renzo: Por supuesto, usted fue la [1] .... que me dijo lo de Gardel.
Juanita: Claro, porque Gardel es grande.
Renzo: Yo, también.
Juanita: Es puro [2] ....
Renzo: Yo, igual.
Juanita: Y va a llegar a lo más alto porque es un [3] ....
Renzo: Yo, también.
Juanita: Me está pareciendo un poco vanidoso.
Renzo: No, vanidoso no, [4] .... Yo soy pura ambición.
Juanita: Yo, también.

3.7 Pon en orden estas frases según su aparición en la secuencia.

- a ☐ Las amigas de Juanita comentan la situación.
- b ☐ Los músicos discuten con el propietario del bar.
- c ☐ A Gustavo le molesta que Renzo esté hablando con su novia.
- d ☐ Renzo y Juanita charlan mientras bailan un tango.
- e ☐ El propietario quiere cerrar y les pide que terminen.
- f ☐ Renzo canta un tango mientras mira fijamente a Juanita.
- g ☐ Gustavo abandona el bar enojado.

DESPUÉS DE VER LA SECUENCIA

3.8 Responde a las siguientes preguntas.

a ¿Por qué Renzo no acompaña a sus amigos al terminar la canción?

b ¿Qué problema tienen el propietario del café y los músicos?

c ¿Qué le dice Renzo a Juanita para justificar el enfado de Gustavo?

d ¿En qué tres cosas dice Renzo que coincide con Carlos Gardel?

e Cuando Juanita y Renzo bailan, ¿en qué cualidad dicen los dos coincidir?

f ¿Qué piensa la amiga de Juanita de su forma de bailar?

3.9 Observa a estos dos personajes. ¿A quién de los dos corresponde la siguiente información?

1

2

- a ☐ Habla con acento español.
- b ☐ Habla con acento argentino.
- c ☐ Toca la guitarra.
- d ☐ Toca el bandoneón.
- e ☐ Lleva sombrero.
- f ☐ Se va del bar enfadado.
- g ☐ Siente que su amigo lo traicionó.
- h ☐ Compone una canción mientras espera a Renzo.

3.10 En la secuencia se dicen las siguientes frases, donde aparecen algunas expresiones típicamente argentinas. ¿Recuerdas quién las dice? ¿Sabes qué significan?

a "Jamás le podría hacer una cosa así a la gallega".

b "¿Cuántas veces te he dicho que esa mina no es para vos?".

3.11 La canción que interpreta Renzo, *Amores de estudiante*, es solo uno de los éxitos que popularizó Carlos Gardel, a quien se le considera en Argentina como un auténtico mito. Busca en Internet información sobre su figura y discute con tus compañeros los ingredientes de su éxito eterno. ¿Con qué figura actual se puede comparar?

GRAMÁTICA

A LOS RELATIVOS *QUE* Y *DONDE* CON INDICATIVO Y SUBJUNTIVO

Relative clauses are phrases that clarify or describe the person or object you are talking about. That person or object is substituted by the relative pronoun **que** (for people and things) or **donde** (for places). Note that in Spanish **que** is used to replace the relative pronouns *that*, *which*, and *who* in English.

Las oraciones de relativo

- Nombre + ***que / donde*** + indicativo
  - *Ana es <u>una muchacha</u> que **estudia** conmigo en la universidad.*
  - *Este es <u>el restaurante</u> donde **comemos** todos los domingos.*
- Nombre + ***que / donde*** + subjuntivo
  - *Busco <u>una muchacha</u> que **hable** ruso para poder practicar.*
  - *Quiero ir a <u>un restaurante</u> donde **pueda** comer una buena paella.*

» Las oraciones de relativo sirven para identificar o describir algo o a alguien. Ese algo o alguien se llama ***antecedente***.

- Si el antecedente es conocido por el hablante, el verbo va en **indicativo**.
- Si el antecedente es desconocido por el hablante, el verbo va en **subjuntivo**.

3.1 **Completa estas frases con *que* o *donde*. ¿Sabes a qué lugares se refieren?**

a Es un país .... está en Sudamérica, ... la gente come asado de carne y bebe mate, y .... está entre Brasil y Argentina.

b Es una ciudad .... está en España, ... la gente habla también otra lengua, y .... es conocida por la paella. También hay una fiesta muy famosa .... se llama Fallas.

3.2 **Alberto es de Guadalajara y dirige una agencia de modelos. Carlos es coordinador de los desfiles de Expo-Moda y está preocupado porque necesita urgentemente una serie de modelos en su desfile. Lee los textos y elige el verbo correcto.**

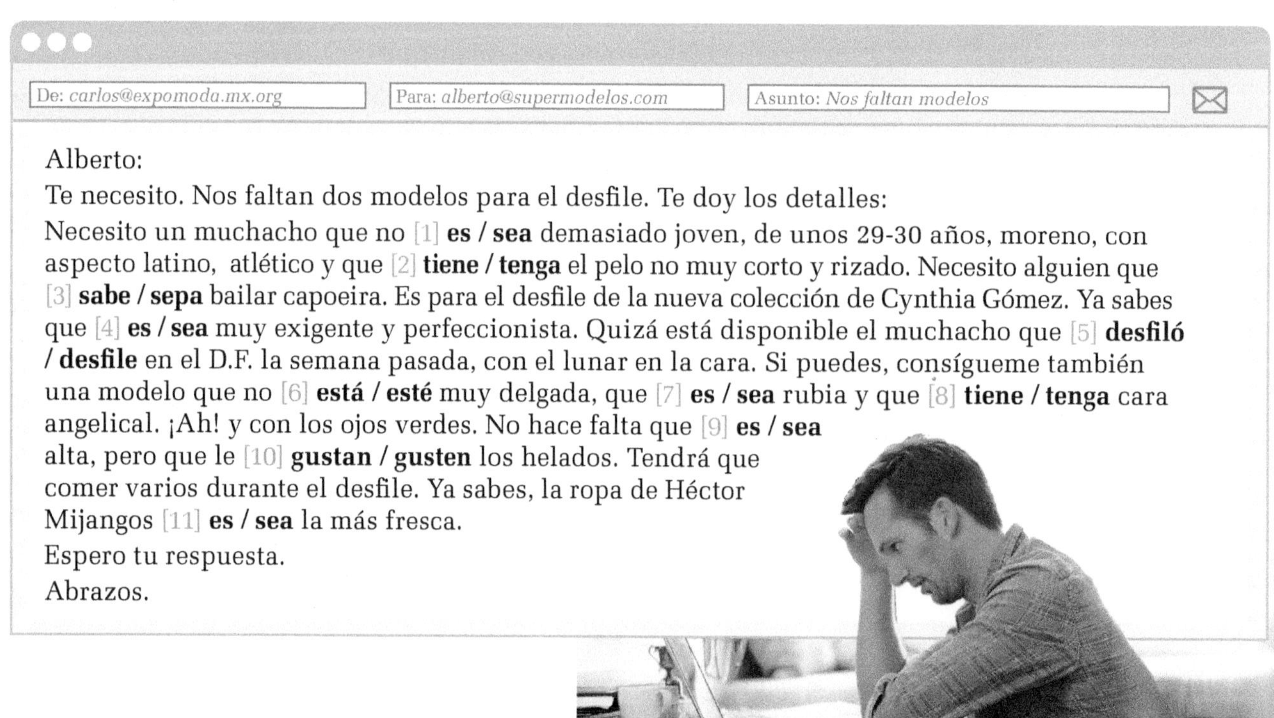

De: *carlos@expomoda.mx.org* Para: *alberto@supermodelos.com* Asunto: *Nos faltan modelos*

Alberto:

Te necesito. Nos faltan dos modelos para el desfile. Te doy los detalles:

Necesito un muchacho que no [1] **es / sea** demasiado joven, de unos 29-30 años, moreno, con aspecto latino, atlético y que [2] **tiene / tenga** el pelo no muy corto y rizado. Necesito alguien que [3] **sabe / sepa** bailar capoeira. Es para el desfile de la nueva colección de Cynthia Gómez. Ya sabes que [4] **es / sea** muy exigente y perfeccionista. Quizá está disponible el muchacho que [5] **desfiló / desfile** en el D.F. la semana pasada, con el lunar en la cara. Si puedes, consígueme también una modelo que no [6] **está / esté** muy delgada, que [7] **es / sea** rubia y que [8] **tiene / tenga** cara angelical. ¡Ah! y con los ojos verdes. No hace falta que [9] **es / sea** alta, pero que le [10] **gustan / gusten** los helados. Tendrá que comer varios durante el desfile. Ya sabes, la ropa de Héctor Mijangos [11] **es / sea** la más fresca.

Espero tu respuesta.

Abrazos.

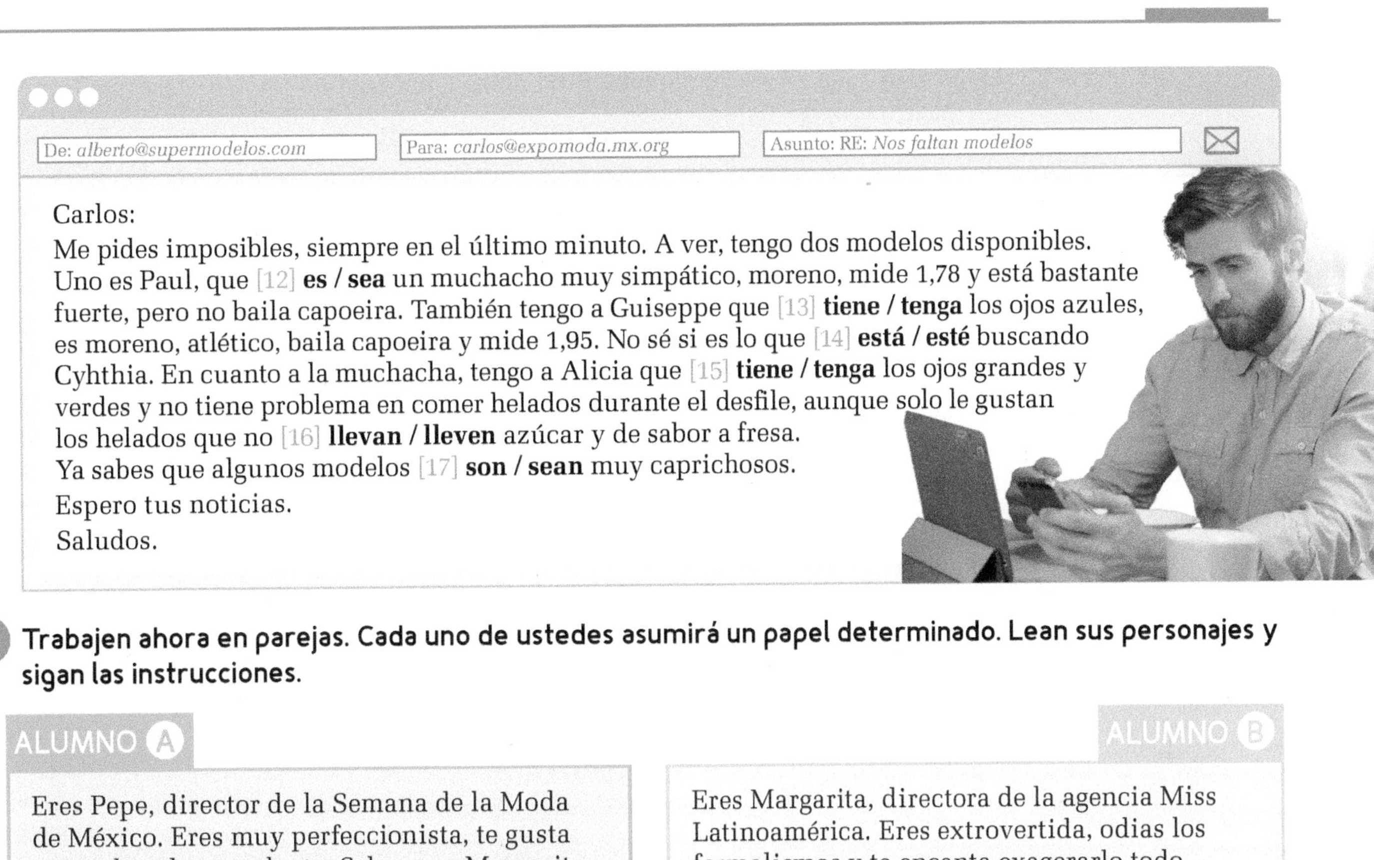

De: *alberto@supermodelos.com* | Para: *carlos@expomoda.mx.org* | Asunto: RE: *Nos faltan modelos*

Carlos:
Me pides imposibles, siempre en el último minuto. A ver, tengo dos modelos disponibles. Uno es Paul, que [12] **es / sea** un muchacho muy simpático, moreno, mide 1,78 y está bastante fuerte, pero no baila capoeira. También tengo a Guiseppe que [13] **tiene / tenga** los ojos azules, es moreno, atlético, baila capoeira y mide 1,95. No sé si es lo que [14] **está / esté** buscando Cyhthia. En cuanto a la muchacha, tengo a Alicia que [15] **tiene / tenga** los ojos grandes y verdes y no tiene problema en comer helados durante el desfile, aunque solo le gustan los helados que no [16] **llevan / lleven** azúcar y de sabor a fresa.
Ya sabes que algunos modelos [17] **son / sean** muy caprichosos.
Espero tus noticias.
Saludos.

3.3 Trabajen ahora en parejas. Cada uno de ustedes asumirá un papel determinado. Lean sus personajes y sigan las instrucciones.

ALUMNO A

Eres Pepe, director de la Semana de la Moda de México. Eres muy perfeccionista, te gusta que todo salga excelente. Sabes que Margarita, directora de la Agencia Miss Latinoamérica, es un poco desorganizada, así que le escribes un correo electrónico muy serio, formal y con toda la información bien detallada sobre lo que quieres.

BUSCAS:

- Una modelo para un desfile estilo dominicano (define sus características físicas).
- Una firma de zapatos especializada en desfiles de moda con gran variedad de modelos.
- Un presentador-director del desfile con mucha experiencia y voz muy masculina.

De: | Para: | Asunto:

....

ALUMNO B

Eres Margarita, directora de la agencia Miss Latinoamérica. Eres extrovertida, odias los formalismos y te encanta exagerarlo todo. Recibes el correo electrónico de Pepe, director de la Semana de la Moda de México y haces lo que puedes para que esté contento; aunque no encuentras exactamente lo que él quiere, le ofreces otras alternativas.

OFRECES:

- Una modelo rubia, de piel muy clara, pero muy versátil (define su aspecto físico).
- Una firma de zapatos especializada en botas de todo tipo: de montar a caballo, de pescar, de esquiar...
- Un presentador-director amigo tuyo con una voz un poco especial (decide cómo es la voz).

De: | Para: | Asunto:

....

GRAMÁTICA

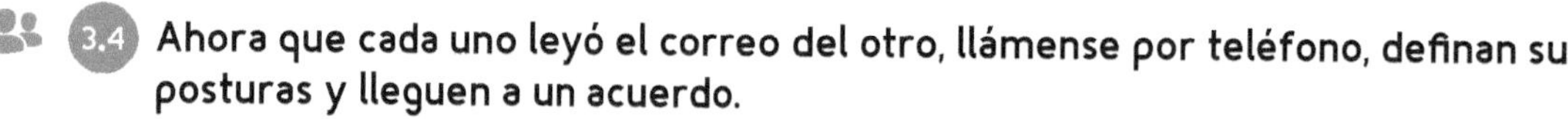

3.4 **Ahora que cada uno leyó el correo del otro, llámense por teléfono, definan sus posturas y lleguen a un acuerdo.**

3.5 **¿Cuál de estas cosas, lugares y personas te gustaría cambiar? Describe cómo es con todo detalle lo que tienes y lo que te gustaría tener.**

Quiero cambiar de casa, de carro, de estudios o trabajo, de ciudad, de...

¿Cómo quiero que sean mi nueva casa, mi nuevo carro y mis nuevos estudios o mi nuevo trabajo?

Modelo: *Tengo un apartamento pequeño que no tiene aire acondicionado y vivo en una ciudad donde hace mucho calor, demasiado. Además, mi apartamento está lejos del centro y a mí me encanta salir y caminar por la ciudad, y si es por el centro, mejor.*

¿Qué tipo de casa buscas?

Busco una casa que sea grande, que tenga aire acondicionado, que sea céntrica, que esté pintada toda de rosa, que esté cerca del metro y, por supuesto, que sea baratísima, ¡claro!

B PRONOMBRES Y ADJETIVOS INDEFINIDOS

Indefinite words refer to people and things that are unknown or undefined. In Spanish, indefinite words can function as pronouns or adjectives and have corresponding affirmative and negative forms. Remember, use the subjunctive after **que** when asking whether something or someone exists, or when saying that something or someone doesn't exist.

- Adjetivos
  - » Concuerdan con el sustantivo al que acompañan.

	Expresan existencia	Expresan inexistencia
Singular	***algún / alguna***	***ningún / ninguna***
Plural	***algunos / algunas***	***ningunos / ningunas***

– *Tengo* ***algunos*** *libros que te gustan.*

– *No hay* ***ningún*** *muchacho de Francia.*

- Pronombres
  - » Algunos indefinidos tienen la función de pronombres y son invariables.

	Expresan existencia	Expresan inexistencia
Personas	***alguien***	***nadie***
	alguno	***ninguno / ninguna***
Cosas	***algo***	***nada***

– *¿**Alguien** ha visto mi libro?*
*No, **nadie**.*

– *¿Quieres **algo** de comer?*
*No quiero **nada**, gracias.*

3.6 En parejas, expliquen por turnos las diferencias en estas frases.

- **a** No hay nadie en la habitación. / No hay nada en la habitación.
- **b** Algo se mueve en la ventana. / Alguien se mueve en la ventana.
- **c** Algún restaurante de la ciudad sirve comida colombiana. / Ningún restaurante de la ciudad sirve comida colombiana.
- **d** Alguna tienda vende ropa de marca japonesa. / Ninguna tienda vende ropa de marca japonesa.

3.7 Lee la conversación de Olga y Sara y complétala con el indefinido apropiado en cada caso. ¿Sabes de qué país hablan?

Sara: En septiembre tomo un mes de vacaciones y, la verdad, es que tengo ganas de ir a Centroamérica o a Sudamérica. ¿Conoces [1] .... zona en la que no haya que recorrer muchos kilómetros y en la que haya mucha variedad de paisajes? No sé, [2] .... que no sea muy caro.
Olga: El año pasado fui, a través de una agencia de viajes, a recorrer una de las zonas más alucinantes de Centroamérica. ¡No hay [3] .... en el mundo que se le parezca! No solo es única por la diversidad de paisajes, sino por la fuerza de sus culturas indígenas que mantienen sus lenguas y costumbres de siglos y siglos. Te podría hablar horas de [4] .... de los momentos que viví allí.
Sara: Suena bien. Oye, ¿y sabes si hay [5] .... dirección en Internet que te ofrezca información de esa zona en general?
Olga: Sí, hay muchas, pero esta está bastante bien, copia: www.turismocr.com

3.8 Ahora piensa en tus vacaciones ideales. Te damos las pautas (guidelines). Usa tu imaginación siguiendo este modelo.

Modelo: *Busco un lugar donde/que...*

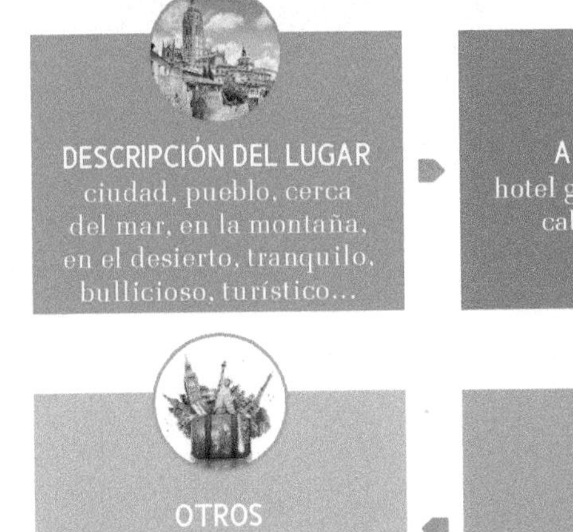

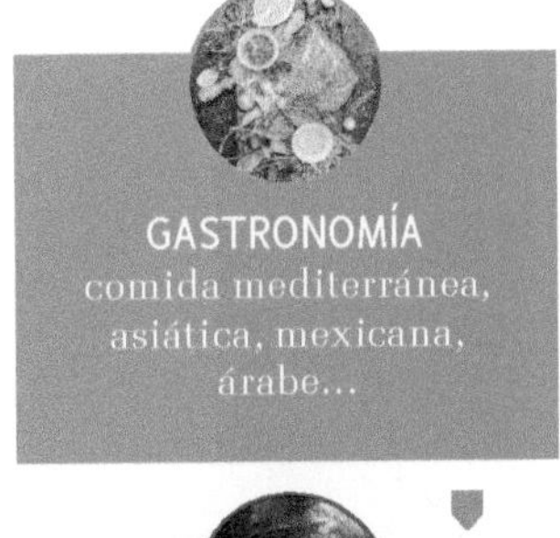

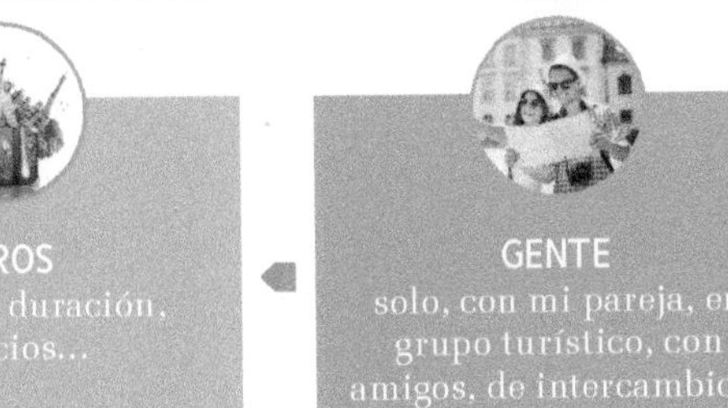

OTROS
tiempo de duración, servicios...

3.9 Muestra a tu compañero/a la descripción de lo que buscas. ¿Conoce algún lugar así?

GRAMÁTICA

C VERBOS DE SENTIMIENTOS CON INFINITIVO Y SUBJUNTIVO

In contrast to other uses of the subjunctive, the situations described in the subordinate clause after verbs of emotion refer to something that is real or experienced. This reality, however, causes an emotional reaction in the speaker. The speaker uses the subjunctive to convey its emotional impact on him or her.

- Cuando el sujeto de la oración principal y el de la subordinada es el mismo, se usa el infinitivo:

  Me irrita/molesta/fastidia/alegra/hace feliz/sorprende…
  Me da vergüenza/miedo/envidia/pena…
  No soporto / Odio
  Es una pena/intolerable
  Estoy triste/cansado(a)/aburrido(a)/contento(a) + de…

  \+ infinitivo / nombre (noun)

  – *Me molesta tener que viajar con mucho equipaje.*
  – *Me da vergüenza hablar en público.*
  – *Estoy cansado de estudiar tanto.*

- Cuando el sujeto es diferente, el verbo va en subjuntivo:

  Me irrita/molesta/fastidia/alegra/hace feliz/sorprende…
  Me da vergüenza/miedo/envidia/pena…
  No soporto / Odio
  Es una pena/intolerable
  Estoy triste/cansado(a)/aburrido(a)/contento(a) + de…

  \+ ***que*** + subjuntivo

  – *Me molesta que haya que viajar con tanto equipaje.*
  – *Me da vergüenza que la gente me mire cuando hablo en público.*
  – *Estoy cansado de que tengamos que estudiar tanto.*

 **3.10** ¿Qué sentimientos expresan las personas de estas fotos? Coméntalo con tu compañero/a.

a

b

c

d

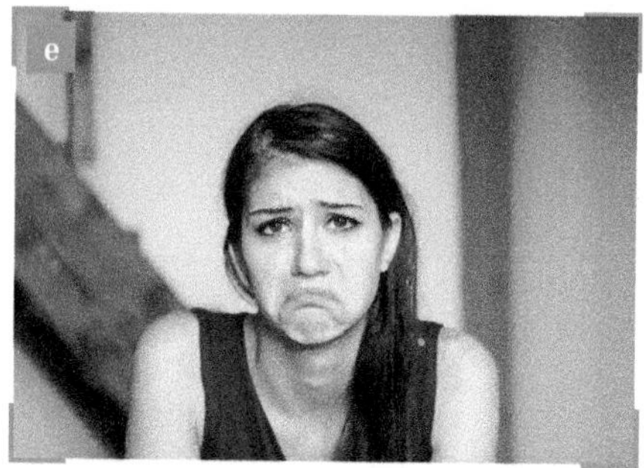
e

3.11 **Completa las frases siguiendo el modelo.**

Modelo: *No soporto que el hotel me asigne una habitación interior.*

a) Me hace feliz que… ....

b) Me irrita que… ....

c) Me da envidia que… ....

d) Me da pena que… ....

e) Me da vergüenza que… ....

[19] **3.12** **En el programa de radio *¿Cómo se siente?*, un reportero salió a la calle para hablar con la gente. Escucha los diálogos y completa cómo se siente cada uno de las personas entrevistadas.**

DIÁLOGO 1 .... ☐

DIÁLOGO 2 .... ☐

DIÁLOGO 3 .... ☐

DIÁLOGO 4 .... ☐

DIÁLOGO 5 .... ☐

a) Le da vergüenza ser impuntual.

b) Le fastidia que su hermano no le deje el coche.

c) No le gusta ir al dentista.

d) Le hace feliz tener buena salud.

e) Le da pena que la gente cercana no tenga trabajo.

3.13 **Mira la siguiente lista y marca qué es lo que más odias, te molesta, te fastidia o te irrita. Después de completarlo, comenten con su compañero/a y pongan en común sus respuestas. ¿Tienen coincidencias?**

a) .... que toquen mis cosas.

b) .... que la gente esté mirando el celular mientras hablo.

c) .... que la gente diga mentiras.

d) .... que la gente coma palomitas en el cine.

e) .... que la gente no respete las colas.

f) .... que haga mal tiempo el día que tengo planeado salir fuera.

g) .... que me interrumpan cuando hablo.

h) .... que la gente llegue tarde.

i) .... que no funcione Internet cuando más lo necesito.

j) .... que haya demasiados comerciales en la tele.

3.14 **Hagan ahora una lista similar con las cosas o las acciones que les despiertan sentimientos positivos.**

Modelo: *Me encanta que haga buen tiempo el fin de semana.*

INTERCULTURA

VIVIR FUERA DE TU PAÍS

PREPARAR

3.1 **La Revista Internacional de Sociología (RIS) ha identificado algunas cuestiones importantes que hay que considerar cuando se toma la decisión de vivir fuera de tu país. Prepara una lista de los aspectos que para ti serían positivos y negativos al tomar esta decisión. Coméntalos con tu compañero/a. ¿Tienen algunos en común?**

ESCUCHAR

[20]

3.2 **Vas a escuchar el texto. En parejas, seleccionen en una columna los aspectos positivos de vivir fuera y en otra los aspectos negativos. ¿Están de acuerdo con la opinión del sociólogo?**

Positivos	Negativos

LEER

3.3 **Lee ahora el artículo y ordena el texto correctamente.**

- ☐ los casos en que el idioma es el mismo, nos encontramos con barreras culturales que para algunas personas son muy difíciles de comprender y adaptarse a ellas. Estar lejos de nuestros familiares y amigos, aunque sea por un corto periodo de tiempo, puede ser complicado al principio. Hay que recordar que todos los cambios son difíciles,
- ☐ otro tipo de sociedad, otro tipo de cultura, a veces muy distinta a la tuya, para poder sobrevivir en tu día a día. Las personas que viven en el extranjero se vuelven más tolerantes, pero también más observadoras, para aprender lo antes posible, y más sociables: es necesario hacer nuevos amigos. En definitiva, es una experiencia que nos hace abrir nuestra mente y nos invita a aprender y reflexionar sobre lo relativo de nuestra vida, nuestros valores y nuestra cultura.
- ☐ frente a un televisor, en lugar de tener una charla agradable con alguien de tu familia o amigos. La soledad ayuda a valorar más las cosas que tenías antes de salir de casa. También es normal perder ciertos "privilegios" que solías tener en tu país (por lo menos al principio) como tu coche, tu cama, tu cuarto de baño, tu tipo de comida. A la pérdida de nuestras comodidades se une la necesidad de practicar la tolerancia. Si vives fuera, necesitas aceptar
- 1 Vivir fuera de tu país puede ser una experiencia muy interesante e inolvidable pero, al mismo tiempo, puede suponer un cambio traumático en tu vida. Un argumento a favor para quedarse en el país de origen es que los problemas de adaptación a una nueva forma de vida no siempre se pueden superar. La realidad es que, incluso en

pero que a través de ellos se construye el carácter de una persona, por lo que siempre serán beneficiosos. El efecto positivo más importante de la vida lejos de casa es la independencia. Quienes viven por su cuenta lejos de su familia y amigos saben a lo que me refiero. Ser independiente se convierte en sinónimo de responsabilidad, porque no tienes a nadie que te ayude a tomar decisiones. Luego están los pequeños detalles, como sentarse solo

ESCRIBIR

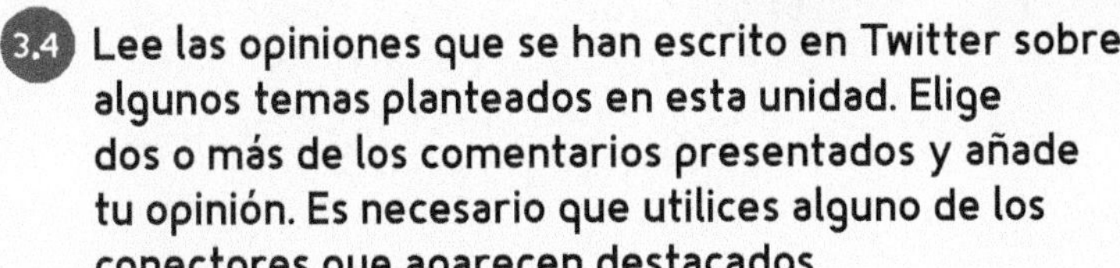

3.4 Lee las opiniones que se han escrito en Twitter sobre algunos temas planteados en esta unidad. Elige dos o más de los comentarios presentados y añade tu opinión. Es necesario que utilices alguno de los conectores que aparecen destacados.

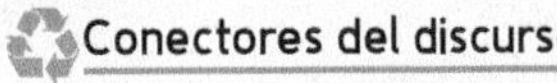

Conectores del discurso

- Para añadir: **además, también, igualmente...**
- Para intensificar: **encima, es más...**
- Grado máximo: **más aún, incluso, hasta...**

Catalina Jiménez @cataji 4h

Es mejor trabajar de lo tuyo en otro país que estar aquí en un trabajo mal pagado que, encima, es precario e inestable.

Responder Retuitear Favorito

Damián Ramos @damira 3h

Yo opino también lo mismo, aunque irse fuera es muy duro, sin amigos, sin familia...

Responder Retuitear Favorito

Luis Torres @luistorres 4h

Yo prefiero alojarme en un hotel que hacer intercambio de casa. Es más caro, pero igualmente tienes otras ventajas, como todo tipo de servicios y seguridad.

Responder Retuitear Favorito

Mariano de la Marina @marianomar 3h

Yo no pienso lo mismo. Es más, creo que el intercambio sí es una opción segura, con servicios y más barata.

Responder Retuitear Favorito

Sofía Sabas @ssabas 4h

Yo tengo mucho miedo a las cucarachas. Además, no soporto las ratas ni las ranas. Me dan mucho asco.

Responder Retuitear Favorito

Luisa Ruiz @luisarri 3h

Pues a mí me encantan las ranas. Son unos animales preciosos. Incluso, tuvimos una rana en casa durante un tiempo... pero las ratas, estoy de acuerdo, ¡qué horror!

Responder Retuitear Favorito

Ruben Carpintero @carpin93 4h

A mí me encanta la ropa retro. Tengo ropa que compro en mercados y hasta reciclé un sombrero de mi abuelo. Es lo más.

Responder Retuitear Favorito

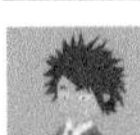

Carlos Téllez @tellocar 3h

Pues yo prefiero la ropa nueva, nada de reciclar. Más aún, me encantan las marcas actuales y nunca llevaría ropa de segunda mano.

Responder Retuitear Favorito

HABLAR

3.5 Esteban es un muchacho colombiano que quiere estudiar en tu país. ¿Qué aspectos positivos y negativos de tu cultura crees que debe tener en cuenta? Presenta tus ideas a la clase.

MÓNICA MOLINA MÚSICA Y MODA

¿QUIÉN ES MÓNICA MOLINA?

3.1 Observa la imagen y elije la respuesta correcta.

a Es una cantante y actriz española nacida en una familia de grandes artistas.

b Es una modelo de alta costura nacida en una familia de actores españoles.

SU TRABAJO

[21]

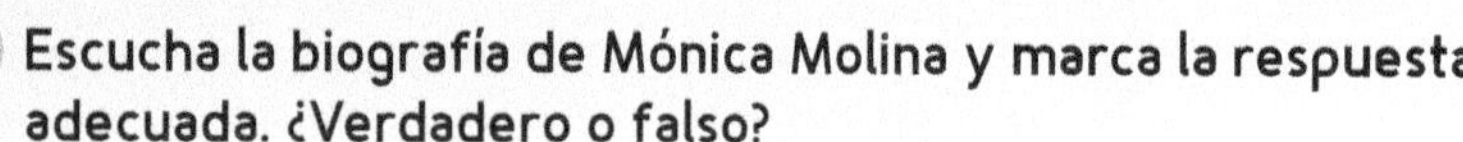
3.2 Escucha la biografía de Mónica Molina y marca la respuesta adecuada. ¿Verdadero o falso?

	V	F
a Mónica habla en sus canciones del océano Atlántico.	▢	▢
b Su familia está formada por grandes artistas españoles.	▢	▢
c Fue modelo antes que cantante.	▢	▢
d En su disco *Vuela* recuerda las canciones de su padre.	▢	▢

LE GUSTA LA MODA

3.3 En esta personal entrevista, Mónica habla sobre sus gustos en la moda. Lee las preguntas y relaciónalas con las respuestas. Trabaja con tu compañero/a.

1 ¿Influye su trabajo en su forma de vestir?
2 ¿Cómo definiría su estilo?
3 ¿Le interesa la moda?
4 ¿Y qué considera que le sienta bien?
5 ¿Se le da demasiada importancia a la moda?
6 ¿Qué destacaría de su manera de vestir?
7 ¿Qué prenda no puede faltar en su armario?
8 ¿Cuáles son sus diseñadores favoritos?
9 ¿Posee alguna prenda a la que tenga un cariño especial?
10 ¿Y alguna prenda o accesorio que le dé suerte?
11 ¿Le cuesta mantener ordenado el armario?
12 ¿Qué opina del gusto de los españoles al vestir?

a ☐ No, no creo en eso. Me hace mucha gracia que alguien se aferre a un objeto para sentirse seguro. Me alegro de no ser supersticiosa.

b 1 Sí, creo que tiene que haber cierta armonía entre lo que haces y la forma de vestir. Con la música que interpreto no tendría sentido ir con un top enseñando el ombligo. Lo que me gusta es que la ropa no destaque demasiado, que no sea más importante que mis canciones.

c ☐ Tenía unos pantalones cortos de cuando era pequeñaja, unos de esos que se ponían en verano, de explorador. Pero estaban tan rotos que este verano en Ibiza mi madre me dijo: "O los tiras o no entras en casa". Y, claro, los tiré.

d ☐ Me encanta Roberto Torreta. Es el diseñador del que más prendas tengo porque creo que representa mi estilo a la perfección y trabaja muy bien el cuero. De los diseñadores internacionales, me gustan Armani y Prada, pero se pasan demasiado con los precios.

e ☐ Pantalones vaqueros y un par de botas.

f ☐ Los vestidos me favorecen mucho. De pequeña los odiaba a muerte y ahora no me los quito de encima.

g ☐ Que donde haya una prenda negra ahí estoy yo, aunque intento vestir con colores más atrevidos porque, de repente, me veo con más luz. De pequeña sí que tenía muchas manías. Me vestía solo de grises y azules marinos, y tenía una falda escocesa que me ponía casi todos los días. ¡Mi madre no sabía qué hacer conmigo!

h ☐ La gente más pudiente es parecidísima vistiendo, con personalidad cero. Las pijas son todas iguales. Creo que la gente joven, la de clase media, es la más estilosa y divertida, la que es más capaz de innovar. El estilo es algo que se tiene o no se tiene, no se puede comprar.

i ☐ Romántico y clásico, pero sin esa cosa rancia que se asocia con esa palabra. Soy muy discreta y sencilla.

j ☐ Pienso que tiene importancia, pero también creo que la gente se ciega y, al final, van todos iguales.

k ☐ Me gusta, pero no estoy a la última. No vivo para eso, aunque sé perfectamente lo que me sienta bien.

l ☐ Sí, pero no porque sea desordenada, sino al contrario, soy bastante ordenada y en cuanto dejo un par de jerséis mal, ya me parece un desastre. Pero intento dejar bien las cosas.

Guía de Ocio

COMPRAS

La calle Fuencarral

Situada en pleno corazón de Madrid, se ha convertido en uno de los puntos de referencia para amantes de la moda joven y moderna. Es una de las zonas más visitadas de la ciudad tanto por turistas como por locales. Hay grandes firmas, marcas clásicas, pero también pequeños comercios y nuevos diseñadores que luchan por su espacio frente a las multinacionales. Fuencarral no es solo moda, en sus alrededores hay también restaurantes de diseño, tiendas de cómics, galerías de arte, tiendas de tatuajes y de decoración. Con tan variada oferta, los amantes de las compras tienen en ella su plan ideal, que bien puede terminar en sus también numerosos y variados cafés y bares.

(Adaptado de http://www.esmadrid.com/compras-madrid)

Busca en Internet fotos, videos o más información sobre la calle Fuencarral.

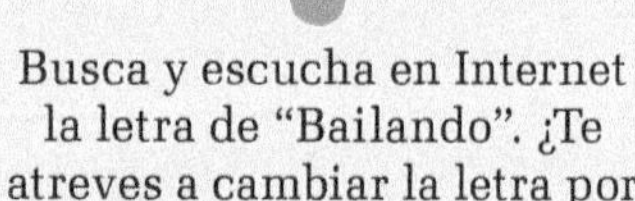

Busca y escucha en Internet la letra de "Bailando". ¿Te atreves a cambiar la letra por una canción que se titule "Comprando"? Utiliza el léxico que has aprendido en esta lección.

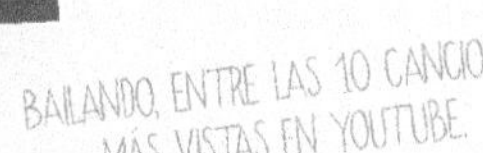

MÚSICA

La música le viene de familia. Su padre, Julio Iglesias, cosechó numerosos éxitos primero en España y, después, en Latinoamérica y en el resto del mundo. De él comentan que lo tuvo muy fácil, pues ya contaba con el apellido. Pero lo cierto es que Enrique Iglesias consiguió mantenerse en el mercado musical a lo largo de los años y sus discos siempre son sinónimo de éxito. "Bailando" es solo la última muestra. Un trabajo que no ha dejado de sonar desde que se publicó y que transmite la frescura y alegría de la música pop latina.

LITERATURA PARA LA VIDA

¿Reconoces los lugares de las imágenes?

¿Sabes de qué país se trata?

¿Sobre qué temas podrías escribir un poema viendo estas imágenes?

¿Conoces algún poeta español?

LITERATURA PARA LA VIDA

 [22] **3.1** ¿Conoces a Antonio Machado? ¿Qué sabes de él? Escucha la conversación entre dos estudiantes de español y completa esta información.

ANTONIO MACHADO

Antonio Machado es uno de los [1] .... de la literatura española.

Escribió versos que los españoles se [2] .... de memoria y se [3] ....

A través de sus poemas luchó por la [4] .... y la [5] ....

Fue un hombre que amó mucho su [6] ....

INVESTIGA

Busca en Internet otros poetas y escritores españoles de la misma época que Machado. ¿Cómo se llamó su generación?

3.2 **Aquí tienes más datos sobre la biografía de Machado. Ordénalos cronológicamente. ¿Qué parte de su biografía te llama más la atención?**

a ◯ El año de la muerte de su mujer publicó *Campos de Castilla*. En esta obra reflexiona sobre la decadencia de España y la esperanza de un futuro mejor.

b ◯ Tras unos días de enfermedad, murió en Colliure, un pueblo francés cercano a la frontera, en 1939. En el bolsillo de su chaqueta se encontraron sus últimos versos. Su tumba es un símbolo de la causa republicana y un lugar de peregrinación para muchos españoles de izquierdas.

c ◯ Durante la guerra civil española, apoyó al gobierno de la II República, frente a Franco (1936-1939) en varios artículos de prensa. Tuvo que cruzar la frontera de Francia en medio del éxodo de medio millón de exiliados.

d ◯ Consiguió el puesto de profesor de francés en el instituto de Soria en 1907. En esta ciudad conoció a Leonor, con quien se casaría dos años después. Él tenía 34 años y ella solo 15.

e ◯ Viajó con 24 años a París, donde vivía su hermano Manuel, también poeta. Allí conoció a Oscar Wilde, a Pío Baroja y a Rubén Darío, del que fue gran amigo toda su vida.

f *1* Nació en Sevilla, en 1875, en el seno de una familia liberal, pero se trasladó con ocho años a Madrid, donde completó su formación en la célebre Institución Libre de Enseñanza.

g ◯ La muerte de su esposa Leonor a los dos años de casarse, en 1912, hundió al poeta en una gran depresión. Pidió el traslado a Baeza, en Andalucía, y se dedicó a la enseñanza y a los estudios.

h ◯ A su vuelta de Madrid entabló amistad con Juan Ramón Jiménez y, en 1903, publicó *Soledades*, su primer libro de poemas. Son poemas de tono simbolista sobre el paso del tiempo, la pérdida de la juventud, la muerte y los sueños.

3.3 **Las siguientes palabras aparecen en un poema de Machado. Relaciónalas con su significado.**

1 Huellas............... ▢
2 Senda................ ▢
3 Pisar. .... ▢
4 Estelas............... ▢

a Camino muy estrecho.
b Rastro que deja en el mar un barco.
c Poner el pie en algo.
d Rastro que queda en la tierra al caminar.

[23] **3.4** **Lee y coloca las palabras de la actividad anterior. Después, escucha y comprueba.**

Campos de Castilla

Caminante, son tus [1] ....
el camino y nada más;
caminante, no hay camino,
se hace camino al andar.

Al andar se hace camino
y al volver la vista atrás
se ve la [2] .... que nunca
se ha de volver a [3] ....

Caminante no hay camino
sino [4] .... en la mar.

(*Campos de Castilla*, Antonio Machado)

3.5 **Relaciona estas ideas con cada uno de los párrafos anteriores.**

a ▢ Machado intenta decir aquí que nuestra vida es algo que nosotros debemos construir y resolver, pero una vez que ya hicimos algo, no lo podemos cambiar y nos tenemos que atener a las consecuencias, nos guste o no.

b ▢ En estos versos el autor intenta decir que uno puede intentar seguir el camino de otro, pero nunca va poder copiarlo. Las huellas que deja un barco representan el camino que nunca se ha de poder seguir.

c ▢ Se refiere a que la vida no está escrita, que la vida es un sendero sin recorrer, el cual nosotros debemos caminar, descubrir y crear. Serán nuestras decisiones las que determinen el rumbo que este camino tomará.

3.6 **Ahora que ya conoces el significado de cada párrafo, ¿cuál de estas reflexiones sobre el poema te parece más lógica?**

▢ El camino es nuestra vida y nosotros somos los caminantes que debemos construirla con nuestros pasos.

▢ El caminante está cansado y no quiere mirar atrás porque no le gusta lo que ha visto.

3.7 **¿Cómo crees que será tu viaje/camino en la vida? ¿Qué cosas verás? Crea ahora un poema.**

El camino... ....
....
....
....
....
....

- **Busca la palabra que no pertenece a este grupo.**

diseñador desfile
marca paraje
clásico

- **Explica a tu compañero/a el significado de la palabra intrusa.**

....

....

- **Completa las frases.**

1 No conozco a nadie que... ....

....

2 ¿Sabes si hay algún/a...? ....

....

3 Busco un viaje que... ....

....

4 En mi armario no hay ningún... ....

....

- **Escribe junto a estas palabras el sentimiento positivo o negativo que te produce y el grado de intensidad.**

1 Los exámenes. ....

2 Los parques de atracciones. ....

3 La moda. ....

4 Las vacaciones. ....

5 Visitar museos. ....

6 Los días sin sol. ....

- **Imagina que vas de vacaciones a México. Escribe brevemente qué tipo de alojamiento buscas, dónde quieres ir y qué cosas quieres hacer.**

....

....

....

....

- **Describe esta imagen y opina sobre su estilo.**

AHORA SOY CAPAZ DE...

	SÍ	NO
1 ...expresar e intensificar gustos y aversiones.	☐	☐
2 ...expresar sentimientos en indicativo y en subjuntivo.	☐	☐
3 ...hablar de la existencia de algo conocido y no conocido.	☐	☐
4 ...usar vocabulario relacionado con la moda y las vacaciones.	☐	☐

De vacaciones
el alojamiento lodging, accomodation
la comodidad convenience
el desplazamiento trip, journey
el destino destination
la escalada climb
el gasto expense
el huésped guest, lodger
la jornada day trip
el montañismo mountain climbing
el parque de atracciones amusement park
la prisa rush, hurry
el senderismo hiking
la sierra mountain range

La moda
el adelanto advance
el aparador store window
la calidad quality
el corbatín bow tie
el desfile fashion show, parade
el/la diseñador/a designer
el escote neckline
la etiqueta label, tag
la firma business
la gorra cap
las joyas jewelry
la marca brand
la prenda article of clothing
la temporada season

Verbos
ahorrar to save
dar envidia to envy
dar miedo to fear
dar pena to feel shame, sadness
dar vergüenza to be embarrassed
desconectar to disconnect
exagerar to exagerate
fastidiar to irritate, annoy
fijarse en to pay attention to
hacer feliz to make happy
irritar to irritate
molestar to bother, annoy
odiar to hate
perderse to lose oneself
soportar to put up with
sorprender to surprise

Conectores del discurso
además besides, in addition
encima not only that
es más furthermore
hasta even
igualmente equally, by the same token
incluso even, including
más aún even more

Descripciones
acogedor/a cozy
amplio/a spacious
amueblado/a furnished
clásico/a classic
combinado/a matched (as in goes together)
deslavado/a faded, washed out
estampado/a print
estresado/a stressed
luminoso/a bright (with light)
pintoresco/a colorful, picturesque
pleno/a in the middle of

Palabras y expresiones
el agobio stress
algo something, anything
alguien someone, anyone
algún (+ nombre masc. sing.) some, any
alguno/a/os/as some, any
nada nothing, not anything
nadie no one, not anyone
ningún (+ nombre masc. sing.) sing. none, not one
ninguno/a/os/as none, not one

- ¿Quién crees que es la persona de la foto?
- ¿Por qué crees que está contento?
- ¿Crees que se ha tenido que esforzar mucho?
- ¿Cómo te sentirías tú en esa situación?

» Cartagena, Colombia.

POR UN FUTURO 4

Learning outcomes

By the end of this unit you will be able to:

- Talk about professional profiles and career opportunities.
- Express the cause and purpose of actions.
- Talk about events that have already occurred or usually occur.
- Describe events that are factual or unknown.

Para empezar

- Desarrollo profesional

Comunica

- Perfiles académicos y profesionales: expresar finalidad y causa
- Buscando una oportunidad: justificar una opinión

Pronunciación y ortografía

- Las grafías *g/j*

Cartelera de cine

- *Habana blues*

Gramática

- Contraste *por / para*
- Oraciones temporales con *cuando*
- Otras oraciones temporales con indicativo y subjuntivo

Intercultura

- Perspectivas profesionales

Nos conocemos

- Mujeres trabajadoras y latinas

Literatura para la vida

- *Lituma en los Andes,* de Mario Vargas Llosa

PARA EMPEZAR

DESARROLLO PROFESIONAL

4.1 Miren atentamente la imagen. ¿Dónde están las personas que aparecen en ella? Justifiquen su respuesta.

[24]

4.2 Escucha y lee las siguientes entrevistas a Miguel y a Ana, dos jóvenes asistentes a la conferencia anterior.

Entrevista 1

Reportera: Buenas tardes, nos encontramos en la salida de una interesante conferencia a la que han asistido numerosas personas. Hay aquí estudiantes que vinieron para conocer cuáles serán las perspectivas cuando se gradúen y profesionales que vinieron a analizar el panorama laboral. Aquí tenemos a un joven asistente. Soy Marta Lagos, de Canal 13. ¿Podrías hablarnos un poco de ti y de por qué has asistido a esta conferencia?

Miguel: Sí, por supuesto. Me llamo Miguel Carrasco y tengo 25 años. Hace ya tres años que terminé la carrera de Ciencias Químicas. He venido a ver si hay algún curso con el que mejorar mi perfil profesional para conseguir un trabajo cuando salga alguna oferta.

Reportera: ¿Y lo hay?

Miguel: Sí, la verdad es que sí. Yo estudié Químicas por vocación, porque a mí siempre me habían atraído las ciencias. Mi sueño es ser un gran científico y cuando trabaje en un laboratorio poder hacer algún descubrimiento importante. La información de esta conferencia ha sido muy útil, porque me ha convencido de la necesidad de complementar mi formación con cursos especializados y aprender idiomas. He venido a buscar información y la he conseguido.

Reportera: Vaya, pues sí que te vemos contento por haber venido. Muchas gracias y buena suerte.

Miguel: Gracias a ustedes.

Entrevista 2

Reportera: Aquí tenemos a otra joven asistente. Por favor, ¿unas palabras **para** el Canal 13? ¿Podrías hablarnos un poco de ti y de por qué has asistido a esta conferencia?
Ana: Bueno, me llamo Ana Jiménez y tengo 23 años. Este año he terminado mis estudios de Bellas Artes y **por** tener más información, quería conocer nuevos cursos **para** complementar mi formación y tener así mejores perspectivas de trabajo.
Reportera: ¿Y qué te ha parecido la conferencia?
Ana: Pues me ha parecido muy interesante. La verdad es que yo he salido muy contenta, porque nos han explicado, con datos muy claros, qué es lo que pide realmente el mercado laboral en cuanto a formación y qué hacer **para** estar al día. Cuando organicen otra también vendré, porque aportan muchas ideas nuevas.
Reportera: Muchas gracias, Ana, **por** darnos tu opinión. Y a ustedes también muchas gracias.

4.3 **Completa la información del cuadro.**

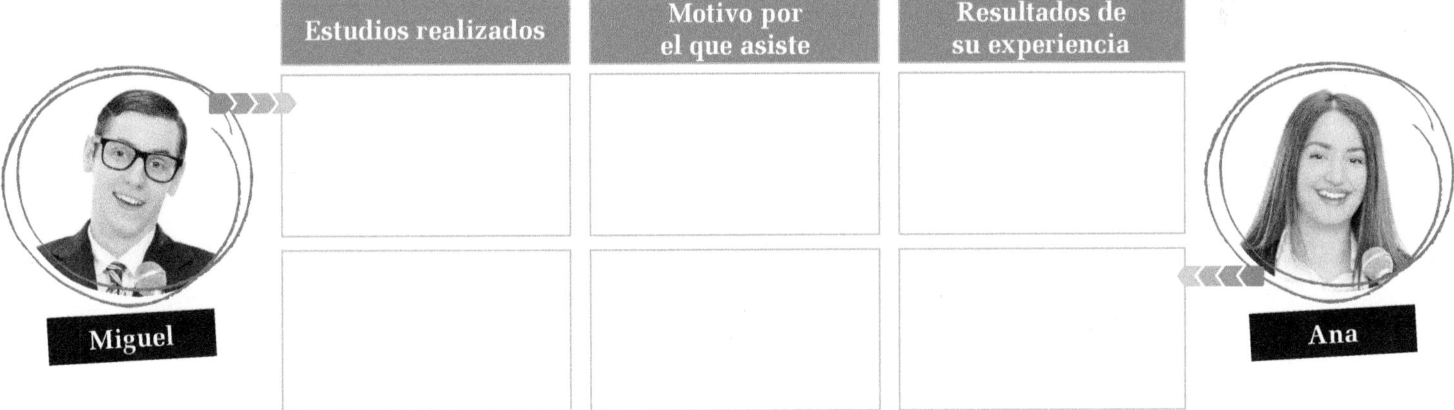

	Estudios realizados	Motivo por el que asiste	Resultados de su experiencia
Miguel			
Ana			

4.4 **Contesta a las preguntas sobre la conferencia y fíjate en los usos de *por*, *para* y *a*. Comprueba tus respuestas con tu compañero/a.**

a ¿Para qué medio de comunicación trabaja la reportera?
b ¿Para qué vinieron muchos estudiantes a la conferencia?
c ¿A qué vinieron muchos profesionales?
d ¿Por qué estudió Miguel Ciencias Químicas?
e ¿Por qué le da las gracias la reportera a Ana?

¡PRACTICA!

4.5 **Con tu compañero/a, escriban un diálogo similar siguiendo las instrucciones. Después, representen la conversación.**

1 Saluda y pregunta al entrevistado si puedes hacerle unas preguntas.
2 Contesta al saludo y acepta responder.
3 Pregunta por la asistencia a la conferencia.
4 Responde que estás buscando trabajo.
5 Pregunta si consiguió su objetivo.
6 Responde que sí, porque explicaron lo que pide el mercado laboral.
7 Desea suerte al entrevistado.
8 Da las gracias y despídete.

COMUNICA

PERFILES ACADÉMICOS Y PROFESIONALES

VOCABULARIO

4.1 **Clasifica las siguientes palabras en la columna que corresponda. Trabaja con tu compañero/a.**

- geografía
- guitarrista
- cartelera
- contaminación
- experimento
- química
- poesía
- músico
- rodaje
- medioambiente
- físico
- literatura
- filósofo
- matemáticas
- flora
- historiador
- actor
- laboratorio
- canción
- novela
- película
- concierto
- director de cine
- naturaleza

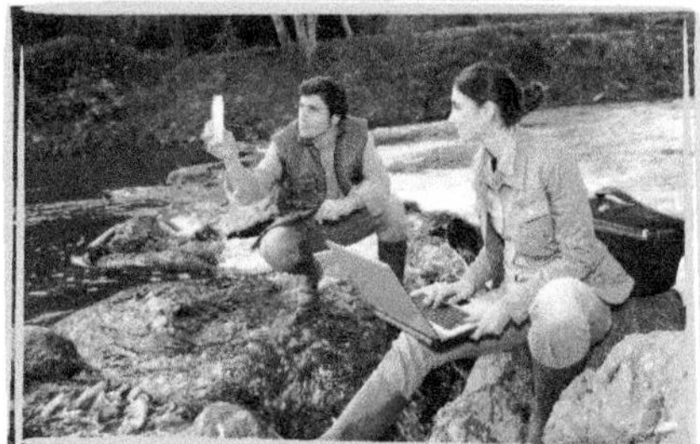

Letras	Música	Cine	Ciencias ambientales	Ciencias en general

4.2 **Ahora, clasifiquen las palabras anteriores según se refieran a disciplinas o a personas.**

Disciplinas	Personas

4.3 **¿Qué características deben tener las personas que se dediquen a estas profesiones? Pueden buscar información y consultar el diccionario.**

Modelo: *Un músico debe conocer todas las técnicas de su instrumento, saber improvisar y tener un buen oído.*

4.4 **Todas las palabras que aparecen a continuación tienen relación con el mundo profesional. Relaciónalas con su definición correspondiente.**

1. Comité de empresa. ..... ▢
2. Nómina. .... ▢
3. Departamento financiero. .... ▢
4. Contrato. .... ▢
5. Departamento de Recursos Humanos. ..... ▢
6. Coordinador. .... ▢
7. Plantilla. .... ▢

a. Sector de la empresa que se ocupa de la administración general de los recursos de la empresa.
b. Sector de la empresa que se ocupa de la gestión y organización del personal.
c. Persona dentro de una empresa que se ocupa de planificar y organizar determinadas tareas.
d. Conjunto de trabajadores de una empresa.
e. Acuerdo legal que se establece entre empleador y empleado.
f. Cantidad de dinero que recibe regularmente una persona por el trabajo realizado en una empresa.
g. Grupo de representantes sindicales (union) de los trabajadores dentro de una empresa.

4.5 **Ahora, agrupa las palabras en la categoría más adecuada.**

Sectores de la empresa	Empleados	Documentos legales	Representantes sindicales

4.6 **Sustituye las palabras destacadas en las siguientes frases por sus sinónimos.**

graduación ▪ comité de empresa ▪ sueldos ▪ compañía ▪ plantilla ▪ horas extras

a. Me han llamado para trabajar en una **empresa** de telefonía celular. ....
b. Si trabajo más tiempo del que está en mi contrato, me pagan **horas adicionales**. ....
c. El grupo de **representantes sindicales** está intentando una subida de salario. ....
d. Para trabajar en ese puesto te exigen una **carrera universitaria** en Comunicación Social. ....
e. En nuestra empresa pagan muy buenos **salarios**. ....
f. La empresa quiere recortar **personal** en algunos departamentos para reducir gastos. ....

COMUNICA

[25]

4.7 **Una persona del comité de empresa habla con una trabajadora para obtener información. Completa las respuestas. Luego, escucha la entrevista y comprueba.**

1 ¿En qué departamento trabajas?

- **En el de...**
  - a Currículums.
  - b Recursos Humanos.
  - c Nóminas.

2 ¿Y qué carrera tienes?

- **Soy graduada en...**
  - a Administración de Empresas.
  - b Rodaje.
  - c Leyes.

3 ¿Quién es el responsable de tu departamento?

- **Es el...**
  - a vigilante de seguridad.
  - b director de horas extras.
  - c director de Recursos Humanos.

4 ¿Tienes un buen salario?

- **No voy a hacer comentarios sobre mi...**
  - a currículum.
  - b plantilla.
  - c sueldo.

5 ¿Cuántas horas trabajas a la semana?

- **40 horas y los sábados hago...**
  - a salario.
  - b horas extras.
  - c contrato.

6 ¿Cuántos trabajadores son en plantilla?

- **Quince trabajadores. Bueno, dieciséis si sumamos al..., que cuida la empresa por la noche.**
  - a vigilante de seguridad.
  - b director.
  - c secretario.

4.8 **Realiza el siguiente cuestionario a tu compañero/a.**

- ¿Qué es lo que ha estudiado o está estudiando? ¿Por qué eligió esos estudios y para qué?
- ¿A qué se dedica actualmente?
- ¿Qué posibilidades de empleo tienen los estudios que ha elegido?
- ¿Qué cualidades hay que tener para realizar su profesión con éxito?

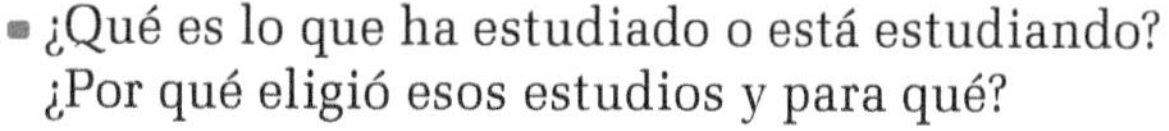

COMUNICACIÓN

- **Expresar la finalidad o el propósito de una acción**
  » ***Para*** + infinitivo, cuando el sujeto de las dos oraciones es el mismo:
  – *(Yo) Hago este curso para (yo) mejorar mi currículum.*
  » ***Para que*** + subjuntivo, cuando los sujetos son diferentes:
  – *(Yo) Vengo a la reunión para que el director de Recursos Humanos (él) me oriente sobre el trabajo.*
  » ***A fin de (que), con el fin de (que)*** tienen los mismo usos que la preposición *para*, pero se utiliza en contextos formales:
  – *La compañía ha solicitado una reunión a fin de/con el fin de hacer reestructuraciones.*
  » ***A*** + infinitivo, ***a que*** + subjuntivo, cuando está precedido de un verbo de movimiento (*ir, venir, entrar, salir, subir...*):
  – *Ha subido a ver al director del Departamento Financiero.*
  – *He venido a que me paguen la nómina de este mes.*
  » ***Por*** + infinitivo, ***porque*** + subjuntivo, puede expresar finalidad:
  – *Juan lo hizo por quedar bien con el jefe.*
  – *El jefe lo hizo porque Juan quedara bien delante del resto de trabajadores.*

4.9 Lee la siguiente información y construye oraciones que expresen finalidad.

Modelo: Mi madre ha empezado a ir a la universidad. Quiere encontrar un trabajo mejor.
Mi madre ha empezado a ir a la universidad para encontrar un trabajo mejor.

a. Viví en Bogotá. Quería aprender español. ....

b. Están ahorrando. Desean comprarse una casa. ....

c. Voy a diferentes conferencias. Tengo muchas ganas de aprender cosas nuevas. ....
....

d. La reunión se organizó ayer. El objetivo era decidir la reestructuración del Departamento de Recursos Humanos. ....

- Para **expresar la causa o el motivo de una acción**, usamos la preposición ***por***:
  – *Me acosté tarde por ir al concierto.*
  – *Por culpa del proveedor, los materiales no llegaron a tiempo.*

4.10 Observa las siguientes imágenes. ¿Qué sentimientos te sugieren? Construye frases usando el conector causal *por*. ¿Qué imagen es la que representa mejor cómo te sientes cuando piensas en la carrera que quieres seguir? Coméntalo con tu compañero/a.

a

b

c
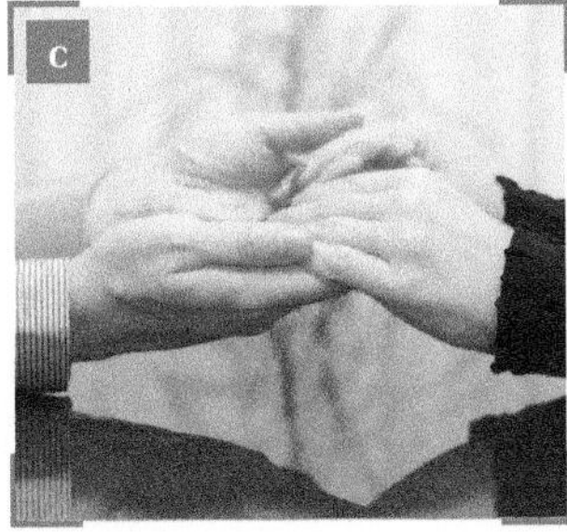

d

COMUNICA MÁS

BUSCANDO UNA OPORTUNIDAD

VOCABULARIO

4.11 Lean atentamente esta carta y digan de qué tipo es, según su contenido.

Marcelo Riolocci
Paseo Luis Cortés, 12
37008 Salamanca
Correo electrónico:
susan@lmail.es

Dr. D. Salustiano Maruenda
Instituto Mexicano de Investigaciones
Cinematográficas y Humanísticas
Aldama, 180
Col. Centro
Morelia, Michoacán, México

Salamanca, 21 de mayo

Estimado Sr. Don Salustiano Maruenda:

1 Me dirijo a usted con el objeto de **solicitar** una plaza en el Máster Profesional de Dirección Cinematográfica que usted dirige, tras la **finalización** de mis estudios de Cinematografía y Artes Audiovisuales en la Universidad de Pontificia de Salamanca, pues deseo **ampliar** mi formación.

2 Respecto a mis estudios, he obtenido una **calificación** media de notable a lo largo de los cuatro cursos de la carrera. He de **destacar**, entre mis logros, el premio al Mejor Corto Documental que conseguí el pasado año en el concurso de cortos de mi facultad.

3 Mi objetivo con respecto a este máster es **profundizar** en los aspectos artísticos y técnicos de la dirección cinematográfica y **formarme** en la dirección de obras audiovisuales, así como conocer el método y técnica de los procesos de preparación, rodaje y posproducción que llevan a cabo tanto los propios directores como el resto de miembros del equipo de dirección.

4 Usted es todo un referente en este campo y, por eso, he decidido solicitar la plaza en este máster que usted dirige. A pesar de que todavía mi experiencia en dirección es muy corta, sé que este máster me puede **aportar** los conocimientos y la técnica necesarios para **iniciar** mi carrera profesional.

5 Por último, deseo comunicarle que estoy a su entera disposición para una entrevista personal, si usted lo considera oportuno.

6 Agradeciendo de antemano su atención, y en espera de su respuesta, atentamente,
Marcelo Riolocci

- ◯ Es una carta de reclamación.
- ◯ Es una carta de motivación.
- ◯ Es un currículum vítae.
- ◯ Es una carta de presentación.
- ◯ Es una carta de agradecimiento.
- ◯ Es una carta de disculpa.

4.12 Busca en el texto anterior la palabra destacada en color para estos sinónimos.

a Acrecentar: ....
b Ahondar: ....
c Comenzar: ....
d Educarme: ....
e Nota: ....
f Pedir: ....
g Proporcionar: ....
h Recalcar: ....
i Terminación: ....

4.13 Ahora, lean la información y comprueben la respuesta de la actividad 4.11.

Los tipos de cartas que pueden acompañar al currículum vítae son:

- **La carta de presentación** acompaña al currículum vítae para solicitar un puesto de trabajo específico. Se centra en mostrar la cualificación de quien la escribe y su potencial de contribución a la empresa. Su objetivo es atraer la atención de la persona que la lee para que, con esta primera impresión, piense que el currículum que acompaña la carta es el más adecuado para cubrir el puesto de trabajo que se ofrece.
- **La carta de motivación** suele enviarse con el currículum vítae como consulta sobre posibilidades de empleo, prácticas profesionales, plazas de máster o becas de estudio. Se centra en resaltar el interés que tiene la persona que la escribe por realizar esa práctica profesional o ese curso, y en los beneficios que tal experiencia le producirá en cuanto a formación o ideas para futuros proyectos. Su objetivo es despertar el interés del receptor (recipient) por nuestras aspiraciones.

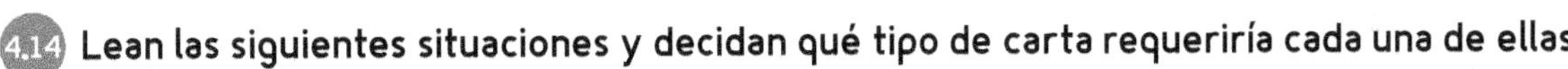

4.14 Lean las siguientes situaciones y decidan qué tipo de carta requeriría cada una de ellas.

a. Has leído una oferta de empleo en el periódico *El País* para profesores de lenguas extranjeras y decides contestar, puesto que esta es tu profesión.

b. En un tablón de la facultad has visto información sobre un curso de especialización en fotografía digital, con plazas limitadas, y te gustaría hacerlo.

c. Has terminado tus estudios y necesitas experiencia. Escribes a una empresa conocida del sector para obtenerla.

d. Deseas cambiar de trabajo porque quieres mejorar tus condiciones y ganar prestigio, así que te diriges a una empresa de mayor proyección internacional para conseguirlo.

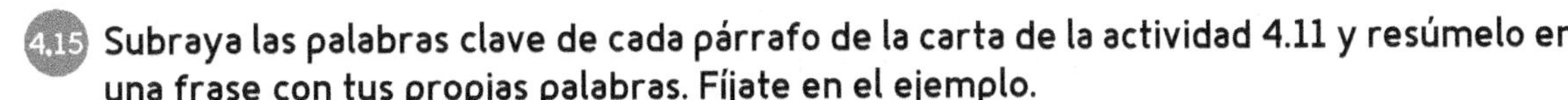

4.15 Subraya las palabras clave de cada párrafo de la carta de la actividad 4.11 y resúmelo en una frase con tus propias palabras. Fíjate en el ejemplo.

Párrafo	Resumen
1	Modelo: *Marcelo escribe a don Salustiano Maruenda para solicitar una plaza en su Máster sobre Dirección Cinematográfica para ampliar sus estudios.*
2	
3	
4	
5	
6	

COMUNICA MÁS

4.16 **Vuelve de nuevo a la carta de la actividad 4.11. Busca las siguientes frases e intenta deducir su significado por el contexto. ¿Qué palabras se podrían poner en lugar de las que aparecen en negrita? Trabaja con tu compañero/a.**

- a Entre mis **logros**: ....
- b Deseo ampliar mi **formación**: ....
- c Usted es todo un **referente** en este campo: ....
- d **Aportarme**: ....
- e **Iniciar** mi carrera profesional: ....
- f Que **llevar a cabo**: ....
- g Agradeciendo **de antemano**: ....
- h Estoy a su **entera** disposición: ....

4.17 **Están entrevistando a estas tres personas. Selecciona el perfil más adecuado a las necesidades de la directora de la empresa.**

Vamos a tener una fusión de empresas y habrá muchas transformaciones. Necesito a una persona dinámica, intuitiva, discreta, honesta, curiosa y eficaz en el trabajo. Tiene que ser muy puntual y no tener absentismo laboral.

Quiero a alguien productivo, que quiera evolucionar y, sobre todas las cosas, que esté motivado.

Soy una persona muy dinámica y activa, pero no me gustan mucho los cambios. En algunas ocasiones llego tarde, pero siempre cumplo con mi trabajo.

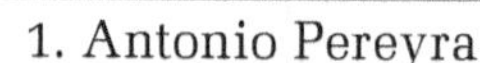

1. Antonio Pereyra

2. Verónica Molina

En la otra empresa en la que estuve no falté nunca a trabajar. Me encantan los retos (challenges). Soy muy productiva y me encanta esta empresa, porque creo que puedo evolucionar. Es la razón por la que estoy muy motivada para trabajar aquí.

3. Mar Vázquez

Estoy encantada de tener esta entrevista. Creo que puedo estar muy bien en un departamento en el que pueda estar en mi escritorio con mis papeles y si necesita en algún momento alguna información confidencial sobre mis compañeros, no dudaré en contársela.

4.18 **Aquí tienes algunos cursos de posgrado que ofrecen en diferentes universidades. Elige uno de ellos, piensa en los requisitos que debes cumplir para acceder y escribe una carta de motivación solicitando el curso.**

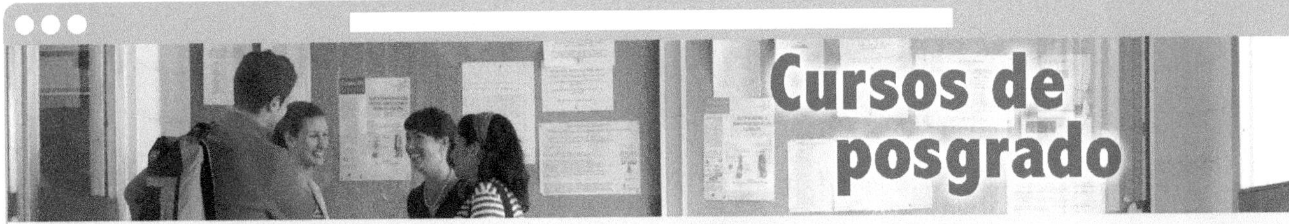

Cursos de posgrado

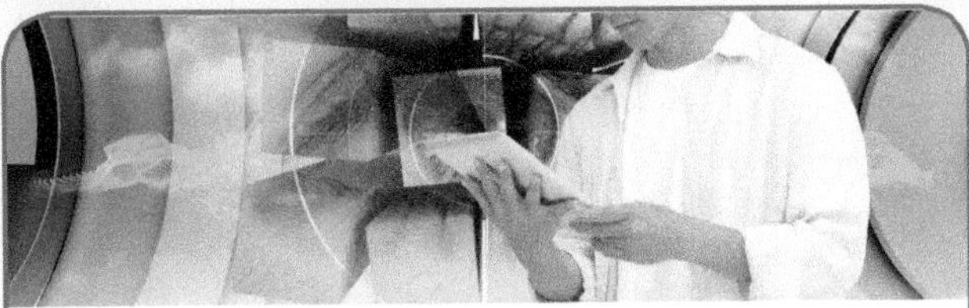

TÉCNICAS DE EDICIÓN DIGITAL

El curso capacita para conocer y poner en funcionamiento todo el proceso de creación y producción de libros, tanto en papel como en formato EPUB, pensados de acuerdo con los estándares de la edición digital, que respondan a las necesidades de todo tipo de lectores. Desarrolla la capacidad de asociar conocimientos de las diferentes parcelas de la cadena del libro, y a hacerlo en contextos colaborativos y flexibles.

DIRECCIÓN Y GESTIÓN DE CALIDAD

Este programa capacita para realizar auditorías y aplicar técnicas de calidad, tanto básicas como avanzadas. A partir de un enfoque basado en la mejora continua, se provee a los alumnos de todos los elementos necesarios para la implantación de sistemas integrados de gestión, calidad, medioambiente y prevención de riesgos laborales, y se forma para realizar una evaluación individual de la empresa u organización.

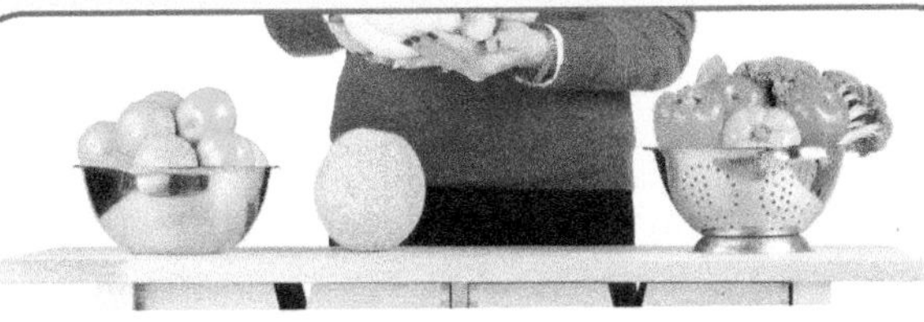

MÁSTER UNIVERSITARIO DE NUTRICIÓN Y SALUD

Este máster proporciona una formación integral en diferentes aspectos del ámbito de la alimentación y de la nutrición, y abarca cuestiones bioquímicas, fisiológicas, dietéticas y tecnológicas, orientado hacia una especialización profesional en el ámbito sanitario o de la salud pública mediante el uso de la nutrición como herramienta terapéutica para el tratamiento de la enfermedad, o como herramienta preventiva para el mantenimiento de la salud.

COMMUNITY MANAGER

El curso ofrece la posibilidad de profundizar, desde una dimensión teórico-práctica, en las redes sociales. Por un lado, permite conocer las bases de entornos *online* colaborativos y sociales para entender las dinámicas participativas que en ellos se desarrollan. Por otro, permite adquirir habilidades para el diseño y planificación eficaz de acciones comunicativas en *social media* y, de manera específica, para la gestión y mejora de las comunidades virtuales.

(Adaptado de estudios.uoc.edu/es/masters-posgrados-especializaciones/)

COMUNICA MÁS

COMUNICACIÓN

- **Justificar una opinión**
  - » Cuando queremos negar algo **para dar una opinión nueva o explicar algo** con más detalle, se usa:
    - *¿No crees que Sonia es demasiado exigente en su trabajo?*
    - *No. Sonia* ***no es que*** *sea exigente,* ***sino que*** *es perfeccionista.*
  - » Cuando queremos negar algo **para dar una justificación nueva**, se usa:
    - *¿Qué te parece si tomamos un café dentro de unos minutos?*
    - *No, gracias.* ***No porque*** *no quiera,* ***sino porque*** *tengo que trabajar.*

[26]

4.19 **Escucha la conversación y decide si estas frases son verdaderas (V) o falsas (F).**

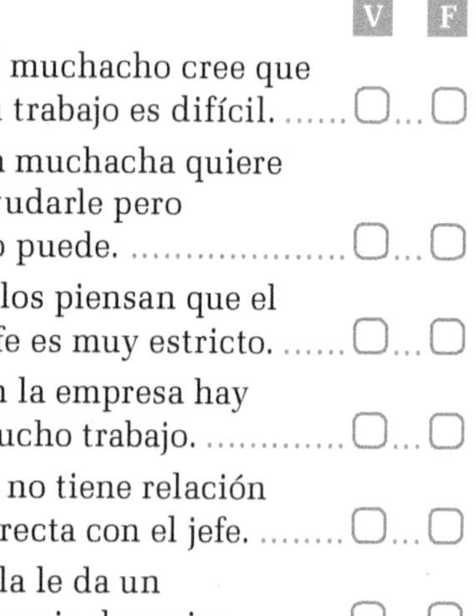

		V	F
a	El muchacho cree que su trabajo es difícil.	▢	▢
b	La muchacha quiere ayudarle pero no puede.	▢	▢
c	Ellos piensan que el jefe es muy estricto.	▢	▢
d	En la empresa hay mucho trabajo.	▢	▢
e	Él no tiene relación directa con el jefe.	▢	▢
f	Ella le da un consejo de amiga.	▢	▢

4.20 **Tu compañero/a te va a hacer algunas proposiciones. Recházalas justificándote.**

Modelo: *¿Por qué no vienes con nosotros a Buenos Aires?*
No, gracias. No porque no pueda, sino porque ya estuve el verano pasado.

ALUMNO A

1. ¿Por qué no te inscribes en una escuela privada?
2. Anda, ayúdame a resolver este problema de matemáticas.
3. ¿Y si vas a la biblioteca a estudiar?
4. Yo que tú enviaría el currículum vítae a esa multinacional.
5. ¿Por qué no pones un negocio de plomería? Seguro que ganas una fortuna.

ALUMNO B

1. ¿Por qué no haces un curso de computación?
2. Yo que tú pediría un aumento de sueldo.
3. ¿Qué tal si hablamos con la directora de Recursos Humanos?
4. ¿Me ayudas a traducir este párrafo?
5. ¿Vamos a hacer puente este año en diciembre?

PRONUNCIACIÓN y ORTOGRAFÍA

Las grafías g/j

4.1 Escucha con atención las palabras que va a decir tu profesor/ra y completa la tabla con ejemplos de las normas ortográficas correspondientes a las grafías *g/j*.

LA LETRA *j*

- Se escribe con *j*:
  - » el pretérito de *decir, traer* (y sus derivados).
    - *– Ejemplos:* ....
  - » el pretérito de los verbos terminados en *–ducir* (y sus derivados).
    - *– Ejemplos:* ....
  - » Las palabras que terminan en *–aje, –eje, –jería, –jero, –jear.*
    - *– Ejemplos:* ....

LA LETRA *g*

- Se escribe con *g*:
  - » las palabras que terminan en *–gen, –gente, –gencia.*
    - *– Ejemplos:* ....
  - » las palabras con empiezan por *geo–*.
    - *– Ejemplos:* ....
  - » el grupo *güe, güi.*
    - *– Ejemplos:* ....

4.2 Lee el siguiente texto y complétalo con *g* o *j*.

El carro fantasma

El [1] ori .....en de esta historia es una noche oscura en la que Isaac, que era [2] .....eólogo, estaba solo en un camino pidiendo que alguien lo llevara. De pronto apareció un vehículo que se detuvo. Isaac [3] di.....o: "Buenas noches" y se [4] introdu.....o en el coche pero nadie contestó. Sintió un poco de [5] ver.....enza, pero [6] dedu.....o que el conductor sería tímido y no quiso mirarlo para no molestar. Unos minutos después, miró al asiento del conductor. Se dio cuenta entonces, ¡que no había nadie!

El pobre hombre, con mucho miedo, abrió su puerta, saltó al camino y corrió hasta el próximo pueblo. Entró en un bar a calmar sus nervios y empezó a contar lo que le había ocurrido.

Unos minutos después, entraron dos hombres en el bar muy cansados y escucharon la historia, y uno le comentó al otro:

– Mira, ahí está el [7] persona.....e que se subió al coche mientras nosotros empujábamos.

[27]

4.3 Escucha el dictado y cópialo en tu cuaderno.

HABANA BLUES

CARTELERA DE CINE

UNA PELÍCULA de Benito ZAMBRANO.

Benito ZAMBRANO.

VIVIR es ELEGIR.

WARNER BROS. PICTURES Presenta

Una producción de MAESTRANZA FILMS (Sevilla)

Producida por ANTONIO P. PÉREZ Dirigida por BENITO ZAMBRANO

www.habanablues-es.com

SINOPSIS

Ruy y Tito, amigos de infancia, son dos jóvenes músicos cubanos que luchan diariamente para sobrevivir. Para poder comer se tienen que buscar la vida en lo que sale y como artistas, graban maquetas (demos) para darse a conocer, y trabajan en la organización de un primer concierto. A pesar de los innumerables obstáculos, la ilusión y el humor mantienen viva la esperanza de convertirse en estrellas de la música. Tito vive con su abuela, una gran dama de la música, tan elegante como única. Ruy está casado con Caridad y aunque tienen dos hijos y todavía se aman, la vida inestable de Ruy, tanto económica como personalmente, los tiene al filo (edge) de una ruptura anunciada. Un buen día, una pareja de productores españoles, que ha descubierto el talento de Ruy y Tito, les proponen una oferta internacional. De pronto, los dos músicos se verán inmersos en un serio dilema. ¿Estarán dispuestos a dejar sus profundas relaciones atrás para abrazar su sueño?

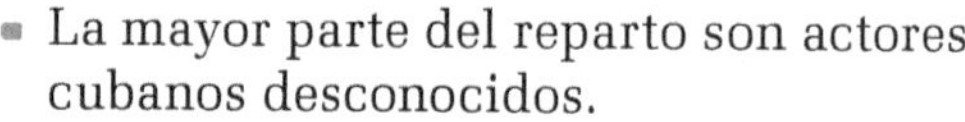

¿SABÍAS QUE...?

- La mayor parte del reparto son actores cubanos desconocidos.
- La mayoría de los temas son las canciones de los mismos grupos que participan en el film.
- Es una película muy humana, que habla del amor, la amistad, la lucha para lograr cualquier cosa, por conquistar tus sueños.
- La película no olvida uno de los temas más terribles que sufre la sociedad cubana: la huida de cubanos a tierras "más prósperas".
- Recibió dos Premios Goya (2005) al mejor montaje y mejor banda sonora.

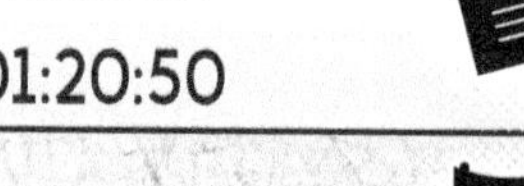

SECUENCIA DE LA PELÍCULA

01:16:37 ▶ 01:20:50

DATOS TÉCNICOS

Título	Habana Blues.		
Año	2005.	Género	Drama.
País	Cuba y España.	Director	Benito Zambrano.

Intérpretes

Alberto Yoel, Roberto San Martín, Tomás Cao, Marta Calvo, Roger Pera, Yailene Sierra.

ANTES DE VER LA SECUENCIA

4.1 La película *Habana Blues* se desarrolla en Cuba. ¿Qué sabes de este país? ¿Cómo es su gente? ¿Cómo es la economía en este país? Habla con tus compañeros.

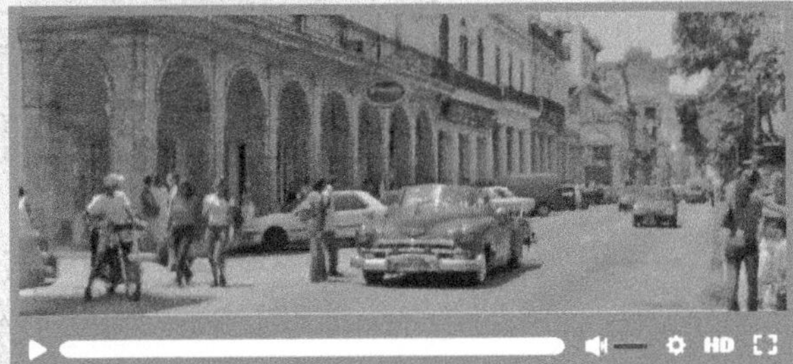

4.2 Una productora española ha viajado a Cuba en busca de nuevos talentos y ha ofrecido a los músicos un trabajo que parece no ser muy bueno. Define con tus palabras lo que es un *contrato basura*.

4.3 A continuación tienes el testimonio de diferentes personas que tienen este tipo de contrato. Lee los testimonios y luego decide qué persona podría decir las frases.

Foro opinión

FORO OPINIÓN Usuario Contraseña

Ignacio, 36 años, licenciado en Biología
Para cubrir gastos hay que trabajar en lo que salga. Me da igual el lugar en el que trabajar: no tengo problema en moverme y en hacer lo que sea. He trabajado de mesero, de guardia de seguridad, en una granja, de modelo… Todo *en negro* y con *contratos basura*.

Marina, 48 años, licenciada en Bellas Artes y especializada en maquillaje de efectos especiales
Intercalo empleos de mesera, cuidadora de niños y dependienta con trabajos ocasionales en mi campo, muchas veces sin cobrar.

Raúl, 37 años, licenciado en Historia del Arte
He trabajado con contratos temporales de teleoperador, recepcionista de hotel o dependiente de tienda.

Lucía, 38 años y formación profesional en artes gráficas
He recurrido al autoempleo: vendo panes y postres caseros y ecológicos a pequeñas colectividades.

(Adaptado de http://www.rtve.es/noticias/20141023/he-trabajado-camarero-granja-modelo-todo-negro-contratos-basura/1033902.shtml)

	Ignacio	Marina	Raúl	Lucía
a Yo alguna vez he trabajado en mi profesión sin cobrar.	☐	☐	☐	☐
b Como no tengo ningún trabajo, hago diferentes cosas en casa y luego las vendo.	☐	☐	☐	☐
c A veces he trabajado sin contrato y me han pagado de manera ilegal.	☐	☐	☐	☐
d Tengo que hacer cualquier cosa para pagar las cantidades de dinero que debo mensualmente.	☐	☐	☐	☐
e Yo he trabajado vendiendo cosas por teléfono.	☐	☐	☐	☐

CARTELERA DE CINE

VES LA SECUENCIA

Una productora española ofrece un contrato a músicos cubanos.

4.4 Contesta verdadero (V) o falso (F) a las siguientes afirmaciones mientras ves la secuencia.

	V	F
a El contrato durará más de tres años.	☐	☐
b Si los músicos deciden dar un concierto en cualquier lugar, deben tener la aprobación de la productora.	☐	☐
c La productora comprará una casa para cada uno de los miembros del grupo musical.	☐	☐
d El primer año cobrarán un porcentaje de los beneficios de cada concierto.	☐	☐
e El beneficio por cada concierto subirá durante los siguientes años.	☐	☐
f Cobrarán por derechos de autor desde el primer año.	☐	☐

Los músicos expresan sus opiniones sobre el contrato.

4.5 Durante la reunión con la productora se producen argumentos a favor y en contra de firmar el contrato. Clasifica las siguientes frases escribiendo si son a favor o en contra.

	A favor	En contra
Modelo: Nadie se llena los bolsillos con mi trabajo.	☐	☒
a El que no quiera que lo exploten que no firme.	☐	☐
b Ni tan siquiera podemos negociar los derechos editoriales.	☐	☐
c Lo importante es fijarse en las posibilidades que abre el contrato.	☐	☐
d Se están aprovechando de nosotros.	☐	☐
e Para mí, es una oportunidad que no puedo rechazar.	☐	☐
f Aceptaría ese contrato aunque no me pagaran.	☐	☐
g Es mejor que no tener nada.	☐	☐
h ¿Quieren que trabajemos para ustedes por una miseria?	☐	☐

DESPUÉS DE VER LA SECUENCIA

4.6 **Después de ver la conversación que tuvieron los productores españoles con el grupo musical, completa parte del posible contrato que tendrán que firmar.**

tres años ▪ disco ▪ dieta ▪ Habana Blues Band ▪ 25 ▪ exclusividad ▪ rendimiento ▪ 60 ▪ grabación y marketing ▪ manutención

Primero.- El presente contrato tiene por objeto la realización de la actuación del grupo musical [1] .... durante el término de [2] ....

Segundo.- La productora musical tendrá la [3] .... de absolutamente todas las actuaciones y desarrollo profesional de los músicos y cantantes del grupo Habana Blues Band.

Tercero.- La productora musical se hará cargo de la [4] .... básica de los artistas durante los primeros seis meses del contrato que consiste en alojamiento y una [5] .... para gastos.

Cuarto.- El grupo musical Habana Blues Band cobrará un porcentaje de beneficio de los conciertos del [6] .... % el primer año, e irá subiendo cada año hasta llegar al [7] .... %.

Quinto.- El grupo musical no cobrará derechos de autor (royalties), y los beneficios íntegros de esta modalidad irán a la productora musical hasta tanto no estén cubiertos los gastos de [8] ....

Sexto.- La productora garantiza un [9] .... al año para el grupo y uno individual dependiendo del [10] .... de cada uno en la compañía.

4.7 **Con tu compañero/a, contesten a las siguientes preguntas.**

a ¿Cuáles son las razones que crees que llevan a los protagonistas a salir de Cuba?
b ¿Cómo entiendes y consideras las distintas opciones de cada uno de ellos?
c ¿Crees que aceptarías un contrato basura?
d ¿Es necesario aceptar cualquier tipo de trabajo para lograr conseguir tus objetivos?
e ¿Alguna vez has tenido que aceptar trabajos que consideras que te pagaban o te trataban de manera injusta?

4.8 **Imaginen que toda la clase son los músicos y se reúnen para discutir las condiciones del contrato. Dividan la clase en dos grupos y argumenten posiciones a favor y en contra, tratando de convencer al otro grupo.**

GRAMÁTICA

A CONTRASTE *POR / PARA*

You have already learned that **por** and **para** can both mean *for*. Remember that **para** is used to express purpose or the objective of an action while **por** expresses cause or motive.

- *Contrataron al candidato* ***por*** *tener un buen expediente.* (cause, motive)
- *Contrataron al candidato* ***para*** *tener un equipo más joven y dinámico.* (purpose, objective)

The following formula may help you determine when to use **por** instead of **para**:
If you can replace *for* with *out of* or *because of* ➨ use **por**

- *Hago ese tipo de trabajo* ***por*** *el dinero.* I do that type of work for (because of) the money.
- *Trabajo los fines de semana* ***por*** *necesidad.* I work on the weekends out of necessity.

POR

» Precio:
- *Los productos de nuestra empresa son muy accesibles.* ***Por*** *poco dinero puedes comprarlos en las tiendas.*
  [1] ....

» Cambio:
- *En el aeropuerto puedes cambiar dólares* ***por*** *euros.*
  [2] ....

» Medio:
- *Puedes ir a Sevilla* ***por*** *tren o* ***por*** *avión.*
  [3] ....

» Tiempo aproximado:
- *¡Estoy cansado de la gran ciudad!* ***Por*** *unos meses me iré a vivir al campo.*
  [4] ....

» Localización espacial indeterminada:
- *Esta tarde daré un paseo* ***por*** *el centro. Voy a mirar aparadores y compraré alguna camiseta.*
  [5] ....

PARA

» Destino:
- *Voy* ***para*** *la estación.*
  [6] ....

» Plazo de tiempo:
- *Quiero el trabajo hecho* ***para*** *mañana.*
  [7] ....

» Opinión:
- ***Para*** *mí, los estudios y el trabajo son lo más importante en la vida.*
  [8] ....

» Capacidad:
- *Esta sala de conferencias tiene una capacidad* ***para*** *100 personas.*
  [9] ....

4.1 Relaciona las dos columnas usando *por* o *para*. Después, completa el cuadro anterior con estos ejemplos.

Modelo: *Han hecho una nueva carretera que pasará por delante de mi casa.*

1. Han hecho una nueva carretera que pasará..... ▢
2. El tren que sale .... ▢
3. El profesor quiere el trabajo terminado.......... ▢
4. Prefiero hablar .... ▢
5. Compré el coche.. ▢
6. Volveré a visitarte...................................... ▢
7. La falda que me regalaste la cambié .... ▢
8. Esta pizza es .... ▢
9. ...mí,.. ▢

a. Skype porque es gratis.
b. 10 000 euros. ¡Un chollo!
c. delante de mi casa.
d. verano, pero todavía no sé la fecha exacta.
e. el inglés es la lengua del futuro.
f. Barcelona va con retraso.
g. ocho personas.
h. una talla más grande.
i. el próximo lunes.

4.2 **Lee los comentarios que escribieron Ana y Miguel en un foro después de asistir a la conferencia sobre el futuro laboral. Complétalos con las preposiciones *por* y *para*.**

Foro

Usuario | Contraseña

Toñi Fernández: Hola, foreros. Quería preguntar si alguien ha ido a la conferencia sobre perspectivas profesionales que se ha celebrado en el auditorio de la Universidad Literaria de Valencia, [1] .... que nos diga qué tal ha estado...
Me gusta • Comentar • 1 de noviembre, 23:25

Ana Jiménez: ¡Hola, Toñi! Nunca había ido a una conferencia de este tipo, pero la verdad es que me ha dado mucho que pensar. Al principio no me hacía mucha gracia ir porque pensaba que me dirían lo de siempre, pero no, la información que nos han dado es muy útil.
Me gusta • Comentar • 2 de noviembre, 09:12

Miguel Carrasco: Hola a todos. Yo también asistí y [2] .... mí, todo estaba muy bien organizado. El auditorio tenía una capacidad [3] .... 200 personas. Estaba lleno. Además, había otra sala contigua donde ofrecieron un aperitivo de clausura [4] .... todos los asistentes.
Me gusta • Comentar • 2 de noviembre, 09:14

Toñi Fernández: ¿Y costaba algo?
Me gusta • Comentar • 2 de noviembre, 09:36

Ana Jiménez: Nada. Bueno, tenías que solicitar plaza [5] .... Internet, pero era gratis. También se podía comprar una papeleta [6] .... 10 euros. Con ella participabas en una rifa de un premio de 100 euros que podías cambiar [7] .... libros escritos por los panelistas de la conferencia. La recaudación iba íntegramente destinada a financiar proyectos de investigación.
Me gusta • Comentar • 2 de noviembre, 10:11

Miguel Carrasco: También el lugar de la conferencia era muy agradable. En una pausa pudimos dar un paseo [8] .... el campus.
Me gusta • Comentar • 2 de noviembre, 11:02

Toñi Fernández: Entonces, ¿me recomiendan que asista a la próxima que se organice?
Me gusta • Comentar • 2 de noviembre, 11:02

Ana Jiménez: Mucho, yo te recomiendo que no te la pierdas. A mí me ayudó muchísimo a tomar decisiones sobre mi futuro profesional. Si no puedes venir ahora, oí comentar que [9] .... el verano les gustaría organizar la conferencia en Granada o Salamanca.
Me gusta • Comentar • 2 de noviembre, 11:02

Toñi Fernández: Hombre, Salamanca y Granada son otra opción interesante; a mí, por ejemplo, me viene mucho mejor ir a Salamanca que a Valencia. Bueno, muchas gracias [10] .... la información.
Me gusta • Comentar • 2 de noviembre, 11:02

A continuación tienen el principio de una historia. En parejas, continúenla utilizando las preposiciones *por* y *para* con el máximo número posible de usos que han visto. Luego, lean sus historias al resto de la clase. ¿Quién ha utilizado mejor las preposiciones *por* y *para*?

Modelo: *Juan y Ana se conocieron una tarde de invierno paseando* ***por*** *la universidad. Ana estaba de Erasmus con unas amigas y Juan trabajaba en la cantina. Él se paró* ***para*** *preguntarle...*

B ORACIONES TEMPORALES CON *CUANDO*

The conjunction **cuando** can be followed by the subjunctive or the indicative depending on whether the action has taken place.

- Para expresar una acción en el presente o acciones habituales, se usa:
  » ***Cuando*** **+ presente**
  – *Cuando envío mi currículum a una empresa, siempre incluyo una carta de motivación.*
- Para expresar una acción en el pasado, se usa:
  » ***Cuando*** **+ imperfecto / pretérito**
  – *Cuando asistía al curso de edición digital, tomaba muchos apuntes.*
  – *Cuando fui a la conferencia en la universidad, di un paseo por el campus.*
- Para expresar una acción en el futuro, se usa:
  » ***Cuando*** **+ presente de subjuntivo + futuro / imperativo**
  – *Cuando seas jefe de la empresa, tendrás muchas responsabilidades.*
  – *Cuando vuelvas de la conferencia, llámame.*

4.4 Completa las frases con la forma correcta de los verbos.

a Mañana, cuando .... (llegar, tú) a México, llámame, por favor.
b Cuando .... (tener) hambre, abro la nevera y como cualquier cosa.
c Cuando .... (estudiar) en la universidad, conocí a mi novio.
d Cuando .... (ir) en el carro, escucho música.
e Cuando .... (ser) un anciano, viviré en el campo.
f Cuando .... (terminar, ellos) la universidad, empezaron a solicitar puestos.
g Cuando .... (conseguir) el puesto de mis sueños, seré feliz.

4.5 Clasifica las oraciones de la actividad anterior según su significado. Después, añade frases originales para cada caso y compártelas con tu compañero/a.

Acciones habituales	Acciones referidas al pasado	Acciones que todavía no se han producido

4.6 Observa las siguientes imágenes y construye frases con *cuando*.

C OTRAS ORACIONES TEMPORALES CON INDICATIVO Y SUBJUNTIVO

The following expressions refer to when an action takes place and most can followed by a verb in the subjunctive or indicative.

- ***Al cabo de***
- ***Antes de***
- ***Cada vez***
- ***Desde***
- ***Después de***
- ***En cuanto***
- ***Hasta que***
- ***Mientras***
- ***Nada más***
- ***Tan pronto como***

 Recuerda

La mayoría de estas expresiones se construyen con **subjuntivo** si expresan futuro y el sujeto de las dos oraciones es diferente.

! Atención

Antes de y ***después de*** se construyen con infinitivo si el sujeto de las dos oraciones es el mismo, y con ***que*** + subjuntivo si el sujeto de las dos oraciones es diferente.

4.7 Observa las expresiones temporales y lee los ejemplos del recuadro. Después, complétalo con el tipo de acción temporal que describe.

Las oraciones temporales

- [1] ....
  - » **Mientras** + acontecimiento + acontecimiento
    - – *Mientras esperaba tomé un café.*
  - » Acontecimiento + ***mientras tanto*** + acontecimiento
    - – *Fernando prepara la cena, mientras tanto, yo pongo la mesa.*
- [2] ....
  - » ***Siempre / Cada vez / Todas las veces que***
    - – *Cada vez que me visita, me invita a comer.*
- [3] ....
  - » ***Nada más*** + infinitivo
    - – *Nada más llegar a la oficina, empezó a trabajar.*
  - » ***En cuanto / Tan pronto como***
    - – *En cuanto recibí la noticia, la llamé por teléfono.*
- [4] ....
  - » ***Desde que***
    - – *Desde que llegó, está muy triste.*
- [5] ....
  - » ***Hasta que***
    - – *Te esperaré aquí hasta que termines.*
- [6] ....
  - » ***Antes de (que)***
    - – *Antes de abrir la puerta, mira quién llama.*
- [7] ....
  - » ***Después de (que)***
    - – *Después de que termines el examen, nos iremos a la playa.*
- [8] ....
  - » ***Al / A los / Al cabo de*** + cantidad de tiempo
    - – *Al año, dejó de estudiar y se puso a trabajar.*
  - » Cantidad de tiempo + ***después / más tarde***
    - – *Se conocieron en abril y tres meses después se casaron.*

- Acción simultánea.
- Acción inmediatamente posterior a otra.
- Límite de una acción.
- Acción que sucede siempre que se realiza otra acción.
- Comienzo de una acción.
- Período de tiempo que separa dos sucesos.
- Acción posterior a otra.
- Acción anterior a otra.

GRAMÁTICA

4.8 Completa las frases con la forma verbal adecuada según el conector temporal que aparece y el tiempo (presente, pasado o futuro) que indican las oraciones.

a Tan pronto como .... (llegar, ustedes) del cole, la abuela les preparaba la merienda.

b Por favor, llámanos siempre que .... (tener, tú) cualquier problema. No te preocupes.

c Antes de .... (salir), tienes que haber terminado las tareas.

d Te esperaré aquí hasta que .... (terminar, tú).

e Haz la comida mientras yo .... (poner) la mesa.

f Nuria llegó a Barcelona en 1995. Al cabo de tres años, ... (volver) a su pueblo.

g Nada más .... (terminar) las vacaciones, tendrán que preparar los exámenes.

h Estuve preocupada desde que Luis .... (irse) hasta que .... (volver) de su viaje al Himalaya. Es que a mí estas expediciones me parecen peligrosas.

4.9 Reelabora las frases, como en el ejemplo.

Modelo: Mientras. Estudiaba en la universidad. Al mismo tiempo trabajaba en una gestoría.
Mientras estudiaba en la universidad trabajaba en una gestoría.

a Mientras tanto. Yo hablaba por teléfono. Alberto trabajaba en la computadora.

....

b Cada vez. Tengo frío. Me pongo un abrigo de lana.

....

c Nada más. Volvió Enrique. Encontró a los ladrones en la casa.

....

d Hasta que. No saldrás al parque. Harás la tarea.

....

e En cuanto. Los ladrones lo vieron. Salieron corriendo.

....

f Desde que. Aclararon el problema. Son muy amigos.

....

g Al cabo de. Se volvieron a encontrar. Esto ocurrió 10 años después.

....

4.10 Ustedes son dos amigos muy diferentes y con objetivos completamente distintos, pero como se aprecian mucho, tienen que ponerse de acuerdo para realizar diferentes actividades. Hablen e intenten llegar a un acuerdo, si es posible.

ALUMNO A

- **Tú quieres:**
  - Ir al cine.
  - Salir con unos amigos.
  - Descansar en el sofá.
  - Acostarte en el sillón y ver la tele.
  - Ir un fin de semana a la playa.
  - Ver qué pasa en las redes sociales.
  - Irte a dormir.

ALUMNO B

- **Tú quieres:**
  - Preparar un proyecto para una empresa.
  - Levantarte pronto para hacer deporte.
  - Enviar currículums para encontrar trabajo.
  - Elaborar una carta de motivación.
  - Ir a conferencias.
  - Aprender otro idioma.
  - Ir al teatro.

4.11 Tu amigo necesita que le expliques detalladamente los pasos que debe seguir para encontrar un trabajo. Escríbele una carta diciéndole lo que tiene que hacer en cada momento, usando los conectores que acabas de aprender.

Modelo: *En cuanto envíes el currículum, confirma por teléfono que lo han recibido...*

- Enviar el currículum.
- Confirmar el envío.
- Solicitar una entrevista.
- Tener la entrevista:
  - amabilidad
  - seriedad
  - disponibilidad
  - interés
  - agradecimiento
- Esperar la respuesta.

INTERCULTURA

PERSPECTIVAS PROFESIONALES

PREPARAR

4.1 Piensa en las siguientes cuestiones y coméntalas con tu compañero/a. ¿Coinciden?

- ¿Qué es mejor para ti: elegir una carrera por sus mayores posibilidades de empleo o porque te gusta de verdad?
- En tu opinión, ¿cuáles son las carreras más valoradas en tu país?

LEER

4.2 Lee con atención la siguiente noticia que Universia, Red de Universidades de Iberoamérica, publica en su página web. ¿Es un texto informativo o de opinión?

Las carreras con mayor futuro

Entre las titulaciones actuales destacan tres estudios que cada año aparecen como los más valorados. Se trata de las carreras de Administración y Dirección de Empresas, Económicas y Empresariales.

Otros profesionales muy buscados son los informáticos, ya que el sector de las tecnologías y la comunicación está en constante crecimiento. Las empresas buscan, sobre todo, analistas y programadores.

Los ingenieros industriales son muy demandados porque pueden encontrar empleo en el sector de la electrónica, la construcción, la telefonía y la aeronáutica. Los profesionales especializados en las telecomunicaciones también están muy cotizados y la crisis no les ha afectado.

Por último, existen cuatro titulaciones muy diferentes que tienen muy poco desempleo: Medicina, Química, Derecho e Ingeniería Civil.

(Adaptado de http://pre.universia.es/que-estudiar/proyeccionlaboral-carreras/)

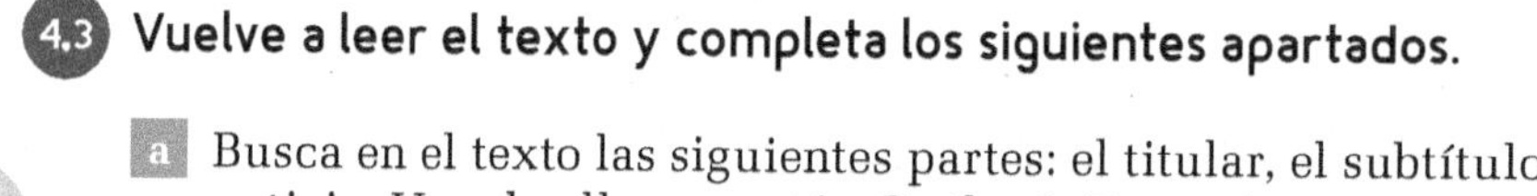

4.3 Vuelve a leer el texto y completa los siguientes apartados.

a. Busca en el texto las siguientes partes: el titular, el subtítulo y el cuerpo de la noticia. Una de ellas no está. ¿Cuál es? ¿Por qué crees que no aparece? ....

b. Escribe el tema del artículo con una frase diferente a la que aparece en el titular. ....

c. Resume el texto con tus propias palabras. ....

HABLAR

4.4 Comenta las siguientes cuestiones con tus compañeros.

- ¿Son estas también las titulaciones más valoradas en tu país?
- En los países hispanos son muy populares entre los estudiantes las carreras de Ciencias de la Educación, ¿por qué creen que es así?
- ¿Piensan que cuando los nuevos estudiantes terminen sus carreras seguirán siendo las profesiones más demandadas por las empresas?
- ¿Qué consecuencias pueden haber si la mayoría de los alumnos de las universidades estudian solo las carreras que se mencionan en el texto?

ESCUCHAR

[28]

4.5 ¿Conoces a estas figuras del mundo del arte, literatura y filosofía? Leonardo Da Vinci, Howard Hendricks, Emily Dickinson, Mark Twain y José Ortega y Gasset. Escucha varias frases célebres de estas personas sobre la educación y el aprendizaje, y contesta verdadero (V) o falso (F). Después, opinen sobre estas frases.

		V	F
a	Las personas deben esforzarse para superar a quien les enseñó.	▢	▢
b	Hay que enseñar con cariño y emoción.	▢	▢
c	Es muy importante leer mucho para poder viajar por diferentes partes del mundo.	▢	▢
d	La escuela es el mejor lugar para recibir una buena educación.	▢	▢
e	El buen maestro enseña a los alumnos a dudar.	▢	▢
f	Se aprende solo de los maestros.	▢	▢

ESCRIBIR

4.6 Busca una noticia corta relacionada con la educación y realiza un comentario de texto. No olvides incluir los siguientes pasos y algunos de estos conectores del discurso.

- Decir qué tipo de texto es.
- Señalar las partes del texto.
- Establecer el tema del texto.
- Resumir el texto.
- Expresar la opinión personal.

Conectores del discurso

- Para comenzar el discurso o texto escrito: **según, para empezar...**
- Para argumentar nuestras ideas o añadir una consecuencia: **por esa razón, así que, de esta manera...**
- Para aclarar información: **es decir, o sea...**

¿Qué te sugiere la foto? ¿Cuál crees que es la situación de la mujer en los países de habla hispana? ¿Conoces a mujeres de tu alrededor que tienen una vida interesante? ¿Qué mujeres latinas conoces? ¿Por qué?

LA MUJER LATINA ACTUAL

4.1 Lee el siguiente texto sobre el papel de la mujer en Latinoamérica e intenta resumirlo con tus palabras.

La situación de las mujeres en Latinoamérica cambió en los últimos años. Muchas más mujeres viven actualmente en grandes metrópolis, como São Paolo, Buenos Aires y México D.F., que en las zonas rurales. En los últimos veinte años, el número de mujeres empleadas en la economía formal subió en un 85% en todas las regiones latinoamericanas. Este aumento también se produjo en la educación de las jóvenes. La participación de las mujeres en la administración política de sus países creció considerablemente, y el número de senadoras, jueces, alcaldesas y presidentas de Estado es sorprendente.

Esta variación, no solo económica sino también sociocultural, hace que no podamos hablar de un solo tipo de mujer latinoamericana. Una venezolana tendrá problemas para comunicarse con una brasileña, puesto que hablan distintos idiomas, pertenecen a grupos raciales y étnicos diferentes, y tienen referencias culturales muy dispares. Una ejecutiva de Buenos Aires tendrá muy poco en común con una campesina de Perú. Por lo tanto, la historia de las latinoamericanas debe hacerse a partir de la plena conciencia de esta herencia y diversidad múltiple.

4.2 **Busca en el texto un sinónimo de estas palabras. En algunos casos puede haber más de una respuesta correcta:**

a colaboración: ....
b evolucionó: ....
c diferentes: ....
d trabajadoras: ....
e incremento: ....
f ciudades: ....

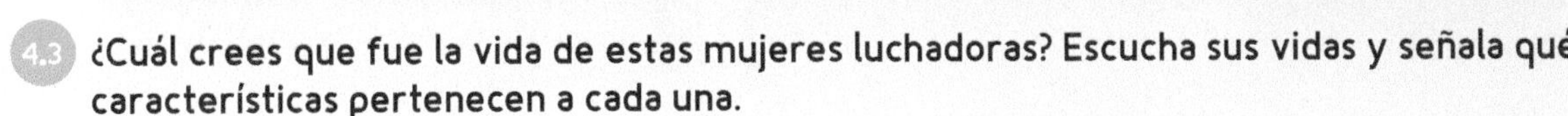

MUJERES LATINAS CON HISTORIA

[29] **4.3** **¿Cuál crees que fue la vida de estas mujeres luchadoras? Escucha sus vidas y señala qué características pertenecen a cada una.**

1 Activista de los derechos humanos en Argentina. ....□
2 Lucha por encontrar a su nieta, sea como sea. ....□
3 Fue detenida y encarcelada. ....□
4 Es un verdadero ejemplo de lucha para su comunidad. ....□
5 Fundó escuelas bilingües. ....□
6 Trabajó en el servicio doméstico y como maquiladora. ....□
7 Luchó por la defensa de los derechos indígenas. ....□
8 Al final consiguió la residencia y vive felizmente. ....□
9 Asesinaron a su hijo y a su nuera. ....□
10 Líder indígena de Ecuador. ....□
11 Sus primeros años en el nuevo país se caracterizaron por la soledad y la desesperación. ....□
12 Inmigrante mexicana en los EE. UU. ....□

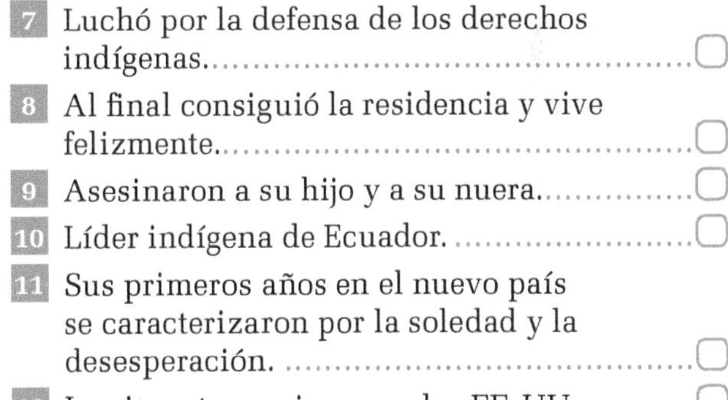

a » Yuriana Montufar.

b » María González.

c » Marcia Fabiani.

¿Qué tres temas de la historia de Latinoamérica se relacionan con las vidas de estas tres mujeres? Puedes buscar información en libros o en Internet.

Guía de Ocio

MUJERES LATINAS Y FAMOSAS EN EE. UU.

EMPRESARIA

Marie D. Quintero-Johnson

Vicepresidenta y directora de Fusiones y Adquisiciones de la compañía Coca-Cola Company desde 2003. Aunque ha nacido en Miami es hija de inmigrantes cubanos.

POLÍTICA

Sonia Sotomayor

Juez Asociada en la Corte Suprema de los Estados Unidos, hija de padres puertorriqueños.

CINE

Jessica Alba

Actriz de cine y televisión de padre mexicano. Es cofundadora de The Honest Company, una firma de productos sostenibles y naturales.

MÚSICA

Demi Lovato

Actriz, cantante y compositora estadounidense de origen mexicano y español. Su carrera profesional comenzó desde muy joven en Disney Channel. Desde el 2009 ha ganado 81 premios de música de 157 nominaciones.

POLÍTICA

Lucille Roybal-Allard

Miembro de la Cámara de Representantes de Estados Unidos desde 1993 por California. Es miembro del Partido Demócrata y de origen mexicano.

EMPRESARIA

Thalía Sodi

Cantante, actriz y empresaria mexicana. Posee una línea de cosméticos, de ropa y publicación propia.

Elige a uno de los personajes anteriores y escribe cómo creen que es su vida. Después preséntala a la clase. Busquen en Internet la biografía del personaje que eligieron. Léanla y compárenla con la que hicieron.

LITERATURA PARA LA VIDA

»Mario Vargas Llosa.

¿Conoces a este escritor?

¿En qué tipo de evento crees que está? ¿Por qué?

LITERATURA PARA LA VIDA

4.1 Lee la biografía de Mario Vargas Llosa. ¿Qué cosas no conocías de él? ¿Estás de acuerdo con sus palabras? ¿Cómo las interpretas? En parejas, busquen argumentos a favor y en contra de esta afirmación.

"La literatura crea una fraternidad dentro de la diversidad humana y eclipsa las fronteras que erigen entre hombres y mujeres la ignorancia, las ideologías, las religiones, los idiomas y la estupidez".

MARIO VARGAS LLOSA

Mario Vargas Llosa nació en Arequipa, Perú, en 1936. Al año siguiente, su familia se trasladó a Cochabamba, Bolivia, donde vivió buena parte de su niñez. Regresó a Perú a los nueve años y continuó sus estudios hasta graduarse en Letras. Posteriormente obtuvo el doctorado en Filosofía y Letras en la Universidad de Madrid.

Se inició en la escritura desde muy temprano. A los dieciséis años escribió *La huida del Inca*, una obra de teatro. A partir de 1951 comenzó su actividad periodística en la prensa y revistas peruanas. En 1959 se trasladó a Europa donde se estableció por varios años en Madrid, Londres, París y Barcelona.

Además de la novela, Vargas Llosa ha cultivado el ensayo y el teatro.

En 1988 fundó el Movimiento Libertad y se postuló a la presidencia del Perú en 1990, pero fue derrotado. En 1990 recibió la nacionalidad española. Desde 1994 es miembro de la Real Academia Española de la Lengua.

La trayectoria intelectual de Vargas Llosa lo ha hecho merecedor de numerosas distinciones otorgadas por prestigiosas instituciones de varios continentes, como el Premio Nobel de Literatura, el Premio Miguel de Cervantes y el Premio Planeta. Entre sus numerosas obras destaca *La fiesta del Chivo, La tía Julia y el escribidor* y *La ciudad y los perros.*

4.2 **Vas a leer un fragmento de su obra *Lituma en los Andes*. Antes de leer, relaciona las siguientes palabras del texto con su sinónimo.**

1. A la intemperie. .... ◯
2. Pernoctar. .... ◯
3. Cuneta. .... ◯
4. Lona. .... ◯
5. Pellejo. .... ◯
6. Llantas. .... ◯
7. Como la palma de su mano. .... ◯
8. Prendedor. .... ◯
9. Aprendiz. .... ◯
10. Manejar. .... ◯

a. Borde del camino.
b. Piel.
c. Dirigir, controlar.
d. Ruedas.
e. Perfectamente.
f. Tela gruesa.
g. Al aire libre.
h. Persona que aprende un nuevo oficio.
i. Pasar la noche.
j. Adorno para recoger el pelo.

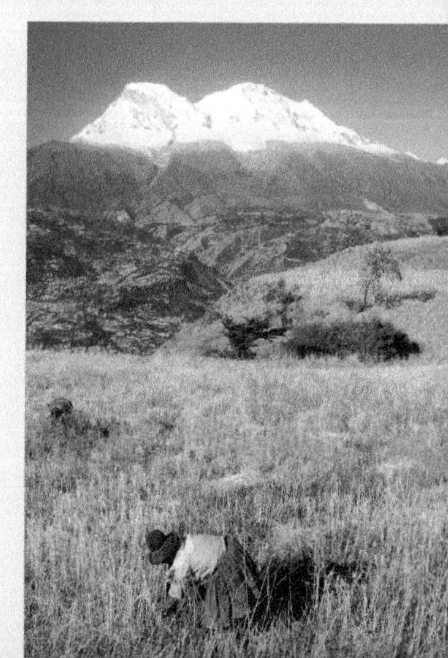

[30] **4.3** Lee y escucha este fragmento literario del autor.

Lituma en los Andes

Lo que al muchacho le gustaba más que nada era la vida a la intemperie que llevaban, sin horarios ni rumbos predeterminados, a merced del mal o buen tiempo, de las ferias y fiestas del santo patrono, de los encargos que recibían y de las averías del camioncito, factores que decidían su diario destino, sus itinerarios, las noches que pernoctaban en cada lugar. Don Pericles tenía una casa quinta, estable, sin ruedas, en Pampas, que compartía con una sobrina casada y con hijos. Cuando estaban allí, Casimiro se alojaba en la casa como si fuera de la familia. Pero la mayor parte del tiempo vivía en las cunetas de los caminos por los que pasaban o en el camión, en el que, entre carga y protegido por una gruesa lona, se había construido un refugio con pellejos de vaca. Si había lluvia, se tumbaba a dormir debajo del camión.

El negocio no era gran cosa, por lo menos no para Pericles y Casimiro, pues todas las ganancias se las tragaba el camión al que siempre había que estarle comprando repuestos y haciéndole reencauchar las llantas, pero era suficiente para ir viviendo. En los años que pasó junto a don Pericles, Casimiro llegó a conocer como la palma de su mano todo el centro de los Andes, sus villorrios, sus comunidades, sus ferias, sus abismos y valles y, asimismo, todos los secretos del negocio: dónde comprar el mejor maíz y dónde llevar los hilos y agujas, dónde esperaban las lámparas, y qué cintas, prendedores, collares y pulseras atraían de manera irresistible a las muchachas.

Don Pericles lo trató al principio como a un aprendiz, luego como a un hijo, por fin como a un socio. A medida que envejecía y el muchacho se hacía hombre, el peso del trabajo se fue desplazando a él hasta que, con el paso de los años, Casimiro era ya el único que manejaba y el que decidía las compras y las ventas; Don Pericles pasó a ser el director técnico de la sociedad.

(Texto adaptado de la novela *Lituma en los Andes*, Mario Vargas Llosa)

4.4 **¿Cuál de estos cuatro títulos elegirías para el fragmento del texto literario que acabas de leer?**

- EL COMERCIANTE DE LA EMPRESA
- EL VENDEDOR AMBULANTE
- EL ARTESANO DEL MERCADO
- EL CONDUCTOR DEL CAMIÓN

4.5 **Contesta a las preguntas.**

a. ¿Qué tipo de texto es el que has leído? ....

b. ¿Cuál es el tema que se trata? ....

c. ¿Qué opinas? ¿Te gustó? ....

d. Haz un resumen del texto. ....

....

e. Describe a los personajes que aparecen: ¿Cómo eran? ¿Qué cosas les gustaban hacer? ¿En qué trabajaban? ¿Qué relación tenían los dos? ....

....

EN RESUMEN

- **Escribe frases con *por* y *para* que expresen precio, cambio, medio, tiempo aproximado, localización espacial indeterminada, destino, plazo de tiempo u opinión.**

- **Construye frases con estas palabras.**

compañía ▪ comité de empresa
graduación ▪ sueldos

- **Explica estas palabras a tu compañero/a.**

nómina ▪ horas extras ▪ coordinador
departamento de Recursos Humanos ▪
Departamento Financiero ▪ contrato

- **Construye frases temporales con *cuando*, *mientras*, *desde que*, *hasta*, etc., donde aparezcan las siguientes palabras.**

geografía ▪ contaminación ▪ experimento
concierto ▪ cartelera ▪ músico ▪ Matemáticas

Modelo: *Te esperaré hasta que termines los deberes de Matemáticas.*

- **Escribe una pequeña carta de presentación para una empresa.**

- **De acuerdo a lo que has aprendido, ¿cuáles son las carreras con más futuro?**

AHORA SOY CAPAZ DE...

	SÍ	NO
1 ...expresar la causa y la finalidad.	☐	☐
2 ...escribir una carta de motivación.	☐	☐
3 ...escribir una carta de presentación.	☐	☐
4 ...hablar sobre una conferencia.	☐	☐

Desarrollo profesional
el aprovechamiento use (beneficial)
la carrera degree, major
la carta de motivación letter of intent
la carta de presentación cover letter
el currículum resume
la formación profesional professional training
el logro achievement
el mercado laboral job market
el referente mentor
el reto challenge
la vocación vocation

El trabajo de empresa
el comité de empresa committee of workers that discusses company relations
el contrato contract
el coordinador manager, organizer
el Departamento Financiero Finance Department
el Departamento de Recursos Humanos Human Resources Department
las horas extras overtime
la nómina pay slip
la plantilla staff, workforce
el sueldo salary

Verbos
ampliar to expand, increase
aportar to provide
capacitar to train, teach skills
conseguir to obtain
cumplir to accomplish, fulfill
destacar to stand out
formarse to train, educate (oneself)
iniciar to start, begin
orientar to guide, direct
profundizar to go in depth
solicitar to apply for, request

Disciplinas y profesiones
la Administración y Dirección de Empresas business administration
las Ciencias Ambientales environmental science
las Ciencias de la Educación education (major)
el Derecho law
el/la filósofo/a philosopher
el/la físico/a physicist
el/la historiador/a historian
la Ingeniería Civil civil engineering
el/la ingeniero/a industrial industrial engineer
las letras language arts

Palabras y expresiones
el asistente attendee
calificación grade
respecto a regarding
ser un referente para alguien to be a mentor

Expresiones de tiempo
a fin de (que) in order to
al cabo de after + a period of time
antes de before
cada vez each time
con el fin de (que) as long as
desde since
después de after
en cuanto as soon as
hasta que until
mientras while
nada más as soon as
tan pronto como as soon as

Conectores del discurso
así que consequently, so much so
de esta manera in this way
es decir that is to say, meaning
o sea that is, in other words
para empezar for starters, to start with
por esa razón for that reason, that's why
según according to

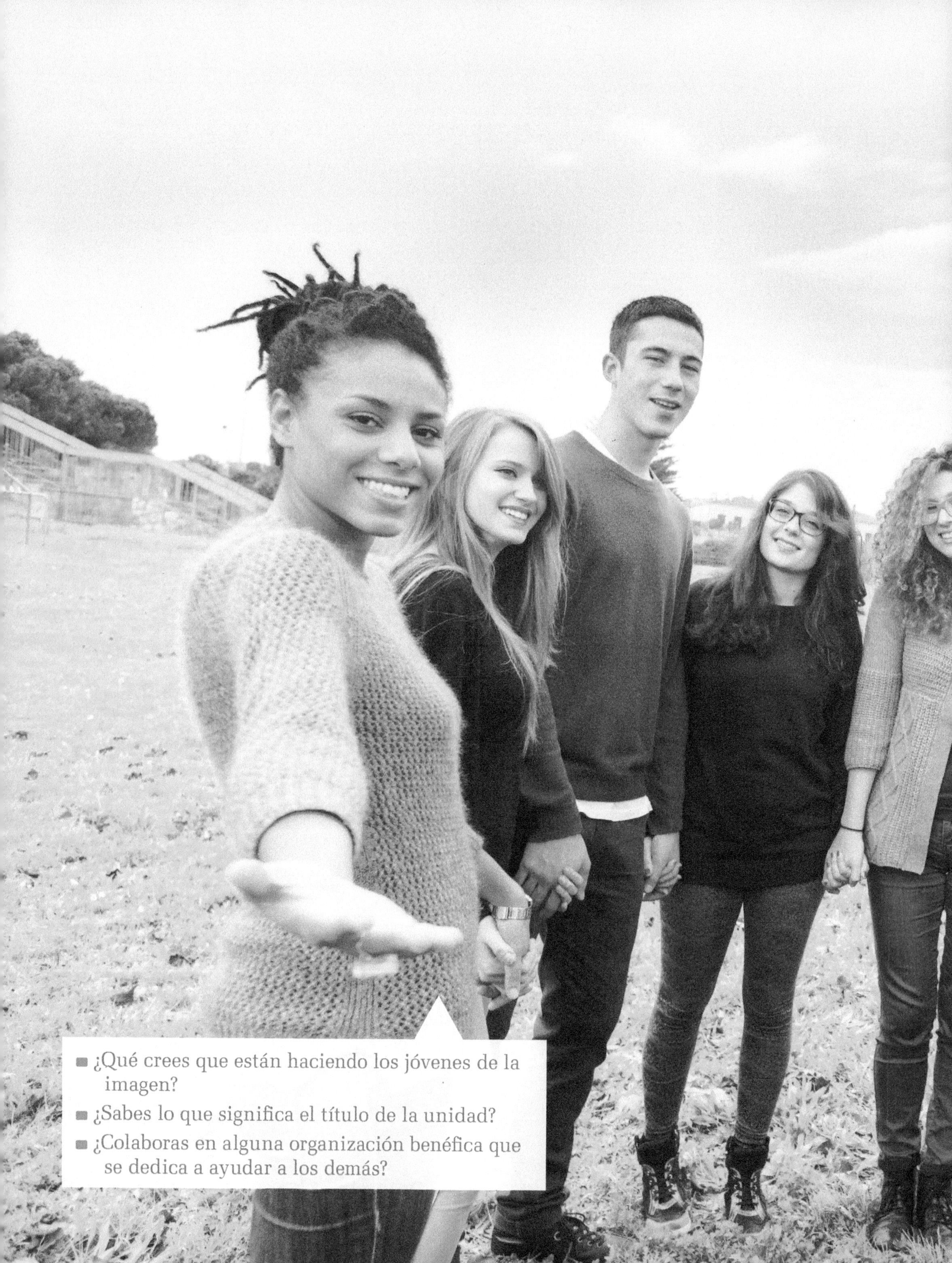
■ ¿Qué crees que están haciendo los jóvenes de la imagen?
■ ¿Sabes lo que significa el título de la unidad?
■ ¿Colaboras en alguna organización benéfica que se dedica a ayudar a los demás?

¿NOS ECHAS UNA MANO?

5

Learning outcomes

By the end of this unit you will be able to:

- Talk about the benefits of travel and volunteering.
- Describe what precautions to take when traveling.
- Comment on social and health issues worldwide.
- Confirm or refute information.
- Express agreement and disagreement with other opinions.

Para empezar

- Viajes de conocimiento

Comunica

- Iniciativas solidarias: contrastar opiniones
- Más vale prevenir: confirmar una realidad o desmentirla

Pronunciación y ortografía

- Las consonantes oclusivas: sonidos /k/ y /g/

Cartelera de cine

- *El viaje de Carol*

Gramática

- Oraciones impersonales con indicativo y subjuntivo
- El presente perfecto de subjuntivo: expresar extrañeza
- Usos de *se*

Intercultura

- ¿Sanidad privada o pública?

Nos conocemos

- La medicina tradicional indígena

Literatura para la vida

- *El árbol de la ciencia*, de Pío Baroja

»Jóvenes solidarios.

PARA EMPEZAR

VIAJES DE CONOCIMIENTO

5.1 ¿Qué es la ruta Quetzal? ¿Qué sabes de ella? Si no la conoces, fíjate en estas imágenes y en lo que te sugieren. Ten en cuenta las palabras clave *ruta* y *quetzal*. Habla con un compañero/a.

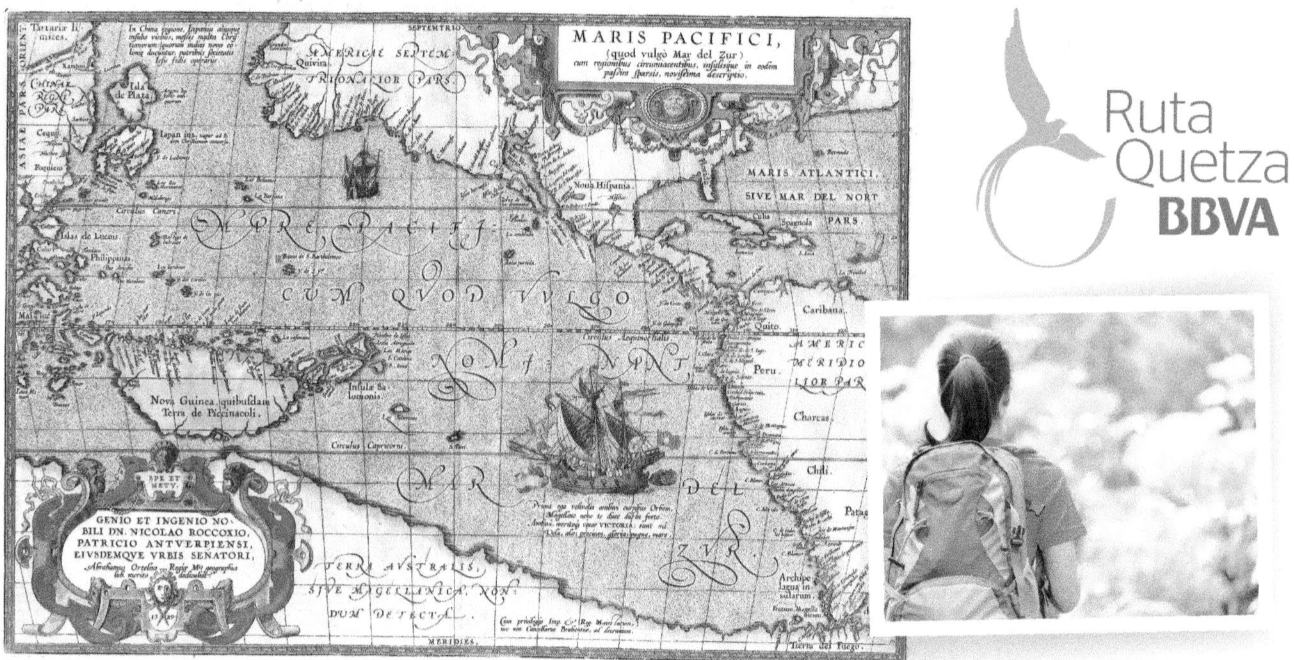

[31]

5.2 Escucha y lee la conversación. Después, comprueba tus hipótesis anteriores.

Locutor: Buenas tardes, y bienvenidos de nuevo a nuestro programa. Un día más estamos con ustedes para contarles todos los detalles sobre la actualidad cultural. Y el tema de hoy es un tema apasionante. Les hablaremos de la ruta Quetzal, de su historia y de sus protagonistas. Tengo a mi lado a una de las participantes de la ruta Quetzal de este año, Rosa de la Torre. Rosa, ¿por qué vas participar en este viaje?

Rosa: Hola, buenas tardes. Bueno, como saben, el Banco Bilbao Vizcaya Argentaria es el patrocinador de la ruta Quetzal y ofrece unas becas a los mejores estudiantes de los diferentes países hispanos que deseen participar en esta expedición. Mi profesor me habló de esto, me propuso solicitar la beca y así lo hice. Trabajé mucho y la conseguí.

Locutor: ¿Qué es exactamente la ruta Quetzal?

Rosa: Bueno, es un poco difícil para mí explicarlo en pocas palabras, pero lo intentaré. La ruta Quetzal es un proyecto que se inició con el objetivo de hacer más fuertes los lazos de unión entre Latinoamérica, España y otros países. Pretende dar a conocer a la juventud la historia, la cultura y las peculiaridades de los diferentes pueblos que forman Latinoamérica.

Locutor: ¿Y cómo se desarrolla el proyecto?

Rosa: Pues se realiza viajando por esos lugares. Intentamos cumplir con la visión del gran viajero y explorador, Miguel de la Quadra-Salcedo, que dice que solo viajando y estando en contacto con otras culturas se pueden comprender y conocer mejor.

Locutor: Rosa, tú tienes tan solo 17 años. ¿Piensas que estás preparada para la experiencia?

Rosa: ¡Espero que sí! Es verdad que soy muy joven. Pero esta es, en general, la edad de los participantes. De hecho, es un viaje con fines educativos. Un viaje de conocimiento, pero también, como dicen los participantes de otras ediciones más antiguas, para motivarte a elegir una carrera con la que puedas ayudar a la sociedad en el futuro.

Locutor: Es verdad que puede ayudarte mucho. Curiosamente, muchos de los jóvenes que han participado en esta ruta luego han dedicado su vida profesional a realizar trabajos en pro de la sociedad. Precisamente, nos acompaña hoy una de estas personas, Javier Hernández, presidente de una empresa dedicada a la promoción del desarrollo en áreas pobres. Vamos un momento a publicidad y enseguida volvemos.

5.3 Escribe una definición para las siguientes palabras que han aparecido en el texto.

- a Ruta: ....
- b Patrocinador: ....
- c Beca: ....
- d Explorador: ....
- e Desarrollo: ....
- f Expedición: ....

[32]

5.4 Lee las preguntas y contesta las que ya sabes por la conversación anterior. Después, escucha la continuación del programa y contesta el resto de preguntas.

- a ¿Es verdad que este proyecto está patrocinado por un banco?
- b ¿Qué visión tenía el explorador Miguel de la Quadra-Salcedo?
- c ¿Cuáles son los objetivos de este viaje?
- d ¿Quién puede formar parte de él?
- e ¿Cuál fue el tema del viaje en el año 92?
- f ¿Se dice a dónde viajaron los expedicionarios?
- g ¿Cuál es el tema de la ruta Quetzal de este año?
- h ¿A dónde viajarán los expedicionarios?

5.5 Con tu compañero/a, escriban un diálogo similar siguiendo las instrucciones. Después, representen la conversación.

1. Llama a un amigo/a que va a colaborar con una organización benéfica en otro país. Salúdalo.
2. Responde y dile que te alegras de saber de él/ella.
3. Pregúntale qué va a hacer allí.
4. Dile con qué organización te vas, a qué lugar y de qué manera vas a ayudar allí.
5. Pregunta cómo conoció esa organización para saber cómo puedes ayudar tú también.
6. Infórmale y anímale. Despídete.

INICIATIVAS SOLIDARIAS

VOCABULARIO

5.1 **Lee un artículo publicado por la Cruz Roja peruana. Haz una lista con las palabras que no conozcas y búscalas en el diccionario. Después, con tus propias palabras, escribe su definición.**

Cruz Roja

Una voluntaria o voluntario de la Cruz Roja peruana es una persona natural que acepta los principios fundamentales y expresa su voluntad de **prestar servicio** voluntario de forma regular u ocasional.

Ser voluntaria o voluntario de la Cruz Roja es un distintivo de identidad; así, el identificarse como voluntaria o voluntario de la Cruz Roja peruana significa representar un **conjunto** de cualidades y principios singulares que nos caracterizan y marcan a nivel mundial. Esto se desarrolla a través de las siguientes acciones:

ACCIONES SOCIALES

Con estas acciones los voluntarios y las voluntarias contribuyen a **mejorar** las condiciones de vida de personas adultas mayores, jóvenes, niños y niñas, así también de quienes cuentan con **habilidades** especiales o quienes se encuentran **albergadas** u hospitalizadas, preocupándonos así en su **asistencia** personal y **necesidades** emocionales.

ACCIONES PARA LA PROMOCIÓN DE LA SALUD

Contribuir a mejorar la **calidad de vida** de personas en condiciones de vulnerabilidad, a través de la difusión de hábitos **saludables** y prácticas de **primeros auxilios**. Para esto nuestros voluntarios y voluntarias realizan las siguientes acciones:

- Difusión y promoción de la **salud materna**, del **recién nacido** y del niño.
- Promoción de la **higiene**.
- Prevención del VIH/sida, su estigma y discriminación.
- Promoción de la **donación** voluntaria **de sangre**.
- **Seguridad vial**.
- **Salud pública**, en general, con enfoque en promoción de la salud.
- Desarrollo de infraestructura y equipamiento de servicios básicos de salud (**botiquines comunales**).

Si deseas ser parte del voluntariado, escríbenos ya:
http://www.cruzroja.org.pe/#!voluntariado/cg2x

Término	Definición
Prestar servicio.	*Ayudar como voluntario en algún tipo de trabajo benéfico.*

5.2 **Relaciona las actividades con el proyecto correspondiente.**

	SALUD PÚBLICA	SEGURIDAD VIAL	SALUD MATERNA	BOTIQUÍN COMUNAL
a Entregar un paquete de medicamentos a una comunidad para que empiecen a implementar su propia farmacia.	☐	☐	☐	☐
b Colaborar con la asistencia y cuidado de las mujeres rurales que están embarazadas.	☐	☐	☐	☐
c Viajar con un equipo de profesionales de medicina a diferentes pueblos rurales y ayudar en la visita de los pacientes.	☐	☐	☐	☐
d Recolectar firmas de personas que se comprometen a ser más prudentes en el tránsito.	☐	☐	☐	☐

5.3 **¿Qué otras actividades puedes añadir para prestar servicio en cada uno de estos proyectos? Trabaja con tu compañero/a y preparen una lista para compartir con la clase.**

5.4 **Lee este artículo sobre otros servicios que realiza la Cruz Roja y completa con el siguiente vocabulario.**

desintoxicación ▪ movilidad ▪ domicilio ▪ formación ▪ mayores

Personas [1] .... Este sector de la población es uno de los que más preocupa a Cruz Roja. Por ello, hay proyectos en marcha de ayuda a [2] ...., viviendas tuteladas, etc.

Drogadictos. Atención en cárceles, centros de [3] .... y apartamentos de reinserción.

Refugiados e inmigrantes. A estos grupos se les proporciona asistencia sanitaria y social (alojamientos y manutención, clases de español y [4] .... profesional).

Niños y jóvenes con dificultades sociales. Actividades para niños hospitalizados, hogares tutelados para menores, talleres para jóvenes…

Personas con [5] .... **reducida**. Colaboran en facilitarles el transporte adaptado, ayuda a domicilio y participación en actividades de ocio.

COMUNICA

[33]

5.5 Escucha las declaraciones de diversos voluntarios y anota en el siguiente cuadro dónde trabajan y por qué han decidido dedicar su tiempo libre a estas actividades.

	Nombre	Lugar de trabajo	Motivo
a			
b			
c			
d			

5.6 Lee las palabras y marca qué cualidades son necesarias para ser voluntario/a en un proyecto solidario. Explica las razones.

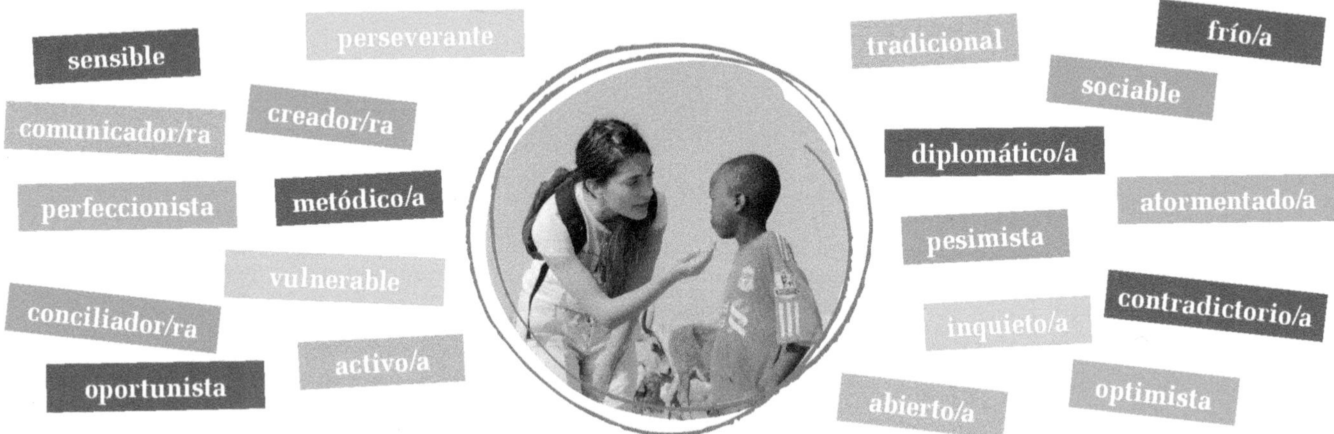

5.7 Y tú, ¿qué cualidades crees que te pueden servir para prestar servicio voluntario? Coméntalas con tu compañero/a e incluye algunos ejemplos.

5.8 ¿A qué tipo de actividades solidarias prefieres dedicarte? Haz una lista y explica tus razones.

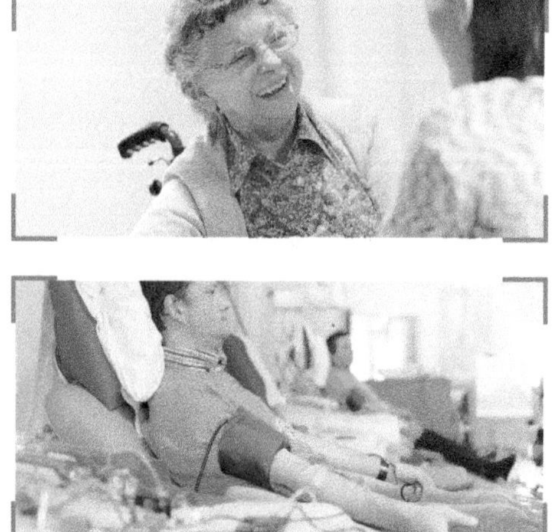

COMUNICACIÓN

- **Contrastar opiniones**

» Para mostrar acuerdo o desacuerdo con las opiniones de otros, se usa:

– ***Yo (no) estoy de acuerdo con*** + esa idea / Luis / lo de + nombre o infinitivo / ***que*** + subjuntivo | porque…

– *Yo no estoy de acuerdo con lo de privatizar la sanidad pública.*

– ***Yo creo que lo de*** + nombre o infinitivo + indicativo

– *Yo creo que lo de donar sangre a menudo es fundamental para ayudar a los enfermos.*

– ***Yo no creo que lo de*** + nombre o infinitivo + subjuntivo

– *Yo no creo que lo de privatizar la sanidad pública mejore los servicios.*

Recuerda

- Para dar una opinión, se usa:
  - ***Creo que*** + indicativo
  - ***No creo que*** + subjuntivo
  - ***(A mí) me parece que*** + indicativo
  - ***(A mí) no me parece que*** + subjuntivo
  - ***Para mí*** + opinión

» Para mostrar que estamos parcialmente de acuerdo, se usa:

– Sí, estoy de acuerdo, / claro, / por supuesto, / desde luego, / tienes razón, | ***pero*** / ***sin embargo*** | + opinión

– *Las ONG ayudan muchísimo a los países más necesitados.*

– *Sí, estoy de acuerdo, pero tendríamos que ayudar todos mucho más.*

» Cuando queremos mostrar que estamos totalmente en desacuerdo, casi enfadados, se usa:

– *Pues yo no pienso* ***así, ¿eh?***

– *Pues yo no estoy* ***para nada*** *de acuerdo.*

– ***Ni hablar,*** *eso no es así.*

– ***¡Pero tú qué dices!***

– ***No tienes ni idea de lo que estás diciendo.***

» Ni hablar, eso no es así. Cada vez más la gente hace donaciones por Internet.

[34]

5.9 Vas a escuchar a diferentes personas que hablan sobre la inmigración. Escucha las reacciones a las opiniones y pon un √ en la columna que tú creas. Pon especial atención en la entonación y la forma de decirlo.

	ACUERDO TOTAL	ACUERDO PARCIAL	DESACUERDO
1	☐	☐	☐
2	☐	☐	☐
3	☐	☐	☐
4	☐	☐	☐
5	☐	☐	☐

COMUNICA

5.10 Haz una valoración sobre los siguientes temas y actividades. Después, intercambia las valoraciones que has hecho con tu compañero/a. Si no estás de acuerdo con sus opiniones, niégaselas y da tu opinión.

Modelo: *Para mí, ayudar a la gente que lo necesita es una obligación social.*
Yo estoy de acuerdo, pero creo que el gobierno está obligado a ayudar también.

1 Ayudar a la gente que lo necesita. *Es una obligación social.*
2 Los vegetarianos. ....
3 Organizar actividades para niños hospitalizados. ....
....
4 La donación de sangre. ....
5 Hacer camping. ....
6 Colaborar con una ONG. ....
7 Conocer las prácticas de primeros auxilios. ....
8 Tener mascotas en casa. ....
9 Las organizaciones mundiales como la Cruz Roja. ....
....
10 Internet. ....

5.11 ¿Has trabajado alguna vez de voluntario/a? ¿Se fomenta en tu país este tema? ¿En qué organizaciones sí participarías y en cuáles no? ¿Por qué? Vamos a hacer un debate a partir de la siguiente afirmación:

"EL VOLUNTARIADO ES UN FENÓMENO QUE ESTÁ DE MODA; LOS JÓVENES LO PRACTICAN PORQUE QUEDA BIEN Y ESTÁ BIEN VISTO POR LOS DEMÁS"

5.12 Lleguen a un acuerdo entre todos y escriban en un póster sus conclusiones. Cuelguen el resultado en la pared de la clase.

Modelo: *En primer lugar, todos hemos estado de acuerdo con lo de que nuestra comunidad no ofrece suficientes programas de voluntariado, sin embargo...*

VOCABULARIO

5.13 ¿Has estado alguna vez en Colombia? Si no es así, ¿qué dificultades crees que pueden tener los turistas que viajan a este país? ¿Qué precauciones se deben tomar?

5.14 Lee ahora esta ficha de información sobre Colombia para los visitantes de otros países y confirma si las suposiciones que has hecho son correctas.

LA GUAJIRA
MAGDALENA
ATLÁNTICO
BOLÍVAR
CESAR
SUCRE
CÓRDOBA
NORTE DE SANTANDER
ANTIOQUÍA
SANTANDER
ARAUCA
CHOCÓ
CALDAS
BOYACÁ
CASANARE
CUNDINAMARCA
VICHADA
VALLE DEL CAUCA
TOLIMA
META
CAUCA
HUILA
GUAINÍA
GUAVIARÉ
NARIÑO
CAQUETÁ
VAUPÉS
PUTUMAYO
AMAZONAS

COLOMBIA

DOCUMENTOS: Los visitantes procedentes de Australia, de Nueva Zelanda, de la mayoría de los países europeos y de Estados Unidos no necesitan visado si permanecen menos de 90 días en el país en calidad de turistas. Los viajeros de otras nacionalidades deben consultar con el consulado colombiano la situación de los visados antes de partir.

VACUNAS: No se exige ninguna vacuna para entrar en Colombia.

DIVISAS: Los visitantes extranjeros pueden sacar divisas sin restricción.

TRANSPORTE: Hay 74 aeropuertos, de los cuales cinco son internacionales: Bogotá, Medellín, Cali, Barranquilla y Cartagena. El sistema montañoso dificulta el transporte por carretera. Las principales ciudades están conectadas por buenas vías; en regiones más apartadas de las principales rutas puede haber tramos en estado deficiente, sobre todo en épocas de lluvia. Para recorridos terrestres se puede optar por tours organizados por las agencias de viajes, servicio público de autobuses intermunicipales o renta de automóviles.

»Ciudad Perdida, en la Sierra Nevada de Colombia.

SALUD: Problemas más comunes: mal de altura, trastornos estomacales, malaria en algunas zonas de selva, dengue… Se sugiere abstenerse de consumir agua de los grifos; lo óptimo es tomarla embotellada. Urgencias médicas y servicios de salud: la red de atención en salud preventiva y curativa en Colombia es bien completa, pues los servicios médicos de urgencias son de calidad y cuentan con especialistas en los diferentes campos de la medicina durante las 24 horas del día. Es importante tener un seguro de asistencia internacional; cuando tenga una urgencia procure recurrir a la Cruz Roja o a clínicas privadas. Los centros de salud y hospitales públicos pueden ser utilizados en casos de extrema necesidad.

COMUNICA MÁS

5.15 Vuelve a leer el texto anterior y escribe la misma información con tus palabras.

Documentos	Vacunas

Divisas	Transporte	Salud

5.16 Sofía, una muchacha de Colombia, viene a pasar unas vacaciones a tu ciudad. Tiene preguntas sobre el hotel y escribe un correo a la agencia de viajes, pidiéndole información. Según los datos que tienes del artículo anterior, ¿qué preguntas crees que va a hacer Sofía? Escribe algunas para cada requisito según la perspectiva de Sofía.

De: *sofia@gtmail.com* | Para: | Asunto: *Vacaciones*

Modelo: *¿Hay un hospital cerca del hotel? ¿A cuántos kilómetros? ¿Es privado o público? ¿Qué necesito llevar si tienen que atenderme allí?*

REQUISITOS

- Hospital cercano.
- Seguro de asistencia internacional.
- Aire acondicionado.
- Agua embotellada.
- Mosquitero.
- Uso de tarjeta de crédito dentro del hotel y cambio de moneda.
- Excursiones organizadas por el hotel y medios de transporte.

5.17 Intercambia tus preguntas sobre tu ciudad con tu compañero/a y contéstale a las suyas.

COMUNICACIÓN

- **Confirmar una realidad o desmentirla**

» Para decir que algo es cierto y está demostrado, es decir, para confirmar una realidad, se usa:

– ***Es evidente/obvio/cierto/verdad...*** + ***que*** + indicativo

– *Es evidente que se había informado antes de viajar.*

– ***Está claro/demostrado...*** + ***que*** + indicativo

– *Está claro que no llevó todo lo que necesitaba.*

» Para desmentir la información dada, se usan las expresiones anteriores, en su forma negativa, seguidas de subjuntivo:

– ***No está claro que*** *se pueda viajar a Colombia sin visado.*

– ***No es verdad que*** *tengas que vacunarte para entrar en el país.*

5.18 A continuación tienen el comentario que publica Antonio Suárez en su blog a la vuelta de su viaje a Colombia. ¿Qué pueden decir de su experiencia? Usen expresiones como *Es evidente que..., Está demostrado...*

El blog de Antonio

El blog de Antonio

inicio | archivos | viajes | buscar

Viajes Colombia

Acabo de llegar de mi viaje a Colombia y me gustaría compartir con todos mi experiencia por si alguien está interesado en visitar ese maravilloso país.

Aterricé en Bogotá y lo primero que hice fue tomarme un café. Están muy orgullosos de su producto estrella y no es para menos, la verdad. Nunca he tomado un café tan bueno. Después, me dirigí a un punto de información turística y me atendieron muy bien, la gente es muy atenta. Me dijeron que tenía que probar su plato típico: el ajiaco. Es un plato muy sencillo: una sopa de pollo con tres clases distintas de papas y condimentado con guascas. Tenían razón, estaba riquísimo.

De la parte cultural, destaco la ruta que hice de santuarios religiosos. Colombia es un país católico y me encantó el recorrido. Visité el santuario del Divino Niño, el santuario de la Virgen de Guadalupe, el santuario del Señor de los Caídos y otros más.

Si lo que les interesa es la naturaleza, no puedes perderte la Amazonia. Es la zona más verde del país. Yo fui con un guía especializado. Visitar esta zona es impresionante, pero moverse por la selva no es tan fácil como pueda parecer.

El último día me quedé descansando en el hotel y, después, salí a pasear por los alrededores. Así pude pasar tiempo observando a la gente. Fue muy agradable conversar largo y tendido con los trabajadores del hotel y los tenderos de la calle.

5.19 Vuelve a leer el blog de Antonio y confirma o desmiente la siguiente información con tu compañero/a. ¿Están de acuerdo?

a. Bogotá es la capital de Colombia.
b. Los colombianos toman mucho café.
c. Guascas son unas especias aromáticas.
d. La comida colombiana es muy picante.
e. Antonio no es católico.
f. Hay muchas iglesias en Colombia.
g. La Amazonía está cerca de Bogotá.
h. A Antonio le gustan las aventuras.

COMUNICA MÁS

5.20 Después de leer el siguiente texto, marca si las afirmaciones son verdaderas (V) o falsas (F).

Precauciones para el viajero

La finalidad de un botiquín de viaje no es ni más ni menos que proporcionar "primeros auxilios" y evitar que las heridas y los síntomas leves pasen a ser mayores, por lo menos hasta que podamos ser asistidos correctamente por los servicios médicos.

En el botiquín estándar para el viajero no debería faltar agua oxigenada, alcohol, algodón, gasas esterilizadas, tijeras, termómetro, curitas, y aspirinas o antiinflamatorios.

Estos elementos deberían ser suficientes para asistirte en caso de que te sientas mal durante un viaje corto. Sin embargo, si realizas un viaje largo, te recomendamos visitar a tu médico para consultarle las vacunas necesarias u otro tipo de medicamentos.

Los síntomas y malestares más comunes que suelen presentarse durante un viaje son la fiebre, náuseas, diarrea o dolores de cabeza.

Por supuesto, en caso de que los síntomas persistan lo mejor es visitar a un médico lo más rápido posible. Hay otros elementos que debes llevar por precaución, como repelente de insectos o protector solar.

Recuerda que nada de esto reemplaza la atención médica profesional.

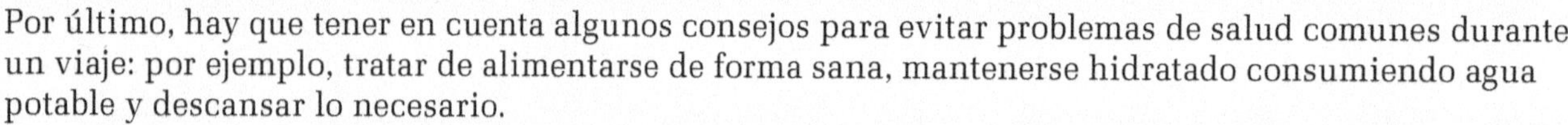

Por último, hay que tener en cuenta algunos consejos para evitar problemas de salud comunes durante un viaje: por ejemplo, tratar de alimentarse de forma sana, mantenerse hidratado consumiendo agua potable y descansar lo necesario.

(Texto adaptado de http://www.viajeros.com/articulos/1028-que-llevar-en-el-botiquin-basico)

		V	F
a	Es cierto que las curitas (band-aids) no deberían faltar en ningún botiquín.	☐	☐
b	No está claro que sea necesario visitar a un médico antes de todos los viajes.	☐	☐
c	Si persiste la fiebre durante varios días, es verdad que debes visitar a un médico.	☐	☐
d	Es obvio que beber mucha agua es más importante que comer.	☐	☐

5.21 Escribe ahora tu opinión sobre el tema anterior. ¿Estás de acuerdo? ¿Hay algo más que debamos llevar en nuestra maleta antes de salir de viaje? Usa las expresiones que has aprendido en esta parte.

PRONUNCIACIÓN y ORTOGRAFÍA

Las consonantes oclusivas: sonidos /k/ y /g/

[35]

5.1 Escucha y repite estas dos series de palabras: la primera con el sonido /k/ y la segunda con el sonido /g/.

PALABRAS CON /k/

cuco	caro
frac	koala
cloro	crema
queso	oca

PALABRAS CON /g/

gato	guerra
desagüe	globo
guisante	airbag
regla	tango

LAS CONSONANTE OCLUSIVAS

- El sonido /k/ se corresponde con las grafías: *ca, co, cu, que, qui* y *k*.
- El sonido /g/ se corresponde con las grafías: *ga, go, gu, gue, gui, güe* y *güi*.

[36]

5.2 Marca la palabra del par que escuches.

a gallo / callo
b guita / quita
c gama / cama
d gasa / casa
e goma / coma
f gana / cana
g guiso / quiso
h bloc / blog

[37]

5.3 Observa las palabras y complétalas con las grafías *c*, *q* o *k*. Después, escucha y comprueba.

a ☐étchup
b ☐oche
c ☐ung-fu
d ☐asa
e ☐ueso
f ☐árate
g ☐ilo
h ☐una
i ☐uemar
j ☐oala
k ☐uiero
l tan☐ue

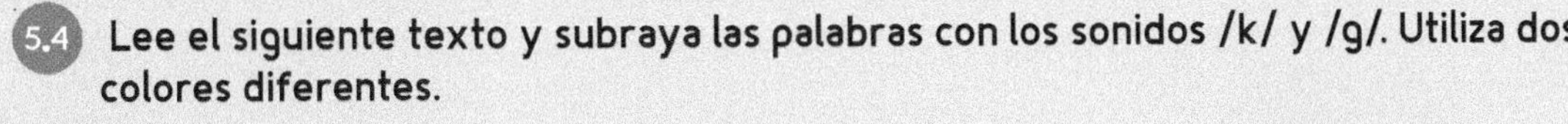
5.4 Lee el siguiente texto y subraya las palabras con los sonidos /k/ y /g/. Utiliza dos colores diferentes.

Desde la madriguera, el conejo saluda a las aves
que, como cada primavera, regresan al parque
después de su largo viaje invernal. ¡Menudo guirigay!
Cigüeñas, garzas, flamencos, golondrinas…
Todas llegan como locas a buscar un lugar
donde construir sus nidos para criar a sus polluelos.

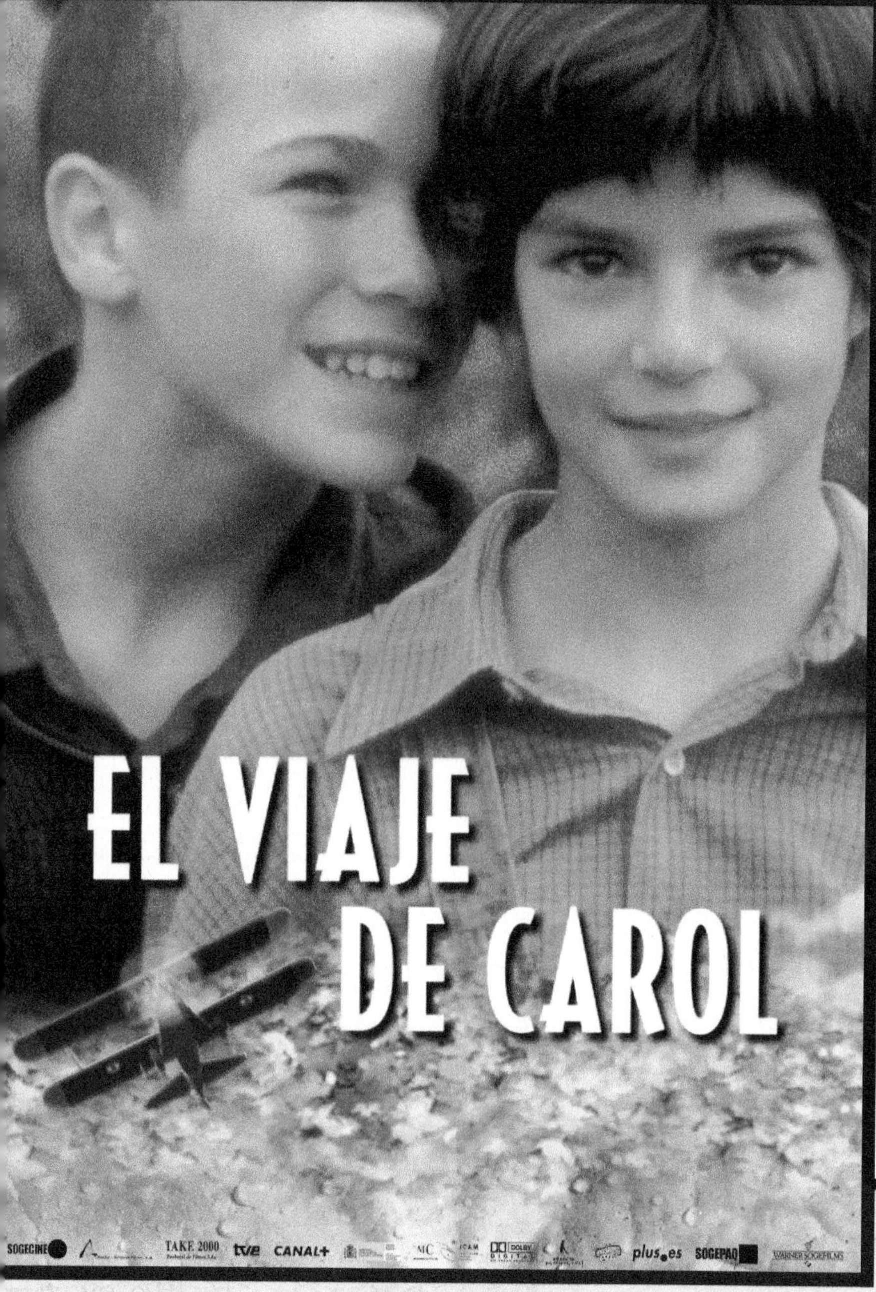

CARTELERA DE CINE

EL VIAJE DE CAROL

SINOPSIS

Carol, una niña de 12 años, de madre española y padre norteamericano, viaja por primera vez a España en la primavera de 1938 en compañía de su madre (Aurora). Separada de su padre, piloto en las Brigadas Internacionales al que ella adora, su llegada al pueblo de su madre transforma un entorno familiar lleno de secretos. Con un carácter rebelde, se opone a los convencionalismos de un mundo que le resulta desconocido. La complicidad con Maruja, las lecciones de vida de su abuelo Amalio y su especial afecto por Tomiche le abrirán las puertas a un universo de sentimientos adultos que harán de su viaje un trayecto interior desgarrado (heartbreaking), tierno, vital e inolvidable.

¿SABÍAS QUE...?

- La niña de la película (Clara Lago) fue nominada al Goya a la mejor actriz revelación y desde entonces se convirtió en una de las actrices más populares de España.
- El director, Imanol Uribe, es también guionista de la película junto a Ángel García Roldán.
- Está basada en la novela *A boca de noche*, de Ángel García Roldán.
- Obtuvo tres nominaciones a los Premios Goya.

SECUENCIA DE LA PELÍCULA

00:07:18 ▶ 00:12:03

DATOS TÉCNICOS

Título El viaje de Carol.

Año 2002. **Género** Drama.

País España y Portugal. **Director** Imanol Uribe.

Intérpretes

Clara Lago, Juan José Ballesta, Álvaro de Luna, María Barranco, Carmelo Gómez, Rosa María Sardà, Alberto Jiménez, Lucina Gil, Daniel Retuerta, Andrés de la Cruz.

DE VER LA SECUENCIA

5.1 **Con tu compañero/a, contesten a estas preguntas.**

- a ¿Alguna vez te has mudado de ciudad?
- b ¿Prefieres ciudades grandes o pequeñas para vivir?
- c Si pudieras viajar al pasado, ¿a qué época te trasladarías? ¿Por qué?

5.2 **Carol acaba de llegar desde Nueva York a un pequeño pueblo de España. ¿Qué cosas crees que puede echar de menos alguien que deja de vivir en una gran ciudad?**

5.3 **En la siguiente imagen, Carol se encuentra con unos niños del pueblo. ¿Por qué crees que los mira de ese modo?**

5.4 **En esta imagen aparecen la madre y el abuelo de Carol. ¿Cómo crees que son? ¿Qué tipo de vida tienen?**

5.5 **La película transcurre en España durante 1938. ¿Qué cosas son típicas de la época? En parejas, piensa en otras cosas que todavía no existían en ese año.**

Cosas de la época	Cosas que todavía no existían

CARTELERA DE CINE

MIENTRAS VES LA SECUENCIA

Carol llega a casa de sus abuelos.

5.6 Carol recorre el jardín de la casa y descubre algo. Responde a las preguntas.

a ¿Qué tipo de personas ve?
b ¿Cuántas son?
c ¿Cómo son?
d ¿Dónde están?
e ¿Qué crees que están haciendo?

Aurora, la madre de Carol, se encuentra con Maruja, una vieja amiga.

5.7 Completa el diálogo de este encuentro.

Maruja: ¡Aurorita!
Aurora: ¡Maruja!
Maruja: ¡Aurora!
Aurora: ¡Maruja!
Maruja: [1] ………. que te vea, ¡qué guapa! Estás [2] ……….
Aurora: No, tú sí que no has [3] ………. nada. Ven, te voy a [4] ………. a mi hija.
Maruja: Buenas tardes, don Amalio.
Amalio: Buenas tardes, Maruja.
Aurora: Esta es Carol.
Maruja: [5] ………. de conocerte Carol, soy Maruja. Pero bueno, es [6] ………. que tú.
Aurora: No. Maruja primero fue mi [7] ………. y, después, mi [8] ………. amiga.
Amalio: Lo siento, pero nos esperan en Villablanca.
Maruja: Bueno, por mí no se [9] ………., ya tendremos tiempo de [10] ………., ¿no?
Aurora: Sí.

TIEMPO
00:04:27
00:05:01

Los tres van en un coche de caballos cantando.

5.8 En esta escena los tres protagonistas van cantando una canción infantil. Es una canción donde se dicen mentiras. Complétala con las palabras del recuadro.

mar ▪ despacio ▪ contar ▪ liebres ▪ sardinas ▪ monte

Ahora que vamos [1] ……….,
vamos a [2] ………. mentiras, tralará.
Por el [3] ………. corren las [4] ……….,
por el [5] ………. las [6] ……….…

DESPUÉS DE VER LA SECUENCIA

5.9 **Carol llega a una nueva casa y no tiene amigos. Habla con tu compañero/a y comparen sus respuestas.**

	Mi respuesta	La respuesta de mi compañero/a
a ¿Crees que es difícil hacer amigos en una nueva ciudad? ¿Por qué?		
b ¿Recuerdas cómo conociste a tu mejor amigo/a?		
c Si te encuentras ahora en una situación parecida, ¿qué haces para conocer a gente nueva?		

5.10 **El abuelo de Carol le da a Aurora una carta. La carta es de su esposo, que es piloto en las Brigadas Internacionales. ¿Sabes qué era eso? Busca información en Internet y escribe un breve resumen.**

5.11 **Has escuchado al final de la escena a los protagonistas cantando una canción infantil española. ¿Recuerdas alguna canción para niños que cantabas cuando eras pequeño/a? Trata de traducirla al español y escríbela. Trabaja con tu compañero/a.**

5.12 **En la canción que cantan se cuentan mentiras. Busca ahora datos en Internet sobre una película muy conocida. Escribe tres frases, pero una de ellas será mentira. Tu compañero/a tiene que adivinar cuál es.**

Modelo: *La película Titanic es del año 1997, su director fue James Cameron y está protagonizada por Scarlett Johansson.*

Pues yo creo que la protagonista era Kate Winslet.

Correcto.

GRAMÁTICA

A ORACIONES IMPERSONALES CON INDICATIVO Y SUBJUNTIVO

Impersonal expressions are used to express an opinion, make a value judgement, and confirm what is true about something that happens or has happened. Impersonal expressions can be followed by the subjunctive or indicative.

- **Para hacer valoraciones se usa el subjuntivo:**
  - ***Me parece / Es*** + adjetivo
  - ***Me parece / Está*** + adverbio   + ***que*** + subjuntivo
  - ***Es un/una*** + sustantivo
    - *– Me parece increíble que la gente no se informe antes de viajar.*
    - *– Está mal que los turistas no se relacionen con la gente del lugar.*
    - *– Es una pena que tengas que viajar sola.*

- **Para confirmar lo evidente, una realidad, se usa el indicativo:**
  - ***Es cierto/evidente/verdad/indudable...*** + ***que*** + indicativo
  - ***Está claro*** + ***que*** + indicativo
    - *– Está claro que tenemos que informarnos antes de hacer un viaje.*
    - *– Es indudable que viajar nos abre los ojos a otras realidades.*

5.1 Clasifica la siguiente lista de expresiones según confirmen una realidad o emitan un juicio de valor.

- Es difícil
- Es fundamental
- Es horrible
- Es importante
- Es indiscutible
- Es innegable
- Es bueno
- Es malo
- Es mejor
- Es muy triste
- Es necesario
- Es normal
- Es obvio
- Es probable
- Es seguro
- Es una vergüenza
- Está comprobado
- Está demostrado
- Está visto
- No es justo

Confirmar una realidad	Emitir un juicio de valor

5.2 Observa las siguientes imágenes y expresa una opinión o juicio de valor.

»Escuela en Guayaquil, Ecuador.

»Refinería en Curacao.

»Atasco en México D.F.

 5.3 **Relaciona para formar frases con sentido. Después, compara tus frases con las de tu compañero/a. ¿Están de acuerdo?**

1. Les parece fantástico... ☐
2. Es horrible... ☐
3. Es verdad... ☐
4. Me parece interesante... ☐
5. Creo que es urgente... ☐
6. Está claro... ☐
7. Me parece increíble... ☐
8. Nos parece fatal... ☐

a. que haya tanta necesidad en las grandes ciudades y que se haga tan poco para disminuirla.
b. que hagan experimentos con animales.
c. que haya castigos más duros contra las personas que manejan bajo los efectos del alcohol.
d. que la inestabilidad política es el principal culpable de la pobreza mundial.
e. que la seguridad vial empieza a ser un tema muy preocupante.
f. que en la oficina solo se use papel reciclado.
g. que los gobiernos se tomen en serio el tema de la protección de los niños y adolescentes migrantes.
h. que todavía haya países con bombas nucleares.

 5.4 **Lee los siguientes titulares y los subtítulos de noticias tomadas de periódicos hispanos. Haz una valoración sobre los temas usando las expresiones aprendidas. Comparte tus opiniones con tus compañeros.**

Hay seis hogares que albergan a 85 menores en condiciones de vulnerabilidad

Los hogares son un espacio institucional transitorio para las niñas, niños y adolescentes para los que se busca garantizar la protección integral de sus derechos. Negligencia familiar, maltrato y abusos son las causas más comunes.

(www.diariosanrafael.com.ar, Argentina)

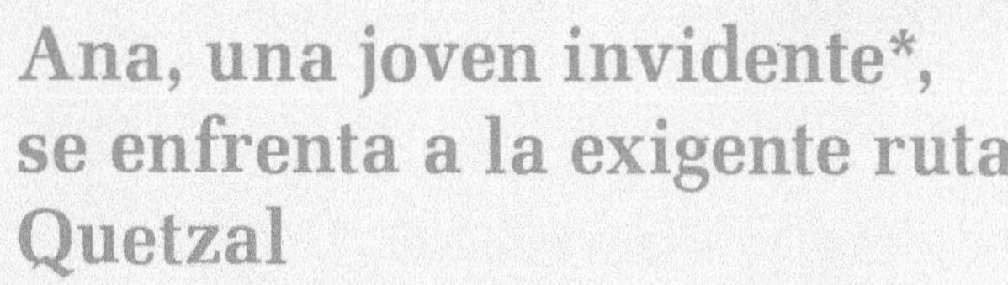

Ana, una joven invidente*, se enfrenta a la exigente ruta Quetzal

Ana se ha enfrentado a la ruta Quetzal, una exigente travesía entre Colombia y España. Su objetivo: demostrar a la sociedad que los invidentes también pueden llevar un estilo de vida perfectamente normal.

*Ciego/a, que no ve.

(Adaptado de www.iberoamerica.net, España)

GRAMÁTICA

Proyecto de ley busca obligar a conductores ebrios* a prestar servicio social

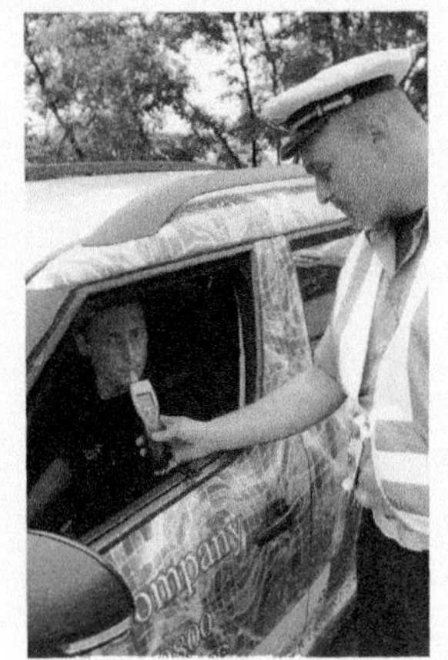

El proyecto señala que todo conductor que sea sorprendido en estado de ebriedad será retenido hasta que se le pase el efecto del alcohol y, posteriormente, deberá prestar servicio social, además de las sanciones contempladas en el reglamento de tránsito.

*borrachos, bebidos.

(www.panamanewz.com, Panamá)

Cruz Roja Venezolana dictará un curso vacacional de primeros auxilios

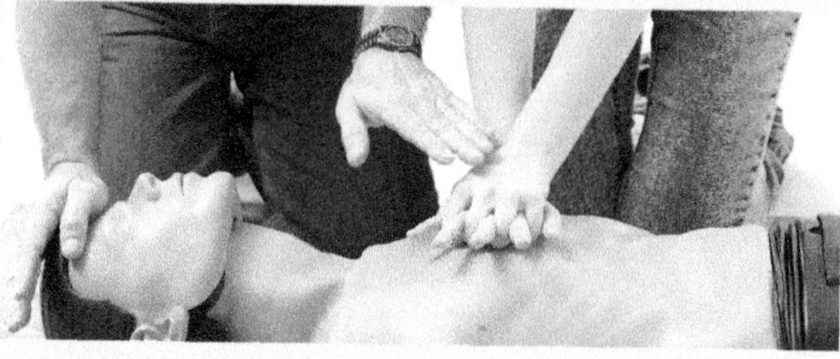

Este curso va dirigido a jóvenes entre 12 y 15 años de edad e incluirá consideraciones generales sobre las emergencias básicas y la atención primaria, conducta ante una emergencia y signos vitales, entre otros temas.

(www.cruzrojavenezolana.org, Venezuela)

B EL PRESENTE PERFECTO DE SUBJUNTIVO: EXPRESAR EXTRAÑEZA

The present perfect subjunctive is used to express feelings and opinions about something that has already occurred.

- El **presente perfecto de subjuntivo** se forma con el presente de subjuntivo del verbo ***haber*** + participio:

Presente de subjuntivo del verbo *haber*		Participio pasado
haya hayas haya hayamos hayáis hayan	+	trabaj**ado** com**ido** viv**ido**

» Me parece fantástico que hayan ido de vacaciones a Colombia.

» Este tiempo tiene los mismos valores que el presente perfecto de indicativo; cuando el verbo principal pide subjuntivo, utilizamos el presente perfecto de subjuntivo.

- *¿**Has mandado** tu solicitud al director?*
- *Sí, lo **he hecho** esta mañana.*
- *Ah, pues me parece importante que lo **hayas mandado**.*

» Para expresar extrañeza, se usan las siguientes estructuras:

¡Qué raro/extraño...!
Me parece raro/extraño... | + ***que*** + subjuntivo
Me extraña

– ***Me parece rarísimo que*** *no haya llamado.*
– ***¡Qué raro que*** *no haya ido a la fiesta!*

5.5 **Reacciona expresando extrañeza.**

Modelo: Eva ha llegado tarde hoy a clase.
*Me extraña que **haya llegado** tarde, siempre es muy puntual.*

- a Mi madre no me ha llamado.
- b Siempre dejo las llaves encima de la mesa y no están, ¿las has visto?
- c Me acaba de llamar Pepe y me ha dicho que no viene a la fiesta.
- d ¿Sabes? Tere y Gonzalo se han ido de vacaciones al desierto de Atacama.
- e He ido a ver a tu hermana, ¿sabes que le han regalado un gato?
- f Me he apuntado a un gimnasio y voy a ir todos los días.

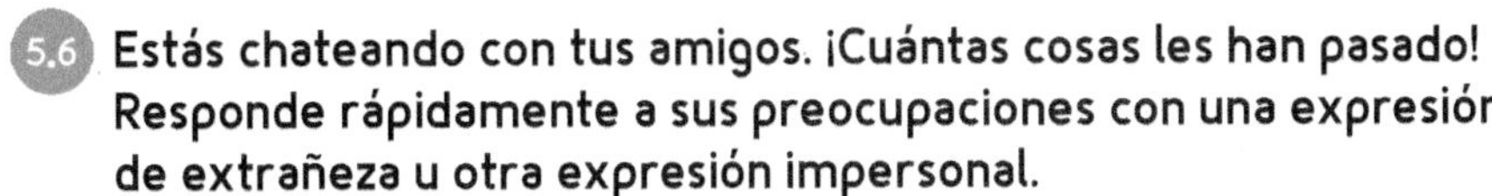

5.6 **Estás chateando con tus amigos. ¡Cuántas cosas les han pasado! Responde rápidamente a sus preocupaciones con una expresión de extrañeza u otra expresión impersonal.**

 # Luisa ¡Qué desesperación! Llevo toda la tarde buscando mi celular, ¿dónde estará? He buscado por todas partes, hasta en el cuarto de baño.
 # Tú *¡Qué extraño que lo hayas perdido! Es posible que lo hayas dejado en el carro.*

 # Jorge Pues yo estaba en casa esperando una llamada muy importante de mi trabajo. Como no llamaban me fui a duchar, y justo cuando salgo, veo que tengo una llamada perdida... Y lo malo es que no sé de quién era...
 # Tú ....

 # Alberto ¡Vaya día! Yo esta mañana me he quedado encerrado en el ascensor. Lleva varios días sin funcionar pero ayer noche había un cartel que decía: FUNCIONA.
 # Tú ....

 # Luisa ¿Sabes que Juan ya ha recibido noticias de la beca? Parece que han anunciado los ganadores, pero yo no he podido ir a clase y no sé si me la han concedido o no. Para un día que no voy a clase... ¡Qué rabia!
 # Tú ....

 # Jorge ¿Ya han llegado tus amigos del viaje? Como les retrasaron el vuelo...
 # Tú ....

 # Alberto Por cierto, fuimos a comprar el regalo de cumpleaños de Ángela. No sé si le va a gustar. Es tan rara...
 # Tú ....

 # Carmen Tengo que hablar con Manuel. Lo he estado buscando por toda el campus pero me han dicho que estaba en clase... Cuando he vuelto, ya se había ido a otra clase... Siempre que lo necesito nunca está.
 # Tú ....

GRAMÁTICA

C USOS DE *SE*

The pronoun **se** in Spanish has several functions. How many do you recognize?

- **Reflexivo.** Se usa el pronombre ***se*** para conjugar los verbos reflexivos en las terceras personas del singular y del plural. Estos verbos comunican que la acción desempeñada sobre el sujeto recae sobre sí mismo (*lavarse, vestirse, parecerse...*):
  – *Desde que vive en Buenos Aires se levanta muy temprano.*
- **Pasivo.** Se usa ***se*** + verbo en tercera persona del singular o del plural, y equivale a una oración pasiva cuando consideramos que referirse al sujeto activo no es importante: *se alquila, se vende, se explica, se sabe...* en lugar de *es alquilado, es vendido, es explicado, es sabido...*:
  – *En España se baila flamenco.*
- **Recíproco.** Se usa el pronombre ***se*** para expresar una acción de intercambio mutuo (*escribirse, verse, comunicarse, hablarse...*):
  – *Como viven lejos, se comunican poco.*
- **Objeto indirecto.** Usamos ***se*** en lugar de *le* o *les* para referirnos al objeto indirecto cuando en la oración hay también otro pronombre de objeto directo (*lo, la, los, las*):
  – *Este restaurante se lo recomendé a mi hermano cuando viajó a Lima.*

5.7 La próxima edición de la ruta Quetzal ya está en marcha. Lee la información e indica las funciones de los pronombres *se* resaltados. Después, compara tus respuestas con tu compañero/a.

PUBLICADA LA LISTA DE TRABAJOS RECIBIDOS PARA OPTAR A SER UNO DE LOS 200 EXPEDICIONARIOS

Ya queda menos para saber quiénes serán los seleccionados que [1] se embarcarán en una nueva edición de esta expedición que ofrece la oportunidad de viajar, descubrir otras culturas y conocer a jóvenes de otros países latinoamericanos a lo largo de una ruta por América y España. Este año, la ruta [2] se desarrollará del 19 de junio al 23 de julio.

Como novedad, el programa Ruta BBVA, CERMI y la Fundación ONCE han creado este año la Embajada de la Discapacidad, a través de la cual [3] se abre la participación a dos jóvenes con discapacidad que hayan superado el proceso de preselección.

Tras haber concluido el periodo de inscripción y finalizado el envío de los proyectos y trabajos, queda ahora esperar a la primera quincena de marzo para conocer a los afortunados que, finalmente, [4] se convertirán en expedicionarios.

Estos van a ser seleccionados por una comisión elegida por la Universidad Complutense de Madrid, que tiene la responsabilidad de seleccionar los mejores trabajos presentados y, posteriormente, realizar las comprobaciones que crea necesarias, mediante llamada telefónica o videoconferencia, para probar la autoría de los documentos presentados antes de realizar la selección definitiva de candidatos.

»Vista aérea del río Amazonas.

»Cañón del Colca, Perú.

Una vez que [5] se sepa quiénes serán los participantes, [6] se les citará para que [7] se conozcan y tengan un primer contacto antes del viaje. [8] Se hará entonces una foto de grupo para la prensa y para las familias de los estudiantes. [9] Se la enviarán después de la expedición.

En busca de las fuentes del Amazonas

Ya [10] se conoce la temática de esta vigésimo novena edición, que viajará a Perú para descubrir las fuentes del río Amazonas, y la historia y las formas de vida del cañón del Colca. Además, los expedicionarios estudiarán las culturas prehispánicas de Paracas y Nazca.

(Adaptado de www.injuve.es/cooperación/noticia/ruta-quetzal-2014)

5.8 Señala a qué uso de *se* corresponde cada frase: reflexivo, recíproco, pasivo u objeto indirecto.

a En mi pueblo la salsa de tomate se hace con mucho ajo. .... *pasivo*

b Carlos y Francisco no se hablan desde hace mucho tiempo. .... [ ]

c ¿Le has dicho a Marisa que mañana no hay clase? .... [ ]

No, lo siento, no se lo he dicho. .... [ ]

d Después de veinte años, Paula y Juan se han visto, pero no se han reconocido. .... [ ]

e Los niños se han resfriado a causa de tantos cambios de temperatura. .... [ ]

f Se cree que la crisis económica terminará pronto. .... [ ]

5.9 Busca un/a compañero/a de diferente nacionalidad o que viene de otra parte del país. Habla con él/ella sobre las costumbres de cultura o zona según el modelo, y completa el cuadro con la información.

Modelo: *En mi zona/familia, se fríen los alimentos con mantequilla, ¿y en la tuya?*

Costumbres	Mi zona / Mi familia	La zona/familia de mi compañero/a
a Freír los alimentos con mantequilla.		
b Celebrar los 15 años de edad.		
c Comer alimentos picantes.		
d Viajar mucho al extranjero.		
e Asistir a eventos culturales.		
f Otras...		

5.10 Comparte la información con el resto de la clase. ¿Qué te llama más la atención?

INTERCULTURA

¿SANIDAD PRIVADA O PÚBLICA?

PREPARAR

5.1 **En España, el Sistema Nacional de Salud trata de garantizar que exista una sanidad pública para todos los que viven en este país. A su vez, también existen empresas privadas de sanidad que dan el servicio a través de seguros sanitarios. Clasifica las siguientes características según las consideres del sistema público o del privado.**

	SANIDAD PÚBLICA	SANIDAD PRIVADA
a Es gratuito.	▢	▢
b No hay listas de espera.	▢	▢
c Habitaciones individuales para enfermos.	▢	▢
d Lo que importa es la calidad, no los beneficios.	▢	▢
e Trato más personalizado.	▢	▢
f Más disponibilidad de médicos.	▢	▢
g Los pacientes son también clientes.	▢	▢
h Médicos mejor preparados.	▢	▢
i Más medios técnico-quirúrgicos.	▢	▢
j Medicamentos más baratos.	▢	▢

LEER

5.2 **Lee las opiniones del Ministro de Sanidad y un usuario del sistema sanitario. Escribe las ideas principales que expone cada uno de ellos.**

Javier Aguirre, Ministro de Sanidad

Es evidente que entre sus inconvenientes hay que destacar las largas listas de espera que tienen que sufrir los pacientes. Es un problema que se está solucionando poco a poco, pero está claro que aún queda mucho camino hasta dar una solución práctica a este problema. Es innegable que tanto en casos de cáncer como de cirugía cuenta con equipos quirúrgicos mucho más modernos, efectivos y completos que los seguros privados. Es difícil que la Seguridad Social recupere al 100% la confianza de los españoles puesto que alguno de los medios de comunicación ha difundido una propaganda perjudicial, no siempre justa. En mi opinión, es bastante probable que la gente vaya confiando cada vez más en la efectividad de la Seguridad Social, aunque de momento está constatado que en algunos hospitales la masificación es un hecho, lo que explicaría los problemas de camas y de atención médica que tanto se critica.

No es justo que por el hecho de pagar un seguro privado el trato personal mejore. No hay que olvidar que se trata de los mismos profesionales. Es muy triste que se piense que el dinero también puede comprar la salud.

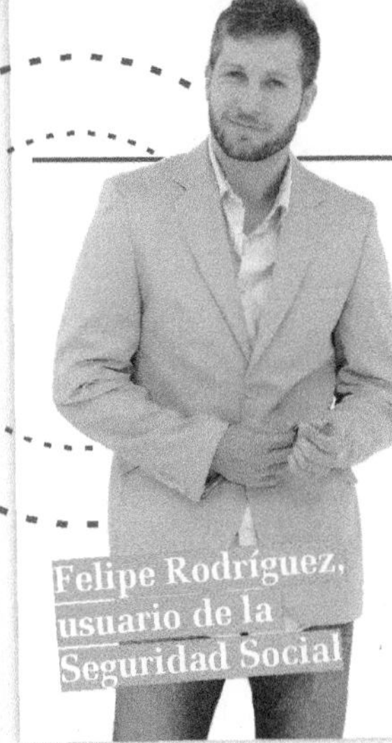

Es vergonzoso que un representante del gobierno niegue la evidencia del mal funcionamiento de la Seguridad Social en este país. Es necesario que las autoridades sufran en su persona las largas esperas, las citas a largo plazo (cuando ya no hacen falta) y especialmente considero obligatorio que sean víctimas del trato que, a veces, se nos da a los que no podemos pagar un seguro privado. ¿No es extraño que sean los mismos médicos los que a veces, según tu categoría social, elijan una u otra forma de tratarte? Seguro privado, más educación; seguro público, menos respeto.

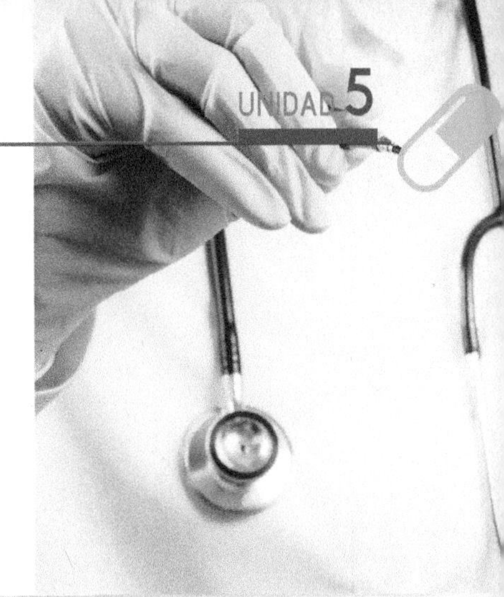

ESCUCHAR

[38]

5.3 Escucha estas afirmaciones de personas muy diferentes y decide quién está a favor o en contra de privatizar la sanidad.

	A FAVOR	EN CONTRA		A FAVOR	EN CONTRA
1	☐	☒	4	☐	☐
2	☐	☐	5	☐	☐
3	☐	☐	6	☐	☐

HABLAR

5.4 ¿Quién crees que puede estar mejor capacitado para gestionar la sanidad, el Estado o las empresas privadas? ¿Qué le aconsejarías al Ministro de Sanidad de tu país para conseguir un sistema sanitario eficiente? Expresa tu opinión y pon en práctica las expresiones que has aprendido en esta unidad.

ESCRIBIR

5.5 ¿Cómo es el sistema de sanidad en Estados Unidos? ¿Sanidad pública o privada? ¿Cuál es mejor? Señala las ventajas y las desventajas del sistema que usan tu familia y tú. Trata de incorporar alguno de los conectores en tu ensayo.

- a Reflexiona sobre tu opinión personal.
- b Escribe un borrador con algunas ideas y empieza a ordenarlas.
- c Incluye tu punto de vista, tus razonamientos y una conclusión.

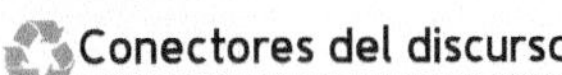

- Equivalentes a **porque**:
  - ***Debido a / A causa de*** + nombre / *que* + indicativo: se usan en un contexto más formal, muchas veces en lengua escrita.
  - ***Como*** + indicativo: se usa al principio de la oración para indicar la causa a la oración principal.
  - ***Puesto que / Dado que / Ya que*** + indicativo: indican que la causa es conocida por los interlocutores. Pueden ir delante o detrás de la oración principal.

LA MEDICINA TRADICIONAL INDÍGENA

¿QUÉ ES LA MEDICINA ALTERNATIVA?

5.1 Elige la respuesta correcta.

a ▢ Medicinas relacionadas con lo sagrado.

b ▢ Enfoque que considera al ser humano como un conjunto.

c ▢ Terapias basadas únicamente en plantas medicinales.

LA MEDICINA TRADICIONAL INDÍGENA

5.2 ¿Qué diferencias crees que existen entre la medicina tradicional y la moderna?

5.3 Lee el siguiente texto que habla de la medicina tradicional indígena y relaciona cada párrafo con la imagen que le corresponde.

a La medicina tradicional indígena es el conjunto de creencias, prácticas y recursos para prevenir, curar o mantener la salud individual y colectiva. Tiene su origen en las culturas prehispánicas, aunque con el tiempo ha ido tomando diferentes influencias (española, africana, moderna…).

b Esta medicina se basa en una visión del universo como una totalidad interconectada. El ser humano es cuerpo y mente en equilibrio consigo mismo y con el universo al que está conectado.
La enfermedad se produce por la ruptura de ese equilibrio y puede ser debida a factores sociales, individuales, espirituales, alimenticios, movimientos bruscos…

c Los curanderos hacen el diagnóstico del paciente a través de diversos métodos: un diálogo con el paciente y la observación detallada de él y de su entorno, la interpretación de los sueños, limpias, masajes, el pulso o diálogo con la sangre, etc. En ocasiones, un procedimiento puede ser para diagnosticar y curar al mismo tiempo (las limpias o los masajes, por ejemplo). También existen muchos procedimientos preventivos que se encargan de evitar, controlar y eliminar los mecanismos que rompen este equilibrio.

d Quienes tratan estas enfermedades son los curanderos, hierberos, parteras, hueseros, sobadores, rezanderos, viboreros, etc., que basan sus prácticas en esta cosmovisión del sistema indígena tradicional y son respetados por la comunidad.

e Los recursos terapéuticos que se aplican son variados: plantas medicinales, animales medicinales, amuletos, minerales, hidroterapia, lugares sagrados, mandas (penitencias o sacrificios para aliviar los problemas), rezos, promesas, ofrendas (a santos o entes sagrados)...

1 ▢ 2 ▢ 3 ▢ 4 ▢ 5 ▢

5.4 Relaciona las palabras de cada columna según la información del texto.

1 Diagnóstico. ▢	a Huesero.
2 Salud. ▢	b Plantas.
3 Médico. ▢	c Equilibrio.
4 Origen. ▢	d Varias.
5 Medicina. ▢	e Cosmovisión.
6 Principio. ▢	f Desequilibrio.
7 Enfermedad. ▢	g Prehispánico.
8 Influencia. ▢	h Limpias.

5.5 Antes de escuchar, marca como verdaderas (V) o falsas (F) las siguientes afirmaciones sobre la medicina tradicional indígena.

	V	F
a Actualmente está reconocida en la Constitución Política de los Estados Unidos Mexicanos (artículo 2) como derecho cultural de los pueblos indígenas.	▢	▢
b El espanto es una enfermedad provocada por un susto o sorpresa grande.	▢	▢
c El diagnóstico por adivinación con granos de maíz tiene su origen en una tradición mesoamericana que pensaba que el maíz es el material con el que el hombre fue creado.	▢	▢
d Entre los sueños iniciáticos, si una persona sueña con un árbol es que va a ser partera.	▢	▢
e Por la adivinación de los sueños también se puede conocer el paradero de las personas extraviadas.	▢	▢
f Dependiendo de la enfermedad se utiliza un tipo de diagnóstico u otro.	▢	▢

[39] Escucha a Gerardo Santillana, un antropólogo experto en este tema y confirma si tus respuestas son correctas.

Guía de Ocio

MÚSICA

Juan Luis Guerra es un cantante y compositor dominicano. Junto a su banda 440 ha vendido varios millones de discos y ha ganado numerosos premios. Es una de las estrellas de la música latinoamericana. Entre sus éxitos más importantes están las canciones *Ojalá que llueva café* y *La bilirrubina*.

¿Con cuál de estas opiniones estás más de acuerdo?

Escucha la canción en Internet.

ESTA CANCIÓN ES UNA DECLARACIÓN DE AMOR. ÉL SE MUERE DE AMOR POR ELLA.

ÉL LA ESTÁ PRESIONANDO PARA QUE NO LO DEJE HACIÉNDOSE EL ENFERMO.

ESTÁ CLARO QUE ÉL ESTÁ ENAMORADO PERO ELLA NO.

EL PROBLEMA QUE TIENE ES QUE ES UN HIPOCONDRÍACO Y UN CHILLÓN.

La bilirrubina

Oye, me dio una fiebre el otro día
por causa de tu amor, cristiana,
que fui a parar a la enfermería
sin yo tener seguro de cama.

Y me inyectaron suero de colores,
y me sacaron la radiografía,
y me diagnosticaron mal de amores,
al ver mi corazón como latía.

Oye, y me trastearon hasta el alma
con rayos X y cirugía
y es que la ciencia no funciona;
solo tus besos, vida mía.

¡Ay, negra! ¡Mira! Búscate un catéter
e inyéctame tu amor como insulina,
y dame vitamina de cariño
que me ha subido la bilirrubina.

Me sube la bilirrubina
¡ay!, me sube la bilirrubina,
cuando te miro y no me miras,
¡ay! cuando te miro y no me miras
y no lo quita la aspirina,
¡no!, ni un suero con penicilina.
Es un amor que contamina,
¡ay!, me sube la bilirrubina.

¡Ay, negra! ¡Mira! Búscate un catéter
e inyéctame tu amor como insulina.
Vestido tengo el rostro de amarillo
y me ha subido la bilirrubina.

BAILE

La **bachata** es un baile originario de República Dominicana. Es una de las danzas populares latinoamericanas que ha recibido poca influencia de los ritmos africanos que predominan en la región. Su música es muy acompasada y bastante regular, y acompaña letras generalmente dedicadas al amor y al desamor.

Busca más información sobre este ritmo y haz una presentación en clase.

¿De quién crees que vamos a hablar?

¿Qué crees que estudió esta persona?

¿Qué profesiones tuvo durante su vida?

¿Qué temas aparecían en sus obras?

LITERATURA PARA LA VIDA

5.1 ¿Conoces a Pío Baroja? ¿Qué sabes de él? Lee su biografía.

PÍO BAROJA

Pío Baroja nació en San Sebastián en 1872. Estudió Medicina en Madrid y publicó sus primeros libros en 1900. Pertenece a la Generación del 98. Durante la Guerra Civil se exilió a Francia. Murió en España en 1956. Su obra está inscrita dentro de la línea del pesimismo existencial. Entre sus novelas destacan: *Zalacaín el aventurero*, *Camino de perfección*, *Las inquietudes de Shanti Andía*, *Paradox, rey*, *La busca*, etc.

El texto que presentamos forma parte del libro *El árbol de la ciencia* que pertenece a la trilogía "La Raza", escrita entre 1908 y 1911. La novela es, en parte, una autobiografía de Baroja de cuando este era estudiante de Medicina. El ambiente que se vive en la narración es el mismo que le tocó vivir en ese tiempo: un ambiente marcado por la diferencia de clases, por la pobreza y la enfermedad.

Andrés Hurtado, el protagonista de esta novela, llega a la Universidad de Madrid con ganas de aprender, de que le enseñen la verdad. Como respuesta, sus profesores acuden a dar las clases desganadamente, sin esforzarse lo más mínimo y preocupándose más por quedar como unos sabios que por la educación de sus alumnos. Ante estas circunstancias, Andrés va a tomar una postura pesimista, no solo ante sus estudios, sino ante el mundo en general. Esta actitud la va a mantener durante toda su vida; incluso cuando concluye su carrera y se dedica temporalmente a la medicina, va a sentir antipatía por una buena parte de sus pacientes y compañeros de trabajo.

INVESTIGA

Después de leer el texto responde.

a ¿A qué edad murió Pío Baroja?
b ¿Qué otros autores pertenecieron a la Generación del 98?
c ¿Dónde está la ciudad donde nació Pío Baroja?

5.2 **Antes de leer el fragmento, relaciona las palabras con su definición para facilitar la lectura.**

1 Cucurucho.... ◯
2 Jovialidad..... ◯
3 Alarde.......... ◯
4 Capa. .... ◯
5 Aprensivo..... ◯
6 Sesos............ ◯
7 Fruición. .... ◯
8 Desdén. .... ◯
9 Atávico......... ◯
10 Grotesco. ...... ◯

a Que tiende a imitar o mantener formas de vida o costumbres arcaicas.
b Ridículo, extravagante, de mal gusto.
c Especie de gorro de forma cónica hecho de papel.
d Alegría, buen humor, inclinación a la diversión.
e Masa de tejido nervioso contenido en el cráneo.
f Placer intenso.
g Prenda de abrigo larga y suelta, sin mangas, que se lleva encima del vestido.
h Indiferencia y falta de interés que denotan menosprecio.
i Que siente un miedo excesivo a contagiarse de alguna enfermedad o a sufrir algún daño.
j Ostentación o presentación llamativa que hace una persona de algo que tiene.

[40] 5.3 Escucha y lee el siguiente fragmento.

El árbol de la ciencia

El curso siguiente, de menos asignaturas, era algo más fácil: no había tantas cosas que retener en la cabeza. A pesar de esto, solo la anatomía bastaba para poner a prueba la memoria mejor organizada.

Unos meses después del principio de curso, en el tiempo frío, se comenzaba la clase de disección. Los cincuenta o sesenta alumnos se repartían en diez o doce mesas, y se agrupaban de cinco en cinco en cada una. (...)

La mayoría de los estudiantes ansiaban llegar a la sala de disección y hundir el escalpelo en los cadáveres como si les quedara un fondo atávico de crueldad primitiva. En todos ellos se producía un alarde de indiferencia y de jovialidad al encontrarse frente a la muerte, como si fuera una cosa divertida y alegre. Dentro de la clase de disección, los estudiantes encontraban grotesca la muerte, a un cadáver le ponían un cucurucho o un sombrero de papel.

Se contaba de un estudiante de segundo año que le había gastado una broma a un amigo suyo que era un poco aprensivo. Cogió el brazo de un muerto, se tapó con la capa y se acercó a saludar a su amigo. "¡Hola! ¿Qué tal?", le dijo, sacando por debajo de la capa la mano del cadáver.

"Bien. ¿Y tú?", contestó el otro.

El amigo estrechó la mano, se estremeció al notar su frialdad, y quedó horrorizado al ver que por debajo de la capa salía el brazo de un cadáver.

De otro caso sucedido por entonces se habló mucho entre los alumnos. Uno de los médicos del hospital, especialista en enfermedades nerviosas, había dado orden de que a un enfermo suyo, muerto en su sala, se le hiciera la autopsia, se le extrajera el cerebro y se lo llevaran a su casa para estudiarlo.

El interno extrajo el cerebro y lo envió al domicilio del médico. La criada de la casa, al ver el paquete, creyó que eran sesos de vaca, y los llevó a la cocina, los preparó, y los sirvió a la familia.

Se contaban muchas historias como esta, fueran verdad o no, con verdadera fruición. Existía entre los estudiantes de Medicina una tendencia al espíritu de clase, consistente en un común desdén por la muerte; en cierto entusiasmo por la brutalidad quirúrgica, y en un gran desprecio por la sensibilidad.

(Adaptado de *El árbol de la ciencia*, Pío Baroja)

5.4 **Habla con tus compañeros sobre el fragmento que has leído teniendo en cuenta los puntos que te damos a continuación.**

- a Comenta el título *El árbol de la ciencia.*
- b Interpreta la actitud de los estudiantes de Medicina.
- c Explica cómo se siente el protagonista frente a las reacciones de sus compañeros de clase.
- d ¿Puedes deducir cuáles son o pueden ser los intereses de los profesores?
- e ¿Qué harías tú si estuvieras en su lugar?

- **Explica en un pequeño párrafo qué es la Cruz Roja y a qué se dedica, y valora su labor humanitaria.**

....

....

....

....

- **Contesta a esta opinión expresando acuerdo o desacuerdo: "Las ONG no deberían existir. Los estados tendrían que hacerse cargo de las necesidades de sus ciudadanos".**

....

....

....

....

- **Fíjate en las siguientes estructuras y marca la opción correcta: infinitivo, indicativo o subjuntivo.**

	Inf	Ind.	Sub.
1 Creo que...	☐	☐	☐
2 No creo que...	☐	☐	☐
3 Es importante que...	☐	☐	☐
4 Es necesario...	☐	☐	☐
5 Me parece increíble que...	☐	☐	☐
6 Está claro que...	☐	☐	☐

- **Completa las siguientes frases.**

1 En esta ciudad no se...

2 Se lo dijeron...

3 Se busca a personas que...

4 Se comunican...

5 Desde que se enfadaron...

6 Se comenta que...

- **Piensa en los diferentes viajes que se han presentado en la unidad (viajes turísticos a países hispanohablantes, viajes de descubrimiento, viajes relacionados con el voluntariado, etc.) y habla con tu compañero/a sobre los ventajas que tiene hacer viajes de este tipo, las precauciones que hay que tomar y los beneficios que pueden resultar después de tener estas experiencias.**

....

....

....

....

AHORA SOY CAPAZ DE...

	SÍ	NO
1 ...expresar mi opinión sobre un tema.	☐	☐
2 ...valorar un hecho.	☐	☐
3 ...expresar acuerdo y desacuerdo.	☐	☐
4 ...hablar de labores humanitarias utilizando el léxico adecuado.	☐	☐

Solidaridad y salud
albergado/a housed, sheltered
la asistencia aid
la ayuda a domicilio home help service
el botiquín first-aid kit
la calidad de vida quality of life
el centro de desintoxicación rehab/detox clinic
la donación de sangre blood donation
el/la drogadicto/a drug addict
la higiene hygiene
la manutención living expenses, child support
la movilidad reducida reduced mobility
las necesidades needs
los primeros auxilios first aid
el/la recién nacido/a newborn
el/la refugiado/a refugee
la reinserción reintegration
la salud materna health of women during pregnancy
la salud pública public health
la seguridad vial road/traffic safety
el transporte adaptado handicapped accessible transportation
la vacuna vaccine
las viviendas tuteladas sheltered housing
el voluntariado voluntary work, service

Verbos
abstenerse (de) to abstain, refrain (from)
colaborar to cooperate
desmentir to refute
donar to donate
mejorar to improve
prestar servicio to provide a service

Valoraciones
comprobado/a confirmed, verified
indiscutible indisputable
innegable undeniable
saludable healthy

Palabras y expresiones
el conjunto de rasgos combination of characteristics
desde luego of course
la divisa foreign currency
el/la patrocinador/a sponsor
por supuesto of course
sin embargo nevertheless, however
Tienes razón. You are right.

Palabras y expresiones
a causa de because of, due to
como since, because
dado que given that, since
debido a on account of, owing to
puesto que given that, since
ya que considering that, now that

- ¿Qué está haciendo el muchacho que lleva la pancarta?
- ¿Cómo crees que se siente?
- ¿Cuál es el mensaje de su cartel?
- ¿Has ido alguna vez a una manifestación?
- ¿Crees que son útiles?
- ¿Por qué motivos irías a una?

» Manifestación en Barcelona, España.

CON HISTORIA

6

Learning outcomes

By the end of this unit you will be able to:

- Discuss historical events in Spain and Latin America.
- Talk about repercussions and collective memory.
- Talk about what you thought things would be like.
- Make formal demands.
- Express possible and improbable situations.

Para empezar

- La nostalgia

Comunica

- Momentos históricos: expresar una acción futura en relación a un pasado
- Memoria histórica: pedir o exigir formalmente

Pronunciación y ortografía

- La grafía *h* y las palabras homófonas

Cartelera de cine

- *Las 13 rosas*

Gramática

- Imperfecto de subjuntivo
- Estructuras condicionales
- *Como si* + imperfecto de subjuntivo

Intercultura

- El exilio

Nos conocemos

- Dos pintores, dos mundos

Literatura para la vida

- *¡Diles que no me maten!*, de Juan Rulfo

PARA EMPEZAR

LA NOSTALGIA

6.1 Con un compañero/a, contesten a las siguientes preguntas.

a ¿Has asistido alguna vez a clases de baile?
b ¿Qué importancia tiene el baile en tu vida?
c ¿Cómo le pedirías bailar a alguien?
d ¿Cómo crees que lo pedirían tus abuelos?
e ¿Crees que lo pedirían igual en los años cincuenta los jóvenes de España y Latinoamérica?

6.2 Relaciona las imágenes con los estilos de baile y comenta las diferencias con tu compañero/a.

1 disco .... ☐	3 flamenco .... ☐	5 vals .... ☐
2 tango .... ☐	4 rock and roll .... ☐	6 hip hop .... ☐

a

b

c

d

e

f

6.3 ¿Con cuál de los estilos anteriores te identificas? ¿Sabes lo que es un bolero? Si no lo sabes, busca la información en Internet.

[41]

6.4 Escucha atentamente la siguiente entrevista que un locutor hace a Miguel sobre sus recuerdos de juventud. Después de escuchar, elige el título más adecuado.

a El tiempo perdido.
b La nostalgia de la juventud.
c El amor verdadero es para siempre.

[41]

6.5 Lee y escucha de nuevo la conversación, y completa la información que falta.

Locutor: Y tenemos hoy en nuestro espacio para la nostalgia a Miguel, español que lleva aquí en México toda una vida y que viene esta tarde a contarnos cómo conoció a su gran amor en tiempos que no eran nada fáciles. Buenas tardes, Miguel, ¿cómo está?
Miguel: Buenas tardes, bien, muy bien... Encantado de estar aquí...
Locutor: Perfecto, Miguel. Si me permite, ¿cuántos años tiene usted?
Miguel: Cumpliré 87 en agosto.
Locutor: Está usted muy bien... Díganos por qué ha venido a contarnos su historia.
Miguel: Muy fácil. Me encanta la música que ponen en este programa. Es una música que me recuerda a otros tiempos, a otras cosas.
Locutor: ¿Sí? Cuéntenos, Miguel, ¿a quién o qué le recuerda?
Miguel: Pues mire, recuerdo cuando era mozo y eran las fiestas del pueblo, allá en España, y salíamos a bailar con las muchachas.
Locutor: Pero, Miguel, ¿era un donjuán entonces?
Miguel: Bueno, no podía hacer mucho, pero lo intentaba. Eso sí, hasta que conocí a mi amor. Recuerdo que esa tarde, salí con unos amigos. La orquesta era muy mala y nadie quería bailar. Entonces, la vi y [1] .... conmigo. Le dije: "[2] .... esta fiesta".
Locutor: Por favor, siga, siga, don Miguel. ¿Qué pasó?
Miguel: Pues que aceptó. Era la mujer más guapa del mundo. Cuando me miró, pensé que estaría en mi vida para siempre. Me enamoré de ella al instante y, mientras, la orquesta estaba tocando un bolero. Pero nuestro amor no pudo ser. Ese verano fue la última vez que la vi... hasta hace veinte años.
Locutor: ¡Qué pena! ¿De verdad? ¿Y por qué?
Miguel: Tuve que emigrar y ella se quedó allí... Todos [3] .... de ella. Fue muy duro. [4] .... las cosas de manera diferente. Nunca pensé que la volvería a ver, pero resulta que hace veinte años nos encontramos en los bailes de salón de la Casa de España.
Locutor: ¿Sí? ¡Qué emoción! ¿Y qué pasó?
Miguel: Pues, la música de esta emisora sonaba en el salón. Nos acercamos, empezamos a bailar [5] ...., sin palabras. Desde entonces ya no nos hemos separado nunca más.

6.6 Relaciona el número de las frases que completaste en la actividad anterior con lo que expresan.

- a ☐ Dar consejo.
- b ☐ Expresar condiciones posibles.
- c ☐ Pedir.
- d ☐ Describir el momento con una situación imaginaria.
- e ☐ Expresar condicionales irreales en el pasado.

¡PRACTICA!

6.7 Con tu compañero/a, escriban un diálogo similar siguiendo las instrucciones. Después, representen la conversación.

1 Eres un locutor/ra y haces una entrevista a un/a inmigrante de tu ciudad. Salúdalo.
2 Responde al saludo y muéstrate contento/a.
3 Pregúntale por el recuerdo más importante de su juventud.
4 Descríbele cómo era tu vida en tu país y los consejos que te dio tu familia cuando decidiste emigrar.
5 Pregúntale qué cambiaría si fuera joven otra vez.
6 Contesta. Despídete.

COMUNICA

MOMENTOS HISTÓRICOS

VOCABULARIO

6.1 **Fíjate en estos momentos de la historia de Latinoamérica y España, y relaciona las palabras en negrita con su definición.**

1. La **Guerra** de las Malvinas (Argentina). .... ☐
2. El **Tratado** de Paz, Amistad y Límites (Bolivia y Paraguay). ...... ☐
3. Guerra civil y **dictadura** de Franco (España). .... ☐
4. **Inicio** de la Revolución mexicana (México). .... ☐
5. **Revolución** cubana (Cuba). .... ☐
6. **Golpe de Estado** y asesinato del presidente Allende (Chile). .... ☐

a. Acuerdo oficial entre países con la finalidad de establecer normas de relación.
b. Rebelión de militares contra el gobierno legal de un país para hacerse con el control.
c. Acción de protesta ante una situación política o social que quiere cambiarse.
d. Lucha armada entre dos o más países, o entre grupos contrarios de un mismo país.
e. Comienzo, principio de un hecho.
f. Régimen político que concentra todo el poder en una persona.

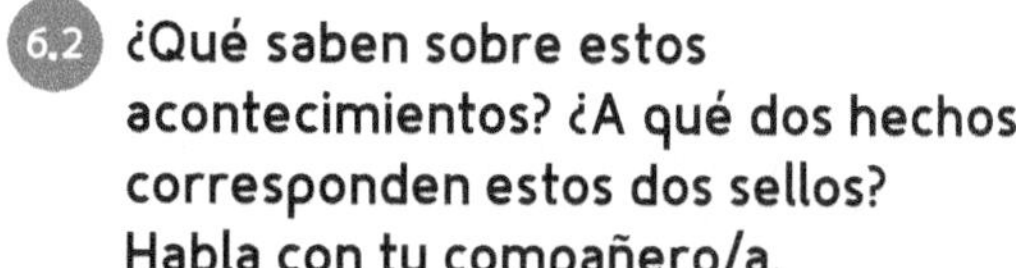

6.2 **¿Qué saben sobre estos acontecimientos? ¿A qué dos hechos corresponden estos dos sellos? Habla con tu compañero/a.**

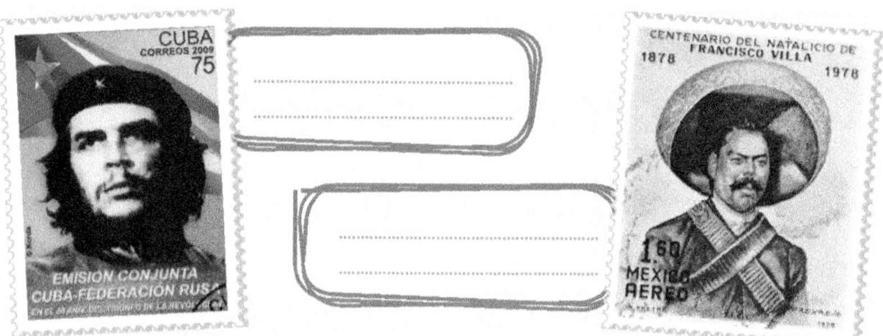

6.3 **Lee los textos sobre estos acontecimientos y ordénalos cronológicamente.**

a ☐

La Guerra de las Malvinas se originó cuando Argentina, en 1982, ocupó militarmente estas islas en **poder** del gobierno británico. Inglaterra movilizó su fuerza militar con el **apoyo** de EE. UU. y las tropas argentinas **se rindieron** dos meses y medio después. En el año 1990 empezaron de nuevo las relaciones diplomáticas entre los dos países.

b ☐

Fidel Castro **lideró** la revolución cubana que en el año 1959 acabó con la dictadura de Fulgencio Baptista. Ernesto "Che" Guevara, que murió ocho años después de la victoria de la revolución, fue la mano derecha de Fidel en la **lucha**.

c ☐

El presidente Salvador Allende, elegido democráticamente por el pueblo de Chile, fue asesinado en 1973 en el Golpe de Estado liderado por el general Augusto Pinochet, quien gobernó los siguientes quince años.

La Guerra del Chaco **surgió** entre Bolivia y Paraguay por la posibilidad de encontrar petróleo en esa zona, que no tenía los límites territoriales marcados. El conflicto terminó tres años después, en 1935, cuando se firmó en Argentina el Tratado de Paz, Amistad y Límites en el que Paraguay resultó el mayor beneficiado al retener la zona y se estableció la frontera que **actualmente** separa estos dos países.

En el año 1910 comenzó la Revolución mexicana, que surgió por la lucha de los **campesinos** en defensa de las tierras y de una **reforma agraria**. Francisco "Pancho" Villa y Emiliano Zapata (asesinado en 1919) fueron sus dos **líderes** famosos.

En 1936 hubo un **alzamiento** militar liderado por el general Francisco Franco contra la II República española. En ese momento empezó la Guerra Civil, que **duró** tres años y, tras la cual, España permaneció bajo la dictadura de Franco hasta 1975.

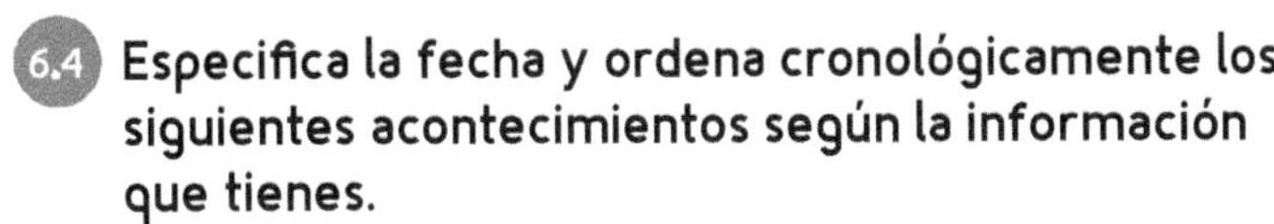

6.4 Especifica la fecha y ordena cronológicamente los siguientes acontecimientos según la información que tienes.

- a Comienzo de la guerra del Chaco.
- b Muerte de Ernesto "Che" Guevara.
- c Reanudación de las relaciones entre Argentina e Inglaterra.
- d Finalización de la dictadura de Franco.
- e Año en el que empezó a gobernar Pinochet.
- f Muerte de Emiliano Zapata.

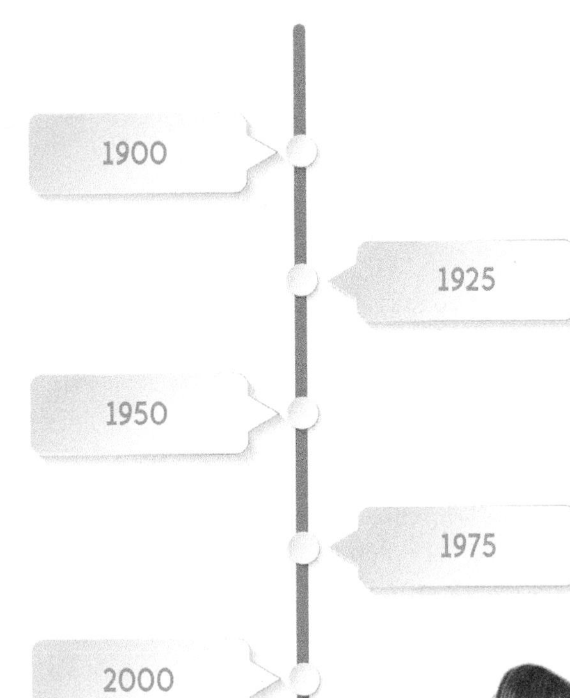

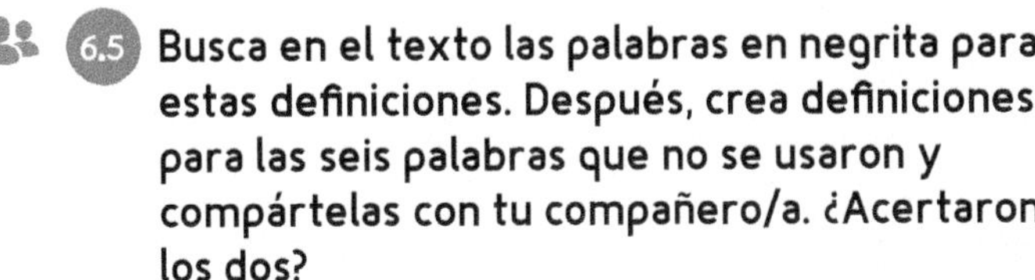

6.5 Busca en el texto las palabras en negrita para estas definiciones. Después, crea definiciones para las seis palabras que no se usaron y compártelas con tu compañero/a. ¿Acertaron los dos?

- a Tuvo lugar durante un periodo de tiempo.
- b Una rebelión.
- c Comenzó.
- d Protección.
- e Hoy día, ahora.
- f Abandonaron la lucha.

COMUNICA

6.6 **Vas a escuchar a un periodista hablando sobre otro hecho histórico importante. Subraya la opción correcta y comprueba las respuestas con tu compañero/a.**

[42]

a El acontecimiento ocurrió en México en el año **1998** / **1968**.
b El periodista había empezado a trabajar **hacía poco tiempo** / **ese mismo año**.
c Las autoridades **censuraron** / **no censuraron** la información.
d Hoy **ya** / **todavía no** se sabe el número exacto de fallecidos.
e Todo empezó con una pelea entre estudiantes **del IPN y del CNH** / **del IPN y de la UNAM**.
f La manifestación en la Plaza de las Tres Culturas fue el día **2** / **12** de octubre.
g Durante los Juegos Olímpicos **siguieron** / **pararon** las manifestaciones y protestas.

6.7 **Lee este texto sobre otro acontecimiento histórico ocurrido en Argentina en los años 80. ¿Qué te parece la iniciativa de las Madres de Plaza de Mayo?**

En Argentina, un 24 de marzo de 1976, una junta militar tomó el poder y lanzó una sistemática persecución y captura de militantes políticos, activistas sociales y ciudadanos que ejercían sus derechos constitucionales y que fueron eliminados sin saber aún hoy su paradero: los desaparecidos. Para miles de familias argentinas, esta palabra se convirtió en símbolo de una prolongada y dolorosa pesadilla.

Con el retorno de la democracia, en 1983, los gobiernos argentinos no reconocieron la tragedia que habían vivido los familiares y amigos de las víctimas. Tan solo la voz de un grupo de mujeres, madres y abuelas se hizo escuchar reclamando saber el destino de sus hijos y nietos. Ellas se fueron levantando, dándose mutuos consejos, ideas y fuerza, y comprendieron rápidamente que la lucha individual no daba resultado y decidieron trabajar juntas. Es así como el 30 de abril de 1977 hacen su primera aparición en la Plaza de Mayo. La lucha iniciada siguió creciendo firme, coherentemente y sobrevivió a la misma dictadura.

6.8 **Trabaja con tu compañero/a y busquen en el texto las palabras que se refieren a:**

a el grupo de militares que gobierna.
b las personas a quienes detenía este grupo de militares.
c la palabra emblemática que define a estas víctimas.
d las personas que decidieron no olvidar a sus hijos y nietos.
e la actitud del gobierno argentino en 1983.

6.9 **También existen lemas (slogans) para defender protestas, revoluciones, manifestaciones, etc. Relaciona estos famosos lemas con el suceso al que crees que corresponden.**

1 Madres Plaza de Mayo............ ☐
2 Revolución cubana. .... ☐
3 Revolución mexicana............ ☐
4 México del 68........................ ☐

a Tierra y Libertad.
b Ni olvido, ni perdón.
c Patria o muerte.
d ¡Libertad, libertad! Nuestros hijos, ¿dónde están?

COMUNICACIÓN

- **Expresar una acción futura en relación a un pasado**

» Para expresar una acción futura respecto a otra pasada, se usa el condicional.

– *Nunca **pensé***				***elegiría** la carrera de periodista.*
– *Mi profesora me **decía***	+	***que***	+	***sería** una buena política.*
– ***Sabía***				*me **interesaría** mucho la historia de Latinoamérica.*

Recuerda

- Para formar el condicional:

Infinitivos en **-ar**, **-er**, **-ir** + ***ía**, **ías**, **ía**, **íamos**, **íais**, **ían***

! Atención

- Algunos irregulares:

tener > ***tendría**, **tendrías**,...*
poder > ***podría**, **podrías**,...*
hacer > ***haría**, **harías**,...*

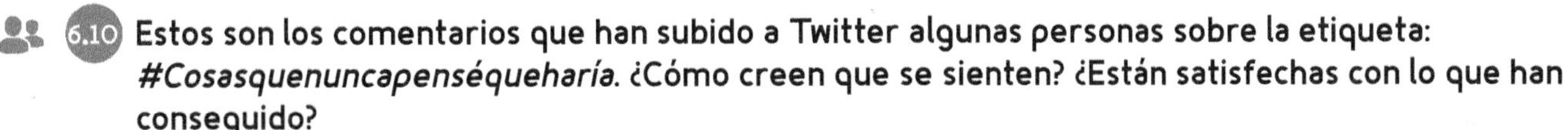

6.10 **Estos son los comentarios que han subido a Twitter algunas personas sobre la etiqueta: *#Cosasquenuncapenséqueharía*. ¿Cómo creen que se sienten? ¿Están satisfechas con lo que han conseguido?**

10:45 AM

Inicio | Buscar en Twitter

Elena @Elenarv 1h
Nunca **pensé que iría** a Cuba. A mi abuela le gustaba contarme historias de su niñez y del pueblo donde nació. Cuando murió el año pasado, decidí ir y conectar con esa parte de su vida.

María @Marith 1h
Nunca **pensé que podría** viajar sola. Fui el año pasado a ¡¡¡México!!! Allí conocí a la familia de mi tío abuelo que emigró después de la guerra.

Juan @Juangt 2h
Mi madre me **decía que** nunca **aprendería** a bailar. De pequeño no me gustaba. Ahora no solo me gusta, sino que disfruto compitiendo en los concursos de baile.

Lucía @Lucy 3h
De niña odiaba los idiomas, pero **sabía que viajaría** mucho. Ahora soy intérprete de cinco idiomas y viajo continuamente. ¡Estoy encantada!

Sandra @SandraTeruel 3h
Mi maestra me **decía que sería** una buena médica. Al final seguí la carrera de Historia. Es que me pongo nerviosa solo de pensar en la sangre.

David @Davidmk 5h
Pensaba que mi profesión **sería** la de periodista de grandes hechos históricos. No soy escritor, pero ahora tengo un blog donde escribo todo lo que me interesa y me gusta.

COMUNICA

6.11 **Vuelvan a leer los comentarios de Twitter y completen como en el ejemplo.**

	Pensaba que
1	*Pensaba que nunca iría a Cuba.*
2	....
3	....
4	....
5	....
6	....

	Sin embargo
1	*Lo hizo.*
2	....
3	....
4	....
5	....
6	....

6.12 **Las Madres de la Plaza de Mayo hablan de sus hijos desaparecidos y lo que ellos pensaban hacer. ¿Qué crees que dicen sobre sus hijos y el futuro que no les pudo ser? Compara la información y la foto de sus carnets cuando desparecieron con la foto de su niñez. Crea una historia para cada uno y compártela en grupos.**

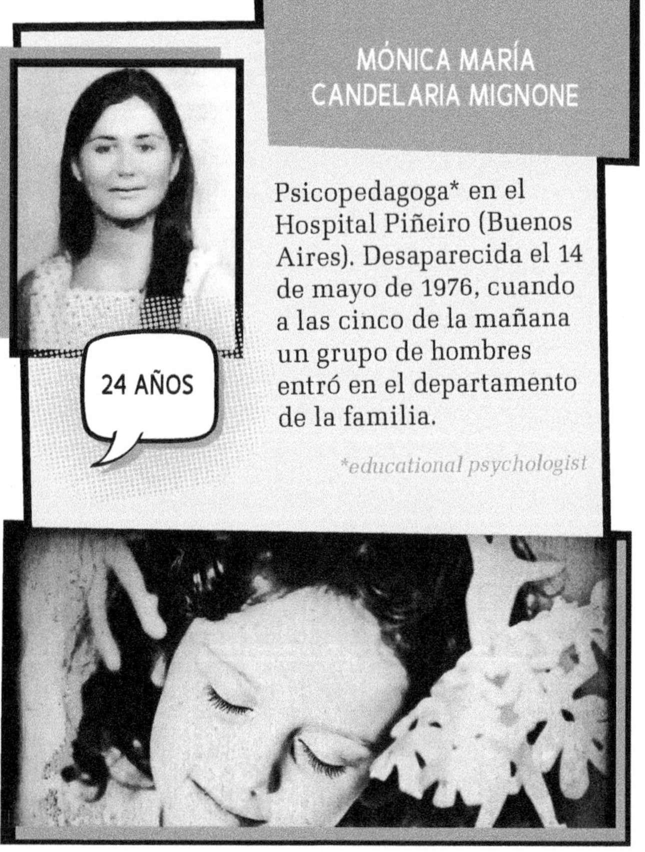

 **6.13** **¿Y tú? ¿Cómo imaginabas que sería tu vida cuando eras niño/a? Escríbelo y, luego, cuéntaselo al resto de tus compañeros de grupo. Comparen lo que pensaban llegar a ser y lo que son. Recuerda que los datos pueden ser inventados.**

VOCABULARIO

6.14 Lee este texto que informa sobre los trabajos de la Asociación para la Recuperación de la Memoria Histórica y contesta verdadero (V) o falso (F) antes y después de leer el texto.

ANTES DE LEER V	F		DESPUÉS DE LEER V	F
○	○	a El objetivo de la Asociación para la Recuperación de la Memoria Histórica es castigar a los responsables de las represalias.	○	○
○	○	b España está dispuesta a descubrir las fosas comunes de la dictadura.	○	○
○	○	c En España hubo campos de concentración que intentaban lograr la depuración ideológica del país.	○	○
○	○	d Los prisioneros ganaban menos de la mitad del salario normal por su trabajo.	○	○

Existe en España un grupo dedicado a **preservar** la memoria histórica de las violaciones a los derechos humanos cometidas durante la dictadura franquista. Lleva el nombre de Asociación para la Recuperación de la Memoria Histórica (ARMH).

Esperan que la ONU obligue a España a abrir las **fosas comunes** donde se supone que se encuentran los restos de personas desaparecidas durante la Guerra Civil. Pero la petición que realizan incluye la entrega de sus restos a los familiares para que les den digna **sepultura** como en otros países donde ha habido dictaduras, y que se retiren de España todos los símbolos franquistas que "ofenden la dignidad de las víctimas". La Asociación enfatiza que son 30 000 los desaparecidos españoles a lo largo de la Guerra Civil. Será difícil establecer con exactitud cuántos muertos causó la represión franquista. Según los archivos, sobre todo militares, entre 1936 y 1943 hubo aproximadamente 150 000 víctimas mortales en actos de **represalia**, campos de concentración, trabajos forzados y prisiones.

Según el historiador Javier Rodrigo, del Instituto Universitario Europeo de Florencia, en España funcionaron 104 **campos de concentración**. Entre 1936 y 1939 pasaron por ellos alrededor de 370 000 personas, muchas de las cuales murieron por las malas condiciones higiénicas y alimentarias. Los campos cumplían la doble función de "**depuración**" y de "clasificación de los **detenidos**". En su interior, los prisioneros podían permanecer por un tiempo indeterminado a la espera de que llegaran cargos en su contra, o hasta ser integrados al ejército a modo de **conscriptos**, enviados a la prisión, a batallones de trabajo o, directamente, podían ser **fusilados**.

El sistema de campos funcionó hasta 1942, pero las colonias penitenciarias y los batallones de trabajadores continuaron existiendo hasta bien avanzada la década de 1950. Según otros estudios, fueron aproximadamente 400 000 personas las que se vieron obligadas a estos **trabajos forzados**. Tuvieron a su cargo el levantamiento de más de 30 embalses (dams) y canales, prisiones, viaductos y vías de tren. Construyeron fábricas, trabajaron en pozos mineros y fueron explotados por empresas privadas, recibiendo un 25% del salario que les correspondía.

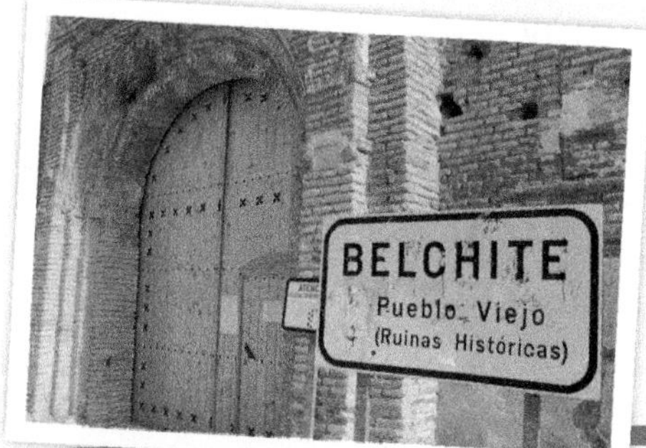

COMUNICA MÁS

6.15 Discute con tus compañeros el significado de los siguientes términos. Después, relacionen las palabras con su significado.

1 Preservar. ▢
2 Fosa común. ▢
3 Sepultura. ▢
4 Represalia. ▢
5 Campo de concentración. ▢
6 Depuración. ▢
7 Detenido. ▢
8 Cargo. ▢
9 Conscripto. ▢
10 Fusilado. ▢
11 Trabajo forzado. ▢

a Arrestado.
b Ejecutado con un arma.
c Hoyo en la tierra para enterrar a múltiples cadáveres.
d Infracción con los que se acusa a alguien.
e Labor que una persona hace por obligación como parte de su sentencia.
f Limpieza, purificación.
g Lugar en que está enterrado un cadáver.
h Lugar en que se obliga a vivir a cierto número de personas como prisioneros, generalmente por razones políticas.
i Proteger de un daño o peligro.
j Soldado, recluta.
k Venganza que adopta un Estado para responder a los actos en contra del Estado.

6.16 Busca en el texto todos los cognados que encuentras y haz una lista. Después, compártela con tu compañero/a. ¿Quién ha encontrado más palabras? Explica el significado de cada una.

6.17 Contesten las preguntas.

a ¿Crees que es importante recordar la historia? ¿Por qué?
b ¿Existe algún movimiento o actividad similar en tu país? ¿Te parece útil esta iniciativa?
c ¿Conoces bien la historia reciente de tu país? ¿Tus padres y abuelos te hablan o te hablaron alguna vez de los acontecimientos históricos más importantes que han vivido o vivieron? Cuéntanos alguno.

6.18 Escribe los cinco acontecimientos más interesantes que han ocurrido en Estados Unidos en el siglo XX y compártanlos en grupos pequeños. ¿Coinciden?

COMUNICACIÓN

- **Para pedir o exigir formalmente, se usa:**
  - » ***Me gustaría que*** + imperfecto de subjuntivo
    - – *Me gustaría que los campos de concentración no existieran.*
  - » ***Sería conveniente que*** + imperfecto de subjuntivo
    - – *Sería conveniente que las familias de desaparecidos encontraran a sus familiares.*
  - » ***Le(s) pediría/agradecería que*** + imperfecto de subjuntivo
    - – *Pediría que la ONU ayudara a la Asociación de la Memoria Histórica.*
  - » ***¿Le importaría que*** + imperfecto de subjuntivo?
    - – *¿Le importaría que hiciéramos una comparación con otras dictaduras?*

Recuerda

- El imperfecto de subjuntivo se forma quitando *–ron* del pretérito en *ellos* y añadiendo una de las terminaciones correspondientes: *-ra, -ras, -ra, -ramos, -rais, -ran.*

6.19 **Lee el testimonio de algunos españoles ante la situación en España que has conocido en el texto anterior y completa las frases.**

Sergio

a ¿Cómo se puede explicar que, 40 años después de la muerte del dictador, sigan todavía en fosas comunes y cunetas unas 130.000 víctimas de aquel nefasto régimen? Me [1] .... esta situación cambiara y se pudieran descubrir esas fosas comunes, no con la iniciativa privada sino con la colaboración del gobierno de un país que asume su historia.

Francisco

b Para qué ahora resucitar el pasado, el pasado pasado está. Le [2] .... a todos que olvidaran el dolor por el pasado y miraran hacia delante, para construir un país fuerte.

Rodrigo

c ¿Cómo puede España mantener la cabeza erguida sin hacer nada respecto a los iconos que apoyan y enaltecen un régimen totalitario? Sería [3] .... desaparecieran los símbolos que alaban y enaltecen un comportamiento poco ético como se ha hecho en otros países de Europa.

Eva y Rosa

d Yo [4] .... todos reflexionaran objetivamente y reconocieran que se cometieron atropellos e injusticias en aquellos campos de concentración donde se fusilaron a muchas personas y de otras muchas se abusó.

Rebeca

e En mi opinión, es un tema de justicia para todos los españoles. Somos un pueblo que vive una democracia mayor de edad, estable y segura. Todos hemos trabajado bien para ello. Entonces, ¿a quién [5] .... las autoridades pertinentes hicieran lo que se ha hecho ya en muchos otros lugares?

COMUNICA MÁS

6.20 **La dictadura española no fue la única en el mundo hispanohablante. Comenta con tu compañero/a qué otros países han vivido esta experiencia y cuántos de ellos viven ahora en democracia.**

[43] **6.21** **Escucha los testimonios de una chilena y un argentino respecto a la reacción de sus países a los crímenes cometidos durante sus dictaduras. Contesta a las siguientes preguntas.**

a ¿Qué es Londres 38?
b ¿Cuál es el propósito del Museo de la Memoria y los Derechos Humanos en Chile?
c ¿Cuáles eran los objetivos de las organizaciones de las Madres de la Plaza del 2 de Mayo y las Abuelas de la Plaza del 2 de Mayo?
d ¿Qué papel desempeñó Raúl Alfonsín en la memoria histórica de Argentina?
e ¿Qué son los Juicios de la Verdad?
f ¿Cuál es la posición de la ONU en el trabajo que está realizando Argentina respecto a su historia?

6.22 **Escribe una carta a la ONU en la que comparas la situación de Chile, Argentina y España respecto a su memoria histórica. Utiliza las estructuras vistas para expresar tus exigencias. Elijan la mejor carta de la clase y envíenla.**

6.23 **Hagan una lista de temas o situaciones que tienen que mejorar en su estado, en su país y en el mundo. Escriban peticiones formales exigiendo su mejora. Pónganlo en común con la clase y elijan la situación más grave en cada entorno y la petición mejor redactada.**

En mi estado	En mi país	En el mundo

Exigimos...

En mi estado	En mi país	En el mundo

PRONUNCIACIÓN y ORTOGRAFÍA

La grafía *h* y las palabras homófonas

LA GRAFÍA *H*

- En español la *h* es una letra muda, es decir, que no tiene sonido: *hola, huelga, hambre.*
- A veces el contacto de la *h* con algún grupo vocálico produce un sonido, como es el caso del grupo *hi* +, *que* lo podemos pronunciar como /*ye*/: *hielo, hierba, hierro.*

6.1 ¿Cómo se pronuncian las siguientes palabras? Por turnos, léanlas en voz alta.

- haber
- hecho
- hiedra
- habitante
- hiena
- hiel
- hoja
- historia
- hielo
- helado
- Honduras
- hierbabuena
- hospital
- hueco
- himno
- hierro

6.2 Analiza las palabras *tuvo/tubo* en las siguientes frases. Después, lee el cuadro y elige la opción correcta en cada caso.

a **Tuvo** mucha suerte al poder entrar en una universidad tan prestigiosa.
b El **tubo** de pasta de dientes se ha terminado y hoy es domingo.

LAS PALABRAS HOMÓFONAS

- Las palabras homófonas son palabras con ☐ **distinto**/ ☐ **el mismo** significado que suenan ☐ **diferente** / ☐ **igual**, pero que se escriben de forma ☐ **diferente** / ☐ **igual**.

6.3 En español hay palabras homófonas a causa de la *h*. Expliquen qué significan y pongan un ejemplo contextualizándolas.

a **Ola:** *onda del mar.*
- Hay unas olas estupendas para hacer surf.
Hola: ....

b **Abría:** ....
Habría: ....

c **Haber:** ....
A ver: ....

d **Ojear:** ....
Hojear: ....

CARTELERA DE CINE

Pilar López de Ayala Verónica Sánchez Marta Etura

LAS 13 ROSAS

Una película de Emilio Martínez-Lázaro

Una producción de ENRIQUE CEREZO y PEDRO COSTA en coproducción con FILMEXPORT GROUP con la participación de TVE y CANAL + "LAS 13 ROSAS"
PILAR LOPEZ DE AYALA VERONICA SANCHEZ MARTA ETURA NADIA DE SANTIAGO GABRIELLA PESSION FELIX GOMEZ FRAN PEREA ENRICO LO VERSO ASIER ETXENDIA
ALBERTO FERREIRO ADRIANO GIANNINI GOYA TOLEDO Peluquería PEPE JUEZ Maquillaje MARILÓ OSUNA y ALMUDENA FONSECA Música ROQUE BAÑOS Sonido CARLOS BONMATÍ
Vestuario LENA MOSSUM Montaje FERNANDO PARDO Dirección Artística JULIO MADURGA Operador JULIO MADURGA Director de producción MARTIN CABAÑAS
Director de Fotografía JOSE LUIS ALCAINE Productor Asociado ROBERTO DI GOROLAMO Producida por ENRIQUE CEREZO y PEDRO COSTA guión de IGNACIO MARTINEZ DE PISÓN
Argumento de PEDRO COSTA IGNACIO MARTINEZ DE PISÓN y EMILIO MARTINEZ-LAZARO Dirigida por EMILIO MARTINEZ-LAZARO

www.las13rosas.com CANAL+ MEDIA EURIMAGES altaclassics

SINOPSIS

El 1 de abril de 1939 termina la guerra civil española. Temiendo la sangrienta represión que se acercaba, muchos republicanos huyen del país, pero otros no pueden o no quieren, como las jóvenes muchachas protagonistas de esta historia real.
Franco promete que solamente serán castigados los que tengan las manos manchadas de sangre. Y ninguna de esas muchachas las tiene. Como Carmen, por ejemplo, de 16 años, que militaba en las Juventudes Socialistas pero nunca tuvo un arma. Ni su amiga Virtudes, que servía en casa de unos nuevos ricos franquistas y pasó la guerra dando de comer a ancianos y niños. Las detuvieron al mes de acabar la guerra. Sufrieron duros interrogatorios policiales y, finalmente, fueron trasladadas a la cárcel de Ventas donde había miles de mujeres. A las trece detenidas, a las que sus compañeras bautizaron como "las menores" por su corta edad, las acusaron de ayudar a la rebelión y de haber planeado un atentado contra Franco, un atentado irreal pero que daba base a la acusación.

DATOS TÉCNICOS

Título Las 13 rosas.

Año 2007. **Género** Drama.

País España. **Director** Emilio Martínez-Lázaro.

Intérpretes

Pilar López de Ayala, Verónica Sánchez, Marta Etura, Nadia de Santiago, Bárbara Lennie, Goya Toledo, Gabriella Pession, Félix Gómez, Fran Perea, Enrico Lo Verso, Miren Ibarguren, Asier Etxeandía, Alberto Ferreiro, Luisa Martín, Secun de la Rosa, Adriano Giannini, Gabriella Pession, Patrick Criado, Leticia Sabater, Alberto Chaves.

SECUENCIAS DE LA PELÍCULA

00:19:24 ▶ 00:20:50
00:25:07 ▶ 00:27:55

¿SABÍAS QUE...?

- Las "trece rosas" es el nombre colectivo que se le dio a un grupo de trece jóvenes fusiladas por el régimen franquista en 1939.

ANTES DE VER LA SECUENCIA

Desde el principio de la película hasta esta secuencia se van presentando a las diferentes protagonistas y se nos muestra su rutina diaria en un Madrid que acaba de ser ocupado por los nacionales, que acaban de ganar la guerra civil española.

6.1 ¿Qué sabes de la guerra civil española? ¿Qué bandos (sides) pelearon? ¿Quiénes ganaron la guerra? Habla con tus compañeros.

6.2 Observa las siguientes escenas y contesta a las preguntas. Trabaja con tu compañero/a.

- ¿Dónde están Blanca y su familia?
- ¿Qué están haciendo?
- ¿Por qué creen que tienen tanto dinero?

- ¿Qué están haciendo estas mujeres?
- ¿Cuál es el estado de ánimo de Juan? ¿Por qué?
- ¿Qué relación creen que hay entre ellos?

- ¿Por qué creen que Blanca ha ido a esta casa?
- ¿Qué le entrega a Juan?
- ¿Qué relación hay entre ellos?

CARTELERA DE CINE

VES LA SECUENCIA

Blanca Brisac, es una de las "trece rosas", católica, votante de la derecha y madre de un hijo. Con el dinero guardado tras la guerra, decide ayudar económicamente a Juan, un músico, militante comunista y compañero de orquesta de su marido.

6.3 **Lee el discurso radiofónico de las autoridades españolas y completa el mensaje.**

Españoles, ¡alerta!

No todos los enemigos de España han conseguido escapar y la obligación de cada español es [1] .... Será un mal español, es decir, no será español [2] ...., y que sepan los que callan que en su día también deberán responder ante la justicia [3] ...., enemigos de la patria.

6.4 **Ordena las frases del diálogo entre los cuatro personajes de la secuencia. Después, compáralo con tu compañero/a.**

- ☐ **Cuñada:** ¡Te tienes que ir!
- ☐ **Blanca:** Buenas tardes, ¿está Juan?
- ☐ **Blanca:** No se preocupe, somos amigos, soy Blanca, la mujer de Enrique García.
- ☐ **Suegra:** No lo ha oído, ¡cierra!
- ☐ **Juan:** No se preocupe que en cuanto pueda me pienso marchar, pero usted no me puede echar, ¡este también es mi piso, de mi mujer!
- ☐ **Juan:** ¡Espera! Pasa Blanca, mi suegra y mi cuñada Manuela, ¿qué haces aquí?
- ☐ **Blanca:** Es todo lo que podemos darte.
- ☐ **Blanca:** ¿Dónde vas a estar? Enrique dice que es peligroso que te quedes aquí.
- ☐ **Cuñada:** No, no, no, lo siento, no... No sabemos nada de él.
- ☐ **Suegra:** ¡En mala hora os conocisteis! Tú le metiste toda esas ideas en la cabeza.
- ☐ **Suegra:** Sí, ¡vete! ¡Vete con tus amigos bolcheviques y vete, y no vuelvas más!
- ☐ **Juan:** Está bien.
- ☐ **Blanca:** Adiós.
- ☐ **Suegra:** ¡Es peligroso! Hasta tus amigos lo dicen.

6.5 **Juan, cuando se despide de Blanca, le dice: "¡Si toda la gente de derechas fuera como tú!". ¿Qué quiere decir Juan con esta frase? Habla con tus compañeros.**

DESPUÉS DE VER LA SECUENCIA

6.6 Contesta las preguntas con tu compañero/a.

a ¿Qué último favor le pide Juan a Blanca?

....

b ¿Cómo reacciona Blanca?

....

c Juan dice: "Quién puede pensar en eso ahora". ¿Qué quiere decir con eso?

....

d ¿Qué consejo le da Juan a Blanca para continuar la vida con su marido?

....

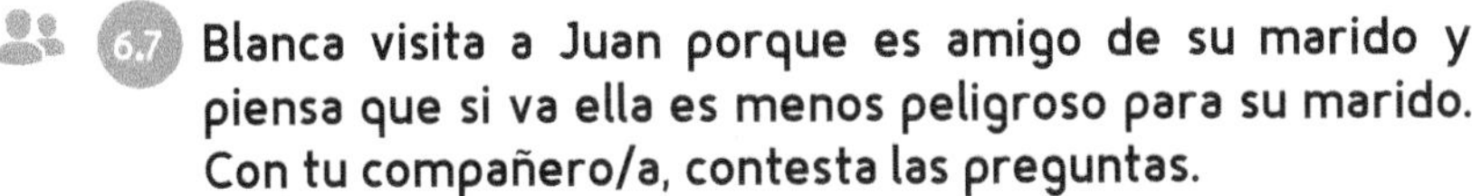

6.7 Blanca visita a Juan porque es amigo de su marido y piensa que si va ella es menos peligroso para su marido. Con tu compañero/a, contesta las preguntas.

a ¿Creen que Blanca sufrirá consecuencias por ser buena persona y buena amiga?

b Y su marido, ¿creen que tendrá consecuencias?

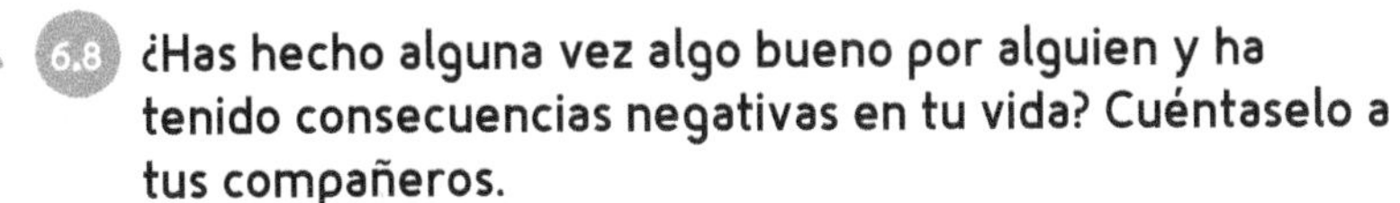

6.8 ¿Has hecho alguna vez algo bueno por alguien y ha tenido consecuencias negativas en tu vida? Cuéntaselo a tus compañeros.

6.9 Imagínense las siguientes situaciones y digan a su compañero/a qué harían.

a Ha terminado la guerra y crees que estás protegido porque no has hecho nada. Un buen amigo tuyo está en peligro porque es del bando perdedor y hay represalias. ¿Qué harías por él?

b Estás en peligro porque estabas afiliado al partido que ha perdido la guerra. ¿Qué harías?

c Después de una guerra, un familiar tuyo está en grave peligro por sus ideas políticas. No ha hecho realmente nada malo, pero hay persecuciones y amenazas por parte de las autoridades para las personas que ayuden a los vencidos. ¿Qué harías?

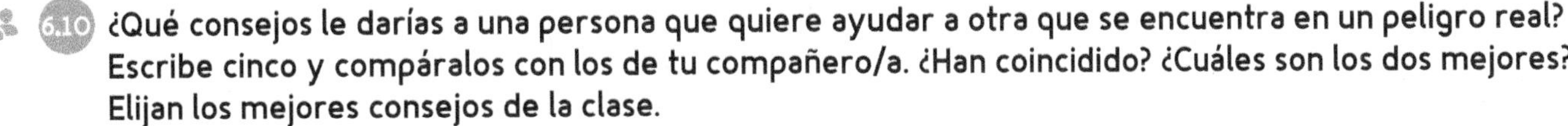

6.10 ¿Qué consejos le darías a una persona que quiere ayudar a otra que se encuentra en un peligro real? Escribe cinco y compáralos con los de tu compañero/a. ¿Han coincidido? ¿Cuáles son los dos mejores? Elijan los mejores consejos de la clase.

GRAMÁTICA

A EL IMPERFECTO DE SUBJUNTIVO

- The imperfect or past subjunctive is formed by dropping the **–ron** ending of the third-person plural of the preterit and adding **–ra** or **–se**. The **–se** form is used more often in Spain then elsewhere.

  *practica**ron*** ▶ *practica**ra** / practica**se***   *fue**ron*** ▶ *fue**ra** / fue**se***

- Use the imperfect subjunctive much in the same way as you would the present subjunctive (to express speaker's uncertainty, attitudes, emotions, or wishes) but when speaking about the past or hypothetical situations. Compare the following sentences:
  - *Es importante que respetes las normas.* ▶ – *Sería importante que respetaras las normas.*
  - *Quiero que vengas mañana más pronto.* ▶ – *Quería que vinieras mañana más pronto.*
  - *No creo que sea buena idea dejar el gimnasio.* ▶ – *No creía que fuera buena idea dejar el gimnasio.*

–AR verbs **practicar**		–ER verbs **beber**		–IR verbs **decidir**	
practica**ra**	practica**se**	bebie**ra**	bebie**se**	decidie**ra**	decidie**se**
practica**ras**	practica**ses**	bebie**ras**	bebie**ses**	decidie**ras**	decidie**ses**
practica**ra**	practica**se**	bebie**ra**	bebie**se**	decidie**ra**	decidie**se**
practicá**ramos**	practicá**semos**	bebié**ramos**	bebié**semos**	decidié**ramos**	decidié**semos**
practica**rais**	practica**seis**	bebie**rais**	bebie**seis**	decidie**rais**	decidie**seis**
practica**ran**	practica**sen**	bebie**ran**	bebie**sen**	decidie**ran**	decidie**sen**

» Los verbos irregulares en pretérito mantienen la irregularidad en todas las personas:

*pu**dieron*** ▶ *pu**diera***   *pi**dieron*** ▶ *pi**diera***   *constru**yeron*** ▶ *constru**yera***

» La correlación de tiempos en relación al pasado es la siguiente:

1. Imperfecto + imperfecto de subjuntivo ▶ – *Antes **tenía** miedo de que las clases **fueran** difíciles.*
2. Pretérito + imperfecto de subjuntivo ▶ – *Raquel me **llamó** para que la **acompañara** a clase.*
3. Condicional + imperfecto de subjuntivo ▶ – ***Sería** genial que todos **pudiéramos** pasarlo bien.*

6.1 Completa las frases y relaciónalas con lo que expresa.

	Prohibición	Orden y petición	Consejo
a El gobierno recomendó que los ciudadanos .... (mantenerse) tranquilos cuando hubo el alzamiento militar.	☐	☐	☐
b Durante la dictadura chilena no estaba permitido que .... (agruparse, ellos) en partidos políticos.	☐	☐	☐
c Les agradecería que .... (reconocer) que se equivocaron robando la libertad a nuestro país.	☐	☐	☐
d Estaba prohibido que se .... (hacer) apología del terrorismo.	☐	☐	☐
e Me gustaría que .... (prestar) atención a la voluntad popular y .... (tomar) medidas para asumir la historia de nuestro país con respeto.	☐	☐	☐
f Exigió que .... (descubrir, ellos) las fosas comunes y .... (devolver, ellos) los restos a las familias.	☐	☐	☐

6.2 Completa los cambios que se han producido en algunos países de Latinoamérica y España. ¿Cómo son las leyes en tu país? Escribe algunos cambios que se han producido en los últimos años. Coméntenlo con su compañero/a.

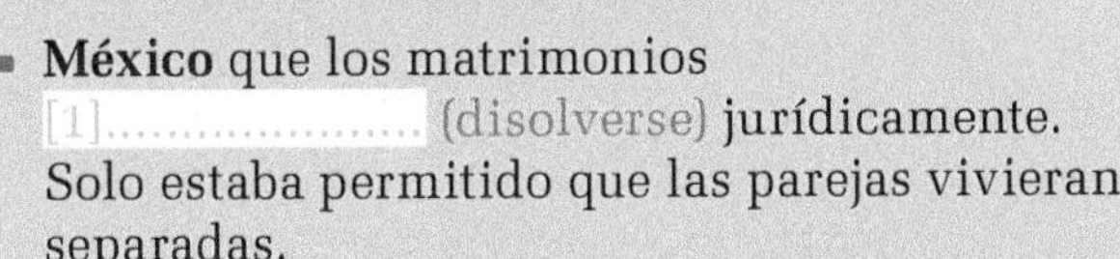

ANTES ESTABA PROHIBIDO EN...

- **México** que los matrimonios [1]..................... (disolverse) jurídicamente. Solo estaba permitido que las parejas vivieran separadas.
- **Cuba** que los ciudadanos [2]..................... (tener) celular. Solo estaban autorizados los oficiales de alto rango.
- **España** que las personas del mismo sexo [3]..................... (casarse).
- **Colombia** que se [4]..................... (interrumpir) el embarazo en todos los supuestos.
- **EE.UU.** que...

AHORA ESTÁ PERMITIDO EN...

- **México**, a partir de 2008, que los matrimonios [5]..................... (divorciarse) sin necesidad de expresar causa alguna.
- **Cuba** que cualquiera [6]............ (tener) celular.
- **España**, desde el 2005, que las personas del mismo sexo [7]............. (contraer) matrimonio.
- **Colombia** que las mujeres [8]..................... (abortar) cuando el embarazo es producto de una violación, cuando está en riesgo la vida de la madre, y cuando se presentan malformaciones en el feto.
- **EE.UU.** que...

6.3 Busca en Internet prohibiciones curiosas en tu país y en el mundo. Comenta con la clase las que más te hayan sorprendido.

6.4 ¿Y tú? Escribe los cambios que has experimentado en tu vida.

Antes estaba permitido / estaba prohibido...	Ahora está permitido / está prohibido...

GRAMÁTICA

B ESTRUCTURAS CONDICIONALES

You have already learned different ways to express hypotheses in Spanish. In this section you will learn to express factual and contrary-to-fact statements with **si**. Compare the following sentences that illustrate these two types of statements.

– *Si tengo 10 dólares, te los dejo.* (It's possible that I have the money)
– *Si tuviera 10 000 dólares, te los dejaría.* (I really don't have the money. Contrary-to-fact statement)

- Condicionales probables:
  » ***Si*** + presente de indicativo + futuro / presente / imperativo
  – *Si gano suficiente dinero este verano, haré / hago / haz un viaje por toda Europa.*
- Condicionales poco probables:
  » ***Si*** + imperfecto de subjuntivo + condicional
  – *Si ganara suficiente dinero este verano, haría un viaje por toda Europa.*

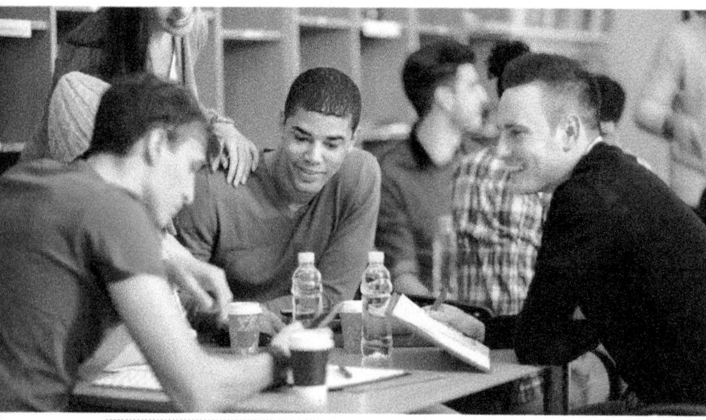

» Si terminara esto pronto, iría con vosotros de viaje.

6.5 Pregunta a tu compañero/a qué hace o qué va a hacer en estas situaciones.

- No puede expresar su opinión.
- Quiere ir a una manifestación y no está permitida.
- Es sancionado injustamente.
- No tiene acceso a información objetiva.

Modelo: *¿Qué haces si no puedes expresar tu opinión?*
Si no puedo expresar mi opinión, lucho para que eso cambie.

6.6 Lean las respuestas que han dado algunas personas en una encuesta sobre el tema del dinero y la felicidad. ¿Con cuál de ellas se identifican más?

a Si tuviera un buen trabajo, se me acabarían muchos de los problemas que tengo.
b Si tuviera una tarjeta de crédito sin límite, no me preocuparía tanto.
c Si tienes una vida en pareja sólida, entonces eres feliz.
d Si contara con buena salud, podría hacer de todo para alcanzar la felicidad.
e Si ayudo a la gente, me siento útil para los demás y eso me proporciona bienestar.
f Si tienes una familia unida, las cosas siempre son más fáciles.

[44]

6.7 Hace un tiempo circuló por Internet el supuesto testamento literario del importante escritor colombiano Gabriel García Márquez, en el que nos cuenta cómo se comportaría si se le diese una oportunidad de vida. Relaciona el texto. Después, escucha y comprueba.

Relaciona:

1. Si Dios me obsequiara un trozo de vida, ... ▢
2. ¡Dios mío! Si yo tuviera un corazón, ... ▢
3. Dios mío, si yo tuviera un trozo de vida, ... ▢
4. Si supiera que hoy fuera la última vez que te voy a ver dormir, ... ▢
5. Si supiera que esta fuera la última vez que te vea salir por la puerta, ... ▢
6. Si supiera que esta fuera la última vez que voy a oír tu voz, ... ▢
7. Si supiera que estos son los últimos minutos que te veo, ... ▢

a. te abrazaría fuertemente y rezaría al Señor para poder ser el guardián de tu alma.

b. diría "te quiero" y no asumiría, tontamente, que ya lo sabes.

c. escribiría mi odio sobre el hielo, y esperaría a que saliera el sol. Pintaría con un sueño de Van Gogh sobre las estrellas un poema de Benedetti, y una canción de Serrat sería la serenata que le ofrecería a la Luna. Regaría con mis lágrimas las rosas, para sentir el dolor de sus espinas, y el encarnado beso de sus pétalos...

d. vestiría sencillo, me tiraría de bruces al sol, dejando descubierto, no solamente mi cuerpo, sino mi alma.

e. no dejaría pasar un solo día sin decirle a la gente que quiero que la quiero. Convencería a cada mujer u hombre de que son mis favoritos y viviría enamorado del amor.

   He aprendido que un hombre solo tiene derecho a mirar a otro hacia abajo, cuando ha de ayudarle a levantarse. Son tantas cosas las que he podido aprender de ustedes; pero realmente de mucho no habrán de servir, porque cuando me guarden dentro de esa maleta, infelizmente me estaré muriendo.

   Siempre di lo que sientes y haz lo que piensas.

f. te daría un abrazo, un beso y te llamaría de nuevo para darte más.

g. grabaría cada una de tus palabras para poder oírlas una y otra vez indefinidamente.

6.8 Imagina que no tienes ningún tipo de restricciones, ¿qué harías con respecto a...?

- el trabajo
- las vacaciones
- tu casa
- el carro
- tus abuelos
- los amigos
- esos amigos de tus amigos a los que no soportas
- el jefe
- tus estudios
- los viajes
- tu país

Modelo: *Si viviera más cerca de mi abuelo, lo visitaría cada semana.*

Si los amigos de Carmen vinieran a cenar con nosotros, yo no les hablaría.

GRAMÁTICA

6.9 **Lean esta nota. ¿En qué circunstancias escribirían ustedes una nota semejante?**

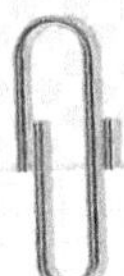

Mucha suerte y presta mucha atención a todo lo que ocurra a tu alrededor; ya sabes que no hay nada mejor que la prudencia. Aquí todos estamos contigo.

Pues, no sé. Yo escribiría algo así si un amigo mío fuera a pasar una entrevista de trabajo, para darle ánimos y, de paso, algunos consejos sobre la observación y la prudencia, que nunca vienen mal.

C *COMO SI* + IMPERFECTO DE SUBJUNTIVO

You have been using **como** to mean *as*, *like*, and *since*. The expression, **como si**, means *like* or *as if*. It is used to make a comparison with something not real.

- Cuando queremos describir algo, ya sean objetos, personas o acciones, nos ayudamos comparándolo con elementos semejantes y usamos la partícula **como**.
  - *Escribes como un niño de seis años.*
  - [1] ....
- A veces, cuando queremos describir algo o una situación, usamos ideas o situaciones que no han pasado, son imaginarias, pero que nos ayudan a describir o explicar la situación. Para ello usamos ***como si*** + imperfecto de subjuntivo.
  - *Estás comiendo la tarta como si fueras un niño de seis años.* (Situación imaginaria = ser un niño de seis años)
  - *El niño comía la tarta como si fuera el único en la fiesta.* (Situación imaginaria = ser el único niño)
  - [2] ....
  - [3] ....
- ***Ni que*** + imperfecto de subjuntivo, sirve para comparar una acción con otra que sabemos que es imposible. Es sinónimo de ***como si***, pero es más enfático, tiene más fuerza.
  - *No sé por qué estás tan nervioso, ni que fuera la primera vez que tienes un examen.* (Situación imaginaria = es el primer examen en la vida de un estudiante de universidad)
  - [4] ....

»Canta como un grillo.

6.10 **Lee la conversación entre Rosa y Julia y fíjate en las diferentes funciones de *como* en español. Completa el cuadro anterior con ejemplos sacados de la conversación.**

- Mira esta foto que encontré de antes de la guerra. Creo que es la abuela de mi madre con sus amigas en la playa.
- ¡Qué trajes de baño llevan! Están vestidas como si fueran a una fiesta y no a bañarse.
- Es verdad. ¡O como si tuvieran frío!
- Yo nunca iría así a la playa, ni que estuvieran en el Polo Norte.
- La pobre abuela, en aquellos tiempos tendría que vestirse como una señorita decente.

6.11 **Explica con tus palabras el significado de la siguiente frase, respondiendo a las preguntas.**

a ¿Van a una fiesta realmente?

b ¿Qué parte de la frase es la real y la imaginaria?

c En "Como si fueran a una fiesta", ¿la acción se realiza antes, al mismo tiempo o después de la acción de la frase real?

d ¿Qué tiempo verbal acompaña a *como si*? ¿Por qué?

e ¿Es una comparación o una condición?

6.12 **Observen las siguientes fotos del pasado y completen las frases utilizando *como si*. Elijan una de ellas y escriban una conversación como la de la actividad 6.10. Represéntenla ante la clase.**

1

El abuelo... ....

2

Posan para la foto... ....

3

Se miran... ....

4

El soldado español... ....

EL EXILIO

PREPARAR

6.1 **¿Qué sabes sobre la guerra civil española? ¿Qué piensas que les pasó a los republicanos, los que perdieron la guerra? Mira las fotos y habla con tu compañero/a.**

LEER

6.2 **Lee el texto y comprueba tus hipótesis a las preguntas anteriores.**

El capítulo mexicano más conocido es quizás el de los 'Niños de Morelia', como se conoce a los cerca de 500 menores de edad acogidos por el entonces presidente Lázaro Cárdenas en 1937 durante la guerra civil española.

El Servicio de Evacuación de Refugiados Españoles (SERE), el primer organismo de auxilio a los republicanos exiliados, fue creado en París en febrero de 1939. En representación del SERE, en México se creó el Comité Técnico de Ayuda a los Refugiados Españoles (CTARE) cuyo objetivo sería recibir, alojar, proporcionar auxilio y distribuir a los inmigrantes por el territorio mexicano. Se estiman en unos 6000 los refugiados llegados a México a bordo de los buques *Sinaia*, *Ipanema* y *Mexique* en 1939. A todos estos buques cabe añadir el viaje del *Winnipeg*, gestionado por Pablo Neruda, que entró en el puerto de Valparaíso, Chile, en el mismo año con unos 2500 pasajeros.

Ante la presión del gobierno español, la SERE desapareció a comienzos de 1940, pero el éxodo siguió. Los historiadores piensan que México acogió cerca de 25 000 refugiados españoles entre 1939 y 1942, gran parte durante el gobierno del presidente Lázaro Cárdenas. De estos refugiados se cree que la "inmigración intelectual" o de "élite" era del 25% del total. Llegaron, además, obreros y campesinos, así como militares, marinos y pilotos, hombres de Estado, economistas y hombres de empresa, todos ellos vinculados al gobierno republicano derrotado (*defeated*) en la guerra.

»Morelia (México).

La tarea que hicieron los refugiados fue de un valor absolutamente inapreciable para México, aquella irrepetible generación de intelectuales españoles exiliados, trabajando con grupos de mexicanos ayudó enormemente a la consolidación del país después de la Revolución.

6.3 **Vuelve a leer el texto y completa la ficha.**

Ficha:

Organizaciones a cargo del éxodo: ....

Número de niños acogidos en Morelia, México:	Presidente de México que apoyó el exilio a México:	Número de refugiados llegados a México entre 1939 y 1942:
....	....	....

Ocupación de los refugiados: ....

Beneficio para México: ....

ESCUCHAR

[45] **6.4** **Elvira, una de las refugiadas acogidas por México, cuenta cómo logró salir de España. Escucha la primera parte de su historia y contesta las preguntas.**

- a ¿A qué partido pertenecía Elvira?
- b ¿Por qué decidió salir de España?
- c ¿Cuál era su profesión? ¿Dónde vivía?
- d ¿Con quién decidió salir?
- e ¿Qué encontraron en la frontera con Francia?
- f ¿Su marido había combatido en la Guerra Civil? ¿Por qué (no)?
- g ¿Qué decidieron hacer?

ESCRIBIR

6.5 **¿Cómo imaginas el viaje de Elvira a través de los Pirineos? Escribe una posible historia.**

[46] **6.6** **Escucha la segunda parte de la historia de Elvira. ¿Es como la imaginaste?**

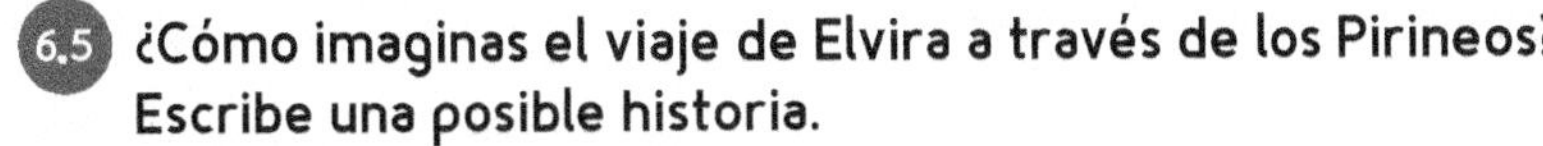

HABLAR

6.7 **¿Qué opinas sobre Elvira? ¿Conoces a alguna persona que haya sobrevivido a dificultades tan enormes?**

Conectores del discurso

- Para introducir un nuevo argumento o idea: **referente a, respecto a, en relación con, en cuanto a, por otra parte...**
- Para expresar un inconveniente u obstáculo que no impide que la acción principal se cumpla: **aunque, a pesar de que...**
- Para concluir: **por último, finalmente, para terminar, en conclusión...**

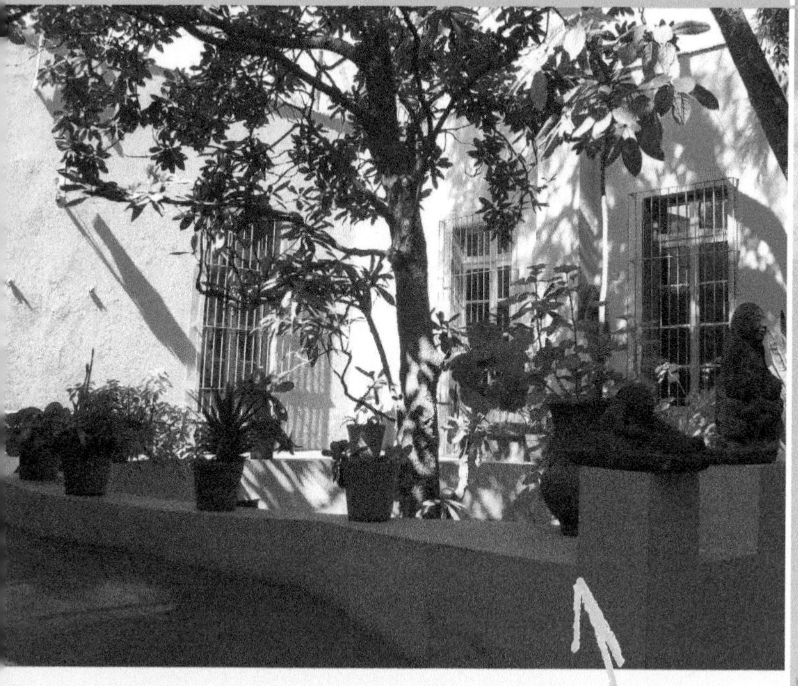

DOS PINTORES, DOS MUNDOS

¿SABEN QUÉ MUSEOS SON?

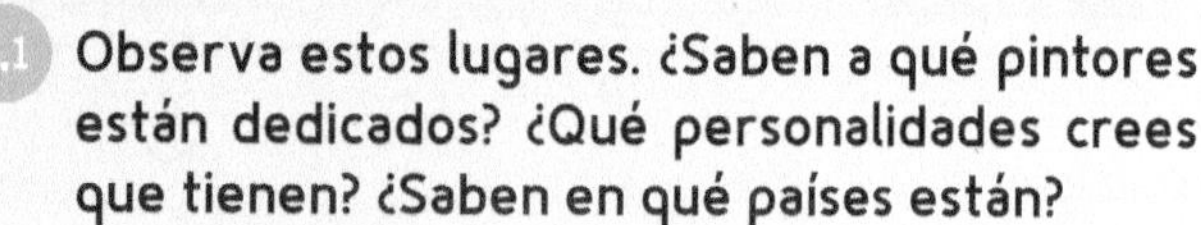

6.1 Observa estos lugares. ¿Saben a qué pintores están dedicados? ¿Qué personalidades crees que tienen? ¿Saben en qué países están?

CON ORIGINALIDAD

6.2 Ahora, observa con atención sus autorretratos y relaciona las siguientes frases con su autor.

- a Alguna vez salí a la calle totalmente de azul o con un geranio tras la oreja.
- b Dicen que mi pintura es surrealista, pero no es cierto. Yo siempre pinto mi propia realidad.
- c Recibí muchos mensajes del espacio a través de mis largos bigotes.
- d Soñé con montar mi propio museo y lo hice en mi ciudad natal.
- e A mi matrimonio lo definen como la unión entre una paloma y un elefante.
- f Pinto autorretratos porque paso la mayor parte de tiempo en soledad.

» Salvador Dalí.

☐ ☐ ☐

» Frida Kahlo.

☐ ☐ ☐

6.3 **Lee las biografías de los dos pintores y comprueba tus respuestas anteriores.**

SALVADOR DALÍ

Pintor español que nació en 1904 en Figueras, Gerona. Sus veranos en Cadaqués, un pequeño pueblo de pescadores, fueron lo mejor de su infancia y a menudo reflejó su paisaje y recuerdos en sus cuadros. De 1929 a 1936 fue la etapa más fructífera de su vida, donde pintó cualquier "pensamiento automático" que le pasaba por la cabeza. Encontró su propio estilo, el "método paranóico-crítico", y conoció al amor de su vida: Gala. Diseñó escaparates y decorados, creó sus primeros objetos surrealistas y salió a la calle pintado de azul o con un geranio tras la oreja. Durante la Segunda Guerra Mundial se exilió con Gala a Estados Unidos durante ocho años y conquistaron Nueva York. El estallido de la bomba atómica sobre Hiroshima le impresionó tanto que los fenómenos científicos y la física nuclear ocuparon el centro de su atención. Sus largos bigotes, desde los que recibía mensajes desde el espacio, y sus bastones alcanzaron una fama mundial.

»Museo de Dalí, Figueras.

A partir de 1970 se dedicó a su último gran sueño: montar su propio museo en el edificio del antiguo teatro de Figueras. Diseñó el museo como una gran autobiografía: una especie de cueva de "Dalí-Babá" que narra las distintas visiones del mundo que tuvo a lo largo de la vida... Murió en 1989 y fue enterrado en su museo de Figueras.

FRIDA KAHLO

Pintora mexicana que nació en Coyoacán, en 1907. Sin embargo, Frida siempre dijo que nació en 1910, año de la revolución mexicana. En 1925, un grave accidente de tranvía la dejó con lesiones permanentes durante toda su vida, y tuvo que someterse a 32 operaciones quirúrgicas. El aburrimiento y la soledad de la época de su recuperación la llevaron a pintar numerosos autorretratos. Años más tarde, en 1929, se casó con Diego Rivera, con el que mantuvo una relación basada en el amor, la infidelidad, el vínculo creativo y el odio. Se divorciaron para volverse a casar un año después. Al matrimonio lo llamaron la unión entre un elefante y una paloma, porque Diego era enorme y obeso, y Frida pequeña y delgada.

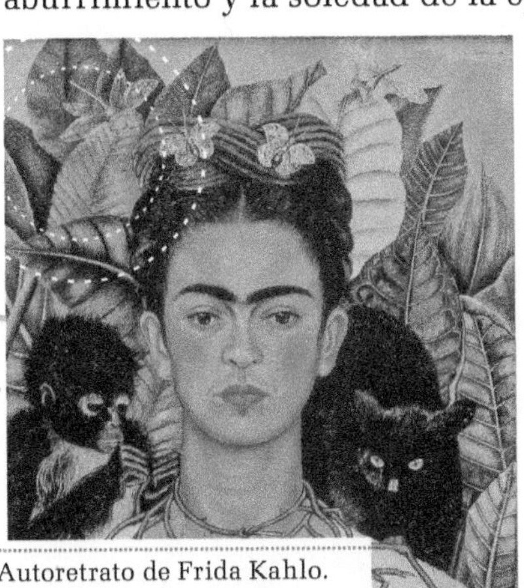
»Autoretrato de Frida Kahlo.

El poeta y ensayista surrealista André Bretón definió la obra de Frida como surrealista, pero ella lo negó afirmando que nunca pintó sus sueños, sino su propia realidad. Murió en Coyoacán en 1954, fue incinerada y sus cenizas se encuentran en la Casa Azul de Coyoacán.

Guía de Ocio

ARTE

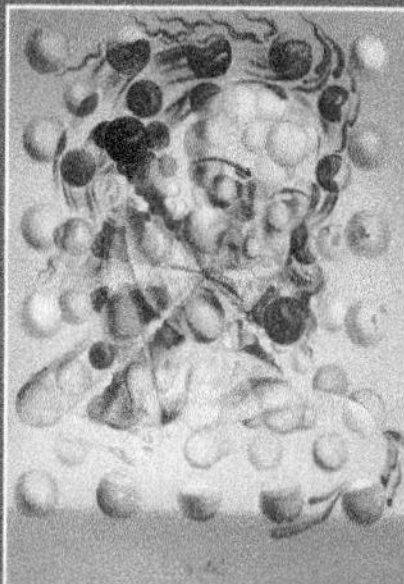

Galatea de las Esferas (1952). Salvador Dalí reflejó en este cuadro tres de sus obsesiones: su mujer Gala, la ciencia y el misticismo. Dalí se sintió muy atraído por la ciencia, primero con la teoría de la relatividad de Einstein y, después, con los experimentos nucleares, los avances en el estudio del ADN, la naturaleza de la luz o la física cuántica. En 1951 publicó el *Manifiesto místico*, donde expresó su interés por los fenómenos nucleares. En esta pintura combinó la vertiente espiritual, con el retrato místico de Gala, y la ciencia, reflejada en las esferas como pequeñas partículas que componen la materia y forman el universo.

1. ¿Cuáles son las obsesiones de Dalí representadas en este cuadro?
2. ¿Cuáles son las vertientes que se combinan en el cuadro? ¿Cómo se reflejan?
3. ¿Qué acontecimientos científicos influyeron en la obra de Dalí?
4. ¿En qué se basa su *Manifiesto místico*?

ARTE

Diego y yo (1949). Frida Kahlo pintó este autorretrato cuando su marido, Diego Rivera, mantenía una aventura con la estrella de cine María Félix, que además era amiga íntima de Frida. La pintora bromeó muchas veces sobre este romance. Sin embargo, esta pintura revela sus sentimientos. Frida llora porque está rota de dolor. Su larga melena que se enreda en el cuello simboliza el fuerte dolor que la está estrangulando. La obsesión que siente por su marido se refleja en la imagen de Diego en su frente que, a pesar del dolor que le ocasionan sus infidelidades, le sigue amando.

1. ¿En qué momento pintó Frida este autorretrato?
2. ¿Quién fue María Félix?
3. ¿Qué simboliza el largo cabello rodeando el cuello de Frida?
4. ¿Cómo se refleja en el cuadro la obsesión de Frida por su marido?

Busca en Internet la película *Frida* y observa un fragmento. ¿Cómo refleja la película la personalidad de Frida Kahlo?

CINE

Salma Hayek representó el papel de la famosa pintora mexicana en la película *Frida*, que estuvo nominada a seis Premios Oscar. Madonna y Jennifer Lopez estuvieron interesadas en protagonizar esta película.

LITERATURA PARA LA VIDA

¿Qué representan estas imágenes?

¿Con qué país las relacionas?

¿Qué otras cosas o temas relacionas con este país?

¿Conoces algún escritor de este país?

LITERATURA PARA LA VIDA

6.1 ¿Conoces a Juan Rulfo? ¿Qué sabes de él? Lee los siguientes datos biográficos de este autor.

JUAN RULFO

Juan Nepomuceno Carlos Pérez Rulfo Vizcaíno, más conocido como Juan Rulfo, nació en Acapulco, estado de Jalisco, el 16 de mayo de 1917. Murió en la ciudad de México, el 7 de enero de 1986. Fue escritor, guionista y fotógrafo perteneciente a la Generación del 52. La reputación de Rulfo se asienta en dos pequeños libros: *El llano en llamas*, publicado en 1953, y la novela *Pedro Páramo*, publicada en 1955. Juan Rulfo fue uno de los grandes escritores latinoamericanos del siglo XX, que pertenecieron al movimiento literario denominado "realismo mágico", y en sus obras se presenta una combinación de realidad y fantasía, cuya acción se desarrolla en escenarios americanos, y sus personajes representan y reflejan el tipismo del lugar, con sus grandes problemáticas socioculturales, entretejidas con el mundo fantástico.

INVESTIGA

Busca en Internet y amplía tu información contestando estas preguntas:

a ¿Asistió a la universidad? ¿Por qué temas sentía gran curiosidad y en cuáles se especializó?
b ¿Fueron importantes sus fotografías? ¿De qué trataban?
c ¿Ha tenido repercusión internacional o solo es conocido en el mundo hispano?
d ¿Has leído algún libro suyo?

6.2 Van a leer el comienzo del cuento de Juan Rulfo llamado *¡Diles que no me maten!*, que habla sobre la vida de los campesinos durante la Revolución mexicana. ¿Lo conoces? ¿De qué crees que trata?

[47] **6.3** Escucha y lee el fragmento. Después, responde a las preguntas: ¿Por qué Juvencio le pide a Justino que no lo maten? ¿Quién quiere matarlo?

Diles que no me maten

Juvencio: ¡Diles que no me maten, Justino! Anda, vete a decirles eso. Que por caridad. Así diles. Diles que lo hagan por caridad.

Justino: No puedo. Hay allí un sargento que no quiere oír hablar nada de ti.

Juvencio: Haz que te oiga. Date tus mañas y dile que para sustos ya ha estado bueno. Dile que lo haga por caridad de Dios.

Justino: No se trata de sustos. Parece que te van a matar de a de veras. Y yo ya no quiero volver allá.

Juvencio: Anda otra vez. Solamente otra vez, a ver qué consigues.

Justino: No. No tengo ganas de ir. Según eso, yo soy tu hijo. Y, si voy mucho con ellos, acabarán por saber quién soy y les dará por afusilarme a mí también. Es mejor dejar las cosas de ese tamaño.

Juvencio: Anda, Justino. Diles que tengan tantita lástima de mí. Nomás eso diles. (*Justino apretó los dientes y movió la cabeza*) –No. (*Y siguió sacudiendo la cabeza durante mucho rato*). Dile al sargento que te deje ver al coronel. Y cuéntale lo viejo que estoy. Lo poco que valgo. ¿Qué ganancia sacará con matarme? Ninguna ganancia. Al fin y al cabo él debe de tener un alma. Dile que lo haga por la bendita salvación de su alma.

Justino: (*Se levantó de la pila de piedras en que estaba sentado y caminó hasta la puerta del corral. Luego se dio vuelta*). Voy, pues. Pero si me afusilan a mí también, ¿quién cuidará de mi mujer y de los hijos?

Juvencio: La Providencia, Justino. Ella se encargará de ellos. Ocúpate de ir allá y ver qué cosas haces por mí. Eso es lo que urge.

(Fragmento de *Diles que no me maten*, Juan Rulfo)

6.4 De acuerdo con lo que leyeron, ¿podrían describir un poco a los dos personajes? ¿Podrían calcular sus edades? ¿En qué tiempos creen que tuvo lugar?

6.5 Con lo que han leído del cuento traten de construir su propia versión de la historia. ¿Qué es lo que creen que pasó para estar en esta situación?

....

....

....

[48] **6.6** Escucha ahora el argumento del cuento y contesta a las siguientes preguntas.

- a ¿Quiénes estaban enemistados?
- b ¿Cuál era la causa de esta pelea?
- c Finalmente, ¿qué desató y cuál fue el dramático final?
- d ¿Cómo vivió Juvencio?
- e ¿Le sirvió para algo la decisión que tomó de cómo vivir su vida?
- f ¿Coincide el argumento real del cuento con lo que habían imaginado?

- **Completa estas frases y relaciónalas con su función correspondiente.**

1 Te recomiendo que ....

....

2 Estaba prohibido que ....

....

3 Les agradecería que ....

....

a ▢ Prohibición
b ▢ Orden o petición
c ▢ Consejo

- **Traduce a tu lengua. ¿Cómo has traducido los subjuntivos?**

1 Sería aconsejable que siempre lucharas por el bien común.

....

2 Yo en tu lugar, sería prudente.

....

3 Estaba prohibido que los familiares entraran a la zona de prisioneros.

....

4 El juez me pidió que hablara con más claridad.

....

- **Escribe una frase para cada situación.**

1 Da un consejo para mejorar las condiciones sociales de tu barrio.

....

2 Pide consejo a un amigo para superar los problemas de desigualdad en tu trabajo.

....

3 Exige ciertas condiciones para elegir al alcalde de una ciudad.

....

- **Completa las siguientes frases.**

1 Si vienes ....

2 ....
.... tendría más dinero.

3 Si viviera en otro país ....

....

- **Completa las siguientes frases.**

1 Estás viviendo la vida como si ....

....

2 Disfrutaba de sus vacaciones como si ......

....

3 Se comió él solo todos los pasteles, ni que

....

AHORA SOY CAPAZ DE...

		SÍ	NO
1	...pedir y dar consejo.	▢	▢
2	...pedir y exigir formalmente.	▢	▢
3	...expresar condicionales posibles y poco probables en el presente y en el futuro.	▢	▢
4	...expresar condicionales irreales en el pasado.	▢	▢
5	...comprender y usar palabras relacionadas con los momentos de la historia.	▢	▢

Historia social y política
el acontecimiento event, occurrence
el alzamiento uprising, revolt
el apoyo support
el/la campesino/a farmer, peasant
el campo de concentración concentration camp
el cargo charge
el/la conscripto/a draftee
la depuración filtering, purification
el/la detenido/a detainee
la dictadura dictatorship
la fosa común mass grave
el golpe de Estado coup
la guerra war
el inicio beginning, start
la junta militar millitary junta
el/la líder/esa leader
la lucha fight, battle
la manifestación demonstration, protest
el poder power
la reforma agraria land reform
el/la refugiado/a refugee
la represalia reprisal, retaliation
la sepultura burial
el trabajo forzado forced labor
el tratado treaty

Verbos
agruparse to form a group
censurar to censor, denounce
contraer to contract
durar to last
exigir to demand
fusilar to execute by firearm
liderar to lead
mantenerse to stay, keep
obsequiar to reward
preservar to preserve
prestar atención to pay attention
reconocer to recognize
rendirse to give up, surrender
surgir to arise, emerge
tomar medidas to take measures

Palabra y expresiones útiles
actualmente at present, currently

Conectores del discurso
a pesar de que despite the fact that
aunque even though
en conclusión in short, to sum up
en cuanto a regarding, with regard to
en relación con in relation to/with
finalmente finally
para terminar in closing
por otra parte on the other hand
por último lastly
referente a concerning
respecto a with respect to

- ¿Cuál es la relación entre las personas de la imagen?
- ¿Qué crees que representa la imagen?
- ¿Es una actividad que se ve con frecuencia en tu cultura?
- ¿Lo has hecho tú alguna vez? Explica las circunstancias.

» Padre cuidando a su bebé.

TODO CAMBIA

7

Learning outcomes

By the end of this unit you will be able to:

- Discuss social changes relating to marriage and family
- Talk about new directions in film
- Soften harsh opinions
- Express different meanings using roundabout expressions
- Talk about events using passive voice
- Express change

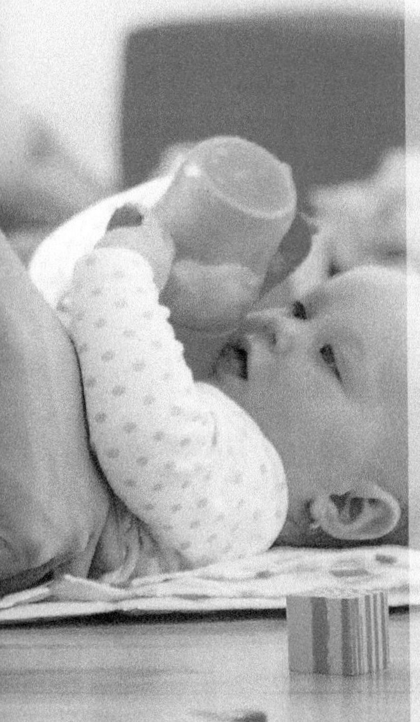

PARA EMPEZAR

IMÁGENES DEL CAMBIO

7.1 Se ha creado un concurso a través de Instagram para mostrar los cambios que se han producido en los últimos tiempos en nuestra sociedad. Observen la frase que acompaña a la publicidad del evento. ¿Están de acuerdo con ello?

EL PROGRESO SIN CAMBIO ES IMPOSIBLE Y QUIENES NO PUEDEN CAMBIAR SUS MENTES NO PUEDEN CAMBIAR NADA

7.2 Estas son algunas de las fotografías que se han presentado a concurso. ¿Qué crees que quiere representar el fotógrafo en cada una de ellas?

a

b

c

[49]

7.3 Escucha y lee la entrevista que se les hizo a los tres finalistas sobre el tema de sus fotografías. Después, completa la tabla.

Entrevista 1

Presentador: ¿La foto fue tomada con alguna intención?

Inma: Sí, con la intención de mostrar que nosotros los hispanos ya no vivimos como antes. Casados o solteros, con hijos o sin ellos, solos o acompañados... Lo cierto es que los modelos de intimidad han sido modificados y las familias no son lo que eran. Y esta es la idea que he querido transmitir.

P.: ¿En qué sentido se han modificado los modelos?

I.: Hoy, el cómo y con quién vivimos es, más que una exigencia social, una opción de vida, fruto de la libertad de elección. Cada vez hay menos familias numerosas y menos matrimonios, el divorcio ya no es un escándalo y las mujeres no temen afrontar a solas la maternidad. Así, al esquema tradicional han sido incorporados modelos familiares que desde finales de los años noventa se han ido consolidando. Los sociólogos coinciden en afirmar que la presencia de estas nuevas familias es cada vez mayor y que, en consecuencia, ya han sido legitimadas y aceptadas por la sociedad.

Entrevista 2

Presentador: ¿Qué ha querido mostrar con esta fotografía?

Rosa: Con esta fotografía quiero mostrar cómo el rol de la mujer dentro de la sociedad ha evolucionado. Y no solo en términos de inserción laboral o papel activista dentro de la familia. En la actualidad nos estamos enfrentando a un cambio en la definición de lo que es ser mujer y esto implica pelearse con siglos de tradición.

P.: Pero, según tu opinión, ¿cómo es exactamente ese rol femenino hoy en día?

R.: El rol de las mujeres hoy en día es más completo que hace algunos años, gracias a que estamos más preparadas. Hemos demostrado una y otra vez que hacemos un buen papel dentro del mercado laboral. Las conquistas de las mujeres en el mundo laboral, educativo, formativo y de planificación les han permitido una independencia y autoconsciencia a todos los niveles: económico, personal y sociocultural.

P.: ¿Cuál es el próximo objetivo?

R.: Que se igualen los derechos y la mujer sea remunerada igual que un hombre en el mismo trabajo, que no sea discriminada por parámetros estéticos que no se le exigen al hombre y que la dedicación a los hijos sea compartida, al igual que el mantenimiento de la casa, que se deje de ejercer violencia doméstica, etc. En conclusión, que exista una igualdad en todos los sentidos.

P.: Pero, ¿no ha sido logrado ese objetivo?

R.: Se va mejorando, pero falta...

Entrevista 3

Presentador: ¿Qué quisiste plasmar con esas palomitas en el aire?

Jacobo: Las palomitas tradicionalmente han representado la magia del cine, pero los muchachos no están en el cine. Las nuevas tecnologías consiguen el aquí y ahora en todo y las salas de cine ya no se llenan como antes. Seríamos ignorantes si pensáramos que Internet, nuevos equipos de imagen y sonido... no nos han cambiado nuestros hábitos respecto al cine. Por lo que muchos cineastas han sido seducidos por Internet y por las nuevas tecnologías para difundir y acercar sus obras a un nuevo público mucho más digital y cambiante.

	¿De qué fotografía está hablando?	¿Qué tema trata de expresar?	¿Qué cambios sociales se han producido?
Entrevista 1			
Entrevista 2			
Entrevista 3			

¡PRACTICA!

7.4 Con los aspectos anteriores que han cambiado en la sociedad actual, escriban un diálogo similar siguiendo las instrucciones. Después, representen la conversación con su compañero/a.

1. Elige un tema y presenta tu opinión sobre él.
2. Expresa tu desacuerdo ante la opinión de tu compañero/a y expresa la tuya.
3. Intenta ser suave para defender tu opinión.

LA FAMILIA EN TRANSICIÓN

VOCABULARIO

7.1 La fotógrafa Inma nos contaba que para ella se ha producido un cambio social en el concepto mismo de familia. Une cada imagen con los temas relacionados con los cambios de familia.

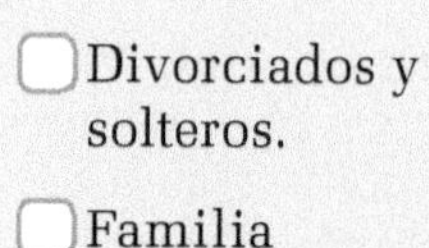

- ☐ Divorciados y solteros.
- ☐ Familia monoparental con hijos a su cargo.
- ☐ Pareja tradicional.
- ☐ Matrimonio del mismo sexo.

7.2 Averigua el significado de estas expresiones y busca una relación lógica con los temas anteriores.

7.3 Lee las historias de este reportaje sobre los cambios en los modelos familiares en los últimos años y completa los espacios en blanco con las expresiones anteriores.

1 «No pasa nada por estar sola», dice convencida Nuria Bermejo. Ella siempre quiso tener hijos. «Cuando aprendes a vivir sola te vuelves muy [1] ...., y simplemente no apareció la persona adecuada», comenta. Ella optó por la [2] ...., la opción más cara, pero también la más rápida y eficaz. El resultado es Sara, un bebé de dos meses que duerme junto a la cama de su madre. «Al principio te parece raro, pero luego dices: ¡cuánto tiempo he perdido! A veces sufro mucho porque mi familia debe de pensar que tener una [3] .... sería lo mejor para mí, pero no pasa nada por estar sola».

2 «Miguel Ángel y Alberto llevan juntos siete años. Se casaron en julio de 2011, cinco años después de la Ley del matrimonio de personas del mismo sexo, y lo hicieron en el ayuntamiento. [4] .... su apartamento con su perra Nesca y Fernando, su gato. En el día a día están muy organizados: Alberto se encarga de la comida, y Miguel Ángel, de la limpieza. Ambos piensan en [5] ...., aunque Alberto prefiere esperar: «Para eso hay que tener una vida más tranquila».

3 «No me imagino conviviendo con alguien» dice Virginia Barbancho. Tras su [6] ...., hace ya tres años, decidió comprarse algo propio. «Me hace mucha ilusión», confiesa. A su alrededor no queda ni rastro de su vida anterior. «Con la nueva ley todo fue facilísimo, y como no teníamos hijos ni [7] ....». Ahora está muy adaptada a estar sola. Lo que peor lleva es cocinar para uno. Las claves de su vida son el trabajo, la familia y los amigos, y aunque no cierra las puertas al amor, no está dispuesta a renunciar a su [8] ....
¿Volvería a casarse? «Si se dan las circunstancias, ¿por qué no?».

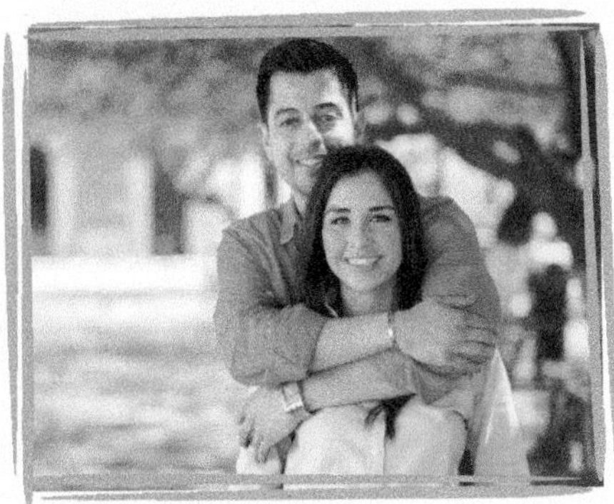

4 «Tenemos la vida que queremos», comentan José y Esther. Quién los ha visto y quién los ve. Hace tres años su [9] .... era el punto de encuentro entre sus amigos cuando llegaba el fin de semana. Pero todo cambió con la llegada de Deva, hace ya dos años y medio. Entonces dejaron sus estudios por una amplia casa en una [10] .... con piscina en las afueras. «Nos mudamos por la niña», explica Esther. Llevan juntos 10 años y se casaron hace cinco. «Queríamos [11] .... en nuestra relación, y también era una forma de celebrar nuestro amor». Ven a sus amigos siempre que pueden y, aunque no es como antes, no sienten nostalgia. «Hay etapas en la vida, y ahora tenemos la que queremos».

(Ver más en: http://www.20minutos.es/noticia/631685/0/nuevas/familias/ejemplos/#xtor=AD-15&xts=467263)

7.4 Relaciona cada uno de los textos anteriores con los temas de la actividad 7.1.

Texto 1: .... Texto 2: .... Texto 3: .... Texto 4: ....

7.5 Lee las siguientes expresiones y encuentra sus sinónimos en los textos.

a Estamos satisfechos. *Tenemos la vida que queremos.*
b Si nada lo impide... ....
c Todos pasamos por diferentes fases. ....
d Es necesario estar estable. ....
e No tener pareja no está mal. ....
f No he encontrado nadie especial. ....
g El lugar donde quedábamos... ....
h Me produce felicidad. ....
i No hay nada de... ....

COMUNICACIÓN

- **Restar o agregar fuerza a la propia opinión**

» Para hacer la **opinión más suave**, se usa:

– el **condicional**:

– ***Seríamos*** *ignorantes si no pensáramos que Internet y las nuevas tecnologías nos han cambiado los hábitos.*

– *Lo lógico* ***sería*** *que las parejas se conocieran bien antes de casarse.*

– **elementos atenuadores**, tanto para opinar como para expresar acuerdo y desacuerdo:

– ***Si no me equivoco,...***

– ***A lo mejor me equivoco, pero...***

– ***Tengo entendido que...***

– ***No sé mucho de este asunto, pero...***

– ***Parece (ser) que...***

– ***Por lo visto...***

– **expresiones de probabilidad**: *quizás, probablemente, posiblemente...*

– ***Probablemente*** *los jóvenes no tengan el mismo concepto de familia que nuestros abuelos.*

! Atención

Las construcciones *creo que, me parece que, me temo que...* pueden funcionar como atenuadores cuando el hablante da información desagradable a otra persona.

– ***Creo que*** *no vamos a salir esta noche.*

» Para dar **mayor fuerza** a la opinión se puede desenfocar la primera persona al opinar y se usa:

– la 2.ª persona del singular:

¿Qué opinas sobre la fecundación in vitro? ***No sé si*** *como familia monoparental* ***puedes*** *dar tu opinión al respecto.*

Comprenderás *que, en mi situación, mi opinión es muy favorable.*

– ***uno / una*** + verbo en 3.ª persona del singular. Este uso es parecido al anterior, pero se aleja más de la persona que escucha:

– ***Uno cree*** *que conoce bien a su pareja y luego se da cuenta de que se equivocó.*

– ***nosotros***, especialmente en textos escritos y en discursos de carácter expositivo, a modo de conclusión:

– *Con todo esto,* ***creemos*** *que para adoptar hay que tener una vida más tranquila.*

7.6 Interpreta el uso de los siguientes atenuadores o de refuerzo y compara tu interpretación con la de tu compañero/a.

a **Tengo entendido que** usted es el responsable de este departamento y podría ayudarme.

b **Creo que** no hemos tomado el tren que debíamos.

c **Por lo visto** se van a divorciar...

d **Comprenderás que**, como padre de familia, mis hijos son lo más importante.

e **Tendríamos** muchos problemas si dijéramos lo que pensamos todo el tiempo.

f **Si no me equivoco**, la capital de Perú es Lima.

7.7 Atenúa las siguientes opiniones. Después, discute con tu compañero/a qué posibilidades hay para darles más fuerza.

a. Estoy convencida de que hiciste mal tu trabajo.

....

....

b. Para mí, está claro que tienes que ir al doctor, tienes un problema grave.

....

....

c. ¿Que qué pienso de mis estudiantes? Pienso que no puedo hablar mal de ellos porque soy el profesor.

....

....

d. Casarse en el ayuntamiento es la opción más práctica.

....

....

e. La familia estandarizada es una opción más.

....

....

f. Cuando vives solo, eres más exigente.

....

....

g. Creo que antes de casarse es necesario convivir durante algún tiempo.

....

....

h. Cuando te casas, renuncias a tu independencia.

....

....

7.8 Observa la imagen: ¿de qué temas están opinando? Crea con un compañero/a un diálogo entre dos personas en el que aparezcan estas frases y añadan otras opiniones empleando los recursos aprendidos. Después, represéntenlo.

a. La familia monoparental es una opción más.

b. Casarse por la iglesia es la opción más tradicional.

c. Cuando vives con tu pareja, te vuelves menos exigente.

d. No creo que antes de casarse sea necesario convivir durante algún tiempo.

EL CINE EN TRANSICIÓN

VOCABULARIO

7.9 **¿Recuerdas la entrevista de la fotografía relacionada con el cine? Hablaba de la influencia de las nuevas tecnologías en el cine y de cómo estas seducen por igual a público y cineastas. Alejandro González Iñárritu, director de cine mexicano, respondió así a una de las preguntas que le hizo un periodista en 2002. Lee y responde verdadero (V) o falso (F) según tu interpretación.**

> *¿La tecnología dará el modelo para la futura experimentación?*
>
> Los avances en la reproducción de cine —el DVD— están representando el inicio de algo tremendo por venir. La gente ya no solo puede ver cine en sus casas, sino que puede explorar las escenas. La interactividad que existe va a ir creciendo hasta que existan los DVDs donde tú vas a poder meterte en una escena, o en la escena donde filmó el otro director, o en finales totalmente distintos.

» Alejandro González Iñárritu.

		V	F
a	Iñárritu es muy escéptico frente a la tecnología.	☐	☐
b	El director cree que las películas solo se pueden disfrutar en el cine.	☐	☐
c	La tecnología va a permitir que los espectadores decidan los finales de las películas.	☐	☐

7.10 **La opinión de Iñárritu es del 2002. En unos pocos años la forma de ver cine ha cambiado mucho y sigue cambiando. ¿Estás de acuerdo con el director? ¿Qué cambios han sido los más importantes para ti? ¿Cuáles han sido menos positivos? Habla con tu compañero/a y reflexionen sobre los siguientes conceptos relacionados con el cine y nuestros hábitos.**

- Acceso a *streaming*.
- Películas en 3D.
- Duración de las películas.
- Efectos especiales.
- Precio de los boletos.
- Sonido envolvente.
- Violencia gráfica.

7.11 Lee el siguiente artículo de opinión sobre el cine mexicano aparecido en la revista humorística *El Viernes* y ponle un título impactante.

CINE

....

Se dice que el cine mexicano vuelve a estar en estado de alerta: los espectadores van al cine, aunque menos frecuentemente, y no se sabe si van por la película o por las palomitas; las distribuidoras siguen exhibiendo un gran número de películas extranjeras en detrimento de las nacionales; y los productores no sueltan ni un peso.

Hace un año estas noticias no me preocupaban demasiado. Sí, mi postura era egoísta, propia de alguien que no tenía nada que ver con el negocio del cine: mi principal preocupación, como escritor, consistía en conseguir que alguna de mis novelas superara la venta de más 4000 ejemplares, cosa que, hasta el momento, sigo sin lograr. Pero, ahora, las cosas han cambiado. Acabo de dirigir mi primera película y me paso las tardes metido en la sala de montaje con Luis Carballar, uno de los gigantes del oficio: con dos Arieles ganados y una nominación para el Oscar, por su trabajo con Iñárritu en *Amores Perros*.

Con Luis se la pasa uno muy bien, y es bastante normal que después de alguna secuencia, cuyo montaje me deja con la boca abierta, me sienta muy optimista y piense que en la próxima ceremonia de los premios de la Academia nos van a caer más de un par de las estatuillas a nuestra película. Sin embargo, hay que recordar que la mayor parte de las películas mexicanas no tuvieron éxito en taquilla. Es más, no duraron ni una semana en exhibición, nadie fue a verlas y no recaudaron ni la mitad del dinero que costó producirlas.

Hay que seguir trabajando e intentando que esa historia que rodaste guste y capte el interés de un número suficiente de espectadores para que un productor te financie tu próximo proyecto.

¿Para qué te vas a amargar pensando en la crisis del cine nacional? En general, la gente prefiere ver películas extranjeras aunque sean peores churros que las nuestras.

Como cuestan más dinero, tienen mejores efectos especiales y apantallan más, los espectadores deben de preguntarse por qué los boletos cuestan lo mismo que los de las películas mexicanas, que generalmente están hechas con poca lana (como la mía). Pero también es verdad que algunas películas mexicanas (bueno *quasi* mexicanas, digo yo, los temas no son mexicanos, los directores no viven en México y a veces ni son habladas en español) recaudan millonadas.

Lo cierto es que seguimos sin entender la clave del éxito, pues el público sigue siendo una entidad incomprensible. La verdad es que, suceda lo que suceda, la paso padre rodando y montando; tomé la decisión de seguir luchando en este fascinante negocio y no dejarme vencer por la eterna crisis del cine nacional.

7.12 Subraya las frases del artículo que pienses que son clave y extrae las ideas principales del texto. Después, contrástalas con las que subrayó tu compañero/a. ¿Coinciden?

COMUNICA MÁS

7.13 De estos cuatro resúmenes, elige el que más se acerca a la idea principal del artículo y justifica tu respuesta. Trabaja con tu compañero/a.

a ☐ El cine mexicano ha dejado de tener importancia en las carteleras de los cines, dando lugar a una eterna crisis. Las razones son múltiples y algunas de ellas hasta inexplicables.

b ☐ Los profesionales del cine mexicano llevan mucho tiempo sufriendo una crisis por falta de financiación y por el éxito del cine extranjero en el público mexicano.

c ☐ El autor del texto ha empezado a tener insomnio por culpa de la crisis del cine mexicano. Sueña con productores, falta de espectadores, carteles de películas fracasadas... Aunque al final dice que nada de esto vale la pena y que lo que hay que hacer es disfrutar al lado de profesionales y haciendo lo que te gusta, sin importar que guste o no.

d ☐ Por extrañas razones, ante la misma calidad, los espectadores mexicanos prefieren ir a ver películas extranjeras que mexicanas. No hay una fórmula mágica y lo mejor es disfrutar haciendo algo que te guste.

HOLLYWOOD
PRODUCTION
DIRECTOR
CAMERA
DATE SCENE TAKE

7.14 Encuentra en el texto de la actividad 7.11 expresiones que signifiquen lo mismo que estas. *¡Atención!*, puede haber más de un sinónimo.

a Público: ....

b Maíz inflado que se come en el cine: ....

c Estatuilla: ....

d Trabajo: ....

e Películas muy malas: ....

f Poco dinero: ....

g Fracasar: ....

h Divertirse: ....

i Ganar mucho dinero: ....

j Filmar y preparar todo lo necesario para hacer una película: ....

7.15 Elige verdadero (V) o falso (F) y encuentra las frases equivalentes en el texto.

Según el autor del artículo:

	V	F
a La única razón para que el cine mexicano esté en estado de alerta es la escasez de dinero para financiar películas.	☐	☐
b No se la pasa bien haciendo cine ante el negro panorama del cine mexicano y piensa dejarlo.	☐	☐
c Nunca se había preocupado por la crítica situación en la que se encuentra el cine hecho en México porque, en realidad, él no se consideraba director de cine, sino novelista.	☐	☐
d No vale la pena desanimarse por la crisis del cine mexicano, porque lo mejor es disfrutar con el trabajo y hacer disfrutar a los demás.	☐	☐
e Cuando crees que estás haciendo un buen trabajo, empiezas a soñar con el éxito, hasta que te das cuenta de la cantidad de películas que han fracasado en taquilla.	☐	☐

COMUNICACIÓN

- Las **perífrasis verbales** son expresiones compuestas por dos verbos: el segundo verbo puede estar en infinitivo o gerundio. *Perífrasis* significa rodeo (*to talk around something*), así que la unión de los dos verbos da una connotación diferente a la que se da con un solo verbo.

Perífrasis de infinitivo

» ***Llevar sin*** + infinitivo: expresa la cantidad de tiempo que hace que alguien no realiza una acción.
 – *Llevo un año sin ver una buena película.*

» ***Dejar de*** + infinitivo: indica la conclusión o interrupción de una acción.
 – *Dejé de ver la televisión porque prefiero hacer streaming.*

» ***Deber de*** + infinitivo: expresa la probabilidad de la realización de una acción.
 – *Salma Hayek debe de ser muy rica. Tiene su propia casa productora.*

» ***Volver a*** + infinitivo: expresar la repetición o reanudación (*resumption*) de una acción.
 – *El cine mexicano vuelve a estar en estado de alerta.*

» ***No acabar de*** + infinitivo: indica la no realización de una acción en su totalidad.
 – *No acabo de entender por qué su película no fue nominada para el Ariel.*

» ***Acabar de*** + infinitivo: expresa una acción finalizada recientemente o que se está finalizando.
 – *Acabo de dirigir mi primera película.*

Perífrasis de gerundio

» ***Llevar*** + expresión de tiempo + gerundio: indica la cantidad de tiempo que alguien realiza una acción.
 – *Lleva varios años dirigiendo películas.*

» ***Seguir*** + gerundio: expresa la continuación de una acción.
 – *Sigues intentando que el film que rodaste le guste a la gente.*

» ***Andar*** + gerundio: expresa la continuación de una acción, valorada casi siempre negativamente.
 – *Anda buscando financiación para su próxima peli.*

7.16 Escribe una frase con el mismo significado empleando una de las perífrasis anteriores. Hay varias opciones de respuestas.

a. Manuel empezó a trabajar con nosotros en 2010 y aún trabaja en esta empresa.
....

b. La productora está entrevistando a demasiados actores.
....

c. Quizás el estreno de la película será en diciembre.
....

d. Por más que lo pienso, no comprendo por qué no le dieron el premio.
....

e. Los actores fumadores tienen que abandonar el hábito de fumar para no dañar sus voces.
....

COMUNICA MÁS

7.17 Esta es la entrevista que se le hace a una actriz veterana en el programa Cinemás, en la que nos revela parte de su vida. Completa los espacios en blanco con algunas de las perífrasis anteriores, conjugándolas correctamente.

Locutor: De nuevo con ustedes en Cinemás y [1] .... hablando con una de nuestras actrices de moda: María Mayo. María, dentro de su vida personal y profesional, ¿qué cosas [2] .... hacer y qué cosas ha tenido que hacer para conseguir lo que quería?

Actriz: Bueno, cosas que he hecho o que no he hecho en mi vida hay muchas... Yo creo que [3] .... luchar mucho, pero al final acabé haciendo los papeles que yo quería, ¿no?
Yo creo que al principio de mi carrera, los directores [4] .... ver las posibilidades que yo tenía como actriz. Siempre me daban el mismo tipo de papel, ¿no? La típica mujer de negocios, agresiva, fría, cruel, ¿verdad? En fin, dejé de hacer muchas películas por culpa de este tema, hasta que un día conocí a Iñárritu en los Arieles.

Locutor: Sí, eso marcó un antes y un después en su carrera, desde luego.

Actriz: Puede ser, sí... Yo creo que cuando lo conocí, [5] .... rodar una película dos años..., sí, dos años; había decido [6] .... actuar en el escenario y la verdad es que cuando me hice actriz de teatro me sentí muy satisfecha.

Locutor: Sí, debe de estar muy orgullosa de su trabajo en el teatro. Pero, cuéntenos, ¿qué pasó la noche de los Arieles?

Actriz: Pues fíjese que me invitaron a la fiesta que tiene lugar después de los premios y allí fue donde me presentaron a Iñárritu que, parece ser, estaba interesadísimo en conocerme. Y, la verdad, es que nos caímos de lo mejor, no me puse nerviosa ni al principio y no [7] .... hablar en toda la noche, me contó sus proyectos y me ofreció el papel de mi vida.

Locutor: Nunca olvidaremos su interpretación, fue increíble. Muchas gracias por estar con nosotros; el tiempo se nos acaba, espero que [8] .... venir muy pronto a nuestro programa porque nos encanta tenerla con nosotros.

Actriz: Y a mí que me inviten, encantada de estar con ustedes.

Locutor: Queridos oyentes, nos despedimos hasta el próximo programa con la banda sonora de ese peliculón que todos conocen...

[50]

7.18 Ahora escucha la entrevista y comprueba tus respuestas.

7.19 Responde a estas preguntas sobre la entrevista.

- **a** ¿Cree María que los directores valoraban su talento al inicio de su carrera?
- **b** ¿Qué personajes interpretaba María al principio? ¿Le gustaba?
- **c** ¿Cuánto tiempo hacía que no trabajaba en cine cuando conoció a Iñárritu?
- **d** ¿Dejó de ser actriz cuando dejó de hacer cine?
- **e** ¿Cómo fue ese primer encuentro?

PRONUNCIACIÓN y ORTOGRAFÍA

Abreviaturas, siglas y acrónimos

7.1 **Lee el cuadro que tienes a continuación y complétalo con estos ejemplos.**

- Sr. Riva
- HD
- Avda.
- teleñeco
- OVNI
- Mercosur
- EE.UU.
- JJ.OO.
- emoticono
- WC
- informática
- DVD

LAS ABREVIATURAS

- La **abreviatura** es el acortamiento de una o varias palabras. Si la palabra de origen se escribe con mayúscula o lleva tilde, la abreviatura también lo hará. Por regla general, después de una abreviatura se escribe punto. En su lectura en un texto escrito, leeremos la palabra completa, nunca la abreviatura.

Ejemplos: *pág.* por *página; Dra. Sabas* por *Doctora Sabas,* ....

....

LAS SIGLAS

- La **sigla** es la palabra resultante de la unión de las letras iniciales de varios términos. El resultado puede ser:

» Una palabra **impronunciable** como ISBN (por *International Standard Book Number*). Se lee letra por letra. Siempre se escribe en mayúscula y nunca separada por puntos. El plural de las siglas lo marcan las palabra que tienen a su alrededor.

Ejemplos: *ONG* por *organización no gubernamental,* ....

....

» Una palabra **pronunciable** como ONU (por *Organización de las Naciones Unidas*). Estas palabras se llaman **acrónimos**. Se leen como palabras, y, si su uso es muy frecuente, se pueden llegar a escribir en minúscula. También pueden estar formados por el principio y final de dos o más palabras.

Ejemplos: *Internet, módem,* ....

....

* En español, muchas siglas o acrónimos se adaptan a esta lengua, por lo que es posible que no coincidan con tu idioma.

Ejemplo: *ONU* por *UN, OTAN* por *NATO, SIDA* por *AIDS...*

7.2 **Averigua el significado de estos términos y decide si son abreviaturas, siglas o acrónimos.**

a C.V. ▶ ....
b UE ▶ ....
c TLC ▶ ....
d DRAE ▶ ....
e Unicef ▶ ....
f c/ ▶ ....
g D.F. ▶ ....
h Unesco ▶ ....
i Rte. ▶ ....

CARTELERA DE CINE

SINOPSIS

Después de mucho tiempo sin verse, tres hermanas (Gloria, Ana y Lidia) se reencuentran, ya que su madre (Adela) ha fallecido. Su última voluntad es que sus tres hijas repartan las cenizas (ashes) en tres partes iguales. Una es para las hijas, quienes tendrán que iniciar un largo viaje para cumplir con su voluntad. De esta manera, las hermanas conocerán la auténtica verdad sobre por qué su madre se quedó sola y por qué su padre huyó cuando eran pequeñas. El descubrimiento de esos secretos familiares determinará el futuro de todas ellas.

¿SABÍAS QUE...?

- Es la tercera película de la directora española Gracia Querejeta.
- La película alterna el pasado y el presente, con constantes *flashbacks* que unen las viejas historias del pasado con los traumas del presente y los temores del futuro.
- Otro gran acierto es el uso de la música y, sobre todo, del color rojo, símbolo del dolor. Adela, en una de las escenas, le dice a su marido: "Veo todo rojo. Tú no sabes lo que es que te dejen de querer. Lo invade todo".
- Tuvo siete nominaciones a los Premios Goya.

SECUENCIA

00:09:55 → 00:14:34

DATOS TÉCNICOS

Título	Cuando vuelvas a mi lado.		
Año	1999.	Género	Drama.
País	España, Italia y Francia.	Directora	Gracia Querejeta.

Intérpretes

Mercedes Sampietro, Julieta Serrano, Marta Belaustegui, Adriana Ozores, Rosa Mariscal, Ramón Barea, Isabel Rodríguez, Giovana Muñoz, José Ángel Egido, Francois Dunoyer.

ANTES DE VER LA SECUENCIA

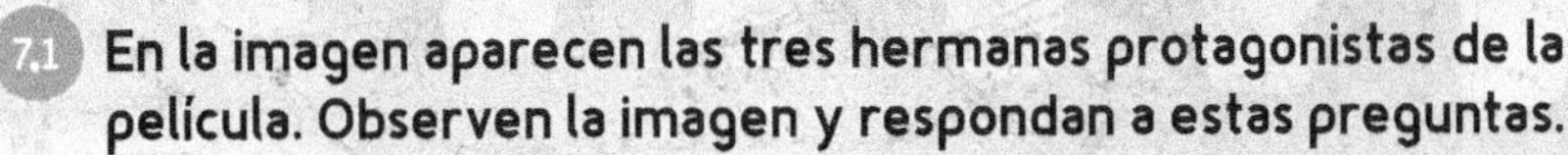

7.1 En la imagen aparecen las tres hermanas protagonistas de la película. Observen la imagen y respondan a estas preguntas.

- a ¿Quién crees que es la mayor? ¿Y la pequeña?
- b ¿Qué edades crees que tienen?
- c ¿Cómo crees que son?
- d ¿Crees que se llevan bien? ¿Por qué?

7.2 Lee estas tres críticas sobre la película y comprueba tus respuestas anteriores. ¿Cuál de estos textos se relaciona mejor con los contenidos de la unidad?

a La película se centra exclusivamente en la visión femenina de la vida. Adela, la madre, aunque rebelde, representa el pasado y los valores tradicionales que tanto han condicionado al rol femenino. Las hijas solteras e independientes, Lidia de treinta y tantos y Gloria y Ana de más de cuarenta, son el reflejo de un tipo de mujer actual que no termina de encontrar su identidad y libertad en un mundo dominado por los hombres.

b Pasado y presente se funden en la misma historia para ofrecer una reflexión sobre la gran evolución de las relaciones personales, la familia y el papel de la mujer actual a través de la difícil relación de tres hermanas de diferentes edades y personalidades, pero con la misma historia familiar y los mismos interrogantes.

c Una historia llena de secretos en la que las tres hermanas descubrirán su pasado y el de su madre y familia. La película se centra en sentimientos eternos como el amor, la soledad, el miedo, la incomprensión y los celos, mezclados con el misterio y la tragedia de un pasado confuso que se descubre en el presente.

7.3 Ahora clasifica estos comentarios sobre la película en el tema correspondiente.

	La familia en transición	El cine en transición
a Ninguna de las tres hermanas se ha casado y simbolizan la independencia femenina.	☐	☐
b Es un ejemplo de cine de autor: la historia es creíble pero muy dura, y no busca agradar, sino expresar y reflexionar.	☐	☐
c El espectador tiene la responsabilidad de averiguar poco a poco la personalidad de cada personaje.	☐	☐
d Las tres hermanas tienen una vida más fácil y libre que la que tuvo su madre.	☐	☐
e Las personalidades de las hermanas representan diferentes estereotipos femeninos.	☐	☐
f El pasado vuelve a aparecer durante toda la película y el espectador lo descubre junto a las propias protagonistas.	☐	☐

VES LA SECUENCIA

Las tres hermanas inician un viaje durante el cual hablan y reflexionan sobre varios asuntos.

7.4 Observa estas secuencias y elige la opción correcta en cada situación.

1 Ana, la que maneja, quiere saber…
- a) si Lidia tiene planes de boda.
- b) qué educación va a dar a su futura hija.
- c) si Lidia le contó a su madre antes de morir que estaba embarazada.

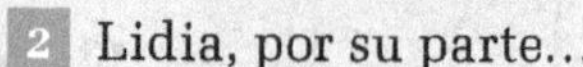

2 Lidia, por su parte…
- a) prefiere no saber el sexo del bebé y no quiere hablar del padre.
- b) no quiere decir cuándo va a tener al bebé.
- c) se siente feliz por ella y por su pareja.

3 Han aparcado porque…
- a) han llegado a su destino.
- b) Lidia se ha enfadado y no quiere continuar el viaje.
- c) Lidia necesita ir al baño.

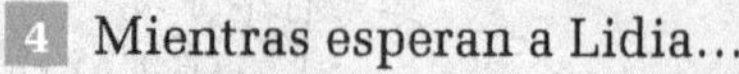

4 Mientras esperan a Lidia…
- a) Ana le comenta a Gloria la posibilidad de ser madre y que Lidia no quiere decir quién es el padre.
- b) Ana discute con Gloria porque no están de acuerdo en temas de maternidad y en la actitud de Lidia respecto al padre.
- c) Ana y Gloria hablan de la muerte de su madre y de su mala relación con el novio de Lidia.

5 Gloria se enfada porque…
- a) no encuentra las cenizas de su madre en el coche.
- b) no le gusta el sentido del humor de su hermana al bromear con perder las cenizas.
- c) no quiere participar en el acto de las cenizas.

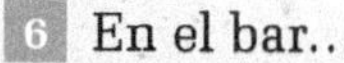

6 En el bar…
- a) Ana se escandaliza al ver fumar a Lidia y Gloria cree que Ana bebe demasiado alcohol.
- b) las hermanas discuten por la última voluntad de su madre.
- c) Ana regaña a Lidia por ocultar la identidad del padre de su hijo y Gloria regaña a Ana por beber alcohol tan temprano.

DESPUÉS DE VER LA SECUENCIA

7.5 Durante la secuencia las protagonistas emplean algunas expresiones idiomáticas. Analízalas en su contexto y elige su significado.

1 Cuando Lidia dice que a ella le gusta *"cumplir con la última voluntad de su madre"*, quiere decir que...
- a) le gusta obedecer lo que su madre escribió o dijo por última vez antes de morir.
- b) le gusta hacer las mismas cosas que hizo su madre antes de morir.

2 La expresión que emplea Ana para referirse a las cenizas de su madre (*"mandarnos por ahí con sus cenizas a cuestas"*) sugiere...
- a) que las cenizas de su madre son muy pesadas y difíciles de llevar.
- b) que tienen que hacer un viaje con sus cenizas y van a todas partes con ellas.

3 Cuando Ana le pregunta a Lidia: *"¿Cuándo pares?"*, en realidad le está preguntando...
- a) ¿Cuándo vas a tener el bebé?, usando el verbo *parir* más adecuado para animales.
- b) ¿Cuándo quieres parar?, usando un recurso coloquial poco frecuente en contextos formales.

4 Cuando Ana se interesa por la identidad y opinión del padre del bebé de Lidia y esta le responde *"qué pesada eres"*...
- a) quiere expresar que Ana es muy irrespetuosa y le interesan demasiado los asuntos de otros.
- b) quiere expresar que Ana es molesta e insistente.

5 En otra ocasión, Gloria también reacciona ante el sentido del humor de Ana, que bromea con un posible robo de las cenizas de su madre y le dice: *"Tú nunca me has hecho gracia"*, empleando una expresión que significa:
- a) tú nunca me has gustado, nunca me has caído bien, de una manera más suave.
- b) tú nunca has sido amable ni graciosa conmigo, de una manera indirecta.

7.6 Decide si estas afirmaciones sobre la película son verdaderas (V) o falsas (F), y justifica tu respuesta.

- a ☐ Gloria, Ana y Lidia tenían buena relación con su madre. ▶ ....
- b ☐ Las tres hermanas no tienen mucha comunicación entre ellas. ▶ ....
- c ☐ A Ana no le importaría ser madre, pero odia a los bebés. ▶ ....
- d ☐ Gloria está soltera porque no tiene muchas oportunidades de conocer hombres interesantes. ▶ ....

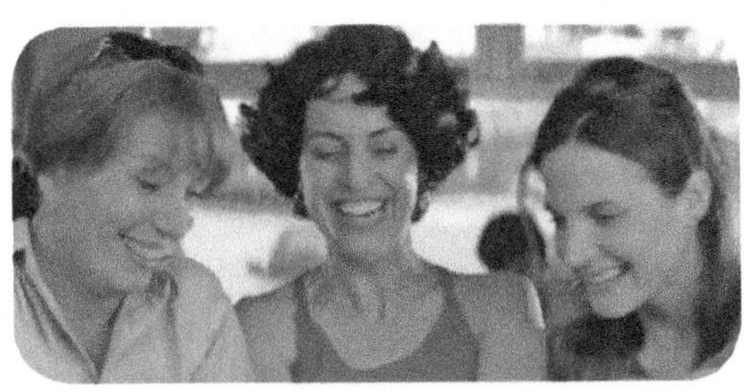

7.7 Responde a estas preguntas. Habla con tu compañero/a.

- a ¿Qué motivos puede tener Lidia para ocultar a sus hermanas la identidad del padre de su hijo?
- b ¿Crees que las hermanas son felices?
- c ¿Cuál crees que es el secreto de su madre que las hermanas descubrirán al final de la película?

GRAMÁTICA

A VERBOS DE CAMBIO

To become in English has several equivalents in Spanish.

- En español tenemos diferentes verbos según sea el cambio:
  - » **Volverse**: expresa un cambio rápido y a veces duradero, y se refiere a una cualidad contraria o distinta a otra anterior.
    - *Cuando aprendes a vivir sola te vuelves muy exigente.*
    - ....
  - » **Hacerse**: expresa un cambio relacionado con la ideología, la profesión (de prestigio), la religión, el estatus, etc. decidido voluntariamente. Puede no ser voluntario si expresa un cambio jerárquico de menos a más.
    - *La verdad es que cuando me hice actriz de teatro me sentí muy satisfecha.*
    - ....
  - » **Quedarse**: expresa un cambio de estado provocado por una acción o situación anterior. Es el resultado.
    - *Después del divorcio, se quedó solo toda la vida.*
    - ....
  - » **Ponerse**: expresa un cambio en el aspecto físico o estado de ánimo. Es temporal, no definitivo.
    - *Nos caímos de lo mejor, no me puse nerviosa ni al principio.*
    - ....
  - » **Llegar a ser**: expresa un cambio gradual, producto de un proceso, socialmente positivo. Implica esfuerzo y lentitud.
    - *Comenzó como actor secundario, pero llegó a ser un director de prestigio.*
    - ....
  - » **Convertirse en**: expresa un cambio bastante radical, una transformación importante y a veces definitiva. Similar a ***transformarse***.
    - *Internet se ha convertido en el medio de difusión más rápido e influyente incluso para el cine.*
    - ....

7.1 Relaciona las dos columnas para formar frases con sentido. Después, escribe las frases en el recuadro anterior.

1. Desde que ganó un Oscar... .... ☐
2. Después de filmar una película en Tailandia... .... ☐
3. Si te preparas mucho... .... ☐
4. Después de ver tres películas en el salón... .... ☐
5. Cuando le dieron la noticia... .... ☐
6. Carmen dejó el cine... .... ☐

a. se hizo budista.
b. se quedó dormido en el sofá.
c. se ha vuelto inaccesible para los directores.
d. llegarás a ser un gran actor.
e. y se convirtió en una famosa presentadora de televisión.
f. se puso muy contento.

7.2 De las frases anteriores, señala cuáles reflejan un cambio duradero y cuáles un cambio más o menos momentáneo.

Lee la trayectoria profesional del actor mexicano Gael García Bernal y completa el texto con las perífrasis del recuadro.

se puso ▪ se hizo ▪ convirtiéndose en ▪ se convirtió en ▪ hacerse famoso ▪ ha llegado a ser ▪ llegó a ser ▪ se volvió

La vida es una tómbola

Gael García Bernal es un actor mexicano que [1] .... famoso a nivel internacional y dicen que su fama sigue ascendiendo meteóricamente. Ahora los proyectos de este actor son muchos y variados. No solamente actúa, sino que produce y dirige sus propias películas y documentales. Lejos está su primera actuación en la telenovela *Teresa*, protagonizada por la también actriz mexicana Salma Hayek. Sin embargo, como Gael no quería [2] .... solo por este género televisivo, en 1999 se fue a vivir a Londres para estudiar en la famosa *Central School of Speech and Drama*, [3] .... el primer mexicano aceptado en esta prestigiada escuela. En 2000 saltó a la fama por su papel en *Amores Perros*. La película de Iñárritu fue un auténtico éxito de taquilla internacional y fue nominada al Oscar como mejor película extranjera. Además, dicha película convirtió a Gael en el mejor actor mexicano en los galardones Ariel de 2001. A partir de entonces [4] .... más famoso internacionalmente y siguió apareciendo en una serie de películas con mucho éxito. También ese año filmó *Y tu mamá también*, una película cargada de sexualidad y nominada al mejor guion. En 2002, [5] .... el cura de *El crimen del padre Amaro*, también nominada al Oscar como mejor película extranjera. Dos años más tarde, actuó en otras exitosas películas, tales como *Diarios de motocicleta*, del brasileño Walter Salles, y en *La mala educación*, del español Pedro Almodóvar. Después de esos trabajos, el actor [6] .... de moda dentro y fuera de México por su diversidad interpretativa. Además, Gael [7] .... la imagen del galán moderno y se le incluyó en las listas de "Artista mejor vestido", "Soltero más deseado y "Las 50 bellezas latinas". En 2006 volvió a trabajar con Iñárritu en *Babel* (2006) y ese mismo año [8] .... director de cine con su proyecto *Déficit*. Más tarde, en la película *Rudo y Cursi* interpretó a Tato "el Cursi" Verdusco.

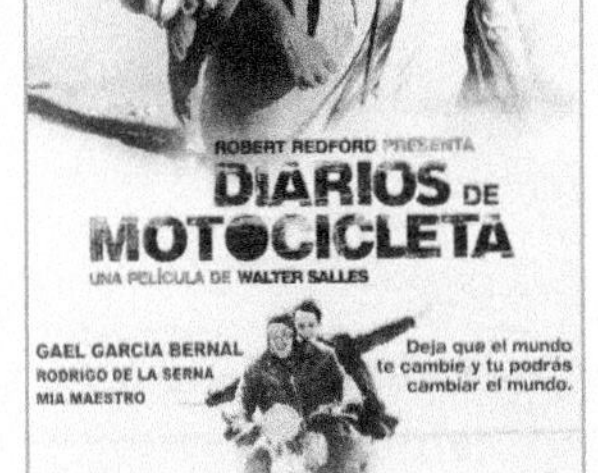

[51]

Lee el resto del informe sobre Gael y, con tu compañero/a, intenten completarlo con algunos verbos de cambio. Después, escuchen y comprueben sus respuestas.

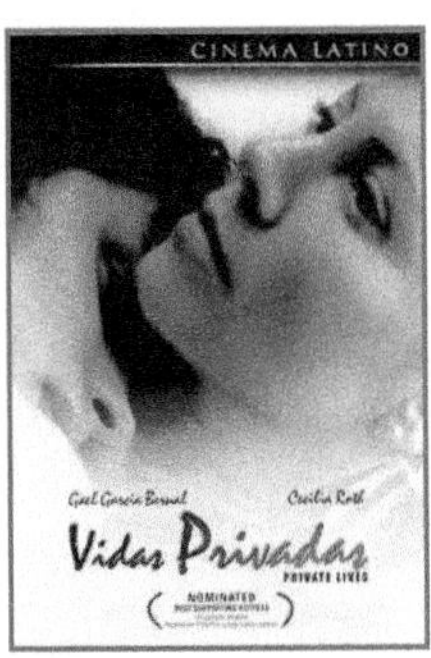

Gael García Bernal y su buen amigo Diego Luna [1] .... productores también y formaron la compañía Canana Films, que adaptó la miniserie *Soy tu fan*, producida por la pareja de Gael, Dolores Fonzi. En 2001 Gael conoció a Dolores Fonzi cuando filmaron juntos la película *Vidas privadas*, en Argentina, pero terminaron oficializando su relación en 2006. En 2009, Gael y Fonzi [2] .... padres por primera vez con Lázaro, nacido el 8 de enero en Madrid.

En 2010 Gael [3] .... tan contento con la noticia de la espera de su segundo hijo que dijo *twitteando* en septiembre 2010: "¡Sí! El anuncio [4] .... oficial: *habemus bebé* en camino. Felicidad tremenda y expansiva que compartimos con todos ustedes. Abrazos y pachanga". Y [5] .... otra vez en papá el 7 de abril de 2011 con el nacimiento de su hija Libertad, en la ciudad de Buenos Aires.

GRAMÁTICA

Ya en el 2011, en la película estadounidense *Casa de mi padre,* se volvió a reunir con Diego Luna. Siempre en busca de algo diferente, produjo y tomó parte en *Invisibles*, cuatro cortometrajes en los que se trata la situación de los emigrantes que pasan por México camino a Estados Unidos y que en muchos casos [6] .... secuestrados o explotados a manos de bandas criminales. 'Me contagio de sus fuerzas y de sus ganas de seguir adelante', dice Gael en el trailer.

7.5 Relaciona los siguientes contextos con una de las frases de la columna de la derecha. Hay varias posibilidades, deberás justificar tu elección dando un contexto. Después, complétalas con el verbo de cambio que falta.

1. Cada vez que Gema vuelve de ver una película que le ha encantado, no para de hablar y de contar todos los detalles... Si sigue así, va a perder hasta la voz. .... ☐
2. Pedro tuvo un accidente en uno de sus rodajes de acción en la montaña. No fue nada grave, pero desde entonces tiene más cuidado cuando se lanza a rodar escenas de acción en la naturaleza. .... ☐
3. A Gael le encanta la comida de España. Siempre que está allí se da unos atracones tremendos. .... ☐
4. Tuvo una vida llena de aventuras y peripecias, pasó por momentos difíciles e incluso asistió a cambios históricos. Hace poco su vida fue llevada al cine. .... ☐
5. Desde que vive en Suiza, Alberto es muy conocido en el barrio. Todo se debe a que salió en un programa de televisión que habla sobre la vida de los hispanos en el extranjero. .... ☐

a. Se .... morado cuando va a España.
b. Se va a .... afónica.
c. Se ha .... famoso.
d. Se ha .... más prudente.
e. Su vida se .... en una película.

7.6 Fíjate en la frase anterior: *Gael se pone morado cuando va a España,* y di de qué color te pones en cada una de estas situaciones. Sobra uno.

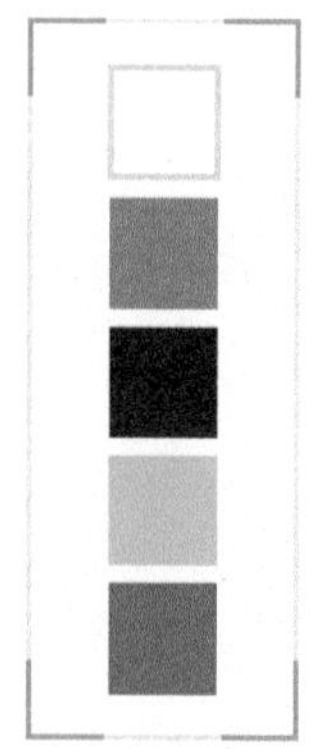

a. Estás en el metro. Eres muy tímido y, de repente, notas que una muchacha guapísima te está mirando todo el tiempo y se acerca a decirte algo. Te pones ....
b. Todos los días lo mismo, tus vecinos tienen dos perros y siempre hacen sus necesidades en la acera. Es una situación insoportable. Te pone ....
c. Tu apartamento no está nada mal, pero tu mejor amigo/a se acaba de mudar a un estudio con una terraza estupenda y no puedes evitar morirte de envidia. Te pones ....
d. Vuelves a casa después del trabajo y te das cuenta de que la puerta está abierta, pero estás seguro de que la habías cerrado cuando saliste. Te pones .... de miedo.

7.7 Piensa en otras situaciones donde te pongas con los colores anteriores. Habla con tu compañero/a.

7.8 Relaciona estos adjetivos y sustantivos con el verbo de cambio más adecuado.

tacaño ▪ un snob ▪ rico ▪ sordo ▪ contento ▪ budista ▪ nervioso ▪ un líder ▪ gran personaje literario ▪ huérfano ▪ famoso ▪ insoportable ▪ mudo ▪ vegano ▪ negro ▪ guapo ▪ tímido ▪ comunista ▪ dormido ▪ director internacional ▪ loco ▪ afónico ▪ pálido

VOLVERSE	HACERSE	PONERSE	QUEDARSE	CONVERTIRSE EN

7.9 Crea con tu compañero/a un cuestionario con diez situaciones hipotéticas y reales empleando las expresiones del ejercicio anterior. El objetivo es analizar la personalidad de otros compañeros.

Modelo:

Cuestionario

1. ¿En qué situaciones te vuelves…?
2. ¿En qué situación te pondrías…?
3. ¿En qué te gustaría convertirte en el futuro?
4. ¿Te puedes quedar dormido en…?
5. ¿Te pondrías nervioso si…?

7.10 Intercambien su cuestionario con otra pareja y respondan al suyo. Después, entreguen los cuestionarios a sus autores e interpreten sus respuestas. ¿Qué han descubierto de sus compañeros?

GRAMÁTICA

B LAS ORACIONES PASIVAS

In both Spanish and English, actions can be expressed in active and passive voice constructions. In active voice, the subject of the sentence is the *doer* of the action. In passive voice, the subject is the *recipient* of the action. In Spanish the passive voice can be expressed in various ways.

- La **voz activa** se usa para resaltar quién o qué está realizando la acción:
  – *Guillermo del Toro* **dirigió** *la película* "El laberinto del Fauno" *en 2006.*
  sujeto · verbo · objeto directo

- La **voz pasiva** se usa cuando queremos enfatizar una acción o un estado. El sujeto de la acción no tiene relevancia, no se conoce o se asume que todo el mundo lo conoce. En español hay varios tipos:
  1. La **pasiva de proceso** se refiere al acontecimiento en sí mismo. Se forma con el verbo ***ser*** + el participio del verbo, que concuerda con el sujeto pasivo.
     – *La película* "El laberinto del Fauno" ***fue dirigida por*** *Guillermo del Toro en 2006.*
     sujeto paciente · *ser* + participio · complemento agente
  2. La **pasiva refleja** (***se*** + el verbo en la 3.ª persona del singular o plural) se suele utilizar, en el lenguaje oral, en lugar de la pasiva de proceso.
     – ***Se estrenó*** *la película en el Festival de San Sebastián.*

! Atención

- Las oraciones pasivas se usan generalmente en artículos periodísticos, relatos de historia, contextos de arte..., tanto en la lengua oral como en la escrita.

7.11 **Completa el siguiente resumen de la vida de Frida Kahlo y señala qué tipo de pasiva se utiliza en cada caso.**

se expusieron ▪ fue animada ▪ se puede ▪ fue transformada ▪ se inspiraban ▪ fue contagiada ▪ fueron estudiados

Frida Kahlo es una pintora mexicana con mucho renombre. Sus autorretratos [1] .... en el arte popular de su país. Era hija de una mexicana y de un alemán. Su niñez fue muy triste. Cuando era muy niña [2] .... por la polio, que le dejó secuelas. Un grave accidente de tráfico fue su inicio a la pintura. Más tarde, sus cuadros [3] .... por el que sería su futuro marido, Diego Rivera, y [4] .... por él mismo a continuar. En toda su obra [5] .... apreciar tanto su identidad como su vida privada. En el terreno de lo personal, ambos cónyuges fueron infieles y estuvieron a punto de romper su relación para siempre. Sus cuadros [6] .... por primera vez en la Galería de Arte Contemporáneo de Ciudad de México en abril de 1953. Su casa [7] .... en un museo que lleva su nombre.

7.12 **Transforma las frases subrayadas de estas noticias sobre el matrimonio igualitario en estructuras pasivas más adecuadas en este tipo de textos. Intenta emplear sus diferentes tipos.**

Homosexuales, ¡por fin casados!

En 2013 la sociedad celebra por primera vez en Colombia matrimonios civiles entre parejas del mismo sexo. Aunque muchos lo ven como algo raro, los expertos dicen que la sociedad puede ver estas uniones como ejemplares.

10 años de matrimonio homosexual en España

El julio de 2005 el Congreso de los Diputados de España aprobó la ley del matrimonio entre personas del mismo sexo. Dos días después, miles de personas apoyaron la decisión con una marcha multudinaria por las calles de Madrid. Diez años después, los españoles celebran el aniversario de ese hito de la misma manera.

Chile aprueba el matrimonio homosexual

El Congreso chileno decretó este miércoles un emblemático proyecto de ley que reconoce la unión civil de parejas heterosexuales y homosexuales, después de más de cuatro años de tramitación, y la ley será plenamente efectiva cuando la presidenta Michel Bachelet firme el proyecto.

Uruguay: entra en vigor ley de matrimonio gay

A partir de este lunes, los uruguayos y las uruguayas podrán celebrar matrimonios gays en Uruguay, luego de la entrada en vigor de la ley de matrimonio igualitario que el parlamento materializó hace cuatro meses.

7.13 **Transforma las estructuras en pasiva por otras en voz activa de este artículo sobre otros cambios sociales en Argentina.**

Cambios sociales: en los últimos diez años aumentó la cantidad de mujeres jefas de hogar

En los últimos diez años, en Buenos Aires, la cantidad de mujeres jefas de hogar subió un 5% y hay mucha más gente que vive sola. "Muchas mujeres adultas son jefas de hogar porque fueron abandonadas por sus maridos (....................) y se quedaron a cargo de los hijos; o porque ganan más que ellos, o porque durante la crisis los trabajos de ellas pudieron ser conservados y los de ellos no (....................) –opina Mabel Bianco, de la Fundación para Estudio e Investigación de la Mujer. Además, las últimas estadísticas demuestran que la mayoría de familias incompletas o monoparentales están encabezadas por mujeres (....................).

Otro dato sorprendente refuerza las tendencias anteriores, la mayor parte de las mujeres que han sido contratadas por compañías de diferentes sectores (....................) tienen hijos.

INTERCULTURA

HOGARES URBANOS EN AMÉRICA LATINA

PREPARAR

7.1 **Decide con tus compañeros qué es una familia tradicional y el papel que desempeña cada uno de sus miembros. Después, pregúntense cómo ha evolucionado la familia y elaboren todos juntos una lista de los posibles modelos de familia u hogar que se dan en la actualidad y del papel que juega cada uno de sus miembros.**

Familia tradicional	Nuevos modelos de familia

Tipos de hogares urbanos

Nuclear biparental: integrado por el padre y la madre (pareja unida o casada legalmente) y uno o más hijos.

Nuclear monoparental: integrado por uno de los padres y uno o más hijos.

Nuclear sin hijos: constituido por la pareja unida o casada legalmente sin hijos.

Extenso o compuesto: corresponde a cualquiera de los tipos definidos anteriormente, más la presencia de uno o más parientes (o allegados).

Unipersonal: integrado por una sola persona.

Sin núcleo: sin relación conyugal, o relación padre/madre-hijo/hija; aunque puede haber otras relaciones de parentesco, o meramente amistosas.

7.2 **Mira la gráfica sobre la evolución de los tipos de hogares urbanos en América Latina. Comenta las similitudes y diferencias entre un año y otro. ¿Son estos cambios similares a los de tu país?**

1990 2008

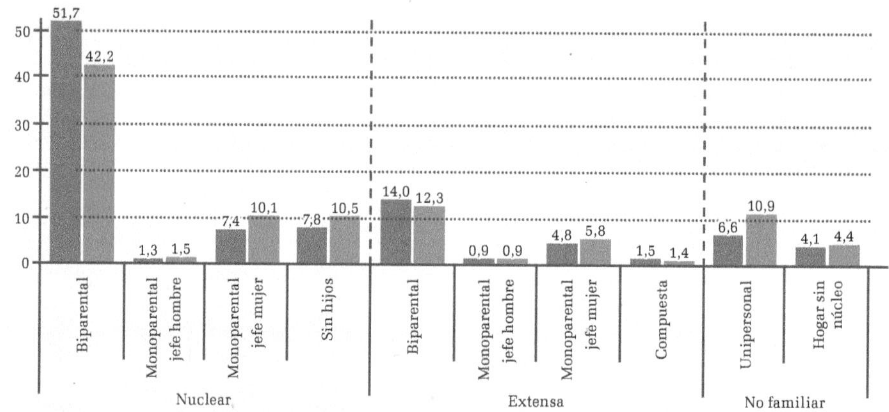

ESCUCHAR

[52]

7.3 **Ahora escucha este informe y toma notas de cómo tratan este tema diferentes países de habla hispana.**

LEER

7.4 Este artículo se corresponde con el informe que acabas de escuchar sobre la transformación del modelo familiar en diversos países de habla hispana. Léelo y comprueba tus anotaciones.

México	Chile	Uruguay	Argentina

Los jóvenes uruguayos muestran trayectorias de emancipación diferentes. Una, extremadamente tardía y con muy baja fecundidad, propia de los sectores medios y altos, y otra, caracterizada por un abandono temprano de los estudios, maternidad adolescente y mayores tasas de fecundidad, propia de los sectores menos pudientes. Más del 80% de los nuevos hogares que se forman con jóvenes entre 20 y 28 años son conformados por personas de menos de 9 años de educación formal.

Un estudio reciente realizado en Chile sostiene que los jóvenes perciben que las relaciones familiares atraviesan por dificultades y sienten que eso les afecta negativamente. Atribuyen los problemas a las actitudes de los padres: autoritarismo, desconfianza, descuido y falta de expresión afectiva son las quejas más reiteradas de los hijos respecto a sus ambientes e historias familiares.

Un estudio realizado en la Ciudad de México y en Monterrey señala, en comparación con estudios anteriores, que las mujeres tendrían un mayor poder de decisión sobre asuntos reproductivos (usar anticonceptivos o ir a las clínicas) que en otros ámbitos de la vida familiar. En la división del trabajo doméstico por sexo, se aprecian pocos cambios; persistirían distintos tipos de violencia doméstica, así como la fuerte tendencia de los hombres a restringir la libertad de las mujeres para realizar diversas actividades. Un cierto porcentaje de mujeres todavía debe pedir permiso para trabajar, pertenecer a asociaciones o visitar a amigas y parientes, y siguen existiendo áreas en las que la decisión es exclusivamente masculina, como la compra de bienes y el lugar en que se vive.

En Argentina, un estudio que analiza dos generaciones de familias concluye que la división del trabajo se alejó del modelo tradicional de roles segregados para seguir uno transicional... Los varones han incrementado su participación en el cuidado de los niños mucho más que en la atención de la casa, que sigue definida como femenina. Las mujeres no han disminuido su elevada participación en la domesticidad y la maternidad y, además, han invadido actividades del hogar que eran tradicionalmente masculinas.

ESCRIBIR

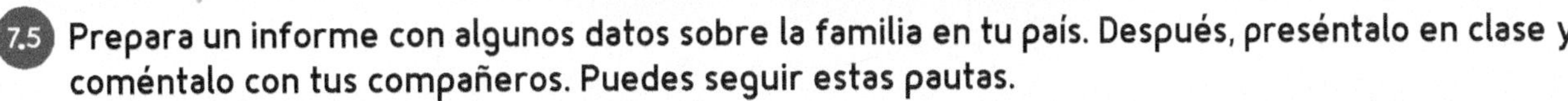

7.5 Prepara un informe con algunos datos sobre la familia en tu país. Después, preséntalo en clase y coméntalo con tus compañeros. Puedes seguir estas pautas.

- estructura familiar
- fecundidad
- formas alternativas de familia
- nupcialidad

HABLAR

7.6 ¿Compartes la idea de que vivir, aunque sea por un tiempo, en un hogar no familiar produce una mayor independencia emocional, o crees que tiene aspectos negativos? ¿Cuál crees que puede ser en el futuro la evolución del modelo familiar?

EL DANZÓN

¿QUÉ ES EL DANZÓN?

7.1 Mira las fotos con detenimiento y busca en Internet la música. Estas escenas se repiten cada fin de semana, y en algunos casos también entre semana, en plazas y salones de baile en México. ¿Qué bailan? ¿Quiénes son los que bailan? ¿De dónde viene este baile? Discútelo con tu compañero/a.

ORIGEN DEL DANZÓN

7.2 Lee el texto y comprueba tus respuestas anteriores.

El danzón es un baile de origen cubano, elegante en sus pasos y con una estructura muy precisa. Los que lo practican lo consideran un arte, toman clases para aprenderlo y lo practican constantemente para mejorar su forma de bailar. El danzón se introduce en México por medio de los barcos mercantes que llegan a Veracruz y a la península de Yucatán; inmediatamente se forman *danzoneras*, orquestas que ejecutan el danzón con un muy peculiar estilo veracruzano.

De Veracruz, donde se vuelve parte importante del folclor, el danzón viaja a la ciudad de México, donde evoluciona debido a la afluencia de músicos cubanos y se convierte en un estilo de baile popular en salones en los barrios de los trabajadores. Así nacen el Salón Colonia, Los Ángeles o el California, y el Salón México, uno de los lugares más conocidos en la historia del danzón, con una sala de espejos y tres pistas de baile cada una clasificada según la clase social de quienes la usan.

En 1948, época en la que la cultura mexicana se extiende sobre todo a través del cine y la música, el director de cine Emilio Fernández rueda la película *Salón México*, en la cual el danzón proporciona el ámbito alrededor del cual se mueven los protagonistas.

Inspirada en los cuarenta y en los grandes melodramas mexicanos del cine de la época, la cineasta María Novaro filma la película *Danzón* en 1991. Este filme ocupa el lugar 45 dentro de la lista de las 100 mejores películas del cine mexicano, según la opinión de 25 críticos y especialistas del cine en México y, además, ha contribuido a que la popularidad del baile se extienda a plazas y jardines públicos en todo el país.

PELÍCULAS CON DANZÓN

[53]

7.3 Observa las imágenes publicitarias de dos películas: una es el cartel de *Salón México* y la otra es la cubierta del DVD de *Danzón*. Escucha las sinopsis de las películas y toma notas. ¿Con qué imagen va cada sinopsis? Coméntaselo a tu compañero/a y explícale por qué lo crees.

a Sinopsis ☐

b Sinopsis ☐

7.4 En grupos de 4 o 5, traten de decidir si rentar o no la película *Danzón* para verla hoy en la noche. Lee lo que han escrito los críticos y blogueros y decide. Tienes que convencer al resto del grupo de hacer lo que tú quieres.

Danzón es un film, si no feminista, sí femenino, en la más amplia expresión del término. Fue escrito y dirigido por una mujer, María Novaro, lo que es una apreciable novedad en esta cinematografía, habitualmente tan machista; pero, además, sus personajes principales son mujeres, y también lo son varios de los componentes del equipo técnico-artístico. El tema es también un asunto de mujeres: una madre, una hija, un baile semanal con un cincuentón, una desaparición, una bajada a los infiernos; todo ello en una obra que no puede calificarse de lograda, pero que tampoco resulta ofensiva; se deja ver, y en sus buenas intenciones tiene su mejor recomendación.

(Adaptado de: Enrique Colmena http://www.criticalia.com/pelicula/danzon/879)

Este film es una odisea espiritual de la protagonista, a la vez que es una celebración del placer del baile, de la música, del amor, y de las amistades entre las mujeres. La directora subvierte la noción de la mirada masculina que predominaba en el cine, un cine en el que los papeles de las mujeres eran determinados por las leyes del patriarcado.

(http://www-pub.naz.edu:9000/~hchacon6/grafemas/grafemas-texts/DANZ.PDF)

Bonito homenaje al arte de bailar danzón y a un bello puerto. En los muelles de Veracruz, María Rojo (Julia) se da vuelo "buscando" a su pareja de baile, un monigote que es solo un personaje acartonado. En realidad, Julia va en busca de sí misma, de un motivo para salir de su monótona existencia. Solo que parece que ni la misma directora, otra María (Novaro), se da cuenta o no sabe cómo expresar que Julia tiene alma...

María Rojo está bien en su papel, casi sensual, casi erótica, aunque la idea de sexo parece mutilada al mismo tiempo.

(RAMÓN ROCEL)

Guía de Ocio

BAILES

La salsa es un ritmo que combina estilos de baile afrocaribeños con elementos de danzas europeas. Es un ritmo de origen caribeño que se baila en Cuba, Panamá, Venezuela y Puerto Rico. No solo es un baile, es un género musical que se puso de moda en el Nueva York de los años setenta y reúne rasgos de jazz y otras melodías latinas, como el son y la rumba o el danzón. Se baila en pareja, como otros bailes de salón, y presenta diferentes modalidades en función del país, aunque básicamente en todos la mujer pone su mano izquierda sobre el hombro del hombre, el hombre pone su mano derecha en la cadera de ella y las manos libres se encuentran en el aire.

Celia Cruz, considerada la reina de la salsa, nació en Cuba en 1925 y, aunque inició su carrera en su país, alcanzó su mayor éxito en México y sobre todo en EE. UU. En poco tiempo se convirtió en un icono universal de la música latina.

Busca un videoclip donde Celia Cruz cante y baile salsa.

Investiga en Internet sobre otros bailes típicos y relaciónalos con las siguientes películas: *Ciudad Delirio*, *Camarón* y *Sur*.

MÚSICA

El reguetón fusiona el reggae jamaicano con el hip hop estadounidense y otros ritmos caribeños. Existen dos versiones sobre su origen: algunos creen que este ritmo nació en Panamá, pero otros piensan que nació en Puerto Rico, país del que proceden muchísimos cantantes de este género. En cualquier caso, es un género bastante joven del que se empezó a hablar en los años noventa y que ha causado mucha controversia por el contenido de las letras de sus canciones y por la sensualidad con la que se baila.

LITERATURA PARA LA VIDA

¿Qué relación piensas que ha podido tener esta autora con el cine?

¿Piensas que Almudena Grandes es periodista?

¿Qué relación ha podido tener con el periódico de la imagen?

¿De qué crees que trata el libro *Inés y la alegría*?

LITERATURA PARA LA VIDA

7.1 ¿Conoces a Almudena Grandes? Lee su biografía y comprueba tus respuestas.

ALMUDENA GRANDES

Nació en Madrid en 1960 y estudió Geografía e Historia en la Universidad Complutense. Comenzó a escribir por el futbol, así cuenta que, de niña, su abuelo la llevaba a los partidos y como se aburría mucho, en lugar de dibujar como otros niños, ella escribía cuentos que ya desde pequeña consiguió vender.

Ha trabajado como redactora de prensa publicando artículos de opinión, relatos y cuentos, como ***La princesa de Chueca***, que posteriormente fueron recopilados y publicados en una sola obra.

Almudena Grandes obtuvo el reconocimiento del público con su primera novela, ***Las edades de Lulú*** (1989). Desde su aparición ha sido traducida a 21 idiomas y lleva vendidos más de un millón de ejemplares. Años más tarde, Almudena se consagró como novelista con ***Malena es un nombre de tango*** (1994). Ambientada en la España de la transición, narra la adolescencia y la madurez de Malena, una joven de la alta burguesía madrileña. La novela se convirtió en un fenómeno, fue muy elogiada por la crítica y traducida a varios idiomas y, como ocurrió con *Las edades de Lulú*, fue llevada también al cine. En 1998 presentó ***Atlas de geografía humana***. En ella, cuatro mujeres cuentan su propia historia en un tiempo de confusión ideológica y crisis generacional. Una vez más, la novela tuvo su versión cinematográfica.

Además, Almudena ha realizado una enorme labor de investigación y documentación histórica en una serie de novelas inspiradas en la guerra civil española, la postguerra y la larga dictadura franquista: ***Castillos de cartón***, ***El corazón helado***, ***Inés y la alegría***, ***El lector de novelas de Julio Verne…*** Muestran el horror y la injusticia de la guerra y la dictadura y su influencia en el presente.

(Adaptado de: http://www.biografiasyvidas.com/biografia/g/grandes.htm)

INVESTIGA

Busca el título de:

a. El trabajo que la consolidó como novelista: ....
b. Tres libros que fueron llevados al cine: ....
c. Una novela traducida a muchas lenguas: ....
d. Un libro con fuerte contenido social y político: ....
e. Un relato que, después de publicarse en periódicos, se ha publicado en recopilaciones: ....

7.2 ***La princesa de Chueca*** **es un relato donde se presenta un nuevo modelo de familia de la sociedad moderna española. Antes de leerlo, define estas palabras y expresiones.**

- acurrucada
- qué tiempo tiene
- rasgados
- se revuelve
- has abrigado
- orfanato
- biberón
- infierno
- monada
- cae la baba
- se arriesgaron
- pulgar

[54]

7.3 Ahora lee y completa el texto con las palabras y expresiones de la actividad 7.2. Después, escucha y comprueba.

La princesa de Chueca

Es una [a] ....; una auténtica monada. Sentada en su cochecito, con el pelo negrísimo y la piel muy blanca, los ojos oscuros, grandes, [b] ...., y el color sonrosado de todos los bebés sanos. Pero si dejo escapar un grito de alegría al ver a sus padres, no es solo por eso:

– ¿Esta es vuestra hija?

– Sí –los dos sonríen a la vez.

– ¡Enhorabuena! –besos, abrazos, más sonrisas–. ¿Cuándo os la han dado?

– Hace tres meses, pero no la hemos sacado a la calle hasta ahora, porque tenía muchos problemas, ¿sabes? [...]

– ¿Cómo se llama?

– María. Igual que su abuela... –mira a su derecha, se corrige– . Que sus dos abuelas.

– ¿Y [c] ....? ¿Seis meses?

– No. Tiene once, pero es que estos niños, pues... Estaban en un [d] ...., un sitio horrible, no por la gente que trabaja allí, que hacen lo que pueden, sino porque no tienen nada. [...] El pediatra nos dijo que tenía hambre, que le faltaba afecto, que no le hablaban ni jugaban con ella... Por eso no crecía, y lloraba todo el tiempo.

– Y ha cambiado... Bueno, no te lo puedes ni imaginar. [...]

– Fui a buscarla con mi cuñada, ya sabes.

– Sí. Fue mi hermana. Yo no pude ir... Pero vamos a dejar de hablar de eso.

En ese momento, como si ella también estuviera de acuerdo, María empieza a llorar, y entonces sus padres la miran, se inclinan sobre ella y empiezan a discutir como todas las parejas en esta situación, ¿se ha hecho pis?, a ver..., no, es que la [e] .... demasiado, no, no es eso, aquí no hace calor precisamente, pues yo creo que está agobiada, debe de tener sed, ¿dónde está el [f] .... de la manzanilla?, aquí, toma, ¿lo ves cómo tenía sed? sí, pero lo que quiere es que la cojan, pues la cojo, ¡que no!, que sí, un poquito solo... [...] ¿Quieres cogerla tú? Lo intento, pero María no quiere estar conmigo. Llora, [g] ...., grita, hasta que unos brazos familiares me la arrebatan con delicadeza. Entonces, [h] .... en el pecho de su padre, coge el borde de su camisa con la mano derecha, se mete el [i] .... en la boca y sus labios se curvan en esa inefable expresión de felicidad de los bebés satisfechos. [...]

Pienso en María, en la imagen que tendrá de sí misma, de sus padres, de su infancia, cuando sea mayor. Entonces recordará que sus padres se querían, y que la querían, que la desearon tanto que mintieron, y engañaron, y desafiaron una legalidad injusta, y [j] .... a acabar en la cárcel, y cruzaron un continente entero para ir a buscarla al [k] ...., para sacarla de allí.

Entonces entenderá por qué en su DNI* aparece el nombre de su tía al lado de la palabra "madre" y también la suerte que ha tenido. Como si lo presintiera, cuando nos despedimos, en la esquina de Mejía Lequerica, la princesa de Chueca me sonríe y me dice adiós con la manita mientras a todos se nos [l] ....

*DocumentoNacional de Identidad

7.4 Contesta a estas preguntas, según tu interpretación del texto.

- a ¿A qué se refiere la expresión "legalidad injusta"?
- b ¿Por qué los padres adoptivos estuvieron en peligro de ir a la cárcel?
- c ¿Por qué aparece la tía como si fuera la madre en el documento de identidad de la niña?

7.5 ¿Cómo crees que termina la historia? Habla con tu compañero/a. Después, lee el final de la historia y comprueba si su interpretación ha sido la correcta.

Luego, su padre, que se llama José Ramón, le pasa un brazo por los hombros a su otro padre, que se llama Miguel, y se van los tres a casa, tan contentos.

EN RESUMEN

- **Reflexiona y responde a estas preguntas.**
  1. ¿Qué ha sido lo más difícil de aprender en esta unidad? ¿Y lo más fácil?
  2. ¿Qué crees que es lo más importante? ¿Por qué?
  3. ¿Qué epígrafe te parece más interesante?

- **Explica a tu compañero/a las siguientes palabras y expresiones.**

familia monoparental
matrimonio igualitario
fecundación in vitro
familia estandarizada
dar un paso más en una relación
casarse en el ayuntamiento
rodar una película
tener éxito en taquilla

- **Escribe una frase con estas estructuras.**
  1. Empecé a trabajar.
  ....
  2. Estuvo viajando.
  ....
  3. Quizás será.
  ....
  4. Por más que lo pienso.
  ....
  5. Tienen que empezar.
  ....

- **Lee estas frases sobre los contenidos de la unidad y muestra tu acuerdo o desacuerdo y justifica tu respuesta.**
  1. Las estructuras de voz pasiva se usan mucho en las conversaciones coloquiales.
  2. Solo la pasiva refleja con *se* es frecuente en las conversaciones.
  3. "No acabo de entender esta novela" significa que no entiendo por qué no la acabo.
  4. "Acabo de entender el significado de esta palabra" significa que he descubierto su significado hace unos segundos.
  5. Si expreso una opinión usando condicional, le doy más énfasis y suena más categórico.

AHORA SOY CAPAZ DE...

		SÍ	NO
1	...expresar una opinión de manera atenuada.	◯	◯
2	...expresar diversos significados con perífrasis verbales.	◯	◯
3	...hablar de temas relacionados con el cine actual.	◯	◯
4	...conocer otras realidades sociales relacionadas con la familia en sociedades latinas.	◯	◯
5	...emplear verbos de cambio y estructuras de voz pasiva.	◯	◯
6	...interpretar y escribir abreviaturas, siglas y acrónimos.	◯	◯

La familia en transición
el ayuntamiento town/city hall
casado/a married
la familia estandarizada two-parent household with a mother and father
la fecundación in vitro in vitro fertilization
la fecundidad fertility
huérfano/a orphaned
igualitario/a equal
la ley law
el matrimonio civil civil marriage
el monoparental single-parent household
la pareja couple
el patrimonio estate
el rol role, position
soltero/a single
la urbanización residential area

El cine en transición
el espectador spectator
el éxito success
el fracaso failure
el galardón prize, award
el montaje (film) editing
las palomitas popcorn
el papel role, part
el personaje character, celebrity
el sonido envolvente surround sound
la taquilla box office

Descripciones
afónico/a hoarse
exigente demanding
mudo/a mute
retador/a challenging
sordo/a deaf

Verbos
acabar de (+ infinitivo) to have just (done something)
andar (+ gerundio) to be + condition
aprobar to pass, approve
arriesgarse to put yourself at risk
compartir to share
convivir to live with
decretar to order, decree
deber de (+ infinitivo) must
dejar de (+ infinitivo) to stop (doing something)
divorciarse to divorce
evolucionar to progress, evolve
llevar (+ tiempo + gerundio) (amount of time) doing something
llevar sin (+ infinitivo) (amount of time) not doing something
no acabar de (+ infinitivo) action not fully coming to a conclusion
plasmar to capture, express artistically
ponerse blanco/a to turn pale
ponerse rojo/a to blush, get red
ponerse morado/a to pig out
ponerse negro/a to get irritated, angry
ponerse verde to turn green (with envy)
recaudar to take in money
renunciar a to renounce
rodar to film
seguir (+ gerundio) to continue doing something
volver a (+ infinitivo) to do something again

Palabras y expresiones útiles
poca lana scant amount of money
ser un churro to be a flop
pasarla padre (Méx.) to have a great time

» La Habana, Cuba.

¡QUÉ GRACIA!

8

Learning outcomes

By the end of this unit you will be able to:

- Describe physical characteristics in detail
- Talk about appearances and family resemblances
- Express positive and negative character traits
- Make comparisons
- Talk about cultural and social implications of humor

Para empezar

- El culto al cuerpo

Comunica

- Parejas y parecidos: hablar de apariencias y parecidos
- ¡Uf, qué carácter!: destacar aspectos del carácter

Pronunciación y ortografía

- Pronunciación de estructuras vocálicas: diptongos, triptongos e hiatos

Cartelera de cine

- *Los amantes del círculo polar*

Gramática

- *Ser / estar* + adjetivo
- Oraciones comparativas
- Superlativos

Intercultura

- El club de la comedia

Nos conocemos

- Dos cantantes: Ricardo Arjona y Shakira

Literatura para la vida

- *Los años con Laura Díaz*, de Carlos Fuentes

- En general, ¿cómo crees que son estas personas?
- ¿Qué están haciendo en la foto? ¿Por qué lo crees?
- ¿Qué aspectos de sus estilos te gustan más?

PARA EMPEZAR

EL CULTO AL CUERPO

8.1 Lee esta viñeta adaptada de una tira cómica de la humorista argentina Maitena. ¿Qué tipo de mujer refleja Maitena en sus historias? ¿Te parece que refleja un humor universal o solo hispano? Habla con tus compañeros.

[55]

8.2 Escucha y lee la entrevista que hace un periodista al Dr. Méndez. ¿Estás de acuerdo con él?

Periodista: Hoy en nuestro programa se encuentra el Dr. Méndez, sociólogo y psicólogo, para hablar sobre la preocupación de nuestra sociedad por el aspecto físico. Doctor, ¿por qué esa preocupación por el físico que tenemos ahora?

Dr. Méndez: Buenas tardes. Debo aclarar que para algunos esto se ha convertido en un negocio y puede provocar obsesión por estar perfecto las 24 horas del día, de ahí las operaciones estéticas excesivas, el abuso de maquillaje, tratamientos de belleza, productos y complementos dietéticos…

Periodista: Es un negocio para la industria de la moda, entre otros, ¿verdad?

Dr. Méndez: La industria de la moda y los medios de comunicación poco a poco han ido imponiéndonos qué tallas de ropa deberíamos usar, ignorando que cada persona tiene una constitución física determinada, y ahí empiezan las dietas sin control, con graves problemas para la salud.

Periodista: Todo esto forma parte del estilo de vida actual…

Dr. Méndez: ¡Un estilo de vida basado en intereses económicos! Nos venden una vida basada en la delgadez y el culto al cuerpo como la perfección, y esa perfección es inalcanzable. Siempre estaremos buscando ese objetivo y comprando cosas para obtenerla.

Periodista: Pero debemos cuidar el aspecto físico, ¿verdad?

Dr. Méndez: Sí, claro, pero esto no debería poner a temblar a los jóvenes cuando su apariencia no coincide con aquello que ellos piensan que deben tener o ser.

Periodista: La vestimenta también es un punto importante…

Dr. Méndez: Así es. Poner tanta atención en la apariencia física como en la vestimenta puede robar el foco de lo realmente esencial de la vida. ¿De qué sirven unos ojos azules cuando no pueden ver la belleza que hay en un ser humano?

8.3 **Contesta a las siguientes preguntas.**

- a ¿Quiénes hacen negocio del culto al cuerpo?
- b ¿Qué consecuencias puede tener el exceso de atención por el culto al cuerpo?
- c ¿Es posible lograr la perfección física según el Dr. Méndez? Y tú, ¿qué opinas?
- d ¿Qué intenta transmitir esta entrevista?

8.4 **Observa estas estructuras de comparación y relaciónalas con su significado: inferioridad (F), igualdad (I) o superioridad (S).**

	F	I	S
a Tener un cuerpo **menos** perfecto **que** los que se presentan en la televisión muchas veces genera problemas de autoestima.	▢	▢	▢
b Para muchos jóvenes tener una talla pequeña es **tan** valioso **como** tener una buena profesión.	▢	▢	▢
c Poner **tanta** atención en la apariencia física **como** en la vestimenta puede robar el foco de lo realmente esencial de la vida.	▢	▢	▢
d **Más del** 70 % de los medios de comunicación promueven un físico ideal.	▢	▢	▢
e Nuestra sociedad da **más** importancia al aspecto físico **de lo que** parece.	▢	▢	▢

8.5 **Rodea las palabras que crees que mejor caracterizan a estos jóvenes según su estilo y su aspecto. Después, compara tus respuestas con tu compañero/a.**

Aspecto	Vestimenta
saludable, enfermizo, aseado (clean), refinado, elegante, descuidado, atractivo, extravagante, fino, distinguido, vulgar.	chillona (gaudy), abandonada, discreta, elegante, sofisticada, remendada, descolorida, gastada, descosida (coming apart), arrugada (wrinkled).

¡PRACTICA!

8.6 **Con tu compañero/a, escriban un diálogo similar siguiendo las instrucciones. Después, representen la conversación.**

1. Expresa a tu compañero/a la forma en que te gusta vestir.
2. Ahora expresa tú la forma en que te gusta vestir.
3. Pregunta a tu compañero/a si le interesa y le importa la moda.
4. Contesta a tu compañero/a.
5. Expresa ahora tu opinión sobre la importancia de la moda.
6. Da ahora tu opinión sobre la importancia de tener un cuerpo delgado.

PAREJAS Y PARECIDOS

VOCABULARIO

8.1 Observa las siguientes fotografías de padres e hijos. Con tu compañero/a, intenten describirlas. ¿Quiénes son idénticos? ¿En qué se parecen? ¿Quiénes no se parecen nada?

a

b

c

d

e

f

8.2 Lee los comentarios de algunos familiares sobre tres de estas fotografías y relaciónalos con sus imágenes correspondientes.

☐ Yo creo que mi mujer y mi hija son como dos gotas de agua. Las dos tienen la misma cara redonda y dulce. Es verdad que mi mujer la tiene más ancha que mi hija, pero pienso que es más expresiva. Las dos tienen unos ojos muy vivos. Es algo característico en ellas... Creo que la nariz de mi hija es más larga que la de su madre. La de mi esposa es más chata. Lo que más me gusta de las dos es su sonrisa, que deja ver sus dientes blancos y perfectamente alineados. Ambas tienen la piel morena, bronceada también por el sol, y tienen el pelo lacio y sedoso. Aunque en la foto no se vea, tiene las mismas orejas, redonditas y pequeñas. Menos mal, porque yo las tengo un poco de soplillo, je, je. Mi mujer parece más joven de lo que es, y sin ningún retoque, eh. Me parece fantástico que la gente se cuide sin necesidad de pasar por la cirugía.

☐ Aquí están mis dos amores: mi marido y mi hijo. Mi esposo Álex tiene la cara más chupada y larga. Su frente es más amplia y arrugada, sin embargo la de mi hijo Carlos es más estrecha. Tienen los mismos ojos, pero los de mi marido son más inexpresivos. Siempre le decimos que tiene una mirada triste y eso le enfada bastante. Quizás sea que al tener las cejas más separadas y espesas le dé ese efecto. Carlos tiene unos ojos negrísimos que parecen impenetrables. Ah, en la nariz, tampoco son iguales. Álex la tiene más recta y puntiaguda. Ambos tienen la boca y los labios muy finos también. ¿Y qué me parece el aspecto? Pues es que mi hijo es más esbelto y atlético. Me parece genial que se dedique al deporte. No como mi esposo, je, je, que ha sido siempre muy flaco.

☐ ¡Qué foto más graciosa! Aquí están mi hermano y mi sobrino. Como ven, no se parecen en nada. Por lo menos a mí no me parece que sean tan iguales. Mi sobrino Guille se parece más a su madre, con esa piel tan rosada. Ambos tienen la cara igual de simpática, pero Guille la tiene más llenita con sus mejillas regordetas. La nariz tampoco la tiene como su padre. En mi familia la tenemos más aguileña. La boca de Guille es más pequeña y redonda que la de mi hermano. ¿Y el pelo? Mi cuñada tiene el pelo muy rizado, pero el de su hijo es como el del padre, lo tiene muy fino. Yo creo que ambos se parecen más en el carácter. Aquí lo vemos tratando de ponerse la corbata con esas manos finas y delicadas, pero claro, al tener el cuello más cortito, no le queda muy bien, je, je.

8.3 **Con tu compañero/a, lee de nuevo los comentarios y extrae los adjetivos que han utilizado para describir el físico.**

Cara	Frente	Cejas	Ojos	Nariz

Mejillas	Boca	Labios	Dientes	Orejas

Cuello	Manos	Piel	Pelo	Aspecto general

8.4 **Relaciona los adjetivos con sus definiciones.**

1. De soplillo. .... ☐
2. Espesas. .... ☐
3. Arrugada. .... ☐
4. Chata. .... ☐
5. Bronceada. ...... ☐
6. Aguileña. .... ☐
7. Sedoso. .... ☐
8. Lacio. .... ☐
9. Esbelto. .... ☐
10. Regordetas. .... ☐

a. Orejas grandes y separadas de la cara.
b. Nariz pequeña y aplastada.
c. Piel morena por efecto del sol.
d. Nariz grande, similar al pico de un águila.
e. Pelo suave como la seda.
f. Pelo liso, sin rizos.
g. Mejillas gorditas, especialmente en los bebés.
h. Cara con muchas líneas de la edad.
i. Forma del cuerpo alta y bien proporcionada.
j. Cejas con bastante pelo.

COMUNICA

[56]

8.5 **Las descripciones se usan continuamente en la literatura, especialmente para identificar a los personajes. En parejas, lean este texto y complétenlo con las palabras del recuadro. ¿Qué tipo de descripción es? Después, escuchen y comprueben.**

Para describir a una persona hay que explicar cómo es física y moralmente y qué carácter tiene. Si describimos los rasgos físicos y de carácter de uno mismo se llama *autorretrato*, y si describimos exagerando los rasgos más característicos, se llama *caricatura*.

- voz
- ojos
- mejillas
- listo
- orejas
- estatura
- rostro
- flaco
- nariz
- boca

De [1] .... mediana,
Con una [2] .... ni delgada ni gruesa,
Hijo mayor de profesor primario
Y de una modista de trastienda;
[3] .... de nacimiento
Aunque devoto de la buena mesa;
De [4] .... escuálidas
Y de más bien abundantes [5] ....;
Con un [6] .... cuadrado
En que los [7] .... se abren apenas
Y una [8] .... de boxeador mulato
Baja a la [9] .... de ídolo azteca
-Todo esto bañado
Por una luz entre irónica y pérfida-
Ni muy [10] .... ni tonto de remate
Fui lo que fui: una mezcla
De vinagre y de aceite de comer
¡Un embutido de ángel y bestia!

(*Epitafio*, de Nicanor Parra)

8.6 **En los textos literarios se usa el *símil* para describir el aspecto físico de una persona comparándolo con algo parecido, pero que hace que lo imaginemos de una manera más ingeniosa. Relaciona y forma nuevas comparaciones.**

1. Su piel es suave... .... ☐
2. Sus orejas son grandes... ... ☐
3. Es tan alta... .... ☐
4. Es fuerte... .... ☐
5. Su pelo es rubio... .... ☐
6. Su cabello es negro... .... ☐

a. igual que el azabache (lignite).
b. como un roble (oak).
c. como soplillos.
d. lo mismo que el oro.
e. como un pino.
f. como la seda.

8.7 **¿Saben quién es este personaje? ¿Qué tipo de imagen es? Con tu compañero/a, describan sus rasgos usando las expresiones y el vocabulario de la sección.**

COMUNICACIÓN

- **Hablar de apariencias y parecidos**

» En español, el verbo *parecer* se usa:

– Para hablar de **apariencias**:
  – *Luis parece cansado.*
  – *Juan parece más joven de lo que es.*

– Para hablar de **similitudes** en apariencia o personalidad. Se utiliza la forma reflexiva o la recíproca (*parecerse*):
  – *Yo me parezco mucho a mi padre en el carácter.*
  – *Estos hermanos se parecen como dos gotas de agua.*

– Para pedir o dar **opiniones** se utiliza la tercera persona del verbo y el pronombre de objeto indirecto correspondiente a quien da la opinión:
  – *¿Qué te parece el libro?*
  – *Me parece que es muy bueno, aunque un poco largo.*

– Para **valorar**:
  - ***Me parece/parecen*** + adjetivo/adverbio de valoración o cualidad + ***que*** + subjuntivo
    – *Me parece muy bien que te tomes unas vacaciones. Te las mereces.*

» Otras formas utilizadas para **hablar de los parecidos** son:
  – *Es idéntico/igualito a.../igual/igualito que...*
  – *Se parece mucho/un chorro a...*
  – *Son como dos gotas de agua.*
  – *Tiene(n) los mismos ojos que...*
  – *Se parece a.../Se parece en...*
  – *No se parece (en nada) a...*
  – *Es completamente distinto/diferente a/de...*

» Luis y Pedro son como dos gotas de agua.

8.8 En las siguientes frases, extraídas de la actividad 8.2, aparecen diferentes significados del verbo *parecer*. Con tu compañero/a, traten de completar este cuadro.

- Para hablar de apariencias: *a*..................
- Para hablar de parecidos: ....
- Para pedir y dar opiniones: ....
- Para valorar: ....

a. Mi mujer **parece** más joven de lo que es.
b. **Me parece** fantástico que la gente se cuide.
c. Tiene unos ojos negrísimos que **parecen** impenetrables.
d. ¿Y qué te **parece** el aspecto?
e. **Me parece** genial que se dedique al deporte.
f. No **se parecen** en nada.
g. Por lo menos a mí no **me parece** que sean tan iguales.
h. Yo creo que ambos **se parecen** más en el carácter.

COMUNICA

8.9 **Completa con el verbo *parecer(se)* observando las fotografías y los nombres.**

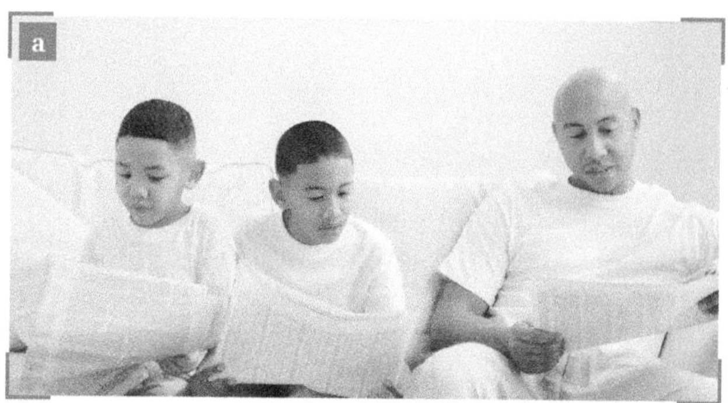

a
» Ramiro, Rodrigo y Roberto.

b
» Javier y Jaime.

c
» Yuki e Hiraki.

d
» Emma.

a Rodrigo y Ramiro .... como dos gotas de agua.

b Emma .... contenta.

c Javier .... bastante a su hermano Jaime.

d Me .... que Hiraki y Yuki son muy simpáticos.

e Rodrigo no .... en nada a Emma.

f .... bien que Javier y Jaime se vistan de manera diferente.

8.10 **Escribe cinco frases sobre las personas que aparecen en las imágenes anteriores. Tu compañero/a tiene que adivinar de quién se trata.**

Modelo: *Me parece que es el padre. Tiene la nariz chata y ancha, y está completamente calvo.*

8.11 **¿Y tú? ¿Te pareces a tus padres? ¿Qué diferencias crees que tienes con ellos? Cuéntaselo al resto de la clase.**

Modelo: *Yo soy igualito a mi padre. Los dos tenemos la cara fina y los ojos azulados…*

VOCABULARIO

8.12 Aquí tienes un cuadro con adjetivos que se usan para destacar algún aspecto negativo del carácter de las personas. Elige el más apropiado para cada una de las definiciones.

fresa ▪ cursi ▪ codo/a ▪ metiche ▪ payaso/a ▪ creído/a ▪ prepotente ▪ menso/a ▪ chismoso/a

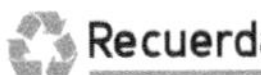

Recuerda

▪ Estos términos son coloquiales y solo se pueden usar entre personas con las que uno tiene mucha confianza (familiarity).

a. Persona a la que le gusta mucho su dinero y le cuesta gastarlo. ▸ ....
b. Persona que pretende ser fina y elegante sin conseguirlo. ▸ ....
c. Alguien que tiene la costumbre de entrometerse en los asuntos de los demás. ▸ ....
d. Persona que gusta de hablar de los demás y esparcir murmuraciones o chismes. ▸ ....
e. Dicho de un/una joven de costumbres muy convencionales. En algunos países de Latinoamérica se refiere a un tipo de personas muy superficiales. ▸ ....
f. Persona que abusa o alardea (brags) de su poder. ▸ ....
g. Persona de poca seriedad o que hace reír con sus actos o palabras. ▸ ....
h. Persona excesivamente orgullosa de sí misma, especialmente de su físico. ▸ ....
i. Tonto, ignorante, que se deja engañar (be deceived) o que se distrae fácilmente. ▸ ....

! Atención

Estos términos negativos se pueden usar como adjetivos o como nombres. Cuando se usan con el verbo *ser*, van acompañados de algún elemento:

– *Es* ***un*** *creído.* – *Es* ***bien*** *metiche.* – *Es* ***un poco*** *chismoso.*

8.13 Habla con tu compañero/a sobre alguien que conozcas con las características de las personas de las fotos y contesta estas preguntas.

¿Cómo hay que actuar ante este tipo de personas?
¿Haces caso a estas personas? ¿Te gustan? ¿Tienes amigos con estas características?

a

b

c

d

COMUNICA MÁS

8.14 **Hay otros adjetivos para describir el carácter que, según el contexto, pueden ser positivos o negativos. Intenta definir si estas frases tienen características positivas o negativas.**

	Positivo	Negativo
a Gracias a ser un pintor *atrevido*, Dalí revolucionó la pintura.	☐	☐
b ¡Qué *atrevido*! No me conoce de nada y me ha pedido dinero.	☐	☐
c No trabaja nada. Es muy *relajado* y no sirve para este trabajo.	☐	☐
d Alberto me provoca una gran paz interior porque es muy *relajado*.	☐	☐
e Es un gran empresario gracias a que es *arriesgado* con su dinero.	☐	☐
f Eres demasiado *arriesgado* con los negocios que emprendes y por eso no tienes suerte en el mundo empresarial.	☐	☐

[57] **8.15** **Describe con una palabra a cada una de las personas que intervienen en la audición. Las fotos pueden ayudarte.**

1 ______

2 ______

3 ______

4 ______

5 ______

6 ______

7 ______

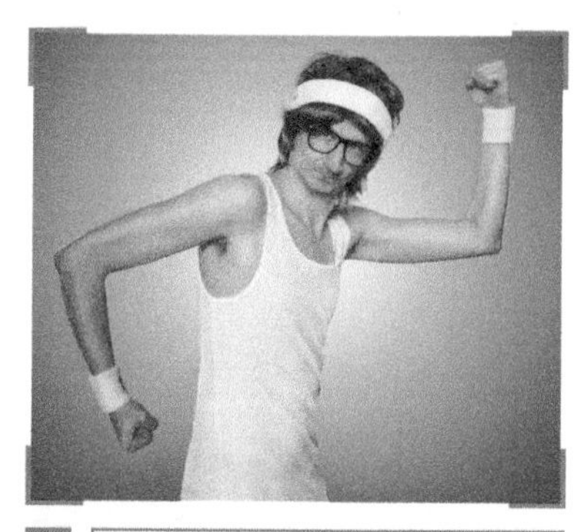

8 ______

8.16 **Lee el texto y señala los adjetivos y expresiones que describen aspectos del carácter.**

¡SORPRESA!

NO TODOS LOS LATINOAMERICANOS SOMOS IGUALES

Cuando se piensa en los latinos, se piensa en ciertas características: somos emocionales, trabajamos duro, nos interesan más las cosas espirituales que las materiales, cocinamos una buena comida al día, no cuestionamos la autoridad (doctores, maestros), el hombre domina la sociedad, nos movemos según nuestro propio tiempo (es decir, llegamos tarde), y vamos a la iglesia los domingos.

Especialistas en ventas, mercadeo y promoción utilizan estas "características" para "vendernos" todo tipo de productos y servicios. El problema, según un reciente estudio presentado en la Cumbre de Líderes Latinos de Connecticut, es que esas características ya no representan a los latinos, y quizá nunca lo hicieron.

Somos emocionales, pero también profesionales. Trabajamos duro, pero salimos a divertirnos. Nos interesan las cosas espirituales y también las materiales. Cocinamos bien, pero también compramos comida hecha. Cuestionamos la autoridad cuando se nos da la gana. Las mujeres latinas están a la par de los hombres como empresarias, dirigentes comunitarias y funcionarias públicas. Llegamos tarde a los cumpleaños, pero a tiempo a la reunión de negocios. Y, sorpresa de sorpresas, ya no vamos a la iglesia todos los domingos.

Quizá en un futuro se nos empiece a conocer como realmente somos.

Francisco Miraval, fundador y director de Proyecto Visión 21, un servicio bilingüe de información y noticias.

(Adaptado de www.newsnandservices.com/sorloshissom.html)

8.17 **Busca en el texto anterior expresiones o frases que se refieran a los siguientes adjetivos de carácter.**

- a Apasionados: ▶ ....
- b Trabajadores: ▶ ....
- c Religiosos: ▶ ....
- d Sumisos: ▶ ....
- e Machistas: ▶ ....
- f Impuntuales: ▶ ....

8.18 **Usa los adjetivos de las actividades anteriores para hablar de cómo son las personas de tu comunidad o región. ¿Están de acuerdo?**

COMUNICA MÁS

COMUNICACIÓN

- **Destacar aspectos del carácter**
  - » Para **intensificar el aspecto negativo** del carácter de una persona, se usa:
    - ***Ser*** + ***un/una*** + ***reverendo*** + adjetivo de carácter
      - *Es un reverendo metiche.*
    - ***Ser*** + ***un/una*** + adjetivo de carácter + ***de primera***
      - *Es una creída de primera.*
    - ***¡Ah cómo eres*** + adjetivo de carácter***!***
      - *¡Ah cómo eres chismoso!*
    - ***¡Qué*** + adjetivo de carácter + ***ser!***
      - *¡Qué payaso eres!*
    - ***(Si) serás*** + adjetivo de carácter
      - *Si serás codo.*
  - » Para **rebajar la fuerza de la crítica** cuando hablamos de otros (expresamos que no importa mucho que la persona tenga ese defecto, o bien, evitamos dar un juicio imprudente ante determinadas personas o situaciones), se usan los siguientes recursos:
    - ***No*** + ***ser*** + ***muy*** + adjetivo positivo opuesto
      - *¡Ya! Pero no es muy inteligente que digamos.*

      En la lengua oral, esta estructura puede ir seguida de "que digamos", o del comentario "¡no, qué va!".
    - ***Ser*** + ***medio*** + adjetivo negativo
      - *Este muchacho es medio menso.*
    - A veces, podemos encontrar también el adjetivo en diminutivo (***-ito/a***):
      - *Es medio tontito.*

[57]

8.19 Vuelve a escuchar la audición de la actividad 8.15 y reacciona utilizando las palabras que has usado antes, pero intensificándolas. Toma turnos con tu compañero/a.

Modelo: *Siempre compro lo más barato, aunque pueda pagar algo mejor.*

¡Ah cómo eres codo!

8.20 Imagina que tres personas conocidas hicieron algo que te parece criticable. Reacciona ante estas situaciones.

a. Pedro, un compañero de trabajo, conoció a una muchacha hace un mes y dejó a su novia de toda la vida. Te acaba de decir que se casa el mes que viene.

....

b. Keiko, una amiga y compañera, quedó contigo para ir al cine anoche y te plantó (strod up). No se ha disculpado ni te ha dicho nada.

....

c. Manuela, compañera del gimnasio, te cuenta que sus vecinos se han divorciado, que su cuñado se lleva mal con su madre y que una amiga de otra amiga tiene una relación con un hombre casado.

....

8.21 **Después de un día muy pesado, vas a tomar algo con tus amigos. Cuéntales lo que hicieron las personas de 8.20, y dales tu opinión. Ellos también pueden opinar.**

Modelo: *¿Qué tal lo de Pedro? Resulta que hace un mes conoció a una muchacha, y se volvió loco por ella, así que dejó a Marisa y, ahí lo tienen, se casa el mes que viene. Desde luego, yo no lo entiendo, es un inconsciente...*

Sí, la verdad es que es medio irresponsable de su parte.

¿Medio irresponsable? Es un reverendo creído. Mira que dejar a una muchacha como Marisa... y, encima, después de tantos años.

PRONUNCIACIÓN y ORTOGRAFÍA

Pronunciación de estructuras vocálicas: diptongos, triptongos e hiatos

8.1 **Lee la información del recuadro y escribe las palabras en su lugar correspondiente. Después, pronuncia todas las palabras.**

iniciéis ▪ vehículo ▪ causa ▪ acentúa ▪ buitre ▪ vieira ▪ mahonesa ▪ duermo ▪ buey ▪ Paraguay ▪ monstruo ▪ púa ▪ tierra ▪ cooperante ▪ baúl ▪ leer ▪ aéreo ▪ peine ▪ diurno

DIPTONGO, TRIPTONGO E HIATO

- El **diptongo** es la unión de dos vocales en una misma sílaba. Existen tres tipos de diptongo según las vocales que lo forman, **abierta** (*a, e, o*) y/o **cerrada** (*i, u*):
  - » vocal cerrada + vocal abierta: ...., ..., ...
  - » vocal abierta + vocal cerrada: ...., ...
  - » vocal cerrada + vocal cerrada: ...., ...
- El **triptongo** es la unión de tres vocales en una misma sílaba. El esquema del triptongo siempre es el mismo:
  - » vocal cerrada + vocal abierta + vocal cerrada: ...., ..., ..., ...
- Por último, el **hiato** es la unión de dos vocales seguidas pero que pertenecen a sílabas diferentes. Existen cuatro tipos:
  - » dos vocales iguales: ...., ...
  - » dos vocales abiertas juntas: ...., ...
  - » vocal abierta + vocal cerrada tónica: ...., ...
  - » vocal cerrada tónica + vocal abierta: ...., ...
- La característica principal de diptongos y triptongos es que todas sus vocales se pronuncian en un solo golpe de voz. En el lado opuesto se encuentra el hiato, que se pronuncia en dos golpes de voz diferentes.

CARTELERA DE CINE

NAJWA NIMRI / FELE MARTINEZ / NANCHO NOVO / MARU VALDIVIELSO

LOS AMANTES DEL CIRCULO POLAR

SAFETY® FILM 5071 → 8 7 2 4 SAFETY® FILM 5071 →

Una película de JULIO MEDEM

Una producción de ALICIA PRODUCE y BAILANDO EN LA LUNA para SOGETEL,
con la colaboración de LE STUDIO CANAL+, SOGEPAQ y CANAL+.

Peru Medem Sara Valiente Victor Hugo Oliveira Kristel Díaz Pep Munné Jaroslaw Bielski Rosa Morales Joost Siedhoff Beate Jensen

Guión JULIO MEDEM Montaje IVAN ALEDO Sonido IVAN MARIN Música ALBERTO IGLESIAS Director de Arte SATUR IDARRETA Director de Fotografía KALO F. BERRIDI Director de Producción FERNANDO VICTORIA DE LECEA Productores Ejecutivos TXARLI LLORENTE FERNANDO DE GARCILLAN Productores FERNANDO BOVAIRA ENRIQUE LOPEZ LAVIGNE Director JULIO MEDEM

SINOPSIS

Ana y Otto son dos niños de ocho años que un día se conocen a la salida del colegio. En ese mismo momento nacerá una historia de amor secreta y circular que se cerrará diecisiete años después en Finlandia, en el mismo círculo polar ártico.
La película nos narra la hermosa y dramática historia de amor que viven los protagonistas, desde su primer encuentro en la infancia hasta los veinticinco años.

¿SABÍAS QUE...?

- El film ganó dos Premios Goya en 1999.
- La acción se desarrolla en Madrid (España) y en Laponia (Finlandia).
- La imagen más fácil de recordar es la de Ana, la protagonista, sentada frente a un lago en el círculo polar ártico. Allí espera a Otto, su eterno amor, para vivir esa casualidad que estaban esperando.
- La película está basada en una experiencia amorosa que tuvo el director Julio Medem cuando era adolescente y estaba enamorado de su vecina.
- Julio Medem también recibió el Premio del Público en el Festival Internacional de Cine de Atenas y a la mejor película de habla latina en el Festival de Gramado.

SECUENCIAS DE LA PELÍCULA

00:03:25 ► 00:05:03
00:13:10 ► 00:15:30
00:17:35 ► 00:20:25

DATOS TÉCNICOS

Título	Los amantes del círculo polar.		
Año	1999.	**Género**	Drama.
País	España.	**Director**	Julio Medem.

Intérpretes

Najwa Nimri, Fele Martínez, Nancho Novo, Maru Valdivielso, Peru Medem, Sara Valiente, Víctor Hugo Oliveira, Kristel Diaz, Pep Munne, Jaroslaw Bielski.

ANTES DE VER LA SECUENCIA

8.1 Contesta a las siguientes preguntas.

a ¿Sabes qué es el círculo polar ártico? ¿Dónde está?

b Los dos protagonistas se conocen a la salida de la escuela. ¿Cómo crees que se encontraron?

8.2 Los nombres de nuestros protagonistas son capicúas. ¿Sabes qué significa eso? Si no lo sabes, puedes buscarlo en el diccionario o pregúntaselo a tu profesor. Después, decide con tu compañero/a cuáles de estas palabras son capicúa (*palíndromo*).

- ☐ sibilinas
- ☐ oso
- ☐ rara
- ☐ oro
- ☐ sanas
- ☐ literal
- ☐ ningún
- ☐ reconocer
- ☐ solos
- ☐ somos
- ☐ rodador
- ☐ radar
- ☐ Otto
- ☐ arenera
- ☐ aérea
- ☐ Ana
- ☐ ama
- ☐ ala
- ☐ test
- ☐ salas
- ☐ sometemos
- ☐ acaricia
- ☐ seres
- ☐ saludos
- ☐ ese
- ☐ acurruca
- ☐ nadan
- ☐ alta

8.3 Lee una crítica de la película y marca la respuesta correcta.

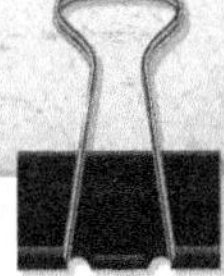

"Una deslumbrante historia de amor que gira en torno a las casualidades con las que se encuentran los protagonistas; esa es la mejor forma de definir esta película.
El film está relatado en forma de capítulos con el nombre de Ana y Otto en cada uno de ellos. A partir de ahí, observamos dos visiones distintas de un mismo hecho. Es la historia de Otto y Ana, la historia de dos niños con nombres capicúas. La historia se lee de igual forma del derecho que del revés, igual que el nombre de sus protagonistas. El círculo comienza a dibujarse en los primeros minutos de la película, para acabar cerrándolo perfectamente de cara al final. La narración cumple un círculo, acabando donde empieza".

(Adaptado de http://www.muchocine.net/critica/4327/los-amantes-del-circulo-polar)

1 Los protagonistas se encuentran con muchas...
- a cosas capicúas.
- b casualidades.
- c problemas.

2 La película está dividida en...
- a capítulos.
- b párrafos.
- c dos historias.

3 La historia es como...
- a una esfera.
- b un rectángulo.
- c un círculo.

CARTELERA DE CINE

MIENTRAS VES LA SECUENCIA

Otto se encuentra por primera vez con Ana.

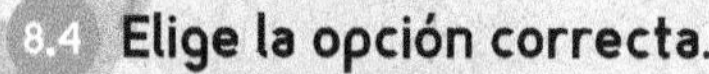

8.4 Elige la opción correcta.

- **a** Otto, de niño, se sentía **solo / protegido**.
- **b** La secuencia ocurre una tarde de **verano / invierno**.
- **c** Otto corría **tras una pelota / tras una niña**.
- **d** Si no la hubiera mirado así, él habría seguido **mirándola / corriendo tras el balón**.
- **e** No se habría encontrado con ella si **Otto / un niño** hubiera chutado bien.

Ana se encuentra por primera vez con Otto.

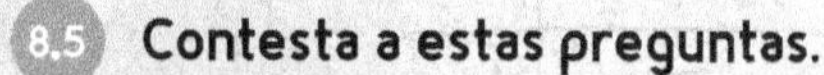

8.5 Contesta a estas preguntas.

- **a** ¿Por qué la madre de Ana fue a buscarla al colegio?
- **b** ¿Qué hace Ana?
- **c** ¿Quién cree Ana que es ese niño?

El reencuentro en el coche.

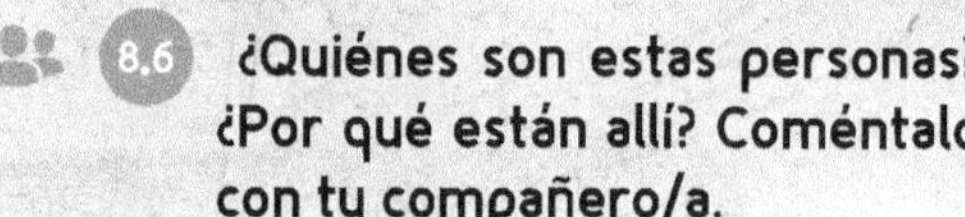

8.6 ¿Quiénes son estas personas? ¿Por qué están allí? Coméntalo con tu compañero/a.

8.7 Ordena las frases para reconstruir parte de la secuencia.

- ☐ El padre de Otto le dice que no es el momento para explicar su nombre.
- ☐ Ana dice que se siente mal y que está mareada.
- ☐ Ana dice su nombre a Otto.
- ☐ Otto se da cuenta de que el nombre de Ana es capicúa.
- ☐ Otto se presenta a Ana.
- ☐ Otto quiere explicar a Ana el porqué de su nombre.
- ☐ La madre dice al padre de Otto que no es necesario que las lleven a su casa.
- ☐ El padre decide llevarlas a su casa a pesar de que la madre de Ana sugiere que no es necesario.
- ☐ Otto decide bajarse del coche.

DESPUÉS DE VER LA SECUENCIA

8.8 **Describe a los personajes que aparecen en estas secuencias.**

Otto

Ana

Padre de Otto

Madre de Ana

8.9 **Como habrás observado, además de los personajes que aparecen en el coche, se escucha la voz de Ana de adulta, ya que la secuencia expresa sus recuerdos de cuando era pequeña. Intenta recordar qué frases corresponden a Ana de pequeña y cuáles a la Ana adulta.**

Ana, adulta.

- a Tú eres mi único padre.
- b Soy una cabezota y no me desanimo fácilmente.
- c Si me oyes, mándame un beso.
- d Mi padre solía decirme que mi nombre era capicúa para que mi vida se llenara de suerte.
- e Pasé mucho tiempo sentada a su lado.
- f El novio de mamá es solo para ella, ¿eh?
- g ¿Ahora te enteras de que mi nombre es capicúa?
- h Decidí que Otto hablaba por fuera y mi padre por dentro.

Ana, pequeña.

8.10 **Habla con tu compañero/a sobre los siguientes temas que tienen relación con estas secuencias.**

- a ¿Crees en el destino? ¿Y en las casualidades?
- b ¿Crees en la buena o en la mala suerte? ¿Crees que tienes buena o mala suerte?
- c ¿Piensas que hay personas que están predestinadas a encontrarse y tener una relación?
- d ¿Crees en el amor a primera vista? ¿Por qué?
- e ¿Es posible enamorarse cuando uno es pequeño/a? ¿Puede el amor durar hasta cuando eres adulto?

GRAMÁTICA

A *SER / ESTAR* + ADJETIVO

Most adjectives in Spanish can be used with both **ser** and **estar** depending on what you wish to communicate. The verb **ser** with adjectives defines what is considered to be the norm. It establishes an inherent characteristic of someone or something. With adjectives, **estar** indicates a state or condition that is a change from the norm. It communicates a judgement or subjective perception on the part of the speaker.

- Los verbos *ser* y *estar* sirven para valorar lugares, hechos, acciones, actitudes y experiencias.
  - » Cuando la valoración es general e intervienen los sentidos, se usa el verbo ***ser***.
    - *– Me encanta venir a este restaurante porque la comida es deliciosa.*
  - » Si la valoración en la que intervienen los sentidos hace referencia a una experiencia concreta, entonces se usa el verbo ***estar***.
    - *– Aunque hoy la comida está un poco sosa.*

- También sirven para expresar cualidades o características de algo o alguien.
  - » Para generalizar o presentar la cualidad de manera objetiva, se usa ***ser*** + adjetivo:
    - *– Eliana es muy guapa e inteligente.*
  - » Para presentar la cualidad como un estado transitorio, se usa ***estar*** + adjetivo:
    - *– Eliana hoy está un poco pálida, tal vez esté enferma.*

8.1 Elige la opción correcta. Compara tus respuestas con tu compañero/a.

a El Museo de Antropología es / está muy bien después de que lo arreglaran.
b ¡Humm! Son / Están muy buenos los chilaquiles, te quedaron deliciosos.
c ¿Eres / Estás malo? Tienes muy mala cara.
d Cenar demasiado es / está malo para la salud.
e Miguel da todo lo que tiene, es / está muy bueno.
f Ese muchacho me vuelve loca, ¡es / está buenísimo!
g Tu examen es / está mal, tendrás que repetirlo.
h Eres / Estás malo, ¿por qué le golpeas a tu hermano?
i Este café es / está muy malo, sabe a rayos.
j Este queso es / está bueno, ha costado caro y es de Oaxaca.
k No vino a trabajar porque es / está mal.
l Puedes volver a clase, ya eres / estás bien.

8.2 Completa el cuadro con los ejemplos anteriores.

Valorar positiva o negativamente personas o cosas

- Los adjetivos ***bueno*** y ***malo*** se utilizan con ***ser*** y ***estar*** para hacer una valoración, pero su significado es diferente en cada caso y, además, depende de si se refieren a cosas o a personas.

Ser bueno/a	Persona bondadosa. ☐ Algo de calidad; saludable. ☐	***Ser malo/a***	Persona malvada. ☐ Algo de poca calidad; perjudicial. ☐
Estar bueno/a	Persona atractiva; con la salud restablecida. ☐ Algo de buen sabor. ☐	***Estar malo/a***	Persona enferma. ☐ Algo de sabor malo o desagradable; en malas condiciones. ☐

- Los adverbios ***bien*** y ***mal*** también se utilizan para valorar, pero **únicamente** con el verbo ***estar***.

Estar bien	Persona sana, en buenas condiciones físicas o psíquicas. ☐ Algo correcto, adecuado. [a]	***Estar mal***	Persona enferma, en malas condiciones físicas o psíquicas. ☐ Algo incorrecto, inadecuado. ☐

8.3 Algunos adjetivos en español cambian de significado según vayan con *ser* o con *estar*. Lee estos diálogos y observa los adjetivos destacados. Después, escribe el significado de cada uno según vayan con *ser* o *estar*.

Diálogo 1

- Hola, perdona, pero he entrado porque la puerta estaba **abierta**. Necesito los papeles de la empresa "Balance Co.".
- Sí, toma, aquí están.
- Bien, gracias. Bueno, hasta luego.
- Espera un momento. ¿Qué te parece tu nuevo compañero de despacho?
- Genial. Es un joven muy trabajador y **abierto**, se ha integrado rápidamente y todo el mundo lo aprecia.

Diálogo 2

- ¿Sí?
- ¿Haces algo esta noche? Es que estoy **aburrida** aquí en casa sin hacer nada. ¿Vamos al cine?
- Genial, porque ha venido a pasar unos días a casa un tío de mi padre, que es muy **aburrido**, y así me escapo de él por unas horas. Paso a recogerte en 30 minutos.

Diálogo 3

- Hablando de gente rara, ¿te has fijado en la nueva compañera de piso? No habla nada y es muy **callada**.
- Podrías aprender un poquito de ella y estar un poco más **callada**, porque no puedo concentrarme en el libro.

Ser	Adjetivo	*Estar*
	1 Abierto/a 2 Aburrido/a 3 Callado/a	

[58]

8.4 Escucha ahora cuatro diálogos y presta atención al significado de estos adjetivos. Escribe el significado de cada uno según el verbo al que acompaña.

Ser	Adjetivo	*Estar*
	1 Listo/a 2 Verde 3 Maduro/a 4 Rico/a	

8.5 Lee las definiciones de estos otros adjetivos que cambian con *ser* o *estar* y completa las frases con el verbo correcto. Trabaja con tu compañero/a.

	Ser	*Estar*
atento/a	Servicial, amable.	Que presta atención.
dispuesto/a	Educado, servicial.	Preparado para algo.
pesado/a	Insoportable (personas). No ligero (cosas).	Solo para personas, se refiere al carácter insoportable de una persona en un momento determinado.
cansado/a	Que produce cansancio.	Que siente cansancio.
fresco/a	Descarado, con poca educación.	Reciente. No hace calor.
grave	Serio.	Muy mal de salud.

a Lo siento, pero su hijo nunca .... atento en clase, siempre está distraído. Aunque tengo que reconocer que .... un muchacho muy atento y siempre se ofrece a ayudarme.

b ¡Me encanta la nueva recepcionista! .... muy dispuesta, hace todo con una sonrisa. Siempre .... dispuesta y, desde que llega por la mañana, no para.

c ¿Puedes ayudarme a mover este mueble a la otra habitación? Es que .... muy pesado.
¡Mira que .... pesado! ¿No puedes esperar un poco hasta que termine el partido de fútbol?
¿Pesado? ¿Me estás llamando pesado? ¡Tú sí que .... un pesado con el fútbol!
Bueno, muchachos, yo me voy porque .... cansado de oír a Marcos. ¡No ha cambiado nada! .... tan cansado como lo era hace quince años.

d Mira el pescado que he comprado para la cena con Roberto. ¿A que .... fresco?
¡No me dijiste que venía Roberto! Ese muchacho no me gusta nada, ... un fresco, se toma demasiadas libertades con la gente sin conocerla.

e El problema de la abuela .... muy grave. Los médicos dicen que .... grave y creen que no podrá volver a andar.

8.6 Contesta a las siguientes preguntas junto con tu compañero/a.

a ¿Qué características debe tener una persona que para ti es atenta?
b ¿Conoces a alguna persona fresca? Descríbela.
c ¿En qué ocasiones estás muy cansado/a?
d ¿Quién en tu familia tiene el carácter más vivo?
e ¿Cuáles son las asignaturas en las que estás más atento/a? ¿Por qué?

B ORACIONES COMPARATIVAS

Comparisons establish equality or inequality between two or more people, places, and objects. Comparisons may involve adjectives, nouns, adverbs, or verbs.

8.7 Lee la información y completa las frases. Trabaja con tu compañero/a.

Hacer comparaciones

- **Comparativos de superioridad** e **inferioridad**
  - » Verbo + ***más / menos*** + adjetivo / nombre / adverbio + ***que*** (+ oración de relativo)
    - – *Las personas con mayor atractivo físico se perciben como más agradables y deseables que los demás.* (más agradable y deseable)
    - – *Quienes le dan mucha importancia al físico representan* [1] .... *que los que no lo hacen.* (menos autoestima)
  - » Verbo + ***más/menos que*** (+ oración de relativo)
    - – *En los jóvenes la publicidad* [2] .... *los amigos.* (influir menos)
    - – *Hay que* [3] .... *preocuparse por el paso de los años.* (aceptarse más a uno mismo)
- **Comparativo de igualdad**
  - » ***Tan*** + adjetivo / adverbio + ***como***
    - – *Ahora muchos son* [4] .... *a hacer ejercicio físico para adelgazar.* (adicto a las dietas)
  - » Verbo + ***tanto/-a/-os/-as*** + nombre + ***como***
    - – *En algunas profesiones le dan* [5] .... *a su capacitación.* (importancia al físico)
  - » Verbo + ***tanto como*** + verbo / nombre
    - – *Yo* [6] .... *la satisfacción personal.* (cuidar la autoestima)
  - » Verbo + ***como*** + pronombre personal
    - – *Algunos profesionales* [7] .... *yo: llevarse excesivamente por las modas se puede convertir en una obsesión.* (opinar)
- **Comparativos irregulares**
  - – Bien/bueno ▶ **mejor**
  - – Grande (edad) ▶ **mayor**
  - – Pequeño (edad) ▶ **menor**
  - – Mal/malo ▶ **peor**
  - – Grande (tamaño) ▶ **mayor/más grande**
  - – Pequeño (tamaño) ▶ **menor/más pequeño**

» Es mejor adelgazar haciendo ejercicio físico que con dietas.

8.8 Con tu compañero/a, elaboren frases con las siguientes fotografías.

Modelo: *La comida sana es mejor para la salud.*

a

b

c

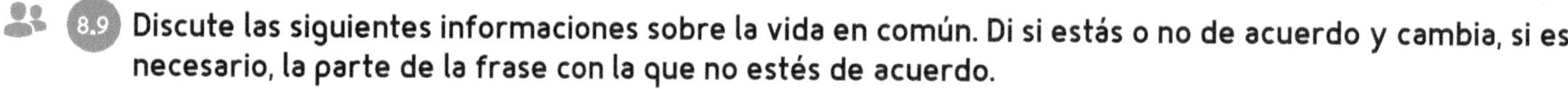

8.9 Discute las siguientes informaciones sobre la vida en común. Di si estás o no de acuerdo y cambia, si es necesario, la parte de la frase con la que no estés de acuerdo.

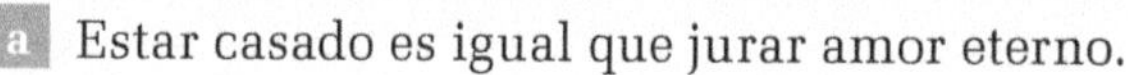

a. Estar casado es igual que jurar amor eterno. ....

b. Es mejor poder cumplir en pareja un sueño muy anhelado por ambos, como por ejemplo tener hijos, que alcanzar los deseos individuales de cada uno. ....

c. A mucha gente le aterroriza la soledad y, por eso, poner un pie en el altar es un acto que ocurre más de lo que se cree para no quedarse solo. ....

d. Las relaciones entre parejas se deterioran porque uno de los dos está menos dispuesto que el otro a asumir responsabilidades. ....

e. Es peor el matrimonio civil o religioso que vivir en unión libre. ....

f. Los esposos tienen tantas obligaciones como las esposas en la casa. ....

g. En una relación de convivencia matrimonial, el esposo debe cuidar a la esposa tanto como ella a él. ....

h. En pareja, a veces no puedes hacer algunas cosas, como practicar un deporte o divertirte con tus amigos, tantas veces como lo hacías cuando estabas solo. ....

C LOS SUPERLATIVOS

A superlative statement expresses the highest or lowest degree of comparison. In Spanish, the superlative is formed with the definite article and uses **de** to express *in* or *of*.

El superlativo relativo

- ***El / la / los / las*** + nombre + ***más / menos*** + adjetivo + ***de***
  - *El paisaje más bonito de España está en la costa de Asturias.*
  - *¿Los monumentos menos visitados de España están en Extremadura?*
  - *Las comidas más sanas del mundo están preparadas con verduras.*

- ***El, la mejor / los, las mejores*** + nombre + ***de***
  - *La mejor oferta de ocio de la ciudad está en la calle Pelayo.*
  - *Los mejores restaurantes de la ciudad están en el centro.*

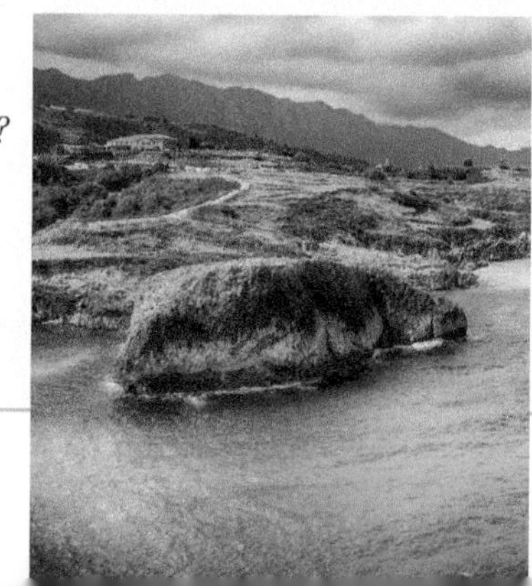

El superlativo absoluto

- Adverbios: ***muy***, ***–mente*** (*sumamente, extremadamente*), ***tan***.
  - *Machu Picchu es extraordinariamente impactante.*
  - *Estaba hablando con un cliente sumamente pesado.*
- Sufijo: ***–ísimo/a/os/as***: *animadísima, antiquísimo…*
  - *Ese chiste que has contado es buenísimo.*
  - No admiten el superlativo en ***–ísimo*** los nombres de colores en ***–a*** (*rosa, malva, púrpura…*), los adjetivos que terminan ***–uo*** y otros como *arduo, juvenil, espontáneo, único, político, mortífero, íntimo…* En estos casos se usa ***muy***, ***sumamente***, ***extremadamente***.
  - *Trabajar en una mina es sumamente arduo.*
- Prefijos (de carácter coloquial): ***re–***, ***requete–***, ***archi–***, ***super–***: *archiconocido.*
  - *Las tortitas que venden en esa tienda están requetebuenas.*
- Son formas cultas los adjetivos que añaden el sufijo ***–érrimo***: *celebérrimo* (célebre), *libérrimo* (libre), *paupérrimo* (pobre), *misérrimo* (mísero).
  - *Don Quijote de la Mancha fue escrito por el celebérrimo autor Miguel de Cervantes.*

8.10 Elabora frases con estos superlativos.

a animadísimo: ....

b buenísimo: ....

c sumamente: ....

d paupérrimo: ....

e super–: ....

»Este perrito es cariñosísimo.

8.11 Lee las siguientes formas de llegar a conocer a alguien y completa las frases con un superlativo según las indicaciones. Después, marca tu favorita y coméntala con tu compañero/a. Añadan alguna más para compartir con la clase.

BUSCAR PAREJA, NO ES TAREA FÁCIL

a Estás en una fiesta... **Es** .... **ísimo**, pero a veces funciona. Vas a la persona que te gusta y le dices: “Hola, soy un ladrón y estoy aquí para robar tu corazón”. Puede ser .... **mente gracioso** o un fracaso total, pero seguro que todos tus amigos se divierten.

b También está .... **visto** el viejo truco de acercarse a la otra persona y decirle: "Oye, yo te conozco" y preguntarle si no es amigo/a de X. Según algunos, **esta es la** .... **forma de ligar** (pick someone up).

c Invita a alguien a salir en grupo de excursión, a una fiesta, un concierto... Aunque puede resultar .... **ísimo**, porque a lo mejor no se presenta la otra persona o .... **mente** termine coqueteando con tu mejor amigo/a.

d Háblale por teléfono a tu posible conquista. Es ya un clásico entre los diferentes métodos de ligar; .... **conocido** sistema para que nadie vea cómo te pones rojo si se burlan de ti. Además, en este caso, la retirada (retreat) **es** .... **fácil**.

e Ir a una sesión de citas aceleradas es .... **moderno** hoy día. En estas sesiones cara a cara, las parejas se van rotando. Si al final quieres contactar con alguien, tienes que indicarlo en la web. Solo intercambiarán correos si también la otra persona quiere verte.

INTERCULTURA

EL CLUB DE LA COMEDIA

PREPARAR

8.1 Vas a escuchar un texto relativamente largo. ¿Qué haces en estos casos para comprenderlo e interpretarlo? Anota tus ideas.

- ☐ Tomo apuntes.
- ☐ Escribo palabras que capto al vuelo.
- ☐ Anoto las ideas principales.
- ☐ Intento no distraerme cuando estoy descifrando algún término difícil.
- ☐ Saco la estructura: introducción, desarrollo y desenlace.
- ☐ Otras: ....

ESCUCHAR

[59]

8.2 Vas a escuchar un monólogo humorístico de un famoso programa de televisión que se llama *El club de la comedia*. El tema es el turismo rural, una forma de hacer turismo muy de moda entre la gente últimamente. Antes de escuchar, señala el resumen que crees que responderá mejor al contenido de lo que vas a oír.

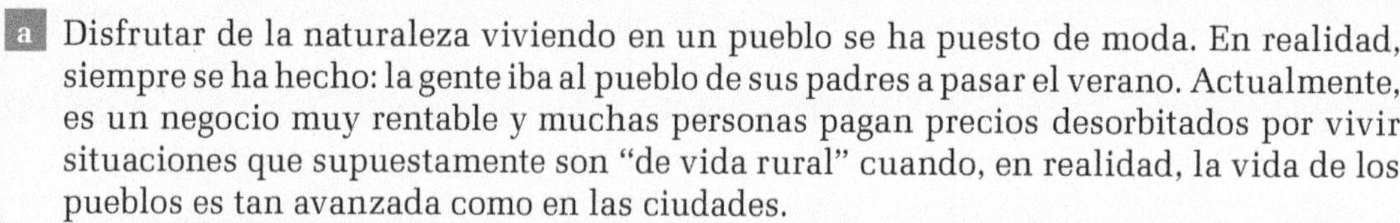

a Disfrutar de la naturaleza viviendo en un pueblo se ha puesto de moda. En realidad, siempre se ha hecho: la gente iba al pueblo de sus padres a pasar el verano. Actualmente, es un negocio muy rentable y muchas personas pagan precios desorbitados por vivir situaciones que supuestamente son "de vida rural" cuando, en realidad, la vida de los pueblos es tan avanzada como en las ciudades.

b Lo más inteligente que se puede hacer en vacaciones es vivir en el campo, disfrutando de la naturaleza y recuperando la calma perdida a lo largo de un duro año de trabajo. Es la única manera de cargar pilas. Eso sí, no contrates una oferta de turismo rural, ve al pueblo de tus padres o a alguno que conozcas y que te guste.

c El turismo rural se ha puesto de moda. No todo el mundo puede hacerlo: tienes que estar preparado psicológicamente, porque el estilo de vida entre el campo y la ciudad es muy diferente. Los avances tecnológicos no han llegado al campo y se vive como se vivía hace cincuenta o sesenta años.

8.3 De las siguientes pautas, comenten cuáles facilitan (f) o dificultan (d) la comprensión de un texto humorístico. Justifica tus respuestas.

- a ☐ Las risas del público.
- b ☐ Los cambios de acento.
- c ☐ Las alusiones socioculturales.
- d ☐ Las referencias de actualidad.
- e ☐ La presentación del espectáculo.
- f ☐ Los juegos de palabras.
- g ☐ Las pausas del humorista.
- h ☐ Las preguntas retóricas.
- i ☐ Los ejemplos.
- j ☐ Los cambios de tono.

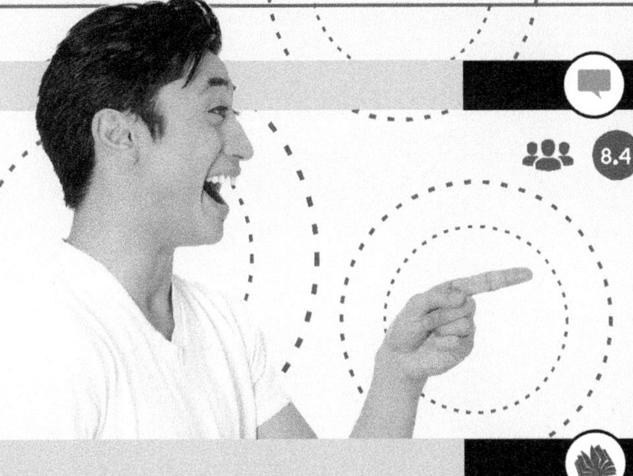

HABLAR

8.4 **El humor cambia entre culturas, incluso entre grupos de distinto nivel sociocultural o de diferente edad. ¿Les resulta más difícil entender una historia con humor que una noticia o un cuento? ¿Por qué? Habla con tus compañeros.**

LEER

8.5 **Lee el texto y responde.**

¿TIENES SENTIDO DEL HUMOR?

El sentido del humor permite vivir mejor y ayuda a relacionarnos con los demás. Las personas huyen de los amargados y de las personas problemáticas y buscan a las personas que puedan ofrecer alegría y esperanza.

Tener sentido del humor no es ser chistoso ni tampoco burlarse de los otros para provocar la risa. El sentido del humor es saber reírse de las cosas que le suceden a uno, de las que cosas que ocurren en la vida.

Una persona sin sentido del humor es seria, grave, responsable en exceso. No se toma nada a broma, todo está sujeto a la máxima tensión y concentración, los fracasos están excluidos aun en los detalles más insignificantes. Son seres perfeccionistas, muy exigentes consigo mismos y con la gente que les rodea, por lo que, a veces, resultan insoportables.

a. ¿Qué es tener sentido del humor?
b. ¿Qué beneficios tiene?
c. ¿Cómo es la personalidad de alguien que carece de ello?

ESCRIBIR

8.6 **Intenta recordar algún chiste o historia graciosa que recuerdes y escríbela haciendo un relato o un diálogo. Utiliza algunas de las siguientes claves que hacen de un relato uno de humor.**

- Referentes culturales.
- Crítica social.
- Lenguaje coloquial.
- Ironía.

DOS CANTANTES HISPANOS

¿SABES QUIÉNES SON?

8.1 Responde a estas preguntas.

- ¿Conoces a estas personas?
- ¿Quién crees que es mejor artista?
- ¿Cuál de los dos piensas que es más famoso y gana más dinero?
- ¿A cuál de los dos les habrá resultado más difícil alcanzar el éxito?
- ¿Quién crees que está más comprometido con causas solidarias?

RICARDO ARJONA

8.2 Lee la biografía y contesta a las preguntas.

Ricardo Arjona nació el 19 de enero de 1964 en Antigua, Guatemala. A los ocho años ya sabía tocar la guitarra. A los 21 produjo su primer disco, *Déjame decir que te amo*, un trabajo que aparentemente no gustó nada al autor.

Durante cinco años, Ricardo optó por abandonar la música y dedicarse por entero a la enseñanza. Al mismo tiempo, estudiaba Ciencias de la Comunicación. Aunque la música había pasado a segundo término en sus ocupaciones, un buen día se le ofreció la oportunidad de grabar un disco.

Jesús: verbo no sustantivo, fue la revelación final de Ricardo Arjona como compositor e intérprete en toda América Latina y Estados Unidos. El tema que daba título al álbum fue el más vendido de la historia en los países de esta región.

El álbum *Animal nocturno* fue su primer trabajo para Sony Music y también la consolidación definitiva de Ricardo Arjona como uno de los nuevos artistas más valiosos e interesantes de los últimos años.

(Adaptado de www.todomusica.org/ricardo_arjona/index.shtml)

a ¿Qué estudiaba el cantante mientras se dedicaba a la música?

b ¿Cuál es el disco con el que Ricardo Arjona se hizo famoso?

c ¿Cuál fue su primer trabajo para Sony Music?

[60] **8.3 Aquí tienes la letra de una canción muy famosa de Ricardo Arjona. Escucha esta versión, al mismo tiempo que la lees. Busca las palabras que no entiendas en el diccionario.**

ELLA Y ÉL

Ella es de La Habana, él de Nueva York.
Ella baila en Tropicana, a él le gusta el rock.
Ella vende besos en un burdel,
mientras él se gradúa en U.C.L.A.
Ella es medio marxista, él es republicano.
Ella quiere ser artista, él odia a los cubanos.
Él cree en la Estatua de la Libertad
y ella en su vieja Habana de la soledad.
Él ha comido hamburguesas,
ella moros con cristianos.
Él, el champagne con sus fresas,
ella un mojito cubano.
Ella se fue de gira a Yucatán
y él de vacaciones al mismo lugar.
Mulata hasta los pies, él rubio como el sol.
Ella no habla inglés, y él menos español.
Él fue a tomar un trago sin sospechar
que iba a encontrar el amor en aquel lugar.
Lo que las ideologías dividen al hombre,
el amor con sus hilos los une en su nombre.

Coro:
Ella mueve su cintura al ritmo de un tamtán
y él se va divorciando del tío Sam.
Él se refugia en su piel... la quiere para él
y ella se va olvidando de Fidel.
¡Qué sabían Lennin y Lincoln del amor!
¡Qué saben Fidel y Clinton del amor!

Ella se sienta en su mesa, él tiembla de la emoción.
Ella se llama Teresa y él se llama John.
Ella dice: "Hola, chico", él contesta: "*Hello*".
A ella no le para el pico, él dice: "*Speak slow*".
Él se guardó su bandera, ella olvidó los conflictos.
Él encontró la manera de que el amor salga invicto.
La tomó de la mano y se la llevó.
El yanqui de la cubana se enamoró.
Lo que las ideologías dividen al hombre,
el amor con sus hilos los une en su nombre.

Coro

Ahora viven en París.
Buscaron tierra neutral.
Ella logró ser actriz, él es un tipo normal.
Caminan de la mano, calle Campos Elíseos,
como quien se burla del planeta y sus vicios.

8.4 Decide cuál de estas tres historias resume la canción de Ricardo Arjona.

Es la historia de dos jóvenes de diferentes países que…

- a ☐ …se conocieron en París, dejaron de lado todas sus diferencias y ahora pasean por las calles de La Habana.
- b ☐ …a pesar de tener culturas diferentes afrontaron su historia de amor y ahora son personas normales que viven en París.
- c ☐ …tienen una actividad política contraria. Gracias al amor abandonaron sus ideologías y su activismo político.

8.5 Define cuál de las características o actividades pertenecen Teresa (T) y cuáles a John (J).

- a ☐ Quiere ser artista.
- b ☐ Es una persona morena.
- c ☐ Come hamburguesas.
- d ☐ Habla mucho.
- e ☐ Le gusta el rock.
- f ☐ Es de Nueva York.
- g ☐ Tiene estudios universitarios.
- h ☐ Es del partido republicano.
- i ☐ Es de Cuba.
- j ☐ Ahora es una persona normal.
- k ☐ Habla inglés.
- l ☐ Trabaja en el mundo del espectáculo.

GUÍA DE OCIO

MÚSICA

"Un niño que nace pobre y no recibe la alimentación ni la educación que necesita, tendrá, casi con absoluta certeza, una vida en la pobreza. Y hay una sola forma de darle a esa persona el derecho a romper con las cadenas de la pobreza: la educación". *The Economist.*

Shakira nació en la ciudad colombiana de Barranquilla. Con diez años ya componía sus primeras canciones. Empezó a participar en concursos infantiles desde muy pequeña. En uno de ellos, un productor de una discográfica muy importante la fichó para su compañía. Desde ese momento nace Shakira como cantante mediática. En 1991, con solo catorce años, grabó su primer disco: *Magia*. Este primer trabajo solo se publicó en Colombia, y aunque no consiguió muchas ventas sirvió para despertar el interés de los medios de comunicación. También gracias a este álbum fue escogida para representar a su país en el Festival de la OTI. Finalmente, no pudo asistir por no tener la edad mínima exigida.

Después de esta experiencia, Shakira dejó de lado la balada y mostró su lado más rockero. Su segundo álbum de estudio, *Pies descalzos*, supuso un disco lleno de grandes canciones, y del que vendió más de cuatro millones de copias en todo el mundo. Con él conquistó al mercado europeo. Shakira realiza una mezcla particular de pop y rock, y en sus conciertos esa combinación se vuelve explosiva ya que pasa de la balada más dulce a arrasar con su fuerza rockera.

Esta mezcla se reflejó perfectamente en *¿Dónde están los ladrones?*, un disco con una curiosa historia detrás. Shakira lo compuso justo después de que le robaran en el aeropuerto la maleta con todas las canciones que había compuesto para su nuevo álbum, de ahí el título. Más tarde conquistó el mercado anglosajón con *Servicio de lavandería*. Actualmente está casada con el jugador de fútbol Gerard Piqué y, además de sus actividades como artista, se dedica a ayudar a niños desfavorecidos.

(Adaptado de la revista "Hola")

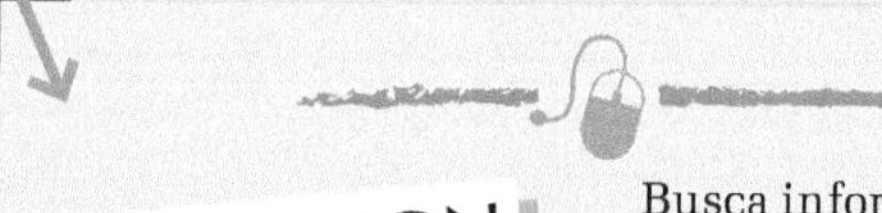

Busca información en Internet sobre la Fundación "Pies descalzos", fundada y promovida por Shakira para niños en exclusión social de Colombia.

Busca el videoclip *Mi verdad*, en el que Shakira hace un dueto con el grupo Maná.

LITERATURA PARA LA VIDA

¿A qué país crees que se refieren las imágenes?

¿Conoces a algún escritor de este país? Si no es así, puedes buscar información en Internet.

De acuerdo con las fotografías, ¿crees que el autor va a hablar de la época actual o de épocas pasadas?

¿Sobre qué imaginas que pueden ser las historias que escribe el autor?

LITERATURA PARA LA VIDA

8.1 ¿Conoces a Carlos Fuentes? Era un famoso ensayista y novelista mexicano. Lee la introducción de una de las últimas entrevistas que dio antes de su muerte a la revista *Cambio 16* y completa las frases.

CARLOS FUENTES

Muchos de los personajes de las novelas de Carlos Fuentes viven una existencia profundamente marcada por la historia reciente de México. Es más, suelen habitar en el triángulo que va de las ciudades sureñas y costeras de Veracruz, Xalapa y Catemaco a la Ciudad de México. Sin embargo, ellos, como el escritor que los creó, gustan de salir, en sus mundos imaginarios y también en los reales, al mundo del norte y vivir parte de sus aventuras en ciudades como Detroit, Los Ángeles, Barcelona o Berlín.

Ese podría ser el resumen de un escritor que cuando escribió en 1962 *La muerte de Artemio Cruz* describió, en sus propias palabras, "al macho mexicano surgido de la revolución" y quiso hacer en su novela *Los años con Laura Díaz* una especie de contrapunto: ella es una mujer culta que ve esa misma revolución como un testigo asombrado.

En medio, obras tan espléndidas como *Gringo Viejo, Cambio de piel o Cristóbal Nonato.* Obras todas ellas, llenas de calor y frío, como la pasión y la reflexión, como una capital de Europa central y el puerto de Veracruz. Su gran saga contemporánea que tituló *La edad del tiempo* es toda una gran empresa literaria y humana.

a Las novelas de Carlos Fuentes tienen una gran influencia de...

b Algunas escenas imaginarias de los personajes transcurren en...

c En *La muerte de Artemio Cruz*, el autor describió al...

d Laura Díaz es una mujer...

e Laura Díaz ve a la revolución...

INVESTIGA

Intenta contestar a estas preguntas.

a ¿Qué es el "el boom latinoamericano"? Busca el término en Internet o en libros de literatura.

b Explica a tus compañeros qué significa este término y cuál es su relación con el escritor mexicano Carlos Fuentes. ¿Coinciden tus ideas con las de los demás?

[61]

8.2 Escucha y lee el extracto de *Los años con Laura Díaz* donde se habla de lo que le pasó a Cósima Kesler, la abuela de Laura, y contesta a las preguntas.

Los años con Laura Díaz

Catemaco, 1905

El recuerdo a veces se puede tocar. La leyenda más citada de la familia tenía que ver con la abuela Cósima Kelsen cuando allá por los 1870, se fue a comprar los muebles y el decorado de su casa veracruzana a la ciudad de México y, al regresar, la diligencia fue detenida, por los bandidos que aún usaban el pintoresco atuendo del chinaco.

Fue detenida la diligencia en ese extraño punto del Cofre de Perote donde en lugar de ascender a la bruma, el viajero desciende de la diáfana altura de la montaña a un lago de niebla. El grupo de chinacos, disfrazados de humo, surgió entre relinchos de caballos y trueno de pistolas.

"La bolsa o la vida" era el santo y seña de los bandidos, pero estos, más originales, pidieron "la vida o la vida", como si, agudamente, comprendiesen la **altiva nobleza**, la **rígida dignidad** que la joven doña Cósima les mostró apenas se mostraron ellos.

No se dignó mirarlos.

El jefe de la gavilla, un antiguo capitán del derrotado ejército imperial de Maximiliano, había rondado la corte de Chapultepec lo suficiente como para hacer diferencias sociales. Aunque era famoso en la región por sus apetitos sexuales –el Guapo de Papantla era su mote– lo era también por la certeza con que **distinguía una señora de una piruja**. El respeto del antiguo oficial de caballería… hacia las damas de alcurnia, ya era instintivo y a la joven doña Cósima, viéndole primero los ojos brillantes como sulfato de cobre y enseguida la mano derecha ostensiblemente posada sobre la ventanilla del carruaje, el bandolero supo exactamente lo que debía decirle.

– Por favor, señora, déme sus anillos.

La mano que Cósima había mostrado provocativamente, fuera del carruaje, lucía una banda de oro, un zafiro deslumbrante y un anular de perlas.

– Son mis anillos de compromiso y de bodas. Primero me los cortan.

Cosa que sin mayor pausa, como si ambos conocieran los protocolos del honor, hizo el terrible chinaco imperial: de un machetazo le cortó los cuatro dedos sobresalientes de la mano derecha a la joven abuela doña Cósima Kelsen. Ella no respingó siquiera…

– Gracias –dijo la joven y bella Cósima, mirándolo, por una sola vez–. ¿Se le ofrece algo más?

a ¿A dónde iba Cósima Kelsen? ¿Cómo viajaba?

b ¿A quién se encontró?

c ¿Quién era 'el guapo de Papantla'?

d ¿Qué le pidió a Cósima?

e ¿Qué le respondió ella?

f ¿Qué hizo el bandido entonces?

g ¿Qué dijo Cósima?

8.3 En el texto aparecen destacadas algunas expresiones que definen el carácter de Cósima. Explica el significado a tu compañero/a.

8.4 Con toda la información que tienes, elabora un perfil de Cósima. ¿Qué opinas sobre su comportamiento? Coméntalo con tus compañeros.

EN RESUMEN

- **Describe la vestimenta y el aspecto físico de tu compañero/a.**

- **Escribe detalladamente en qué te pareces y en qué no a tus padres.**

- **Elige mentalmente a alguien de tu clase, no se lo digas a tu compañero/a y descríbelo/a con detalle. Tu compañero/a debe adivinar de quién se trata.**

- **Escribe cinco adjetivos que cambian con *ser* o *estar*.**

1 ...
2 ...
3 ...
4 ...
5 ...

- **Observa atentamente el sitio donde estás y escribe seis frases utilizando los comparativos.**

1 ...
2 ...
3 ...
4 ...
5 ...
6 ...

- **Intenta traducir un chiste que sepas y cuéntaselo a tu compañero/a en español.**

AHORA SOY CAPAZ DE...

		SÍ	NO
1	...hablar en detalle del aspecto físico de alguien.	☐	☐
2	...hablar de apariencias y parecidos.	☐	☐
3	...destacar aspectos del carácter de una persona.	☐	☐
4	...expresar comparaciones.	☐	☐

Aspecto físico
el aspecto appearance
aseado clean
descuidado sloppy
distinguido distinguished
enfermizo sickly
esbelto slender
fino thin, refined
flaco skinny
refinado refined
saludable healthy
vulgar common, tasteless
la boca mouth
fina thin
redonda round
la cara face
ancha wide
chupada thin, pinched
dulce sweet
expresiva expressive
larga long
llena full
las cejas eyebrows
espesas thick
el cuello neck
el culto al cuerpo body worship
los dientes teeth
alineados aligned, straight
la estatura mediana medium height
la frente forehead
amplia wide, broad
arrugada wrinkled
estrecha narrow
los labios lips
finos thin
las manos hands
delicadas delicate
finas smooth
las mejillas cheeks
regordetas chubby
la nariz nose
aguileña aquiline, hooked
chata pug
puntiaguda pointed
recta straight
los ojos eyes
inexpresivos expressionless
vivos lively
las orejas ears
de soplillo protruding
el pelo hair
fino fine
lacio straight
rizado curly
sedoso silky
la piel skin
bronceada tanned
morena dark
rosada pink
el rostro face
el vientre plano flat belly

Verbos
parecer to seem, appear
parecerse (a) to look alike

Apariencia física
el maquillaje make-up
los rasgos features
la talla clothing size
el tratamiento de belleza beauty treatment
la vestimenta clothing, outfit

Estilo
chillón/ona gaudy
abandonado/a careless
remendado/a patched, mended
descolorido/a faded
gastado/a worn
descosido/a undone, coming apart

Carácter
arriesgado/a risky
atrevido/a daring
chismoso/a gossipy
codo/a stingy
creído/a conceited
cursi snooty, snobbish
fresa preppy
menso/a dorky
metiche nosy, meddling
payaso/a absurd, asinine
prepotente arrogant
relajado/a relaxed

Adjetivos que cambian con *ser / estar*
abierto/a open (personality) - open (condition)
aburrido/a boring - bored
atento/a courteous - paying attention
bueno/a good - healthy
callado/a quiet, reserved - silent
cansado/a tiresome - tired
dispuesto/a handy - willing, prepared
fresco/a fresh - rude
grave serious (personality) - serious (condition)
listo/a smart, bright - ready
maduro/a mature - ripe
malo/a bad - sick
pesado/a heavy (weight), annoying (personality) - annoying (condition)
rico/a wealthy - tasty
verde green (color), dirty old man - unripe

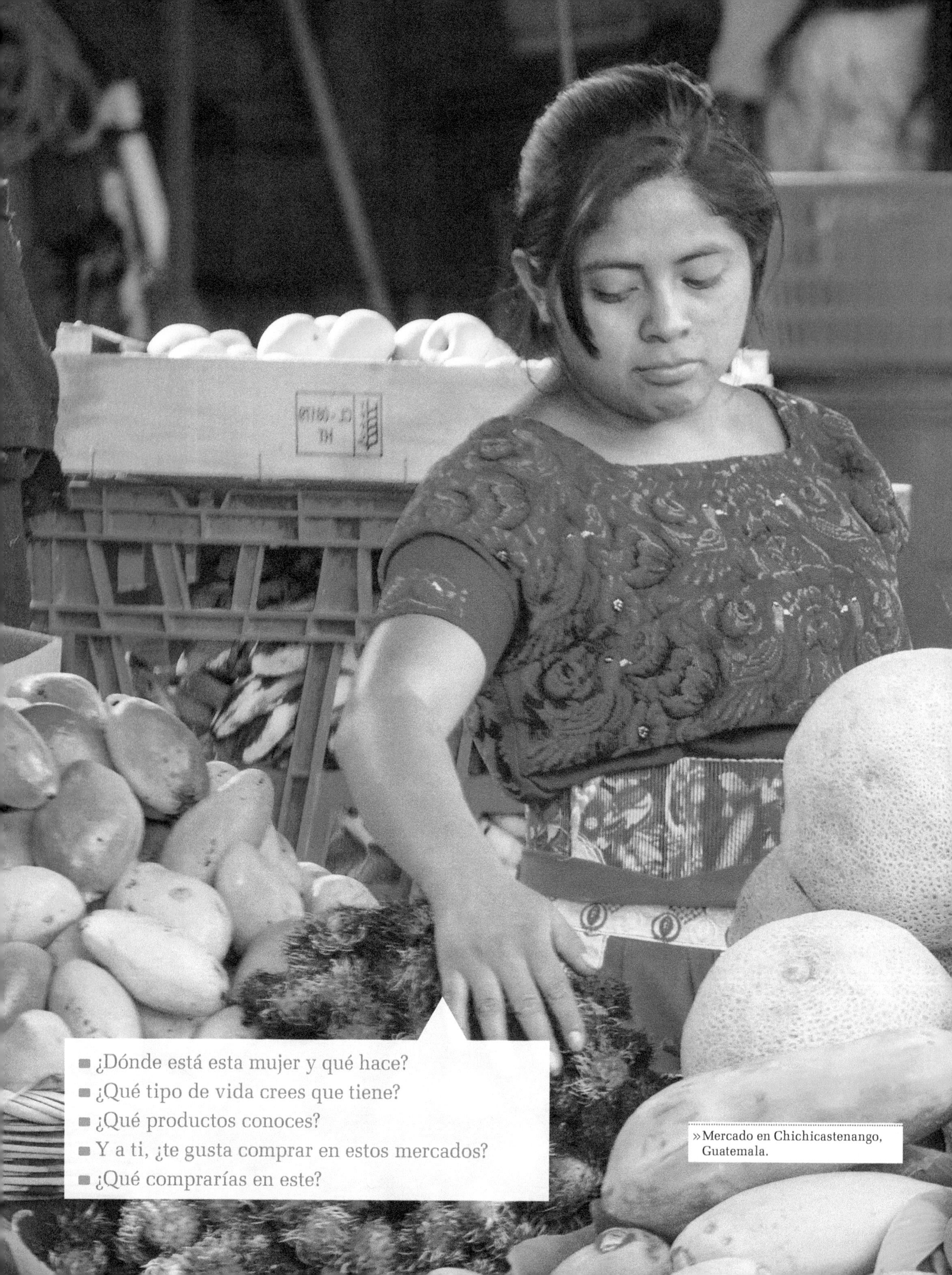

- ¿Dónde está esta mujer y qué hace?
- ¿Qué tipo de vida crees que tiene?
- ¿Qué productos conoces?
- Y a ti, ¿te gusta comprar en estos mercados?
- ¿Qué comprarías en este?

» Mercado en Chichicastenango, Guatemala.

SABORES Y SENSACIONES

9

Learning outcomes

By the end of this unit you will be able to:

- Talk about different cuisines, tastes, and smells
- Correct wrong information
- Express feelings, emotions, and preferences
- Give orders, advice, and instructions

Para empezar

- La gastronomía y los sentidos

Comunica

- Comer para vivir: rectificar una información
- Este sabor me recuerda a…: hablar de olores y sabores

Pronunciación y ortografía

- Las interrogativas disyuntivas y la entonación de mandato

Cartelera de cine

- *Dieta mediterránea*

Gramática

- Correlación de tiempos indicativo-subjuntivo
- Estructuras para expresar sentimientos, gustos y emociones
- El imperativo (revisión)

Intercultura

- La mercadotecnia

Nos conocemos

- El ceviche

Literatura para la vida

- *Como agua para chocolate*, de Laura Esquivel

PARA EMPEZAR

LA GASTRONOMÍA Y LOS SENTIDOS

9.1 ¿Conoces el mole negro oaxaqueño? ¿Qué ingredientes lleva y cómo se hace? Habla con tu compañero/a.

[62]

9.2 Escucha y lee la siguiente entrevista. Después, comprueba tus respuestas anteriores.

Locutor: Hoy entrevistamos para nuestra sección de gastronomía a la chef Ana García, que es una de las chefs y maestras de cocina más importante de México. Sus habilidades como chef están estrechamente unidas a su relación con su madre, tías, abuelas y bisabuela, ya que cada una de ellas le ha transmitido su sabiduría en el arte de la cocina. Ella tomó este amplio conocimiento y lo incorporó a un repertorio que incluye especialidades tradicionales mexicanas del centro y norte del país, aunque sin olvidar la nueva cocina. En 2001, Ana fundó una escuela de cocina y desde que abrió sus puertas ha recibido varias distinciones. Ella ahora colabora en un programa de televisión, hablando de tradiciones culinarias, entre otras cosas. ¿Qué es lo último que ha preparado?

Ana: Mole negro oaxaqueño, del estado de Oaxaca. Lo serví el otro día en una fiesta para que lo probaran mis amigos. Normalmente el mole se hace para bastantes personas. Y, bueno, este proceso es un poco..., necesitas tiempo. Es un poco elaborado.

Locutor: ¿Cómo lo hace?

Ana: Mira, déjame pensar en los ingredientes. Para veinte personas necesitas dieciocho chiles chilhuacles negros. Son chiles originarios de Oaxaca.

Locutor: ¿Son muy picantes?

Ana: Son un poco picantes, sí. Después, otro tipo de chiles: unos que saben medio a chocolate, los chiles mulatos. De estos necesitas nueve. Una tableta de chocolate y tres cucharadas de cacahuetes, tres cucharadas de nuez y tres de almendras. También un pedazo de pan duro y una tortilla dura. Ya sabes lo que es la tortilla de maíz, ¿no?

Locutor: Sí, ya las conozco. Las sirven en los restaurantes mexicanos aquí en Argentina, aunque no tan buenas...

Ana: Bueno y muchas otras especias... y ¡hasta una hoja de aguacate!

Locutor: ¡Qué bárbaro! Todos estos ingredientes solo para la pasta. Son muchísimos...

Ana: Sí, por eso luego la gente compra el mole ya hecho. Hay unos pequeños tarros de vidrio en el súper y en algunos mercados lo venden por kilo, pero el mejor mole se compra en tiendas especializadas. Pero muchas personas, bueno... normalmente si tienes tiempo, o ayuda doméstica, lo elaboran

en casa. Ya que tienes el mole hecho, nada más le agregas la carne ya cocida.

Locutor: ¿Y cuál es tu carne predilecta para el mole?

Ana: Para mí es el pollo, sin la piel, sin mucha grasa. Claro, se le puede poner carne de cerdo, pero no, para mí es mejor el pollo.

Locutor: ¿Y sigues siempre la receta al pie de la letra o sos de las cocineras que les gusta improvisar un poquito?

Ana: Bueno, a mí me fascina improvisar. Empiezo con una receta, por ejemplo el mole. Si no encuentro todos los tipos de chile, compro otros tipos y va a variar la receta; pero sí, me encanta improvisar. ¿Crees que vas a hacer mole pronto y describir la experiencia en tu programa?

Locutor: Cuando vaya a hacerlo creo que mejor compro la pasta hecha. ¿Me recomiendas una de esas tiendas especializadas?

Ana: ¡Claro! No lo dudes.

Locutor: Dígame un aroma que le sea especialmente sugerente y agradable.

Ana: El de los productos frescos y naturales que se respira en los mercados. Me agrada el olor de los chiles mulatos que saben medio a chocolate. Y un sabor rico, rico.

Locutor: Además de la cocina mexicana, ¿qué otras culturas gastronómicas le interesan?

Ana: La cocina caribeña me parece muy interesante. Destacaría cómo preparan el mofongo.

9.3 **Ponle un titular a la entrevista anterior y explica qué te ha parecido más interesante.**

Ana García: " .... ".

9.4 **A Ana le encanta el mofongo. Busca información en Internet y completa el cuadro.**

Ingredientes	Preparación

¡PRACTICA!

9.5 **Con tu compañero/a, escriban un diálogo similar siguiendo las instrucciones. Después, representen la conversación.**

1. Pregúntale a tu compañero/a cuándo ha cocinado por última vez.
2. Explícale a tu compañero/a cuándo cocinaste por última vez y por qué. También dile qué hiciste.
3. Interésate por ese plato y pregúntale qué ingredientes lleva, y cómo se hace el plato.
4. Explícale todo y anímale a hacerlo también.
5. Dale las gracias y despídete.

COMER PARA VIVIR

VOCABULARIO

9.1 Lee las siguientes frases. ¿Con cuál te identificas más y por qué? ¿Qué relación tienes con la comida? Habla con tu compañero/a y defiende tu opción.

COMER PARA ALIMENTARSE

COMER PARA OLVIDAR

COMER POR PLACER

9.2 Ahora, cambia el verbo "comer" por "cocinar" en las frases anteriores. ¿Qué frase elegirías? ¿Es similar o diferente a la que elegiste en la actividad anterior? ¿Por qué?

9.3 En parejas, completen el cuadro con todos los ejemplos que recuerden en cada categoría. Tienen 10 minutos. ¿Qué pareja ha logrado el mayor número de alimentos?

Plato hispano	Carne	Fruta	Marisco	Verdura	Frutos secos (Nuts)

9.4 Ahora, clasifiquen estos alimentos en el cuadro anterior. Pueden usar un diccionario.

almejas ▪ almendras ▪ arepas ▪ cacahuetes ▪ ceviche ▪ churrasco ▪ coliflor ▪ cordero ▪ costillas ▪ enchiladas ▪ langosta ▪ nueces ▪ ostras ▪ paella ▪ ropa vieja ▪ tamales

9.5 Relaciona las imágenes con el tipo de comida que representan. ¿Cuáles te gustan más? ¿Cuándo las comes? ¿Quién te las prepara mejor? Habla con tu compañero/a.

1

2
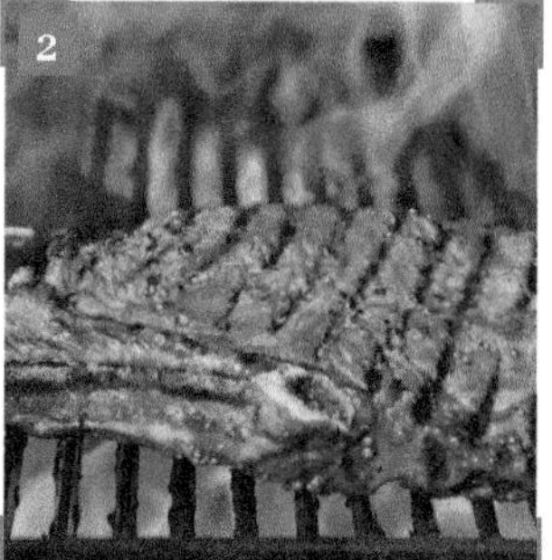

3
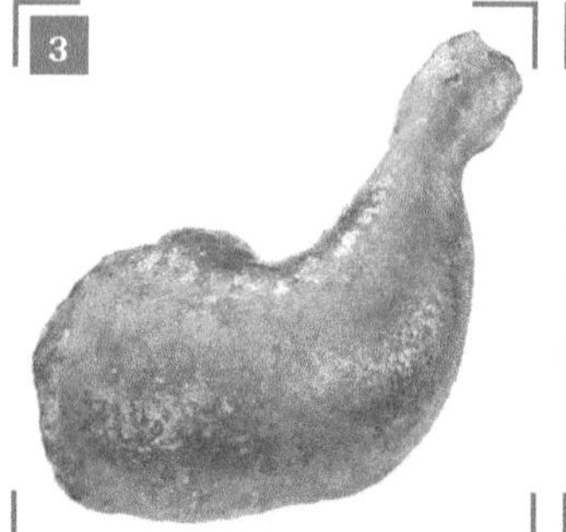

4

- a ▢ Alas de pollo
- b ▢ Carne a la parrilla
- c ▢ Carne asada
- d ▢ Muslo de pollo
- e ▢ Pan integral
- f ▢ Pechuga de pavo
- g ▢ Queso fresco
- h ▢ Queso rallado

9.6 Observa las siguientes imágenes sobre utensilios de cocina. Explícale a tu compañero/a con tus palabras el significado de uno de estos utensilios para que lo adivine.

Modelo: *Se usa para freír alimentos con aceite. Es redonda.*
La sartén.

9.7 Mira las siguientes acciones relacionadas con cocinar. Escribe ejemplos para explicar el significado de cada uno.

cocer (*o>ue*) ▪ batir ▪ asar ▪ cortar ▪ freír (*e>i*) ▪ mezclar ▪ dorar ▪ echar ▪ pelar ▪ añadir ▪ condimentar

Modelo: *Cocer - Yo cuezo la pasta en agua caliente.*

9.8 Explícale a tu compañero/a un plato que siempre prepares para ti o para tu familia. Indica qué utensilios necesitas, qué ingredientes y cómo se hace ese plato. Hay una condición: tu compañero/a no puede tomar notas.

9.9 Escribe la receta que te ha explicado tu compañero/a.

COMUNICACIÓN

- Para **rectificar una información**, se usa:

» ***No,*** + elemento erróneo + ***no*** + verbo, + ***el que / la que / los que / las que / lo que / cuando / donde*** + verbo + ***ser*** + elemento correcto

– *No, las zanahorias no se fríen, las que se fríen son las cebollas.*

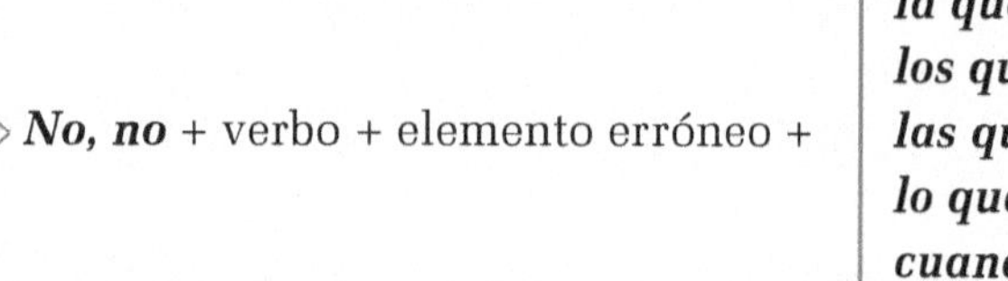

» ***No, no*** + verbo + elemento erróneo + ***el que / la que / los que / las que / lo que / cuando / donde*** + acción,

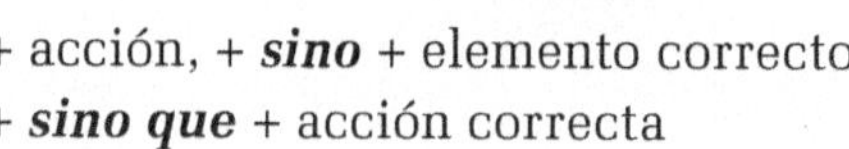

+ acción, + ***sino*** + elemento correcto
+ ***sino que*** + acción correcta

– *No, no es el lunes cuando voy, sino el martes.*

» ***No, no*** + ***decir que*** + elemento erróneo (subjuntivo), + ***sino que*** + elemento correcto (indicativo)

– *No, no digo que no quiera ir, sino que no puedo ir.*

» ***No, no*** + elemento erróneo + ***al contrario*** (+ elemento correcto y opuesto al erróneo)

– *No, no es antipático, al contrario (es simpático).*

9.10 Luisa, una argentina, tomaba nota mientras escuchaba la entrevista de Ana García, pero como la receta era tan complicada, se confundió un poco. Vuelve a leer el texto de *Para empezar* y rectifica las notas erróneas, consultando el recuadro anterior.

Modelo: *La pasta del mole se hace en cantidades pequeñas.*
No, no se hace en cantidades pequeñas, sino en cantidades grandes.

a. La pasta del mole se hace en pequeñas cantidades.
b. El mole que hizo la chef el otro día era poblano.
c. El mole lleva cacahuates, nueces y almendras.
d. En los mercados es donde se compra el mejor mole.
e. El puerco es la carne que prefiere para el mole.
f. No se le tiene que quitar la piel al pollo para ponerlo en el mole.
g. Los chiles de Oaxaca saben un poco a chocolate.
h. Le gusta improvisar.
i. Quiere fundar una escuela de cocina.

VOCABULARIO

9.11 Lee la lista de expresiones relacionadas con los sabores y sensaciones que aparece a la derecha y asocia cada expresión con las situaciones que te presentamos.

1. Mi madre cocina con poca sal, su comida siempre... ☐
2. Tiene demasiado chile,... ☐
3. ¿Cuántas cucharitas de azúcar le pusiste a mi café?,... ☐
4. Oye, mamá, este yogur ya no sabe bien,... ☐
5. La sopa está en la mesa desde hace 10 minutos, ya... ☐
6. Se te pasó la sal, esto no hay quien lo coma,... ☐
7. ¡Uf!, esto lleva demasiado limón,... ☐
8. Ponle otra cucharadita de azúcar al té,... ☐

a. está muy dulce.
b. está pasado.
c. está muy salado.
d. está sosa.
e. está amargo.
f. está fría.
g. está bien picante.
h. está muy agrio.

- **Opinar sobre gustos y sabores**
  » Cuando probamos o experimentamos algo de comer o beber y **expresamos opinión** sobre la sensación que tenemos de lo probado, utilizamos ***estar*** + adjetivo o expresión:
  – *Está rico/delicioso/buenísimo/para chuparse los dedos/asqueroso/malo...*

  » Otras expresiones de opinión:
  – Si se refiere a un momento presente:
  – *Tiene buena/mala cara.*
  – *Esto no hay quien se lo coma.*
  – Si se refiere a una experiencia del pasado:
  – *Tenía buena/mala cara.*
  – *Eso no había quien se lo comiera.*

[63]

9.12 Escucha a cinco personas que nos cuentan todas las cosas extrañas que han comido en sus diferentes viajes y experiencias, y completa el cuadro.

	1	2	3	4	5
a ¿Dónde tuvo lugar la experiencia?					
b ¿Qué comió?					
c ¿Le gustó o no?					
d ¿Qué expresión de opinión utiliza?					

COMUNICA MÁS

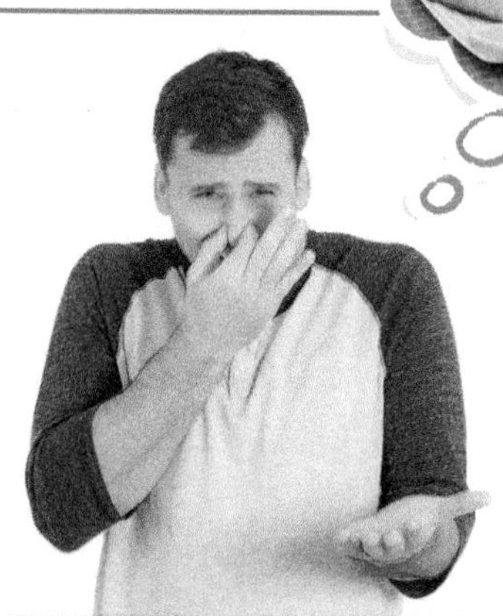

9.13 **¿Qué es lo peor que has tenido que comer en tu vida? Describe el plato, las circunstancias en que te encontrabas, cómo resolviste la situación y si se debió a tus gustos personales o a condicionamiento cultural. Pero antes, lee esta experiencia.**

Modelo: *Pues yo, una vez, estaba en casa de unos amigos de mis padres que no conocía muy bien y me pusieron de comer un pastel de salmón. Yo odio el pescado y aquello tenía una pinta horrible. No sabía qué hacer. Así que me lo comí sin respirar para notar lo menos posible el sabor. Lo pasé fatal, de verdad. Todavía recuerdo ese olor de salmón cuando lo cuento...*

....

....

....

9.14 **Lee estas historias extraídas de tres famosos libros de la literatura latinoamericana donde sus protagonistas hablan de su relación con la comida en una etapa de su vida y, según el contenido, escribe un título para cada uno de estos fragmentos.**

A

....

Una noche de enero de 1996, soñé que me lanzaba a una piscina de arroz con leche, donde nadaba con la gracia de un delfín. Es mi dulce preferido –el arroz con leche, no el delfín–, tanto es así que en 1991, en un restaurante de Madrid, pedí cuatro platos de arroz con leche. Me los comí con la vaga esperanza de que aquel nostálgico plato de mi niñez me ayudaría a soportar la angustia de ver a mi hija muy enferma. El arroz con leche quedó asociado en mi memoria con el consuelo espiritual. En el sueño, esa crema deliciosa me acariciaba la piel. Desperté feliz. A la semana siguiente, soñé que colocaba a Antonio Banderas sobre una tortilla mexicana, le echaba guacamole y salsa picante, lo enrollaba y me lo comía con apetito. Esta vez desperté aterrada. Y, poco después, soñé... Bueno, no vale la pena seguir enumerando, basta decir que, cuando le conté a mi madre esos sueños, me aconsejó ver a un psiquiatra o a un cocinero.

(*Afrodita*, de Isabel Allende)

B

....

No sé si me quedaré así para siempre, pero sí recuerdo que hubo un tiempo, en mi primera adolescencia, en que me sometí a una prueba de hambre voluntaria, en aquella época en la que casi no comía. Frente a la comida sentía una náusea maligna, lleno del placer del rechazo. Mis costillas eran ganchos (hooks), mi columna una cuchilla y mi hambre una coraza (shield)...

El ayuno (fast) constituía una prolongada resistencia al cambio, el único medio que yo imaginaba para mantener la dignidad que tenía de niña y que perdería como mujer. No quería ser mujer.

(*Beatriz y los cuerpos celestes*, de Lucía Etxebarría)

C

Mole negro de Oaxaca... Ahora que vivo en Nueva York, tan lejos de mi casa, y sobre todo de la cocina de mi madre, la necesidad de preparar comida decente me ha ocasionado todo tipo de accidentes divertidos. El grupo de estudiantes con el que comparto un departamento en la calle 25 y el río del Este ha tenido que sufrir junto conmigo las penalidades de mi aprendizaje culinario... Ellos no pueden saber, puesto que nunca lo vivieron, lo agradable que es llegar a casa entre los olores de los frijoles recién cocinados, de un rico puchero o un delicioso mole y comerlo sobre un limpio mantel en compañía de la familia y las tortillas calientes. ¡Mmm, tortillas calientes! A mitad del invierno, lleno de frío y oscuridad, qué bien me gustaría tener un poco de calor de la cocina de mi madre, el calor que despiden las plantas de mi casa a media mañana, el calor que nos queda en la garganta y el estómago después de comer mole. No puedo más.

(*Intimas suculencia,* capítulo "Mole Negro de Oaxaca", de Laura Esquivel)

9.15 ¿Entiendes estas palabras? Escribe una definición para cada una de ellas. Después, compáralas con las de tu compañero/a.

a Nostalgia: ....

b Erotismo: ....

c Humor: ....

d Recuerdo: ....

e Placer: ....

f Niñez: ....

g Fantasía: ....

h Voluptuosidad: ....

i Enfermedad: ....

j Asco: ....

9.16 ¿Qué palabras de las anteriores identificarías con cada texto? Justifica tu respuesta localizando en los textos la información que se relacione con la palabra. Si no conoces alguna, usa el diccionario.

Yo la palabra *nostalgia* la asocio con el texto C porque dice que le gustaría estar de nuevo en la cocina de su madre, ya que ahora está muy lejos y no puede comer ni oler las comidas que le preparaban.

COMUNICA MÁS

9.17 Aprende otras expresiones diferentes relacionadas con la forma de comer. Utiliza tu intuición y relaciona las expresiones con una de las personas de las imágenes. ¿Qué expresión relacionarías con cada una de las mujeres de los textos anteriores?

1 María

2 Lucía

- a ☐ Ser un glotón.
- b ☐ Dar asco.
- c ☐ Barriga llena, corazón contento.
- d ☐ Comer por comer.
- e ☐ A mí, (el/la/los/las + comida), ni fu ni fa.
- f ☐ Ser de buen comer.
- g ☐ Comer como un pajarito.
- h ☐ Las penas con pan son menos.
- i ☐ Comer a la fuerza.
- j ☐ Ser un barril sin fondo.
- k ☐ El que hambre tiene, en pan piensa.

9.18 ¿Con cuál de las dos imágenes del ejercicio anterior te identificas? ¿Qué expresión de las aprendidas crees que te define a la hora de comer? ¿Conoces a alguien que coma de la forma que describen las expresiones anteriores? Habla con tus compañeros.

Modelo: *Pues yo tengo un amigo que por una apuesta* (bet) *se comió doce huevos cocidos; el tipo es de buen comer, pero ese día se puso malísimo.*

9.19 Ahora piensa en el día de ayer. ¿Comiste mucho? ¿Fuiste un glotón o comiste como un pajarito?

COMUNICACIÓN

- **Hablar de olores y sabores**

» Para hablar de **buenos olores o sabores**, se usa:

- ***(Me) huele/Sabe (muy) bien/rico.***
- ***Huele a rosas.***
- ***Huele/Sabe delicioso.***
- ***Está muy bueno/rico.***
- ***Está para chuparse los dedos.***

– *Esta sopa sabe deliciosa, es la mejor que he probado en años.*
– *¿Ya has empezado a cocinar? Huele rico.*

» Esta sopa sabe deliciosa.

» Para hablar de **malos olores o sabores**, se usa:

- ***(Me) huele/sabe (muy) mal.***
- ***Huele a rayos.***
- ***Apesta.***
- ***Está muy malo.***

– *Se me estropeó el frigorífico y ahora toda la comida apesta.*
– *La comida del hospital me sabe muy mal.*

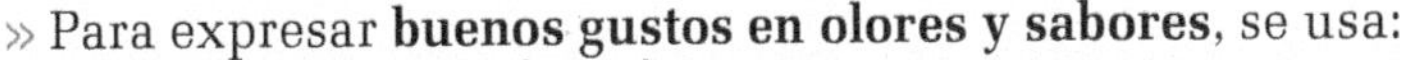

» Para expresar **buenos gustos en olores y sabores**, se usa:

– ***(No) me gusta*** – ***Me encanta*** – ***Me fascina*** – ***Me da gusto*** – ***Me agrada***	+	***el olor/sabor a/de...*** ***cómo huele/cómo sabe...*** ***oler/saborear algo.***

– ***No resisto*** + nombre

– *Me encanta cómo huelen los naranjos en flor.*
– *Pues a mí me fascina el sabor de las frutas tropicales.*

» Me encanta el sabor de las frutas tropicales.

» Para expresar **malos gustos en olores y sabores**, se usa:

– ***No soporto*** – ***Me repugna*** – ***Me da asco*** – ***Me desagrada*** – ***Me pone enfermo*** – ***Le tengo manía a***	+	***el olor/sabor a/de...*** ***cómo huele/cómo sabe...*** ***oler/saborear algo.***

– *No soporto el sabor del curry.*
– *A mí me da asco cómo huele la ropa después de ir al gimnasio.*
– *A mi hermano le pone enfermo el olor a tabaco en la casa.*

» Para mostrar **indiferencia**, se usa:

– ***Ni me gusta ni me disgusta*** – ***No me molesta***	+	***el olor/sabor a/de...*** ***cómo huele/cómo sabe...*** ***oler/saborear algo.***

Odio las lentejas.
¿Sí? Pues a mí ni me gusta ni me disgusta comer lentejas. Me da igual.

» No resisto el sabor del curry.

COMUNICA MÁS

9.20 **Observa las siguientes situaciones y crea una frase con las estructuras anteriores. Compártela con tu compañero/a. ¿Coinciden en sus gustos?**

a 

Una hamburguesa en un restaurante de comida rápida.

b 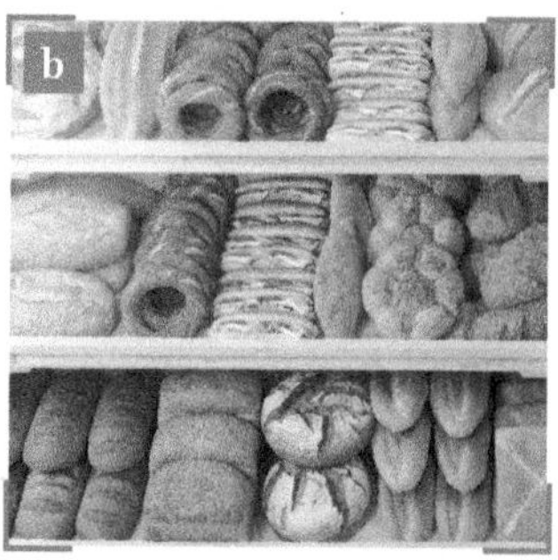

Pan recién hecho en una panadería.

c 

Un plato con mucho ajo.

d 

Insectos fritos.

9.21 **Hazle el siguiente cuestionario a tu compañero/a. Antes, complétalo con dos preguntas más, teniendo en cuenta el cuadro anterior.**

Cuestionario

a ¿Comes algo por el olor, por la apariencia o te aventuras directamente por el gusto? ¿Por qué?

b Si una comida te huele mal, pero te dicen que está muy buena, ¿qué haces?

c ¿Hay algún alimento cuyo olor odies, pero aprecies su sabor?

d ¿Te da asco algún alimento hasta tal punto que no puedas ni verlo ni olerlo?

e ¿Tienes alguna debilidad por algún plato en especial, o por algún alimento?

f ¿Eres exigente para comer?

g ¿Qué aromas te despiertan el apetito?

h ....

i ....

9.22 **Pongan en común los resultados del cuestionario y, entre todos, confeccionen estadísticas sobre los gustos y manías de la clase a la hora de comer. Pueden colgarlo en la pared de la clase.**

Alimentos más odiados	Platos o comidas favoritos

PRONUNCIACIÓN y ORTOGRAFÍA

Las interrogativas disyuntivas y la entonación de mandato

9.1 **¿Recuerdas cómo eran tus primeras clases de español? Ponte en situación y piensa en dos preguntas que hacías a tu profesor/ra teniendo en cuenta que tus recursos eran más limitados.**

Modelo: *¿Cómo se escribe "tuvo"?*

9.2 **Lean la información del recuadro. Después, transformen las frases en una interrogativa disyuntiva y lean las frases en voz alta.**

LAS INTERROGATIVAS DISYUNTIVAS

- En un nivel mayor de lengua es normal hacer dos preguntas en una. Por ejemplo, si quieres saber si tu amigo tiene frío o pasa calor le decimos: *¿Tienes frío o pasas calor?* Este tipo de preguntas se llaman *interrogativas disyuntivas* y su entonación es un poco diferente a la de las preguntas totales o parciales.

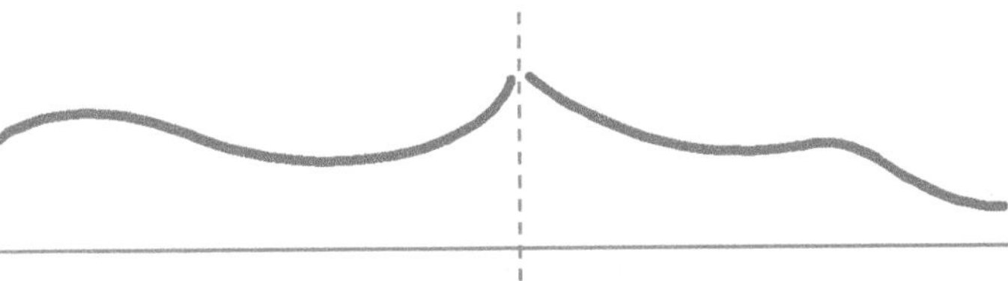

Modelo: *¿Tienes hambre? ¿Tienes sed?* ► *¿Tienes hambre o sed?*

a ¿Lo hizo sin querer? ¿Lo hizo aposta?
b ¿Prefieres que vayamos a la playa? ¿Prefieres pasar las vacaciones en la montaña?
c ¿Quieres que te recoja a las seis? ¿Vas a venir en metro al centro?

9.3 [64] **Una orden no siempre tiene la misma fuerza ni la misma connotación en español. Escucha el siguiente ejemplo entonado de tres formas diferentes y, junto a tu compañero/a, deduzcan si intenta comunicar orden, orden atenuada o ironía.**

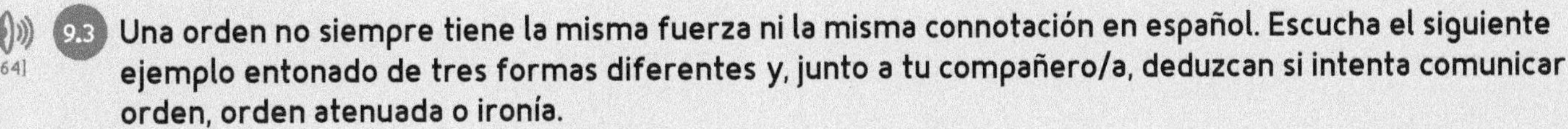

	Orden	Orden atenuada	Ironía
Ejemplo 1.	☐	☐	☐
Ejemplo 2.	☐	☐	☐
Ejemplo 3.	☐	☐	☐

9.4 **Escriban cinco ejemplos de órdenes diferentes y díganselas al grupo opuesto. Tienen que adivinar de qué entonación se trata.**

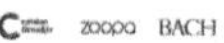

CARTELERA DE CINE

SINOPSIS

Sofía es una muchacha de pueblo que ha crecido entre fogones (stoves). Sus padres tenían una casa de comidas y, gracias a ello, ha ido descubriendo un talento innato para la gastronomía. A su lado siempre está Toni, su marido y padre de sus tres hijos, pero de repente aparece Frank, un representante que quiere hacer de Sofía la mejor cocinera del mundo. Cuando Sofía se da cuenta de que no puede prescindir de ninguno de los dos, se adentra en un triángulo amoroso y profesional de consecuencias insospechadas.

¿SABÍAS QUE...?

- La actriz protagonista, Olivia Molina, pertenece a la tercera generación de una conocida familia de artistas. Es sobrina de la cantante Mónica Molina.
- El papel de Toni está interpretado por el actor cómico Paco León, que también ha hecho diferentes trabajos como director.
- La película es una comedia muy relacionada con el mundo de la gastronomía.

SECUENCIA DE LA PELÍCULA

00:21:08 ▶ 00:24:50

DATOS TÉCNICOS

Título Dieta mediterránea.

Año 2009. **Género** Comedia.

País España. **Director** Joaquín Oristrell.

Intérpretes

Olivia Molina, Paco León, Alfonso Bassave, Carmen Balague, Roberto Álvarez, Jesús Castejón.

ANTES DE VER LA SECUENCIA

9.1 **Relaciona estas frases con las cuatro imágenes.**

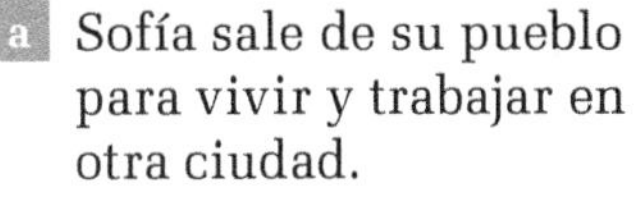

a Sofía sale de su pueblo para vivir y trabajar en otra ciudad. ....

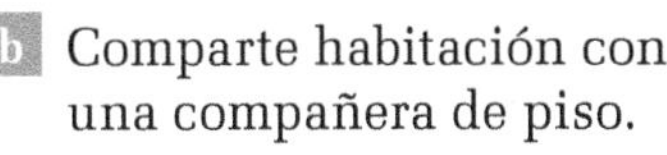

b Comparte habitación con una compañera de piso. ....

c Sofía hace una prueba para trabajar en un restaurante. ....

d El trabajo no le resulta tan gratificante como esperaba. ....

9.2 **¿Alguna vez has hecho una prueba antes de empezar en un nuevo trabajo? ¿En qué consistió? Habla con tu compañero/a.**

9.3 **En la imagen 4 Sofía acaba de cocinar varios platos de pescado. ¿Cuántos platos de pescado conoces en español? Escríbelos.**

9.4 **En la prueba, Sofía cocina con una sartén, una olla y una plancha** (grill pan). **¿Qué tipos de comida harías tú usando estas formas de cocinar?**

Con una sartén	Con una olla	A la plancha

9.5 **Observa la imagen 1 y habla con tu compañero/a: ¿Por qué crees que a Sofía no le gusta lo que está haciendo? ¿Cuáles crees que serían los inconvenientes de trabajar en la cocina de un restaurante?**

CARTELERA DE CINE

VES LA SECUENCIA

Sofía llega a la ciudad para trabajar en un restaurante.

9.6 **Este es el momento en el que Sofía conoce a su compañera de habitación. Completa la conversación.**

Nuria: Hola, soy Nuria.
Sofía: Hola.
Nuria: Encantada, esta es mi [1] ...., si no te [2] ....
Sofía: Ah, perdón. ¿Tú [3] .... trabajas en la cocina?
Nuria: No, en el [4] ...., de camarera. En la cocina ni [5] ...., todos son [6] ....

9.7 **Sofía hace la prueba en la cocina. Lee y responde a estas preguntas.**

1 ¿Qué significa *tener enchufe* en un trabajo?
- a Vacaciones.
- b Un contacto.
- c Un problema.

2 ¿Qué tres tipos de pescado tiene que cocinar?
- a Trucha, sardina y lenguado.
- b Trucha, rape y salmón.
- c Trucha, rape y lenguado.

3 ¿Cuál de estos ingredientes no utiliza?
- ☐ sal
- ☐ perejil
- ☐ carne
- ☐ cebolla
- ☐ harina
- ☐ pimiento verde
- ☐ queso
- ☐ pimienta
- ☐ tomate
- ☐ vino blanco
- ☐ limón

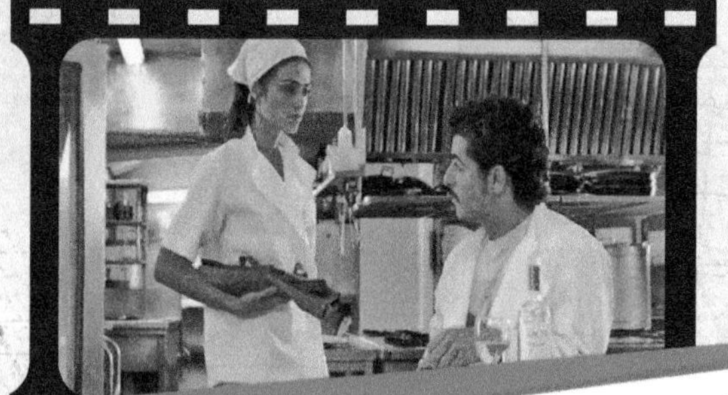

9.8 **Imagina que tú también tienes que hacer un plato para poder trabajar en un restaurante. ¿Qué harías?**

Nombre del plato:

Utensilios necesarios:

Ingredientes: 

Forma de cocinar:

Tiempo estimado:

DESPUÉS DE VER LA SECUENCIA

9.9 **En la película se cuenta que Sofía tiene un don (gift) para cocinar. De la gente que tú conoces, ¿quién cocina mejor? Y tú, ¿tienes un don para hacer algo? Habla con tus compañeros.**

....

....

....

9.10 **¿Crees que Sofía está contenta con lo que hace? ¿Dejará su trabajo? ¿Por qué? Habla con tu compañero/a. Después, lee una conversación entre Sofía y Frank que tendrá lugar después de esta secuencia y comprueba.**

¡Llevo casi un mes haciendo merluza cocida para enfermos! ¿Así es como tú me quieres convertir en la mejor cocinera del mundo? ¿Haciendo un plato de pescado en un restaurante de carnes, no?

9.11 **Con tu compañero/a, realicen el siguiente cuestionario. ¿Coinciden en sus respuestas?**

	Mi respuesta	La respuesta de mi compañero/a
a ¿Hay algún plato de la cocina hispana que te apasione?		
b ¿Cuándo fue la última vez que comiste pescado? ¿Qué tipo de pescado fue?		
c ¿Alguna vez has dejado un trabajo voluntariamente? ¿Cuál fue la razón?		
d ¿Alguna vez has dejado todo por un sueño? ¿Qué?		

9.12 **¿Conoces alguna película, serie o programa de televisión que gire en torno a la gastronomía? Escribe un poco sobre ello.**

....

....

....

....

9.13 **Imagina que eres el dueño de un restaurante y buscas a un/a nuevo/a cocinero/a. ¿Qué requisitos debe tener? Escribe un anuncio en Internet con los requisitos.**

Modelo: *Se necesita cocinero/a por apertura de un nuevo restaurante italiano en la ciudad. Experiencia mínima de dos años en cocina…*

GRAMÁTICA

A CORRELACIÓN DE TIEMPOS INDICATIVO-SUBJUNTIVO

In Spanish, the tense of the main clause determines the subjunctive tense used in the subordinate clause. Following is a summary of the correspondences for the verb forms you have studied thus far.

- El verbo de la oración principal y el de la subordinada deben mantener cierta coherencia en cuanto al tiempo verbal que emplean.

  » En relación al **presente**:
  - Presente + presente de subjuntivo: – *Me **da** pena que la gente no **coma** bien.*
  - Futuro + presente de subjuntivo: – *Me **apuntaré** a un curso de cocina cuando **haya** nuevas plazas.*
  - Imperativo + presente de subjuntivo: – ***Dile** a Juan que no **sea** tan vago y salga a pasear.*
  - Presente perfecto + presente perfecto de subjuntivo: – ***Ha sido** una suerte que me **hayan invitado**.*

  » En relación al **pasado**:
  - Imperfecto + imperfecto de subjuntivo: – *Antes **tenía** miedo de que cocinar **fuera** difícil.*
  - Indefinido + imperfecto de subjuntivo: – *Raquel **me llamó** para que la **acompañara** al restaurante.*
  - Condicional + imperfecto de subjuntivo: – ***Sería** genial que todos **pudiéramos** disfrutar del mole de mi abuela.*

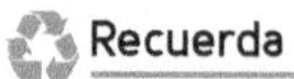
Recuerda

- **Presente de subjuntivo**

  Cocinar: cocine, cocines, cocine, cocinemos, cocinéis, cocinen.
  Comer: coma, comas, coma, comamos, comáis, coman.
  Servir: sirva, sirvas, sirva, sirvamos, sirváis, sirvan.

- **Presente perfecto de subjuntivo**

  Asar: haya asado, hayas asado, haya asado, hayamos asado, hayáis asado, hayan asado.

- **Imperfecto de subjuntivo**

  Cenar: cenara, cenaras, cenara, cenáramos, cenarais, cenaran.

[65]

9.1 Escucha e indica a quién pertenecen los siguientes comentarios.

a Luis

b Aitana

c Silvia

d Carmen

e Rubén

☐ Tenía miedo de que no cubriera mis expectativas.

☐ Muchos piensan en los riesgos que pueda acarrear una mala alimentación.

☐ Llevaba mucho tiempo buscando una actividad que me gustara.

☐ Estoy convencida de que en la cocina la gente encuentra un modo de relajarse del estrés.

☐ Son clases aptas para todo el mundo, hasta para aquellas personas que no tengan mucho tiempo.

9.2 Observa estas frases extraídas del ejercicio anterior y, con tu compañero/a, combina las siguientes frases de forma adecuada.

<u>Tenía</u> (*pasado*) miedo de que no **cubriera** (*pasado*) mis expectativas.

<u>Son</u> (*presente*) clases aptas para todo el mundo, hasta para aquellas personas que no **tengan** (*presente*) mucho tiempo.

1. Me da pena que... ☐
2. Dile a Juan que... ☐
3. Ha sido una gran suerte que... ☐
4. Antes tenía miedo de que... ☐
5. Raquel me llamó para que... ☐
6. Me apuntaré a las clases cuando... ☐
7. Sería genial que... ☐

a. todos pudiéramos disfrutar de la buena alimentación.
b. las clases fueran demasiado difíciles de seguir.
c. haya nuevas plazas.
d. no sea tan vago y cocine más.
e. me hayan aceptado en la escuela de cocina.
f. la acompañara a su clase de cocina para probar.
g. la gente se alimente con comida rápida.

9.3 Completa estas frases libremente. Después, compártelas en grupos pequeños.

a. Me da miedo que... ....
b. Dile al profesor que... ....
c. Ha sido genial que... ....
d. Sería increíble que... ....

B ESTRUCTURAS PARA EXPRESAR SENTIMIENTOS, GUSTOS Y EMOCIONES

The subjunctive is used in dependent clauses that follow an expression of emotion or an expression of a subjective evaluation or judgement. Remember that the tense of the subjunctive, present or past, used in the subordinate clause is determined by the verb form used in the main clause.

- Para expresar sentimientos sobre lo que otra persona **hace**, se usa:

– ***Me encanta / Me fascina / Me gusta / Me entusiasma...*** – ***Odio / Me disgusta / No soporto / Me resulta insoportable...***	+	***que*** + presente de subjuntivo
– ***Lo que (más/menos) me gusta/me disgusta...***	+	***es que*** + presente de subjuntivo

- Para expresar sentimientos sobre lo que otra persona **ha hecho**, se usa:

– ***Me encanta / Me fascina / Me gusta / Me entusiasma...*** – ***Odio / Me disgusta / No soporto / Me resulta insoportable...***	+	***que*** + presente perfecto de subjuntivo
– ***Lo que (más/menos) me gusta/me disgusta...***	+	***es que*** + presente perfecto de subjuntivo

- Para expresar sentimientos sobre lo que otra persona **hizo**, se usa:

– ***Me encantaba / Me fascinó/Me gustó / Me entusiasmaba...*** – ***Odiaba / Odié / Me disgustó / No soportaba...***	+	***que*** + imperfecto de subjuntivo
– ***Lo que (más/menos) me gustaba/gustó...***	+	***era/fue que*** + imperfecto de subjuntivo

Recuerda

- Cuando se expresan sentimientos o deseos sobre uno mismo, se utiliza el infinitivo:
  – *Odio cocinar.* – *Me gustaría tener un restaurante.*

GRAMÁTICA

9.4 **Fíjate en cómo expresan sentimientos las personas de estas viñetas. Después, relaciona cada imagen con los usos que te presentamos abajo.**

1 Cuando alguien expresa un sentimiento sobre lo que otra persona hace normalmente. ▶ ....

2 Cuando alguien expresa un sentimiento sobre lo que otra persona hacía o sobre lo que pasó en un momento del pasado. ▶ *a*..................

3 Cuando alguien expresa un sentimiento sobre lo que otra persona ha hecho en un momento cercano al presente. ▶ ....

9.5 **Lee la siguiente historia en la que Álvaro cuenta sus experiencias de su viaje al Aconcagua (Mendoza, Argentina) y complétala con los verbos del recuadro.**

llamar ▪ estar ▪ hablar ▪ llevar ▪ considerar ▪ enviar

Bienvenidos **VIAJERO SIN FRONTERA** Usuario Contraseña

Mi viaje al Aconcagua ha sido maravilloso, una aventura llena de emociones aunque, como es normal, ha habido cosas buenas y malas. Por ejemplo, me sorprendió muchísimo que todo [a] .... organizado al milímetro, me resultó un poco agobiante. Los participantes de la expedición eran muy amables y entusiastas, pero, a la hora de las subidas, lo que me molestaba era que algunos no [b] .... el equipo adecuado, eso nos hacía retrasarnos mucho. Me encantaba ver la puesta de sol, era alucinante. Nuestro guía nos explicó que las puestas

de sol del Aconcagua eran las más impresionantes del mundo. No fui solo, claro, fui con mi amigo Carlos, que es un experto montañero, compartiendo con él tienda de campaña. Por la noche, no soportaba que Carlos [c] .... sin parar hasta las tantas porque madrugábamos mucho, y a mí, que soy muy dormilón, se me pegaban las sábanas y me resultaba insorportable que el guía me [d] .... la atención con lo de la impuntualidad. Lo que más me gustó fue la sensación de libertad que sientes allí, todo se relativiza al contemplar un paisaje tan inmenso. Me impresionó conocer que los incas [e] .... el Aconcagua como un templo sagrado. ¡En fin! Me encanta viajar, y que mis compañeros después me [f] .... sus fotos y sus impresiones sobre el viaje que hicimos juntos es algo inolvidable.

9.6 Piensa en una experiencia de algún viaje que hayas hecho con amigos y responde a las preguntas utilizando las expresiones de sentimiento.

a ¿Qué es lo que más te gustó?

b ¿Qué te sorprendió?

c ¿Qué cosas eran las que más/menos te gustaban?

d ¿Qué te gustaba o te molestaba de la convivencia en el viaje con tus amigos?

9.7 A veces convivir con gente puede ser algo positivo o un verdadero infierno. Elige una de estas situaciones y expresa tus sentimientos.

- Tu compañero/a hace fiestas todos los días hasta las tantas de la madrugada y no te deja dormir.
- Cuando sales de viaje con tu compañero/a, nunca lleva dinero encima y siempre tienes que pagar tú.
- Tienes un compañero/a que te cuenta chistes muy buenos y siempre te hace reír.
- Tienes un compañero/a que es capaz de cocinar cosas buenísimas.

C EL IMPERATIVO (REVISIÓN)

The imperative is used to express direct commands. Review the forms and uses in Spanish.

El imperativo: verbos regulares

	comprar	comer	subir
Tú	compra ▶ no compres	come ▶ no comas	sube ▶ no subas
Usted	compre ▶ no compre	coma ▶ no coma	suba ▶ no suba
Ustedes	compren ▶ no compren	coman ▶ no coman	suban ▶ no suban

! Atención

Vosotros:
comprar ▶ comprad, no compréis
comer ▶ comed, no comáis
subir ▶ subid, no subáis

El imperativo: verbos irregulares

	venir	ir	ser	salir
Tú	ven ▶ no vengas	ve ▶ no vayas	sé ▶ no seas	sal ▶ no salgas
Usted	venga ▶ no venga	vaya ▶ no vaya	sea ▶ no sea	salga ▶ no salga
Ustedes	vengan ▶ no vengan	vayan ▶ no vayan	sean ▶ no sean	salgan ▶ no salgan

Atención

Pon el queso en la pizza. » *Ponlo.* » *No lo pongas en la pizza.*

Dime el secreto. » *Dímelo.* » *No se lo digas a nadie.*

- Los pronombres de objeto directo, indirecto y reflexivos se unen al imperativo afirmativo en una sola palabra.
- En el impertativo negativo los pronombres se ponen delante del verbo.

Usos del imperativo: dar órdenes, consejos e instrucciones

- Cuando se utiliza el imperativo para dar órdenes, consejos o instrucciones es normal contextualizar adecuadamente el discurso para que no resulte demasiado enérgico o descortés. Esta **contextualización** es mucho menor en situaciones informales, donde la relación entre los interlocutores es de mucha confianza o hay algún rango social que los diferencia:
  – *Por favor, si no le importa, ponga más tomates en la ensalada, hay muy pocos.*
- Es frecuente la **reduplicación** del imperativo cuando la orden que se da tiene que cumplirse de inmediato y urgente. En estos casos, y para no ser descortés, se da alguna justificación o explicación:
  – ***Corre, corre,*** *que no llegamos.*
- El imperativo se usa con frecuencia para dar instrucciones o consejos que **se justifican** mediante *que*:
  – *No pongas papas* ***que*** *sabes que no me gustan mucho.*

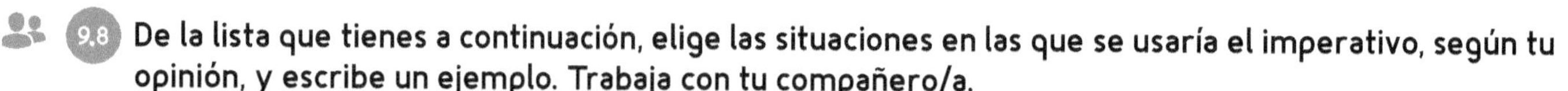

9.8 **De la lista que tienes a continuación, elige las situaciones en las que se usaría el imperativo, según tu opinión, y escribe un ejemplo. Trabaja con tu compañero/a.**

a Expresar sentimientos. ....
b Reaccionar ante la opinión de otro. ....
c Dar consejos o hacer recomendaciones. ....
d Preguntar y dar la opinión. ....
e Conceder o negar permiso. ....
f Expresar dudas. ....
g Ofrecer. ....
h Invitar. ....
i Proponer planes. ....
j Evocar recuerdos. ....
k Dar órdenes. ....
l Convencer o persuadir. ....
m Expresar el modo y la actitud. ....
n Dar instrucciones. ....
ñ Pedir. ....

[66]

9.9 Escucha el día a día de Adela y elige la opción más adecuada.

a Adela vive en una gran ciudad. Está casada, tiene hijos y trabaja en una oficina. Todos los días tiene que desplazarse hasta el trabajo en transporte público, lo que le provoca nerviosismo. Menos mal que los niños son mayores y no se tiene que ocupar de ellos.

b Adela vive en una gran ciudad. Está casada, tiene hijos y trabaja en una oficina. Por las mañanas, va con mucha prisa porque tiene que ocuparse de que los niños lleguen al colegio a su hora y de que desayunen adecuadamente. Después, ya se puede relajar, porque solo trabaja media jornada y no tiene hora de entrada.

c Adela vive en una gran ciudad. Está casada, tiene hijos y trabaja en una oficina. Todos los días tiene que desplazarse hasta el trabajo en transporte público, pero no le importa porque es una persona muy tranquila que no se inmuta por nada. Además, los niños son mayores y no se tiene que ocupar de ellos.

d Adela vive en una gran ciudad. Está casada, tiene hijos y trabaja en una oficina. Por las mañanas, va con mucha prisa porque tiene que ocuparse de que los niños lleguen al colegio a su hora y de que desayunen adecuadamente. En cuanto los deja en el cole, se dirige a su oficina en transporte público. Le espera una dura jornada de ocho horas.

9.10 Estas son algunas frases extraídas de la audición anterior. Indica si en ellas se usa el imperativo para dar órdenes, consejos o instrucciones.

	Órdenes	Consejos	Instrucciones
a Pase, pase usted, señorita, que yo me bajo en la siguiente.	☐	☐	☐
b Pero, por favor, no le des esos golpes. Mete las monedas más despacio que si no se atasca y, después, pulsa la tecla de lo que quieres tomar.	☐	☐	☐
c Vale, mami, no te alteres, que es muy pronto.	☐	☐	☐
d Levanta, es la hora.	☐	☐	☐
e Si papá llega pronto, dile que os lleve. No le importará.	☐	☐	☐
f Come algo que después tienes hambre a media mañana.	☐	☐	☐
g Añada algo de sal, ponga pimienta y remueva.	☐	☐	☐
h No me llames jefe, que sabes que no me gusta.	☐	☐	☐

9.11 Ahora, fíjate en las situaciones siguientes. Escribe con tu compañero/a un diálogo para cada situación eligiendo la forma más adecuada para dar órdenes, instrucciones y consejos en cada caso.

a Tu hijo quiere salir con sus amigos. No tiene dinero. Te pide permiso para salir.
b Te piden permiso en el autobús para abrir la ventanilla.
c Hay una silla rota en la oficina. Tienes que poner un cartel para que nadie se siente y se haga daño.
d Un/a compañero/a nuevo necesita hacer una fotocopia, pero no sabe utilizar la fotocopiadora.
e Tu amigo/a está demasiado delgado y se desmaya con frecuencia.

9.12 Elijan uno de los diálogos que han escrito y represéntenlo delante de la clase.

INTERCULTURA

LA MERCADOTECNIA

PREPARAR

9.1 **¿Creen que la colocación de los productos en un hipermercado es aleatoria (random)? ¿Y los colores y el ambiente? Señalen de esta lista qué factores psicológicos se tienen en cuenta para organizar el espacio y el ambiente de los comercios para incitar a comprar, justificando su elección.**

- ☐ color
- ☐ música
- ☐ olor
- ☐ descuentos
- ☐ número de productos
- ☐ publicidad
- ☐ situación de los productos
- ☐ precio de los productos
- ☐ aglomeración
- ☐ tamaño de los productos

LEER

9.2 **Lee el siguiente texto y elabora un resumen.**

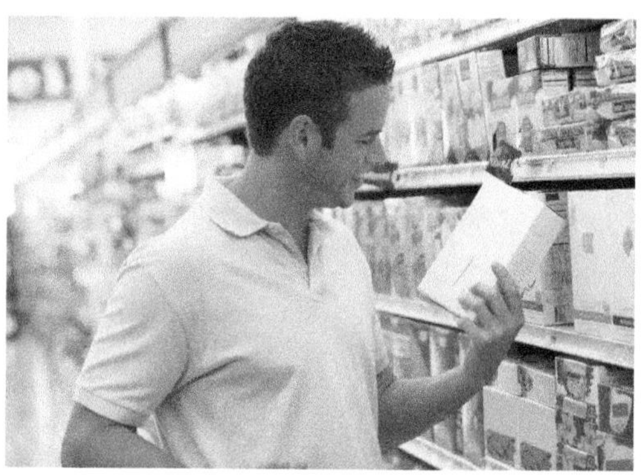

Desde hace tiempo, diferentes estudios han venido demostrando que el ambiente de los establecimientos comerciales afectaba significativamente a las ventas. Las últimas investigaciones han ido encaminadas a conocer cómo influyen las diferentes dimensiones del ambiente de los establecimientos tales como la música, el olor y el color sobre la conducta del consumidor. Por ejemplo, respecto a los efectos de la música, se ha comprobado que con la música lenta el ritmo del flujo de los compradores dentro del establecimiento es significativamente más lento. Esto quiere decir que la permanencia del cliente en el establecimiento se alarga, por lo cual también se incrementan las posibilidades de que compre más. Por el contrario, una música rápida hace que el cliente realice sus compras con mayor celeridad.

El olor es uno de los componentes que ejerce mayor influencia en comercios como panaderías, restaurantes o tiendas de cosmética. Existen algunos trabajos que afirman que el olor influye en la evaluación del consumidor del establecimiento, así como en su comportamiento. Por ejemplo, se ha comprobado que las evaluaciones referidas al comercio y al ambiente del mismo son más positivas cuando el olor es agradable que cuando no hay olor: el establecimiento se percibía más atractivo, moderno y los consumidores estimaban que los productos eran más modernos, estaban mejor seleccionados y tenían más calidad. Pero hay que tener en cuenta que aunque el olor agradable es importante a la hora de incitar a la acción, lo es más la congruencia del olor con el producto que estamos ofertando.

Respecto a los efectos del color, las investigaciones han demostrado que afecta a las reacciones del organismo humano provocando respuestas fisiológicas, creando ciertos estados emocionales o atrayendo la atención. Así, por ejemplo, los colores calientes producen una mayor atracción física hacia los establecimientos mientras que los fríos lo hacen hacia el interior de la tienda. Por esta razón, los colores fríos resultarían adecuados para situaciones donde los consumidores tuvieran que tomar decisiones importantes, ya que en este tipo de situaciones los calientes generarían más tensión, llegando a hacer la toma de decisiones más desagradable, hasta el punto de hacer aplazar la decisión de compra al consumidor.

(Adaptado de Rafael Muñiz González, *El mercado, el cliente y la distribución. El efecto de las variables ambientales sobre la conducta del consumidor*).

ESCUCHAR

[67]

9.3 Escucha ahora a un experto en publicidad y anota las ventajas e inconvenientes que señala sobre esta. ¿Estás de acuerdo con él?

Ventajas	Inconvenientes

HABLAR

9.4 Habla con tu compañero/a sobre un nuevo negocio que van a poner en pie. Piensen en cosas como el tipo de productos, su colocación, precios, color de las paredes, música, descuentos y la publicidad que vayan a hacer.

Tienda de celulares de última generación

Tienda de juguetes para niños

ESCRIBIR

9.5 Imagina que eres el responsable de una asociación de consumidores y quieres redactar un artículo para la revista de la asociación en el que des consejos para defenderse de estas estrategias de mercadotecnia. Prepara el borrador del escrito siguiendo estas pautas, que te ayudarán a redactar un texto eficiente. Trabaja con tu compañero/a.

PAUTAS PARA REDACTAR UN ARTÍCULO

Antes de escribir:
- Determina el objetivo y el destinatario del texto.
- Genera ideas y organiza las ideas principales.
- Haz un esquema.

La escritura del texto:
- Transforma el esquema a texto escrito teniendo en cuenta:
  - El título, la introducción, el desarrollo y la conclusión del texto.
  - Cuida la ordenación de párrafos, la redacción y la ortografía.

Después de escribir:
- Lee todo el texto y comprueba el desarrollo total del esquema.
- Haz una corrección formal del texto.

Redacta, ayudándote del borrador que has elaborado con tu compañero/a, el artículo definitivo.

EL CEVICHE

¿SABEN QUÉ ES EL CEVICHE?

9.1 ¿Qué ingredientes cree que tiene el ceviche? ¿Con cuál de estos dos tipos de limones es tradicional prepararlo? Coméntalo con tu compañero/a.

TIPOS DE CEVICHE

[68] 9.2 Escucha a dos amigas: María Elena, que es mexicana, y Micaela, peruana, conversando sobre las diferencias entre el ceviche mexicano y el peruano. Identifica la foto del ceviche peruano.

[68]

9.3 Escucha de nuevo la conversación y marca en las frases verdadero (V) o falso (F). Explica el porqué de las falsas.

		V	F
a	El ceviche se ha comido en Perú desde la época precolombina.	▢	▢
b	María Elena piensa que el limón amarillo se da en climas tropicales.	▢	▢
c	El ceviche peruano se prepara con pescado o con mariscos.	▢	▢
d	El pescado se marina en jugo de naranja de 20 a 40 minutos.	▢	▢
e	A Micaela le gusta el ceviche con mucho ají.	▢	▢
f	A María Elena le fascina el chile.	▢	▢
g	La leche de tigre es el jugo producido de la mezcla en la preparación del ceviche.	▢	▢
h	El resultado de beber en exceso se llama 'cruda' en Perú y 'resaca' en México.	▢	▢

HISTORIA DEL CEVICHE

9.4 Lee el siguiente texto y descubre a qué se deben las diferencias entre el ceviche mexicano y peruano.

Seviche, **sebiche**, **cebiche** o **ceviche**, según la RAE, puede ser escrito de todas estas formas. Sobre el significado etimológico de la palabra, hay dos teorías totalmente opuestas. Los españoles dicen que el término «cebiche», podría tener la misma etimología de escabeche, esto es, provenir del árabe *as-sukkabāğ*. Según el geógrafo e historiador peruano Javier Pulgar Vidal, el nombre «seviche» viene de la palabra quechua *siwichi*, cuyo significado sería 'pescado fresco' o 'pescado tierno'. Una hipótesis propone que las palabras *siwichi* y *sikbağ* se confundieron durante la conquista del Imperio inca por los españoles.

Este plato se remonta a la época precolombina en la costa pacífica de América del Sur. En sus inicios, durante la cultura moche (hace unos dos mil años), se preparaba este plato a base de pescado fresco que se cocinaba con el jugo fermentado del tumbo, una fruta local. Más tarde, en la época del Imperio inca, el pescado era macerado con chicha. Posteriormente, con la llegada de los españoles, se le agregaron dos ingredientes de la cocina española: la cebolla y el jugo de limón.

Si bien el ceviche puede encontrarse en la cocina tradicional de varios países latinoamericanos, no hay una sola receta ni una sola lista de ingredientes, estos dependen en gran parte de los productos locales y del pescado de la región. Para el aliño se utiliza la variedad local de limón. Como elemento picante se incluye ají, chile o mostaza según la región: la mostaza, por ejemplo, se utiliza en Ecuador y los países de Centroamérica. La guarnición o adorno que suaviza lo ácido y picante del ceviche obedece también a la disponibilidad local de productos. En el norte de Chile, el ceviche se hace con pescado blanco al cual se le añade ají y cebolla cortada en cuadraditos. En el sur del país hay otra variante de este plato con salmón, cebolla blanca, pimiento rojo y verde, y cilantro.

Es en Perú donde el ceviche ha sido declarado Patrimonio Cultural de la Nación e incluso tiene su día nacional, el 28 de junio. Los restaurantes que se especializan en ceviche, las cevicherías, pueden encontrarse por todo el país.

(Adaptado de: http://es.wikipedia.org/wiki/Ceviche)

GUÍA DE OCIO

GASTRONOMÍA

Ceviche de corvina

Ingredientes:
- 3/4 kg de filetes de corvina, lubina o cualquier otro pescado parecido, sin espinas
- Sal, pimienta
- 2 guindillas rojas frescas (ajíes bien picantes) en rodajas finas
- 1 cucharadita de pimentón
- 1 cebolla cortada en pluma
- 1 taza de jugo de naranja amarga (optativo)
- 1 taza de jugo de limón
- 1/2 kg de camote
- hojas de lechuga
- maíz tostado

Forma de prepararlo:
Corten el pescado en cuadritos de 2.5 cm de grosor, échenlo en un bol grande y salpimiéntenlo. Agreguen las guindillas rojas en finas rodajas, el pimentón y la mitad de la cebolla en pluma. Incorporen el jugo de naranja amarga y el jugo de limón. Mezclen bien y dejen reposar todo junto durante 3 horas en la heladera hasta que el pescado tome un color opaco o "color de cocido".
Pelen los camotes, córtenlos en rodajas y cocínenlos en agua con sal. Escurran y reserven. Adornen una fuente con hojas de lechuga, echen en el centro el pescado, decoren con la lechuga restante. Acomoden las rodajas de camote cocido en un extremo de la fuente y sirvan acompañado del maíz tostado.

(Adaptado de: Miriam Becker, *La nación*, 3/4/99)

Busquen en el Internet una receta del ceviche mexicano. Comenten si les gustaría prepararlo y comerlo.

Busquen diferentes videos de apariciones televisivas de Richard Sandoval en Internet. Vean ejemplos de cómo prepara sus platos e intenten hacer uno en casa.

TELEVISIÓN

Dueño del restaurante Maya en Nueva York y con una carrera profesional impresionante, el **Chef Sandoval** ha evolucionado para convertirse en una reconocida autoridad internacional en cuanto a cocina latina se refiere. Su referente es la comida de su infancia, la que aprendió con sus abuelos paternos en Acapulco y la que le influenciaría decisivamente. Además de ser cotizado asesor culinario, personalidad de televisión, autor de libros y embajador de reconocidas marcas, el Chef Sandoval lidera un grupo de restaurantes a nivel internacional con casi una cuarentena de conceptos culinarios presentes en las principales ciudades de Estados Unidos y a nivel internacional en Dubái, México, Qatar y Serbia, en los cuales combina ingredientes latinos tradicionales con sabores internacionales e innovadoras técnicas para crear conceptos vanguardistas.

(Adaptado de: http://www.impactony.com/richard-sandoval-nos-deleita-con-sus-nuevos-sabores-latinos/#sthash.aBaMCEgr.dpbs)

LITERATURA PARA LA VIDA

¿De quién crees que vamos a hablar?

¿De dónde crees que es esta persona?

LITERATURA PARA LA VIDA

9.1 ¿Conoces a Laura Esquivel? ¿Qué sabes de ella? Busca información sobre esta autora y completa su biografía.

LAURA ESQUIVEL

Novelista, guionista cinematográfica y activista política (México, D.F. 1950), Laura Esquivel titula su primera novela [1] .... (1989), una frase popular que indica sentimientos extremos de pasión o enojo. En la novela, la autora utiliza el [2] ...., una combinación de lo diario y lo sobrenatural, para explorar las tradiciones culinarias mexicanas, y las relaciones familiares y de pareja en el México de principios del siglo [3] .... La novela ha sido traducida a 32 idiomas y la película basada en ella fue un éxito internacional que ganó varios premios cinematográficos.

Esquivel ha demostrado su creatividad y estilo lírico en otras novelas como: *La ley del amor* (1995), que incluye ilustraciones y una banda sonora; [4] .... (1998), y [5] .... (2004) en la cual narra la destrucción del Imperio azteca por los conquistadores españoles desde el punto de vista de Malinche, la intérprete indígena y pareja del conquistador [6] ....

Motivada por la idea de que un verdadero cambio social debe trascender la esfera política, la escritora publicó en 2012 [7] .... En esta obra afirma que 'somos los protagonistas de nuestra propia historia, entonces también podemos transformarla, darle una nueva dirección para no atarnos al pasado, no encerrarnos en el papel de víctimas ni asumirnos como seres indefensos frente a las circunstancias'.

INVESTIGA

Intenta contestar a estas preguntas.

- a ¿Cuál es la última novela publicada por Laura Esquivel?
- b ¿Cuál es el argumento de *Como agua para chocolate*?
- c ¿Qué otros autores han utilizado en sus obras el *realismo mágico*?
- d ¿Qué premios ha recibido a lo largo de su vida?

[69]

9.2 **Algunos olores y sabores, tanto agradables como desagradables, los tenemos asociados a ciertos momentos de nuestra vida. Escucha un fragmento de *Como agua para chocolate*, donde un olor especial consigue una cura emocional, y elige la respuesta correcta.**

1 Tita es una mujer...
- a para la que la comida no es importante.
- b que tuvo una crisis emocional.
- c a quien le disgustan las visitas.

2 El doctor es un hombre que...
- a aprecia los sabores y olores de la cocina.
- b alberga sentimientos por Tita.
- c no tiene tiempo para sentimientos.

3 La relación entre el doctor y Tita se puede resumir así...
- a él la tiene dominada y no le permite entrar en la cocina.
- b ella intenta hacerle la vida imposible.
- c ambos disfrutan de la compañía del otro, aunque no lo han podido expresar.

4 Tita consigue recordar una receta al pensar en...
- a el olor de una cebolla.
- b un libro de cocina.
- c el abrazo que le dio Chencha.

9.3 Lee ahora el fragmento que has escuchado y comprueba tus respuestas anteriores.

COMO AGUA PARA CHOCOLATE

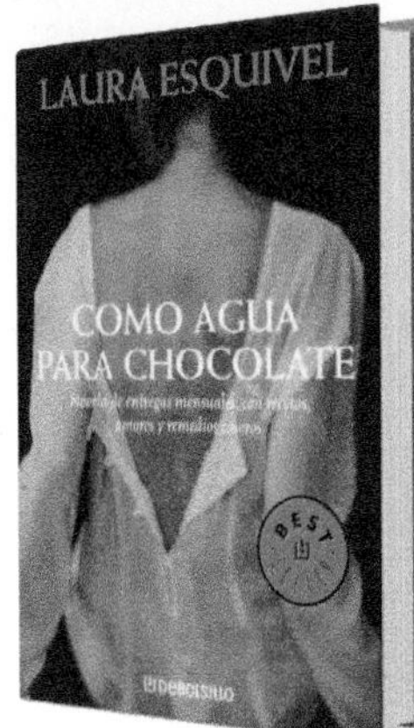

Hacía tres meses, al probar una cucharada del caldo que Chencha le preparó y le llevó a la casa del doctor John Brown, Tita había recobrado toda su cordura.

Estaba recargada en el cristal, viendo a través de la ventana a Alex, el hijo de John, en el patio corriendo tras unas palomas.

Escuchó los pasos de John subiendo las escaleras, esperaba con ansia su acostumbrada visita. Las palabras de John eran su único enlace con el mundo. Si pudiera hablar y decirle lo importante que era para ella su presencia y su plática. Si pudiera bajar y besar a Alex como el hijo que no tenía, gozar de un platillo cualquiera que fuera, si pudiera… volver a la vida. Un olor que percibió la sacudió. Era un olor ajeno a esta casa. John abrió la puerta y apareció ¡con una charola en las manos y un plato con caldo de colita de res!

¡Un caldo de colita de res! No podía creerlo. Tras John entró Chencha bañada en lágrimas. El abrazo que se dieron fue breve, para evitar que el caldo se enfriara. Cuando dio el primer sorbo, Nacha llegó a su lado y le acarició la cabeza mientras comía, como lo hacía cuando de niña ella se enfermaba y la besó repetidamente en la frente. Ahí estaban, junto a Nacha, los juegos de su infancia en la cocina, las salidas al mercado, las tortillas recién cocidas, los huesitos de chabacano de colores, las tortas de Navidad, su casa, el olor a leche hervida, a pan de natas, a champurrado, a comino, a ajo, a cebolla. Y como toda la vida, al sentir el olor que despedía la cebolla, las lágrimas hicieron su aparición. Por fin había logrado recordar una receta, al rememorar, como primer paso, la picada de la cebolla…

John interrumpió estos recuerdos al entrar bruscamente en el cuarto, alarmado por el riachuelo que corría escaleras abajo.

Cuando se dio cuenta de que se trataba de las lágrimas de Tita, John bendijo a Chencha y a su caldo de colita por haber logrado lo que ninguna de sus medicinas había podido: que Tita llorara de esa manera. Apenado por la intromisión, se dispuso a retirarse. La voz de Tita se lo impidió. Esa melodiosa voz que no había pronunciado palabra en seis meses.

– ¡John! ¡No se vaya, por favor!

John permaneció a su lado y fue testigo de cómo pasó Tita de las lágrimas a las sonrisas.

(Extracto de *Como agua para chocolate*, Laura Esquivel, capítulo VII, pp. 110-111)

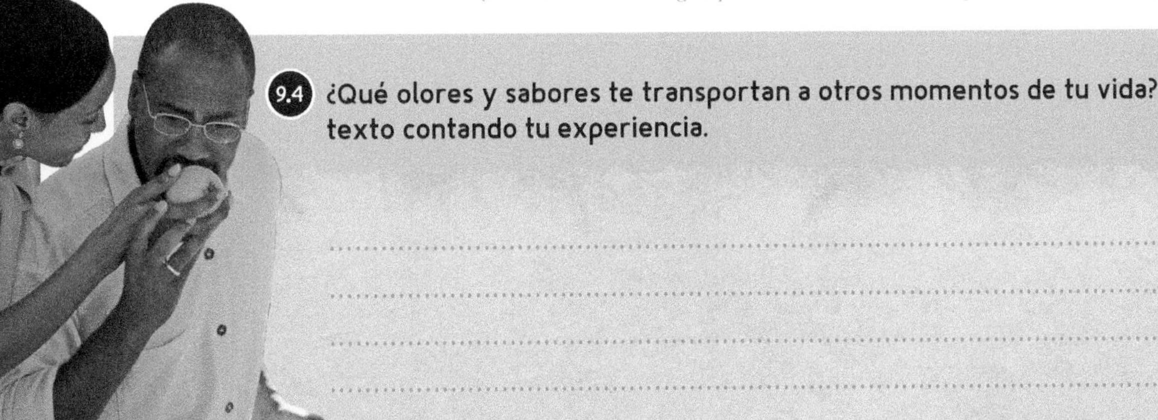

9.4 ¿Qué olores y sabores te transportan a otros momentos de tu vida? Escribe un texto contando tu experiencia.

....

....

....

....

- **Explica a tu compañero/a las siguientes palabras.**

añadir ▪ condimentar ▪ pelar ▪ olla ▪ ropa vieja ▪ carne a la parrilla ▪ sartén

- **Escribe cosas que tengan estas características.**

Modelo: *Algo muy salado: el agua del mar.*

1. Algo muy picante: ....
2. Algo soso: ....
3. Algo amargo: ....
4. Algo agrio: ....
5. Algo dulce: ....

- **Escribe cosas que no te gustan nada y compáralo con tu compañero/a.**

Modelo: *Le tengo manía a las verduras, excepto a los calabacines, que sí me gustan.*

1. ....
2. ....
3. ....
4. ....

- **Piensa en las tres últimas personas que te han llamado por teléfono y escribe para qué fue.**

Modelo: *Mi madre me llamó para que comprara arroz antes de llegar a la casa.*

- **Escribe cinco consejos e instrucciones con imperativo para que tus compañeros mejoren su español.**

1. ....
2. ....
3. ....
4. ....
5. ....

- **Expresa sentimientos sobre tus clases de español.**

Me gusta que... ....

Antes odiaba... ....

Me encanta que... ....

Lo que más me gusta es que... ....

AHORA SOY CAPAZ DE...

		SÍ	NO
1	...hablar sobre gastronomía, sabores y olores.	☐	☐
2	...rectificar una información incorrecta.	☐	☐
3	...expresar sentimientos, gustos y emociones.	☐	☐
4	...hablar de mercadotecnia utilizando el léxico adecuado.	☐	☐

Cocina
el ajo garlic
las alas de pollo chicken wings
las almejas clams
las almendras almonds
los cacahuetes peanuts
la carne a la parrilla grilled meat
la carne asada roasted meat
la coliflor cauliflower
el cordero lamb
las costillas ribs
la gastronomía cuisine
la langosta lobster
el muslo de pollo chicken thigh/leg
las nueces (la nuez) nuts
las ostras oysters
el pan integral whole wheat bread
la pechuga de pavo turkey breast
el queso fresco soft cheese
el queso rallado grated cheese
la tableta de chocolate chocolate bar

Más palabras
la cucharada tablespoonful
la cucharadita teaspoonful
el olor smell
la receta recipe
el sabor taste

Verbos
agregar to add
añadir to add, put in
apestar to stink
asar to roast
batir to beat
cocer (o>ue) to boil
condimentar to season
cortar to cut
dorar to brown
echar to throw in
elaborar to make, prepare
experimentar to experience
freír (e>i) to fry
improvisar to improvise
mezclar to mix
odiar to hate
oler (hue) to smell
pelar to peel
picar to chop
probar to taste, try
saborear to savor

Utensilios
la copa wine glass
la cuchara spoon
el cuchillo knife
el cuenco bowl
la olla pot, pan
la olla de presión pressure cooker
el/la sartén frying pan
la servilleta napkin
el tenedor fork
el vaso glass

Descripciones
agrio/a sour
amargo/a bitter
crudo/a raw
culinario/a culinary
dulce sweet
pasado/a expired
picante spicy
recién hecho/a just made
salado/a salty
soso/a bland

Palabras y expresiones
Barriga llena, corazón contento. Full belly, happy heart.
Comer a la fuerza. Force feed.
Comer como un pajarito. Eat like a bird.
Comer por comer. Eating for the sake of eating.
dar asco to disgust
El que hambre tiene en pan piensa. He who is hungry thinks about bread.
Está para chuparse los dedos. Finger-licking good.
Esto no hay quien se lo coma. This is not fit to be eaten.
Las penas con pan son menos. All griefs with bread are less.
Ni fu ni fa. Neither good nor bad.
Oler a rayos. It smells awful.
Sabe bien/mal/a. It tastes good/bad/like.
Ser de buen comer. To have a hearty appetite.
Ser un barril sin fondo. To be a bottomless pit.
Ser un glotón. To be a glutton.

- ¿Qué ciudad crees que aparece en la foto?
- ¿Qué te llama más la atención?
- ¿Te gustaría vivir y trabajar allí?
- ¿Qué tipos de trabajo podrías desempeñar en esta ciudad?

»Calle Preciados, Madrid (España).

VIVIENDO DEPRISA

10

Learning outcomes

By the end of this unit you will be able to:

- Make a case for your position on a topic
- Convince others to see things your way
- Yield to different points of view
- Talk about new technologies, their benefits, and their disavantages
- Discuss the impact of technology on careers

Para empezar

- Avances tecnológicos

Comunica

- ¿Adictos a la tecnología?: argumentar para convencer
- Nuevos oficios, nuevas necesidades: expresar concesión

Pronunciación y ortografía

- Entonación: agrupaciones que normalmente no admiten pausa

Cartelera de cine

- *Extraños*

Gramática

- Las oraciones concesivas con *aunque*
- El gerundio circunstancial
- Verbos con preposición

Intercultura

- Trabajos de antes y de ahora

Nos conocemos

- Blanca Juti y *Angry Birds*

Literatura para la vida

- *Simulacro II,* de Cristina Peri Rossi

[70]

10.1 En los últimos años ha entrado en nuestras vidas un aparato revolucionario. Escucha y lee la conversación. ¿Cuál es tu opinión sobre este aparato?

Eduardo: El otro día observé un video sorprendente. Se filmó en Estados Unidos con una cámara muy especial. Se veían un grupo de delfines y tres ballenas grises emigrando hasta la bahía de San Clemente. Son imágenes grabadas por un dron, increíble, ¿no?

Valeria: Sí, la cercanía que alcanza es espectacular.

Eduardo: Esto nos invita a reflexionar sobre la probabilidad de que podamos ser controlados, espiados constantemente por estos drones, con cámaras, que vuelan a control remoto.

Valeria: **Has dado en el clavo**. Este es el principal problema que veo en este tipo de aparatos. ¿No creen que pueden invadir nuestra privacidad?

Eduardo: Efectivamente, Valeria.

Antonio: **Bueno, ¿y si lo miramos desde otro ángulo?** ¿No creen que ayudan más que interfieren? Como saben, los drones tienen un rol importante en el control del tráfico, en la agricultura... Sirven para vigilar una determinada zona, en un cultivo pueden monitorear el estado del riego, así como condiciones climatológicas.

Valeria: Antonio, **lo que has dicho es indiscutible, pero** deberíamos controlar bien el uso que les demos. Aunque tenga posibilidades muy interesantes, se puede convertir en un arma de control de la población.

Eduardo: De hecho, vamos a hablar sobre veinte drones que ha comprado el ejército por varios millones para observar muy bien a los movimientos sociales y las manifestaciones.

Antonio: Yo creo que los ejércitos deben aprovechar cualquier innovación ante cualquier conflicto bélico, porque otros países ya lo están haciendo.

Valeria: **No digas más tonterías**, Antonio. ¿En serio que se han gastado millones en eso? No creo que estemos ahora para este tipo de gastos.

Antonio: Bueno, cada vez son más usados en actividades civiles.

Eduardo: Yo creo que los más grande son los que se utilizan para llevar o transportar cosas, ¿no?

Antonio: **¡Claro, hombre!** Ya Amazon los está utilizando para el envío de paquetes, o por lo menos, lo está intentando.

Eduardo: ¿Valeria?

Valeria: Pues otro uso que recuerdo, que se está utilizando mucho últimamente, es el tema de las fiestas. Están grabando muchos videos de bodas, especialmente en las de las celebridades… y sin su permiso.

Eduardo: Pero, bueno, qué miedo, ¡puede caer encima de alguien!

Antonio: **Sí, ahora que lo pienso, lo que dices es cierto**. Debería controlarse su uso en ciertas ocasiones. Es peligroso.

Valeria: Pero yo insisto en la importancia de la privacidad.

Antonio: **Fíjate que** es muy normal verlos en partidos de fútbol, en conciertos…

Eduardo: Sí, claro, y la televisión también los utiliza.

Valeria: Ojo con los drones, porque pueden ser un sistema donde a todos nos tengan en la lupa.

10.2 Indica a quién pertenecen las afirmaciones y comparen después sus resultados.

	Eduardo	Valeria	Antonio
a Opina que el principal problema de los drones es la intrusión en la privacidad.	▢	▢	▢
b Considera que este artefacto tiene más puntos positivos que negativos.	▢	▢	▢
c Está en contra de su utilización en conflictos bélicos.	▢	▢	▢
d Cambia de idea cuando hablan de sobrevolar ciertos eventos.	▢	▢	▢
e Opina que los de mayor tamaño los usan para mensajería.	▢	▢	▢
f Señala que ya están presentes en muchos eventos públicos.	▢	▢	▢

10.3 Observa las expresiones destacadas en el texto. Con tu compañero/a, clasifiquen cada una de ellas en la categoría más adecuada.

Expresiones para la argumentación			
Expresar acuerdo	Proponer una alternativa	Expresar desacuerdo	Llamar la atención sobre un argumento

10.4 Cita tres aparatos tecnológicos que consideres imprescindibles en tu vida. Compara tu lista con la de tu compañero/a. ¿Coinciden? Pregúntale sobre estas cuestiones y otras que vayan pensando juntos.

a ¿Cuál es el último que has comprado?

b ¿Te gusta comprar lo último en avances tecnológicos?

c ¿Pides ayuda para elegirlos?

d ....

¡PRACTICA!

10.5 Con tu compañero/a, escriban un diálogo similar siguiendo las instrucciones. Después, representen la conversación.

1 Comenta tu opinión sobre una noticia que has leído sobre el dinero que gastamos en tecnología.

2 Muestra acuerdo sobre tu opinión en este tema.

3 Propón una alternativa.

4 Expresa tu total desacuerdo.

5 Argumenta los motivos de tener esta opinión tan diferente.

6 Acepta parte de la argumentación y cierra el debate.

COMUNICA

¿ADICTOS A LA TECNOLOGÍA?

VOCABULARIO

10.1 Observa las fotografías y relaciónalas con cada palabra de la lista.

1 ▢ Teléfono inteligente.
2 ▢ Torre de señal.
3 ▢ Dispositivos.
4 ▢ Encender / Apagar el dispositivo.
5 ▢ Videoconsola.
6 ▢ Aplicaciones.
7 ▢ Control remoto.
8 ▢ Conectar / Desconectar.
9 ▢ Activar / Desactivar.

a 

b 

c 

d 

e 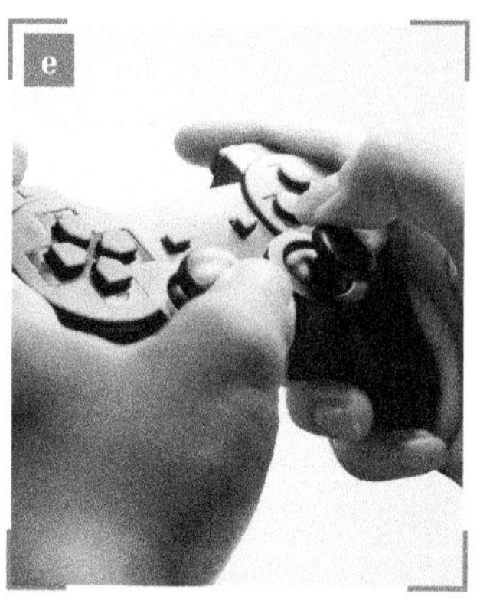

f 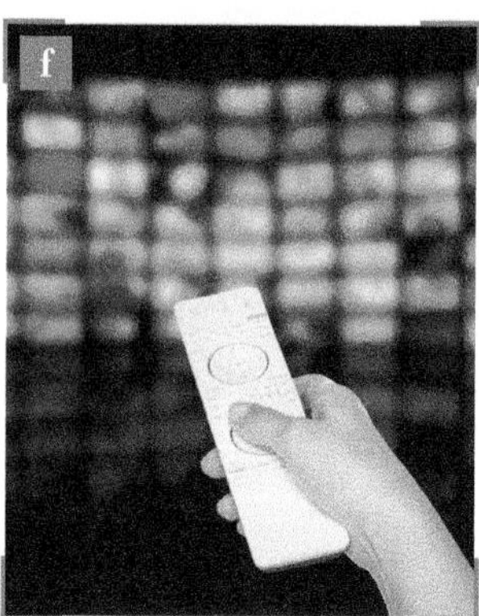

g 

h 

i

10.2 Observa la siguiente lista y, con tu compañero/a, definan y describan algún ejemplo o uso de esta tecnología. Pueden utilizar el diccionario.

robots humanoides

reconocimiento facial

fallo tecnológico

nube

realidad aumentada

tecnología háptica

SMS

¿Haces un uso adecuado de las nuevas tecnologías? ¿Estarías dispuesto a desconectarte de estas tecnologías al menos unas horas? Realiza el test y comenta tus respuestas.

TEST PARA SABER SI ERES ADICTO A LA TECNOLOGÍA

Responda a las preguntas teniendo en cuenta la siguiente escala:

0 Nunca	**2** Ocasionalmente	**4** Muy a menudo
1 Raramente	**3** Frecuentemente	**5** Siempre

1. ¿Con qué frecuencia has revisado tus **aplicaciones de chat**, tu correo electrónico y tus **redes sociales** hoy?
2. ¿Te ha hecho comentarios tu familia por pasar mucho tiempo **conectado** a Internet?
3. ¿Te has perdido en una conversación por estar pendiente del celular?
4. ¿Dedicas más horas del día a hablar con las personas virtualmente de las que gastas haciéndolo en persona?
5. ¿Has dejado de hacer cosas de tu trabajo o de tus estudios por pasar tiempo en Internet?
6. ¿Sueles utilizar el celular o algún **dispositivo** mientras vas conduciendo?
7. ¿Sientes ansiedad durante un vuelo porque no puedes usar el celular y lo primero que haces cuando aterriza el avión es encenderlo?
8. Si te encuentras en una reunión social y tu teléfono se queda sin **batería**, ¿llegarías a considerar la posibilidad de regresar a tu casa?
9. ¿Con qué frecuencia has intentado cortar el número de horas que pasas en la computadora, el **dispositivo celular** o la consola de videojuegos, sin tener éxito?
10. ¿Te has perdido gran parte de espectáculos o eventos por estar utilizando **aplicaciones de mensajería**, redes sociales o incluso por estar tomando fotografías?

Si al hacer la suma obtuviste entre:

10-25 puntos: Felicitaciones, estás dando un uso apropiado a la tecnología y, por el momento, no puedes estar en riesgo de convertirte en un adicto, pues te encuentras en la categoría de un usuario promedio del mundo digital.

26-40 puntos: Puedes estar presentando los primeros síntomas de un adicto a la tecnología. Es importante que reflexiones sobre el uso que le estás dando a la tecnología y que intentes tomar medidas para controlar el tiempo que pasas utilizando estos dispositivos.

41-50 puntos: El excesivo uso que le das a la tecnología te está causando problemas importantes en tu vida. Es necesario que tomes medidas para atacar la adicción.

COMUNICA

10.4 **El uso excesivo de las nuevas tecnologías es considerado como una adicción que puede traer graves consecuencias para las personas. ¿Conoces estos males causados por las nuevas tecnologías? Con tu compañero/a, relaciónenlos con sus definiciones.**

1. Tecnoadicción. .... ▢
2. Nomofobia. .... ▢
3. Síndrome de la vibración fantasma. ..... ▢
4. Portatilitis. .... ▢
5. Ciberadicto. .... ▢
6. Ciberacoso. .... ▢

a. Uso abusivo del teléfono celular, sintiendo miedo irracional a salir de casa sin él.
b. Molestias y dolores musculares por usar y llevar portátiles en exceso.
c. Acoso entre jóvenes en la red hacia otros de su misma edad.
d. Enfermedad causada por la falta de habilidad para tratar con las nuevas tecnologías de manera saludable.
e. Persona que depende excesivamente del uso de Internet en su vida diaria.
f. Sensación que sienten muchas personas que creen que su celular ha vibrado y se apresuran a mirar quién les ha llamado o enviado un mensaje.

10.5 **Observa las fotografías e intenta relacionarlas con cada una de las situaciones que se proponen. Comenten cómo utilizan la tecnología en estas situaciones.**

1. ▢ Necesitas resolver una duda.
2. ▢ Llegas tarde a una cita.
3. ▢ Buscas una dirección.
4. ▢ Hay poca luz en casa.
5. ▢ Quieres inmortalizar recuerdos.

a

b

c

d

e

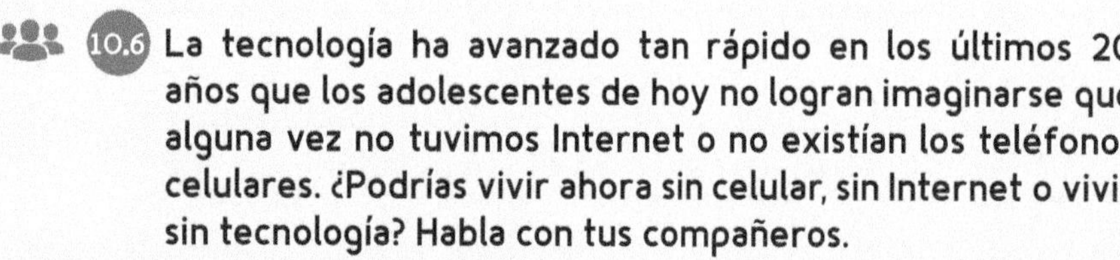

10.6 **La tecnología ha avanzado tan rápido en los últimos 20 años que los adolescentes de hoy no logran imaginarse que alguna vez no tuvimos Internet o no existían los teléfonos celulares. ¿Podrías vivir ahora sin celular, sin Internet o vivir sin tecnología? Habla con tus compañeros.**

COMUNICACIÓN

- Para **intentar convencer** a alguien, se usa:
  » ***No es que quiera convencerte, pero...***
  » ***Aunque tú digas..., yo te digo que...***
  » ***A pesar de eso, ¿no crees que...?***
  » ***Bueno, ¿y si lo vemos desde otro ángulo?***

- Para **expresar las razones** de algo, se usa:
  » ***Como que...***
  » ***Me baso en...***
  » ***Deja que te explique...***
  » ***La cosa es así, mira,...***

- Para **dar la razón** a alguien, se usa:
  » ***Sí, ahora que lo pienso, lo que dice es cierto.***
  » ***Sí, se me había olvidado (esto).***
  » ***Pensándolo bien, tienes razón.***
  » ***Me convenciste totalmente.***

- Para **decir a alguien que está equivocado**, se usa:
  » ***Estás mal.***
  » ***Eso que dices es una aberración.***
  » ***Tengo la impresión de que estás equivocado.***
  » ***Estás loco.***

- Para **decir a alguien que está en lo cierto**, se usa:
  » ***Diste en el clavo.***
  » ***Me temo que estás en lo cierto.***
  » ***Lo que dijiste es indiscutible.***
  » ***Lo que dijiste no es ninguna tontería.***

10.7 **Ahora, lee estas frases e identifica las expresiones para argumentar y convencer. Después, relaciónalas con la categoría correcta del cuadro de arriba.**

a ¿Que por qué pienso así? Pues, mira, por el simple hecho de que yo también estoy interesada, por eso tengo esta opinión. ► Modelo: *Expresar las razones.*

b Sí, pero si lo ves desde otro punto de vista, mis argumentos tienen mucho sentido. ► ....

c ¡Qué ojo tienes! ► ....

d Siento decirte que creo que estás hecho bolas. ► ....

e Perdona, no me había dado cuenta de eso, tienes razón. ► ....

f Voy a explicarte una por una las razones por las que pienso así. ► ....

g Por favor, fíjate en mis argumentos, deberías tenerlos en cuenta. ► ....

h Sí, esto se me había pasado por completo. ► ....

i No digas tonterías, eso no es así. ► ....

j Te puedo dar mil razones por las que creo que debes... ► ....

k Estos son los pros y los contras según mi opinión. ► ....

l ¡Claro, hombre! ► ....

m Perdona, pero te equivocas por completo. ► ....

10.8 Vas a conocer otros avances tecnológicos. En grupos de tres, cada estudiante tiene que elegir uno de ellos. Usando los ejemplos de la actividad anterior, cada uno intenta convencer a los demás de que ese avance es necesario.

ALUMNO A

HOTEL FUTURISTA

El Henn-Na es un lujoso hotel que tendrá diez robots humanoides encargados de recibir a los huéspedes, llevar su equipaje y realizar tareas de limpieza y mantenimiento, entre otras. Además, se planea sustituir el uso de llaves para las habitaciones, por tecnología de reconocimiento facial. Dado que el hotel atraerá a muchos turistas, los robots están programados para hablar de forma fluida japonés, inglés y chino, en primera instancia.

COCHES SIN CONDUCTOR

Relajarse mientras vas al trabajo, a la escuela o necesitas ir por la ciudad en plena hora de alto tránsito, parece un sueño, y los carros sin conductor podrían hacerlo realidad. Pero si bien son un avance interesante, no están libre de riesgos.

Todo sistema creado por humanos es imperfecto, no importa cuánto lo hayan probado, por lo que ese automóvil sin conductor que te facilita la vida, podría tener un fallo y hacerte chocar.

ALUMNO C

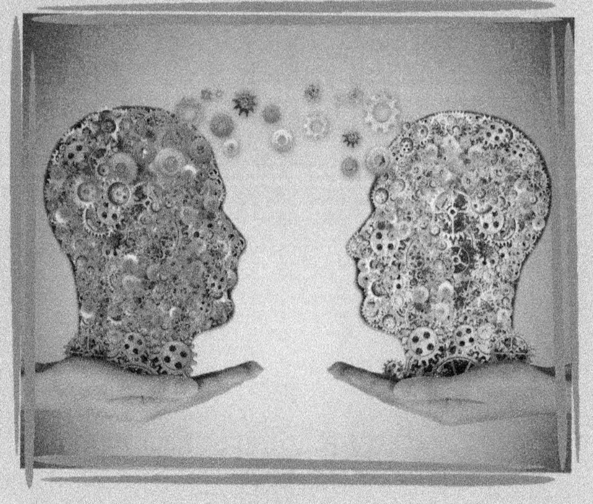

SE PODRÁ ENVIAR PENSAMIENTOS DE UNA PERSONA A OTRA

La telepatía dejará de ser cosa de ciencia ficción en un futuro. Mark Zuckerberg (creador de Facebook) afirma que podremos comunicar todo tipo de sensaciones y sentimientos a través de la mente, sin necesidad de usar medios de comunicación tradicionales.

No es que nuestros cerebros vayan a desarrollarse más, sino que será a través de nuevas tecnologías como extiendan las capacidades de los sentidos, generando una profunda conexión con amigos y familia.

(Extraído de http://tech.batanga.com)

VOCABULARIO

10.9 Un grupo de empleados del departamento de Recursos Humanos de una empresa han recopilado todas estas características que puede tener un trabajador. Rodea los adjetivos que consideres positivos. Después, piensa y señala cuáles serían imprescindibles para el puesto de trabajo que te gustaría tener en el futuro.

- emprendedor/ra
- irresponsable
- con buena disposición
- holgazán/na
- activo/a
- solitario/a
- ambicioso/a
- conformista
- humilde
- creativo/a
- trabajador/ra
- líder
- solidario/a
- luchador/ra
- brillante
- eficiente
- pragmático/a
- aplicado/a
- perfeccionista
- infatigable
- sacrificado/a
- elocuente
- diplomático/a
- idealista
- honesto/a

10.10 Relaciona las siguientes definiciones con los adjetivos anteriores.

a. El que habla o escribe de modo eficaz para persuadir, conmover y agradar. ▶ ....
b. Quien no quiere trabajar. ▶ ....
c. Quien fácilmente se adapta a cualquier circunstancia sin hacer muchas preguntas. ▶ ....
d. Persona firme en el esfuerzo para sacar adelante su propósito. ▶ ....
e. Quien muestra afición y frecuencia cuando hace algo, especialmente el estudio. ▶ ....
f. El que muy difícilmente se cansa. ▶ ....
g. Persona que comienza una obra, un negocio, especialmente si se asocian con dificultad o peligro. ▶ ....

10.11 El mundo en el que vivimos está en constante cambio, de ahí que nuevos oficios lleguen para cubrir nuevas necesidades. Lean el siguiente titular y coméntenlo en pequeños grupos.

¿QUÉ NUEVOS PERFILES PROFESIONALES DEMANDAN LAS TECNOLOGÍAS EMERGENTES?

El progreso tecnológico no destruye el trabajo, sino que lo transforma. Mientras desaparecen empleos tradicionales, también surgen nuevas profesiones.

[71] **10.12 Escucha esta entrevista a un experto en nuevas tecnologías y ordena las profesiones de las que habla en el orden en el que aparecen.**

a. ☐ Diseñador de nubes.
b. ☐ Gestor de robots.
c. ☐ Programador de tecnología háptica.
d. ☐ Arquitecto de realidad aumentada.

COMUNICA MÁS

[71] **10.13 Escucha de nuevo y relaciona cada expresión con su definición correspondiente.**

1. Mano de obra. .... ▢
2. Diseñador. .... ▢
3. Diseño gráfico. .... ▢
4. Gafas inteligentes. ...... ▢
5. Estar a cargo de... .... ▢
6. Imparables. .... ▢
7. Hacerse cargo de... ...... ▢

a. Que no se pueden detener.
b. Conjunto de trabajadores de un país o de un sector concreto.
c. Dispositivo de visualización que permite el acceso a Internet y mostrar información de los teléfonos inteligentes sin utilizar las manos.
d. Actividad que permite concebir, organizar y realizar ideas de forma visual.
e. Ocuparse de algo.
f. Tener la responsabilidad de ocuparse de algo.
g. Persona que crea la idea original de un objeto u obra.

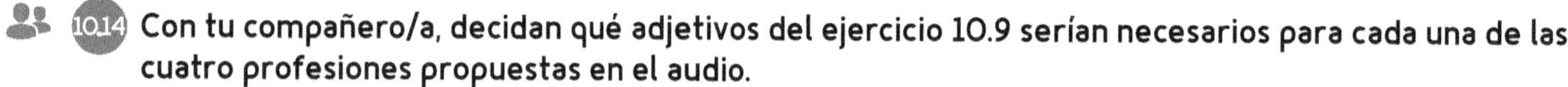

10.14 Con tu compañero/a, decidan qué adjetivos del ejercicio 10.9 serían necesarios para cada una de las cuatro profesiones propuestas en el audio.

10.15 Escribe un artículo que hable sobre la aplicación de las nuevas tecnologías en el mundo laboral. Aquí tienes algunas preguntas sobre las que puedes reflexionar para preparar el texto. No olvides utilizar las estructuras anteriores.

- ¿Qué posibilidades de trabajo ofrecerán las tecnologías emergentes en nuestra sociedad?
- ¿A qué desafíos se enfrentan las empresas tradicionales en proceso de transformación digital?
- ¿Las nuevas profesiones del sector celular son una moda o llegan para quedarse?

10.16 Y tú, ¿cómo te adaptas a la tecnología? ¿Cuál es tu perfil laboral: más tecnológico o más tradicional? ¿Crees que tu forma de ser se puede modificar según el trabajo que realices o que tu trabajo dependerá directamente de tu forma de ser? ¿Con cuál de estas dos afirmaciones estás más de acuerdo? Habla con tus compañeros.

Está claro que una persona introvertida no puede trabajar de cara al público, una persona sin visión espacial no debería ser arquitecto y alguien sin una personalidad fuerte no sería capaz de liderar equipos.

Para mí, el trabajo es la actividad en la que puedes moldear tu personalidad y fomentar cualidades que de otro modo quedarían relegadas y no tendrían cómo ni dónde desarrollarse.

COMUNICACIÓN

- **Expresar concesión**
  - » Para indicar **intensidad o insistencia** en algo por el que no se obtienen los resultados deseados, se usa:
    - ***Por más*** + (sustantivo) + ***que*** + indicativo / subjuntivo
      - *Por más que busqué, no encontré las llaves del carro.* (Buscó las llaves)
    - ***Por mucho/a/os/as*** + (sustantivo) + ***que*** + indicativo / subjuntivo
      - *Por muchas horas que estudie hoy, lo tengo difícil para el examen de mañana.* (Todavía no ha estudiado)
    - ***Por muy*** + adjetivo / adverbio + ***que*** + subjuntivo
      - *Por muy mal que le haya ido, creo que aprobará el examen.* (No sabemos cómo le ha ido el examen)
  - » Para aportar un **énfasis** mayor en el contraste de los elementos, se usa:
    - ***A pesar de / Pese a*** + sustantivo / infinitivo / pronombre
      - *A pesar de la hora que es, los bares están todavía abiertos.*
      - *A pesar de estar tan cansada, decidió conectarse a Facebook.*
    - ***A pesar de / Pese a*** + ***que*** + indicativo / subjuntivo
      - *A pesar de que he llegado/haya llegado tarde, las puertas todavía estaban cerradas.*

Recuerda

- El subjuntivo se usa para acciones que aún no se han realizado o no se conocen.

10.17 **Observa las siguientes situaciones y transfórmalas para formar frases concesivas. Trabaja con tu compañero/a.**

a. He leído esta noticia varias veces, pero no entiendo que mucha gente decida vivir alejada de todo lo que la tecnología les puede proporcionar.

Yo: *Por más que...* ▶ ....

b. Lucía siempre protesta porque la conexión a Internet en su casa es mala. Ana le dice que no proteste tanto porque en estos momentos no pueden cambiar de compañía.

Ana: *Por mucho...* ▶ ....

c. Roberto es comercial y siempre tiene que llevar el celular para contactar con sus clientes. Él piensa que es malo para la salud. Su jefe le dice que no tiene más remedio que usarlo.

Jefe: *Por muy malo que...* ▶ ....

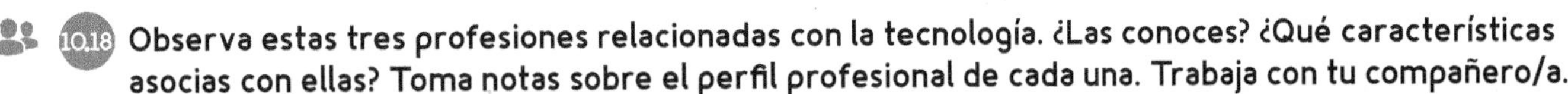

10.18 **Observa estas tres profesiones relacionadas con la tecnología. ¿Las conoces? ¿Qué características asocias con ellas? Toma notas sobre el perfil profesional de cada una. Trabaja con tu compañero/a.**

Diseñador gráfico

Analista financiero

Programador

COMUNICA MÁS

10.19 **Individualmente, haz una lista con las características positivas o negativas de la personalidad de tu compañero/a para desempeñar** (carry out) **los trabajos de la actividad anterior.**

Positivas	Negativas

10.20 **Escribe cinco frases concesivas, utilizando los conectores estudiados, que describan las posibles dificultades de tu compañero/a para conseguir alguno de los puestos de trabajo que han pensado, basándote en sus características.**

Modelo: *A pesar de que haya estudiado Ciencias Matemáticas, mi compañera está perfectamente capacitado para ser analista financiero, porque es brillante.*

Por mucho que lo intente, mi compañero no puede ser programador, porque en realidad ama la pintura. ¡Es un idealista!

10.21 **Es el momento de debatir con tu compañero/a sobre la opinión que tiene en relación a tus posibilidades laborales en este mundo tan tecnológico. Escucha sus cinco frases con sus argumentos. Puedes rechazarlos intentando siempre utilizar las frases concesivas que acabas de aprender.**

PRONUNCIACIÓN y ORTOGRAFÍA

Entonación: agrupaciones que normalmente no admiten pausa

10.1 Definan estas categorías gramaticales y pongan un ejemplo en español de cada una.

a Adjetivo: ....

b Adverbio: ....

c Artículo: ....

d Nombre: ....

e Perífrasis verbal: ....

f Preposición: ....

g Pronombre átono: ....

h Verbo: ....

10.2 Muchas veces la entonación está ligada a la gramática. Existen algunas agrupaciones de palabras que no admiten una pausa entre sus partes. A continuación tienes dos listas: agrupaciones gramaticales y los ejemplos. Une cada agrupación con su ejemplo.

1 artículo + nombre .... ☐
2 nombre + adjetivo .... ☐
3 adjetivo + nombre .... ☐
4 verbo + adverbio .... ☐
5 adverbio + verbo .... ☐
6 pronombre átono + verbo .... ☐
7 adverbio + adjetivo .... ☐
8 adverbio + adverbio .... ☐
9 forma verbal compuesta .... ☐
10 perífrasis verbal .... ☐
11 preposición + término .... ☐

a con mi libro
b duermo fatal
c bastante mal
d el niño
e plato sopero
f lo creo
g se puso a llorar
h verdes hojas
i no estudia
j bien hallado
k habían cantado

[72] **10.3 Estas agrupaciones no admiten una pausa en el centro. Por ejemplo, en la oración *Si estudiara más, aprobaría las matemáticas*, la única pausa posible es la que se expresa por la coma. Escucha el siguiente audio en el que hay dos pausas incorrectas. Detéctalas y di el porqué de su incorrección.**

Error 1 ▶

Error 2 ▶

10.4 Crea con tu compañero/a un diálogo parecido al que acabas de escuchar en el que insertes dos errores de entonación en agrupaciones. Elige a otra pareja de la clase, léeselo y pídele que encuentre el error.

Enrique Cerezo P.C. presenta

CARMELO GÓMEZ MARÍA CASAL INGRID RUBIO

EXTRAÑOS

una película de IMANOL URIBE

CARTELERA DE CINE

SINOPSIS

Sofía recibe la noticia del suicidio de su madre con aparente pasividad. A partir de esta circunstancia, la conducta de Sofía resulta sospechosa para Eduardo, su marido, quien contrata al detective Lamarca. El detective no encuentra nada raro pero, por error, el informe llegará a manos de Sofía y las cosas se complicarán. Goyo Lamarca es un solitario investigador obsesionado por un sueño que se repite con frecuencia. Lamarca tratará de descifrar este misterioso sueño implicando en el mismo a las personas relacionadas con su actual investigación.

¿SABÍAS QUE...?

- Se trataba, en principio, de la adaptación de la novela de Juan José Millás *La soledad era esto*. Sin embargo, el autor de esta novela no estuvo conforme con esta película y decidió no aparecer en los títulos.
- El director siempre ha mostrado un gran interés por el cine negro y las adaptaciones literarias.
- Aunque cuenta con un buen reparto, la historia, próxima al cine negro clásico, resulta confusa y quedan demasiados cabos sueltos (loose ends).

SECUENCIA DE LA PELÍCULA

00:47:45 ▶ 00:51:10

DATOS TÉCNICOS

Título	Extraños.		
Año	1999.	Género	Suspense.
País	España.	Director	Imanol Uribe.

Intérpretes

Carmelo Gómez, María Casal, Ingrid Rubio, Sergi Mateu, Chete Lera, Joan Crosas, Asunción Balaguer, Bruno Bichir, Pedro Casablanc, Jesús Cabrero.

ANTES DE VER LA SECUENCIA

10.1 Si observas el cartel de la película y lees la sinopsis, ¿cómo imaginas que terminará esta película? ¿De qué género crees que es? Habla con tu compañero/a.

10.2 Observa las diferentes profesiones que aparecen en esta película. ¿Conoces el significado de todas ellas?

a Detective.	d Violonchelista.
b Quiosquero.	e Portero.
c Camarera.	f Mensajero.

10.3 Comenten entre todos qué opinan sobre el desarrollo de estas profesiones de cara al futuro. ¿Son profesiones que se perderán en las próximas décadas? ¿Se podrán mantener pero adaptándose a las nuevas tecnologías o necesidades?

10.4 Observa las siguientes imágenes de la película. Con tu compañero/a, describan cada una de ellas y escriban un posible final para esta historia de suspense.

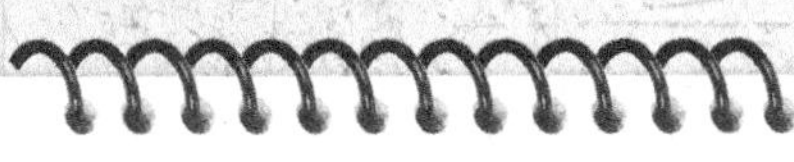

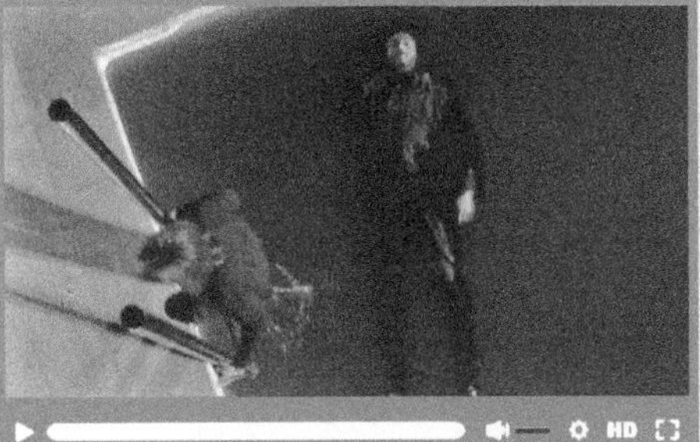

CARTELERA DE CINE

MIENTRAS VES LA SECUENCIA

En su investigación, el detective Lamarca realiza grabaciones en video y las comenta de forma muy personal.

10.5 Visualiza la secuencia y contesta a las preguntas.

1. ¿Quién graba el video?
   - a) El marido de Sofía.
   - b) El detective Lamarca.
   - c) El jefe de Sofía.

2. ¿Qué lleva la protagonista en la mano?
   - a) Un maletín rojo.
   - b) Su violonchelo.
   - c) Un periódico.

3. ¿En qué lugar está grabado el video?
   - a) En el jardín de Sofía.
   - b) En un parque.
   - c) En la parada de autobús.

10.6 Completa las frases que aparecen en esta secuencia.

apocado ▪ embaucador ▪ tendero ▪ tomándose ▪ mosquita ▪ aristas ▪ contraseña ▪ andares ▪ tipo ▪ presa

a) Por lo demás, todo sigue igual. Los mismos ...., el mismo pelo y .... a sí misma demasiado en serio, me temo.

b) Este tiene pinta de .... de una tienda de zapatos de hombre. Un tanto .... lo veo, sin ambición.

c) Ella no. Ella fría, sin relieves ni .... Como una máscara.

d) Pero no es mi .... No, no me gusta.

e) Este no tiene pinta de vendedor de bolsos de señora. Charlatán, ... En busca de una .... segura.

f) Todo y nada puede pasar. Un maletín rojo será mi ....

g) Vaya con la .... muerta.

10.7 Comenta con tu compañero/a el significado de las palabras y las frases que han completado y qué pueden significar en el argumento de la película.

tras vidas. Te espero.
Ref. 75A

ME LLAMO SOFIA, si quieres compartir tu soledad conmigo, me encontraras en El Retiro, frente al Palacio de Cristal, por las tardes. No importa edad. Todo y nada puede pasar. Un maletín rojo sera mi contraseña.
Ref. 83L

CASADA AGRADABLE dese-

DESPUÉS DE VER LA SECUENCIA

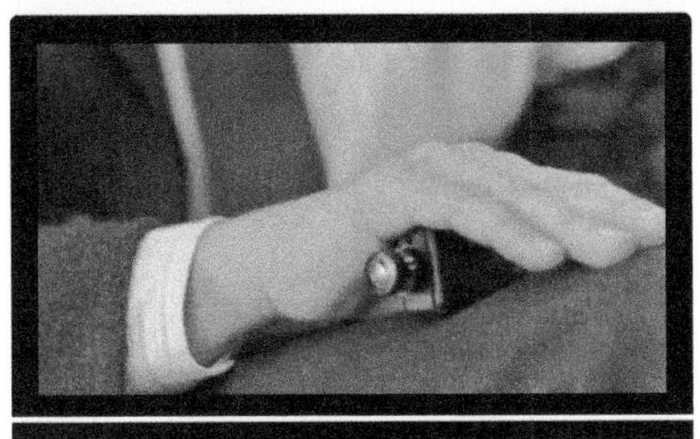

 **10.8 En la secuencia que has visto, el detective Lamarca sigue a Sofía y la graba en video por encargo del marido de ella. En grupos de tres, organicen un debate para discutir sobre la conveniencia o no de estas técnicas. Pueden tener en cuenta los siguientes aspectos.**

- Vida privada
- Grabaciones en público sin consentimiento
- Métodos tecnológicos disponibles
- Ley de Protección de Datos

10.9 En la película existen varias historias paralelas que tienen algo en común con la de Sofía: nada es lo que parece. Transforma las frases utilizando la estructura concesiva que has estudiado en esta unidad.

a Alicia se hace pasar por la hija de la vecina de la madre de Sofía, pero en realidad eran extrañas.

Modelo:

– ***Por mucho que*** *Alicia parezca querer a su madre, en realidad antes eran desconocidas.*

– ***A pesar de que*** *la quería mucho, en realidad Alicia no era su hija de verdad.*

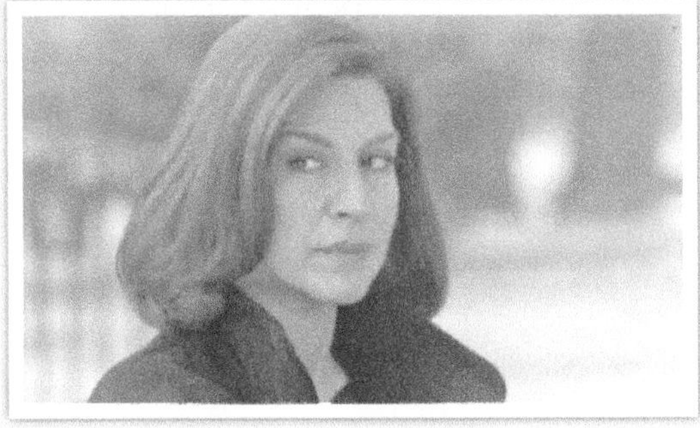

b El detective parece un hombre equilibrado, pero en realidad tiene muchos temores y paranoias.

....

....

c Sofía llevaba una vida normal hasta que su madre murió.

....

....

10.10 Con tu compañero/a, comenten si conocen alguna historia real en la que una persona parecía ser de una forma y, al final, se descubrió que realmente era de otra. ¿Creen que estas historias, en la realidad o en la película, tienen un final feliz?

GRAMÁTICA

A LAS ORACIONES CONCESIVAS CON *AUNQUE*

In English we use *although* to concede a point in a conversation. Its most common equivalent in Spanish is **aunque**. Both the subjunctive and the indicative are used after **aunque**. Use the subjunctive to express the speaker's speculation about an action or situation (*even if*). Use the indicative to express what is actually known or has been experienced by the speaker (*even though*). See more examples below.

- Las oraciones concesivas expresan una dificultad para el cumplimiento de la oración principal que no impide, sin embargo, su realización. El conector más usado y habitual es ***aunque***.

» ***Aunque*** + indicativo

– Cuando queremos introducir una **información que sabemos que es verdad** (A) y que puede dificultar la realización de la parte B, pero que, a pesar de esas dificultades, se llevará a cabo, el verbo va en indicativo:

– (A) *Aunque* ***tiene*** *65 años,* (B) *se siente joven.*

– Cuando queremos retomar lo que ha dicho nuestro interlocutor, **dándole veracidad**, también se usa el indicativo:

¡Qué celular más antiguo! No tiene ni cámara de fotos.
Pues (A) *aunque no* ***tiene*** *cámara de fotos,* (B) *me va genial.*

» ***Aunque*** + subjuntivo

– Cuando queremos introducir una **información de la que no sabemos su veracidad** (si se ha cumplido o se cumplirá), el verbo va en subjuntivo:

– (A) *Aunque* ***tenga*** *65 años,* (B) *se siente joven.*

– Cuando queremos retomar lo que ha dicho nuestro interlocutor, **pero no estamos de acuerdo con lo que dice**, se usa también el subjuntivo:

¡Qué celular más antiguo! No tiene ni cámara de fotos.
Pues (A) *aunque no* ***tenga*** *cámara,* (B) *me va genial y no necesito comprar otro.*

– Cuando queremos indicar que **rechazamos la idea porque la encontramos muy difícil o imposible de realizar o creer**, entonces se usa el verbo en pretérito imperfecto:

– *Aunque los médicos me dijeran que sí, yo no lo haría.*

10.1 Estas personas han decidido que sus vidas no dependan de las nuevas tecnologías y solo recurren a ellas cuando es estrictamente necesario. Lee sus historias y relaciónalas con estas imágenes.

Sergio

a 45 años. Publicista y director general creativo. ☐

Silvina

b 39 años y licenciada en Ciencias de la Comunicación. ☐

Diego

c Comerciante, 33 años. ☐

1 Solo tengo un viejo Motorola que utilizo para trabajar. Lo uso como despertador y, a veces, envío mensajes de texto. No chateo ni tengo correo electrónico. Creo que no tener e-mail a veces complica mi trabajo, porque mis clientes me piden mi dirección de correo electrónico y se sorprenden cuando les digo que no tengo. **Aunque esto algunos lo vean como un problema, yo lo soluciono diciéndoles que me manden un SMS.** Sobre las redes sociales, no tengo tiempo para utilizarlas. Trabajo doce horas. Cuando llego a mi casa quiero estar con mi hijo. Me parece que a los que usan Facebook y Twitter les sobra el tiempo. No es mi caso. Es verdad que a veces me siento desconectado por quedar fuera de muchos comentarios que hacen mis amigos en reuniones. Conversan sobre fotos o contenidos que compartieron en Facebook, y yo no tengo idea de qué están hablando. Ahí empiezo a pensar si soy yo el que me equivoco.

2 Hace unos años fui a hacer una experiencia creativa en una agencia publicitaria de Nueva York. En el avión empecé a escribir conceptos, ideas y titulares en mi libreta. Esa misma tarde me reuní con los directores del área. Recuerdo que cada uno tenía su portátil. Todos hacían presentaciones que leían en las pantallas. Cuando llegó mi turno saqué del bolsillo mi libreta y realicé mi presentación leyendo mis papelitos. Todavía me acuerdo de la cara de sorpresa de los directivos. Pero no solo utilizo muy poco la computadora, sino que tampoco me interesa tener el último *smartphone* disponible. Tengo un celular de 2008. **Aunque sea tan antiguo, no necesito más porque solo lo utilizo para hablar y enviar mensajes de texto.** Solo utilizo el e-mail para trabajar y no uso redes sociales. Reconozco que la tecnología facilitaría mi tarea, pero de momento no está entre mis prioridades.

3 Tengo un celular, pero solo lo utilizo para hablar. No envío mensajes de texto ni ninguna otra función del equipo. Además, uso el correo electrónico, pero solo por cuestiones laborales; rara vez por motivos personales. La verdad es que la tecnología no me interesa. **Aunque comprenda los nuevos equipos y las redes sociales, simplemente elijo no utilizarlos.** Disfruto más de otras cosas que me da la vida. Mis amigos se sorprenden cuando les digo que no tengo Facebook ni Twitter, y eso que trabajo en una agencia de comunicación. Tengo muchas anécdotas que evidencian mi falta de interés por la tecnología. Todavía recuerdo aquel día en que un compañero de trabajo cambió mi celular y mandó el PIN por e-mail. Aún sigo sin saber qué es y para qué sirve. En el trabajo tengo un teléfono ultramoderno, pero solo sé transferir llamadas y ponerlo en silencio.

(Adaptado de http://www.lanacion.com.ar/1615424-como-es-vivir-sin-tecnologia-en-el-siglo-xxi)

10.2 Observa las frases extraídas del texto y clasifícalas según proporcionen una información desconocida para el interlocutor, o una información conocida o que se presupone conocida.

	Información conocida	Información desconocida
a Aunque esto algunos lo <u>vean</u> como un problema, yo lo soluciono diciéndoles que me manden un SMS.	◯	◯
b Aunque <u>sea</u> tan antiguo, no necesito más porque solo lo utilizo para hablar y enviar mensajes de texto.	◯	◯
c Aunque <u>comprenda</u> los nuevos equipos y las redes sociales, simplemente elijo no utilizarlos.	◯	◯

10.3 **Con tu compañero/a, cambien los verbos subrayados de las frases de la actividad anterior al indicativo y expliquen la diferencia según el cuadro gramatical que ya han estudiado.**

10.4 **Hoy día mucha gente ha decidido poner freno a vivir deprisa y bajarse de un mundo dominado por la tecnología para poder disfrutar de la vida. ¿Conoces el *movimiento lento* o *slow*? ¿En qué crees que consiste? Lee el texto y comprueba.**

DESCONEXIÓN CONSCIENTE

Aunque me gusta estar siempre conectado, soy consciente de que la hiperconectividad satura y, en ocasiones, genera problemas. Por ello, es muy necesario aprender a seleccionar los tiempos de desconexión.

La desconexión voluntaria, intencional o consciente supone participar en la filosofía del denominado *movimiento lento* o *movimiento slow*.

Desde hace unos años se está pidiendo una desaceleración del frenético modo de vida urbana, que consiste en defender un estilo de existencia vital más tranquilo y humanizado. Busca un mayor bienestar y equilibrio personal. Este movimiento se opone a vivir deprisa y aboga por tomarse las cosas con más calma para ser felices y disfrutar de la vida. Aunque nació con la Revolución industrial, en los últimos años está recibiendo un nuevo impulso debido a la aceleración del mundo como consecuencia de la globalización y las nuevas tecnologías. No implica renunciar a la tecnología, sino simplemente racionalizar el uso del tiempo, estar en contacto con las cosas verdaderamente importantes: familia, amistad, naturaleza, etc.

(http://www3.gobiernodecanarias.org/medusa/ecoescuela/blog/2014/01/21/elogio-de-la-desconexion-consciente-slow-tech/)

10.5 **Prepara una breve exposición sobre los cambios que debería tener la sociedad para seguir esta filosofía de vida. Tus compañeros expresarán sus opiniones presentando objeciones a tus propuestas.**

Modelo exposición: ***Aunque*** *necesitamos la tecnología, es posible utilizarla de una forma más racionalizada y alternarla con elementos más humanos y naturales.*

Modelo opiniones: ***Aunque*** *queramos evitar que la tecnología entre en nuestras vidas, ya no es posible escapar de su influencia e importancia hoy en día.*

B EL GERUNDIO CIRCUNSTANCIAL

In both English and Spanish, the gerund (the *-ing*/**-ndo** form) can function as an adverb to describe the main action of a sentence. In English, this use is often introduced by the proposition *by* whereas in Spanish no preposition is used.

- El **gerundio** es una forma verbal impersonal que actúa como complemento circunstancial de un verbo. Puede expresar simultaneidad o anterioridad de la acción con el tiempo en que se habla, nunca posterioridad, y tiene varios significados con respecto a la acción principal:
  - » Modo: – *Logré graduarme en Psicología* ***estudiando*** *mucho. (¿Cómo?)*
    1 ....
  - » Tiempo: – ***Llegando*** *a la oficina, me encontré con el nuevo director. (¿Cuándo?)*
    2 ....
  - » Causa: – ***Sabiendo*** *que le gustaban los relojes, le compré uno por su cumpleaños. (¿Por qué?)*
    3 ....
  - » Condición: – ***Viajando*** *en avión, llegaremos más rápido. (Si vamos…)*
    4 ....
  - » Concesión: – *Aun* ***sacando*** *los billetes ahora, no nos ahorraremos mucho. (Aunque saques…)*
    5 ....

10.6 Lee el texto sobre los drones y localiza algunos usos del gerundio. Después, completa el recuadro anterior con estos ejemplos.

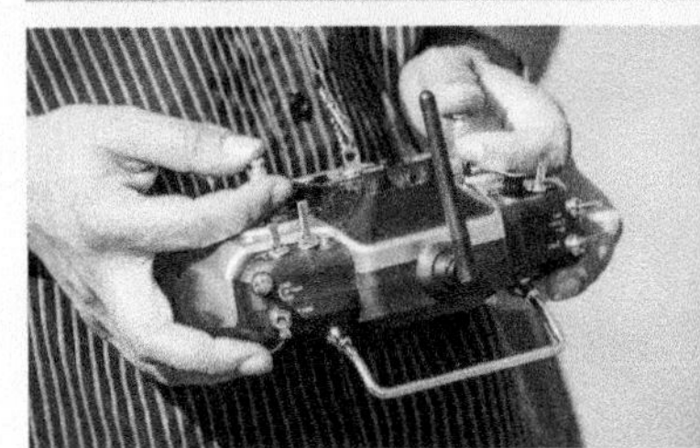

Una de las tecnologías que más destacan y llaman la atención son los llamados *drones*, pequeños aparatos voladores no tripulados y que pueden ser controlados de forma remota. Obviamente que un dispositivo de estas características sorprendería a cualquiera que lo viera sobrevolando la ciudad para entregar un paquete o realizando tareas de vigilancia, todo un espectáculo de ciencia ficción, que no es para nada ficción.

Los drones pueden ser usados en infinidad de tareas que el humano no puede o no quiere realizar, o simplemente son demasiado peligrosas. Son extremadamente útiles para el control de incendios forestales, la geología y el control y análisis de tráfico en las grandes ciudades, entre muchas otras tareas, ya que no ponen en peligro las vidas de quienes lo pilotan y son muy económicos de operar, no requiriendo de combustibles para su operación. Advirtiendo algún tipo de escape en una central nuclear, los drones podrían limpiar los materiales radiactivos liberados al aire, sin comprometer la vida humana.

En el ámbito del video y la fotografía se han comenzado a usar drones para montar cámaras y así poder tomar fotografías aéreas de bodas y otros acontecimientos sociales. Habiendo visto sus posibilidades, la FIFA decidió usarlo en el Mundial de Fútbol de Brasil en 2014 para la emisión de los partidos y también para el control e identificación de problemas entre la multitud de los asistentes.

Recientemente Amazon ha obtenido los permisos necesarios para experimentar en forma real la tecnología de los drones para la entrega de paquetes.

Aun teniendo muchas restricciones sobre este nuevo aparato, no deja de sorprendernos las cosas que pueden hacer por nosotros, y quien sabe cuánto tiempo pasará hasta que se vuelvan indispensables para la vida diaria de las personas, como sucedió con los *smartphones* y el Wi-Fi.

(Adaptado de http://www.informatica-hoy.com.ar/gadgets/Que-son-drones-sirven.php)

GRAMÁTICA

10.7 En parejas, observen las siguientes construcciones con gerundio e indiquen sus valores.

- a Logré un puesto importante en mi empresa, trabajando duro. ▶ ....
- b Entrando en la tienda, empezó a tocar la alarma. ▶ ....
- c Sabiendo que no tenía permiso, se fue a la calle con sus amigos. ▶ ....
- d Javier, trabajando tanto, llegará a conseguir un buen trabajo. ▶ ....
- e Aun lloviendo, saldremos este fin de semana. ▶ ....
- f Saliendo dos horas antes, llegas a tiempo al aeropuerto. ▶ ....

C VERBOS CON PREPOSICIÓN

In Spanish, the prepositions **a**, **de**, and **con** are often used with certain verbs. Theses verbal expressions can be followed by an **infinitive** or a **noun/pronoun**.

- Los **verbos con preposición** se reconocen porque el elemento que va detrás del verbo se puede sustituir por la preposición más un pronombre tónico (*fijarse en ello*) o un demostrativo (*acordarse de eso*):
  - *Después de decirle lo que pensaba, se arrepintió de ello.*
- Estos verbos con preposición pueden cambiar el sentido del verbo sin preposición:
  - *Yo **cuento** bien en español hasta el número 10.*
  - *Yo **cuento con** ella para ese trabajo.*
- Algunos verbos pueden necesitar una única preposición (*acordarse de, renunciar a...*) o más de una (*preocuparse de/por; mirar a/hacia...*).
- Con algunos verbos, el complemento no puede omitirse (*consistir en, constar de, aspirar a, fijarse en...*) y con otros sí (*creer/creer en*, por ejemplo *«él cree en los fantasmas y ella cree que no existen»*).

A	CON	DE
Movimiento/dirección: *ir a, dirigirse a, bajar a, subir a, llevar/traer a, viajar a, llegar a...* **Principio de una acción:** *comenzar a, empezar a...*	**Compañía/relación:** *convivir con, coincidir con, comparar con, casarse con, trabajar con...* **Medio/instrumento:** *ayudar con, escribir con, pintar con, cortar con...* **Modo:** *trabajar con, hablar con, pintar con, admirar con, escuchar con...*	**Causa:** *quejarse de, arrepentirse de...* **Procedencia:** *llegar de, salir de, huir de...* **Fin:** *acabar de, terminar de, tratar de...*

»Elisa trabaja con personas mayores.

»Me acabo de dar cuenta de que tengo una cita en quince minutos.

10.8 Lee el texto y complétalo con las preposiciones que faltan.

Muchos trabajos y oficios que fueron esencia de la vida cotidiana durante siglos y siglos se enfrentan [1] .... la extinción y el olvido debido a los avances tecnológicos y los cambios en nuestro estilo de vida. Nos olvidamos [2] .... estos oficios y trabajos, y con ellos se pierde un saber y un conocimiento ancestral, una cultura que solo algunos viejos artesanos conservan en sus manos. ¿No perderemos calidad? ¿De verdad será mejor el trabajo de las máquinas que el de los hombres? Hoy son muy pocos los que lo ponen en duda.

Una de estas profesiones es la de **pastor**. Las generaciones jóvenes no encuentran ninguna motivación para seguir viviendo del campo, por lo que muchas profesiones relacionadas con la agricultura o la ganadería están desapareciendo. Esto, en concreto, puede traer, además, graves consecuencias, ya que según los expertos la ganadería ayuda a limpiar el monte, a prevenir incendios y a mantener las estructuras rurales. Con la desaparición de esta actividad los pueblos llegarán [3] .... estar totalmente abandonados.

Algunos trabajos puede que no desaparezcan por completo, pero sí que sean sustituidos casi en su mayoría por máquinas. Se trata de los **taquilleros**. Todos los trabajos cuyos trabajadores se dedican [4] .... cobrar dinero en metálico están en vías de extinción. La generalización de nuevos medios de pago y el avance de máquinas de cobro automático hacen que los taquilleros sean ya prescindibles. En lugares como el metro ya han desaparecido por completo. En peajes de autopista o garajes cada vez hay menos. Incluso en los supermercados, donde las cajas siguen siendo imprescindibles, nos estamos acostumbrando [5] .... pagar nuestras compras ya sea por Internet o a través de sistemas de cobro automático.

Y, por último, no podemos dejar [6] .... hablar de los **carpinteros**. El trabajo de la madera es una de las actividades profesionales más antiguas que existe, por lo que en cada cultura y región encontramos diferentes maneras y herramientas de trabajarla. Con la aparición de nuevos materiales, las puertas y ventanas de madera han ido compitiendo [7] .... las de aluminio y/o PVC, especializándose así antiguos carpinteros de madera en la realización de estas especialidades que son conocidas también como carpintería de aluminio y carpintería de PVC.

(Adaptado de: http://www.20minutos.es/noticia/1893990/0/farero-empleo/profesion/peligro-extincion-trabajo/#xtor=AD-15&xts=467263 y http://www.elconfidencial.com/alma-corazon-vida/2012-05-22/las-profesiones-que-dejaran-de-existir-dentro-de-diez-anos_502376/)

10.9 Pongan en común los verbos con preposición que han encontrado en el texto y completen el siguiente cuadro. Añadan otros verbos que no estén aquí para completar la tabla.

A	DE	CON

ANTES Y AHORA

PREPARAR

10.1 Trabajar en equipo, codo con codo, es algo imprescindible en proyectos como la construcción de templos y pirámides. Fíjense en estas dos imágenes y completen la ficha de cada una. ¿Cómo creen que trabajaron los hombres que las construyeron?

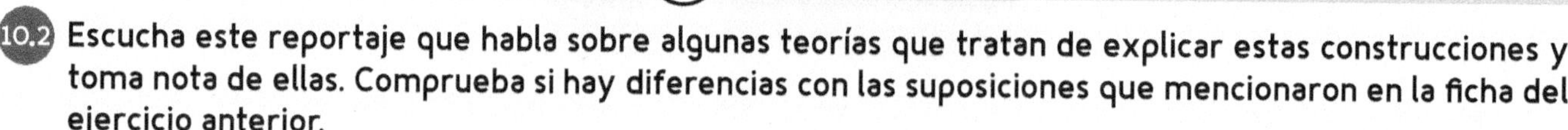

ESCUCHAR

[73]

10.2 Escucha este reportaje que habla sobre algunas teorías que tratan de explicar estas construcciones y toma nota de ellas. Comprueba si hay diferencias con las suposiciones que mencionaron en la ficha del ejercicio anterior.

LEER

10.3 Lee ahora el reportaje y comprueba tus notas, poniéndolas en común.

Las civilizaciones antiguas y la arquitectura antigua de las diferentes culturas del pasado tienen muchas coincidencias. Los cálculos matemáticos y las estructuras construidas en los lugares donde habitaron tienen mucha similitud entre sí, evidenciando la más que probable conexión de un modo u otro entre pueblos muy distantes unos de otros, algo que según se había creído siempre era imposible.

Teorías existen muchas, como que las construcciones fueron realizadas por extraterrestres, o que simplemente estos seres venidos de las estrellas dieron conocimientos de arquitectura a las civilizaciones antiguas para construir los monumentos. ¿Podría tratarse de un mensaje del pasado de estos visitantes? En la actualidad se están comparando las diferentes construcciones de la antigüedad remota de todo el planeta y se están encontrando en todas ellas algunas coincidencias más que sorprendentes.

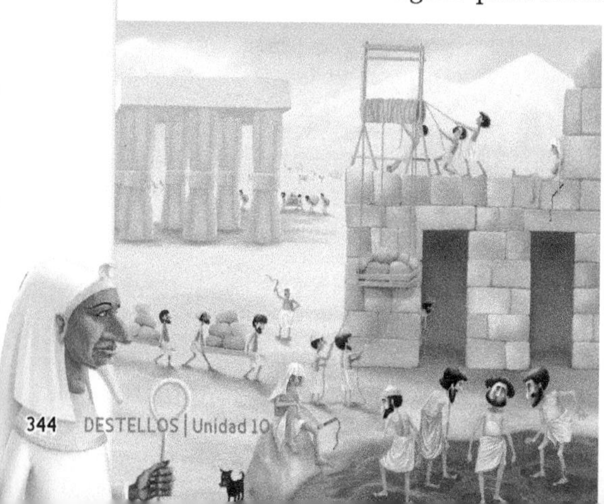

Una de las teorías más arraigadas y de las cuales existen vestigios en la Biblia y otros textos sagrados de diferentes religiones es que un diluvio universal se produjo en la antigüedad, lo que pudo ser una catástrofe sin precedentes. Esto lleva a pensar que, tal vez, otra humanidad del pasado tuvo tecnología avanzada, incluso más que la actual, y un gran cambio climático o catástrofe hizo desaparecer esta antigua, pero evolucionada, civilización.

Los avances en tecnología en los últimos 150 años nos han hecho a los seres humanos mucho más eficaces, por lo que, si se ha conseguido crear el mundo tecnológico en el que vivimos en la actualidad en un par de siglos con televisiones, computadoras, teléfonos celulares, Internet, coches, aviones, etc., ¿por qué en el pasado no pudo surgir un boom tecnológico? Los humanos del pasado tuvieron miles y miles de años para evolucionar.

(Adaptado de http://enigmasmisterio.blogspot.com/2012/09/Civilizaciones-antiguas-arquitectura-antigua.html)

10.4 Observa estas definiciones y busca en el texto las palabras a las que se refieren.

a Que precede o es anterior y primero en el orden de la colocación o de los tiempos. ▶ ....

b Inundación de la tierra o de una parte de ella, precedida de abundantes lluvias. ▶ ....

c Huella, memoria o noticia de acciones antiguas para imitación y ejemplo. ▶ ....

d Apartado, remoto, lejano. ▶ ....

e Que tiene capacidad de lograr el efecto que se desea o se espera. ▶ ....

f Que se ha hecho firme o convertido en costumbre. ▶ ....

g Hacer patente y manifiesta la certeza de algo; probar y mostrar que no solo es cierto, sino claro. ▶ ....

HABLAR

10.5 ¿Cuáles piensan que eran los trabajos y las ocupaciones de los pueblos indígenas antes de la llegada de los españoles a América? ¿Y en la actualidad? ¿También allí se han perdido profesiones antiguas? Utilicen la ficha que les da su profesor para hablar con su compañero/a y saber más sobre el tema.

ESCRIBIR

10.6 La revista *Culturas del mundo* quiere incluir un especial sobre una comunidad futurística. Prepara un reportaje sobre alguna de estas civilizaciones del futuro.

1. Ponle nombre a la comunidad (por ejemplo, los neoyorquinos, los robóticos, etc.)
2. Elabora una descripción de cómo vive la gente de esa comunidad: trabajos habituales, tradiciones, mezcla con otras culturas, música y folklore, lengua...
3. Habla de los cambios que han experimentado en los últimos años.
4. Nombra alguna figura importante.
5. Incluye una foto.

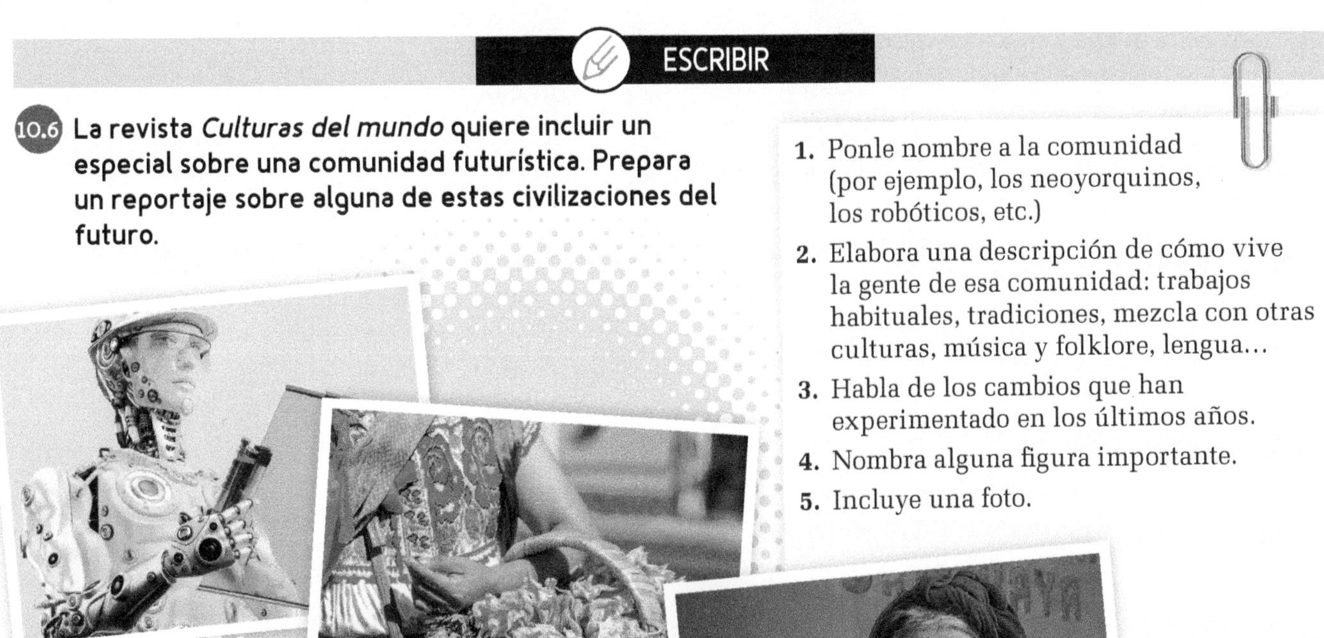

NOS CONOCEMOS

BLANCA JUTI

CONOCE A BLANCA JUTI

Lee su biografía.

Directora de Marketing en Rovio Entertainment.

Blanca Juti, mexicana doctorada en Cambridge, siguió a su corazón y se trasladó a Finlandia hace 20 años. Después de trabajar para varias empresas gigantes finlandesas, ahora dirige la Oficina de Rovio Entertainment como Directora de Marketing. Es un alma apasionada y enérgica para quien el trabajo siempre se trata de un propósito más grande: sus motores son alcanzar resultados extraordinarios y al mismo tiempo, marcar la diferencia y contribuir a la sociedad profundamente. En su popular blog escribe sobre el liderazgo, el coraje y la creatividad. Durante los inviernos Blanca disfruta del esquí de fondo y en el verano se la puede ver comiendo helado en la escalinata de la Catedral de Helsinki.

EXPERIENCIAS

Lee la experiencia de Blanca Juti sobre su paso por la compañía Nokia y coloca las frases en su lugar correspondiente.

La que fue vicepresidenta de Marketing de Teléfonos Nokia, Blanca Juti, viajó por varias ciudades del mundo para analizar las costumbres de la gente con el fin de adaptar el diseño de los teléfonos celulares a sus necesidades.

[1] .... Éramos un equipo de varias personas que nos reuníamos para pensar cuál era la identidad que debía tener el celular y qué era lo que va iba a ofrecer", nos cuenta.

La antropóloga explicó que el reto era adaptarse a lo que llaman [2] .... Al mostrar un teléfono Asha —deseo en hindú— Juti narró cómo se les ocurrió la adaptación del dual SIM para poder cambiar esa tarjeta sin batallar, pues con los otros "tienes que abrir el aparato, quitar la coraza y retirar la batería".

En un viaje a India, Juti notó que hay roaming entre la ciudad donde laboran los usuarios y donde suelen vivir. [3] .... Al subirse a un camión lleno,

la antropóloga notó que viajaban con sobrecupo, describió la situación como [4] ...., destacó al señalar una ranura en el Asha que permite cambiar el SIM sin abrir el artefacto.

Otra adaptación al ecosistema, explicó, era la de la luz, pues en países donde el sol es muy intenso, como en México, se requería una pantalla brillante. También "hay mucho polvo en algunos lugares", por eso desarrollaron una coraza sellada, "hay más calor y sudas más", abundó al señalar el material de plástico que repele sudor.

También estudiaba la situación auditiva en las localidades, muy similar en India o México "por eso estos teléfonos tienen más tono, porque hay más ruido en la calle y la gente necesita un sonido más fuerte".

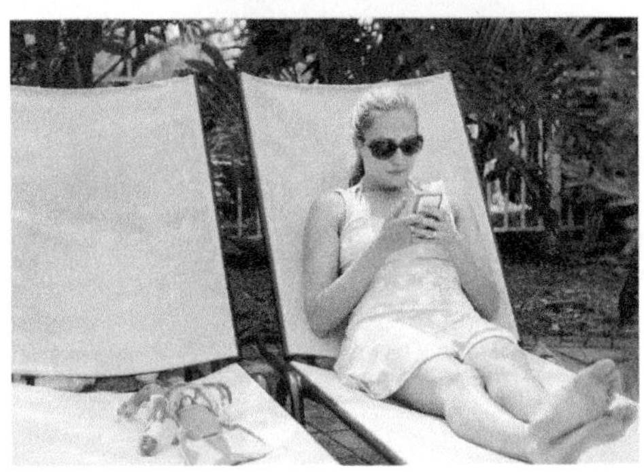

El objetivo de la compañía para la que trabajaba Blanca era conectar a mil millones de personas a Internet. Pero al preguntarle si este objetivo dejaba fuera a los mayores, nos contestó:

[5] .... Te aseguro que cuando desarrollaron la *tablet* no tenían pensado que José Merino, un viejito mexicano, iba a enviar correos electrónicos gracias a ese aparato", ejemplificó.

- **a** van así de apretados (gesticula imitando la situación) ¿y tienes que abrir la coraza para cambiar la tarjeta? Para mí esto es valiosísimo.
- **b** Nos vamos a la calle, yo tengo un equipo de gente, antropólogos sociales, psicólogos, etc.
- **c** el ecosistema del mercado.
- **d** Cuando salió el iPad, yo me imagino que iba dirigido hacia gente bastante joven, tecnológicamente avanzada, pero resulta que mi papá tiene 75 años, nunca había mandado un *mail* y ahora me los manda.
- **e** La gente llega a trabajar a Delhi, pero vive a las afueras, entonces les cuesta hacer llamadas, por eso quieren tener varias SIM.

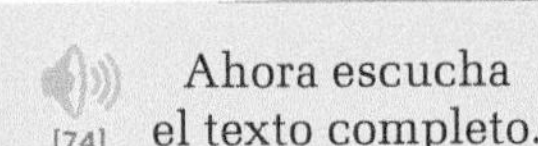

10.3 **¿Estás de acuerdo con la afirmación de la actual Directora de Marketing de Rovio, Blanca Juti, de que los productos se diseñan según las diferentes culturas? ¿Cuál es tu opinión?**

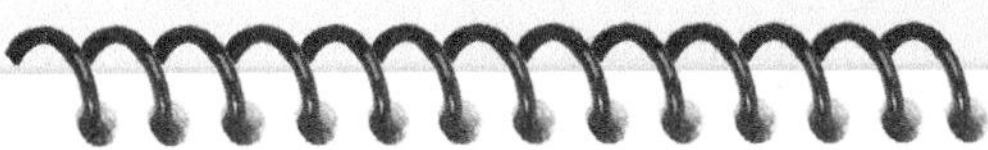

Guía de Ocio

MÚSICA

Joaquín Sabina vive aislado en un mundo 'de otro siglo'.

El cantante español Joaquín Sabina ha elevado la fobia a las nuevas tecnologías a un nivel superior al negarse a utilizar no solo las redes sociales, que tan útiles han demostrado ser para la carrera musical de muchos de sus compañeros de profesión, sino también todo tipo de teléfonos y, obviamente, cualquier artilugio remotamente parecido a una computadora.

"Vivo absoluta y radicalmente al margen, no tengo ni teléfono celular, ni teléfono incelular, ni redes sociales, ni computador, ni automóvil. Soy un tipo de otro siglo, no me interesa nada de ese mundo del chismorreo cibernético, nada. Lo único que leo son los periódicos", reveló el cantautor al diario mexicano El Universal.

Busca en Internet la letra de la canción de Sabina *Contigo* y, después, describe la personalidad de este cantautor español.

ESTOS DOS ARTISTAS VIVEN DE SU ARTE, CADA UNO A SU MANERA, PERO TIENEN EN COMÚN SU 'FOBIA' POR LAS NUEVAS TECNOLOGÍAS. ¿CREES QUE ES ALGO GENERACIONAL? ¿LOS ARTISTAS MÁS JÓVENES TIENEN UNA VISIÓN DIFERENTE DEL USO DE LAS TECNOLOGÍAS EN SUS CARRERAS PROFESIONALES?

CINE

Desde luego, el maestro Sabina sería el invitado perfecto a ojos de Antonio Banderas, quien recientemente se sumaba a la lista de **celebridades que reniegan de los celulares**, lo que en su caso le ha llevado a establecer una peculiar norma durante las reuniones que celebra con sus amigos en casa.

"Prohíbo a toda la gente que viene a mi casa que utilicen sus celulares mientras cenamos. Puedes tener seis invitados y seguramente en algún momento todos ellos estarán tecleando al mismo tiempo. Siempre les digo: *'Hola, chicos, ¡estoy aquí!' Esto es una locura. Me compré mi primer celular hace tres años, y ni siquiera lo tengo conmigo hoy. Lo he dejado en casa. El frenético ritmo de vida de hoy en día me produce cierto miedo"*, explicaba el actor al periódico Metro.

Busca en Internet *La canción del Mariachi*, interpretada por Antonio Banderas, que alguna vez ha interpretado canciones tan curiosas como esta.

(Textos adaptados de: http://www.elespectador.com/entretenimiento/arteygente/gente/joaquin-sabina-vive-aislado-un-mundo-de-otro-siglo-articulo-553676)

LITERATURA PARA LA VIDA

¿Qué relación hay entre las imágenes?

¿Cuál crees que puede ser el tema del relato que vas a leer?

¿De qué género crees que se trata?

¿Has leído alguna vez algo sobre el espacio?

LITERATURA PARA LA VIDA

10.1 ¿Conoces a Cristina Peri Rossi? Busca información sobre esta autora y completa su biografía.

CRISTINA PERI ROSSI

Cristina Peri Rossi nació en [1] ...., el 12 de noviembre de 1941. Desde el principio, usó su segundo apellido en homenaje a su [2] ...., quien la instruyó desde pequeña en el amor a la literatura, a la música y a la ciencia.

En [3] .... se trasladó a Barcelona, España, donde comenzó su actividad contra la dictadura uruguaya.

Ha sido profesora de [4] ...., traductora y [5] .... y es conferenciante habitual de [6] .... españolas y extranjeras.

Ha luchado contra las [7] ...., a favor del [8] .... y de los derechos de los [9] ....

INVESTIGA

Navega por la página oficial de Cristina Peri Rossi, http://cristinaperirossi.es/web/, y responde a las siguientes preguntas.

- a ¿Qué géneros ha cultivado esta autora en su carrera literaria?
- b ¿Quién escribió el prólogo de su libro *La tarde del Dinosaurio*?
- c ¿De qué género es este libro?
- d ¿De qué nacionalidad es la escritora?
- e ¿Puedes nombrar alguna de sus películas favoritas?
- f ¿Tus gustos cinematográficos coinciden con los de esta autora?

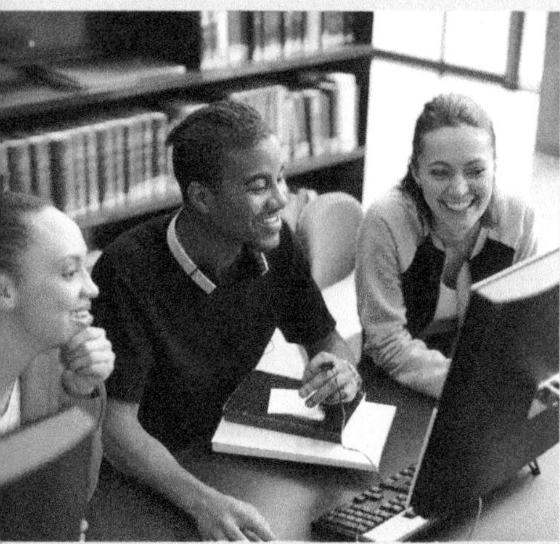

10.2 Van a leer un relato corto de la autora, pero antes, después de haber leído un poco más sobre ella en su página oficial y observando las fotografías de la portada de esta sección, comenten estas preguntas.

- a ¿Cuál será el tema principal del relato?
- b ¿En qué lugar se desarrollará la acción?
- c ¿Creen que tendrá un final abierto o cerrado?
- d ¿Qué tipo de personajes podremos encontrar?

[75] **10.3 Escucha el relato y comenta las respuestas con tu compañero/a.**

10.4 A continuación, lee el texto completo del relato *Simulacro II.*

Simulacro II

Hacía diez días que girábamos en la órbita lunar. Hacia un lado y hacia otro de la escotilla solamente divisábamos el intenso, infinito espacio azul universal.

No experimentábamos ni calor ni frío. No sentíamos ni hambre ni sed. No padecíamos trastorno o enfermedad alguna. No nos dolían ni los cabellos ni los dientes. No había oscuridad ni luz. No hacíamos sombra. Cuando dormíamos no soñábamos. Allí, jamás anochecía ni amanecía. Un plenilunio continuo. No había ni relojes ni fotografías. Podíamos dormir o estar despiertos. Nadie se vestía ni se desvestía.

A los diez días, Silvio me suplicó que le contara alguna historia. Pero yo había perdido la memoria.

–Inventa algo –me suplicó. Sin embargo, en la esterilidad del espacio, girando siempre alrededor de la luna, no pude inventar nada.

–Háblame –me dijo entonces. Yo busqué una palabra que estuviera escrita en alguna parte de la nave y que pudiera pronunciar. Fue inútil: las máquinas ya no necesitaban instrucciones: funcionaban solas. No había nada escrito en ninguna parte que yo pudiera leer. A ambos lados de la escotilla, solamente el espacio azul universal. No experimentábamos ni calor ni frío. No sentíamos hambre ni sed. No padecíamos trastorno o enfermedad alguna. No había ni oscuridad ni sombra. Los sonidos eran pequeños, débiles, atenuados. No necesitábamos acostarnos o ponernos de pie. Podíamos dormir o estar despiertos. Nadie se vestía o se desvestía.

Al final, con todo mi esfuerzo, pude pronunciar una palabra.

–Piedad –dije.

(*La tarde del dinosaurio*, de Cristina Peri Rossi)

10.5 Responde ahora a las mismas preguntas.

- a ¿Cuál es el tema principal del relato?
- b ¿En qué lugar se desarrolla la acción?
- c ¿Tiene un final abierto o cerrado?
- d ¿Qué tipo de personajes encontramos?

10.6 Individualmente, piensa en la palabra que tú habrías elegido para decir al final de la historia.

10.7 Con la ayuda de su profesor/a, preparen un debate de grupo en el que traten sobre el contenido de este relato y los diferentes significados que cada uno interpreta al leerlo. Cada alumno/a dirá la palabra que eligió y por qué.

10.8 Compartan con toda la clase la forma en la que cada uno lee. ¿Libro, computadora, tableta o libro digital?

EN RESUMEN

- **¿Recuerdas al menos dos formas de expresar acuerdo?**

1 ....
2 ....

- **Expresa ahora tu desacuerdo de dos maneras diferentes:**

1 ....
2 ....

- **Para expresar una dificultad, pero sin impedir el cumplimiento de la oración principal, usamos los siguientes conectores:**

1 ....
2 ....

- **Escribe un ejemplo con cada conector usando el indicativo y el subjuntivo.**

1 ....
2 ....
3 ....
4 ....

- **¿Qué otro conector usamos cuando queremos dar una opinión pero tenemos en cuenta otra diferente que pueda tener nuestro interlocutor?**

....

- **Indica, en cada caso, si la información es conocida o desconocida:**

1 Aunque nieve, iremos igualmente a la montaña.
2 Aunque hace un día un poco gris, saldremos igualmente de excursión.
3 Aunque digas que no, yo voy a hacerlo.

- **Escribe ahora tres frases similares y pide a tu compañero/a que indique si la información es conocida o desconocida.**

1 ....
2 ....
3 ....

- **Completa los verbos con su preposición adecuada: *a*, *con* o *de*. ¿Pueden tener más de una? ¿Por qué?**

Convivir: ....
Llegar: ....
Acabar: ....
Ayudar: ....
Comenzar: ....
Bajar: ....
Contar: ....
Olvidarse: ....

AHORA SOY CAPAZ DE...

	SÍ	NO
1 Argumentar, expresando acuerdo y/o desacuerdo.	☐	☐
2 Intentar convencer a alguien de que mis argumentos son interesantes.	☐	☐
3 Expresar obstáculos o dificultades.	☐	☐
4 Ampliar mi abanico de verbos aportando matices con las preposiciones.	☐	☐

Tecnología
las aplicaciones apps
el ciberacoso cyber bullying
el ciberadicto person addicted to Internet
el control remoto remote control
el dispositivo device
el fallo tecnológico technological failure
las gafas inteligentes smart glasses
la nomofobia fear of forgetting the cell phone at home
la nube cloud (computing)
el portatilitis coined term for muscular aches from carrying laptops, etc.
la realidad aumentada augmented reality
el reconocimiento facial facial recognition
el robot humanoide humanoid robot
el SMS text messaging
la tecnoadicción addiction to technology
la tecnología háptica touch-screen technology
el teléfono inteligente smartphone
la torre de señal cell tower
la videoconsola video game console

Verbos con preposición
acabar de to finish
acostumbrarse a to get used to
arrepentirse de (e>ie) to regret
coincidir con coincide with
comenzar a (e>ie) to start to, begin to (do something)
competir con (e>i) to compete with
contar con (o>ue) to count on
dedicarse a to dedicate oneself to, to work as
dejar de to stop, to quit (doing something)
desempeñar to carry out
enfrentarse a to face, confront
huir de to run away, flee
llegar a to arrive at, to come to be
olvidarse de to forget
quejarse de to complain about
tratar de to try to (do something)
tratarse de to be about

En el trabajo
aplicado/a studious
capaz capable, able
con buena disposición aptitude, willingness
conformista conformist
eficiente efficient
elocuente eloquent
emprendedor/ra enterprising
holgazán/na lazy
infatigable tireless
luchador/ra fighter

Argumentar para convencer
A pesar de eso, ¿no crees que…? In spite of that, don't you think that…
Aunque tú digas…, yo te digo que… Even if you say…, I say that…
Deja que te explique... Let me explain…
Eso que dices es una aberración. What you are saying is an aberration.
Estás hecho/a bolas. You're confused.
Estás loco/a. You're crazy.
Esto se me había pasado por completo. I missed this completely.
Fíjate en mis argumentos. Check out. Take a look at my reasons.
La cosa es así, mira,... It's like this, look,…
Diste en el clavo. You hit the nail on the head.
Me convenciste totalmente. You totally convinced me.
Me temo que estás en lo cierto. I'm afraid you are right.
No me había dado cuenta de eso. I hadn't realized that.
Pensándolo bien, tienes razón. On second thought, you are right.
Perdona, pero te equivocas por completo. Sorry but you are completely wrong.
¿Y si lo vemos desde otro ángulo? What if we look at it from another angle?

Verbos
activar / desactivar to activate / to deactivate
advertir to warn
apagar / encender to switch off / to switch on
conectar / desconectar to connect/to disconnect
estar a cargo de to be in charge of
evidenciar to prove, demonstrate
hacerse cargo de to be responsible for
liderar to lead
realizar to carry out, achieve
requerir to require

- ¿Qué tiene la muchacha en la mano?
- ¿Qué lugar va a visitar?
- ¿Qué otros planes crees que puede tener?
- ¿Qué es lo que más te gusta de viajar?

»Cusco, Perú.

¡QUÉ BELLO ES VIAJAR!

Learning outcomes

By the end of this unit you will be able to:

- Express outrage in varying degrees
- Talk about travel and passenger rights
- Reject proposals
- Express emotion and purpose about the past
- Relay what others say

Para empezar

- El martes, ni te cases ni te embarques

Comunica

- Derechos del pasajero: expresar indignación
- Viajando solos y acompañados: rechazar una propuesta

Pronunciación y ortografía

- La tilde diacrítica en los pronombres exclamativos e interrogativos en comparación con los pronombres de relativo

Cartelera de cine

- *Diario argentino*

Gramática

- Oraciones finales
- El imperfecto de subjuntivo (repaso)
- El estilo indirecto

Intercultura

- Cuaderno de viaje

Nos conocemos

- Variedades del español

Literatura para la vida

- *Ventanas de Manhattan,* de Antonio Muñoz Molina

PARA EMPEZAR

EL MARTES, NI TE CASES NI TE EMBARQUES

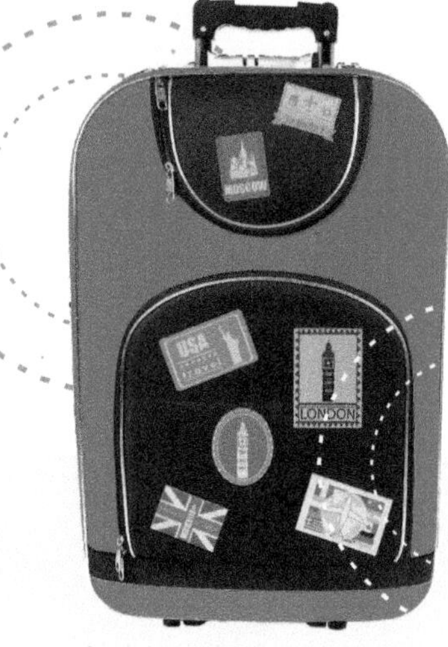

11.1 ¿Puedes deducir el significado del refrán que aparece en el título de esta sección? ¿Crees que existen días mejores para viajar que otros? ¿Hay algo similar en tu cultura? Coméntenlo con sus compañeros.

11.2 Diego tomó un vuelo de México D.F. a Cancún, pero su maleta se fue a Cuba. Mira la foto de la maleta que llevaba Diego y descríbela. Puedes usar el diccionario.

[76]

11.3 Después de una semana, Diego sigue sin maleta. Lee y escucha la conversación que mantiene con un amigo sobre el tema y marca en el texto las palabras que muestran su enojo.

Andrés: ¿Qué onda, Diego? ¿Qué te pasa? Te veo cara de enojado…

Diego: Ni me preguntes, llevo una semanita que no veas… Estoy que echo chispas.

Andrés: ¿De qué me hablas?

Diego: Bueno, ya sabes que la semana pasada regresé del D.F., ¿no? Pues resulta que me perdieron la maleta.

Andrés: ¿Y qué hiciste?

Diego: Pues, imagínate. Después de esperar no sé cuánto tiempo en la sala de entrega y mi maleta no aparecía, fui al mostrador de atención a pasajeros. Le expliqué a la señorita que no encontraba mi maleta y la muchacha ni me miró y me salió con que si quería algo, que tomara el folleto de "Derechos del pasajero"…

Andrés: ¿No te miró?

Diego: Bueno, no al principio; pero después sí, porque empecé a llamarla "señorita" para que me hiciera caso… Entonces, me salió con que tenía que ir al mostrador de pérdida de equipaje o hablar con la compañía aérea, que ella no tenía nada que ver con el asunto.

Andrés: A lo mejor había tenido un mal día, le pasa a todo el mundo…

Diego: Pues no te puedo decir… la cosa es que me dirigí al mostrador de pérdida de equipaje. No te imaginas la cola que había, pero claro, tenía que ver qué caramba pasaba con mi maleta…

Andrés: ¡Claro!

Diego: Total, después de esperar mil horas, me tocó. El tipo del mostrador se veía harto de oír quejas de gente. Entonces me acordé que es mejor hablar por la buena, consigues más cosas. El que se enoja, pierde. Le expliqué todo, y él comprobó en la computadora que el vuelo seguía para La Habana, o sea que muy probablemente mi maleta se había ido a Cuba. Me pidió el comprobante de la maleta, ya sabes, el talón que te dan cuando tienes que facturar, cuando pesan tus maletas.

Andrés: Menos mal que lo tenías…

Diego: Sí, sí, pero espérate. Entonces me enseñó un papel con fotos de diferentes tipos de maletas y me pidió que identificara la mía, que eso les ayudaría a encontrarla.

Andrés: ¿Y luego?

Diego: Pues completé un formulario especial, luego me dieron el talón con el número de identificación para localizar la maleta y un número de teléfono para que preguntara si ya había aparecido… Y como ves, todavía no aparece.

Andrés: Pero, ¿cuánto tiempo llevas esperando?

Diego: ¡Exactamente siete días! Y no te digo cómo estoy con esta situación… He hablado no sé cuántas veces y cada vez me enfado más. Siempre me salen con que perdone, que tienen mucho trabajo y no sé cuántas maletas perdidas. ¡Como si a mí me importara! ¡Estoy harto! Yo lo que quiero es mi maleta de una vez.

Andrés: Y si no aparece, para que te den la indemnización van a pasar meses…

Diego: Gracias por tu apoyo, Andresito…

11.4 **¿Cuál de estas frases resume mejor lo que ha ocurrido?**

a ☐ Diego perdió su maleta y está aún enojado porque no la recuperó y tuvo que hablar con muchas personas sobre el mismo asunto.

b ☐ Diego perdió su maleta y está aún enojado porque después de hablar con muchas personas le dijeron que lo más posible es que no pueda recuperarla.

11.5 **Relaciona estas expresiones con sus significados.**

1 Echar chispas. .... ☐
2 Salir con que… .... ☐
3 ¡Qué caramba! .... ☐
4 El tipo. .... ☐
5 ¿Qué onda? .... ☐
6 Dar una indemnización. .... ☐

a Decir o hacer una cosa inesperada o inoportuna.
b Expresión para saludar a otra persona.
c Mostrarse sumamente enfadado y furioso.
d Compensación económica por un daño ocasionado.
e Persona extraña y singular.
f Expresión para mostrar extrañeza o enfado.

¡PRACTICA!

11.6 **Con tu compañero/a, escriban un diálogo similar siguiendo las instrucciones. Después, representen la conversación.**

1 Explica a tu compañero/a que estás enojado/a.
2 Muestra sorpresa ante el comentario de tu compañero/a.
3 Pregunta a tu compañero/a lo que te ocurre.
4 Muestra enfado por la situación.
5 Explícale una situación que te ocurrió recientemente en un restaurante.
6 Intenta calmar y animar a tu compañero/a.

COMUNICA

DERECHOS DEL PASAJERO

VOCABULARIO

11.1 En el mostrador de información, Diego consiguió un folleto con los derechos del pasajero, elaborado por la PROFECO (Procuraduría Federal del Consumidor). Léelo y contesta a estas preguntas.

a ¿Cuántas maletas puedes llevar?
b ¿Qué pasa cuando tu equipaje pesa demasiado?
c ¿Qué puedes hacer si te pierden el equipaje?

PROBLEMAS CON EL EQUIPAJE

La pérdida o daños provocados al equipaje durante la transportación es una de las principales quejas de los usuarios de las líneas aéreas. Así pues, esto es lo que necesita saber al **entregar** y **recuperar** su equipaje:

- Todo **pasajero** puede llevar a bordo hasta dos piezas de **equipaje de mano**, siempre que por su naturaleza o dimensiones no afecten la seguridad y comodidad de los demás pasajeros.
- También **tiene derecho** a transportar como mínimo, **sin cargo** alguno, 25 kilogramos de equipaje, cuando el viaje se realice en una aeronave con capacidad para 20 pasajeros o más, y 15 kilogramos cuando la aeronave sea de menor capacidad. El número de piezas, **las restricciones de volumen** y **el límite de peso** son establecidos por la **compañía aérea**.
- En el caso del equipaje que se factura, se debe expedir **un talón** por cada pieza, maleta o bulto de equipaje que se entregue para su transporte. El talón debe constar de dos partes, una para el pasajero y otra que se adhiere al equipaje.
- El **exceso de equipaje** podrá transportarse de acuerdo con el espacio disponible de la aeronave; en ese caso la aerolínea tiene derecho a solicitar al usuario un **pago adicional**.
- Algo muy importante es que **la aerolínea** que presta el servicio será responsable del equipaje facturado desde el momento en que expida el comprobante correspondiente hasta que entregue el equipaje al pasajero en el punto de destino.
- La **indemnización** por la destrucción o deterioro del equipaje de mano será de hasta 40 salarios mínimos diarios* vigentes en el Distrito Federal, en la fecha en que ocurran los hechos. Por la destrucción, pérdida, deterioro o **retraso** del equipaje facturado, la indemnización que puede **reclamar** el pasajero será equivalente a la suma de 75 salarios mínimos.

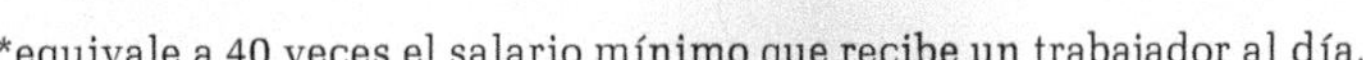

*equivale a 40 veces el salario mínimo que recibe un trabajador al día.

Es importante precisar que todo lo que acaba de leer es solo lo establecido por la legislación mexicana en materia de aviación civil, es decir, esto es lo mínimo con que deben cumplirle las aerolíneas en caso de que tenga algún problema con el servicio que le prestan. Por su parte, todas las aerolíneas cuentan con manuales de servicios al pasajero o procedimientos internos que le pueden brindar otros beneficios. Así, exija que le proporcionen toda la información relacionada con el servicio y las posibles indemnizaciones con las que lo pueden compensar, ¡también es su derecho! Por último, recuerde que es labor de PROFECO proteger sus intereses como **consumidor**.

(http://www.profeco.gob.mx/revista/publicaciones/adelantos_04/derechoviajero_dic04.pdf)

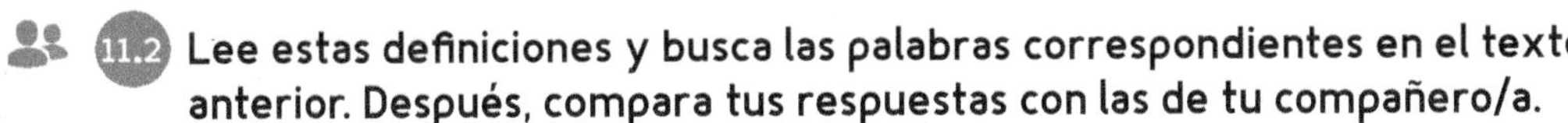

11.2 **Lee estas definiciones y busca las palabras correspondientes en el texto anterior. Después, compara tus respuestas con las de tu compañero/a.**

- a Nombre colectivo que reciben la bolsa, maleta, mochila, etc., usados en transportes o viajes.
- b Parte de un documento para acreditar con él su legitimidad o comprobación.
- c Empeoramiento de un objeto, por su mal uso o manejo.
- d Compensación recibida por un daño o perjuicio.
- e Ofrecer o dar voluntariamente.
- f Entregar y registrar equipajes cuando se viaja por avión.
- g Extravío del equipaje o no poder localizarlo.

11.3 **Observen el esquema y clasifiquen en parejas las palabras que aparecen en negrita en el texto anterior. Utilicen el diccionario si es necesario.**

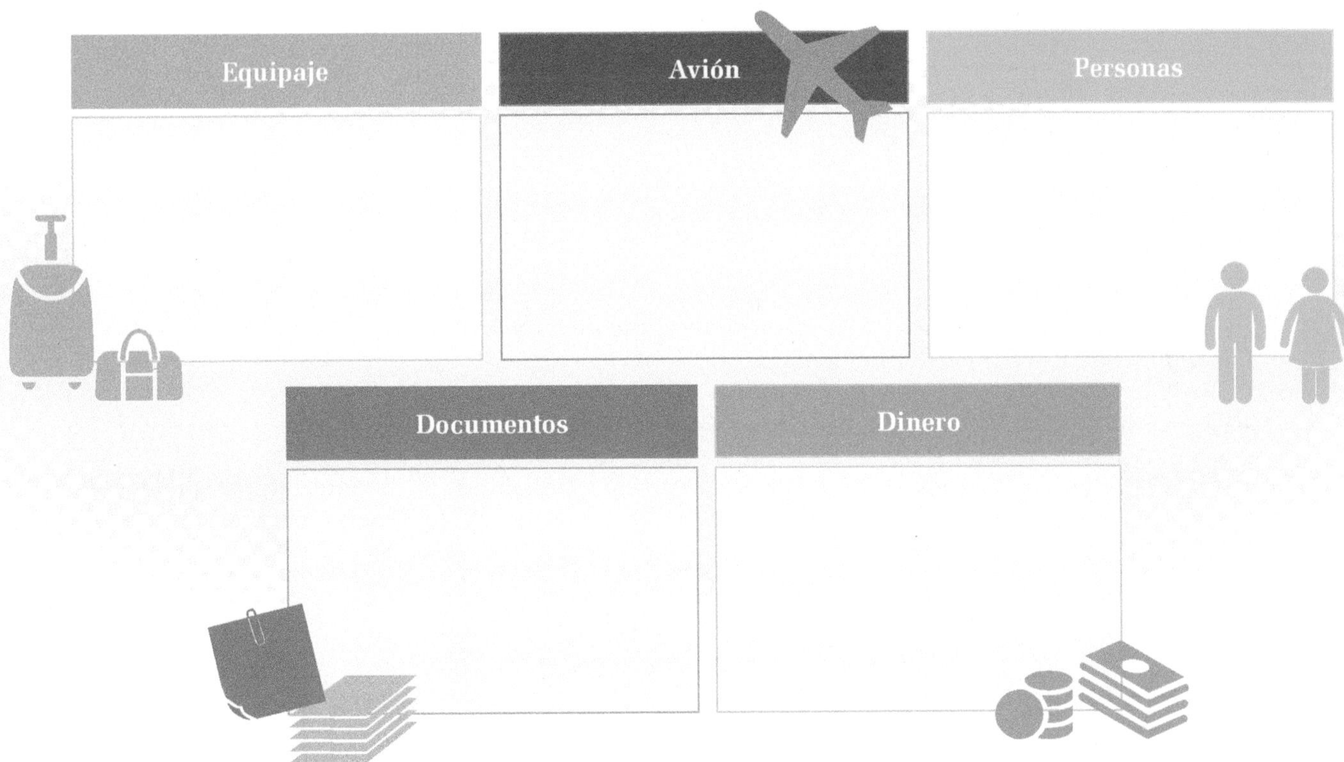

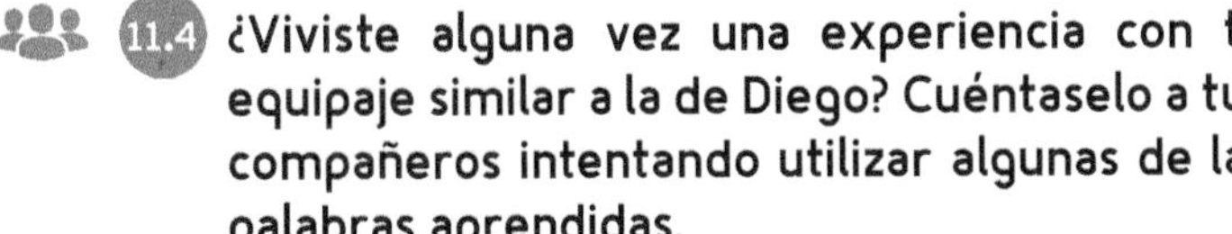

11.4 **¿Viviste alguna vez una experiencia con tu equipaje similar a la de Diego? Cuéntaselo a tus compañeros intentando utilizar algunas de las palabras aprendidas.**

COMUNICACIÓN

- **Expresar indignación**

» Para expresar indignación, se usa:

– ***Me molesta / Me parece increíble/patético/indignante...*** (formal)
– ***Me enferma / Me alucina / Me fastidia...*** (informal)
\+ ***que*** + subjuntivo

– *Me molesta que me digan lo mismo todos los días.*

– *Estoy* | ***harto/a de*** + nombre / ***que*** + subjuntivo
hasta aquí/la coronilla
que echo chispas/ardo...

– *No puedo más, estoy que echo chispas con la situación.*

– ***Me saca de quicio/de mis casillas.***

»Estoy harta de esperar mi equipaje.

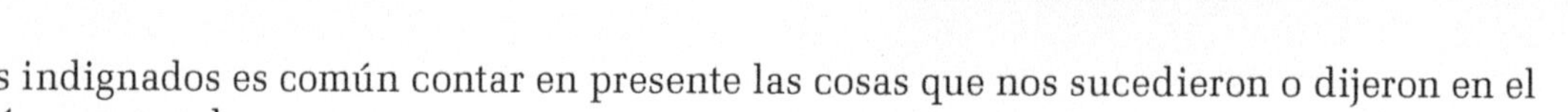

» Cuando estamos indignados es común contar en presente las cosas que nos sucedieron o dijeron en el pasado y, también, exagerarlo.

– *¿Sabes lo que me pasó ayer? Pues, voy al aeropuerto* | ***y me dicen que...***
y me salen con que...
y va el tipo/la tipa y me suelta que...

– *Pues nada, llegué al mostrador y le expliqué la situación a la señorita. Ella me pidió el boleto, y yo no lo encontraba, entonces va la mujer y me sale con que si no lo tengo, no pueden hacer nada.*

» Para añadir algo negativo a otra información también negativa, se usa:

– ***Y, encima,...***
– ***Y, para colmo,...***

– *Me dijeron que tenía que esperar unos días y, encima, no me dieron ningún tipo de indemnización.*

» Para hacer(se) una pregunta que no debiera ser necesaria, se usa:

– ***Qué/Dónde caramba...***

– *Me pregunto dónde caramba está mi maleta.*

»Cuando el piloto nos dijo que el avión no salía por problemas técnicos, casi me da un infarto.

» Para reaccionar con desconcierto ante una situación inesperada, se usa:

– ***Me quedé con la boca abierta.***
– ***Casi me da algo/un ataque/un infarto.***

– *Casi me da un ataque cuando me dijeron que mis maletas se habían ido a Cuba.*

» Para rechazar la explicación que nos dan y mostrar desinterés e indiferencia, se usa:

– ***Me da igual/lo mismo.***
– ***Como si (a mí) me importara.***

– *Como si me importara si se quedan sin clientes, voy a quejarme.*

» Para terminar con una situación incómoda, se usa:

– ***Ahora sí es lo único que me faltaba (por oír/saber/ver).***
– ***Ya aguanté demasiado.***
– ***Ya está bien.***
– ***Adiós, buenos días*** (irónico).

 [77] **11.5** **Escucha la explicación que Diego le daba a una amiga de todo lo sucedido con su maleta y toma notas de cada uno de los movimientos que hizo desde que llegó al aeropuerto, sin descuidar con quién habló y qué le dijeron.**

	¿A dónde fue?	¿Con quién habló?	¿Qué le dijeron?
1			
2			

 [77] **11.6** **Vuelve a escuchar la explicación y, ahora, escribe los elementos lingüísticos que indican que Diego está indignado.**

11.7 **Con las expresiones que anotaste en la actividad anterior, intenta completar las siguientes frases.**

a. Hoy estoy muy enfadada, así que mejor que .... ¡Hora y media metida en un atasco!

b. Cuando mi profesor me dijo que no encontraba mi examen, ... Me puse bastante nervioso.

c. ¡.................... de que me llamen por teléfono a altas horas de la noche!

d. ¡.................... un ataque! He perdido en la computadora lo que estaba haciendo.

e. El otro día .... con el mesero porque no me quería dar una hoja de reclamación.

f. ¡.................... sé por qué me cambiaron la hora de la cita!

 **11.8** **En grupo, representen el posible diálogo que tuvo lugar entre Diego y los empleados del aeropuerto. Pueden imaginar varias opciones, una en tono amable y otra en un tono menos cooperador.**

COMUNICA

11.9 **Nueve días después, la maleta de Diego por fin apareció. La compañía se la devolvió a su domicilio, pero regresó muy deteriorada. ¿Qué pasos puede seguir Diego ahora? ¿Qué puede obtener de la compañía? Trabajen en parejas.**

11.10 **Elige una de estas situaciones e invéntate el final. Después, cuéntasela a tu compañero/a.**

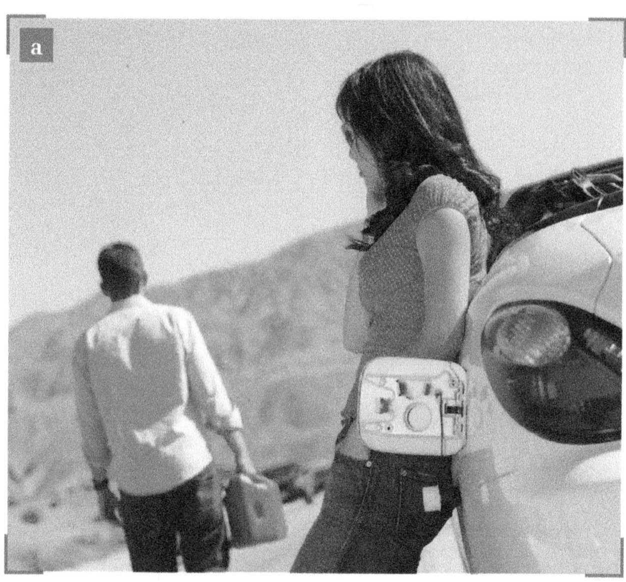

a

Nos quedamos sin gasolina en medio del desierto. Llamé a una grúa (tow truck) para que nos ayudara y el tipo me contestó que...

b

Llegué al aeropuerto de San Antonio con retraso a la 13:00h y tenía que hacer conexión en Houston a las 14:30h para ir a Toronto. Fui al mostrador de la aerolínea para cambiar el boleto y...

c

Estaba en el café de al lado de casa, donde desayuno todas las mañanas. La mesera me sirvió un café frío y un croissant más duro que una piedra. Me quejé y la mesera me salió con que...

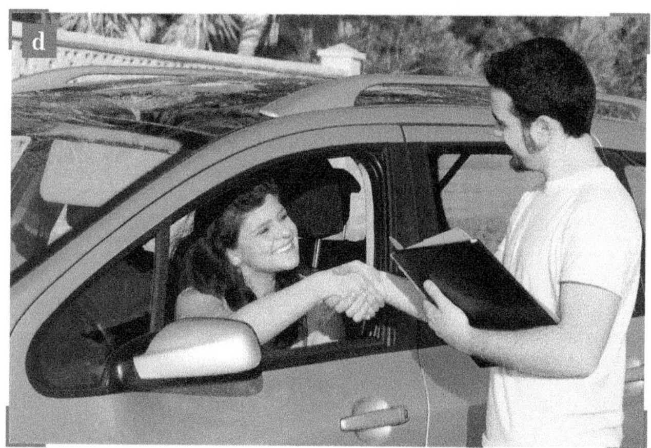

d

Estábamos de vacaciones y rentamos un carro. El último día del servicio lo entregamos 20 minutos más tarde de la hora prevista y sin el tanque lleno. Para nuestra sorpresa, el empleado...

VOCABULARIO

11.11 **Rubén quiere viajar al Caribe con tres amigos. Ya buscó toda la información, itinerarios, hoteles y actividades para convencerlos, pero parece que sus amigos tienen otros planes. Lee el correo que recibió de su amiga Sonia.**

¿Qué onda, Rubén? ¿Cómo estás? Yo aquí, con mucho trabajo y ganas de vacaciones. La semana pasada volví del congreso de Chicago, ¿te acuerdas? Tenía que ir por lo del nuevo videojuego de la compañía: te doy la exclusiva, se va a llamar *Este fútbol*. Suena bien, ¿no? Bueno, además conocí a un muchacho muy especial… Un día, no más por salir, pero **sin muchas ganas**, fui a tomar algo. Y allí estaba él. Ya te contaré…

Hablé con los demás y ya sé que te dijeron que no a la propuesta del viaje por el Caribe. Sé que te emocionaba mucho y que yo era **tu última esperanza**. Créeme, encantada iría contigo de no ser porque el muchacho de Chicago me invitó a pasar unos días en su casa del lago Michigan. Dirás que estoy loca, que solo lo conozco desde hace una semana… pero no puedo decirle que no, siento que hay algo especial entre nosotros. Y es buen momento, ya no sabía qué hacer con tal de olvidar a mi ex… Estoy convencida de que es hora de **lanzarme** otra vez e intentarlo con él, con la esperanza de que salga bien. Así que pasaré los diez días que tengo de vacaciones con él en el lago.

¿Podríamos **posponer** el plan del Caribe para el año que viene? Me parece genial el itinerario que pensaste. ¡Debes publicar una guía para que los de las agencias de viajes vean cómo se hace! En serio, está fantástico.

Bueno, ya me contarás qué viaje haces este verano. Seguro que encontrarás algo **interesantísimo** que hacer, y luego me **moriré de envidia**… Cuídate. Un beso.

11.12 **Responde ahora a las siguientes preguntas sobre el correo.**

- **a** ¿Dónde conoció Sonia a su nuevo amigo?
- **b** ¿Por qué no va a viajar con Rubén?
- **c** ¿Qué cree Sonia que debe hacer para olvidar a su ex?
- **d** ¿Qué le sugiere Sonia a Rubén sobre el viaje al Caribe?
- **e** ¿Qué expresión utiliza Sonia en la carta para afirmar que Rubén hará posiblemente algo muy interesante?
- **f** ¿Qué crees que quiere decir Sonia con que "morirá de envidia"?

COMUNICA MÁS

11.13 **¿Y tú? Escribe algunas situaciones en las que te sentiste como Sonia. ¿Son iguales que las de tu compañero/a? Comprueba tus respuestas.**

Modelo: *Me morí de envidia el día que mi amiga me mostró las fotos de su viaje a Bahamas.*

- a Morirse de envidia: ....
- b Lanzarse a hacer algo: ....
- c Sin muchas ganas: ....
- d Posponer: ....
- e Mi última esperanza: ....

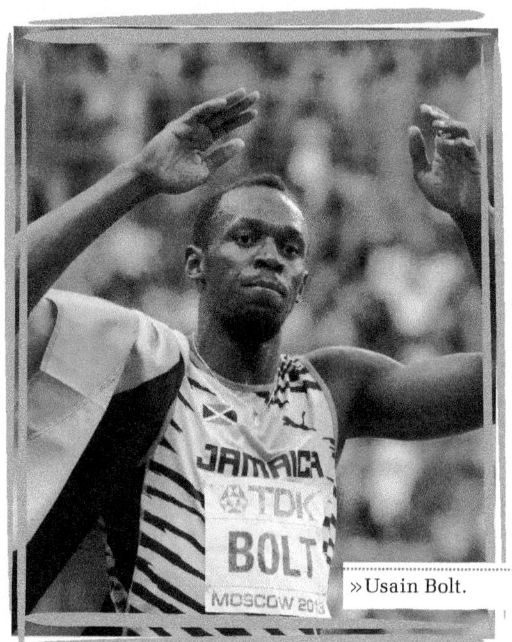

» Usain Bolt.

11.14 **En el correo de la actividad 11.11 aparece la palabra *interesantísimo*. El sufijo *–ísimo* introduce una cualidad en su grado máximo. Observa los nombres de estos famosos e indica qué cualidades destacarías de ellos. Añade otros personajes famosos y comparte tus descripciones en grupos pequeños. ¿Quién ha hecho las más originales?**

- a Usain Bolt. ▶ ....
- b Angelina Jolie. ▶ ....
- c Albert Einstein. ▶ ....
- d Pau Gasol. ▶ ....
- e Donald Trump. ▶ ....
- f ....
- g ....
- h ....

11.15 **¿Crees que Rubén se decidirá a viajar solo? En grupo, piensen en los pros y contras de viajar solo frente a viajar con amigos o en familia. ¿Qué lugares son los más aconsejables para ir? ¿Tú lo harías? Pongan en común sus opiniones.**

Ventajas	Inconvenientes

COMUNICACIÓN

- **Rechazar una propuesta**
  » Para rechazar una propuesta, un ofrecimiento o una invitación, se usa:
  – ***Eres muy amable, pero (desgraciadamente) no puedo...***
    – *Eres muy amable, pero no puedo hacer contigo ese viaje.*
  – ***Lo lamento, pero...***
    – *Lo lamento, pero esta tarde no puedo ir. Tengo una cita con el doctor.*
  – ***(Lo lamento, pero / Me temo que) es/va a ser imposible*** + excusa o explicación
    – *Me temo que va ser imposible acompañarte a tus clases, tengo muchas cosas que hacer esta tarde.*
  – ***(Lo lamento, pero / Me temo que) no es/va a ser posible*** + excusa o explicación
    – *Lo lamento, pero no va a ser posible. Este fin de semana viene mi familia y no podré salir.*
  – ***(Lo lamento, pero / Me temo que) no voy a poder...***
    – *Me temo que no voy a poder estudiar contigo.*
  – ***Tengo que decirte que no.***
    – *¡Qué rabia! Tengo que decir que no porque ya tengo otros planes.*
  – ***Preferiría*** + contrapropuesta
    – *Preferiría que organizáramos ese viaje el próximo año.*

11.16 **El correo de la actividad 11.11 es un ejemplo de cómo rechazar una propuesta importante que nos ha hecho un amigo. En estos casos, es necesario mucho tacto, ya que podemos herir la sensibilidad de una persona cercana a nosotros. Señala en qué partes del texto aparecen los siguientes recursos para rechazar.**

Rechazo a la propuesta o invitación. Extensa justificación y disculpas. Párrafo ▢	Despedida cariñosa. Párrafo ▢
Se empieza mostrando interés por la otra persona. Después se habla de la situación personal del que escribe. Se prepara el terreno para el rechazo, que llegará después. Párrafo ▢	Dejar la puerta abierta para el futuro. Dejar claro que no se tiene nada personal contra la persona que ha hecho la propuesta o invitación. Alabar a la persona y su idea. Párrafo ▢

11.17 **Escribe las frases que usa Sonia para rechazar indirectamente y las que utiliza para hacer cumplidos a Rubén.**

Rechazar indirectamente	Hacer cumplidos
....	....
....	....
....	....
....	....
....	....

COMUNICA MÁS

11.18 Aquí tienes varias situaciones de rechazo. Elige una y escribe un correo electrónico utilizando las estructuras estudiadas.

- Un compañero/a de trabajo y amigo/a te invitó a participar en un simposio. No puedes aceptar porque tienes mucho trabajo, pero él cuenta contigo.
- Tu mejor amigo/a te invitó a su fiesta de cumpleaños, pero te acabas de enterar por casualidad de que tu novio/a organizó una cena romántica ese día para darte una sorpresa.
- Un muy buen amigo/a tuyo te pide tu carro para salir, pero tú no puedes prestárselo.

PRONUNCIACIÓN y ORTOGRAFÍA

Acentuación (4): la tilde diacrítica en los pronombres interrogativos y exclamativos en comparación con los relativos

11.1 ¿Recuerdas qué es la tilde diacrítica? Lee el siguiente recuadro de reflexión y pon algunos ejemplos de palabras con tilde diacrítica. Trabaja con tu compañero/a.

LA TILDE DIACRÍTICA

- La tilde diacrítica es aquella que permite, por lo general, diferenciar el significado de dos palabras que tienen la misma forma pero que pertenecen a categorías gramaticales diferentes.

  Modelo: *se/sé.*

11.2 Los pronombres interrogativos y exclamativos siempre llevan tilde para diferenciarlos de los pronombres relativos. Fíjate en las siguientes oraciones y selecciona el ejemplo para completar la tabla.

1. ¿**Quién** podría dejarme el carro este fin de semana?
2. ¡**Quién** tuviera tu edad para disfrutar!
3. **Quien** me deje un carro este fin de semana será recompensado.
4. ¡**Qué** te diría la profesora, que estás tan triste!
5. Todos dijimos que **qué** bien lo estaban haciendo.
6. La niña **que** viste ayer es mi sobrina.
7. ¿**Dónde** habré dejado la cámara de fotos?
8. No sé **dónde** podremos ir de vacaciones este año.
9. El restaurante **donde** fuimos a cenar ayer ha ganado una estrella Michelín.

	USO	EJEMPLO
a	Los pronombres interrogativos directos llevan siempre tilde.	1
b	Los pronombres interrogativos indirectos llevan siempre tilde.	....
c	Los pronombres relativos nunca llevan tilde.	....
d	Los pronombres exclamativos directos llevan siempre tilde.	....
e	Los pronombres exclamativos indirectos llevan siempre tilde.	....

- Otros pronombres interrogativos acentuados son *cuál, cuándo, cuánto, cómo* y sus plurales. Los pronombres exclamativos más usados son *quién, qué, cuánto* y sus plurales.

11.3 Elige el pronombre interrogativo, exclamativo o relativo adecuado para completar las siguientes oraciones y acentúalo cuando sea necesario. Después de cada ejemplo, escribe de qué tipo de pronombre se trata.

Modelo: *Le explicó* ***cuáles*** *eran los inconvenientes que habían surgido.* ▶ Pronombre interrogativo.

a ¿.................... son estos señores? ▶ ....
b ¡.................... años hace que no visito a mis parientes de Argentina! ▶ ....
c Cuando llegó le preguntamos que .... estaba haciendo allí. ▶ ....
d No encuentro el lugar .... comimos aquella paella tan buena. ▶ ....
e Me dijo que .... buena idea habíamos tenido. ▶ ....
f El coche .... me compré hace dos años me costó más caro de lo que cuesta hoy. ▶ ....
g Todos somos conscientes de .... duras circunstancias han tenido que superar. ▶ ....
h Me gustaría saber .... es el motivo de su reacción. ▶ ....
i .... bien te quiere, te hará llorar. ▶ ....

Una producción de **Impossible Films** y **Rizoma**

DIARIO ARGENTINO

Un film documental de Lupe Pérez García

38 MUESTRA CINEMATOGRÁFICA DEL ATLÁNTICO
MENCIÓN ESPECIAL DEL JURADO

VISIONS DU RÉEL 2006 · NYON
PRIX DU JEUNE PUBLIC

www.diarioargentino.net

Una inciativa del Master en Documental de Creación de la Universitat Pompeu Fabra

CARTELERA DE CINE

SINOPSIS

Lupe llega desde España para hacer unos trámites (legal paperwork) en Argentina. Allí se reencuentra con su madre, su padrastro y sus amigas. Durante su viaje a Mar del Plata, comparte recuerdos de su infancia, de su padre fallecido y de la evolución política de Argentina. Desde un punto de vista autobiográfico, la película profundiza en las experiencias políticas de sus protagonistas y en el deseo encontrado de Lupe, como emigrante, de volver un día a su país.

Lupe

¿SABÍAS QUE...?

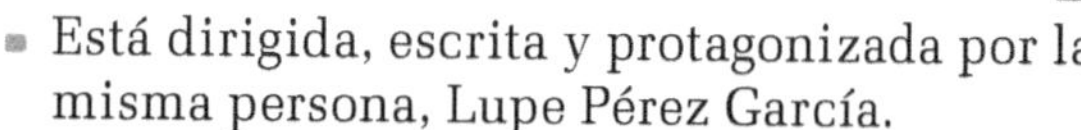

- Está dirigida, escrita y protagonizada por la misma persona, Lupe Pérez García.
- Se trata de una película autobiográfica con la que la directora pretende hacer una reflexión sobre la realidad política argentina para una persona nacida en los años 70.
- Para dar más realismo a la película, Lupe Pérez contó con la participación en el reparto de sus propios familiares y amigos. No preparó a los actores y sus respuestas e intervenciones en la película son espontáneas.

SECUENCIA DE LA PELÍCULA

00:08:30 ▶ 00:11:57

DATOS TÉCNICOS

TÍTULO	DIARIO ARGENTINO.		
AÑO	2006.	GÉNERO	Documental.
PAÍS	Argentina y España.	DIRECTOR	Lupe Pérez García.

INTÉRPRETES

Lupe Pérez García, María Teresa García Russier, Ariana Spinelli.

RECONOCIMIENTOS

El documental recibió el Prix du Jeune Public en el festival Visions du Réel (Suiza) y la Mención Especial del Jurado en el Festival Alcances 2006 (España).

ANTES DE VER LA SECUENCIA

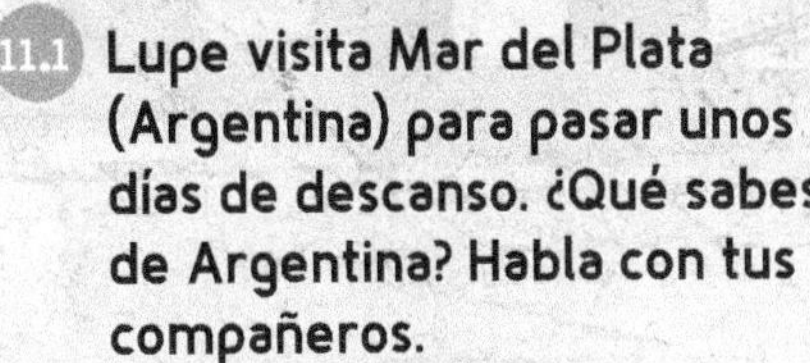

11.1 Lupe visita Mar del Plata (Argentina) para pasar unos días de descanso. ¿Qué sabes de Argentina? Habla con tus compañeros.

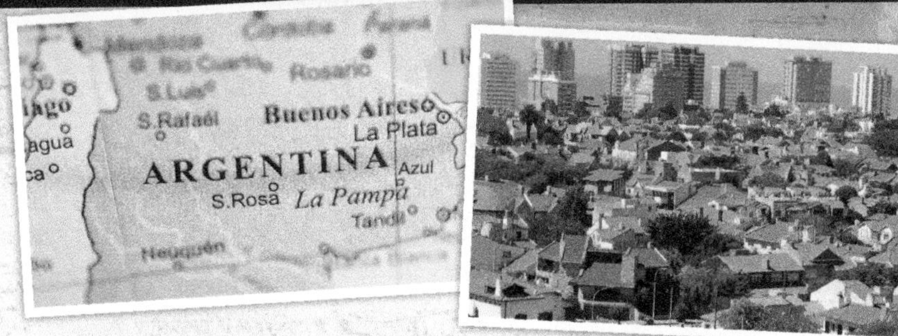

11.2 ¿Quién de estas personas crees que recibirá a Lupe? Marca las posibles respuestas.

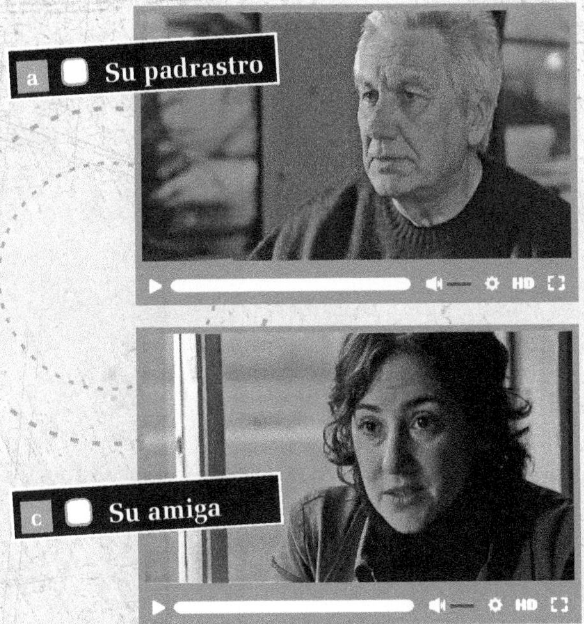

11.3 Imagina qué tipo de conversación puede mantener Lupe con sus seres queridos nada más llegar a Argentina después de cuatro años. ¿De qué temas crees que hablarán? Coméntalo con tus compañeros.

11.4 Busca en Internet información sobre Mar del Plata. ¿Qué tipo de vacaciones crees que harías tú si fueras a visitar esta ciudad? ¿Por qué?

CARTELERA DE CINE

MIENTRAS VES LA SECUENCIA

Lupe llega a Mar del Plata y llama a su familia en Barcelona para decir que está bien.

11.5 **Lupe llega a Mar del Plata desde Buenos Aires y allí es recibida por sus familiares. Lee las siguientes frases y decide si son verdaderas (V) o falsas (F).**

		V	F
a	Mario y su madre esperan a Lupe en el andén de la estación.	◯	◯
b	Mario dice que está más viejo desde que no ve a Lupe.	◯	◯
c	Desde que Lupe se marchó a España, la han pasado muy bien.	◯	◯
d	Mario dice que extraña a los hijos de Lupe, en especial a Ciro.	◯	◯
e	El tren no llegó puntual.	◯	◯
f	Mario lleva más de una hora en la estación porque estaba nervioso.	◯	◯

11.6 **Lupe llama a su familia en Barcelona. Observa la conversación que mantiene con Carlos, su marido, y completa las palabras que faltan.**

LUPE: Hola, [1] .... ¿Qué tal?
CARLOS: Bien, acá estaba acostando a los chicos. Ahora se levantó Yuri para [2] .... el teléfono, pero ahora lo acuesto enseguida. ¿Y allí que tal?
LUPE: Bien, bastante frío.
CARLOS: Bien, yo acá cagado de [3] ...., no se puede estar. ¿Dónde estás?
LUPE: Acá en Mar del Plata.
CARLOS: ¿Cómo en Mar del Plata? ¿Ya te fuiste? ¿Y el turno del [4] ....?
LUPE: No, es que no tengo más [5] ...., me parece, por eso hace ese [6] ....
CARLOS: Bueno, llamáme después.
LUPE: Bueno, después te llamo.

11.7 **De los escenarios que aparecen en la secuencia, marca la opción correcta.**

1. En la estación...
   - a) hay mucha gente.
   - b) no hay prácticamente nadie.
2. En el carro...
   - a) Mario maneja.
   - b) la madre de Lupe maneja.
3. En la cabina de teléfono...
   - a) el hijo de Lupe contesta la llamada.
   - b) el marido de Lupe contesta la llamada.
4. Mientras Lupe habla por teléfono...
   - a) unos muchachos juegan al tenis.
   - b) unos muchachos juegan al fútbol.

DESPUÉS DE VER LA SECUENCIA

11.8 **Responde a las siguientes preguntas sobre la secuencia que viste.**

a ¿En qué transporte llega Lupe a Mar del Plata? ....
b ¿Quién viaja con ella? ....
c ¿Cuánto tiempo hace que Lupe no ve a su padrastro? ....
d ¿Qué diferencia horaria existe entre Mar del Plata y Barcelona? ....
e ¿Sabrías decir en qué idioma habla el niño a la mamá? ....
f ¿Por qué se sorprende Carlos cuando Lupe le dice que está en Mar del Plata? ....
....

11.9 **Durante la secuencia, Mario comenta a Lupe "la pasamos muy dura", en referencia a los incidentes ocurridos en Argentina desde diciembre del 2001 y meses posteriores. En parejas, busquen en Internet información sobre qué ocurrió exactamente en esa fecha en Argentina.**

....
....
....
....

11.10 **Lupe tiene que emigrar desde Buenos Aires (Argentina) a Barcelona (España) en busca de una mejor situación económica. ¿Qué diferencias principales crees que habrá encontrado allí?**

....
....
....
....
....

11.11 **Si tuvieras que emigrar, ¿qué país crees que elegirías? ¿Por qué?**

....
....
....
....

GRAMÁTICA

A ORACIONES FINALES

In this section you will learn about actions in the main clause and subordinate clause that are interdependent in the following ways: when one event takes place, so does the other; one event will not take place unless the other does too; one event happens so that another will happen.

- Para expresar propósito o finalidad podemos utilizar los siguientes conectores:

»Fui al tablón de anuncios para buscar compañeros de apartamento.

» ***Para*** + infinitivo: si el sujeto del verbo principal y el del verbo subordinado son el mismo.
  – *Llamó más de seis veces para obtener información.*

» ***Para que*** + subjuntivo: si el sujeto del verbo principal y el del verbo subordinado son distintos.
  – *Ayer llamó para que le dijeran algo sobre la maleta.*

» ***Por*** + infinitivo: se utiliza para expresar, además de finalidad, una casualidad o algo no programado.
  – *Se apuntó al curso de cerámica nada más por hacer algo y... ¡descubrió su verdadera vocación!*

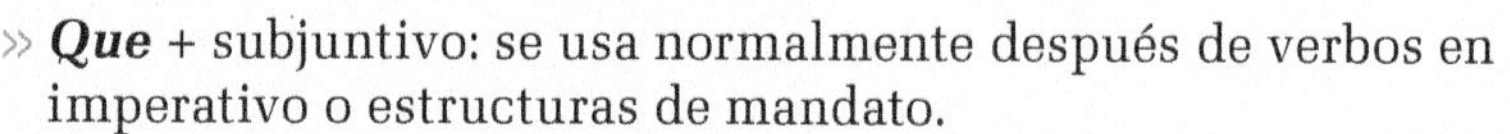

» ***Que*** + subjuntivo: se usa normalmente después de verbos en imperativo o estructuras de mandato.
  – *Háblales todos los días, que se enteren de qué eres capaz.*

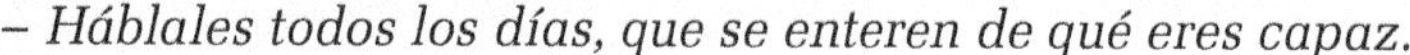

- Hay otro grupo de conectores de finalidad que se usan generalmente en contextos formales:

» ***Con tal de (que) / Con la esperanza de (que) / Con la intención de (que) / Con el fin de (que) / Con el propósito de (que)*** + infinitivo / subjuntivo
  – *Con tal de no pagar, son capaces de todo.*
  – *Con el fin de no molestarse, no prestan atención al cliente.*
  – *Con tal de que se lo den gratis, es capaz de cualquier cosa.*
  – *Tienes que llamar al máximo responsable con el fin de que te ayude de verdad.*

» ***En mi deseo de... / En su afán de...*** + infinitivo
  – *En mi deseo de satisfacerlo, trabajé noche y día para terminar el proyecto.*

11.1 Forma todas las frases posibles combinando las tres columnas con un sentido lógico.

1. Les hablé .... ☐
2. No te lo dije .... ☐
3. Haremos lo que sea .... ☐
4. Dile todo lo que piensas ... ☐
5. Hablaré con ella .... ☐
6. Reclamé .... ☐
7. Aceptó el trabajo .... ☐
8. Habla .... ☐

por
para (que)
con tal de (que)
en su afán de (que)
con la esperanza de (que)

a. ganar más.
b. informarme.
c. hablar, pero en realidad no tiene ni idea.
d. no te lo tomaras a mal.
e. sepa con quién está tratando.
f. lo haga.
g. llegar a tiempo al aeropuerto.
h. me hicieran caso.

11.2 **Navegando por Internet, encuentras la siguiente página. Léela y señala las oraciones finales. Después, escríbele un correo a Rubén contándole lo que leíste y explícale qué ventajas encuentras en esta forma de viajar. No olvides usar las expresiones de finalidad que aprendiste.**

viajando

¿QUÉ ES ESTO?

AVENTURA
RUTAS
RELAX
OFERTAS
RESERVAS

¿Cuántos viajes has dejado de hacer por no ponerse de acuerdo todos los del grupo? ¿Cuántas veces te has quedado sin salir con tal de no hacer lo mismo que el fin de semana pasado? ¿Cuántas veces has querido viajar de otra manera con el fin de hacer algo diferente y no has encontrado con quién? ¿No crees que ha llegado el momento de cambiar eso y que descubras otras oportunidades?

Nosotros te proponemos cambiar de rutina. Te organizaremos un viaje para que puedas ir solo y te presentaremos gente en tu misma situación, con la que puedas compartir tu viaje. ¿No quieres viajar con nosotros con la esperanza de conocer personas interesantes que también se han atrevido a embarcarse en esta aventura?

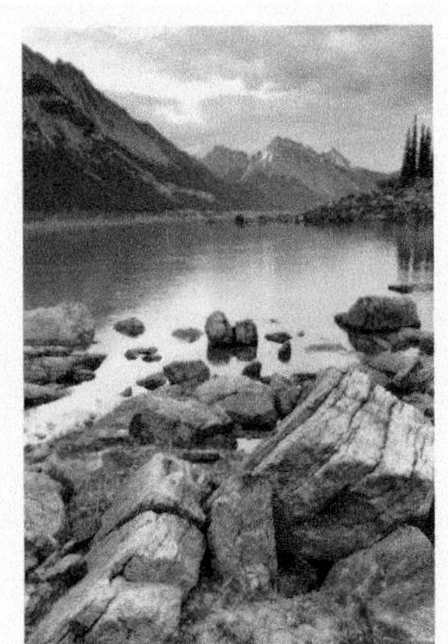

Modelo:

Querido Rubén:
Para que no te quedes sin hacer ese viaje que deseabas, con el fin de que... y para que...

11.3 **¿Por qué, cómo y para qué viajas? Comparte tus razones con tus compañeros.**

Modelo: *Yo viajo porque me encanta moverme. Prefiero ir acompañada. Siempre salgo con muchas expectativas y con la esperanza de volver enriquecida con mis experiencias...*

B EL IMPERFECTO DE SUBJUNTIVO: EXPRESAR SENTIMIENTOS

Remember, almost all the same cues that signal the use of the subjunctive mood are applicable to both the present subjunctive and the past subjunctive. The tense of the main-clause verb determines the subjunctive tense used in the subordinate clause. Review the forms of the past subjunctive and the sequence of tenses that apply.

Oración principal	Oración subordinada
Presente, presente perfecto	**Presente de subjuntivo**
– *El agente recomienda que...* – *El agente ha recomendado que...*	*lea el folleto.*
Pretérito, imperfecto	**Imperfecto de subjuntivo**
– *El agente recomendó que...* – *El agente recomendaba que...*	*leyera el folleto.*

See **Resumen gramatical** for more information on the formation of the past subjunctive.

Recuerda

- El imperfecto de subjuntivo se forma quitando *-ron* del pretérito en *ellos* y añadiendo una de las terminaciones correspondientes:

  -ra, -ras, -ra, -ramos, -rais, -ran

»María me dijo que la llamara nada más aterrizar.

GRAMÁTICA

Expresar sentimientos

- Para expresar sentimientos en un momento del pasado terminado, se usan las siguientes estructuras:
  - ***Me fascinaban*** los olores, los colores y la gente. (sustantivo)
  - ***Me ilusionaba mucho*** conocer *la Patagonia.* (infinitivo, cuando el sujeto es el mismo)
  - ***Me encantaba que*** *mi madre me* explicara*…* (subjuntivo, cuando el sujeto es diferente)
  - ***Mi hermana se entusiasmaba cuando*** *le* contaba *cosas de mis viajes.* (*cuando* + pasados de indicativo)

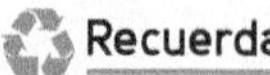
Recuerda

- Para expresar sentimientos sobre lo que otra persona hace, se usa el presente de subjuntivo:
  - *Me fascina que hagan postres tan buenos en España.*
- Para expresar sentimientos sobre lo que otra persona hizo, se usa el imperfecto de subjuntivo:
  - *Me encantó que me hicieras descubrir lo interesante que es cocinar.*

11.4 Lee la información del cuadro sobre cómo expresar sentimientos en español y complétalo con las siguientes palabras.

- hartazgo
- aburrimiento
- nerviosismo
- enfado y decepción
- sorpresa y extrañeza
- gusto y satisfacción
- aversión
- vergüenza
- alegría
- admiración y orgullo
- miedo y preocupación
- tristeza y arrepentimiento

- Los **verbos de sentimientos** son aquellos que usamos para expresar:

[1] ……………………………………………

- ***Me gustaba/encantaba*** *que mis abuelos vinieran los fines de semana a vernos.*
- *De pequeño* ***le entusiasmaba/fascinaba*** *que le llevaran al puerto a ver los barcos zarpar.*

[2] ……………………………………………

- ***Estaban encantados/contentos de*** *que fuéramos a visitarlos.*
- ***Se alegró*** *(mucho) de que hubieras llegado bien a Argentina.*

[3] ……………………………………………

- ***Sentía / Lamentaba*** *que tuvierais que volar tan temprano.*
- ***Me ponía triste / Me deprimía*** *que mi padre estuviera siempre viajando.*
- ***Fue una lástima/pena*** *que no nos tomáramos una foto junto a los pingüinos.*

[4] ……………………………………………

- ***No soportaba / Detestaba / Odiaba*** *que en Nueva York la gente me confundiera con Bruce Willis.*
- *En mis viajes* ***me horrorizaba*** *ver tanta desigualdad.*

[5] ……………………………………………

- ***Me ponía furioso/de muy mal humor*** *que me despertasen temprano para ir a la playa.*
- *A mis hermanos* ***les enfadaba/fastidiaba/indignaba*** *que no les trajera nada de mis viajes.*

[6] ……………………………………………

- ***Me sorprendió/extrañó/asombró*** *un montón que la gente no esperara la cola en el bus.*
- ***Era increíble/extraño/sorprendente/alucinante*** *la alegría que tenía la gente en este país.*

[7] ……………………………………………

- *En el viaje discutí con Ana porque* ***me aburría*** *que siempre hablara de ella.*

[8] ....
- ***Nos preocupaba*** *que no encontrarais hotel en Cuba.*
- ***Me daba miedo/pánico/terror*** *que hubiera turbulencias en el vuelo.*

[9] ....
- ***Le dio mucha vergüenza*** *que la policía le pidiera el pasaporte en pleno centro de Londres.*
- ***Me avergonzó*** *decirle que no me apetecía viajar con él.*

[10] ....
- ***Estaba harto*** *de que mis amigos solo quisieran salir de marcha cuando fuimos a Italia.*
- ***Le aburría/cansaba*** *que su pareja solo quisiera entrar en los museos.*

[11] ....
- ***Me ponía nervioso/histérico*** *que no pudiera comunicarme bien en otros idiomas.*
- ***Me desesperaba*** *cuando tenía que tomar el tren en la India.*

[12] ....
- ***Admiraba*** *cómo mi madre se desenvolvía en los viajes, pese a no saber idiomas.*
- ***Estaba fascinado/impresionado*** *por la hospitalidad de los dominicanos.*

[78]

11.5 Lee algunos recuerdos de viajes inolvidables que algunas personas han escrito en un foro y complétalos con los verbos del recuadro, conjugándolos correctamente. Después, escucha y comprueba.

haber ▪ renovar ▪ viajar ▪ parar ▪ fascinar ▪ conocer ▪ decidir ▪ explicar

Estela Recuerdo un viaje a Roma con mi madre cuando tenía quince años. Me encantaba que mi madre me [1] .... el estilo de los monumentos que visitábamos. Esto es lo que hizo que yo me convirtiera en una apasionada del arte. Me acuerdo de que uno de los días casi me atropella una moto. Me ponía enferma que los conductores no [2] .... ni en los pasos de cebra.

Pedro Hace quince años una amiga y yo recorrimos algunos países de Sudamérica en caravana. Me ilusionaba mucho [3] .... la Patagonia, pero no lo conseguimos porque no nos renovaron el visado y tuvimos que regresar a México. Me molestó que no nos [4] .... el visado.

Alberto A mis padres les extrañó que un día yo [5] .... tomar la mochila y hacer el camino de Santiago solo. ¡A mí, que siempre me gustaba [6] .... con los amigos al Caribe! Todavía recuerdo este viaje, los amigos que hice y las buenas experiencias que tuve.

Tania Hace tres años viajé a Delhi, en la India, para hacer un reportaje fotográfico. Cuando andaba por las calles, estaba [7] .... por los olores, los colores y la gente. Lo que más me horrorizó de ese viaje fue que [8] .... tanta mendicidad y desigualdad. Pero, pese a ello, volvería con los ojos cerrados.

 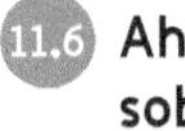

11.6 Ahora, participen en el foro escribiendo sobre los recuerdos de algún viaje que hayan hecho. Traten de utilizar las expresiones de sentimiento.

GRAMÁTICA

C EL ESTILO INDIRECTO

Indirect speech is the reporting or retelling of what another person says or said. When relaying the information to someone else, we do not use the same words as the speaker.

11.7 Ana es periodista en la redacción de la revista *Contemporánea*. Es lunes y su jornada laboral comienza leyendo los mensajes que tiene en su correo electrónico. Lee el correo que su jefa le escribió el viernes.

De: *Lucia@gtmail.mx* | Para: *analonso67@contemporanea.mx* | Asunto: *Importante*

Hola Ana:

¿Cómo va todo? **Volveré** el lunes de Miami. Muy importante, el día de cierre (publication deadline) **es** el martes, y la revista **saldrá** el miércoles. Hay varias cosas que terminar:

1. Ayer **hice** la entrevista al asesor médico de la SSP sobre el tema del alcohol en los jóvenes. Va a quedar muy bien, pero **necesitamos** las opiniones de los padres con urgencia. **Encárgate** tú, por favor.
2. Julián Ortega les **mandará** el artículo sobre el trueque, aunque **dudo de que llegue** a tiempo, así que lo **dejamos** para el próximo número.
3. Lo que sí **tengo** ya en mis manos es el artículo de Luis Alonso "Viaje con nosotros". **Es** buenísimo, pero **se extendió** demasiado y el cómic de Nadia lo **moveremos** a otra página...
4. Por último, **pregúntale** a Soledad si ya **seleccionó** las fotos para el reportaje de teléfonos celulares.

De momento es todo, nos vemos el lunes.

Un saludo

[79]

11.8 Unos minutos después llega Soledad a la oficina y le pregunta a Ana por la jefa. Escucha la respuesta que le da y anota los cambios verbales que se producen al transmitir el discurso de estilo directo a estilo indirecto.

Estilo directo	Estilo indirecto	Estilo directo	Estilo indirecto
a volveré	....	i dejamos	....
b es	....	j tengo	....
c saldrá	....	k es	....
d hice	....	l se extendió	....
e necesitamos	....	m moveremos	....
f encárgate	....	n pregúntale	....
g mandará	....	ñ seleccionó	....
h dudo que llegue	....		

11.9 **Fijándote en los cambios verbales que hizo Ana para contar en pasado el correo de su jefa, completa el siguiente cuadro.**

			REFERIR O CONTAR LO DICHO Ha dicho/Dijo que...
	ESTILO DIRECTO		**ESTILO INDIRECTO**
INDICATIVO	Presente, Imperfecto	►	....
	Pretérito, Presente perfecto, Pluscuamperfecto	►	....
	Futuro, Condicional	►	....
SUBJUNTIVO	Presente	►	....
	Imperfecto	►	....
	Presente perfecto	►	....
	Imperativo	►	....

» Ana me dijo que la acompañara al centro comercial.

- Otras transformaciones en el discurso referido:
  - » **Imperativo:** siempre cambia a modo subjuntivo:
    – *Cuídate.* ► *Dice que me cuide.* ► *Dijo que me cuidara.*
  - » **Pronombres:**
    – *Yo* ► *Él/ella; Tú* ► *Yo; Nosotros* ► *Ellos/ellas, etc.*
  - » **Determinantes:**
    – *Mi artículo* ► *Su artículo; Este celular* ► *Ese celular, etc.*
  - » **Marcadores temporales:**
    – *Hoy* ► *Ese día; Anteayer / Antier* ► *Dos días antes; Ahorita / En ese momento* ► *Entonces; Anoche* ► *La noche anterior, etc.*
  - » **Cambio de verbos según el lugar donde se encuentra el hablante:**
    – *Ir* ► *Venir; Llevar* ► *Traer,* etc.

Recuerda

- Recuerda que cuando trasmitimos preguntas cerradas, es decir, preguntas cuya respuesta es únicamente *sí* o *no*, se introducen mediante la conjunción *si*.

Modelo: *¿Tienes hambre?* ► *Me preguntó si tenía hambre.*

[80]

11.10 **Después de revisar los correos, Ana escucha el contestador automático. Hay varios mensajes para su jefa. Escúchalos y clasifícalos dependiendo de la información que transmitan.**

	1	2	3	4	5	6	7	8
a Transmitir información.	☐	☐	☐	☐	☐	☐	☐	☐
b Transmitir preguntas.	☐	☐	☐	☐	☐	☐	☐	☐

[80]

11.11 **Vuelve a escuchar los mensajes y cuéntale a tu compañero/a la información que transmiten.**

Modelo: *Llamó para decirle que/preguntarle si...*

INTERCULTURA

CUADERNO DE VIAJE

PREPARAR

11.1 ¿Qué dirías que es lo más interesante de viajar? Ordena estas posibilidades. ¿Añadirías alguna más?

- a Practicas otros idiomas.
- b Conoces a otras personas.
- c Aprendes costumbres diferentes.
- d Pruebas nuevas comidas.
- e Ves otros paisajes y ciudades.
- f Das más valor a tu vida y tu entorno.

ESCUCHAR

[81]

11.2 Escucha a un grupo de amigos que hablan sobre su viaje a Chile. Toma nota y completa el cuadro.

	¿Qué lugares visitaron?	¿Qué vieron allí?	¿Qué costumbres o tradiciones conocieron?	¿Qué anécdotas cuentan?
1		*Iglesia de San Francisco.*		
2	*Puerto Montt (Isla de Chiloé).*		*Comer curanto.*	*No dormir bien por la leyenda de Caleuche.*
3	*Parque Nacional Torres del Paine.*			

» Parque Nacional Torres del Paine.

» Puerto Montt, isla de Chiloé.

HABLAR

11.3 Explica, usando el discurso referido, las anécdotas que les sucedieron a estos amigos en Chile.

LEER

11.4 Lee ahora lo que dice el escritor Luis Sepúlveda sobre Chiloé a través de este texto y ordena los fragmentos correctamente. Después de leerlo, resúmelo en un párrafo con tus propias palabras.

a ☐ Al poco tiempo el mozo regresa con un enorme vaso que contiene casi un litro. No conviene olvidar los diminutivos en el sur del mundo. Buen vino. Un "pipeño", un vino joven, ácido, áspero, agreste como la propia naturaleza que me espera más allá de la puerta. Se deja beber con **deleite** y, mientras lo hago, viene hasta mi memoria cierta historia que Bruce recordaba con especial agrado. En un viaje de regreso de la Patagonia, y con la mochila **repleta** de Moleskín con el que fijó la materia prima de lo que más tarde se titularía *En la Patagonia*, uno de los mejores libros de viajes de todos los tiempos, Bruce pasó un día por Cucao, en la parte oriental de la isla. Llevaba hambre de varias jornadas y por esa razón deseaba comer, pero sin cargar demasiado el estómago.

b ☐ –Por favor, quiero comer algo ligero –le indicó al mozo del restaurante. Le sirvieron media pierna de cordero asada y, cuando reclamó insistiendo en que quería comer algo ligero, recibió una de esas respuestas que no admiten réplica: –Era un cordero muy **flaco**. El señor no encontrará un **bicho** más ligero en toda la isla. Curiosa gente esta. Y como Chiloé es la antesala de la Patagonia, aquí comienzan las bellas excentricidades que veremos o escucharemos más al sur.

c ☐ Los locales sirven de bar y ferretería, bar y correo, bar y agencia de cabotaje, bar y farmacia, bar y funeraria. Entro a uno que es bar y botica veterinaria, pero un letrero colgado a la entrada asegura que cumple otra función más: TRATAMIENTO DE SARNAS Y DIARREAS ANIMALES Y HUMANAS. Me acomodo frente a una mesa, cerca de la ventana. En las mesas vecinas juegan al "truco", un juego de **naipes** que permite toda suerte de guiños al compañero y que exige que las cartas jugadas vayan acompañadas de versos en rigurosa rima. Pido un vino. –¿Vino o vinito? –consulta el **mozo**. Nací en este país, solo que un poco más al norte. Apenas dos kilómetros separan Chonchi de mi ciudad natal, y tal vez debido a mi larga ausencia de estos **confines** he olvidado ciertas importantes precisiones. Sin pensarlo, insisto en que quiero beber un vino.

d ☐ La mayoría de los pequeños puertos y poblados de la isla de Chiloé fueron fundados por corsarios, o para defenderse de ellos, durante los siglos XVI y XVII. Corsarios o hidalgos, todos debían cruzar el estrecho de Magallanes y, por lo tanto, detenerse en lugares, como Chonchi, para **avituallarse**. De aquellos tiempos ha permanecido el carácter funcional de los edificios: todos cumplen una doble función, aunque una es la principal.

(*Patagonia Express*, Luis Sepúlveda)

11.5 Con tu compañero/a, sustituye las palabras en negrita por sinónimos que conozcas, teniendo en cuenta el contexto en el que aparecen. Si es necesario, míralas en el diccionario.

ESCRIBIR

11.6 Imagina que tienes que publicar en un blog de viajes, a modo de "cuaderno de viajes", la experiencia que te contó un compañero/a. Escribe el texto en tercera persona. Aquí tienes algunas ideas que te ayudarán a componer el texto.

Ideas para un buen blog de viajes

- Incluye una breve historia del lugar, su geografía y situación político-económica.
- Explica cómo fue el traslado hasta el lugar/monumentos que hay que visitar/anécdotas.
- Da detalles de tus restaurantes favoritos/comidas típicas/objetos necesarios para el viaje.
- No olvides incluir qué aprendiste de este viaje, si te cambió en algo la vida.
- Incorpora al blog una selección de fotos (entre 3 y 5 serán suficientes).

VARIEDADES DEL ESPAÑOL

UNA LENGUA CON MATICES

11.1 Piensa en tu país y en tu lengua y decide con tu compañero/a si las siguientes afirmaciones son verdaderas (V) o falsas (F).

	V	F
a En mi país no todo el mundo habla igual, existen diferentes acentos dependiendo de la región en la que nos encontremos.	▢	▢
b En mi idioma existen palabras que se han tomado de otras lenguas y que asimilamos como nuestras.	▢	▢
c Además de la lengua oficial, en mi país se hablan otras lenguas o dialectos.	▢	▢
d Tenemos diferentes nombres para llamar a una misma cosa, según la región.	▢	▢
e Los acentos diferentes provocan problemas en la comunicación entre regiones distintas.	▢	▢
f Mi lengua no cambia y siempre se habló de la misma forma.	▢	▢

11.2 ¿Crees que esto mismo ocurre en los países donde se habla español? En grupo, traten de poner ejemplos para cada una de las afirmaciones.

ANTES DE COLÓN

11.3 Las civilizaciones precolombinas contribuyeron a enriquecer la lengua y cultura española. A través del siguiente mapa lingüístico, con las principales lenguas indígenas, intenta deducir en qué países se hablan estas lenguas.

- Quechua 9 a 14 millones. Guaraní 7 a 12 millones.
- Aimara 2 a 3 millones.
- Náhuatl 1,3 a 5 millones.
- Maya 900.000 a 1,2 millones.
- Mapuche 440.000 hablantes.

LA LLEGADA DEL ESPAÑOL A MÉXICO

11.4 Lee un texto sobre la introducción del español en México y complétalo con las palabras que faltan.

indígenas ▪ náhuatl ▪ castellanizar ▪ lingua franca ▪ nacional ▪ conquistadores

El español entró en territorio mexicano a través de los [1] .... españoles a principios del siglo XVI. Los primeros contactos entre las lenguas [2] .... y el castellano fueron favorecidos por personajes como el marino español Jerónimo de Aguilar y la princesa Malinche. Ambos colaboraron con Hernán Cortés en su conquista de México. Después de la conquista, hacia 1521, se continuó permitiendo el uso de las lenguas nativas como el [3] ...., que era utilizada como [4] .... Sin embargo, a partir de la formación del virreinato de la Nueva España, el español se elevó a lengua oficial y única. Esta circunstancia no impidió que los indígenas siguieran usando sus lenguas de origen y solo un 40 % de la población hablara español hacia 1821. Durante el siglo XIX se continuó con la política de [5] .... a los hablantes de lenguas indígenas, aunque no fue hasta comienzos del siglo XX cuando la proporción se amplió, hasta llegar al 80 % con la llegada de la educación para todos. En la actualidad, la Ley General de Derechos Lingüísticos de los Pueblos Indígenas reconoce al español como lengua [6] .... junto a 65 lenguas de origen precolombino. Un 7 % de la población habla una lengua indígena.

[82] Ahora escucha el texto completo.

VARIANTES DEL ESPAÑOL

11.5 Si tuviste contacto con hablantes de español, posiblemente habrás notado que no hablan de la misma forma. Observa los principales aspectos en los que varía. ¿Conocías estas diferencias?

FONÉTICO

Aspiración o no de la *s* o *z* ante una consonante o al final de una palabra. Por ejemplo, en **zonas costeras** *coco* y *cocos* suenan exactamente igual.

Distinción entre *ll* y *y*, uso de una sola forma (yeísmo) –que es lo más habitual– o uso de [ʒ] o [ʃ] (la *j* francesa o la *sh* inglesa) como en el **español rioplatense**, por ejemplo en *llamarse* [*shamarse*].

GRAMATICAL

Uso de "tú" o "vos" con amigos. En gran parte de Latinoamérica se utiliza "tú", pero en **Argentina**, **Uruguay** y **Paraguay** se utiliza "vos". Por ejemplo: *Tú vives en México y trabajas en una escuela, ¿verdad?* se convierte en *Vos vivís en Buenos Aires y trabajás en una escuela, ¿verdad?*

LÉXICO

Notables diferencias, especialmente en ámbitos semánticos, como la nomenclatura de las frutas y verduras, vestimentas, artículos de uso cotidiano, así como en las expresiones coloquiales o insultantes.

[83] **11.6 Escucha una conversación entre Susana, una argentina, y Elena, una mexicana, que viven en Estados Unidos. Anota las diferencias léxicas de las que hablan.**

GUÍA DE OCIO

MÚSICA

Marc Anthony es uno de los artistas latinos con más proyección internacional. Es un auténtico referente entre la comunidad hispana y sus canciones son seguidas en Internet por millones de fans de todo el mundo. Algunos de sus éxitos más celebrados son *Vivir mi vida*, *A quién quiero mentirle* o el pegadizo *La gozadera*, cantado junto a los también exitosos Gente de Zona. Nacido y criado en Nueva York y de origen puertorriqueño, Anthony sintió desde pequeño que su camino era la música. Son también destacadas sus intervenciones en el cine con actores de la talla de Denzel Washington o Salma Hayek. Su ritmo es imparable y sus proyectos incontables. No hay duda de por qué se ha convertido en uno de los diez neoyorquinos más influyentes de los últimos años. ▪

(Extraído de http://www.marcanthonyonline.com/es/biografia/)

La gozadera ha recibido la visita de cerca de 70 millones de internautas. Busca y escucha el tema en Internet. ¿A cuántos países menciona en la canción?

Busca en Internet qué otras cocinas han tenido este reconocimiento por parte de la Unesco.

GASTRONOMÍA

La cocina mexicana, a la conquista de España. Eclipsada durante años por la popular cocina "tex-mex", la cocina mexicana fue durante tiempo una desconocida en España. Sin embargo, su declaración en 2010 como Patrimonio Cultural Inmaterial de la Humanidad contribuyó a cambiar la mentalidad de los cocineros españoles que ahora miran con interés hacia la variada gastronomía de México. Platos antes impensables, como los escamoles -huevos de hormiga- o los chapulines -saltamontes- pueden encontrarse ya entre la oferta de restaurantes de Madrid. Los comensales los están recibiendo con interés y sorpresa, ante la originalidad de los sabores y la novedad que aportan. Muchos cocineros reconocen que los nachos y el guacamole abrieron el interés por otros sabores, pero México es mucho más variado y el público merece conocerlo y disfrutarlo en la mesa. ▪

(Adaptado de: http://www.efeestilo.com/noticia/gastronomia-mexicana-conquista-espana-tex-me/)

LITERATURA PARA LA VIDA

¿Conoces Nueva York?

¿Qué opinión te merece esta ciudad?

¿Por qué crees que Nueva York resulta un destino tan atractivo para todo el mundo?

¿Qué relación crees que tiene el autor que vas a estudiar con esta ciudad?

LITERATURA PARA LA VIDA

11.1 ¿Cómo crees que está relacionado el autor con la ciudad de Nueva York?

- a ☐ La visitó hace muchos años y desde entonces ha marcado su trayectoria literaria.
- b ☐ Trabajo y vivió en ella en diversos periodos.
- c ☐ Solo conoce Nueva York a través de lo que le contó su esposa.

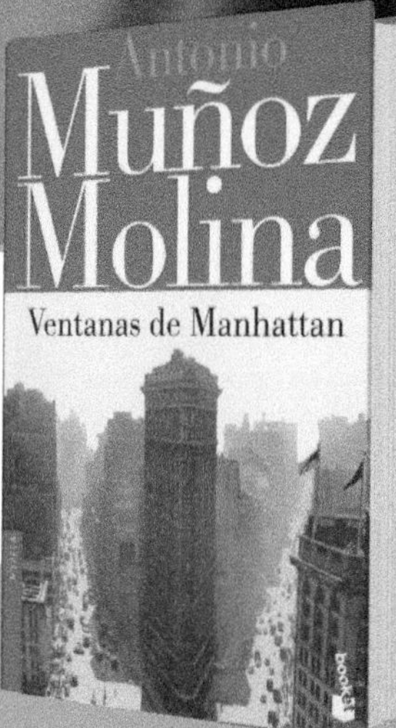

[84] **11.2** Escucha la biografía de Muñoz Molina y comprueba tu respuesta.

[84] **11.3** Vuelve a escuchar la biografía y completa los datos que faltan.

ANTONIO MUÑOZ MOLINA

- Antonio Muñoz Molina nació en el año 1956 en Úbeda, Jaén (España).
- Estudió [1] .... y [2] ....
- Está casado con la también escritora [3] ....
- En sus libros aparece su interés por los temas de [4] ...., pero también su compromiso con el [5] ....
- La obra *Beltenebros* fue llevada al [6] .... por la directora Pilar Miró.
- Ha sido articulista destacado en periódicos como el [7] .... o [8] ....
- Es [9] .... de la Real Academia Española desde 1995, donde entró con 39 años.
- Ha vivido en Nueva York en [10] ...., donde ha sido profesor de universidad y director del Instituto Cervantes (2004).
- En 2013 recibió el Premio Príncipe de Asturias de [11] ....

INVESTIGA

Busca artículos de Antonio Muñoz Molina en la página web del periódico *El País* y recopila algunos de los temas que suele tratar en sus trabajos.

11.4 Vas a leer un fragmento de la obra *Ventanas en Manhattan*, donde Muñoz Molina desvela las múltiples caras que tiene la ciudad. Lee esta sinopsis y, con tu compañero/a, comenten qué descripción harían de esta ciudad.

Antonio Muñoz Molina, en primera persona, visita en estas páginas los rincones más personales de Nueva York. Se convierte así en observador cómplice de una realidad próxima a la ficción que configura nuestro imaginario vital y cultural. Fruto de sus prolongadas estancias a lo largo de varios años, este libro es un canto apasionado a la ciudad de contrastes por antonomasia.

[85] 11.5 Lee y escucha el texto. Después, contesta las preguntas.

Ventanas de Manhattan

Ahíto de sueño, de cansancio, de excitación y de felicidad, le había pedido al taxista que me dejara unas esquinas antes de llegar a mi hotel, y me encontré solo, aterido, al pie de los rascacielos monótonos de acero y cristal de la Sexta Avenida, frente al letrero encendido del Radio City Music Hall, sus neones rosas, azules y rojos brillando para nadie más que para mí, tiñendo de manchas de color el lomo negro y húmedo del asfalto. La soledad me exaltaba y me daba miedo.

Me habían dicho que caminar solo y de noche por Nueva York podía ser muy peligroso. Alzaba la mirada y me estremecía el vértigo de la distancia vertical de las torres del Rockefeller Center, adelgazándose hacia la altura y las nubes veloces como agujas de catedrales góticas. En el insomnio de mi habitación veía luego el resplandor de esos edificios y sobre el rumor de las máquinas del patio volvía a escuchar con un recuerdo sensorial y poderoso el seco estrépito de las banderas del mundo agitadas por el viento en torno a la plaza central de Rockefeller Center, su resonancia contra los muros verticales, grandes velas de lona restallando en el temporal, el tintineo metálico de las anillas en los mástiles.

Demasiado cansancio, demasiadas imágenes para poder dormir, para que se apaciguara la conciencia, ya de antemano trastornada por el cambio de hora. Y, además, la luz en el botón del teléfono repetía su punzada rojiza en el insomnio, teñía de un rojo amarillento la penumbra de la habitación antes de apagarse y de encenderse de nuevo, como una luz de alarma en un coche policial. Me armé de valor y marqué el número de la recepción, queriendo vencer la timidez para encontrar laboriosamente las palabras inglesas que explicaran lo que estaba sucediendo, pero si me hice entender, cosa que dudo, en cualquier caso no comprendí lo que me decían, la explicación que me daban para la luz intermitente y roja.

Me pareció aturdidamente que distinguía la palabra *message*, pero cómo estar seguro con mi inglés precario y libresco que casi nunca había practicado de verdad, y que me parecía más inadecuado aún cuando escuchaba el habla tan rápida de la gente en la calle, tan rápida y desenvuelta, tan agresiva como su manera de caminar, como la premura con que los camareros de los restaurantes servían vasos de agua helada e interrogaban al comensal acobardado, o le recitaban el torrente de platos no incluidos en la carta, la lista incomprensible de los Today's Specials. Así que dije *yes* y *thanks* con el abatimiento del recién llegado a un país y a un idioma, colgué el teléfono y por un momento pareció que la luz se había apagado, pero un instante después ya estaba de nuevo encendida, brillando y apagándose, en mi primera noche de insomnio, en mi primera habitación de hotel en Nueva York.

(Extraído de *Ventanas de Manhattan*, de Muñoz Molina)

a ¿Cómo se siente el autor?

b ¿Qué impresión le ha causado Nueva York?

c ¿Cuál es la principal barrera que encuentra?

d ¿Has vivido alguna vez una situación similar? Explícaselo a tus compañeros.

- **¿Cuál de estas palabras no relacionas con viajes?**

facturar ▪ equipaje ▪ sacar de quicio
pasajero ▪ línea aérea ▪ exceso de peso

- **Son las ocho y media de la mañana. Empiezas a trabajar a las nueve, pero cuando llegas al metro te informan de que no hay transporte por huelga. Muestra tu indignación.**

....

....

....

- **Transforma estas frases a estilo indirecto.**

1 **Policía:** ¡Pasaporte, por favor!
Ciudadano: No lo tengo, lo siento.

2 **Madre:** ¡Qué horror, tu cuarto es un desastre!
Hijo: Pues yo lo veo bien.

3 **Novio:** Te querré siempre.
Novia: No digas frases que no puedes cumplir.

4 **Amiga:** Ayer conocí a un muchacho muy interesante.
Amigo: ¿Ah, sí? Cuenta, cuenta.

- **Recibiste este mensaje a través del teléfono. Expresa adecuadamente rechazo.**

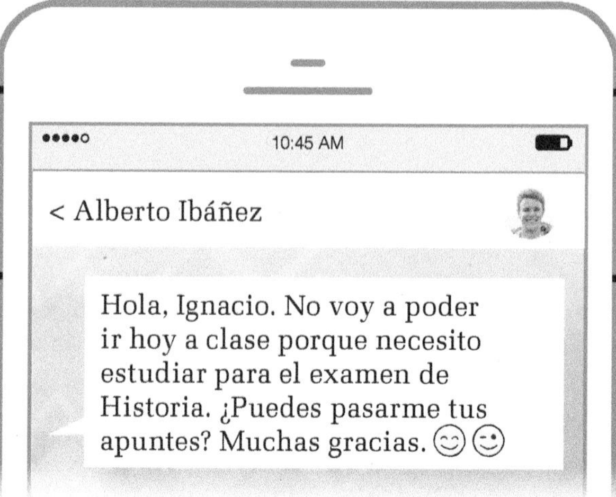

- **¿Recuerdas cuando eras pequeño/a? Completa las frases y comprueba si coinciden con las de tu compañero/a.**

1 Me daba miedo que... ....
2 Lloraba con tal de que... ....
3 Daba besos a... .... para que... ....
....
4 Me ponía muy triste cuando... ....
5 Me horrorizaba que... ....
6 Me encantaba que... ....
7 Me irritaba que... ....

AHORA SOY CAPAZ DE...

	SÍ	NO
1 ...expresar indignación a través de diferentes estructuras.	☐	☐
2 ...hablar sobre derechos de los pasajeros y hablar sobre viajes.	☐	☐
3 ...rechazar propuestas.	☐	☐
4 ...expresar emociones en pasado, expresar finalidad.	☐	☐
5 ...transmitir informaciones a terceros usando diferentes tiempos.	☐	☐

Los viajes
la aerolínea / la compañía aérea airline
el comprobante baggage claim ticket
los derechos del pasajero passenger rights
el deterioro damage
el equipaje de mano carry-on baggage
el exceso de equipaje excess baggage
el extravío loss
la indemnización compensation
el límite de peso weight restrictions
el mostrador de atención al cliente customer service counter
el pago adicional additional charge
la pérdida loss
las restricciones de volumen size restrictions
el retraso delay
sin cargo free of charge
el talón ticket stub

Verbos
brindar to give, provide
entregar to deliver, hand over
facturar to check in baggage
posponer to postpone
reclamar to complain about, to demand
recuperar to recover

Palabras y expresiones
Casi me da un infarto. I almost had a heart attack.
con el fin de in order to
con el propósito de in order to
con la esperanza de with the hope that
con tal de as long as
en mi afán de in my desire to be
Es lo único que me faltaba. That's just what I needed.
Estoy...
harto/a de fed up with
hasta la coronilla up to here
que ardo seething
que echo chispas steaming, fuming
lanzarse a hacer algo to take a chance
Me da igual/lo mismo. Makes no difference to me.
Me quedé con la boca abierta. I was stunned.
Me saca de mis casillas. It drives me crazy.
Me saca de quicio. It infuriates me.
morir de envidia to die of envy
¿Qué onda? What's up?
sin ganas reluctantly
última esperanza last hope
Y, encima,... And, not only that,...
Y, para colmo,... And, to top it off...
Ya aguanté demasiado. I already put up with too much.

- ¿Cómo se sienten estas personas?
- ¿Qué motivos pueden tener para sentirse así?
- ¿Crees que el estado de ánimo depende de la personalidad de cada uno?
- ¿Cómo te sientes tú hoy?

EN BUSCA DE LA FELICIDAD

12

Learning outcomes

By the end of this unit you will be able to:

- Discuss what happiness means to you and others
- Express desires that are attainable or impossible
- React using positive and negative expressions of emotion
- Use nuance to express how you feel

Para empezar

- ¿Qué te hace feliz?

Comunica

- Serenidad y amor: expresar un deseo
- ¿El dinero da la felicidad?: reaccionar ante algo, expresar voluntad y dar un punto de vista

Pronunciación y ortografía

- Acentuación (4): la tilde en las palabras compuestas y en las voces latinas o adaptadas

Cartelera de cine

- *Sobreviviré*

Gramática

- Oraciones subordinadas sustantivas
- Verbos con doble significado según se construyen con indicativo o subjuntivo
- Estructuras reduplicativas de subjuntivo

Intercultura

- Comprar felicidad

Nos conocemos

- Continente en movimiento

Literatura para la vida

- *No hay que complicar la felicidad*, de Marco Denevi

» Familias hispanas.

PARA EMPEZAR

¿QUÉ TE HACE FELIZ?

12.1 Lean las siguientes afirmaciones y comenten con sus compañeros si están de acuerdo con ellas o no, o si les añadirían algún otro aspecto.

	SÍ	NO	DEPENDE
a Me hace feliz vivir el presente, sin hacer planes demasiado idealistas.	▢	▢	▢
b Disfruto más solo en mi casa con un buen libro que en una discoteca.	▢	▢	▢
c Espero que la felicidad me llegue algún día, porque hasta ahora no la he sentido.	▢	▢	▢
d Me realizo más en mi vida personal que en la académica.	▢	▢	▢
e Me hace muy feliz estudiar la carrera que he elegido.	▢	▢	▢

12.2 Lee la encuesta realizada por el periódico *El País* donde se les preguntaba a diferentes personas qué era para ellos la felicidad. Subraya qué momento es el que destaca cada uno de ellos como especialmente feliz en su vida.

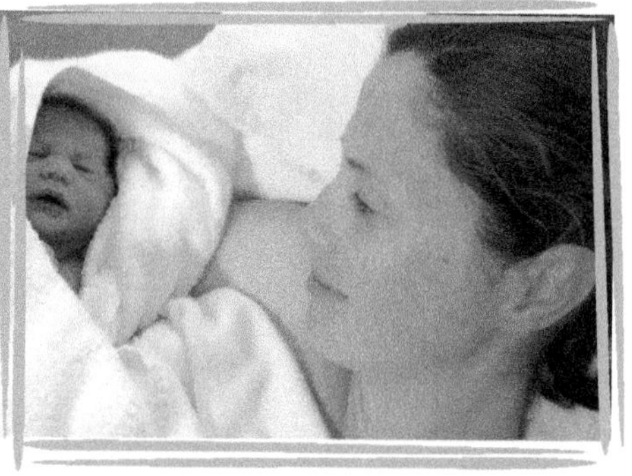

a **¿Qué es para ti la felicidad?** Para mí, vivir cada minuto como si fuera el último. Me encanta beber una copa de buen vino, dormir, un buen libro. Pero lo que más, seguir escribiendo y poder publicarlo. **¿Qué momento recuerdas como el más feliz de tu vida?** El libro que más recompensas me ha aportado ha sido *Trastorno afectivo bipolar*. Fue muy importante para mí que mucha gente me escribiera dándome las gracias y todos me hablaran de sus propias vivencias.

b **¿Cuáles dirías que han sido los mejores momentos de tu vida?** Están relacionados con el trabajo y la relación con los demás. **¿Hay alguno que recuerdes especialmente?** Soy músico y no te puedes imaginar lo que me alegré de que me viera mi prometida cuando me subí por primera vez a un escenario. ¡Fue emocionante que ella estuviera allí! Me sorprendió que hubiera tanta gente. A uno le extraña que sucedan estas cosas, no estás acostumbrado…

c **¿Qué es la felicidad?** No tengo claro qué es la felicidad. Un sofá y un buen libro es suficiente… Te aconsejo que lo hagas de vez en cuando. **¿Qué momento recuerdas como el más feliz de tu vida?** El momento más intenso de mi vida fue cuando tuve en brazos a mi hija por primera vez: era increíble pensar que estuviera allí, deseaba que ese momento no acabara nunca. Solo entonces he llorado de felicidad. La verdad es que le recomendaría a todo el mundo que tuviera niños.

d **¿Dirías que eres feliz?** Al principio de venir aquí no había felicidad completa. Faltaban mis hijos, estaban en México. **¿Y en este momento?** Llevo tres años en España y he sufrido mucho, pero también he tenido alegrías: antes era inimaginable que consiguiéramos los papeles y hoy ya los tenemos; era impensable que mi mujer y yo encontráramos trabajo y aquí nos tiene, con un empleo estable cada uno. Me enorgullece mucho también que mis hijos puedan recibir una educación y que nuestra economía doméstica haya mejorado tanto... **Entonces, ¿tu felicidad ahora es completa?** No, cuando llamo a mi familia me entristezco... Lamento tanto que no estén aquí...

[86]

12.3 **Ahora, escucha la encuesta sin mirar el texto anterior y señala las frases que dicen. Después, rectifica las que no se corresponden según el audio.**

- a ☐ **Fue muy importante** para mí **que** mucha gente me **escribiera** dándome las gracias.
- b ☐ **Me avergonzó que me viera** mi pareja cuando me subí por primera vez a un escenario.
- c ☐ **¡Fue emocionante que** ella **estuviera** allí!
- d ☐ **Me desanimó que hubiera** tanta gente.
- e ☐ A uno **le gusta que sucedan** estas cosas.
- f ☐ Antes **era inimaginable que consiguiéramos** los papeles.
- g ☐ **Me satisface** mucho también **que** mis hijos **puedan** recibir una educación.
- h ☐ **Lamento** tanto **que no estén** aquí.
- i ☐ La verdad es que **le recomendaría** a todo el mundo **que tuviera** niños.

12.4 **Lee de nuevo las frases anteriores y fíjate en su estructura. ¿Qué tienen en común? Completa esta cuadro de reflexión.**

>> Se usa el modo .... con verbos y expresiones en las que la intención del hablante no es solo informar sobre un hecho, sino reaccionar sobre algo, expresar un deseo, voluntad, dar su punto de vista, dar consejos o influir sobre los demás o sobre una situación.

¡PRACTICA!

12.5 **Con tu compañero/a, escriban un diálogo similar siguiendo las instrucciones. Después, representen la conversación.**

1. Pregunta qué es para tu compañero/a la felicidad.
2. Explica qué es la felicidad para ti.
3. Pídele que cuente un momento feliz para él/ella.
4. Cuéntale con detalle tu momento más feliz hasta la fecha.
5. Pregúntale si considera que su felicidad es completa o si desearía mejorar.

VOCABULARIO

12.1 **Uno de los puntos clave para ser feliz es la serenidad. ¿Tienes tendencia a sentir angustia? Lee las preguntas y asegúrate de que entiendes todas las palabras. Puedes usar el diccionario. Después, haz el test.**

¿Tienes tendencia a agobiarte?

		SIEMPRE	A VECES	NUNCA
1	**Enfadarse** a la menor contrariedad.	▢	▢	▢
2	**Indignarse** cuando hay cambio de planes.	▢	▢	▢
3	**Ser** perfeccionista.	▢	▢	▢
4	**Preocuparse** por los demás.	▢	▢	▢
5	**Tener** dificultad en permanecer inactivo.	▢	▢	▢
6	**Obsesionarse** por detalles poco importantes.	▢	▢	▢
7	**Sentirse** permanentemente insatisfecho.	▢	▢	▢
8	**Ser** un maniático/a del orden.	▢	▢	▢
9	**Ser** muy exigente consigo mismo.	▢	▢	▢
10	No **aceptar** críticas.	▢	▢	▢
11	**Culpabilizarse** por todo.	▢	▢	▢
12	**Afrontar** los problemas con nerviosismo.	▢	▢	▢
13	**Ponerse** manos a la obra en cualquier momento.	▢	▢	▢
14	**Ser** hiperactivo/a.	▢	▢	▢
15	**Ser** muy exigente con los demás.	▢	▢	▢
16	**Ser** voluble.	▢	▢	▢

12.2 **Ahora, hazle el test a tu compañero/a, transformando los verbos en negrita, y después consulten los resultados.**

Respuestas:

Suma los puntos de acuerdo con la siguiente valoración: Siempre: 2; A veces: 1; Nunca: 0.

12.3 **Aquí tienen los resultados del test según la puntuación obtenida. Valora el resultado que ha obtenido tu compañero/a. ¿Cómo es tu compañero/a? ¿Y tú?**

Entre 23 y 32 puntos: Hiperexigente, a punto de estallar.

Entre 7 y 23 puntos: Perfeccionista, con tensión excesiva.

Por debajo de 7 puntos: Indiferente, excesivamente tranquilo/a.

12.4 **Dale las indicaciones que, según tu opinión, podrían ayudarle a superar sus problemas. Usa un buen número de expresiones de esta lista.**

- prohibir que
- aconsejar que
- alegrarse de que
- ojalá
- querer que
- insistir en que
- sorprenderle a uno que
- recomendar que
- es evidente que

Modelo: – *Me sorprende que seas tan perfeccionista.*
– *Te aconsejo que no te obsesiones por detalles poco importantes.*

12.5 **Uno de los factores que más influyen a la hora de encontrar la felicidad es el amor. En Internet alguien ha lanzado esta pregunta: *Y para ti, ¿qué es el amor?* Lee las respuestas de estos internautas. ¿Con quién simpatizas más? Coméntalo con tu compañero/a.**

Carlos y Alba

Yo **creo que** el amor **es** un afecto especial hacia alguien sin importar cómo sea esa persona. **He comprobado que** los enamorados **dan** todo a cambio de nada. Yo misma **confieso que estoy** enamorada desde hace poco tiempo y **siento que soy** capaz de darle a Carlos hasta mi propia vida...
"Enamorada"

Roberto

Yo solo **sé que** el amor es difícil de encontrar... Hace tiempo conocí a una muchacha que me gustaba, pero no parecía el amor de mi vida. Ella se cansó y **me dijo que** me **dejaba**. **Es cierto que** en aquellos momentos me sentí liberado. Pero luego, poco a poco, **me di cuenta de que** no **podía** vivir si ella. La llamé y, al cabo de un tiempo, volvimos a salir. **No imaginaba que se pudiera** ser tan feliz. ¡No dejes escapar el amor cuando se presente!
"Esperanzado"

Patricia

Pues yo **no pienso que se pueda** estar enamorado sin quererte primero a ti mismo. **No es verdad que** el amor **sea** la entrega total. Todos nos queremos, primero y sobre todo, a nosotros mismos. Es un instinto de supervivencia...
"Escéptica"

COMUNICA

12.6 **Fíjate en los verbos y expresiones que están destacados en el foro anterior. ¿Qué expresan? Marca la opción correcta.**

- a ☐ Expresan sentimientos y deseos, realizables o no.
- b ☐ Expresan opinión y acciones relacionadas con el pensamiento.
- c ☐ Expresan voluntad, mandato, ruego o prohibición.
- d ☐ Expresan probabilidad, improbabilidad, posibilidad o imposibilidad.

12.7 **Completa el cuadro con los verbos y expresiones resaltados de los textos anteriores en su categoría correspondiente. Trabaja con tu compañero/a.**

Actividad mental	Comunicación	Percepción	Certeza
acordarse de	contar	descubrir	es obvio
recordar	explicar	oír	es evidente
juzgar	manifestar	notar	es seguro
soñar	declarar	7	está visto
1	comentar	8	está claro
2	5	9	10 ....
3	6		11 ....
4			

12.8 **Con tu compañero/a, escriban una definición de cada uno de los verbos que han completado en la tabla anterior. Después, intercambien sus definiciones con otras parejas para comprobar si tienen claro sus significados.**

1 ....
2 ....
3 ....
4 ....
5 ....
6 ....
7 ....
8 ....
9 ....
10 ....
11 ....

12.9 **Discutan todos juntos sobre las diferencias que existen entre los distintos verbos de cada categoría. ¿Qué matices existen entre ellos? ¿Por qué utilizamos unos y no otros en cada caso?**

12.10 **Vas a participar con tu opinión y tus experiencias (reales o inventadas) en el foro: *Y para ti, ¿qué es el amor?* Escribe el texto siguiendo el modelo de las intervenciones anteriores.**

....
....
....
....

COMUNICACIÓN

12.11 Piensen en tres deseos y escríbanlos. Cada uno de ellos debe estar expresado de manera diferente. Después, pónganlos en común con su compañero/a y observen las formas que han utilizado cada uno.

12.12 Fíjate en estas frases que expresan deseo. Después, completa el recuadro. Trabaja con tu compañero/a.

- **Ojalá lleguen** pronto mis padres de vacaciones. Tengo ganas de verlos.
- **Ojalá** todos mis compatriotas **pudieran** decir lo mismo.
- Siempre sale tarde de casa. ¡**Así** no **haya llegado** a clase y el profesor lo regañe! A ver si de esta manera aprende a ser puntual.

> - **Expresar un deseo**
>   - » Para expresar un deseo es muy frecuente el uso de [1] .... (buenos deseos) y [2] .... (malos deseos). Cuando el hablante quiere presentar el deseo como realizable, utiliza el [3] .... de subjuntivo o en caso de referirse a un hecho pasado cercano o relacionado con el presente, el [4] .... de subjuntivo.
>   - – [5] ....
>   - – [6] ....
>   - » Si lo cree de difícil o imposible cumplimiento, usa el [7] .... de subjuntivo, que adquiere así el valor de presente o futuro irreal.
>   - – ***Ojalá tuviera** más oportunidades de entrar en la universidad, sería mi sueño.*
>   - – [8] ....

12.13 Completa las siguientes frases con el tiempo correcto del subjuntivo, según el contexto dado.

llamar ▪ regresar ▪ aprobar ▪ comprar ▪ perder

a

María no cree que apruebe el examen porque no estudió.

¡Ojalá .... el examen!

b

Fernando quería irse de vacaciones en agosto, pero su jefa le ha dicho que no puede. Sorprendentemente esta mañana ella lo ha llamado desde el aeropuerto de La Habana para decirle que estará unos días de vacaciones. Fernando está muy enfadado.

¡Así le .... su maleta y no se la devuelvan hasta unos días!

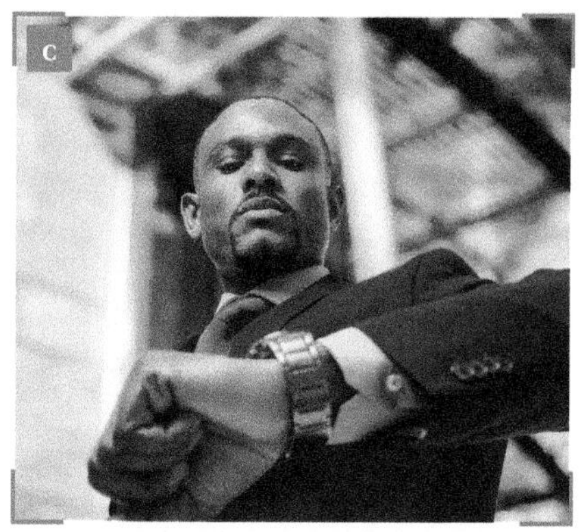

Martin va camino de su casa. Espera a su hijo, que ha estado un mes en un campamento, pero no sabe si ha llegado o no.

¡Ojalá .... ya!

Lucas ha aprobado todo el curso. Su madre quiere comprarle una moto de regalo, pero su padre piensa que es muy peligroso.

Lucas piensa:
¡Ojalá me .... la moto!

Elisa está esperando una llamada importante, pero ha tenido que salir de casa cinco minutos a comprar algo para la comida. Cuando va de regreso a casa, piensa: ¡Así no me .... todavía!

12.14 Según el recuadro y los ejemplos del ejercicio anterior, piensa y escribe dos situaciones donde también puedes expresar deseos de forma similar. Después, explícaselas a tu compañero/a y él/ella debe expresar el deseo correctamente.

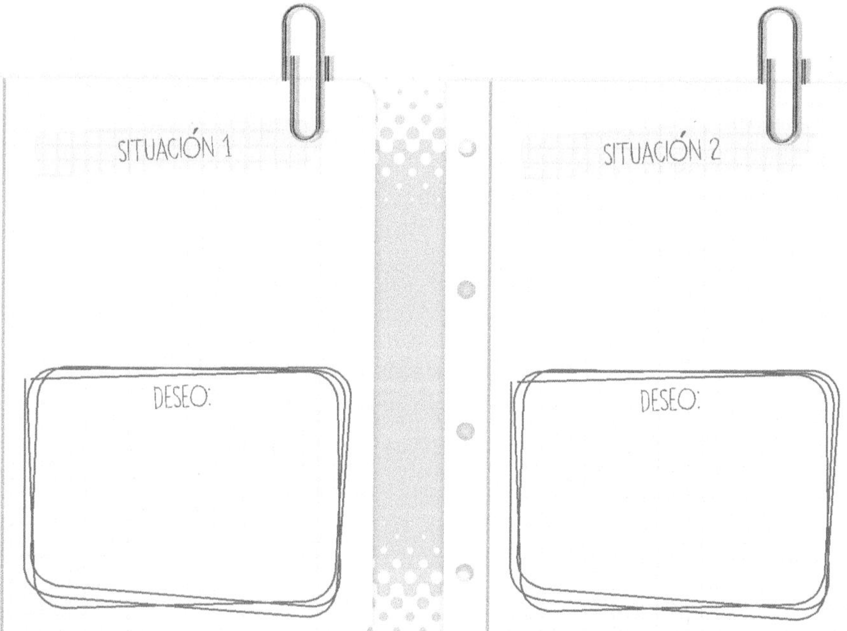

12.15 Cada estudiante dice uno de sus deseos. Cualquier compañero/a de la clase puede participar y contar una situación que crea que pueda estar relacionada. ¡No olviden que cada forma de deseo tiene su matiz!

VOCABULARIO

12.16 ¿Qué cosas pueden proporcionar felicidad a la gente? Anota aquí tus ideas.

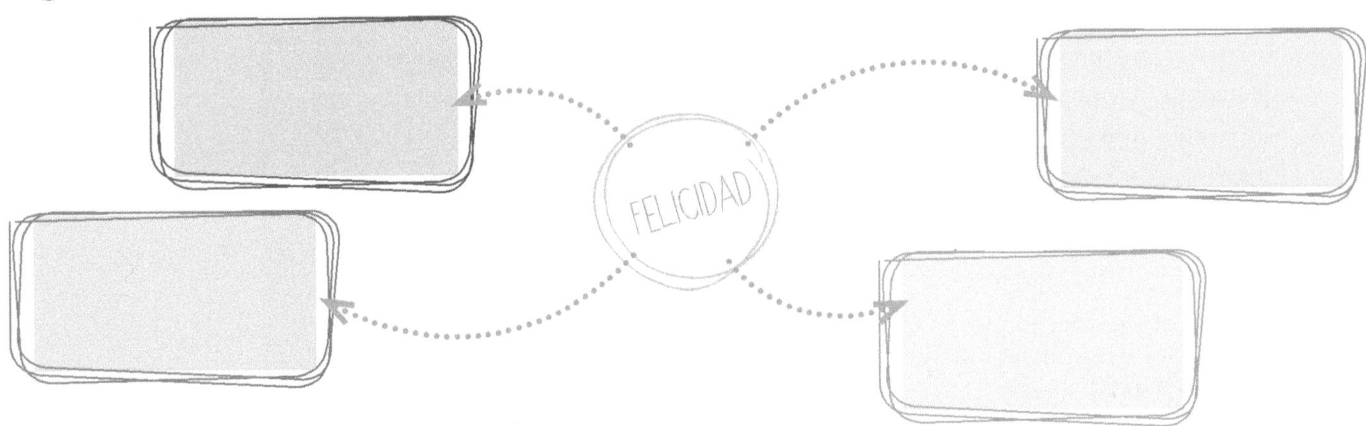

12.17 Muchos filósofos y escritores han intentado averiguar en qué consiste ser feliz. Aquí tienes el comienzo de cuatro citas sobre la felicidad. Habla con tu compañero/a y complétenlas, según su opinión.

- a La felicidad consiste principalmente en... ....
- b El hombre más feliz del mundo es aquel que... ....
- c La felicidad para mí consiste en gozar de... ....
- d La felicidad de la vida consiste en tener siempre... ....

12.18 Lean las citas completas y compárenlas con las suyas. ¿Han coincidido?

Borges

"La felicidad para mí consiste en gozar de buena salud, en dormir sin miedo y despertarme sin angustia".

"La felicidad consiste principalmente en conformarse con la suerte; es querer ser lo que uno es".

"El hombre más feliz del mundo es aquel que sabe reconocer los méritos de los demás y puede alegrarse del bien ajeno como si fuera propio".

Goethe

"Cuando era joven pensaba que el dinero era lo más importante de la vida, ahora que soy mayor, sé que lo es".

Oscar Wilde

12.19 Vuelvan a leer las citas. ¿Con cuál se identifican más? ¿Por qué?

COMUNICA MÁS

12.20 **Para conocer el significado de una palabra, muchas veces recurrimos a su origen etimológico. ¿Sabes de dónde proviene la palabra española *felicidad*? Discútelo con tu compañero/a. Después, lean este texto y comprueben su respuesta.**

El significado de ***felicidad*** viene del latín ***felicitas*** y significa "cualidad de contento, satisfecho".

Como lengua romance, el español proviene del latín, por lo que el origen de un porcentaje muy elevado de palabras españolas es latino. También hay un porcentaje considerable de palabras que contienen prefijos o sufijos griegos: *democracia, biología, polígono...*

Conocer el significado de algunos de los prefijos y sufijos latinos y griegos nos ayudará, en muchas ocasiones, a deducir el significado de una palabra.

12.21 **A continuación, te ofrecemos una lista de prefijos y sufijos de origen griego. Busquen en el diccionario qué significan y, después, escriban dos palabras que los contengan.**

Modelo:
-itis: *indica inflamación* .... *apendicitis* .... *artritis*

a bio-: ....
b demo-: ....
c -cracia: ....
d hemi-: ....
e hipo-: ....
f meta-: ....
g poli-: ....
h -ismo: ....

12.22 **Ahora, te ofrecemos una serie de palabras que contienen prefijos y sufijos cuyo origen es el latín. Busquen en el diccionario las palabras y deduzcan el significado de dicho prefijo o sufijo.**

Modelo:
Carnívoro: *Dicho de un animal que se alimenta de carne.* .... *-voro: que come*

a Circunferencia: ....
b Cuatrimestre: ....
c Decimal: ....
d Infravalorado: ....
e Conductor: ....
f Omnipresente: ....
g Posventa: ....
h Subordinado: ....

12.23 ¿A qué registro pertenece la mayoría de estas palabras? ¿Hay palabras que provienen del griego o del latín en inglés? ¿Coinciden algunos de los sufijos o prefijos de esas palabras con los que acabamos de estudiar?

12.24 Lee el siguiente texto sobre la relación entre dinero y felicidad. Fíjate en las palabras destacadas. ¿Qué tesis defiende el autor? ¿Están de acuerdo?

"(...) Sin salarios no se pueden ofrecer momentos de sano **esparcimiento**. La calma del hogar se ve afectada si pasan los días y no se encuentra trabajo. Baja la autoestima y las cualidades se ven **mermadas**. Por ejemplo, pueden **gozar** parecido el carnaval de Barranquilla un rico y un pobre, pero la cualidad de su **disfrute** no será la misma. (...)

(...) ¿Pueden ser los pobres más felices que los ricos? ¿Son más felices los habitantes de Colombia o Nairobi que los ciudadanos de Suiza o Estados Unidos? Mientras seamos tan pobres, estas recetas no son más que un falso **consuelo**.

(Adaptado de *Felicidad y riqueza* de Fernando Estrada Gallego en: http://www.analitica.com/va/sociedad/articulos/4100269.asp)

12.25 Vamos a reflexionar sobre las estrategias que utilizamos para comprender un texto.

a ¿Sabes el significado de las palabras destacadas? Si no es así, ¿te han impedido entender el sentido general del texto? ¿Por qué?

b Subraya las palabras clave del texto que son imprescindibles para la comprensión general.

c Tacha las palabras que no son necesarias para la comprensión general del texto.

12.26 Aquí tienes las definiciones de las palabras destacadas en el texto, según el Diccionario de la Real Academia. Asocia cada término con su definición. Si te fijas en el contexto en que aparecen en el texto, te resultará más fácil hacer la asociación.

a ....: Conjunto de actividades con que se llena el tiempo libre.

b ....: Descanso y alivio de la pena, molestia o fatiga que aflige y oprime el ánimo.

c ....: Participio del verbo *mermar*. Hacer que algo disminuya o quitar a alguien parte de cierta cantidad que le corresponde.

d ....: Tener gusto, complacencia y alegría de algo.

e ....: Acción y efecto de sentir placer.

12.27 ¿Vivir para trabajar o trabajar para vivir? Si les aumentan el sueldo, ¿aumenta su felicidad? ¿Qué prefieren: ganar menos y tener más tiempo para ustedes, o lo contrario, trabajar más y tener más dinero?

COMUNICA MÁS

COMUNICACIÓN

- **Reacciones ante algo, expresar voluntad y dar un punto de vista**
  » Para expresar una reacción ante algo, se usa:
  - ***Me alegré de que*** *me viera mi prometida cuando me subí por primera vez a un escenario.*
  - [1] ....
  - [2] ....
  - [3] ....
  - [4] ....

- Para expresar voluntad, deseo, prohibición, mandato, consejo o ruego con la intención de influir sobre los demás o sobre las situaciones, se usa:
  - ***Pues quería que*** *mis hijos se reunieran con nosotros.*
  - ***Le prohibió terminantemente que*** *se asomara al balcón.*
  - [5] ....
  - [6] ....
  - [7] ....

- Para expresar el punto de vista sobre algo mediante la estructura ***ser*** + adjetivo + ***(que)***, se usa:
  - ***Fue muy importante para mí que*** *mucha gente me escribiera dándome las gracias.*
  - [8] ....
  - [9] ....
  - [10] ....
  - [11] ....

12.28 **Vuelve a leer los textos de la actividad 12.2 en *Para empezar* y completa el cuadro anterior con sus ejemplos correspondientes.**

12.29 **Indica qué expresa cada una de las frases.**

a. Mis padres me prohibieron que fuera solo de viaje. ▶ Modelo: *Expresa voluntad.*
b. Me enorgullece mucho que mi hija se haya graduado en Económicas. ▶ ....
c. Te aconsejo que lo llames a su casa antes de ir a verle. ▶ ....
d. Fue emocionante que me sacara a bailar al escenario. ▶ ....
e. Fue muy importante para mí que mis padres vinieran a verme a la graduación. ▶ ....
f. Me sorprendió que las tiendas estuvieran vacías en plenas rebajas. ▶ ....
g. Era increíble la cantidad de gente que acudió a verle al concierto. ▶ ....
h. Lamento tanto que no haya podido venir Ana, pero está enferma en cama. ▶ ....
i. Quería que mis padres fueran con nosotros de vacaciones. ▶ ....

12.30 **¿Qué responderías tú si te preguntaran qué es para ti la felicidad? Piensa en un momento feliz o emotivo de tu pasado (real o inventado) y cuéntalo por escrito reaccionando ante él. Utiliza las estructuras anteriores.**

PRONUNCIACIÓN y ORTOGRAFÍA

Acentuación (5): la tilde en las palabras compuestas y en las voces latinas o adaptadas

12.1 Lee la información del recuadro y acentúa las palabras de la tabla en caso necesario. Después, colócalas en su lugar correspondiente.

accesit ▪ buscapies ▪ franco-aleman ▪ Paris ▪ facilmente ▪ item ▪ hispano-belga ▪ buenamente ▪ bunker ▪ decimoseptimo ▪ historico-critico-bibliografico ▪ curriculum ▪ asimismo ▪ Windsor ▪ timidamente

LAS PALABRAS COMPUESTAS, VOCES LATINAS Y VOCES ADAPTADAS

- Las **palabras compuestas**
  - » Las palabras compuestas por dos raíces siguen las normas generales de acentuación:
    - [1] ...., ..., ...
  - » Los adverbios terminados en *–mente* conservan la tilde si su correspondiente adjetivo la lleva. Estas palabras tienen dos acentos fónicos y, como todas las palabras, uno ortográfico:
    - [2] ...., ..., ...
  - » Las palabras compuestas de dos o más adjetivos con guion mantienen su tilde ortográfica si las palabras independientes la llevan:
    - [3] ...., ..., ...
- Las **voces latinas** usadas en español se rigen por las reglas generales de acentuación:
  - [4] ...., ..., ...
- En las **palabras de otras lenguas** que, por su falta de adaptación a la nuestra, escribimos con letra cursiva o entre comillas, así como en los nombres propios originales de tales lenguas, no se utilizará ningún acento que no exista en el idioma a que pertenecen:
  - [5] ....

  Si se trata de voces ya incorporadas a nuestra lengua o adaptadas completamente a su pronunciación y escritura, llevarán tilde cuando lo exija la acentuación del español:
  - [6] ...., ...

Recuerda

- Recuerda que las mayúsculas se acentúan siempre y cuando las reglas generales de acentuación lo exijan.

12.2 Escribe un texto en el que aparezcan, como mínimo, diez ejemplos con palabras compuestas, latinas y adaptadas. Puedes usar el diccionario.

CARTELERA DE CINE

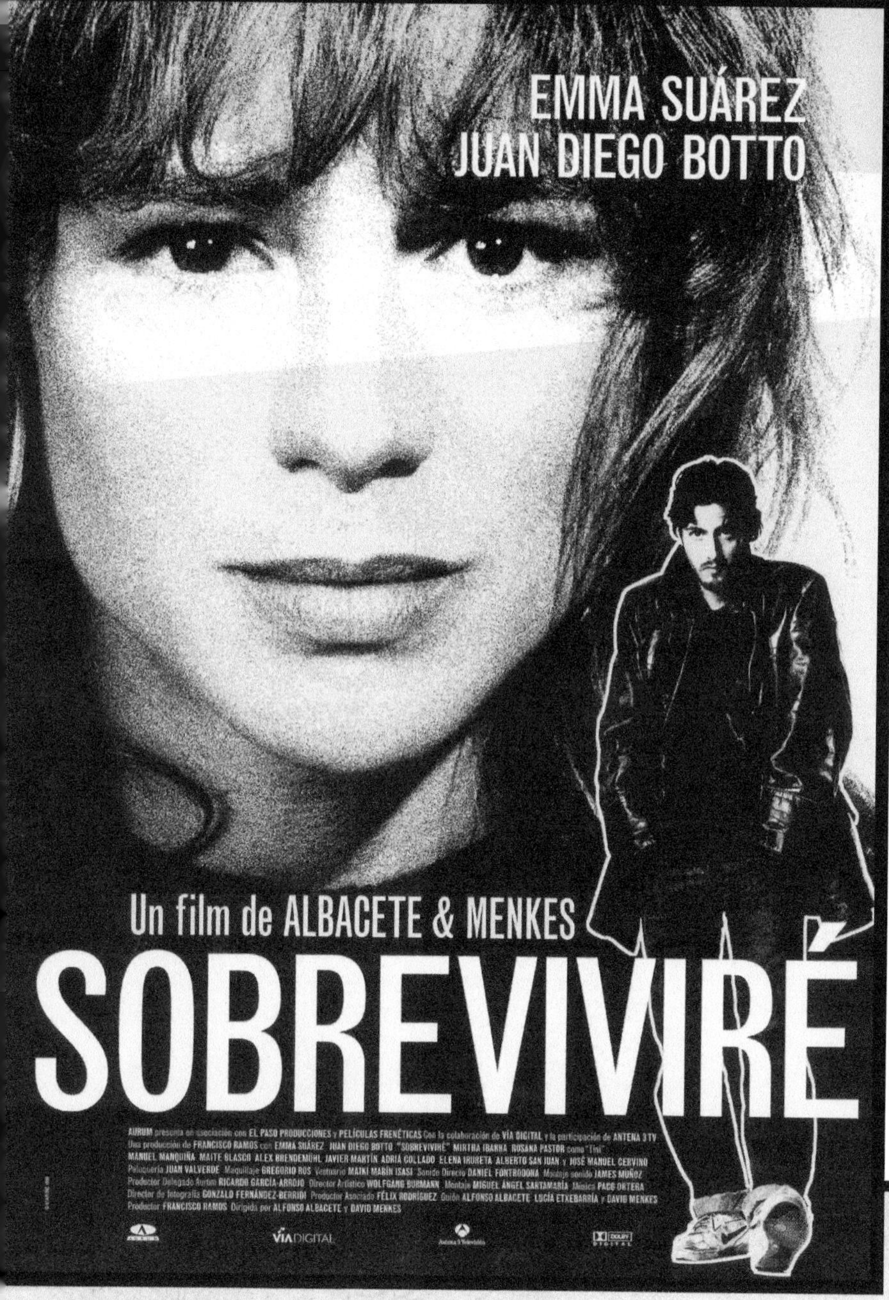

EMMA SUÁREZ
JUAN DIEGO BOTTO

Un film de ALBACETE & MENKES

SOBREVIVIRÉ

SINOPSIS

Marga es una mujer joven que, de la noche a la mañana, pierde su empleo y también a su novio Roberto en un accidente de tráfico; y, para colmo, descubre que está embarazada. En tales circunstancias, no tiene más remedio que empezar una nueva vida. Entonces conoce a Iñaki, un joven diez años menor que ella, y que hasta entonces se había considerado exclusivamente gay, y se enamoran. Empiezan una historia de amor que la saca del pozo en el que se encontraba, a pesar de que todos les dicen que esa relación no puede funcionar. Y aunque terminan rompiendo, ambos quedan como amigos y recordando su relación con dulzura.

¿SABÍAS QUE...?

- Consiguió un gran éxito de taquilla, ayudada por la gran acogida (reception) de la canción principal de su banda sonora original de Paco Ortega e interpretada por Niña Pastori.
- No es solo una comedia romántica, trata temas sociales como el desempleo, las condiciones laborales y los matrimonios del mismo sexo.
- Los directores han trabajado juntos en numerosas ocasiones como en *Mentiras y gordas* o *Más que amor, frenesí.*

SECUENCIA DE LA PELÍCULA

00:46:35 ▶ 00:50:41

DATOS TÉCNICOS

Título	Sobreviviré.		
Año	1999.	**Género**	Drama.
País	España.	**Director**	David Menkes y Alfonso Albacet.

Intérpretes

Juan Diego Botto, Emma Suárez, Mirtha Ibarra, Rosana Pastor, Manuel Manquiña, Maite Blasco, Álex Brendemuhl, Javier Martín, Adriá Collado, Elena Irureta.

ANTES DE VER LA SECUENCIA

12.1 Antes de ver esta secuencia, observa las imágenes extraídas de la película. Con tu compañero/a, describan cada una de ellas relacionándolas con la sinopsis de la película.

12.2 Relaciona cada descripción con una de las imágenes anteriores.

- a Marga e Iñaki salen juntos.
- b Marga recibe la noticia de la muerte de Roberto.
- c Marga y Rosa, su amiga cubana, se van a vivir juntas.
- d Iñaki acude al videoclub de Marga.
- e Marga y Roberto deciden irse a vivir juntos.
- f Marga conoce a su novio Roberto.

CARTELERA DE CINE

MIENTRAS VES LA SECUENCIA

Marga y Rosa charlan sobre la noche anterior. Rosa comenta cómo va su relación con Rolando y pregunta a Marga qué tal su cita con Iñaki.

12.3 Observa esta primera parte de la secuencia y contesta a las preguntas.

1. ¿Cómo pasó la noche Rosa?
   - a) Horrible, estuvo vomitando.
   - b) Fantástica, estuvo muy bien.
   - c) Aburrida, estuvo bailando.

2. ¿Qué piensa Rosa sobre su relación de pareja con Rolando?
   - a) Que quizás ha llegado el momento del matrimonio.
   - b) Que quizás ha llegado el momento de romper.
   - c) Que quizás ha llegado el momento de tener un hijo.

3. ¿Qué piensa Marga de Enrique tras su primera cita?
   - a) Que la cita fue mal, horrible, fatal…
   - b) Que es dulce, encantador y divertido.
   - c) Aburrido y soso.

Llega Iñaki. Marga y él se ven por segunda vez tras su primera cita. Es momento de enfrentarse a la difícil realidad.

12.4 Observa la segunda parte de la secuencia y responde a las siguientes preguntas.

- a) ¿Cuál es la reacción de Rosa al ver llegar a Iñaki?
- b) ¿Y la reacción de Marga?
- c) ¿Qué reacción tiene Iñaki al conocer a Tito?

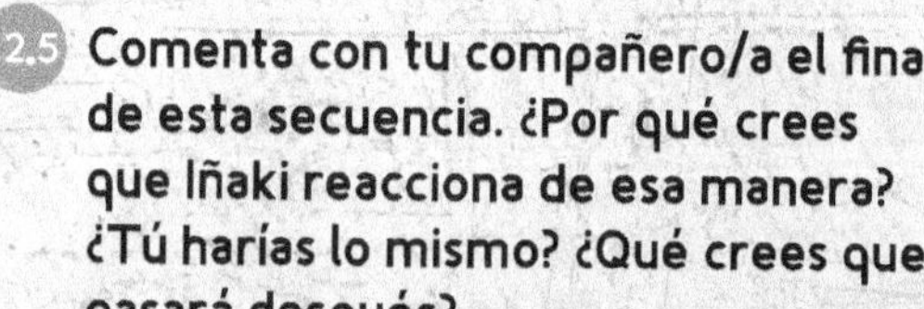

12.5 Comenta con tu compañero/a el final de esta secuencia. ¿Por qué crees que Iñaki reacciona de esa manera? ¿Tú harías lo mismo? ¿Qué crees que pasará después?

DESPUÉS DE VER LA SECUENCIA

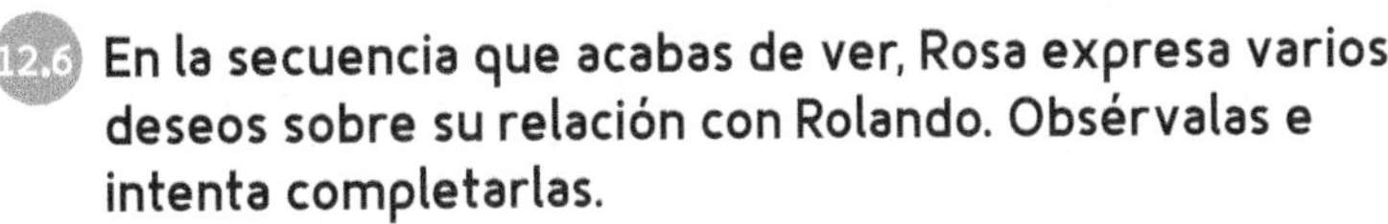

12.6 En la secuencia que acabas de ver, Rosa expresa varios deseos sobre su relación con Rolando. Obsérvalas e intenta completarlas.

- a Ojalá que todo .... (ir) bien.
- b Ojalá que me .... (querer).
- c Ojalá que .... (ser) de verdad.
- d Ojalá que me .... (pedir) que .... (casarse).

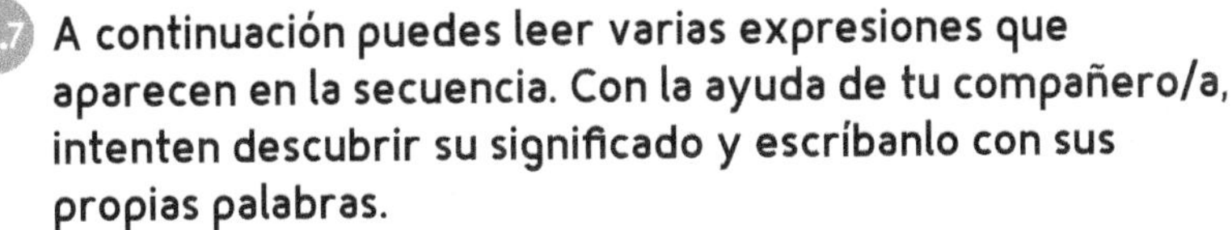

12.7 A continuación puedes leer varias expresiones que aparecen en la secuencia. Con la ayuda de tu compañero/a, intenten descubrir su significado y escríbanlo con sus propias palabras.

- a Acaramelada: ....
- b Me miraba con ojos de no haber roto nunca un plato: ....
- c Tú lo que necesitas es un baño de cariño: ....
- d Te va a dejar mamá que te lleve el coco: ....

12.8 Tras leer la sinopsis de esta película y después de haber visto la secuencia, ¿puedes imaginar cuál es el tema principal? Escríbelo con tu compañero/a.

....
....
....
....
....

12.9 Comenten con la clase el tema del que trata la película. ¿Todos piensan que lo principal en la vida para ser feliz es encontrar el amor o una amistad?

GRAMÁTICA

A ORACIONES SUBORDINADAS SUSTANTIVAS

Verbs of communication, like those you studied in the vocabulary section of this unit, sometimes convey the idea of volition or preference. Read how these verbs are used with both the subjunctive and the indicative in noun clauses.

- Los verbos o expresiones que indican actividad mental, comunicación, percepción o certeza se construyen normalmente con **indicativo** si son afirmativos:
  - *Yo creo que el amor* ***es*** *un afecto especial hacia alguien.*
  - *Yo solo sé que el amor* ***es*** *difícil de encontrar.*

  » La intención del hablante es presentar los hechos de los que habla de manera objetiva y presupone la verdad de lo dicho.

» Yo creo que el dinero no hace feliz a la gente. No creo que la felicidad esté en el dinero.

- En cambio, es muy frecuente el uso del subjuntivo si son **negativos**:
  - *No imaginaba que se* ***pudiera*** *ser tan feliz.*
  - *Pues yo no pienso que se* ***pueda*** *estar enamorado sin quererte primero a ti mismo.*

- **Alternancia indicativo / subjuntivo**

  » Algunos de estos verbos, cuando van en forma negativa también pueden alternar, en la oración subordinada, en los modos indicativo y subjuntivo:
  - *No me di cuenta de que* ***era*** */* ***fuera*** *el amor de mi vida.* ➡ El hablante utiliza el indicativo o subjuntivo para transmitir la información con más o menos seguridad.
  - *No he confesado que* ***estoy*** */* ***esté*** *enamorada.* ➡ El hablante usa el modo subjuntivo cuando pone más en duda la posibilidad del enamoramiento.

  » Con el verbo ***decir***, la alternancia de indicativo/subjuntivo se debe a los diferentes significados del verbo:
  - *Ella no me* ***dijo*** *que* ***venía***. ➡ El verbo *decir* significa *comunicar*.
  - *Ella no me* ***dijo*** *que* ***viniera***. ➡ El verbo *decir* significa *pedir* u *ordenar*.

  En este último caso, *decir* funciona como los verbos de influencia que van con subjuntivo.

- **¡Atención!**

  » Ten en cuenta que si el verbo principal va en imperativo, este tipo de oraciones negativas se construyen con indicativo:
  - ***No digas que*** *no* ***tengo*** *razón, por favor.*
  - ***No crean que*** *no lo* ***he pensado*** *muchas veces.*

12.1 **Observa las siguientes frases y elige la opción correcta.**

- a No hay esperanzas de que **aparecen** / **aparezcan** vivos.
- b María está segura de que no le **concederán** / **concedieran** la beca.
- c No creo que **viene** / **venga** esta noche. Tenía mucho trabajo.
- d No tengo la seguridad de que **es** / **sea** inocente.
- e Creo que este fin de semana **vamos** / **vayamos** a salir al campo.
- f Javier me dijo que **estaría** / **estuviera** en casa.
- g Es necesario que te **tranquilices** / **tranquilizas**.
- h Me gusta que siempre **estás** / **estés** contento.
- i Me pregunto cuánto dinero **tendrá** / **tenga**.
- j Me comunicó que **vendría** / **venga** tarde.
- k Aclárame cuánto te **han costado** / **hayan costado** las cosas.
- l Mi objetivo es que **aprenden** / **aprendan** bien las reglas gramaticales.

12.2 **En grupos de tres, lean las intervenciones en el foro de la actividad 12.5 de *Comunica* y rebátanlas utilizando las estructuras anteriores en forma negativa.**

Modelo: *Dicen aquí que solo existe el amor cuando llegas a ser uno con la otra persona. No estoy de acuerdo.* ***No creo que haya que*** *perder la individualidad para amar y ser amado. Al contrario...*

B VERBOS CON DOBLE SIGNIFICADO SEGÚN SE CONSTRUYEN CON INDICATIVO O SUBJUNTIVO

Some verbs change meaning in Spanish depending on whether they are used with the subjunctive or indicative.

	Indicativo		Subjuntivo	
Comprender, entender	Darse cuenta, percibir.		Valorar algo como lógico.	
Sentir	Darse cuenta, percibir.		Lamentarse, expresar tristeza o condolencia.	
Decir (y otros verbos de comunicación)	Comunicar.		Pedir, mandar, ordenar.	
Temer(se)	Sospechar algo malo o desagradable (*temerse*).		Tener miedo (*temer*).	*1*
Parecer	Dar la impresión.		Proponer algo a alguien.	

12.3 **Coloquen el número de las frases en su lugar correspondiente en el cuadro anterior, como en el ejemplo.**

Modelo:

1 Temo que los niños se pongan enfermos, sin médico, ni hospitales, ni nada.

2 Parece que va a llover por lo negro que está el cielo.
3 Calla, calla, siento que viene alguien.
4 No sabes cuánto siento que se haya ido. ¡Nos llevábamos tan bien!
5 Nos indicó mediante un gesto que nos calláramos.
6 Entiendo perfectamente que quiera irse, lo han tratado de pena.
7 Comprendió por fin que teníamos razón.
8 Nos indicó que ya había llegado y que estaba a nuestra disposición.
9 ¿Te parece que salgamos un rato y tomemos un café?
10 Se temían que habían cancelado el vuelo a causa de las tormentas.

GRAMÁTICA

[87]

12.4 **El dinero, la fama y el éxito profesional son factores que, en principio, proporcionan felicidad y bienestar a la gente. Sin embargo, existen personas que han renunciado a todo esto precisamente para ser felices. Escucha estos testimonios reales y rellena el cuestionario.**

	Trabajo anterior	Ocupación presente	Dificultades	Estado emocional actual
1				
2				
3				

12.5 **Fíjense en las frases extraídas de la audición anterior y compárenlas con las que les proponemos. Señalen los cambios de forma y de significado que hay entre ellas. Después, sustituyan el verbo principal por otro, de manera que se mantenga el significado de cada frase.**

d Me decían que hiciera cosas que no me gustaban.

Me decían que tenían ganas de jubilarse.

12.6 **¿Has tomado alguna vez una decisión tan radical como la de las personas de la audición? Cuenta cómo fue el proceso: de qué te diste cuenta, qué sentiste, qué decisiones tomaste... Puedes hablar de tu propia experiencia o de la de alguien cercano que conozcas. Intenta al menos utilizar cuatro de los verbos que has estudiado en esta sección.**

C ESTRUCTURAS REDUPLICATIVAS DE SUBJUNTIVO

These grammatical constructions, made up of duplicate verbs in the subjunctive, are used to suggest the opposite of the main part of the sentence. It also expresses indifference or lack of importance with regards to carrying out another action.

Estas construcciones pertenecen al grupo de **oraciones subordinadas concesivas** (es decir, aquellas que indican un contraste entre las dos ideas expuestas), aunque esta vez se sustituyen los conectores por una **estructura repetitiva** cuyos verbos siempre se encuentran en modo **subjuntivo**.

- Forma:
  - » La estructura se forma mediante dos verbos exactamente iguales en modo subjuntivo unidos por una preposición opcional y un pronombre relativo:
    - ***Vayas** donde **vayas**, siempre encontrarás a alguien conocido en esta ciudad.*

- Uso:
  - » Como se puede apreciar, la frase está formada por dos partes muy bien diferenciadas y siempre separadas por una coma. Estas partes se contrastan con el fin de señalar o informar que la parte B de la frase va a llevarse a cabo con indiferencia al impedimento u objeción que se plantea en la partes A:
    - ***Digas** lo que **digas**, pienso hacer lo que siempre he querido hacer en la vida.*

      Parte A — Parte B

    (Es decir, no importa lo que vayas a decir, yo voy a hacer lo que quiero independientemente de lo que tú digas u opines).
    - ***Hagamos** lo que **hagamos**, ellos dos van a casarse, se quieren mucho y juntos son felices.*

      Parte A — Parte B

    (Es decir, no importa lo que hagamos, ellos se van a casar aunque intentemos evitarlo).

- También se pueden construir con verbo en subjuntivo + ***o*** + ***no***, omitiendo el segundo verbo:
    - ***Queramos** o no (**queramos**), nadie puede negar la importancia de la búsqueda de la felicidad en nuestras vidas*

  (En otras palabras: Aunque no queramos, la felicidad es muy importante en nuestras vidas).

12.7 Relaciona para formar frases con sentido.

1. Enrique, tienes que hacer algo para subir la autoestima,......... ☐
2. Tengo que acudir al médico esta tarde para el análisis de sangre,... ☐
3. Mis vecinos siempre están protestando cuando pongo música en casa, pero, ..., yo voy a seguir poniéndola. ☐
4. La verdad es que creo que deberíamos decirle que tiene que trabajar más,... ☐
5. Compré la entrada del concierto un año antes, así que no pienso perdérmelo... ☐
6. Me encanta el sur de México. ..., hay restos arqueológicos mayas para visitar. ☐

a. se ponga como se ponga.
b. pase lo que pase.
c. vayas a donde vayas.
d. digan lo que digan.
e. sea como sea.
f. quieras o no quieras.

GRAMÁTICA

12.8 Piensa en, al menos, tres cosas que quieres hacer en tu vida para ser feliz, independientemente de si crees que puede haber algún impedimento u objeción. Transforma estas intenciones vitales en tres frases utilizando la estructura estudiada.

a ....

....

b ....

....

c ....

....

[88]

12.9 El montañismo es un deporte de riesgo que apasiona y hace felices a muchos. Vas a escuchar una entrevista que le hicieron a Andrés Delgado, un polémico alpinista mexicano especialista en ochomiles (eight-thousander). **Verifica si estas afirmaciones son correctas. Justifica tus respuestas.**

		V	F
a	La mala experiencia que tuvo en el ascenso al Everest, **se debiera a lo que se debiera**, le aportó un crecimiento como montañista.	☐	☐
b	**Digan lo que digan**, él escala por dinero, ya que es imprescindible para vivir.	☐	☐
c	Él siempre ha intentado escalar, **costara lo que costara**, incluso después del incidente que tuvo subiendo el Everest.	☐	☐
d	A los alpinistas jóvenes les recomienda que, **pase lo que pase**, en su carrera de alpinismo actúen con frialdad y saquen el mayor beneficio posible.	☐	☐

12.10 En las afirmaciones anteriores interpreten con sus propias palabras las construcciones verbales repetitivas. ¿Qué creen que comunican?

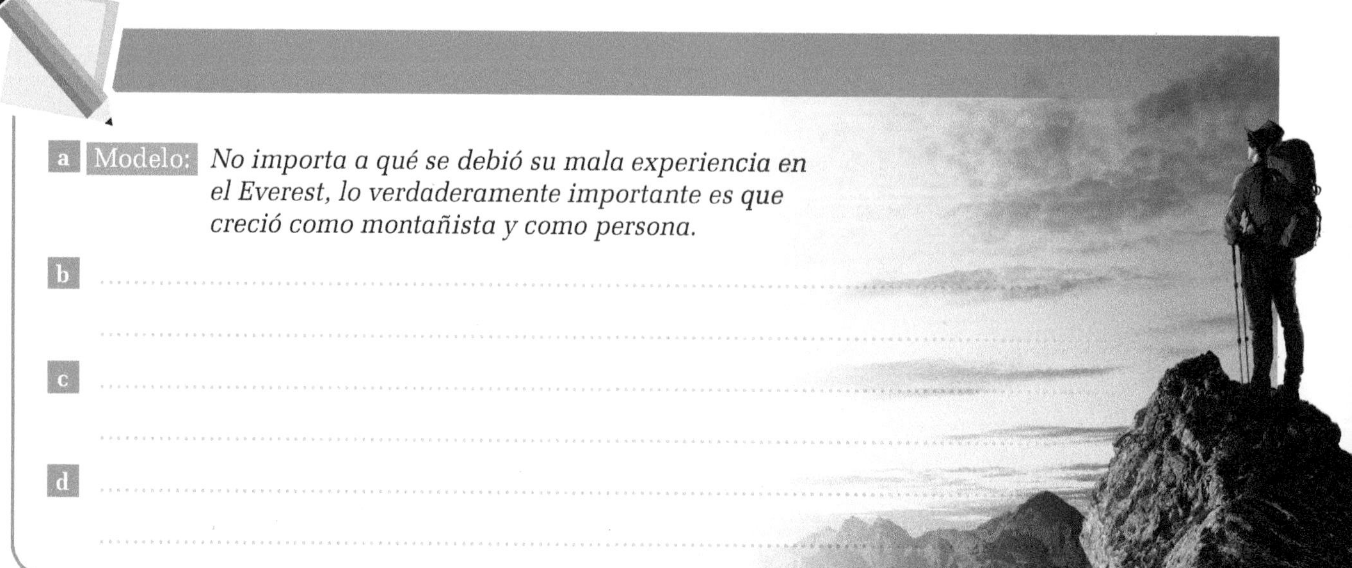

a Modelo: *No importa a qué se debió su mala experiencia en el Everest, lo verdaderamente importante es que creció como montañista y como persona.*

b ....

....

c ....

....

d ....

....

12.11 **Eres un gran escalador que ha subido varios ochomiles. Estás tan convencido de que escalar es tu pasión que, con gran resolución e independencia, reaccionas ante todas las preguntas y las objeciones que te hacen los periodistas. Contesta por escrito a esta entrevista, usando las construcciones repetitivas en tus respuestas.**

De: *periodista@miperiodico.com* | Para: *pasionporescalar@aficiones.es* | Asunto: *Entrevista a un apasionado*

a Usted tiene fama de ser un hombre que siempre consigue lo que quiere, luchando por su pasión: el alpinismo.

Modelo: *Piensen lo que piensen, me da igual: soy feliz viviendo en las alturas.*

b Cuando subió usted el Annapurna en 1999, completando así 14 ochomiles, cuentan que usted hubiera preferido coronar la montaña un 28 de abril y que como no fue así, tuvo una gran crisis de ansiedad en el campamento base, y hablaba de que al final no había logrado su sueño…

....

....

c Para la primavera quiere usted ir al K2, el segundo pico más alto del mundo… y es uno de los más peligrosos, ¿no?

....

....

d Si tuviera que conseguir patrocinadores, como antes hacía, ¿cuánto dinero hubiera tenido que sacar? ¿Cuánto cuesta una expedición a un ochomil?

....

....

e ¿Es verdad que cuando realmente se disfruta de haber coronado una cima es después de haber bajado?

....

....

f Tener un hijo, ¿no le ha cambiado las prioridades en la vida?

....

....

12.12 **Lee a tu compañero/a las frases que escribiste en la actividad 12.8. Preparen una breve entrevista similar a la que acaban de completar sobre Andrés Delgado y preséntenla ante el resto de sus compañeros.**

INTERCULTURA

COMPRAR FELICIDAD

 PREPARAR

  **12.1 Fíjense en estas personas de la foto. Entre todos, describan la imagen que están viendo: ¿qué están haciendo?**

 LEER

 **12.2 Lee el texto y resume cada párrafo, siguiendo estas instrucciones.**

1. Como primera aproximación, haz una lectura general del texto.
2. Subraya las palabras que te impiden entender alguna frase y búscalas en el diccionario.
3. Lee cada párrafo por separado y subraya las palabras clave.
4. Resume cada párrafo en una frase utilizando las palabras clave que has subrayado.

COMPRADORES COMPULSIVOS

Este problema comienza como un instinto incontrolable que se convierte en dependencia, y que puede llegar a provocar la quiebra económica y la crisis del hogar.

No podría decirse que existe un solo perfil, ya que son varios los factores que desarrollan dicha dependencia.

....

El motor que incita, en primera instancia, el deseo irrefrenable por comprar, es encontrar alivio y satisfacción, como una forma de descarga ante una situación adversa. Estas personas sienten el deseo de comprar después de una ruptura amorosa, de un conflicto familiar o ante cualquier problema que afecta a su estado de ánimo. Buscan cualquier cosa atrayente en la tienda o en el centro comercial, no importa que tengan dos iguales en casa.

....

El estado de euforia de los compradores compulsivos es característico en el momento que reciben su mercancía, pero cambia radicalmente conforme se acercan de nuevo a su hogar o a la situación que los inquieta.

....

Este tipo de compradores paga sus compras mediante alguna tarjeta o sistema de crédito, por lo que pierden la dimensión de sus gastos y de sus deudas. Como toda adicción, la compra compulsiva tiene efectos que pueden llegar a ser irreparables: desestabilidad emocional, abandono de la familia, divorcios, grandes deudas, etc.

....

 ESCUCHAR

 [89] **12.3 Un grupo de amigos está hablando sobre este tema en una reunión informal. Resume la opinión de los interlocutores.**

Fernando

Marta

Isaac

Celia

 [89] **12.4 Vuelve a escuchar la conversación pero, ahora, fíjate en cómo discuten y califica con +, — o = los rasgos que, en tu opinión, caracterizan la discusión, comparándola con la que tú mantendrías en tu país en una situación similar.**

	EN LATINOAMÉRICA	EN MI PAÍS
a Preocupación por el conflicto y la armonía.	☐	☐
b Tendencia a evitar alusiones personales.	☐	☐
c Silencios entre turnos.	☐	☐
d Uso de palabras que emite el receptor mientras escucha.	☐	☐
e Interferencias en el turno de palabra de los otros.	☐	☐
f Énfasis en el habla (volumen y velocidad del discurso).	☐	☐

 ESCRIBIR

12.5 Vuelve a leer el comienzo del artículo de la actividad 12.2. ¿Estás de acuerdo con lo que dice el autor? ¿Todo comienza con situaciones problemáticas? ¿Hasta qué punto es una adicción? Escribe tu opinión.

 HABLAR

 **12.6 Lee la siguiente serie de recomendaciones para evitar la compra compulsiva. Escoge las cuatro recomendaciones que te parezcan más acertadas y haz una presentación basándote en ellas.**

- Hacer una lista de lo que se necesita comprar.
- Fijar una suma a gastar.
- Pagar en efectivo.
- No comprar a través de Internet, televisión o catálogos.
- Ir acompañado a comprar.
- No salir a comprar cuando hay una situación de estrés.
- Salir a ver escaparates cuando las tiendas están cerradas.
- Sustituir la salida a las tiendas por otras actividades de ocio o deportivas.

CONTINENTE EN MOVIMIENTO

LA INMIGRACIÓN

12.1 **Indica si las siguientes afirmaciones te parecen verdaderas (V) o falsas (F). Después, lee el texto y comprueba tus respuestas.**

		V	F
a	La migración europea a América Latina continúa.	▢	▢
b	Las redes sociales virtuales han contribuido a la emigración.	▢	▢
c	Muchos latinoamericanos emigran a España.	▢	▢
d	Para 2050, el 50% de la población de EE.UU. será de origen hispano.	▢	▢
e	Hay migración sur-sur de un país a otro.	▢	▢

A mediados del siglo XX, la inmigración de Europa a América Latina empezó a bajar, y en décadas recientes la mayoría de los países latinoamericanos han pasado de ser receptores a ser emisores de emigrantes.

La OIM (Organización Internacional para las Migraciones) precisa entre las causas "las disparidades demográficas, los efectos del cambio ambiental, la nueva dinámica política y económica mundial, las revoluciones tecnológicas y las redes sociales virtuales".

El principal patrón migratorio de América Latina es la emigración sur-norte, a países como EE. UU., Canadá, Japón, Israel y –hasta la crisis del 2008– España.

El corredor migratorio México-Estados Unidos es «el más importante del mundo». Hay más de 50 millones de latinos e hispanos que viven en los Estados Unidos, ya sea legal o ilegalmente. Se ha creado una nueva identidad americano-latina que habla inglés, español, y *spanglish* con soltura. Según los pronósticos, para 2050 los latinos formarán el 29 por ciento de la población estadounidense.

Paralelamente, la desigualdad económica entre los diferentes países latinoamericanos ha ocasionado una migración sur-sur de más de 2 millones de personas. El continente americano es verdaderamente un continente en movimiento.

 12.2 ¿Cuáles piensan que son las reacciones en los países receptores? ¿Piensan que hay alguna diferencia entre la reacción en los países del norte y del sur? Discute con tu compañero/a y, después, comparen sus opiniones con la información del recuadro.

La actitud de la gente en los países receptores de migrantes va de la aceptación al total rechazo, dependiendo de: sus tendencias políticas liberales o conservadoras, su condición económica, el número y proximidad de los inmigrantes, y en gran parte sus prejuicios respecto al 'otro'.

Según investigaciones recientes, un gran número de los habitantes del sur de:

– México	cree que los migrantes	delinquen e invitan al pandillerismo.
– EE. UU.		delinquen y se aprovechan de beneficios de educación y salud.

LOS INVISIBLES

 [90]  12.3 Amnistía Internacional investiga y aboga por la protección y promoción de los derechos humanos de las personas refugiadas, solicitantes de asilo, migrantes y desplazadas internas. En 2010 lanzó 'Los Invisibles', una serie de documentales sobre la situación de los migrantes irregulares en México. Escucha algunas de las declaraciones y contesta a las preguntas.

a ¿Qué le pasó a este migrante? ¿Dónde está?

b ¿Qué le da tristeza a este migrante?

c ¿Qué explica este voluntario mexicano sobre los albergues?

d ¿Qué preferiría este migrante?

e ¿Qué dice esta psicóloga mexicana sobre la situación de las migrantes?

EL FUTURO DE LAS MIGRACIONES

  12.4 Y tú, ¿qué opinas sobre la migración? Lee el párrafo y discute con tus compañeros cómo crees que afectará eso a su vida futura y las medidas que los gobiernos necesitan tomar al respecto.

Las migraciones han sido un componente innegable de la historia de la humanidad y lo seguirán siendo. En el año 2000 había 150 millones de migrantes en el mundo; hoy son aproximadamente 216 millones y, de acuerdo con una proyección de la Organización Internacional para las Migraciones [OIM], hacia 2050 llegarán a 405 millones.

Guía de Ocio

FAMOSOS Y EMIGRANTES

MÚSICA

Me llamo Luis Fonsi y nací en Rosario, Argentina. Cuando llegué aquí a Estados Unidos sí sentí lo que era ser minoría. Poco a poco me fui adaptando, iba buscando mi manera, una vida de escape, ¿no? En este caso el común denominador fue la música. Fue como pude brillar, hacer más amigos, aprender más rápido el idioma. Como pude subir. Ya sabes que cuando uno está en la escuela es mucho de grupos, y de *clicks* como dicen, y la música, ya sabes, me ayudó a conocer niños en la escuela, a poder cantar. Definitivamente se lo debo todo a la música.

Busca en Internet el videoclip de la canción de Luis Fonsi, *Corazón en la maleta* y cuéntale a tu compañero/a de qué trata la letra de esta melodía.

SOCIEDAD

Me llamo Roxana Montoya. Nací en Ayacucho, en el Perú. Me vine hace 15 años a trabajar, en la cosecha del jitomate en Florida. Un trabajo físico muy duro, durísimo. Poco a poco fui ahorrando y ahora tengo mi tiendita. Vendemos frutas tropicales y verduras frescas. Me va más o menos bien. La tienda se llama *Machu Picchu*, como la ciudad de los incas. Le tengo amor a los dos países; mis hijos son estadounidenses, y si uno de ellos decidiera servir en el ejército de este país, pues me sentiría muy orgullosa.

MÚSICA

Me llamo Gloria Trevi. Soy cantante y actriz. Soy mexicana, pero hace años vivo en Estados Unidos. La comunidad latina en EE. UU. cada vez está agarrando más fuerza… ¡y lo que falta! Lo veo como algo maravilloso y espero que muy pronto sea reconocido el trabajo y el poder de los latinos. Cuando veo a los latinos saludar la bandera de EE. UU. siento muy bonito, siento muy bonito porque uno tiene que ser agradecido con quien te da. Esta nación puede ser mucho más grande; EE. UU. no sería lo que es, en el mejor sentido de la palabra, sin los latinos.

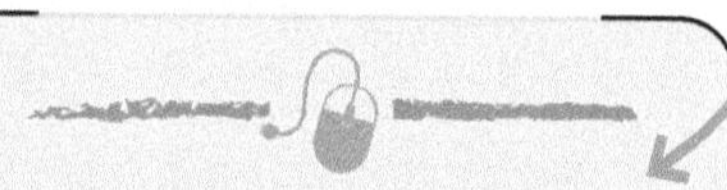

Busca en Internet la letra de la canción *Pelo suelto* de Gloria Trevi. ¿Cómo crees que es la personalidad de esta mujer? Puedes ver también el videoclip. ¿Crees que para tomar la decisión de emigrar a otro país hay que ser especialmente valiente?

SOCIEDAD

Me llamo Alfredo Beteta y nací en Medellín, Colombia. Llegué ciego, sordo y mudo: veía los letreros y no sabía qué decían. Trataba de hablar y la gente no me entendía, la gente me hablaba y yo no entendía nada. No sabía nada de inglés. Recuerdo mucho las palabras de un escritor latinoamericano que vino aquí a una universidad a dar una conferencia. Tenía un inglés con un acento superfuerte y cuando empezó a hablar la gente en el auditorio se empezó a salir porque decían que alguien que hablara tan mal no podía ser inteligente, no tenían nada que escucharle. Él, molesto, dijo, mi acento es inglés, no es mi pensamiento. Y eso ha sido una lección para mí, significa que al inglés hay que darle todos los días. Es duro, duro cuando ya venimos grandecitos. Sí, pero no imposible.

LITERATURA PARA LA VIDA

¿Qué género literario está representado en estas fotografías?

¿Has actuado alguna vez?

¿Cuál crees que puede ser el tema del texto que vas a leer?

¿Te gusta este género?

LITERATURA PARA LA VIDA

12.1 ¿Conoces a este autor? Busca información sobre este autor y anota otros datos que te parezcan de interés sobre su vida.

MARCO DENEVI

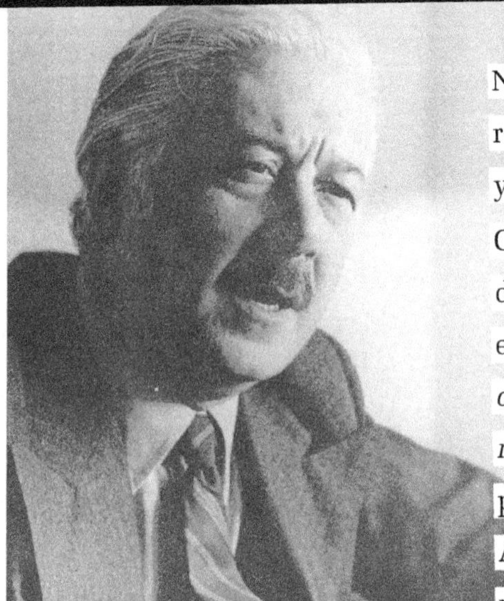

Novelista y dramaturgo argentino (1922-1998) que alcanzó reconocimiento internacional con obras como *Rosaura a las diez* (1955) y *Ceremonia secreta* (1960), relatos a la vez realistas y metafísicos. Como dramaturgo escribió *Los expedientes* (1957, Premio Nacional de Teatro) o *El emperador de la China* (1959), pero luego abandonó el género. Otras títulos suyos son *Falsificaciones* (1966), *Un pequeño café* (1967), *El jardín de las delicias* (1992) y *El amor es un pájaro rebelde* (1993). Escribió guiones de cine y televisión, pero se sentía particularmente satisfecho del periodismo. Se incorporó a la Academia Argentina de las Letras y a partir de 1980 practicó el periodismo político en el diario *La Nación*.

INVESTIGA

Intenta contestar a estas preguntas.

a ¿Qué géneros ha cultivado este autor en su carrera literaria?

b ¿A qué edad comenzó a escribir?

c ¿Qué dos obras de este autor han sido llevadas al cine?

d ¿De qué nacionalidad es el escritor?

e ¿En qué año nació?

12.2 En el género teatral, ¿cómo se llaman esas partes que aparecen en el texto y que no representan los actores? ¿Qué utilidad tienen?

[91]

12.3 Escucha un minidrama sobre dos enamorados que no están satisfechos con su relación. ¿Te sorprende el final?

12.4 **Lee ahora el texto dramático que has escuchado pero con sus acotaciones y pongan en común cómo entiende cada uno la historia en general y el final en particular.**

No hay que complicar la felicidad

(Un parque. Sentados bajo los árboles, ella y él se besan).
Él: Te amo.
Ella: Te amo.
(Vuelven a besarse).
Él: Te amo.
Ella: Te amo.
(Vuelven a besarse).
Él: Te amo.
Ella: Te amo.
(Él se pone violentamente de pie).
Él: ¡Basta! ¿Siempre lo mismo? ¿Por qué, cuando te digo que te amo, no contestas que amas a otro?
Ella: ¿A qué otro?
Él: A nadie. Pero lo dices para que yo tenga celos. Los celos alimentan el amor. Despojado de ese estímulo, el amor languidece. Nuestra felicidad es demasiado simple, demasiado monótona. Hay que complicarla un poco. ¿Comprendes?
Ella: No quería confesártelo porque pensé que sufrirías. Pero lo has adivinado.
Él: ¿Qué es lo que adiviné?
(Ella se levanta, se aleja unos pasos).
Ella: Que amo a otro.
Él: Lo dices para complacerme. Porque yo te lo pedí.
Ella: No. Amo a otro.
Él: ¿A qué otro?
Ella: No lo conoces.
(Un silencio. Él tiene una expresión sombría).
Él: Entonces, ¿es verdad?
Ella: (Dulcemente) Sí. Es verdad.
(Él se pasea haciendo ademanes de furor).
Él: Siento celos. No finjo, créeme. Siento celos. Me gustaría matar a ese otro.
Ella: (Dulcemente) Está allí.
Él: ¿Dónde?
Ella: Allí, detrás de aquellos árboles.
Él: ¿Qué hace?
Ella: Nos espía. También él está celoso.
Él: Iré en su busca.
Ella: Cuidado. Quiere matarte.
Él: No le tengo miedo.
(Él desaparece entre los árboles. Al quedar sola, ella ríe).
Ella: ¡Qué niños son los hombres! Para ellos, hasta el amor es un juego.
(Se oye el disparo de un revólver. Ella deja de reír).
Ella: Juan.
(Silencio).
Ella: (Más alto) Juan.
(Silencio).
Ella: (Grita) ¡Juan!
(Silencio. Ella corre y desaparece entre los árboles. Al cabo de unos instantes se oye el grito desgarrador de ella).
Ella: ¡Juan!
(Silencio. Después desciende el telón).

("No hay que complicar la felicidad", en *Falsificaciones*, de Marco Denevi)

12.5 **Escriban una obra de teatro muy breve, como la que acaban de leer, que pueda representarse en apenas cinco minutos. Pueden seguir los siguientes pasos.**

a Elijan una situación para escribir su obra:

Modelo: *Varios estudiantes quieren montar una obra de teatro en la escuela, pero la noche anterior a la presentación desaparece todo el vestuario, la escenografía y uno de los estudiantes.*

b Piensen en un argumento sencillo que incluya: situación inicial (principio de la historia), un nudo (conflicto o complicación) y un desenlace (resolución del conflicto).

c Decidan qué personajes intervendrán y cuáles serán sus características físicas y su modo de ser.

12.6 **Representen la obra a sus compañeros y decidan cuál es la que mejor se adapta a la estructura propuesta. Después, pueden votar por la más divertida, la más misteriosa o la más original.**

EN RESUMEN

- **¿Recuerdas? Completa la frase correctamente.**

Se usa el modo [1] .... con verbos y expresiones en las que la intención del hablante no es solo informar sobre un hecho realizable o no, sino [2] .... sobre algo, [3] .... un deseo, voluntad, dar su punto de vista, dar consejos o influir sobre los demás o sobre una situación.

- **Completa las siguientes frases, con un verbo en su forma adecuada, para expresar deseos con diferentes matices.**

1 Ojalá todos mis compatriotas .... decir lo mismo.

2 Siempre sale tarde de casa. ¡Así no .... a clase y el profesor lo regañe! A ver si de esta manera aprende a ser puntual.

3 Ojalá .... pronto mis padres de vacaciones. Tengo ganas de verlos.

- **Relaciona cada frase anterior con la explicación correspondiente.**

1 Expresar un deseo como realizable:

....

2 Expresar un deseo refiriéndose a un pasado cercano o relacionado con el presente:

....

3 Expresar un deseo como difícil o imposible:

....

- **Escribe un ejemplo de cada tipo.**

1 ....

2 ....

3 ....

- **Los verbos o expresiones que indican actividad mental, comunicación, percepción o certeza se construyen normalmente con indicativo si son afirmativos. Completa el ejemplo:**

1 Yo creo que el amor .... un afecto especial hacia alguien.

En cambio, es muy frecuente el uso del subjuntivo si son negativos:

2 Pues yo no pienso que se .... estar enamorado sin quererte primero a ti mismo.

- **Completa la frase.**

Estas construcciones gramaticales, compuestas de los verbos duplicados en modo [1] ...., se utilizan para expresar la [2] .... o la falta de importancia en cuanto a la realización de otra acción.

- **Escribe tres frases con estructuras reduplicativas de subjuntivo.**

1 ....

2 ....

3 ....

AHORA SOY CAPAZ DE...

	SÍ	NO
1 ...expresar deseos matizando si son realizables o imposibles.	☐	☐
2 ...expresar una reacción o sentimiento ante algo.	☐	☐
3 ...expresar prohibición, mandato o consejo.	☐	☐
4 ...expresar el punto de vista sobre algo.	☐	☐

Verbos
acabar to end, finish
callar(se) to silence, hush (to keep quiet)
comprobar to confirm, verify
confesar (e>ie) to confess
darse cuenta de to realize, to become aware of
evitar avoid
extrañar to surprise, puzzle
faltar to lack, to be missing
gozar to enjoy
impedir (e>i) to stop, impede
juzgar to judge
lamentar to be sorry about, regret
manifestar (e>ie) to express, to reveal
percibir to sense, notice
permanecer to remain, stay
ponerse manos a la obra to get down to work
proponer to propose
resumir to summarize
sospechar to imagine, suppose, suspect
temer(se) to fear (to suspect)

Verbos de sentimientos
agobiarse to be overwhelmed
conformarse to resign yourself, to reluctantly accept
culpabilizarse to make yourself feel guilty
enfadarse to become angry
enorgullecerse to feel proud, feel pride
entristecerse to get sad, get depressed
indignarse to be outraged, incensed
obsesionarse to become obsessed

Descripciones
compulsivo/a compulsive
hiperactivo/a hyperactive
hiperexigente super demanding
impensable unthinkable, inconceivable
maniático/a fanatical, obsessive, compulsive
voluble unstable, unpredictable

Otras palabras y expresiones útiles
la aproximación approach
el consuelo comfort, consolation, relief
el disfrute enjoyment
el esparcimiento relaxation, recreation
el habla speech
el matiz shade, nuance, aspect
el receptor recipient
la tristeza sadness, grief
el turno de palabra (taking) turns speaking

Apéndices

- Resumen gramatical
- Tabla de verbos
- Glosario gramatical
- Glosario de vocabulario

UNIDAD 1

A LOS TIEMPOS VERBALES DEL PASADO

PRESENT PERFECT

- The present perfect tense is used for past actions occurring in a period of time that is still current (*hoy, esta mañana, en mi vida*, etc.).
  – *Esta semana he tenido un problema con mi coche.*
- Additionally, the present perfect expresses an action completed prior to a point in the present.
  – *He estado en Londres.*
- The tense is formed using the present tense of the auxiliary verb **haber** plus the past participle of the main verb.

	Present tense of ***haber***		Past participle: trabajar	beber	vivir
Yo	**he**				
Tú	**has**				
Él/ella/usted	**ha**				
Nosotros/as	**hemos**	+	trabaj**ado**	beb**ido**	viv**ido**
Vosotros/as	**habéis**				
Ellos/ellas/ustedes	**han**				

Irregular past participles include:

poner ▶ **puesto**
hacer ▶ **hecho**
escribir ▶ **escrito**
descubrir ▶ **descubierto**
volver ▶ **vuelto**
decir ▶ **dicho**
abrir ▶ **abierto**
componer ▶ **compuesto**
morir ▶ **muerto**
romper ▶ **roto**
ver ▶ **visto**
deshacer ▶ **deshecho**

- Remember, the past participle in all compound tenses does not vary in number and gender.
  – ***Pedro*** *ha* ***venido*** *ya.* ***Luisa*** *y* ***Susana*** *han* ***venido*** *ya.*
- Common time expressions used with the present perfect:
  - **Hoy**
  - **Todavía no, ya**
  - **Esta mañana, este mes/año**
  - **Hasta ahora**
  - **Últimamente**
  - **Nunca**
  - **Siempre**
  - **¿Alguna vez...?**
  - **¿Cuántas veces...?**
- The present perfect is commonly used with *ya, todavía no, alguna vez, nunca*, etc. to ask and talk about personal experiences.
  – *¿Has estado alguna vez en Perú?*

PRETERIT

- The preterit tense is used to express competed actions that began and ended at a fixed point in the past (*ayer, el año pasado, en 2007*, etc.).
  – *Ayer fui a clase.*
- The preterit is also used when talking about the number of times an action took place in the past.
  – *El año pasado fui varias veces al teatro.*
- The preterit interrupts ongoing actions in the past.
  – *Estábamos comiendo en casa cuando llamó mi madre por teléfono.*

- The preretit tense is commonly used with the following time expressions:

  – **Ayer**
  – **El otro día**
  – **El mes, año, semana pasado/a**
  – **En** + *mes/año*
  – **Anteayer**
  – **Anoche**

Regular verbs

	trabajar	beber	vivir
Yo	trabaj**é**	beb**í**	viv**í**
Tú	trabaj**aste**	beb**iste**	viv**iste**
Él/ella/usted	trabaj**ó**	beb**ió**	viv**ió**
Nosotros/as	trabaj**amos**	beb**imos**	viv**imos**
Vosotros/as	trabaj**asteis**	beb**isteis**	viv**isteis**
Ellos/ellas/ustedes	trabaj**aron**	beb**ieron**	viv**ieron**

- Spelling changes occur before the vowel **e** in verbs ending in **–car**, **–gar**, and **–zar**:
  car > **qué**: buscar ▸ busqué
  gar > **gué**: cargar ▸ cargué
  zar > **cé**: utilizar ▸ utilicé

Irregular verbs

- These verbs have irregular stems and share the same set of irregular endings.
- Irregular verbs do not have written accents.
- Verbs formed from irregular verbs will also be irregular in the preterit:
  proponer ▸ *propuse, propusiste, propuso...*

estar	tener	poder	saber	haber
estuve	**tuv**e	**pud**e	**sup**e	**hub**e
estuviste	**tuv**iste	**pud**iste	**sup**iste	**hub**iste
estuvo	**tuv**o	**pud**o	**sup**o	**hub**o
estuvimos	**tuv**imos	**pud**imos	**sup**imos	**hub**imos
estuvisteis	**tuv**isteis	**pud**isteis	**sup**isteis	**hub**isteis
estuvieron	**tuv**ieron	**pud**ieron	**sup**ieron	**hub**ieron

poner	andar	hacer	venir	querer
puse	**anduv**e	**hic**e	**vin**e	**quis**e
pusiste	**anduv**iste	**hic**iste	**vin**iste	**quis**iste
puso	**anduv**o	**hiz**o	**vin**o	**quis**o
pusimos	**anduv**imos	**hic**imos	**vin**imos	**quis**imos
pusisteis	**anduv**isteis	**hic**isteis	**vin**isteis	**quis**isteis
pusieron	**anduv**ieron	**hic**ieron	**vin**ieron	**quis**ieron

Irregular verbs: *ir*, *ser* and *dar*

ser / ir	dar
fui	**di**
fuiste	**diste**
fue	**dio**
fuimos	**dimos**
fuisteis	**disteis**
fueron	**dieron**

- The verb **dar** uses regular **–er** endings in the preterit.
- Both **ir** and **ser** share the same preterit forms. The context will help to determine which verb is being used.
  - *Ramón fue a la fiesta.*
  - *Fue el primero en llegar.*
- These verbs do not have written accents.

Verbs with irregular stems and 3rd person plural endings

decir	traer
dije	**traj**e
dijiste	**traj**iste
dijo	**traj**o
dijimos	**traj**imos
dijisteis	**traj**isteis
dijeron	**trajeron**

- In this group, the **–ieron** ending becomes **–eron** after the **j** in the stem.
- These verbs do not have written accents.
- Other verbs include: *producir, reducir, conducir...*

Other irregular verbs

pedir	dormir	leer
pedí	dormí	leí
pediste	dormiste	leíste
pidió	durmió	leyó
pedimos	dormimos	leímos
pedisteis	dormisteis	leísteis
pidieron	durmieron	leyeron

- Verbs ending in **–ir** that stem change in the present tense will stem change in the preterit in 3rd person singular and plural as follows: **e>i, o>u**
- Other verbs like **pedir** include: *repetir, sentir, servir, divertirse, medir, preferir, corregir, seguir, mentir...*
- Other verbs like **dormir** include: *morir(se).*
- Some verbs ending in **–eer** and **–uir** change from **i** to **y** in 3rd person singular and plural endings: **ió** > **yó** and **ieron** > **yeron**.
- Other verbs like **leer** include: *construir, caer, oír, creer, destruir.*
- This change does not occur in verbs ending in **–guir** such as *seguir, conseguir, distinguir...*

IMPERFECT

- The imperfect tense is used to refer to habitual or repeated actions in the past.
  - *Estudiaba en un colegio a las afueras de mi ciudad.*
  - *De joven practicaba algunos deportes acuáticos.*

- It is used to describe people or circumstances in the past.
  - *Su padre era moreno y tenía los ojos negros.*
  - *Hacía un día estupendo, así que decidí pasar el día en la ciudad.*

- It also describes both ongoing and simultaneous actions in the past.
  - *Estábamos comiendo cuando se apagó la luz.*
  - *Siempre que nos hacía una visita, nos traía un regalo.*
  - *Mientras Ana se duchaba, Iván preparaba la cena.*

- The imperfect is commonly used with the following time expressions:
  - **Esa noche**
  - **Porque**
  - **Mientras**
  - **Ese día**
  - **Cuando**
  - **Antes... ahora**
  - **Siempre que**

Regular verbs

	trabajar	beber	vivir
Yo	trabaj**aba**	beb**ía**	viv**ía**
Tú	trabaj**abas**	beb**ías**	viv**ías**
Él/ella/usted	trabaj**aba**	beb**ía**	viv**ía**
Nosotros/as	trabaj**ábamos**	beb**íamos**	viv**íamos**
Vosotros/as	trabaj**abais**	beb**íais**	viv**íais**
Ellos/ellas/ustedes	trabaj**aban**	beb**ían**	viv**ían**

Irregular verbs

	ser	ir	ver
Yo	**era**	**iba**	**veía**
Tú	**eras**	**ibas**	**veías**
Él/ella/usted	**era**	**iba**	**veía**
Nosotros/as	**éramos**	**íbamos**	**veíamos**
Vosotros/as	**erais**	**íbais**	**veíais**
Ellos/ellas/ustedes	**eran**	**iban**	**veían**

B PLUSCUAMPERFECTO

- The pluperfect or past perfect is used:

» To talk about an action that ended before another past action. Note the use of **todavía** and **ya**:
  - *Cuando llegué al cine la película no había comenzado todavía/la película todavía no había comenzado.*
    (Llegué al cine a las 17:59h, la película comenzó a las 18:00h)
  - *Cuando llegué al cine, la película había comenzado ya/la película ya había comenzado.*
    (Llegué al cine a las 18:05h y la película comenzó a las 18:00h)

» To talk about an action that took place before another past action, but with a sense of immediacy:
  – *Le compré un juguete y al día siguiente ya lo había roto.*
  – *Para mi cumpleaños me regalaron una novela y a la semana siguiente ya la había leído.*

» To talk about an action that we had never done before. Note the use of **nunca** and **nunca antes**:
  – *Nunca/Nunca antes había estado aquí/No había estado aquí nunca/nunca antes.*
  – *Nunca/Nunca antes habíamos viajado en globo/No habíamos viajado en globo nunca/nunca antes.*

» To ask if a person had ever done something before. Note the use of **antes** and **alguna vez**:
  – *¿Habías estado en Madrid alguna vez/antes?*
  – *¿Habías estado alguna vez/antes en Madrid?*

- The pluperfect is commonly used with the following time expressions:
  – **Ya**
  – **Hasta ahora**
  – **Al rato**
  – **Nunca**
  – **Al momento**

	Imperfect form of ***haber***		Past participle trabajar	beber	vivir
Yo	**había**				
Tú	**habías**				
Él/ella/usted	**había**				
Nosotros/as	**habíamos**	+	trabaj**ado**	beb**ido**	viv**ido**
Vosotros/as	**habíais**				
Ellos/ellas/ustedes	**habían**				

Irregular past participles		
poner ▶ **puesto**	decir ▶ **dicho**	ver ▶ **visto**
volver ▶ **vuelto**	romper ▶ **roto**	descubir ▶ **descubierto**
morir ▶ **muerto**	escribir ▶ **escrito**	componer ▶ **compuesto**
hacer ▶ **hecho**	abrir ▶ **abierto**	deshacer ▶ **deshecho**

C USOS DE *SER* Y *ESTAR* (REVISIÓN)

- The verb **ser** is used to:

» Identify or define.
  – *Esto es una linterna.*

» Specify origin, nacionality.
  – *Soy de Praga.*

» Identify a person's profession, religion, ideology.
  – *Eres carpintero.*

» Describe what an object is made of.
  – *La mesa es de hierro y madera.*

» State where an event takes place.
  – *La boda es en un castillo medieval.*

» Describe what a person or object is like.
  – *Marta es morena y alta.*

» Make value judgements using *ser* + adjetivo + verbo.
  – *Es normal que llueva en otoño.*
  – *Es necesario ir a verlo.*

» Express time, parts of the day and the date.
  – *Son las cuatro y media pasadas.*

» State the price or cost of something.
  – *Las galletas son 60 céntimos.*

» Indicate ownership, possession and recipient.
  – *Esta canción es para mi madre.*

- The verb **estar** is used to:
  - » State where someone or something is located.
    - *El restaurante está en el número 65.*
  - » Describe people or things from a subjective point of view.
    - *Marta está un poco más gordita ahora.*
  - » Describe temporary conditions.
    - *Laura está enferma y Luis está muy preocupado.*
  - » Say that something is done.
    - *Ya está todo preparado.*
  - » Identify temporary professions or situations.
    - *Está de recepcionista, pero es músico.*
    - *La biblioteca está cerrada los fines de semana.*
  - » Talk about fluctuating prices.
    - *Las fresas están a dos euros el kilo.*
  - » Describe a continuous action in the present.
    - *Estamos buscando información en Internet.*

UNIDAD 2

A EL PRESENTE DE SUBJUNTIVO: VERBOS REGULARES

- In general, the subjunctive is used in Spanish to express wishes, emotions, and purpose. The present subjunctive refers to a present or future time.

- The present subjunctive is formed by dropping the **o** in the **yo** form of the present indicative, and using the opposite endings.

  –ar verbs use: **–e, –es, –e, –emos, –éis, –en.**
  –er / **–ir** verbs use: **–a, –as, –a, –amos, –áis, –an.**

  » Note that the first and third person are the same in all conjugations.

	hablar	comer	vivir
Yo	habl**e**	com**a**	viv**a**
Tú	habl**es**	com**as**	viv**as**
Él/ella/usted	habl**e**	com**a**	viv**a**
Nosotros/as	habl**emos**	com**amos**	viv**amos**
Vosotros/as	habl**éis**	com**áis**	viv**áis**
Ellos/ellas/ustedes	habl**en**	com**an**	viv**an**

B EL PRESENTE DE SUBJUNTIVO: VERBOS IRREGULARES

- Almost all verbs that are irregular in the present indicative will be irregular in the present subjunctive.

  » Verbs that stem change in the present indicative, **e>ie**, **o>ue**, and **u>ue**, will have the same stem change in the present subjunctive in all forms except **nosotros** and **vosotros**.

» Verbs that change to **y** in the present indicative will change to **y** in the present subjunctive for all forms.

	E>IE querer	O>UE poder	U>UE jugar	E>I pedir	I>Y construir
Yo	qu**ie**ra	p**ue**da	j**ue**gue	p**i**da	constru**y**a
Tú	qu**ie**ras	p**ue**das	j**ue**gues	p**i**das	constru**y**as
Él/ella/usted	qu**ie**ra	p**ue**da	j**ue**gue	p**i**da	constru**y**a
Nosotros/as	queramos	podamos	juguemos	p**i**damos	constru**y**amos
Vosotros/as	queráis	podáis	juguéis	p**i**dáis	constru**y**áis
Ellos/ellas/ustedes	qu**ie**ran	p**ue**dan	j**ue**guen	p**i**dan	constru**y**an

» Note the following spelling changes:
ga/go/gu/gue/gui: jugar ➡ *juegue, juegues...*
ge/gi/ja/jo/ju: recoger ➡ *recoja, recojas...*
za/zo/zu/ce/ci: gozar ➡ *goce, goces...*
ca/co/cu/que/qui: sacar ➡ *saque, saques...*

» Exceptions:
– The verbs **sentir** and **dormir** have two stem changes in the present subjunctive: **o>ue** and **o>u**:

	E>IE sentir	O>UE dormir
Yo	s**ie**nta	d**ue**rma
Tú	s**ie**ntas	d**ue**rmas
Él/ella/usted	s**ie**nta	d**ue**rma
Nosotros/as	s**i**ntamos	d**u**rmamos
Vosotros/as	s**i**ntáis	d**u**rmáis
Ellos/ellas/ustedes	s**ie**ntan	d**ue**rman

» Other verbs:
- ***Sentir***: consentir, divertirse, mentir, divertirse, advertir...
- ***Dormir***: morir.

■ Verbs with irregular **yo** forms:

	1.ª persona presente de indicativo	Raíz verbal del presente de subjuntivo	Terminaciones del presente de subjuntivo
tener	tengo	**teng-**	
venir	vengo	**veng-**	
poner	pongo	**pong-**	**-a**
hacer	hago	**hag-**	**-as**
salir	salgo	**salg-**	**-a**
decir	digo	**dig-**	**-amos**
oir	oigo	**oig-**	**-áis**
traer	traigo	**traig-**	**-an**
conocer	conozco	**conozc-**	
valer	valgo	**valg-**	

- Verbs that are completely irregular:

ser	estar	ir	haber	saber	ver	dar
sea	**esté**	**vaya**	**haya**	**sepa**	**vea**	**dé**
seas	**estés**	**vayas**	**hayas**	**sepas**	**veas**	**des**
sea	**esté**	**vaya**	**haya**	**sepa**	**vea**	**dé**
seamos	**estemos**	**vayamos**	**hayamos**	**sepamos**	**veamos**	**demos**
seáis	**estéis**	**vayáis**	**hayáis**	**sepáis**	**veáis**	**déis**
sean	**estén**	**vayan**	**hayan**	**sepan**	**vean**	**den**

C USOS DEL PRESENTE DE SUBJUNTIVO: DAR CONSEJOS Y HACER RECOMENDACIONES

- The present subjunctive is used to:
  » Give someone advice or make recommendations.

Me/Te/Le/Nos/Os/Les **Aconsejar / Recomendar**	+ **que** + subjunctive

– *El médico me ha recomendado que haga ejercicio.*
– *Yo os aconsejo seguir por este camino y no saliros de la ruta.*

» If there is no change of subject, the infinitive is used.
– *Te aconsejo ir en transporte público si quieres llegar antes al centro.*

Expansión gramatical

- Other ways to express recommendations or give advice:
  » **Imperative**
  – *Póngase esta pomada tres veces al día.*
  » **Tienes que / Debes / Puedes** + infinitive
  – *Si no quieres quedarte sin ellas, tienes que comprar las entradas con antelación.*
  » **Tendrías que / Deberías / Podrías** + infinitive
  – *Deberías leer más si quieres ampliar tu vocabulario.*
  » **Hay que** + infinitive
  – *Hay que ir pensando qué le vamos a regalar a mamá para su cumpleaños.*

D USOS DEL PRESENTE DE SUBJUNTIVO: EXPRESAR PETICIONES

- The present subjunctive is used to make requests or give orders with **pedir**, **rogar**, **exigir**, **mandar**, **ordenar**, etc.
  – *Te pido que hables con ella antes de sacar tus propias conclusiones.*

UNIDAD 3

A LOS RELATIVOS *QUE* Y *DONDE* CON INDICATIVO Y SUBJUNTIVO

- Relative clauses function as adjectives in that they identify or describe people and things. The person or thing being described in a relative clause is called the antecedent. The pronoun that replaces the antecedent can be **que** (for people and things) or **donde** (for places).
  - *La camiseta que tiene más colores es mía. = La camiseta colorida es la mía.*
  - *La mujer que tiene el pelo negro es mi madre. = La mujer morena es mi madre.*
  - *La camiseta que tiene el dibujo de Mickey Mouse es la mía.*

Expansión gramatical: Relative pronouns

- **Que** is the most commonly used pronoun. It is preceded by an article. It is used as follows:
  - » If the antecedent is not expressed: – *Los que se cuidan viven más.*
  - » In emphatic statements with **ser**: – *Él es el que me insultó.*
  - » After prepositions: – *Ese es el joven con el que te vi.*

- **Donde** is used when the antecedent is a place.
  - *Esa es la escuela donde estudio.*

- **Lo que** is used when the antecedent refers to a concept or idea.
  - *No entiendo lo que dices.*

- **Quien/quienes** refer only to people. It is equal to: **el/la/los/las que.**
  - *Quienes se cuidan viven más.*
  - *Ese es el joven con quien te vi.*
  - » It is also used after **haber** and **tener**.
    - *No hay quien te entienda.*

- **Cual** is used with an article and must also have an antecedent.
  - *Estuvimos estudiando, hecho lo cual, nos fuimos a tomar algo.*
  - » It can also be used after prepositions.
    - *En mi habitación hay un mueble en el cual guardo mi patinete.*

- **Cuyo**, **cuya**, **cuyos**, **cuyas** is a relative adjective meaning whose.
  - *Esa es la casa cuyo propietario es famoso. (= el propietario de la casa es famoso)*

- **Estructura de las oraciones de relativo**
  - » Relative clauses use the following construction:
    antecedent + relative pronoun + indicative/subjuntive
    - *Los muchachos que hablan español pueden participar en el club de conversación.*
    - *Busco una persona que hable español.*
  - » The indicative is used when what is expressed about the antecedent is certain or known:
    - *La ciudad donde nací está cerca de Madrid.*
    - *El libro que se ha comprado Fernando es muy entretenido.*
  - » The subjunctive is used:
    - When the antecedent is unknown, undefined, or can not be identified with certainty.
      - *Fernando está buscando un libro que sea muy entretenido.*

– When asking whether something or someone exists and uses the following construction:
¿Hay / Conoces (a) / Sabes si hay + indefinite pronoun/adjective + relative pronoun + subjuntive?
  – *¿Hay alguna persona que sepa explicarme por qué aquí se usa el subjuntivo?*
  – *¿Conoces a alguien que sea políglota?*
  – *¿Hay algo en la tienda que te quieras comprar?*

– When the existence of a person or thing is denied and uses the following construction:
No hay + indefinite pronoun/adjective + relative pronoun + subjuntive
  – *En esta clase no hay nadie que sea capaz de hacer esta actividad.*
  – *No hay ninguna zapatería cerca que venda botas de piel.*

– When expressing a lack of or shortage of something:
Hay poco, -a, -os, -as + noun + relative pronoun + subjuntive
  – *En esta ciudad hay poca gente que conozca a este político.*

– When requesting something that is just imagined, but may not exist:
Necesito / Quiero + person/thing + relative pronoun + subjuntive
  – *Necesito a alguien que sea capaz de traducir chino.*
  – *Quiero algo que me haga juego con estos zapatos.*

B PRONOMBRES Y ADJETIVOS INDEFINIDOS

■ The following indefinite pronouns do not vary in form.

	people	things
Existence	**alguien**	**algo**
Non existence	**nadie**	**nada**

¿Alguien te ha enviado un mensaje al celular?
No, no me ha escrito nadie.
– *Tengo hambre, necesito comer algo.*
– *No gracias, no quiero nada ahora, acabo de tomar un refresco.*

» The following pronouns agree in number and gender, and can replace both people and things:

	singular	plural
Existence	**alguno/a**	**algunos/as**
Non existence	**ninguno/a**	–

■ The following indefinite adjectives can modify both people and things.

	singular	plural
Existence	**algún/a**	**algunos/as**
Non existence	**ningún/a**	–

– *Perdone, ¿tiene alguna camiseta verde? (adjective)*
– *Sí, tenemos algunas en la estantería del fondo. (pronoun)*

» **Ningunos/ningunas** are seldomly used, and then, only with plural nouns: *ningunas tijeras, ningunos pantalones...*
  – *¿Has comprado los pantalones que necesitabas?*
  – *No he comprado ningunos porque eran muy feos.*

C VERBOS DE SENTIMIENTOS CON INFINITIVO Y SUBJUNTIVO

- To express emotions that may be negative in nature, the following expressions are used:
  - » When there is no change in subject, the infinitive is used.

Me irrita/molesta/indigna/fastidia/da rabia **No soporto / Odio** **Es una vergüenza/una pena/inadmisible/intolerable** **Estoy + harto-a/cansado-a/aburrido-a... + de**	+ infinitive

– *Me molesta ser yo el que siempre tira la basura en mi casa.*
– *No soporto madrugar por las mañanas.*
– *Estoy aburrida de repetirle a mi hijo que limpie su habitación.*

» When there is a change in subject, the subordinate clause is introduced with **que** + subjuntive.
– *A mí me indigna que algunos gamberros rompan el mobiliario urbano.*
– *Me irrita que algunos conductores no respeten a ciclistas ni peatones.*
– *Es intolerable que en las ciudades no se tomen medidas más drásticas contra la polución.*

» Remember that with verbs similar to **gustar** (*me irrita/me molesta...*) the subject can be plural and must agree.
– *Me irrita/me molesta/me fastidia...* + singular noun
– *A mí me indigna la gente que rompe el mobiliario urbano.*
– *Me fastidian/dan rabia/indignan...* + plural noun
– *Me irritan los conductores que no respetan a ciclistas ni peatones.*

Expansión gramatical

- Expressions that refer to negative emotions can be classified according to the degree of intensity and emotion they express and their degree of formality.

	High degree of intensity	Neutral / Standard
Formal	es intolerable; es inadmisible	me indigna
Informal	es una vergüenza; odio; me irrita; estoy harto/a de; me da rabia; no soporto	es una pena; estoy cansado/a de; me fastidia; estoy aburrido/a de; me molesta

- Other verbs of emotion follow the same grammatical structure:

Me alegra/hace feliz **Me entristece/da pena** **Me da envidia/miedo/vergüenza** **Me decepciona/preocupa/enorgullece**	+ infinitive (if there is no change of subject) + **que** + subjunctive (with a change of subject)

– *Me da vergüenza hablar delante de muchas personas.*
– *Me da pena que no puedas venir al viaje con nosotros.*

- As with verbs that express negative emotions, the subject of the verb can also be a noun.
– **Me hace feliz/da pena/da rabia/decepciona**... + singular noun
– *Me hace feliz un buen paseo por el campo un día soleado.*
– **Me alegran/entristecen/dan envidia/preocupan**... + plural noun
– *Me dan envidia las personas que están todo el día viajando.*

UNIDAD 4

A CONTRASTE *POR / PARA*

- **Para** is used to express the purpose or objective of an action.
  - *Estoy ahorrando para hacer un viaje por Asia.*
  - *He comprado estos aguacates para hacer guacamole.*

» Other uses of **para** include:

- Destination.
  - *Yo me voy ya para casa. La verdad es que estoy un poco cansado.*
  - *Yo voy para el centro. ¿Quieres que te acerque a tu casa?*
- Point in time.
  - *Esta tarea es para la semana que viene, no para mañana.*
  - *¿Para cuándo dijiste que necesitas el informe?*
- Opinion.
  - *Para mí, esta no es la solución al problema. Algo arregla, sí, pero el problema sigue existiendo.*
  - *Para mí que Pedro y Juan se han enfadado, yo nunca los veo bromear juntos.*
- Recipient.
  - *La escuela celebra una fiesta de despedida para todos los alumnos que finalizan sus clases.*
- Comparison.
  - *Para ciudad bonita, Granada. No te puedes ir de España sin visitarla.*
  - *A mí me sale muy bueno el gazpacho, pero para gazpacho bueno, el de mi abuela.*
- Asking about purpose and what something is for: **¿Para qué...? / Para qué** + indicativo.
  - *¿Para qué me has llamado esta tarde?*

- **Por** is used to express the cause or motive for an action.
  - *No pudo entrar a la fiesta porque llevaba tenis.*

» Other uses of **por** include:

- Price.
  - *Ya no quedan entradas por menos de 80 pesos.*
- Exchange.
  - *Creo que voy a cambiar esta falda por el vestido, me lo voy a poner más.*
  - *Yo no puedo ir a la conferencia, le he dicho a Pedro que vaya por mí.*
- Means.
  - *He estado toda la tarde hablando con mi madre por Skype.*
  - *Disculpe, pero todas las reclamaciones deben hacerse por escrito.*
- Approximate time.
  - *Yo creo que fue por junio o julio cuando vinieron a visitarnos, ¿no?*
- Express by with an undetermined location.
  - *Esta mañana pasé por tu barrio, pero, como sabía que estabas trabajando, no te llamé.*
  - *Si pasas por una ferretería, ¿te importa comprar una bombilla? Esta se acaba de fundir.*

- Both **por** and **para** are followed by an infinitive when there is no change in subject and by **que** + subjuntive when there is a change in subject.
  - *He venido para preguntar por los cursos de español.*
  - *He venido para que me informen sobre los cursos de español.*

Expansión gramatical

- The following expressions also denote purpose and can be followed by an infinitive when there is no change of subject and by **que** + subjunctive when there is a change of subject:
a fin de, con el fin de, con el objeto de.
  - *Los enfermos crónicos deben vacunarse a fin de evitar complicaciones posteriores.*
  - *El ayuntamiento ha aumentado la frecuencia de trenes en el metro durante las fiestas con el fin de evitar aglomeraciones.*
  - *La empresa ha realizado un exhaustivo estudio de mercado con el objeto de conocer los intereses de los potenciales clientes.*

B ORACIONES TEMPORALES CON *CUANDO*

- **Cuando** is used to introduce a subordinate clause and can be followed by indicative or subjunctive.

» The indicative is used when the action refers to the present or past.
- **Cuando** + present + present (habitual)
  - *Cuando llego al trabajo, me preparo un café.*
- **Cuando** + preterit or imperfect + preterit or imperfect
  - *Cuando llegué al trabajo, me preparé un café.*
- **Cuando** + imperfect + imperfect (habitual in the past)
  - *Cuando llegaba de trabajar, siempre me preparaba un café.*
- **Cuando** + preterit + imperfect
Cuando + imperfect + preterit (past action interrupted by another action)
  - *Cuando llegué al trabajo, Ana estaba preparándose un café.*
  - *Cuando estaba durmiendo, sonó el teléfono y me asusté.*

» The subjunctive is used after cuando when referring to an action in the future.
- **Cuando** + present subjunctive + future or expression denoting future (*ir a* / *querer* / *pensar* + infinitive) or imperative.
  - *Cuando seas mayor, podrás salir hasta tarde.*
  - *Cuando te mudes, vas a necesitar muebles nuevos.*
  - *Cuando me gradúe, quiero ir a Inglaterra para mejorar el inglés.*
  - *Cuando salga del trabajo, pienso ir al centro.*
  - *Cuando llegues a casa, pon la lavadora, por favor.*

C OTRAS ORACIONES TEMPORALES CON INDICATIVO Y SUBJUNTIVO

- Usage:

» To express an action that immediately follows another:
- **Tan pronto como / En cuanto / Nada más**
  - *Tan pronto como vengan, ponemos la mesa.*
  - *En cuanto termines de estudiar, llamamos a los abuelos.*
  - *Nada más levantarme, sonó el teléfono.*

» To set up an action that will not occur until another one takes place:
- **Hasta que (no)**
  - *Hasta que no termine los exámenes, no puedo salir de fiesta.*

» To express an action that take place before or after another one:
- **Antes/después de (que)**
  - *Antes de usarlo, hay que leer bien las instrucciones.*
  - *Después de que terminen de pintar, saldremos de compras.*
  - *Antes del examen, tengo que repasar un poco.*

Note: **Antes/después de** can be followed by a noun when referring to dates, periods of time, or events such as a test, a wedding, a trip, etc.

» To express an action that is repeated each time another one takes place:
- *Cada vez que se ducha, deja el suelo mojado.*

- These expression can be followed by an infinitive, indicative, or subjunctive as indicated:

» Time expression + infinitive. The subject in both clauses is the same.
- *Antes de terminar la carrera, empecé a trabajar.*
- *Después de viajar a Sevilla, le cambió la vida.*
- *Nada más entrar en la fiesta, vio a su exnovia.*

Note: Only **antes de, después de, hasta**, and **nada más** can be followed by an infinitive when there is no change in subject and **nada más** can only be followed by an infinitive.

» Time expression + indicative. Expresses an action in the present or past.
- *En cuanto llegan a casa, escriben wasaps a sus amigos.*
- *Después de que llegamos a Barcelona, nos fuimos a ver la Sagrada Familia.*

» Time expression + subjunctive. When referring to a future action.
- *Cada vez que voy a su casa, como demasiado.*
- *Cada vez que vaya a su casa, intentaré comer menos.*
- *Siempre que salgas de viaje, llámame, por favor.*

UNIDAD 5

A ORACIONES IMPERSONALES CON INDICATIVO Y SUBJUNTIVO

- Constructed as follows:

Ser **Estar** **Parecer**	+ adjective/adverb/noun + indicative/subjunctive

- Expressions that state facts are followed by the indicative.

Es seguro **Es obvio** **Es cierto** **Es indudable** **Está claro** **Está comprobado** **Me parece evidente**	+ **que** + indicative	– *Está claro que esto tiene que cambiar.*

- When these same expressions are negative, the subjunctive is used.
  – *No es cierto que viva en Mallorca.*

- Expressions that present information as a value judgement are followed by the subjunctive.

Es normal **Es lógico** **Es horrible** **Es increíble** **Está bien** **Me parece intolerable**	+ **que** + subjunctive

  – *Es lógico que tenga miedo.*

B EL PRESENTE PERFECTO DE SUBJUNTIVO: EXPRESAR EXTRAÑEZA

- The present perfect subjunctive is a compound tense formed by the present subjunctive of **haber** plus the past participle of the main verb.

	Imperfect form of ***haber***		Past participle
Yo	**haya**		
Tú	**hayas**		
Él/ella/usted	**haya**		trabaj**ado**
Nosotros/as	**hayamos**	+	beb**ido**
Vosotros/as	**hayáis**		viv**ido**
Ellos/ellas/ustedes	**hayan**		

Irregular past participles		
poner ▶ **puesto**	decir ▶ **dicho**	ver ▶ **visto**
volver ▶ **vuelto**	romper ▶ **roto**	descubir ▶ **descubierto**
morir ▶ **muerto**	escribir ▶ **escrito**	componer ▶ **compuesto**
hacer ▶ **hecho**	abrir ▶ **abierto**	deshacer ▶ **deshecho**

- Remember, the past participle in compound tenses does not vary in number and gender.
  – *Es probable que* ***Pedro*** *haya* ***venido****. Es probable que* ***Luisa y Susana*** *hayan* ***venido****.*

- The present perfect subjunctive has the same qualities relating to time as the present perfect indicative. It is used to express wishes, opinions or doubts about what has happened.
  - *¿Sabes si* ***han salido*** *ya las notas del examen?*
  - *No sé, <u>no creo que</u>* ***hayan salido*** *todavía, lo hicimos hace menos de una semana…*
  - *¡Qué nervios! <u>Espero que</u>* ***hayamos aprobado****.*

C USOS DE *SE*

- Reflexive pronoun
  - » As a reflexive pronoun, **se** replaces himself, herself, yourself (formal), themselves, and yourselves in reflexive constructions. These verbs describe actions that people do to or for themselves (*lavarse, vestirse, parecerse…*).
    - – *Yo me ducho por las mañanas, pero mi hermano se ducha por las noches.*
    - – *Mi hijo se viste tan despacio que después tenemos que correr para no llegar tarde al colegio.*
    - – *Este bolso se parece a uno que tienes tú, ¿no?*
  - » **Se** + verb in 3rd person singular or plural is equivalent in meaning to passive voice when the agent of the action is not important: *se alquila, se vende, se explica, se sabe…* instead of *es alquilado, es vendido, es explicado, es sabido…*
    - – *Esta semana se inaugura una nueva sala de conciertos en la capital.*
    - – *Los primeros resultados de las votaciones se conocerán una vez cerrados los colegios electorales.*
    - – *Se produjeron algunos destrozos en el mobiliario urbano después de la manifestación.*
  - » With plural verbs, **se** can be used to express reciprocal actions in that the action is done to or for one another (*escribirse, verse, comunicarse, hablarse…*).
    - – *Laura y Nacho se conocieron cuando tenían veinte años, pero nunca se han casado.*
    - – *Mis hijos, con el celular, solo se comunican por WhatsApp. Creo que solo hablan por teléfono cuando yo los llamo.*
  - » **Se** replaces indirect objects **le** or **les** before direct objects **lo**, **la**, **los**, **las**.
    - *¿Tienes mis entradas?*
    - *Sí, se las di a Marta, las tiene ella.*
    - – *Me alegro mucho de que te hayan ascendido, ¿se lo has dicho ya a los demás?*

UNIDAD 6

A EL IMPERFECTO DE SUBJUNTIVO

- The imperfect subjunctive is formed by dropping the **–ron** from the 3rd person plural of the preterit tense and adding the following set of endings: **–ra**, **–ras**, **–ra**, **–ramos**, **–rais**, **–ran**.

Regular verbs in the preterit	Imperfect subjunctive
viajar ▸ viajaron	viaj**ara**, viaj**aras**, viaj**ara**, viaj**áramos**, viaj**arais**, viaj**aran**
beber ▸ bebieron	bebie**ra**, bebie**ras**, bebie**ra**, bebié**ramos**, bebie**rais**, bebie**ran**
vivir ▸ vivieron	vivie**ra**, vivie**ras**, vivie**ra**, vivié**ramos**, vivie**rais**, vivie**ran**

Irregular verbs in the preterit	
tener ▸ tuvieron	**tuv**iera, **tuv**ieras, **tuv**iera, **tuv**iéramos, **tuv**ierais, **tuv**ieran.
ser ▸ fueron	**fuera**, **fueras**, **fuera**, **fuéramos**, **fuerais**, **fueran**.
poder ▸ pudieron	**pud**iera, **pud**ieras, **pud**iera, **pud**iéramos, **pud**ierais, **pud**ieran.
dormir ▸ durmieron	d**u**rmiera, d**u**rmieras, d**u**rmiera d**u**rmiéramos, d**u**rmierais, d**u**rmieran.
construir ▸ construyeron	constru**y**era, constru**y**eras, constru**y**era, constru**y**éramos, constru**y**erais, constru**y**eran.
decir ▸ dijeron	**dij**era, **dij**eras, **dij**era, **dij**éramos, **dij**erais, **dij**eran.

- The imperfect subjunctive can also be formed using the **–se** endings although the **–ra** form is more commonly used.

-ar	-er	-ir
habl**ara** / habl**ase**	com**iera** / com**iese**	escrib**iera** / escrib**iese**
habl**aras** / habl**ases**	com**ieras** / com**ieses**	escrib**ieras** / escrib**ieses**
habl**ara** / habl**ase**	com**iera** / com**iese**	escrib**iera** / escrib**iese**
habl**áramos** / habl**ásemos**	com**iéramos** / com**iésemos**	escrib**iéramos** / escrib**iésemos**
habl**arais** / habl**aseis**	com**ierais** / com**ieseis**	escrib**ierais** / escrib**ieseis**
habl**aran** / habl**asen**	com**ieran** / com**iesen**	escrib**ieran** / escrib**iesen**

- The imperfect subjunctive is used when the verb in the main clause requires a subjunctive and is in the past or conditional tense.

Tense of verb in main clause		Tense of the subjunctive verb
Present, Perfect perfect, Future, Imperative	▶	Present
Preterit, Imperfect, Pluperfect, Conditional	▶	Imperfect

B ESTRUCTURAS CONDICIONALES

- To express the condition that has to be met in order for an action to take place, the following constructions can be used:

» To express possible or probable situation:

– **Si** + present indicative + future
  – *Si sales ahora, llegarás a tiempo.*

– **Si** + present indicative + presente
  – *Si quieres, nos tomamos un café.*

– **Si** + present indicative + imperativo
  – *Si recibes su fax, mándame una copia.*

» To express an improbable or false (contrary to fact) situation:

– **Si** + imperfect subjunctive + conditional
  – *Si fuera rica, viajaría por todo el mundo.*

– **De** + infinitive +conditional
  – *De ser rica, viajaría por todo el mundo.*

C *COMO SI* + IMPERFECTO DE SUBJUNTIVO

- **Como** is used when describing objects, people, and actions in comparison to other similar elements.
  – *Yo soy como mi padre. Me encanta hablar de política.*

- **Como si** + imperfect subjunctive compares two actions (a real one and an imaginary one) that are simultaneous.
  – *Andas por la calle como si estuvieras perdido.*
  (Real action: actually walking) (Imaginary action: being lost which is not true)

Como si is always followed by the imperfect subjunctive as it signals improbability.

- **Ni que** + imperfect subjunctive compares an action with another one we know to be impossible. Like **como si**, it is always followed by the imperfect subjunctive, but conveys a stronger sense of improbability.
  – *¡Qué cara! ¡Ni que hubieras visto al diablo!*

UNIDAD 7

A VERBOS DE CAMBIO

- The following verbs can signal a change in mood, physical condition, appearance, or circumstances, yet are used in different contexts.

» **Ponerse** + adjectives/colors: indicates a change in mood or physical appearance that comes on suddenly and is brief in duration.

– *Se puso muy triste con la noticia ya que no podía hacer nada.*

» **Volverse** + adjective / **un, una** + noun + adjective: indicates a dramatic, often involuntary mental change that is considered more permanent.

– *En estos últimos años Javier se ha vuelto un poco estúpido.*

» **Convertirse en** + noun: indicates a more radical, unexpected change that is permanent. The change can be due to external circumstances beyond the control of the subject.

– *El príncipe se convirtió en rana por la maldición de la bruja.*

» **Hacerse** + noun / adjective related to professional, ideological, or religious conversions. The change is seen as more lasting and voluntary.

– *La hija de la vecina se hizo monja en 1977.*

» **Llegar a ser** + noun / adjective: a gradual change as a result of a slow process requiring effort.

– *Vicente llegó a ser un gran pintor.*

» **Quedarse / Acabar** + adjective: indicates a change in physical or emotional state as a result of a previous action or situation. ***Quedarse*** can sometimes imply loss or disadvantage.

– *Se quedó estupefacto después de ver aquella fotografía.*

» **Terminar / Acabar** + gerund: gradual change with socially negative implications.

– *Terminó ganándose la vida con oscuros negocios.*

B LA VOZ PASIVA

- In passive voice, the subject is the recipient of the action as the agent or doer of the action is either unknown or unimportant. In Spanish the passive voice can be expressed in various ways.

» **Ser** + participle

– In a passive construction, the direct object becomes the subject. The verb is formed with **ser** and the past participle and must agree with the subject in number and gender. The agent of the action is introduced with **por**.

– *Carlos Saura dirigió la película. La película fue dirigida por Carlos Saura.*

– The use of the passive with **ser** is generally more common in written Spanish especially in newspaper articles, judicial language, and other types of formal texts.

– In Spanish, it is often referred to as *pasiva de proceso*.

» **Passive *se***

With the passive **se** construction, the verb is in the third person singular or plural, depending on whether the direct object (the thing being acted upon) is singular or plural. It is more commonly used in ordinary speech and cannot be used when the agent of the action (doer) is mentioned.

– *Se anunciaron las nominaciones a los premios en una cena especial.*

Expansión gramatical

Estar + past participle

» Whereas the passive with **ser** denotes an action, the passive with **estar** expresses the condition that results from an action. As in the construction with **ser**, the past participle functions as an adjective and must agree in number and gender with the noun.

– *Las camas ya están hechas.*

UNIDAD 8

A SER / ESTAR + ADJETIVO

Ser + adjective

» The verb **ser** with adjectives defines what is considered to be the norm. It establishes an inherent characteristic of someone or something.

– *María es muy amable, siempre ayuda a todos sus compañeros.*
– *Esta muchacha es simpática.*

Estar + adjective

» With adjectives, **estar** indicates a state or condition that is a change from the norm. It communicates a judgement or subjective perception on the part of the speaker relative to the moment.

– *Mario hoy está muy amable, seguro que quiere pedirnos algún favor...*
– *El vaso está roto.*

Ser and *estar* + adjectives that change in meaning

Adjective	SER	ESTAR
abierto/a	open (personality)	open (condition), not closed
aburrido/a	boring	bored
atento/a	courteous	paying attention
bueno/a	good	healthy, attractive
callado/a	quiet, reserved	silent
cansado/a	tiresome	feeling tired
dispuesto/a	handy	willing, prepared
fresco/a	rude	fresh (recently picked), cool (temperature)
grave	serious (personality)	serious (condition)
listo/a	smart, bright	ready
maduro/a	mature	ripe
malo/a	bad	sick
pesado/a	heavy (weight), annoying (personality)	annoying (condition)
rico/a	wealthy	tasty
verde	green (color), dirty (old man, joke, etc.)	unripe

Expansión gramatical

- More adjectives that change meaning

Adjective	SER	ESTAR
despierto/a	bright, sharp	awake
interesado/a	selfish	interested
molesto/a	annoying, irritating	annoyed, irritated
muerto/a	boring	dead (condition), not alive
orgulloso/a	vain, arrogant	proud, feeling satisfied
violento/a	violent	feel uncomfortable
vivo/a	lively	alive (condition)

B ORACIONES COMPARATIVAS

- Comparisons establish equality or inequality between two or more people, places, and objects. Comparisons may involve adjectives, nouns, adverbs, or verbs.

	With adjectives/nouns/adverbs	With verbs
+	**Regular:** » **Más** + adjective / noun / adverb + **que** (more than) – *María es más guapa que Carmen.* **Irregular:** » Bueno/a/os/as ▸ **mejor/es** + **que** » Grande/es ▸ **mayor/es** + **que**	**Regular:** » Verb + **más** + **que** – *El hombre vive más que el gato.* **Irregular:** » Bien ▸ **mejor que**
-	**Regular:** » **Menos** + adjective / noun / adverb + **que** (less than) – *Internet es menos lento que el correo postal.* **Irregular:** » Malo/a/os/as ▸ **peor/es** + **que** » Pequeño/a/os/as ▸ **menor/es** + **que**	**Regular:** » Verb + **menos** + **que** – *María corre menos que Pedro.* **Irregular:** » Mal ▸ **peor que**
=	» **Tan** + adjective / adverb + **como** (as…as) » **Igual de** + adjective / adverb + **que** – *Iván es igual de alto que su primo.* » Verb + **tanto/a/os/as** + noun + **como** (as many as) – *Tengo tantos hermanos como tú.* » **La misma cantidad de / El mismo número de** + noun + **que** (the same amount/ the same number of) – *Añade la misma cantidad de harina que de azúcar.*	» Verb + **tanto como** – *El libro cuesta tanto como el cuaderno.* » Verb + **lo mismo / igual que** + verb + noun – *Trabaja lo mismo que duerme.* » Verb + **como** + personal pronoun – *Sabe cocinar como tú.*

Expansión gramatical

- If the object of comparison is known to both parties, the second part of the sentence may be omitted.
  - *María es más guapa.*
- Use the preposition **de** in place of **que** after numbers:
  - *Tiene más de 2000 euros.*
- Other expressions used to compare include:
  - **Es lo mismo que...**
  - **Muy diferente a/de...**
  - **No se parece nada a...**
  - **No tiene nada que ver con...**
  - **Es idéntico a...**
  - **Son como dos gotas de agua.**
    - *Carmen es muy diferente a Ana.*

C LOS SUPERLATIVOS

El superlativo relativo

A superlative statement expresses the highest or lowest degree of comparison. It is also used to focus on a particular characteristic of a subject, comparing it to the rest of the group. In Spanish, the superlative is formed with the definite article and uses **de** to express in or of.

- **El/la/los/las** + **más / menos** + adjective + **de** + noun
- **El/la/los/las** + **mejor/es, peor/es** + noun + **que** + clause
  - *Este libro es el más interesante de todos, es el más interesante que he leído nunca.*

El superlativo absoluto

Highlights a particular characteristic of a subject without comparing it to another. The focus is on the highest or lowest quality of that subject.

- Adjective + adverbs: **muy**, **–mente** (sumamente), **tan**:
  - *Carlos es muy alto.*
- Adjective + suffix: **–ísimo/a/os/as**:
  - *Carlos es altísimo.*

Expansión gramatical

The following types of adjectives do not admit this suffix:

a. colors ending in **–a**: *rosa.*
b. adjectives ending in **–uo**, **–il**: *arduo.*
c. adjectives with stress on the second-to-last syllable ending in **–eo**, **–ico**, **–fero**, **–imo**: *único.*

- Adjectives + prefixes (colloquial): ***re–/ requete– / archi– / super–***:
  - *Carlos es superalto.*
- Adjectives + suffix: **–érrimo**: *celebérrimo (célebre), paupérrimo (pobre), libérrimo (libre), misérrimo (mísero).*
  - *Conocí a un muchacho que era paupérrimo.*

UNIDAD 9

A CORRELACIÓN DE TIEMPOS INDICATIVO-SUBJUNTIVO

- In Spanish, the tense of the main clause determines the subjunctive tense used in the subordinate clause. Following is a summary of the correspondences for the verb forms you have studied thus far.

Main clause	Subordinate clause (after *que*)	
Present indicative Present perfect Future Imperative (Commands)	Present subjunctive	– *Mi médico siempre me* ***dice*** *que* ***beba*** *más agua.* – *En su último comunicado, el Gobierno* ***ha aconsejado*** *que* ***moderemos*** *el uso del agua.* – *Los estudiantes* ***pedirán*** *que se* ***supriman*** *las tasas.* – ***Exige*** *que te* ***contesten****.*
Imperfect Preterit Conditional	Imperfect subjunctive	– ***Quería*** *que* ***supieras*** *la verdad cuanto antes.* – *Me* ***rogó*** *que no se lo* ***dijera*** *a nadie.* – *Me* ***gustaría*** *que* ***entendieras*** *mi situación.*

B ESTRUCTURAS PARA EXPRESAR SENTIMIENTOS, GUSTOS Y EMOCIONES

- To express how we **feel** about what others **do** (present tense), we use:

Me gusta
Me encanta
No soporto
Me fastidia + **que** + present subjunctive

– *Me gusta que digas siempre lo que piensas.*

Lo que (más/menos) + **me gusta** / **me sorprende** / **me importa** + **es que** + present subjunctive

– *Lo que más me sorprende es que todos estén de acuerdo.*

- To express how we **feel** about what others **have done** (present perfect tense), we use:

Me gusta
Me encanta
No soporto
Me fastidia + **que** + present perfect subjunctive

– *Me encanta que hayas venido.*

Lo que (más/menos) + **me gusta** / **me sorprende** / **me importa** + **es que** + present perfect subjunctive

– *Lo que más me gusta es que me haya contestado tan rápido.*

- To express how we **felt** about what others **did** (past tense), we use:

Me gustaba **Me encantó** **No soportaba** **Me fascinó**	+ **que** + imperfect subjunctive

– *Me gustó que me dijera la verdad.*

Lo que (más/menos) +	**me gustaba** **me sorprendió** **me fascinaba**	+ **fue/era que** + imperfect subjunctive

– *Lo que más me sorprendió fue que pusiera esa cara de fastidio.*

- To express a hypothetical wish or desire, we use:

Me gustaría **Me encantaría**	+ **que** + imperfect subjunctive

– *Me gustaría que fuéramos todos de vacaciones.*
– *Me encantaría que vieras esto. ¡Es increíble!*

C EL IMPERATIVO

- **Affirmative commands**

» Affirmative commands are used to give an order, to invite, give advice, make recommendations, or give permission to someone.

» Verbs ending in **–ar** will use the **–e/–en** endings in **usted** and **ustedes** commands. Verbs ending in **–er/–ir** will use the **–a/–an** endings in **usted** and **ustedes** commands.

Regular verbs

	comprar	comer	subir
tú	compr**a**	com**e**	sub**e**
usted	compr**e**	com**a**	sub**a**
ustedes	compr**en**	com**an**	sub**an**

Irregular verbs

	decir	hacer	poner	tener
tú	**di**	**haz**	**pon**	**ten**
usted	**diga**	**haga**	**ponga**	**tenga**
ustedes	**digan**	**hagan**	**pongan**	**tengan**

- **Affirmative commands + pronouns**

» Direct, indirect, and reflexive pronouns are attached to affirmative commands to form one word.

– *Pon el queso en la nevera.* ► ***Ponlo.***
– *Dime el secreto.* ► ***Dímelo.***

Negative commands

» Negative commands are used to tell someone what not to do.

» To form the negative commands:

– For **usted/ustedes**, use the same form as the affirmative command.

– (usted) compre ▶ ***no compre*** – (ustedes) compren ▶ ***no compren***

– For **tú**, add **–s** to the negative command of **usted**.

– (usted) no compre ▶ (tú) ***no compres***

Regular verbs

	comprar	comer	subir
tú	no compr**es**	no com**as**	no sub**as**
usted	no compr**e**	no com**a**	no sub**a**
ustedes	no compr**en**	no com**an**	no sub**an**

Irregular verbs

	decir	hacer	poner	tener
tú	no **digas**	no **hagas**	no **pongas**	no **tengas**
usted	no **diga**	no **haga**	no **ponga**	no **tenga**
ustedes	no **digan**	no **hagan**	no **pongan**	no **tengan**

Negative commands + pronouns

» Direct, indirect, and reflexive pronouns are placed before negative commands.

– *No* ***lo*** *pongas en la estantería.*

– *No* ***se lo*** *digas a nadie.*

UNIDAD 10

A LAS ORACIONES CONCESIVAS CON *AUNQUE*

In English we use *although* to concede a point in a conversation.

» Use the indicative after **aunque** to express what is actually known or has been experienced by the speaker (*even though*).

– ***Aunque estudia*** *todos los días del año, no va a aprobar la asignatura.*

We know that the action in the subordinate clause is true or has happened.

» Use the subjunctive after **aunque** to express the speaker's speculation about an action or situation (*even if*).

– ***Aunque estudie*** *todos los días del año, no va a aprobar la asignatura.*

The action in the subordinate clause may or may not be true or may or may not have happened.

» Use the imperfect subjunctive to indicate that the action expressed after **aunque** unlikely took place, but even if it had, it does not alter the speaker's opinion of the situation.

– ***Aunque estudiara*** *todos los días, no aprobaría la asignatura.*

Speaker believes the action in the subordinate clause did not take place or has no bearing on his or her viewpoint.

Expansión gramatical

Other conjunctions that are used in the same manner as **aunque** include:

a pesar de que
pese a que
por más que

– ***A pesar de que estudia*** *todos los días, no va a aprobar la asignatura.*

B EL GERUNDIO CIRCUNSTANCIAL

■ The gerund is the verb form that ends in **–ando** or **–iendo** and is invariable in form. In Spanish, the gerund functions as a kind of adverb as it can only modify verbs.

The gerund can be used to indicate:

» an action happening at the same time as the action in the main verb

– ***Llegando*** *a la oficina, me encontré con el nuevo director.*

» the method by which an action is performed.

– *Logré graduarme en Psicología* ***estudiando*** *mucho.*

» concession (similar to **aunque**)

– *Aun* ***sacando*** *los billetes ahora, no nos ahorraremos mucho.*
(Aunque saquemos los billetes ahora, no nos ahorraremos mucho)

» cause (explains why)

– ***Sabiendo*** *que le gustaban los relojes, le compré uno de regalo.*
(Sabía que le gustaban los relojes, por eso le compré uno de regalo)

» condition (equal to *if*)

– ***Viajando*** *en avión, llegaremos más rápido.*
(Si viajamos en avión, llegaremos más rápido)

C VERBOS CON PREPOSICIÓN

■ In Spanish, the prepositions **a**, **con**, and **de** are often used with certain verbs.

A	CON	DE
Movement/direction toward: *ir a, dirigirse a, bajar a, subir a, llevar/traer a, viajar a, llegar a…* **Beginning of an action:** *comenzar a* + infinitive *empezar a* + infinitive	**Relation to others:** *convivir con, coincidir con, comparar con, casarse con, trabajar con…* **Means/instrument:** *escribir con un lápiz* *pintar con óleos* *cortar con tijeras* **Way/manner:** *escuchar con atención, hablar con sinceridad, trabajar con pasión, pintar con destreza, admirar con placer…*	**Cause of an action:** *quejarse de* + noun/infinitive *arrepentirse* de + infinitive **Point of origin:** *llegar de, salir de, huir de…* **Finish doing something:** *acabar de* + infinitive *terminar de* + infinitive *tratar de* + infinitive

- Here are some other verbs that are followed by a preposition in Spanish. Note that many of these verbs also take a preposition in English although it may not be the same one as in Spanish. For this reason, it is important to learn the verb together with its corresponding preposition in Spanish. How many of them do you know already?

Other verbs with *a*:

acercarse a to get close to
acostumbrarse a to get used to
aprender a to learn to (do something)
arriesgarse a to take a risk
asistir a to attend
condenar a to sentence
decidirse a to make up your mind to (do something)
disponerse a to be ready to (do something)
enseñar a to teach (someone to do something)
invitar a to invite (someone to do something)
negarse a to refuse to (do something)
obligar a to force (someone to do something)
oler a to smell like
parecerse a to look like
resolverse a to make up your mind to (do something)
saber a (tener sabor a) to taste like

Other verbs with *con*:

compartir con to share (something with someone)
juntarse con to get together with
conformarse con to settle for
contar con to count on
contentarse con to be content with
cumplir con to comply with, to carry out (an action)
encontrarse con to meet up with
entenderse con to get along with
soñar con to dream of
tropezar con to bump into

Other verbs with *de*:

abusar de to take advantage of
acordarse de to remember
alejarse de to get away from
apartarse de to move aside
aprovecharse de to take advantage of
asombrarse de to astonish
burlarse de to make fun of
cansarse de to get tired
carecer de to lack
cesar de to cease
compadecerse de to take pity on
darse cuenta de to realize
dejar de to stop
depender de to depend on
despedirse de to say goodbye
disfrutar de to enjoy
enamorarse de to fall in love with
enterarse de to find out
fiarse de to trust
gozar de to enjoy
ocuparse de to take responsibility for
olvidarse de to forget
preocuparse de to worry about
reírse de to laugh at
tratar de to try to

Expansión gramatical

Other verbs in Spanish are followed by the preposition **en**.

convertirse en to become, turn into
concentrarse en to concentrate on
confiar en to trust, have faith in
consentir en to agree to
consistir en to consist of
convenir en to agree on
fijarse en to notice, pay attention to
insistir en to insist on
participar en to participate in
pensar en to think about
tardar en to take a long time to
transformarse en to change into, become

UNIDAD 11

A ORACIONES FINALES

- These clauses, also known as adverbial clauses, describe an action and are joined to the main clause by an adverbial conjunction. The conjunctions in this category can only be followed by an infinitive or the subjunctive:

Main clause + adverbial conjunction + infinitive
Main clause + adverbial conjunction + **que** + subjunctive

1. When both clauses have the same subject, we use the **infinitive**.

» **Para** (in order to):
- *Viajaré a Perú para conocer mejor su cultura indígena.*

» **A** (with verbs of motion to indicate direction)
- *He venido a ver que están haciendo.*

» **Con tal de** (so long as):
- *Siempre hace lo mismo con tal de no venir.*

» **A fin de** (in order to):
- *Se ruega puntualidad a fin de agilizar la reunión.*

» **Con** + noun + **de** (with the purpose of):
Examples: **con el fin de, con la intención de, con el propósito de, con el objeto de, con la esperanza de...**
- *Paré el coche con la intención de llenar el depósito.*

» **Por** + infinitive (because of):
- *Lo hizo por distraerse, en realidad nunca estuvo interesado.*

2. When each clause has a different subject, we use the **subjunctive**.

» **Para que** (in order that, so that):
- *Me han llamado para que vaya a visitarles.*

» **A que** (with verbs of motion to indicate direction):
- *Voy al taller a que me revisen el coche.*

» **Con tal de que** (provided that):
- *Con tal de que me dejes en paz, te compraré ese juguete.*

» **A fin de que** (so that):
- *Le contrataron a fin de que reparara todos los daños causado por el virus informático.*

» **Con** + noun + **de que** (so that):
Examples: **con el fin de que, con la intención de que, con el propósito de que, con el objeto de que, con la esperanza de que...**
- *Han retrasado la fecha de la boda con el fin de que todos puedan estar aquí.*

B EL IMPERFECTO DE SUBJUNTIVO: EXPRESAR SENTIMIENTOS

- The past subjunctive is used when the verb in the main clause is in the past or refers to a hypothetical situation. The following is a summary of the correspondences for the forms you have learned so far.

Verb in main clause	Verb in subordinate clause	
Present indicative Present perfect indicative Future Imperative (Command)	Present subjunctive	– *Mi médico siempre me dice que beba más agua.* – *En su último comunicado, el Gobierno ha aconsejado que moderemos el uso del agua.* – *Los estudiantes pedirán que se supriman las tasas.* – *Exige que te contesten.*
Imperfect Preterit Conditional	Imperfect subjunctive	– *Quería que supieras la verdad cuanto antes.* – *Me rogó que no se lo dijera a nadie.* – *Me gustaría que entendieras mi situación.*

C EL ESTILO INDIRECTO

- Indirect or reported speech consists of reproducing the words and thoughts of others. It is introduced by a verb of communication such as **decir** and **comentar**. Note that certain elements will need to change when relaying what someone else said.

Direct speech: *María dijo: "Llámame al celular cuando tengas noticias".*
Indirect speech: *María dijo que la llamara al celular cuando tuviera noticias.*

The following changes occur when using indirect speech:

1. When the main verb (Vb1) is in present tense, there are no changes in verb tense in the subordinate verbs (Vb2):

- *Iván* dice (Vb1): *"Hoy tengo* (Vb2) *una reunión muy importante sobre el aumento de trabajadores en la empresa".*
- *Iván* dice (Vb1) *que hoy tiene* (Vb2) *una reunión muy importante sobre el aumento de trabajadores en la empresa.*

2. When the main verb (Vb1) is in past tense, the following changes occur in the subordinate verb (Vb2):

- Ana dijo (Vb1): *"Ahora me voy* (Vb2) *a París por un asunto de negocios".*
- Ana dijo (Vb1) *que se iba* (Vb2) *a París por un asunto de negocios.*

» **Personal pronouns:**

1. Yo > Tú:
- Yo: "*Voy a ir al cine*".
- María: *El otro día tú dijiste que ibas a ir al cine.*

2. Tú > Yo:
- Marta: "*¿Estás cansado?*".
- Yo a Marta: *El otro día me preguntaste si estaba cansado.*

3. Yo > Él/ella:
- Pedro a Ana: "*Quiero cambiar de celular*".
- Carmen: *Pedro le dijo a Ana que él quería cambiar de celular.*

4. Tú > Él /ella:
- Carlos a María: "*(Tú) Siempre quieres salirte con la tuya*".
- Carlos a Ana: *Le dije que siempre quería salirse con la suya.*

» **Possessives**

Possessive adjectives and pronouns change according to the object or person that is possessed and its possessor.

- Pedro: "*Tienes que darme tu número de teléfono*".
- Antonio: *Pedro me dijo que tenía que darle mi número de teléfono.*

» **Interrogatives**

When converting questions into indirect speech, we start with the verb **preguntar** and follow the same format as with verbs. If it is a yes/no question, we add **sí** otherwise we use the same interrogative word as in the question.

- *María: "Carlos, ¿quieres venir al cine?".*
  María le preguntó a Carlos si quería ir al cine.

– *Antonio: "¿Cuándo quieres que te llame?".*
Antonio le preguntó a Raquel que cuándo quería que la llamara.

– *Rosa: "¿Qué quieres hacer esta tarde?".*
Rosa me preguntó que qué quería hacer esa tarde.

UNIDAD 12

A ORACIONES SUBORDINADAS SUSTANTIVAS

- Verbs of communication that convey the idea of mental process, communication, perception or certainty use the indicative. When those verbs are used in the negative form, the subjunctive is used. Read more about how these verbs are used with the subjunctive and the indicative in noun clauses.

» With indicative:
The speaker's intention is to express his/her point of view according to what he/she perceives to be true.
– *Yo creo que el amor es un afecto especial hacia alguien.*
– *Yo solo sé que el amor es difícil de encontrar*

» With subjunctive:
When expressing a viewpoint using these same verbs in the negative, we use the subjunctive.
– *No imaginaba que se pudiera ser tan feliz.*
– *Pues yo no pienso que se pueda estar enamorado sin quererte primero a ti mismo.*

» With **decir**:
Note that when decir is used to communicate information, such as in indirect speech, we use the indicative. When it refers to an order or command to do something, we use the subjunctive.
– *Ella no me dijo que venía.* She said she was coming. (Communication)
– *Ella no me dijo que viniera.* She told me to come. (Order)

» With the imperative or command form:
When these verbs of communication are used in the negative command form, we use the indicative.
– *No digas que no tengo razón.* Don't say I'm not right.
– *No crean que no lo he pensado muchas veces.* Don't think that I haven't thought about it a lot.

B VERBOS CON DOBLE SIGNIFICADO SEGÚN SE CONSTRUYEN CON INDICATIVO O SUBJUNTIVO

- The following verbs change meaning in Spanish depending on whether they are used with the subjunctive or indicative.

Verbs that change meaning	Indicative	**que** + subjunctive
comprender / entender	to realize	it's understood / logical that
sentir	to feel something to be true	to feel pity, sadness that
decir (plus other verbs of communication)	to state, comment, communicate	to order that someone do something
temer(se)	to suspect something negative	to be afraid that
parecer	to seem, appear	to invite someone to do something

C ESTRUCTURAS REDUPLICATIVAS DE SUBJUNTIVO

- These constructions are similar to adverbial clauses in that they express a contrast between two ideas. In this case, the adverbial conjunction is replaced by duplicate verbs in the subjunctive.

» **Form:**

Verb in subjunctive + (preposition) + **donde / lo que** + same verb in the subjunctive + sentence

- *Vayas a donde vayas, siempre te encontrarás a alguien conocido en esta ciudad.*
  Go where you might, you will always run into someone you know in this city.

» **Use:**

This sentence is made up of two contrasting ideas separated by a comma. The purpose is to indicate that the action in the second part of the sentence will take place without regards to the impediment or objection proposed in the first part.

- *Hagas lo que hagas, pienso salir este fin de semana.*

(In other words: It doesn't matter what **you** are going to do, **I'm** planning to go out this weekend independently of whether you come or not).

Pretérito

Verbos regulares

-AR cantar	-ER comer	-IR vivir
can**té**	com**í**	viv**í**
cant**aste**	com**iste**	viv**iste**
cant**ó**	com**ió**	viv**ió**
cant**amos**	com**imos**	viv**imos**
cant**asteis**	com**isteis**	viv**isteis**
cant**aron**	com**ieron**	viv**ieron**

Verbos irregulares

andar	caer	comenzar	concluir	construir	constribuir
anduve	caí	comen**c**é	concluí	construí	contribuí
anduviste	caíste	comenzaste	concluiste	construiste	contribuiste
anduvo	ca**yó**	comenzó	conclu**yó**	constru**yó**	contribu**yó**
anduvimos	caímos	comenzamos	concluimos	construimos	contribuimos
anduvisteis	caísteis	comenzasteis	concluisteis	construisteis	contribuisteis
anduvieron	ca**yeron**	comenzaron	conclu**yeron**	constru**yeron**	contribu**yeron**

dar	decir	destruir	dormir	empezar	estar
di	**dije**	destruí	dormí	empe**c**é	**estuve**
diste	**dijiste**	destruiste	dormiste	empezaste	**estuviste**
dio	**dijo**	destru**yó**	d**u**rmió	empezó	**estuvo**
dimos	**dijimos**	destruimos	dormimos	empezamos	**estuvimos**
disteis	**dijisteis**	destruisteis	dormisteis	empezasteis	**estuvisteis**
dieron	**dijeron**	destru**yeron**	d**u**rmieron	empezaron	**estuvieron**

hacer	ir	jugar	leer	medir	morir
hice	**fui**	jug**u**é	leí	medí	morí
hiciste	**fuiste**	jugaste	leíste	mediste	moriste
hizo	**fue**	jugó	le**y**ó	m**i**dió	m**u**rió
hicimos	**fuimos**	jugamos	leímos	medimos	morimos
hicisteis	**fuisteis**	jugasteis	leísteis	medisteis	moristeis
hicieron	**fueron**	jugaron	le**yeron**	m**i**dieron	m**u**rieron

oír	pedir	pescar	poder	poner	querer
oí	pedí	pes**qu**é	**pude**	**puse**	**quise**
oíste	pediste	pescaste	**pudiste**	**pusiste**	**quisiste**
o**y**ó	p**i**dió	pescó	**pudo**	**puso**	**quiso**
oímos	pedimos	pescamos	**pudimos**	**pusimos**	**quisimos**
oísteis	pedisteis	pescasteis	**pudisteis**	**pusisteis**	**quisisteis**
o**y**eron	p**i**dieron	pescaron	**pudieron**	**pusieron**	**quisieron**

saber	ser	servir	sonreír	tener
supe	fui	serví	sonreí	tuve
supiste	fuiste	serviste	sonreíste	tuviste
supo	fue	sirvió	sonrió	tuvo
supimos	fuimos	servimos	sonreímos	tuvimos
supisteis	fuisteis	servisteis	sonreísteis	tuvisteis
supieron	fueron	sirvieron	sonrieron	tuvieron

traducir	traer	ver	haber
traduje	traje	vi	hubo
tradujiste	trajiste	viste	
tradujo	trajo	vio	
tradujimos	trajimos	vimos	
tradujisteis	trajisteis	visteis	
tradujeron	trajeron	vieron	

Imperfecto

- Verbos regulares

-AR cantar	-ER comer	-IR vivir
cant**aba**	com**ía**	viv**ía**
cant**abas**	com**ías**	viv**ías**
cant**aba**	com**ía**	viv**ía**
cant**ábamos**	com**íamos**	viv**íamos**
cant**abais**	com**íais**	viv**íais**
cant**aban**	com**ían**	viv**ían**

- Verbos irregulares

ser	ir	ver
era	iba	veía
eras	ibas	veías
era	iba	veía
éramos	íbamos	veíamos
erais	ibais	veíais
eran	iban	veían

Presente perfecto

- Verbos regulares

-AR cantar	-ER comer	-IR vivir
he cant**ado**	**he** com**ido**	**he** viv**ido**
has cant**ado**	**has** com**ido**	**has** viv**ido**
ha cant**ado**	**ha** com**ido**	**ha** viv**ido**
hemos cant**ado**	**hemos** com**ido**	**hemos** viv**ido**
habéis cant**ado**	**habéis** com**ido**	**habéis** viv**ido**
han cant**ado**	**han** com**ido**	**han** viv**ido**

- Participios irregulares

abrir ▶ **abierto**
absolver ▶ **absuelto**
cubrir ▶ **cubierto**
decir ▶ **dicho**
escribir ▶ **escrito**
freír ▶ **frito**
hacer ▶ **hecho**
imprimir ▶ **impreso**
morir ▶ **muerto**
poner ▶ **puesto**
resolver ▶ **resuelto**
revolver ▶ **revuelto**
romper ▶ **roto**
ver ▶ **visto**
volver ▶ **vuelto**

Imperativo

- Verbos regulares

cantar	comer	vivir
cant**a**	com**e**	viv**e**
cant**e**	com**a**	viv**a**
cant**en**	com**an**	viv**an**

- Verbos irregulares

cantar	comer	vivir	construir	contar	decir	dormir
cae	conduce	conoce	constru**y**e	c**ue**nta	**di**	d**ue**rme
caiga	condu**zc**a	cono**zc**a	constru**y**a	c**ue**nte	**diga**	d**ue**rma
caigan	condu**zc**an	cono**zc**an	constru**y**an	c**ue**nten	**digan**	d**ue**rman

elegir	empezar	hacer	huir	ir	jugar	llegar
eli**g**e	emp**ie**za	**haz**	hu**y**e	**ve**	j**ue**ga	lle**g**a
eli**j**a	emp**ie**ce	**haga**	hu**y**a	**vaya**	j**uegu**e	lle**gu**e
eli**j**an	emp**ie**cen	**hagan**	hu**y**an	**vayan**	j**uegu**en	lle**gu**en

oír	pedir	pensar	poner	saber	salir	ser
oye	p**i**de	p**ie**nsa	**pon**	sabe	**sal**	**sé**
oiga	p**i**da	p**ie**nse	**ponga**	**sepa**	**salga**	**sea**
oigan	p**i**dan	p**ie**nsen	**pongan**	**sepan**	**salgan**	**sean**

tener	venir	vestir	volver
ten	**ven**	v**i**ste	v**ue**lve
tenga	**venga**	v**i**sta	v**ue**lva
tengan	**vengan**	v**i**stan	v**ue**lvan

Futuro

■ Verbos regulares

cantar	comer	vivir
cantar**é**	comer**é**	vivir**é**
cantar**ás**	comer**ás**	vivir**ás**
cantar**á**	comer**á**	vivir**á**
cantar**emos**	comer**emos**	vivir**emos**
cantar**éis**	comer**éis**	vivir**éis**
cantar**án**	comer**án**	vivir**án**

■ Verbos irregulares

caber	haber	decir	hacer	poder	poner	querer
cabré	**habré**	**diré**	**haré**	**podré**	**pondré**	**querré**
cabrás	**habrás**	**dirás**	**harás**	**podrás**	**pondrás**	**querrás**
cabrá	**habrá**	**dirá**	**hará**	**podrá**	**pondrá**	**querrá**
cabremos	**habremos**	**diremos**	**haremos**	**podremos**	**pondremos**	**querremos**
cabréis	**habréis**	**diréis**	**haréis**	**podréis**	**pondréis**	**querréis**
cabrán	**habrán**	**dirán**	**harán**	**podrán**	**pondrán**	**querrán**

saber	salir	tener	valer	venir
sabré	**saldré**	**tendré**	**valdré**	**vendré**
sabrás	**saldrás**	**tendrás**	**valdrás**	**vendrás**
sabrá	**saldrá**	**tendrá**	**valdrá**	**vendrá**
sabremos	**saldremos**	**tendremos**	**valdremos**	**vendremos**
sabréis	**saldréis**	**tendréis**	**valdréis**	**vendréis**
sabrán	**saldrán**	**tendrán**	**valdrán**	**vendrán**

Pluscuamperfecto

	Participios regulares	
había **habías** **había**	**–ado** (–ar verbs) **–ido** (–er / –ir verbs)	lleg**ado** com**ido** viv**ido**

■ Participios irregulares

abrir ▶ **abierto**
hacer ▶ **hecho**
decir ▶ **dicho**
romper ▶ **roto**
resolver ▶ **resuelto**
escribir ▶ **escrito**
ver ▶ **visto**
poner ▶ **puesto**
volver ▶ **vuelto**
revolver ▶ **revuelto**

Condicional

- Verbos regulares

hablar	comer	escribir
habla**ría**	come**ría**	escribi**ría**
habla**rías**	come**rías**	escribi**rías**
habla**ría**	come**ría**	escribi**ría**
habla**ríamos**	come**ríamos**	escribi**ríamos**
habla**ríais**	come**ríais**	escribi**ríais**
habla**rían**	come**rían**	escribi**rían**

- Verbos irregulares

caber ▶ **cabr–**	poner ▶ **pondr–**		**ía**
haber ▶ **habr–**	venir ▶ **vendr–**		**ías**
saber ▶ **sabr–**	salir ▶ **saldr–**	+	**ía**
querer ▶ **querr–**	valer ▶ **valdr–**		**íamos**
tener ▶ **tendr–**	hacer ▶ **har–**		**íais**
poder ▶ **podr–**	decir ▶ **dir–**		**ían**

Presente de subjuntivo

- Verbos regulares

-AR hablar	-ER comer	-IR escribir
habl**e**	com**a**	escrib**a**
habl**es**	com**as**	escrib**as**
habl**e**	com**a**	escrib**a**
habl**emos**	com**amos**	escrib**amos**
habl**éis**	com**áis**	escrib**áis**
habl**en**	com**an**	escrib**an**

- Verbos irregulares con cambio vocálico

e ▶ ie querer	o ▶ ue volver	u ▶ ue jugar	e ▶ i (en todas las personas) pedir
qu**ie**ra	v**ue**lva	j**ue**gue	pida
qu**ie**ras	v**ue**lvas	j**ue**gues	pidas
qu**ie**ra	v**ue**lva	j**ue**gue	pida
queramos	volvamos	juguemos	pidamos
queráis	volváis	juguéis	pidáis
qu**ie**ran	v**ue**lvan	j**ue**guen	pidan

- Los verbos **dormir** y **morir** tienen dos cambios vocálicos en presente de subjuntivo: o ▶ ue y o ▶ u:
  - d**ue**rma, d**ue**rmas, d**ue**rma, d**u**rmamos, d**u**rmáis, d**ue**rman.
  - m**ue**ra, m**ue**ras, m**ue**ra, m**u**ramos, m**u**ráis, m**ue**ran.

- Verbos con irregularidad en **yo**

poner ▶ **pong–**	traer ▶ **traig–**	+	**a**
tener ▶ **teng–**	hacer ▶ **hag–**		**as**
salir ▶ **salg–**	caer ▶ **caig–**		**a**
venir ▶ **veng–**	construir ▶ **construy–**		**amos**
decir ▶ **dig–**	conocer ▶ **conozc–**		**áis**
			an

- Verbos completamente irregulares

haber	estar	ir	ser	saber	ver	dar
haya	**esté**	**vaya**	**sea**	**sepa**	**vea**	**dé**
hayas	**estés**	**vayas**	**seas**	**sepas**	**veas**	**des**
haya	**esté**	**vaya**	**sea**	**sepa**	**vea**	**dé**
hayamos	**estemos**	**vayamos**	**seamos**	**sepamos**	**veamos**	**demos**
hayáis	**estéis**	**vayáis**	**seáis**	**sepáis**	**veáis**	**deis**
hayan	**estén**	**vayan**	**sean**	**sepan**	**vean**	**den**

- Otros verbos con irregularidad

e ▶ ie (except in the **nosotros** and **vosotros** forms)

cerrar ▶ c**ie**rre
comenzar ▶ com**ie**nce
despertarse ▶ se desp**ie**rte
divertirse ▶ se div**ie**rta
empezar ▶ emp**ie**ce
encender ▶ enc**ie**nda
encerrar ▶ enc**ie**rre
entender ▶ ent**ie**nda
gobernar ▶ gob**ie**rne
manifestar ▶ manif**ie**ste
mentir ▶ m**ie**nta
querer ▶ qu**ie**ra
recomendar ▶ recom**ie**nde
sentarse ▶ se s**ie**nte
sentir ▶ s**ie**nta

o ▶ ue (except in the **nosotros** and **vosotros** forms)

acordarse ▶ se ac**ue**rde
acostarse ▶ se ac**ue**ste
contar ▶ c**ue**nte
llover ▶ ll**ue**va
probar ▶ pr**ue**be
resolver ▶ res**ue**lva
rogar ▶ r**ue**gue
soler ▶ s**ue**la
sonar ▶ s**ue**ne
soñar ▶ s**ue**ñe
volar ▶ v**ue**le
volver ▶ v**ue**lva

e ▶ i (en todas las personas)

compet**i**r ▶ comp**i**ta
desped**i**r ▶ desp**i**da
despedirse ▶ se desp**i**da
impedir ▶ imp**i**da
medir ▶ m**i**da
repetir ▶ rep**i**ta

Presente perfecto de subjuntivo

- Verbos regulares

-AR cantar	-ER comer	-IR vivir
haya cant**ado**	**haya** com**ido**	**haya** viv**ido**
hayas cant**ado**	**hayas** com**ido**	**hayas** viv**ido**
haya cant**ado**	**haya** com**ido**	**haya** viv**ido**
hayamos cant**ado**	**hayamos** com**ido**	**hayamos** viv**ido**
hayáis cant**ado**	**hayáis** com**ido**	**hayáis** viv**ido**
hayan cant**ado**	**hayan** com**ido**	**hayan** viv**ido**

- Participios irregulares

abrir ▶ **abierto**
absolver ▶ **absuelto**
cubrir ▶ **cubierto**
decir ▶ **dicho**
escribir ▶ **escrito**
freír ▶ **frito**
hacer ▶ **hecho**
imprimir ▶ **impreso**
morir ▶ **muerto**
poner ▶ **puesto**
resolver ▶ **resuelto**
revolver ▶ **revuelto**
romper ▶ **roto**
ver ▶ **visto**
volver ▶ **vuelto**

Imperfecto de subjuntivo

- Verbos regulares

hablar	comer	vivir
habl**ara**/habl**ase**	comi**era**/comi**ese**	vivi**era**/vivi**ese**
habl**aras**/habl**ases**	comi**eras**/comi**eses**	vivi**eras**/vivi**eses**
habl**ara**/habl**ase**	comi**era**/comi**ese**	vivi**era**/vivi**ese**
habl**áramos**/habl**ásemos**	comi**éramos**/comi**ésemos**	vivi**éramos**/vivi**ésemos**
habl**arais**/habl**aseis**	comi**erais**/comi**eseis**	vivi**erais**/vivi**eseis**
habl**aran**/habl**asen**	comi**eran**/comi**esen**	vivi**eran**/vivi**esen**

- Verbos irregulares

preferir ▶ prefirieron ▶ prefiriera / prefiriese
dormir ▶ durmieron ▶ durmiera / durmiese
seguir ▶ siguieron ▶ siguiera / siguiese
leer ▶ leyó ▶ leyera / leyese
tener ▶ **tuvieron** ▶ **tuviera** / **tuviese**
poner ▶ **pusieron** ▶ **pusiera** / **pusiese**
ir/ser ▶ **fueron** ▶ **fuera** / **fuese**
caber ▶ **cupieron** ▶ **cupiera** / **cupiese**

A

a causa de (5) because of, due to
a fin de (que) (4) in order to
A pesar de eso, ¿no crees que...? (10) In spite of that, don't you think that...
a pesar de que (6) despite the fact that
abandonado/a (8) careless
abierto/a (8) open (personality) - open (condition)
abstenerse (de) (5) to abstain, refrain (from)
aburrido/a (8) boring - bored
acabar (1) (12) to end, finish
acabar de (+ infinitivo) (7) (10) to have just (done something), to finish
acercarse (1) to get close, approach
acogedor/a (3) cozy
aconsejar (2) to advise
el acontecimiento (6) event, occurrence
acostumbrarse a (10) to get used to
activar / desactivar (10) to activate / to deactivate
actualmente (6) at present, currently
el adelanto (3) advance
además (3) besides, in addition
la Administración y Dirección de Empresas (4) business administration
advertir (10) to warn
la aerolínea / la compañía aérea (11) airline
afónico/a (7) hoarse
agobiarse (12) to be overwhelmed
el agobio (3) stress
agregar (9) to add
agrio/a (9) sour
agruparse (6) to form a group
Ah, ¿sí? (1) Oh, really?
ahorrar (1) (3) to save
el ajo (9) garlic
al cabo de (4) after + a period of time
al final (1) at the end, in the end
las alas de pollo (9) chicken wings
albergado/a (5) housed, sheltered
algo (3) something, anything
alguien (3) someone, anyone
algún (+ nombre masc. sing.) (3) some, any
alguno/a/os/as (3) some, any
las almejas (9) clams
las almendras (9) almonds
el alojamiento (3) lodging, accomodation
el alzamiento (6) uprising, revolt
amargo/a (9) bitter
ampliar (4) to expand, increase
amplio/a (3) spacious
amueblado/a (3) furnished
añadir (9) to add, put in
analizar un tema (2) analize a topic or theme
andar (+ gerundio) (7) to be + condition
la anécdota (1) story, anecdote
antes de (4) before
apagar (1) (10) to switch off
el aparador (3) store window
aparecer (1) to appear, show up
apestar (9) to stink
las aplicaciones (10) apps
aplicado/a (10) studious
aportar (4) to provide
el apoyo (6) support
el aprendizaje (2) learning
aprobar (o>ue) (2) (7) to pass, to approve
el aprovechamiento (4) use (beneficial)
aprovechar el tiempo (2) to take advantage of time
aprovecharse de (2) to take advantage of someone
la aproximación (12) approach
arrepentirse de (e>ie) (10) to regret
arriesgado/a (8) risky
arriesgarse (7) to put yourself at risk
arrojar(se) (1) to hurl (yourself)
asar (9) to roast
así que (4) consequently, so much so
la asignatura obligatoria (2) required course
la asignatura optativa (2) optional course
la asistencia (5) aid
el/la asistente (4) attendee
el aspecto (8) appearance
  aseado (8) clean
  descuidado (8) sloppy
  distinguido (8) distinguished
  enfermizo (8) sickly
  esbelto (8) slender
  fino (8) thin, refined
  flaco (8) skinny
  refinado (8) refined
  saludable (8) healthy
  vulgar (8) common, tasteless
atento/a (8) courteous - paying attention
atrevido/a (8) daring
aunque (6) even though
Aunque tú digas..., yo te digo que... (10) Even if you say..., I say that...
la ayuda a domicilio (5) home help service
el ayuntamiento (7) town/city hall

B

el bachillerato (2) high school diploma
Barriga llena, corazón contento. (9) Full belly, happy heart.
batir (9) to beat
la beca (2) scholarship
la boca (8) mouth

fina (8) thin
redonda (8) round
el botiquín (5) first-aid kit
brindar (11) to give, provide
bueno/a (8) good - healthy
buscar (1) to look for

C

los cacahuetes (9) peanuts
cada vez (4) each time
caerse (1) to fall
la calidad (3) quality
la calidad de vida (5) quality of life
la calificación (4) grade
callado/a (8) quiet, reserved - silent
callar(se) (12) to silence, hush (to keep quiet)
el/la campesino/a (6) farmer, peasant
el campo de concentración (6) concentration camp
cansado/a (8) tiresome - tired
capacitar (4) to train, teach skills
capaz (10) capable, able
la cara (8) face
ancha (8) wide
chupada (8) thin, pinched
dulce (8) sweet
expresiva (8) expressive
larga (8) long
llena (8) full
el cargo (6) charge
la carne a la parrilla (9) grilled meat
la carne asada (9) roasted meat
la carrera (1) (4) race, career, degree, major
la carta de motivación (4) letter of intent
la carta de presentación (4) cover letter
casado/a (7) married
Casi me da un infarto. (11) I almost had a heart attack.
las cejas (8) eyebrows
espesas (8) thick
censurar (6) to censor, denounce
el centro de desintoxicación (5) rehab/detox clinic
los chapulines (1) grasshopper
chillón/ona (8) gaudy
chismoso/a (1) (8) gossipy
el ciberacoso (10) cyber bullying
el ciberadicto (10) person addicted to Internet
las Ciencias Ambientales (4) environmental science
las Ciencias de la Educación (4) education (major)
la clase práctica (2) lab, workshop
la clase presencial (2) face-to-face class
la clase teórica (2) theory class
clásico/a (3) classic
cocer (o>ue) (9) to boil
codo/a (8) stingy
coincidir con (10) coincide with
colaborar (5) to cooperate
el colegio bilingüe (2) bilingual school
el colegio privado (2) private school
la coliflor (9) cauliflower
combinado/a (3) matched (as in goes together)
el comentario de texto (2) text analysis
comenzar a (e>ie) (10) to start to, begin to (do something)
Comer a la fuerza. (9) Force feed.
Comer como un pajarito. (9) Eat like a bird.
Comer por comer. (9) Eating for the sake of eating.
el comité de empresa (4) committee of workers that discusses company relations
como (5) since, because
la comodidad (3) convenience
compartir (7) to share
competir con (e>i) (10) to compete with
comprobado/a (5) confirmed, verified
el comprobante (11) baggage claim ticket
comprobar (12) to confirm, verify
compulsivo/a (12) compulsive
con buena disposición (10) aptitude, willingness
con el fin de (11) in order to
con el fin de (que) (4) as long as
con el propósito de (11) in order to
con la esperanza de (11) with the hope that
con tal de (11) as long as
condimentar (9) to season
conectar / desconectar (10) to connect/to disconnect
confesar (e>ie) (12) to confess
conformarse (12) to resign yourself, to reluctantly accept
conformista (10) conformist
el conjunto de rasgos (5) combination of characteristics
conocer (1) to know, be familiar with
el conscripto (6) draftee
conseguir (1) (4) to get, obtain, achieve (goal)
la consola de videojuegos (10) video game console
el consuelo (12) comfort, consolation, relief
consultar un libro/una enciclopedia/Internet (2) to look up information in a book/an enciclopedia/ on the Internet
contar con (o>ue) (10) to count on
contraer (6) to contract
el contrato (4) contract
el control remoto (10) remote control
convivir (7) to live with
el/la coordinador/a (4) manager, organizer
la copa (9) wine glass
el corbatín (3) bow tie
el cordero (9) lamb

cortar (9) to cut
las costillas (9) ribs
creído/a (8) conceited
crudo/a (9) raw
cuando... (1) when...
la cuchara (9) spoon
la cucharada (9) tablespoonful
la cucharadita (9) teaspoonful
el cuchillo (9) knife
el cuello (8) neck
el cuenco (9) bowl
Cuenta, cuenta. (1) Do tell.
culinario/a (9) culinary
culpabilizarse (12) to make yourself feel guilty
culto al cuerpo (8) body worship
cumplir (4) to accomplish, fulfill
el currículum (4) resume
cursi (8) snooty, snobbish
el curso de perfeccionamiento (2) continuing education
el curso escolar (2) school year
el curso intensivo (2) intensive course
el curso virtual (2) online course

D

dado que (5) given that, since
dar asco (9) to disgust
dar envidia (3) to envy
dar miedo (3) to fear
dar pena (3) to feel shame, sadness
dar vergüenza (3) to be embarrassed
darse cuenta de algo (1) (12) to realize, to become aware of
de esta manera (4) in this way
debatir un tema (2) to debate a topic
deber de (+ infinitivo) (7) must
debido a (5) on account of, owing to
decretar (7) to order, decree
dedicarse a (10) to dedicate oneself to, to work as
Deja que te explique... (10) Let me explain...
dejar (1) to allow, leave behind, abandon
dejar de (+ infinitivo) (1) (7) (10) to stop, to quit (doing something)
el Departamento de Recursos Humanos (4) Human Resources Department
el Departamento Financiero (4) Finance Department
la depuración (6) filtering, purification
el Derecho (4) law
los derechos del pasajero (11) passenger rights
descolorido/a (8) faded
desconectar (3) to disconnect
descosido/a (8) undone, coming apart
desde (4) since
desde luego (5) of course
desempeñar (10) to carry out
el desfile (3) fashion show, parade
deslavado/a (3) faded, washed out
desmentir (5) to refute
el desplazamiento (3) trip, journey
después (4) de after
destacar (4) to stand out
el destino (3) destination
el/la detenido/a (6) detainee
el deterioro (11) damage
la dictadura (6) dictatorship
los dientes (8) teeth
alineados (8) aligned, straight
Dime, dime. (1) Tell me.
el diseñador/a (3) designer
disfrazarse (1) to put on a costume
el disfrute (12) enjoyment
el dispositivo (10) device
dispuesto/a (8) handy - willing, prepared
Diste en el clavo. (10) You hit the nail on the head.
la divisa (5) foreign currency
divorciarse (7) to divorce
la donación de sangre (5) blood donation
donar (5) to donate
dorar (9) to brown
el drogadicto/a (5) drug addict
dulce (9) sweet
durar (6) to last

E

echar (9) to throw in
eficiente (10) efficient
el otro día... (1) the other day...
El que hambre tiene en pan piensa. (9) He who is hungry thinks about bread.
elaborar (9) to make, prepare
eliminar (1) to eliminate
elocuente (10) eloquent
emprendedor/ra (10) enterprising
en conclusión (6) in short, to sum up
en cuanto (4) (6) as soon as, a regarding, with regard to
en definitiva (2) ultimately, in the end
en fin que... (1) in the end...
en mi afán de (11) in my desire to be
en primer lugar (1) first of all, in the first place
en relación con (6) in relation to/with
en segundo lugar (1) secondly, in the second place
encender (1) (10) to switch on
encima (3) not only that
enfadarse (12) to become angry
el enfoque (2) approach, focus
enfrentarse a (10) to face, confront

enorgullecerse (12) to feel proud, feel pride
entregar (11) to deliver, hand over
entristecerse (12) to get sad, get depressed
el equipaje de mano (11) carry-on baggage
es decir (4) that is to say, meaning
Es lo único que me faltaba. (11) That's just what I needed.
es más (3) furthermore
es que (2) it's just that, the thing is therefore
la escalada (3) climb
el escote (3) neckline
la escuela de idiomas (2) language school
la escuela secundaria (2) secondary school
Eso que dices es una aberración. (10) What you are saying is an aberration.
el esparcimiento (12) relaxation, recreation
el espectador (7) spectator
Está para chuparse los dedos. (9) Finger-licking good.
estampado/a (3) print
estar a cargo de (10) to be in charge of
Estás hecho/a bolas. (10) You're confused.
Estás loco/a. (10) You're crazy.
la estatura mediana (8) médium height
Esto no hay quien se lo coma. (9) This is not fit to be eaten.
Esto se me había pasado por completo. (10) I missed this completely.
Estoy…
  harto/a de (11) fed up with
  hasta la coronilla (11) up to here
  que ardo (11) seething
  que echo chispas (11) steaming, fuming
estresado/a (3) stressed
los estudios primarios (2) primary education
la etiqueta (3) label, tag
evidenciar (10) to prove, demonstrate
evitar (12) avoid
evolucionar (7) to progress, evolve
exagerar (3) to exagerate
el exceso de equipaje (11) excess baggage
exigente (7) demanding
exigir (2) (6) to demand
éxito (7) success
expediente (2) academic transcript
experimentar (9) to experience
extrañar (2) (12) to surprise, to puzzle, to miss
el extravío (11) loss

F

facturar (11) to check in baggage
el fallo tecnológico (10) technological failure
faltar (12) to lack, to be missing
la familia estandarizada (7) two-parent household with a mother and father
fastidiar (3) to irritate, annoy
la fecundidad (7) fertility
la fecundación in vitro (7) in vitro fertilization
fijarse en (3) to pay attention to
Fíjate en mis argumentos. (10) Check out. Take a look at my reasons.
el/la filósofo/a (4) philosopher
finalmente (1) (6) finally
la firma (3) business
el/la físico/a (4) physicist
la formación profesional (4) professional training
formarse (4) to train, educate (oneself)
la fosa común mass grave
el fracaso (7) failure
freír (e>i) (9) to fry
la frente (8) forehead
  amplia (8) wide, broad
  arrugada (8) wrinkled
  estrecha (8) narrow
fresa (8) preppy
fresco/a (8) fresh - rude
la funeraria (1) funeral home
fusilar (6) to execute by firearm

G

las gafas inteligentes (10) smart glasses
el galardón (7) prize, award
gastado/a (8) worn
el gasto (3) expense
la gastronomía (9) cuisine
el golpe de Estado (6) coup
la gorra (3) cap
gozar (12) to enjoy
grave (8) serious (personality) - serious (condition)
la guerra (6) war

H

el habla (12) speech
hace unos meses (1) some months ago
hacer feliz (3) to make happy
hacer un experimento (2) to do an experiment
hacerse cargo de (10) to be responsible for
hallar (1) to find
hasta (3) even
hasta que (4) until
la higiene (5) hygiene
hiperactivo/a (12) hyperactive
hiperexigente (12) super demanding
el/la historiador/a (4) historian
holgazán/na (10) lazy

las horas extras (4) overtime
huérfano/a (7) orphaned
el/la huésped (3) guest, lodger
huir de (10) to run away, flee

I

igualitario/a (7) equal
igualmente (3) equally, by the same token
impedir (e>i) (12) to stop, impede
impensable (12) unthinkable, inconceivable
improvisar (9) to improvise
incluso (3) even, including
incómodo/a (1) uncomfortable
la indemnización (11) compensation
indignarse (12) to be outraged, incensed
indiscutible (5) indisputable
infatigable (10) tireless
la Ingeniería Civil (4) civil engineering
el/la ingeniero/a industrial (4) industrial engineer
iniciar (4) to start, begin
el inicio (6) beginning, start
innegable (5) undeniable
insólito/a (1) unbelievable, unusual
el instituto (2) high school (Spain)
el instituto tecnológico (2) institute of technology
el intercambio (2) exchange
irritar (3) to irritate

J

la jornada (3) day trip
las joyas (3) jewelry
la junta militar (6) millitary junta
juzgar (12) to judge

L

los labios (8) lips finos (8) thin
La cosa es así, mira,... (10) It's like this, look,...
lamentar (12) to be sorry about, regret
la langosta (9) lobster
lanzarse a hacer algo (11) to take a chance
Las penas con pan son menos. (9) All griefs with bread are less.
las letras (4) language arts
la ley (7) law
el/la líder/esa (6) leader
liderar (6) (10) to lead
el límite de peso (11) weight restrictions
listo/a (8) smart, bright - ready
llegar a (10) to arrive at, to come to be
llevar (+ tiempo + gerundio) (7) (amount of time) doing something
llevar sin (+ infinitivo) (7) (amount of time) not doing something
el logro (4) achievement
la lucha (6) fight, battle
luchador/ra (10) fighter
luego (2) therefore
luminoso/a (3) bright (with light)
la luna de miel (1) honeymoon

M

maduro/a (8) mature - ripe
el malentendido (1) misunderstanding
malo/a (8) bad - sick
mandar (2) to order, to send
maniático/a (12) fanatical, obsessive, compulsive
la manifestación (6) demonstration, protest
manifestar (e>ie) (12) to express, to reveal
las manos (8) hands
  delicadas (8) delicate
  finas (8) smooth
mantener (la calma) (2) to maintain (calm)
mantenerse (6) to stay, keep
las manutención (5) living expenses, child support
el maquillaje (8) make-up
la marca (3) brand
más aún (3) even more
el máster (2) masters
matiz (12) shade, nuance, aspect
el matrimonio civil (7) civil marriage
Me convenciste totalmente. (10) You totally convinced me.
Me da igual/lo mismo. (11) Makes no difference to me.
Me quedé con la boca abierta. (11) I was stunned.
Me saca de mis casillas. (11) It drives me crazy.
Me saca de quicio. (11) It infuriates me.
Me temo que estás en lo cierto. (10) I'm afraid you are right.
las mejillas (8) cheeks
  regordetas (8) chubby
mejorar (5) to improve
memorizar (2) to memorize
menso/a (8) dorky
el mercado laboral (4) job market
metiche (8) nosy, meddling
la metodología (2) methodology
mezclar (9) to mix
mientras (4) while
molestar (3) to bother, annoy
el monoparental (7) single-parent household
el montaje (7) (film) editing
el montañismo (3) mountain climbing
morir de envidia (11) to die of envy

el mostrador de atención al cliente (11) customer service counter
la movilidad reducida (5) reduced mobility
mudo/a (7) mute
el muslo de pollo (9) chicken thigh/leg

N

nada (3) nothing, not anything
nada más (4) as soon as
nadie (3) no one, not anyone
la nariz (8) nose
  aguileña (8) aquiline, hooked
  chata (8) pug
  puntiaguda (8) pointed
  recta (8) straight
las necesidades (5) needs
Ni fu ni fa. (9) Neither good nor bad.
ningún (+ nombre masc. sing.) (3) sing. none, not one
no acabar de (+ infinitivo) (7) action not fully coming to a conclusion
No digas esas cosas. (2) Don't say those things.
No me había dado cuenta de eso. (10) I hadn't realized that.
¡No te olvides de nada! (1) Don't forget any part of it/anything
No te pongas así. (2) Don't get like that.
la nómina (4) pay slip
la nomofobia (10) fear of forgetting the cell phone at home
la nota alta/baja (2) high/low grade
la nota media(2) grade point average
la nube (10) cloud (computing)
las nueces (la nuez) (9) nuts
¡Nunca había oído nada parecido! (1) I have never heard of such a thing!

O

o sea (2) (4) in the other words, or rather, that is,
obsesionarse (12) to become obsessed
odiar (3) (9) to hate
Ojalá (2) I hope
los ojos (8) eyes
  inexpresivos (8) expressionless
  vivos (8) lively
oler (9) (hue) to smell
Oler a rayos. (9) It smells awful.
la olla (9) pot, pan
la olla de presión (9) pressure cooker
el olor (9) smell
olvidar (1) to forget
olvidarse de (10) to forget
ordenar (2) to order
las orejas (8) ears
  de soplillo (8) protruding
orientar (4) to guide, direct
las ostras (9) oysters

P

el pago adicional (11) additional charge
las palomitas (7) popcorn
el pan integral (9) whole wheat bread
el papel (7) role, part
para empezar (4) for starters, to start with
para terminar (6) in closing
el paracaídas (1) parachute
parecer (1) (8) to seem, appear
parecerse (a) (8) to look alike
la pareja (7) couple
el parque de atracciones (3) amusement park
pasado/a (9) expired
pasar lista (2) to take attendance
pasarla padre (Méx.) (7) to have a great time
el patrimonio (7) estate
el/la patrocinador/a (5) sponsor
el payaso (1) clown
payaso/a (8) absurd, asinine
la pechuga de pavo (9) turkey breast
pelar (9) to peel
el pelo (8) hair
  fino (8) fine
  lacio (8) straight
  rizado (8) curly
  sedoso (8) silky
Pensándolo bien, tienes razón. (10) On second thought, you are right.
percibir (12) to sense, notice
perder (1) to lose
perderse (3) to lose oneself
la pérdida (11) loss
Perdona, pero te equivocas por completo. (10) Sorry but you are completely wrong.
permanecer (12) to remain, stay
pero (1) but
el personaje (7) character, celebrity
pesado/a (8) heavy (weight), annoying (personality) - annoying (condition)
picante (9) spicy
picar (9) to chop
la piel (8) skin
  bronceada (8) tanned
  morena (8) dark
  rosada (8) pink
pintoresco/a (3) colorful, picturesque
el piropo (1) flirtatious remark
placentero/a (1) pleasant
plantear una duda (2) to lay out a problem

la plantilla (4) staff, workforce
plasmar (7) to capture, express artistically
pleno/a (3) in the middle of
poca lana (7) scant amount of money
el poder (6) power
ponerse blanco/a (7) to turn pale
ponerse de pie (1) to stand up
ponerse manos a la obra (12) to get down to work
ponerse morado/a (7) to pig out
ponerse negro/a (7) to get irritated, angry
ponerse rojo/a (7) to blush, get red
ponerse verde (7) to turn green (with envy)
por esa razón (4) for that reason, that's why
por otra parte (6) on the other hand
por otro (lado) (1) on the other hand, what's more
por supuesto (5) of course
por último (6) lastly
por un lado (1) on the one hand
la portatilitis (10) coined term for muscular aches from carrying laptops, etc.
posponer (11) to postpone
el preescolar (2) preschool
la prenda (3) article of clothing
prepotente (8) arrogant
preservar (6) to preserve
prestar atención (6) to pay attention
prestar servicio (5) to provide a service
primeramente (1) in the first place
los primeros auxilios (5) first aid
la prisa (3) rush, hurry
el probador (1) fitting room
probar (9) to taste, try
profundizar (4) to go in depth
el programa au pair (2) program for studying abroad while working as a live-in nanny
proponer (12) to propose
(Pues) Resulta que (1) It turns out that
puesto que (5) given that, since

Q

Que cumplas más años. (2) Many happy returns.
¿Qué onda? (11) What's up?
Que sean muy felices. (2) (I hope) you will be very happy.
Que sueñes con los angelitos. (2) (I hope) you dream with angels.
Que te diviertas. (2) (I hope) you have fun.
¿Qué te pasa/pasó? (1) What's wrong?/What happened to you?
Que te vaya bien. (2) (I hope) it goes well for you.
Que tengas buen provecho. (2) (I hope) you enjoy the meal.
Que tengas suerte. (2) I wish you luck.
(Que) sí, hombre, (que) sí. (2) Yes, of course, of course.
quejarse de (10) to complain about
el queso fresco (9) soft cheese
el queso rallado (9) grated cheese
¡Quiero saberlo con todo lujo de detalles! (1) I want to know/hear every detail about it!

R

los rasgos (8) features
reaccionar (2) to react
la realidad aumentada (10) augmented reality
realizar (10) to carry out, achieve
recaudar (7) to take in money
el receptor (12) recipient
la receta (9) recipe
recién hecho/a (9) just made
el recién nacido/a (5) newborn
reclamar (11) to complain about, to demand
recomendar (e>ie) (2) to recommend
reconocer (1) (6) to recognize
el reconocimiento facial (10) facial recognition
recordar (1) to remember
recuperar (11) to recover
el referente (4) mentor
referente a (6) concerning
reflexionar (2) to reflect
la reforma agraria (6) land reform
el/la refugiado/a (5) (6) refugee
la reinserción (5) reintegration
reír (1) to laugh
relajado/a (8) relaxed
remendado/a (8) patched, mended
rendirse (6) to give up, surrender
renunciar a (7) to renounce
la represalia (6) reprisal, retaliation
requerir (10) to require
rescatar (1) to rescue
respecto a (4) (6) regarding, with respect to
las restricciones de volumen (11) size restrictions
resumir (12) to summarize
retador/a (7) challenging
el reto (4) challenge
el retraso (11) delay
rico/a (8) wealthy - tasty
el robot humanoide (10) humanoid robot
rodar (7) to film
rogar (o>ue) (2) to beg
el rol (7) role, position
el rostro (8) face

S

Sabe bien/mal. (9) It tastes good/bad/like.
¿Sabes qué pasó ayer? (1) Do you know what happened yesterday?
el sabor taste
saborear (9) to savor
salado/a (9) salty
la salud materna (5) health of women during pregnancy
la salud pública (5) public health
saludable (5) healthy
la sartén (9) frying pan
seguir (1) to follow
seguir (+ gerundio) (7) to continue doing something
la seguridad vial (5) road/traffic safety
el senderismo (3) hiking
sentarse (1) to sit
la sepultura (6) burial
Ser de buen comer. (9) To have a hearty appetite.
Ser un barril sin fondo. (9) To be a bottomless pit.
Ser un churro. (7) To be a flop.
Ser un glotón. (9) To be a glutton.
ser un referente para alguien (4) to be a mentor
la servilleta (9) napkin
la sierra (3) mountain range
sin cargo (11) free of charge
sin embargo (1) (5) however, nevertheless
sin ganas (11) reluctantly
el SMS (10) text messaging
solicitar (4) to apply for, request
soltero/a (7) single
el sonido envolvente (7) surround sound
sonreír (1) to smile
soportar (3) to put up with
sordo/a (7) deaf
sorprender (3) to surprise
soso/a (9) bland
sospechar (12) to imagine, suppose, suspect
el sueldo (4) salary
¡Sueñas! (informal) (2) You're dreaming!
surgir (6) to arise, emerge
suspender (2) to fail (a course, test, etc.)
el susto (1) fright, scare

T

la tableta de chocolate (9) chocolate bar
la talla (8) clothing size
el talón (11) ticket stub
tan pronto como (4) as soon as
la taquilla (7) box office
la tecnoadicción (10) addiction to technology
la tecnología háptica (10) haptic technology
el teléfono inteligente (10) smartphone
temer(se) (12) to fear (to suspect)
la temporada (3) season
el tenedor (9) fork
Tengo que contarte una cosa. (1) I have something to tell you.
Tienes razón. (5) You are right.
tirar(se) (1) to throw (yourself)
tomar medidas (6) to take measures
la torre de señal (10) cell tower
total que (1) in short
el trabajo forzado (6) forced labor
el transporte adaptado (5) handicapped accesible transportation
el tratado (6) treaty
el tratamiento de belleza (8) beauty treatment
tratar de (10) to try to (do something)
tratarse de (10) to be about
la tristeza (12) sadness, grief
el turno de palabra (12) (taking) turns speaking

U

última esperanza (11) last hope
un día (1) one day
una vez (1) one time
la urbanización (7) residential area

V

la vacuna (5) vaccine
el vaso (9) glass
verde (8) green (color), dirty old man - unripe
la vestimenta (8) clothing, outfit
el vientre plano (8) flat belly
las viviendas tuteladas (5) sheltered housing
la vocación (4) vocation
voluble (12) unstable, unpredictable
el voluntariado (5) voluntary work, service
volver a (+ infinitivo) (7) to do something again

Y

¿Y si lo vemos desde otro ángulo? (10) What if we look at it from another angle?
Y, encima,... (11) And, not only that,...
Y, para colmo,... (11) And, to top it off...
Ya aguanté demasiado. (11) I already put up with too much.
ya que (5) considering that, now that

The authors wish to thank the many peoples who assisted in the photography used in the textbook. Credit is given to photographers and agencies below.

We have made every effort to trace the ownership of all copyrighted material and to secure permission from copyright holders. In the event of any question arising as to the use of any material, please let as now and we will be pleased to make the corresponding corrections in future printings.

UNIDAD 1

Page 14 (Marcos Mesa Sam Wordley, Col. Shutterstock) | **Page 16** (Daniel M. Ernst, Col. Shutterstock) | **Page 17** (Lorena Fernandez, Col. Shutterstock) | **Page 18** (PathDoc, Col. Shutterstock / Vladimir Gjorgiev, Col. Shutterstock / Aila Images, Col. Shutterstock) | **Page 19** (cha cha cha studio, Col. Shutterstock / Fotos593, Col. Shutterstock / Ronald Sumners, Col. Shutterstock / kaspiic, Col. iStock / Darren Baker, Col. Shutterstock / Jack Hollingsworth, Col. Creatas) | **Page 20** (Pressmaster, Col. Shutterstock / nenetus, Col. Shutterstock / hxdbzxy, Col. Shutterstock) | **Page 21** (Mitrofanova, Col. Shutterstock / Borodin Denis, Col. Shutterstock / Oksana Kuzmina, Col. Shutterstock / takayuki, Col. Shutterstock / betyarlaca, Col. Shutterstock / bennymarty, Col. Shutterstock / Darrin Klimek, Col. Thinkstock / Aliaksei Smalenski, Col. Shutterstock / Maridav, Col. Shutterstock / tankist276, Col. Shutterstock) | **Page 22** (Monkey Business Images, Col. Shutterstock / Por cortesía de Suckfromthecan en Creative Commons) | **Page 23** (Suchota, Col. Shutterstock / Algol, Col. Shutterstock / Jana Kopilova, Col. Shutterstock / Tutti Frutti, Col. Shutterstock) | **Page 24** (José Antonio Sánchez Reyes, Col. Thinkstock / Oleg Golovnev, Col. Shutterstock / paolofur, Col. Shutterstock / FCSCAFEINE, Col. Shutterstock) | **Page 25** (vgstudio, Col. Shutterstock / Dayna More, Col. Shutterstock / Kues, Col. Shutterstock / PathDoc, Col. Shutterstock) | **Page 26** (Chad Zuber, Col. Shutterstock / Believe_In_Me, Col. i-Stock / Jupiterimages, Col. Thinkstock / bikeriderlondon, Col. Shutterstock) | **Page 27** (Carlos Casado, Edinumen / Hang Dinh, Col. Shutterstock) | **Pages 28-31** (Por cortesía de EGEDA, Sociedad de Servicios para los Productores Audiovisuales) | **Page 31** (Por cortesía de Editorial Losada) | **Page 32** (Kamira, Col. Shutterstock) | **Page 33** (m-imagephotography, Col. Shutterstock) | **Page 34** (violetblue, Col. Shutterstock) | **Page 35** (Daniel M Ernst, Col. Shutterstock) | **Page 36** (auremar, Col. Shutterstock / Elnur, Col. Shutterstock / Asier Romero, Col. Shutterstock / Andresr, Col. Shutterstock / DrimaFilm, Col. Shutterstock / Katherine00, Col. Shutterstock / dotshock, Col. Shutterstock / Eduard Radu, Col. Shutterstock) | **Page 37** (Andy Dean Photography, Col. Shutterstock / Pablo Calvog, Col. Shutterstock) | **Page 38** (Photodisc, Col. Thinkstock / XiXinXing, Col. Thinkstock / Paul Vasarhelyi, Col. Shutterstock / tacar, Col. Shutterstock) | **Page 39** (yasuhiro amano, Col. Shutterstock) | **Page 40** (Efired, Col. Shutterstock / Por cortesía de Juan Jauregui en Creative Commons) | **Page 41** (Por cortesía de Roel Wijnants – Flickr / Fernando Botero - Israel Museum, Jerusalem, Israel en Creative Commons / Anibal Trejo, Col. Shutterstock) | **Page 42** (Helga Esteb, Col. Shutterstock / Featureflash, Col. Shutterstock / Por cortesía de Zeroth en Creative Commons) | **Page 43** (Por cortesía de Lori Barra) | **Page 44** (Por cortesía de Lori Barra / wavebreakmedia, Col. Thinkstock)

UNIDAD 2

Page 48 (gary yim, Col. Shutterstock) | **Page 50** (Goodluz, Col. Shutterstock / Fuse, Col. Thinkstock / Creatas Images, Col. Thinkstock / zakokor, Col. Thinkstock) | **Page 51** (Ralf Nau, Col. Thinkstock) | **Page 52** (mrovka, Col. Thinkstock / Andresr, Col. Shutterstock / Purestock, Col. Thinkstock / wernerimages, Col. Thinkstock / Wavebreakmedia, Col. Thinkstock / Fuse, Col. Thinkstock) | **Page 53** (Wavebreakmedia Ltd, Col. Thinkstock) | **Page 54** (YurolaitsAlbert, Col. Thinkstock / Jack Hollingsworth, Col. Thinkstock) | **Page 55** (John Howard, Col. Thinkstock / Maria Teijeiro, Col. Thinkstock / ipekata, Col. Thinkstock / amoklv, Col. Thinkstock) | **Page 56** (Creatas Images, Col. Thinkstock / andresrimaging, Col. Thinkstock / Syda Productions, Col. Shutterstock / JackF, Col. Thinkstock / Fabrice Michaudeau, Col. Thinkstock) | **Page 57** (DragonImages, Col. Thinkstock) | **Page 60** (AndreyPopov, Col. Thinkstock / g-stockstudio, Col. Shutterstock / Ysbrand Cosijn, Col. Shutterstock) | **Page 61** (lightpoet, Col. Shutterstock / canadastock, Col. Shutterstock) | **Pages 62-65** (Por cortesía de EGEDA, Sociedad de Servicios para los Productores Audiovisuales) | **Page 66** (Fuse, Col. Thinkstock / mangostock, Col. Thinkstock / Wavebreakmedia Ltd, Col. Thinkstock / Steve Hix/ Fuse, Col. Thinkstock) | **Page 67** (Jupiterimages, Col. Thinkstock) | **Page 68** (JackF, Col. Thinkstock) | **Page 69** (MrKornFlakes, Col. Thinkstock) | **Page 70** (PJPhoto69, Col. Thinkstock / XiXinXing, Col. Thinkstock / Rawpixel.com, Col. Shutterstock) | **Page 72** (Iakov Filimonov, Col. Shutterstock / Goodshoot, Col. Thinkstock) | **Page 73** (Rawpixel.com, Col. Shutterstock) | **Page 74** (View Apart, Col. Shutterstock) | **Page 75** (ariwasabi, Col. Thinkstock) | **Page 76** (Helga Esteb, Col. Shutterstock / Cubierta por cortesía de Bill Santiago) | **Page 77** (Tifonimages, Col. Shutterstock / Dmitry Chulov, Col. Shutterstock / Adwo, Col. Shutterstock / Y.a.r.o.m.i.r, Col. Shutterstock) | **Page 78** (Por cortesía de Rec79 en Creative Commons / MNStudio, Col. Shutterstock) | **Page 79** (Click Images, Col. Shutterstock)

UNIDAD 3

Page 82 (Ksenia Ragozina, Col. Shutterstock) | **Page 84** (oneinchpunch, Col. Shutterstock / Radu Bercan, Col. Shutterstock / Artistan, Col. Shutterstock / Delpixel, Col. Shutterstock / lornet, Col. Shutterstock / Tupungato, Col. Shutterstock / Schaefer Elvira, Col. Shutterstock / Vlad Teodor, Col. Shutterstock) | **Page 85** (Schaefer Elvira, Col. Shutterstock) | **Page 86** (Christophe Bourloton, Col. Thinkstock / Christophe Bourloton, Col. Thinkstock / Roger Jegg, Col. Thinkstock / Wavebreakmedia, Col. Thinkstock) | **Page 87** (ViktorCap, Col. Thinkstock / Rafael Franceschini, Col. Shutterstock) | **Page 88** (Dinga, Col. Shutterstock / AMA, Col. Shutterstock) | **Page 89** (Hugo Felix, Col. Shutterstock / flareimages, Col. Thinkstock) | **Page 90** (merc67, Col. Shutterstock / mahout, Col. Shutterstock / EpicStockMedia, Col. Shutterstock / Armin Staudt, Col. Shutterstock / alphaspirit, Col. Shutterstock / Pavel L Photo and Video, Col. Shutterstock) | **Page 91** (Catwalk Photos, Col. Shutterstock / conrado, Col. Shutterstock) | **Page 92** (Sam Aronov, Col. Shutterstock / Andresr, Col. Shutterstock) | **Page 93** (giorgiomtb, Col. Shutterstock / HighKey, Col. Shutterstock / Kiselev Andrey Valerevich, Col. Shutterstock / Yeko Photo Studio, Col. Shutterstock) | **Page 94** (PIKSEL, Col. Thinkstock) | **Pages 96-99** (Por cortesía de EGEDA, Sociedad de Servicios para los Productores Audiovisuales) | **Page 100** (Monkey Business Images, Col. Shutterstock) | **Page 101** (Monkey Business Images, Col. Shutterstock / India Picture, Col. Shutterstock / S_L, Col. Shutterstock) | **Page 102** (PathDoc, Col. Shutterstock / Martin Poole, Col. Thinkstock / RonTech3000, Col. Shutterstock) | **Page 103** (worldswildlifewonders, Col. Shutterstock / Botond Horvath, Col. Shutterstock / StrahilDimitrov, Col. Thinkstock / vicuschka, Col. Thinkstock / Maxim Zarya, Col. Thinkstock / Anna Bizo⊠, Col. Thinkstock / Chagin, Col. Thinkstock / David De Lossy, Col. Thinkstock) | **Page 104** (Flying Colours Ltd, Col. Thinkstock / massimofusaro, Col. Thinkstock / Syda Productions, Col. Shutterstock / Ollyy, Col. Shutterstock / racorn, Col. Shutterstock / Rawpixel.com, Col. Shutterstock / eldar nurkovic, Col. Shutterstock) | **Page 105** (g-stockstudio, Col. Thinkstock / Aleksandra Nadeina, Col. Shutterstock / PathDoc, Col. Shutterstock / SKapl, Col. Thinkstock / PumpizoldA, Col. Thinkstock / PathDoc, Col. Shutterstock) | **Page 106** (lculig, Col. Shutterstock / Dirima, Col. Thinkstock) | **Page 107** (Dandamanwasch, Col. Thinkstock) | **Page 108** (Vuela (CD) by Monica Molina) | **Page 109** (MaxFrost, Col. Thinkstock) | **Page 110** (ventdusud, Col. Thinkstock / PIKSEL, Col. Thinkstock / s_bukley, Col. Shutterstock) | **Page 111** (eFesenko, Col. Shutterstock / fernandogarciaesteban, Col. Thinkstock / g_andrade, Col. Thinkstock / Stewart Sutton, Col. Thinkstock) | **Page 112** (Por cortesía de Leandro Oroz Lacalle en Creative Commons) | **Page 114** (Mara008, Col. Shutterstock)

UNIDAD 4

Page 116 (Daniel M Ernst, Col. Shutterstock) | **Page 118** (Matej Kastelic, Col. Shutterstock / wellphoto, Col. Shutterstock) | **Page 119** (Ljupco Smokovski, Col. Shutterstock) | **Page 120** (Jacomo, Col. Shutterstock / 9387388673, Col. Shutterstock / Goodluz, Col. Shutterstock) | **Page 121** (Monkey Business, Col. Thinkstock) | **Page 122** (PhotoObjects.net, Col. Thinkstock / Svetlana Solovjova, Col. Shutterstock) | **Page 123** (Galyna Andrushko, Col. Shutterstock / luanateutzi, Col. Shutterstock / Bacho, Col. Shutterstock / CREATISTA, Col. Shutterstock) | **Page 124** (Ridofranz, Col. Thinkstock) | **Page 125** (Creatas Images, Col. Thinkstock / Katie_Martynova, Col. Thinkstock) | **Page 126** (Golden Pixels LLC, Col. Shutterstock / Creatas, Col. Thinkstock / Antonio_Diaz, Col. Thinkstock) | **Page 127** (Nick White, Col. Thinkstock / Wavebreakmedia Ltd, Col. Thinkstock / Digital Vision, Col. Thinkstock / OlegSirenko, Col. iStock) | **Page 128** (gpointstudio, Col. iStock / Mike Watson Images, Col. moodboard) | **Page 129** (Funnycreature, Col. iStock) | **Pages 130-133** (Por cortesía de EGEDA, Sociedad de Servicios para los Productores Audiovisuales) | **Page 134** (rilueda, Col. iStock) | **Page 135** (Poike, Col. iStock / Ljupco Smokovski, Col. Shutterstock) | **Page 136** (Brand X Pictures, Col. Stockbyte / LittleStocker, Col. Shutterstock / Pressmaster, Col. Shutterstock / Daxiao Productions, Col. Shutterstock) | **Page 137** (Air Images, Col. Shutterstock) | **Page 138** (SindreEspejord, Col. iStock / bikeriderlondon, Col. Shutterstock) | **Page 139** (moodboard, Col. moodboard / gzorgz, Col. iStock) | **Page 140** (Nick White, Col. DigitalVision / Digital Vision, Col. Photodisc / Creatas Images, Col. Creatas) | **Page 141** (Jack Hollingsworth, Col. Stockbyte / Wavebreakmedia, Col. iStock) | **Page 142** (Blend Images, Col. Shutterstock / David Sacks, Col. DigitalVision) | **Page 143** (Misha Shiyanov, Col. Hemera) | **Page 144** (ddmitr, Col. iStock / Tinseltown, Col. Shutterstock / Debby Wong, Col. Shutterstock / Collection of the Supreme Court of the United States, Steve Petteway / Son Hoang Tran, Col. Shutterstock) | **Page 145** (Getty Images, Col. Getty Images News / Marnix Foeken, Col. Shutterstock / Martchan, Shutterstock.com / Vladislav Gajic, Col. Shutterstock) | **Page 146** (Mario Tama, Col. Getty Images News / Mikadun, Col. Shutterstock)

UNIDAD 5

Page 150 (William Perugini, Col. Shutterstock) | **Page 152** (fatchoi, Col. iStock / Mike Powell, Col. Digital Vision) | **Page 154** (Free Wind 2014, Shutterstock.com) | **Page 155** (Rawpixel.com, Col. Shutterstock / africa924, Shutterstock.com) | **Page 156** (africa924, Shutterstock.com / Goodluz, Col. Shutterstock / Matej Kastelic, Col. Shutterstock / Mila Supinskaya, Col. Shutterstock / Roy Pedersen, Col. Shutterstock / Blend Images, Col. Shutterstock) | **Page 157** (Photographee.eu, Col. Shutterstock / PathDoc, Col. Shutterstock) | **Page 158** (Andresr, Col. Shutterstock / mangostock, Col. Shutterstock) | **Page 160** (zeljkodan, Col. Shutterstock / Denys Prykhodov, Col. Shutterstock) | **Page 161** (Filipe Frazao, Col. Shutterstock) | **Page 162** (Image Point Fr,

Col. Shutterstock / amazingmikael, Col. iStock) | **Page 163** (Gertjan Hooijer, Col. Shutterstock) | **Pages 164-167** (Por cortesía de EGEDA, Sociedad de Servicios para los Productores Audiovisuales) | **Page 168** (De Visu, Shutterstock.com / Oliver Hoffmann, Col. Shutterstock / ChameleonsEye, Shutterstock.com) | **Page 169** (Purestock, Col. Thinkstock / AndreyPopov, Col. iStock / gawriloff, Col. iStock / Kichigin, Col. iStock) | **Page 170** (bibiphoto, Shutterstock.com / lisafx, Col. iStock / hjalmeida, Col. iStock) | **Page 171** (Celig, Col. Shutterstock / Fuse, Col. Thinkstock / Daniel Ernst, Col. iStock / Dann Tardif/ Fuse, Col. Thinkstock / SanneBerg, Col. iStock) | **Page 172** (Dr. Morley Read, Col. Shutterstock / sunsinger, Col. Shutterstock / NAR studio, Col. Shutterstock) | **Page 174** (Cathy Yeulet, Col. iStock / EDHAR, Col. Shutterstock) | **Page 175** (wavebreakmedia, Col. Shutterstock / everything possible, Col. Shutterstock) | **Page 176** (Lunov Mykola, Col. Shutterstock) | **Page 177** (Kevin Oh, Col. Shutterstock) | **Page 178** (Miguel Campos, Shutterstock.com / Purestock, Col. iStock / Cover Juan Luis Guerra, La bilirrubina, por cortesía de coveralia.com / JackF, Col. iStock / Syda Productions, Col. Shutterstock) | **Page 179** (Anton_Ivanov, Col. Shutterstock / lenetstan, Col. Shutterstock / BrAt82, Col. Shutterstock / Dmitriy Raykin, Col. Shutterstock) | **Page 180** (Ramon Casas - MNAC- Pío Baroja) | **Page 181** (Quang-Ngo, Col. iStock)

UNIDAD 6

Page 184 (Peter Scholz, Shutterstock.com) | **Page 186** (APavlov, Col. Shutterstock / photo-nuke, Col. Shutterstock / Andy-pix, Col. Shutterstock / catalin eremia, Col. Shutterstock / Konstantin Chagin, Col. Shutterstock) | **Page 187** (BrAt82, Col. Shutterstock) | **Page 188** (Olga Popova, Shutterstock.com / Neftali, Shutterstock.com / Adwo, Col. Shutterstock / gary yim, Shutterstock.com / Anton_Ivanov, Shutterstock.com) | **Page 189** (Everett Historical, Col. Shutterstock / oneinchpunch, Col. Shutterstock / darkbird77, Col. iStock) | **Page 190** (Colman Lerner Gerardo, Shutterstock.com) | **Page 192** (Yuliya Evstratenko, Col. Shutterstock / chairoij, Col. Shutterstock) | **Page 193** (Everett Historical, Col. Shutterstock / Alba Jimenez Aranda, Col. Shutterstock) | **Page 194** (catwalker, Shutterstock.com / Brendan Howard, Shutterstock.com / Olga Popova, Shutterstock.com / chrisdorney, Shutterstock.com / wantanddo, Shutterstock.com) | **Page 195** (El Nariz, Col. Shutterstock / Monkey Business Images, Col. Shutterstock / Nadino, Col. Shutterstock / Fotoluminate LLC, Col. Shutterstock / PathDoc, Col. Shutterstock) | **Page 196** (Everett Historical, Col. Shutterstock / Everett Collection, Col. Shutterstock / meunierd, Shutterstock.com) | **Page 197** (Ollyy, Col. Shutterstock) | **Pages 198-201** (Por cortesía de EGEDA, Sociedad de Servicios para los Productores Audiovisuales) | **Page 203** (tetmc, Col. iStock) | **Page 204** (LuckyBusiness, Col. iStock / Jupiterimages, Col. Stockbyte) | **Page 205** (Por cortesía de Jose Lara, Flickr, en Creative Commons / imtmphoto, Col. Shutterstock) | **Page 206** (Daniel M Ernst, Col. Shutterstock / FCSCAFEINE, Col. Shutterstock) | **Page 207** (Everett Collection, Col. Shutterstock / Elzbieta Sekowska, Col. Shutterstock / Everett Collection, Col. Shutterstock / Everett Historical, Col. Shutterstock) | **Page 208** (Por cortesía de MaríaJoséFelgueresPlanells, en Creative Commons / AlbertoLoyo, Col. iStock) | **Page 209** (Fotoluminate LLC, Col. Shutterstock) | **Page 210** (Colman Lerner Gerardo, Shutterstock.com / MPanchenko, Shutterstock.com) | **Page 211** (Guillermo Kahlo, en Creative Commons / Carl Van Vechten and one more author - Van Vechten Collection at Library of Congress / Goran Bogicevic, Shutterstock.com) | **Page 212** (Por cortesía decine.com / Cover por cortesía de coveralia.com) | **Page 213** (T photography, Shutterstock.com / Alexcrab, Col. iStock / Ingram Publishing, Col. Thinkstock / Medioimages-Photodisc, Col. DigitalVision) | **Page 214** (Por cortesía de Rulfo por Lyon, en Creative Commons / Cubierta por cortesía de Fondo 2000)

UNIDAD 7

Page 218 (Halfpoint, Col. Shutterstock) | **Page 220** (Peter Bernik, Col. Shutterstock / wtamas, Col. Shutterstock / Sunny studio, Col. Shutterstock) | **Page 221** (dimamorgan12, Col. iStock) | **Page 222** (Kirill P, Col. Shutterstock / Blend Images, Col. Shutterstock / William Perugini, Col. Shutterstock / Andresr, Col. Shutterstock / wavebreakmedia, Col. Shutterstock) | **Page 223** (Tibanna79, Col. Shutterstock / Syda Productions, Col. Shutterstock / antoniodiaz, Col. Shutterstock) | **Page 224** (Mark Bowden, Col. iStock) | **Page 225** (Mirkoni, Col. Shutterstock / Tim Pannell-Fuse, Col. Thinkstock) | **Page 226** (Pascal Le Segretain, Getty Images Entertainment / Monkey Business Images Ltd, Col. Monkey Business) | **Page 227** (Cloud Mine Amsterdam, Shutterstock.com / Cover por cortesía de coveralia.com) | **Page 228** (Elnur, Col. Shutterstock) | **Page 230** (CREATISTA, Col. Shutterstock / Iakov Filimonov, Col. Shutterstock) | **Pages 232-235** (Por cortesía de EGEDA, Sociedad de Servicios para los Productores Audiovisuales) | | **Page 236** (Vinogradov Illya, Col. Shutterstock) | **Page 237** (Denis Makarenko, Shutterstock.com) | **Page 238** (Roman Seliutin, Col. Shutterstock) | **Page 239** (T.W. van Urk, Col. Shutterstock / Iakov Filimonov, Col. Shutterstock) | **Page 240** (Colman Lerner Gerardo, Col. Shutterstock) | **Page 241** (Jupiterimages, Col. Stockbyte) | **Page 242** (moodboard, Col. Moodboard) | **Page 244** (Jose AS Reyes, Col. Shutterstock / Daniel Huerlimann-BEELDE, Shutterstock.com) | **Page 245** (Por cortesía decine.com) | **Page 246** (Dmitry Matrosov, Shutterstock.com / Cover por cortesía de coveralia.com) | **Page 247** (Anton_Ivanov, Shutterstock.com) | **Page 248** (Por cortesía de Jpedreira, en Creative Commons)

UNIDAD 8

Page 252 (Avatar_023, Col. Shutterstock) | **Page 254** (Andresr, Col. Shutterstock / Viorel Sima, Col. Shutterstock / AlexAnnaButs, Col. Shutterstock / Voronin76, Col. Shutterstock / Sean Locke Photography,

Col. Shutterstock / Nikodash, Col. Shutterstock) | **Page 255** (wavebreakmedia, Col. Shutterstock) | **Page 256** (Pressmaster, Col. Shutterstock / Goodluz, Col. Shutterstock / Rawpixel.com, Col. Shutterstock / auremar, Col. Shutterstock / mimagephotography, Col. Shutterstock / otnaydur, Col. Shutterstock) | **Page 257** (Dimedrol68, Col. Shutterstock / Firma V, Col. Shutterstock / auremar, Col. Shutterstock) | **Page 258** (Carlos Casado, Archivos Edinumen) | **Page 259** (Antonio Nunes, Col. Hemera / kurhan, Col. Shutterstock) | **Page 260** (Jose Luis Pelaez Inc, Col. Shutterstock / James Woodson, Col. DigitalVision / TAGSTOCK1, Col. iStock / m-imagephotography, Col. Shutterstock / LuckyBusiness, Col. iStock) | **Page 261** (LoloStock, Col. Shutterstock / Kues, Col. Shutterstock / Fred van Diem, Col. Shutterstock / Daxiao Productions, Col. Shutterstock) | **Page 262** (Creatas, Col. Creatas / Kary1974, Col. Shutterstock / PathDoc, Col. Shutterstock / Purestock, Col. Thinkstock / rangizzz, Col. Shutterstock) | **Page 263** (A and N photography, Col. Shutterstock / Ashwin, Col. Shutterstock) | **Page 264** (Ollyy, Col. Shutterstock / PathDoc, Col. Shutterstock) | **Page 265** (CREATISTA, Col. Shutterstock) | **Pages 266-269** (Por cortesía de EGEDA, Sociedad de Servicios para los Productores Audiovisuales) | **Page 270** (Mark Bowden, Col. iStock / Firma V, Col. Shutterstock) | **Page 271** (bikeriderlondon, Col. Shutterstock) | **Page 272** (antoniodiaz, Col. Shutterstock) | **Page 273** (wavebreakmedia, Col. Shutterstock / Syda Productions, Col. Shutterstock / Arena Photo UK, Col. Shutterstock / Guayo Fuentes, Col. Shutterstock / antoniodiaz, Col. Shutterstock) | **Page 274** (David Sacks, Col. DigitalVision / Wavebreakmedia Ltd, Wavebreak Media / Creatas Images, Col. Creatas) | **Page 274** (Rido, Col. Shutterstock / Cristian Zamfir, Col. Shutterstock) | **Page 275** (Ermolaev Alexander, Col. Shutterstock) | **Page 276** (Franck Boston, Col. Shutterstock) | **Page 277** (PathDoc, Col. Shutterstock) | **Page 278** (Miguel Campos, Shutterstock.com / Helga Esteb, Shutterstock.com) | **Page 280** (Frederic Legrand – COMEO, Shutterstock.com) | **Page 281** (Morenovel, Shutterstock.com / romakoma, Shutterstock.com / PSHAW-PHOTO, Shutterstock.com / Noradoa, Col. Shutterstock) | **Page 282** (Carlos Fuentes, por cortesía de Creative Commens) | **Page 284** (Ridofranz, Col. Shutterstock)

UNIDAD 9

Page 286 (Kobby Dagan, Shutterstock.com) | **Page 288** (Nathalie Speliers Ufermann, Col. Shutterstock / Susan Schmitz, Col. Shutterstock) | **Page 289** (Susan Schmitz, Col. Shutterstock) | **Page 290** (baibaz, Col. Shutterstock / WesAbrams, Col. iStock / mikafotostok, Col. iStock / anitasstudio, Col. Shutterstock / Stephen Mcsweeny, Col. Shutterstock / R.Iegosyn, Col. Shutterstock / Leon Rafael, Col. Shutterstock) | **Page 291** (Bochkarev Photography, Col. Shutterstock / watin, Col. Shutterstock / Jim Bowie, Col. Shutterstock / Imageman, Col. Shutterstock / Ableimages, Col. Shutterstock) | **Page 292** (antoniodiaz, Col. Shutterstock) | **Page 293** (MJ Prototype, Shutterstock.com) | **Page 294** (PathDoc, Col. Shutterstock) | **Page 295** (Wavebreakmedia, Col. iStock) | **Page 296** (Olesya Kuznetsova, Col. Shutterstock / Nicoleta Ionescu, Col. Shutterstock) | **Page 297** (Pixland, Col. Pixland / Ekkachai, Col. Shutterstock) | **Page 298** (bhofack2, Col. iStock / bugrahansirvanci, Col. iStock / Ls9907, Col. iStock / 9770880_224, Col. iStock / Iakov Filimonov, Col. Shutterstock) | **Page 299** (PIKSEL, Col. iStock) | **Pages 300-303** (Por cortesía de EGEDA, Sociedad de Servicios para los Productores Audiovisuales) | **Page 304** (marcogarrincha, Col. iStock / Brand X Pictures, Col. Stockbyte / Jupiterimages, Col. Creatas / STUDIO GRAND OUEST, Col. iStock / YakobchukOlena, Col. iStock) | **Page 306** (Carlos Horta, Col. Shutterstock / se media, Col. Shutterstock / Rachata Teyparsit, Col. Shutterstock / antoniodiaz, Col. Shutterstock / Blend Images, Col. Shutterstock / Alena Root, Col. Shutterstock / alana_c, Col. iStock) | **Page 307** (MaRabelo, Col. iStock) | **Page 308** (Brankica Tekic, Col. iStock / sharpshutter, Col. iStock / Maridav, Col. Shutterstock) | **Page 309** (Photographee.eu, Col. Shutterstock) | **Page 311** (Tooykrub, Shutterstock.com) | **Page 312** (Christian Vinces, Shutterstock.com / Christian Vinces, Shutterstock.com / Cameron Whitman, Shutterstock.com) | **Page 314** (Leonard Zhukovsky, Shutterstock.com) | **Page 315** (TheaDesign, Col. iStock / Ingram Publishing, Col. Thinkstock / scalatore1959, Col. iStock / saquizeta, Col. iStock) | **Page 317** (Purestock, Col. iStock)

UNIDAD 10

Page 320 (Lord Kuernyus, Shutterstock.com) | **Page 322** (Chesky, Col. Shutterstock / raysay, Col. Shutterstock / PhotoStock10, Col. Shutterstock) | **Page 324** (foto_abstract, Col. iStock / scanrail, Col. iStock / gundo85, Col. iStock / Oleksiy Mark, Col. Shutterstock / siriwitp, Col. iStock / scyther5, Col. iStock / KeremYucel, Sogodel Vlad, Col. Shutterstock) | **Page 325** (Pressmaster, Col. Shutterstock / AnaBGD, Col. iStock / DragonImages, Col. iStock / gpointstudio, Col. iStock) | **Page 326** (ilolab, Col. Shutterstock / Diabluses, Col. iStock / gpointstudio, Col. iStock / Peshkova, Col. Shutterstock / Syda Productions, Col. Shutterstock) | **Page 327** (AndreyPopov, Col. iStock) | **Page 328** (Ociacia, Col. Shutterstock / zentilia, Col. Shutterstock / PathDoc, Col. Shutterstock) | **Page 329** (Peshkova, Col. Shutterstock) | **Page 330** (violetkaipa, Col. iStock / Monkey Business Images, Col. Shutterstock) | **Page 331** (mikanaka, Col. iStock / Dangubic, Col. iStock / Ryan McVay, Photodisc / ra2studio, Col. iStock) | **Page 332** (Purestock, Col. Thinkstock / Antonio_Diaz, Col. iStock) | **Page 333** (AVAVA, Col. iStock) | **Pages 334-337** (Por cortesía de EGEDA, Sociedad de Servicios para los Productores Audiovisuales) | **Page 338** (Monkey Business Images, Col. Shutterstock / Tobias Arhelger, Col. Shutterstock / pkchai, Col. Shutterstock) | **Page 340** (Rido, Col. Shutterstock / kaspiic, Col. iStock) | **Page 341** (alexsalcedo, Col. iStock / Stockr, Col. Shutterstock) | **Page 342** (Lisa S., Col. Shutterstock / Jacob Lund, Col. Shutterstock) | **Page 343** (branislavpudar, Col.

Shutterstock / Carlos Andre Santos, Col. Shutterstock) | **Page 344** (Jose Ignacio Soto, Col. Shutterstock / Nort, Col. Shutterstock) | **Page 345** (Ociacia, Col. Shutterstock / Tati Nova photo Mexico, Col. Shutterstock) | **Page 346** (Twin Design, Shutterstock.com / ATIC12, Col. iStock) | **Page 347** (Michaelpuche, Col. Shutterstock / Brocreative, Col. Shutterstock) | **Page 348** (criben, Shutterstock.com / Denis Makarenko, Shutterstock.com) | **Page 349** (Romolo Tavani, Shutterstock.com / A. and I. Kruk, Shutterstock.com) | **Page 350** (Por cortesía de Elisa Cabot, en Flickr.com / Ammentorp Photography, Col. iStock) | **Page 351** (Maglara, Col. Shutterstock)

UNIDAD 11

Page 354 (sharptoyou, Shutterstock.com) | **Page 356** (Africa Studio, Col. Shutterstock / fizkes, Col. Shutterstock) | **Page 357** (Aaron Amat, Col. Shutterstock) | **Page 359** (amanalang, Col. iStock / nanka, Shutterstock.com) | **Page 360** (Kaspars Grinvalds, Col. Shutterstock / Patryk Kosmider, Shutterstock.com) | **Page 361** (Blend Images, Col. Shutterstock) | **Page 362** (bikeriderlondon, Col. Shutterstock / Juriah Mosin, Col. Shutterstock / wavebreakmedia, Col. Shutterstock / MANDY GODBEHEAR, Col. Shutterstock) | **Page 363** (marchello74, Col. iStock / Zoonar-S.Heap, Col. Zoonar / LDProd, Col. iStock) | **Page 364** (Maridav, Col. Shutterstock / Kaliva, Shutterstock.com) | **Page 366** (Doglikehorse, Col. Shutterstock / Minerva Studio, Col. Shutterstock) | **Page 367** (Pressmaster, Col. Shutterstock / Sergieiev, Col. Shutterstock) | **Pages 368-371** (Por cortesía de EGEDA, Sociedad de Servicios para los Productores Audiovisuales) | **Page 372** (wavebreakmedia, Col. Shutterstock) | **Page 373** (Yevgen Timashov, Col. iStock / fizkes, Col. Shutterstock) | **Page 375** (Rido, Col. Shutterstock / melis, Col. Shutterstock) | **Page 376** (charles taylor, Col. iStock / Golden Pixels LLC, Col. Shutterstock) | **Page 377** (Andrey_Popov, Col. Shutterstock / Golden Pixels LLC, Col. Shutterstock) | **Page 378** (Himchenko.E, Col. Shutterstock / kavram, Col. Shutterstock / Idan Ben Haim, Col. Shutterstock) | **Page 379** (KPG_Payless, Col. Shutterstock) | **Page 380** (lazyllama, Shutterstock.com) | **Page 381** (Photos.com, Col. Photos.com) | **Page 382** (Mike Coppola, Col. Getty Images Entertainment) | **Page 383** (romrodinka, Col. iStock / Digital Vision, Photodisc / francois-roux, Col. iStock / moodboard, Col. moodboard) | **Page 384** (Muñoz Molina–Antonio Koeln 160911)

UNIDAD 12

Page 388 (Brainsil, Col. Shutterstock / Andresr, Col. Shutterstock) | **Page 389** (Blend Images, Col. Shutterstock / Allison Hays - Allicat Photography, Col. Shutterstock) | **Page 390** (mauro_grigollo, Col. Shutterstock / Andrey Armyagov, Col. Shutterstock / ChameleonsEye, Col. Shutterstock) | **Page 391** (Andy Dean Photography, Col. Shutterstock) | **Page 392** (Medioimages-Photodisc, Photodisc / abandsb, Col. Shutterstock / leungchopan, Col. iStock) | **Page 393** (Monkey Business Images, Col. Shutterstock / Daniel M Ernst, Col. Shutterstock / Frank Merfort, Col. Shutterstock) | **Page 395** (Anelina, Col. Shutterstock / Ollyy, Col. Shutterstock) | **Page 396** (Minerva Studio, Col. Shutterstock / GoneWithTheWind, Col. Shutterstock / Goran Bogicevic, Col. Shutterstock / Matt Antonino, Col. Shutterstock) | **Page 397** (iko, Col. Shutterstock) | **Page 398** (Por cortesía de RAE-Espasa) | **Page 399** (Minerva Studio, Col. Shutterstock / Ollyy, Col. Shutterstock) | **Page 400** (wavebreakmedia, Col. Shutterstock / Golden Pixels LLC, Col. Shutterstock / mikeledray, Col. Shutterstock) | **Page 401** (Evgeny Sergeev, Col. iStock / Craig Aurness-Fuse, Col. Thinkstock) | **Pages 402-405** (Por cortesía de EGEDA, Sociedad de Servicios para los Productores Audiovisuales) | **Page 406** (Syda Productions, Col. Shutterstock) | **Page 408** (Falcona, Col. Shutterstock) | **Page 410** (Wavebreakmedia Ltd, Col. Wavebreakmedia / Sergey Nivens, Col. Shutterstock) | **Page 411** (bikeriderlondon, Col. Shutterstock / Wavebreakmedia Ltd, Col. Wavebreakmedia) | **Page 412** (Andresr, Col. Shutterstock) | **Page 414** (Joseph Sohm, Shutterstock.com) | **Page 415** (Gorosi, Col. Shutterstock / Istvan Csak, Shutterstock.com) | **Page 416** (Helga Esteb, Shutterstock.com / Helga Esteb, Shutterstock.com) | **Page 417** (LeksusTuss, Shutterstock.com / Annette Shaff, Col. Shutterstock / doomu, Col. Shutterstock / Jeerawan Soisayampoo, Col. Shutterstock) | **Page 418** (Mario Denevi por cortesía de Creative Commons / CREATISTA, Col. Shutterstock / Christian Bertrand, Shutterstock.com)